東坡樂府編年箋注

宋·蘇軾 著

石聲淮·唐玲玲 箋注

目　錄

1

2

（密州時期）

3

4

6

8

9

12

附　錄

前　言

　　在中國文學史上，蘇軾占有很重要的地位。他的文、詩、詞都卓絕於世。明人茅坤把蘇軾列爲古文"唐宋八大家"之一。佔宋代詩壇主流的江西詩派實際上淵源於蘇軾。清人陳廷焯的《白雨齋詞話》卷七說："人知東坡古詩古文，卓絕百代，不知東坡之詞，尤出詩文之右。蓋仿九品論字之例，東坡詩文縱列上品，亦不過上之中下。若詞則幾爲上之上矣。此老生平第一絕詣，惜所傳不多也。"稱詞爲蘇軾的"絕詣"，就是以詞爲蘇軾藝術創作中最傑出的成就。

　　蘇軾現存詞三百多首，比北宋任何詞人留下的詞都多，所謂"所傳不多"，可能是和蘇軾傳世的詩文之多相對而說的。這三百多首詞，內容豐富：有對美好理想的熱烈追求，有在受到政治迫害時苦悶而又曠達的心情的抒發，有登高臨水的弔古傷今，有對親戚故舊深沉的眷念，有對醜惡事物的譏諷；寫了火樹銀花的都市繁華，也寫了靜謐的農村和漁家；寫了寒夜孤燈的客館，也寫了歌吹熱鬧的宴會；寫了達官貴人，也寫了流落江湖賣唱的遊女；……題材之廣，突破了前人。蘇軾以長短句這一藝術形式，傳達了生活中自然的美和精神的美，並以這些優美的作品表現了他自己獨特的美的感受和創造。這些，也就是所謂蘇詞的"絕詣"。

　　蘇軾的詞體現了文藝作品眞、善、美相統一的極高的境界。他在《臘日遊孤山訪惠勤惠思二僧》詩中曾經說過："作詩火急追亡逋，清景一失後難摹。"這種藝術經驗也包括詞的創作；他經常捕捉眼前的形象和抓住一瞬間的典型情緒，通過想像和聯想，結構出

1

詞的意境。因此他的詞題材廣泛，能真實地反映現實，真摯地抒發感情，並通過藝術意象揭示事物的美醜、善惡，創造獨特的詞的藝術美。詞風也從他開始發生了根本的變化，詞這一藝術形式，於是便成了"無意不可入，無事不可言"①，和詩文同樣繁榮的一種藝術體裁。

古今絕唱《念奴嬌‧赤壁懷古》，是蘇軾面對江山與古蹟，思緒激蕩，即興揮筆而就；這首詞，也是他被貶黃州後的內心獨白，心靈深處的呼聲

　　　　大江東去，浪淘盡、千古風流人物。故壘西
　　邊，人道是、三國周郎赤壁。亂石崩雲，驚濤裂
　　岸，捲起千堆雪。江山如畫，一時多少豪傑。

　　　　遙想公瑾當年，小喬初嫁了，雄姿英發。羽
　　扇綸巾，談笑間、檣櫓灰飛煙滅。故國神遊，多
　　情應笑我，早生華髮。人間如夢②，一樽還酹江
　　月。

這首詞對赤壁雄闊的畫面的渲染和作者對古戰場的憶念，寫得有聲有色。蘇軾以他豐富的想像力，在赤壁這一典型環境中，描繪了英俊的將領周瑜，他初娶小喬的年華，"羽扇綸巾"，雄姿英發、談笑間破敵的儒將風度，在赤壁用火攻使強大的敵軍"檣櫓灰飛煙滅"的典型戰例，構成了英雄人物的典型形象。寫景詠史，追古撫今，為的是抒發作者自己流貶江湖，事業無成的慨嘆。金‧元好問稱譽這首詞，說："詞才百餘字，而江山人物無復餘蘊"③，正指出了蘇軾的高度的藝術概括能力。

他在黃州寫的《西江月》，是他強調捕捉形象，這種文藝觀在創作實踐上的體現。

　　　　照野瀰瀰淺浪，橫空隱隱層霄。障泥未解
　　玉驄驕。我醉欲眠芳草。　　　可惜一溪風月，

2

莫教踏碎瓊瑤。解鞍欹枕綠楊橋，杜宇一聲春曉。

這裡，蘇軾捕捉了春夜原野的月色，寫出灑滿月光的春水在閃耀流動，而春夜的長空又隱約地佈滿濃淡相間的雲層。這是靜謐的、又是富有生命力的動的世界，他坐的玉驄，鞍轡未解就歡騰起來，而詩人自己更加被無邊的春色陶醉，他要傾聽春的聲息，享受春的愛撫，"我醉欲眠芳草"，想投身到大自然的懷抱中去。春風輕拂著溪水，月光照著淺浪，一溪風月這樣晶瑩澄澈；詩人怕一溪"瓊瑤"被"踏碎"這一刹那間惜春的情懷，寫得何等細膩！他解下馬鞍，倚枕於綠楊掩映的小橋一端的草地上，進入夢鄉。當杜宇的啼聲喚醒他時，大地已一片晨光曉色。蘇軾在詞中抓住春夜迷人的美色，表露了當時心靈的動態，構成了優美的藝術境界。和上述《念奴嬌·赤壁懷古》相比，寬闊雄渾與細膩入微的風格上的差異顯而易見之外，就創作過程來看，都是他將客觀景物與主觀意緒相交融而創造的藝術精品。

《沁園春》也一樣。"孤館燈青，野店雞鳴，旅枕夢殘。漸月華收斂，晨霜耿耿；雲山摛錦，朝露團團"，和杜甫《夜》詩"露下天高秋氣清，空山獨夜旅魂驚"所描繪的羈旅之夜的生活圖景相比，異曲同工。再看《望江南》（登超然臺），"春未老，風細柳斜斜。試上超然臺上看，半壕春水一城花。煙雨暗千家"，描繪超然臺上的煙雨空濛；《行香子》（過七里瀨），"一葉輕舟。雙槳鴻驚。水天清影湛波平。魚翻藻鑑，鷺點煙汀。過沙溪急，霜溪冷，月溪明"。刻劃如畫軸的水鄉風光。……蘇軾創造了各種不同的藝術境界，讓生活中的美得到再現。

蘇軾詞之所以"極天下之工"，在於這些作品完全不是自然主義地對生活作實錄式的反映，而是塗上了十分強烈的主觀感情色彩。蘇軾在政治上遭到一連串的打擊，生活上遇到了許多的不幸。這樣，他開朗超脫的個性和放曠的心胸，與當時當權者在政治上對他的壓抑和生活上對他的打擊，在蘇軾身上構成了深刻的對立。追求個性解放的蘇軾，這種對立的狀況，一定要在自己作品中反映出來。所以他說："言發於心而衝於口，吐之則逆人，茹之則逆予，以甭逆於人也，故卒吐之。"④把主觀上的眞情實感，在作品中完全傾吐出來，一快心胸，"如萬斛泉源，不擇地而出，唯詞亦然。"⑤這樣，蘇軾精神世界的各方面，在詞中用各種形式表現出來，這也是形成蘇詞眞善美相統一的重要因素之一。

高爾基曾說過："眞正的詩－－總是心靈深處的詩，是心靈的歌唱。"蘇軾以他的眞情實感來進行他的詞的創作。《江城子》這首詞，寫得情意悽側。

　　　　十年生死兩茫茫。不思量。自難忘。千里孤
　　墳，無處話淒涼。縱使相逢應不識，塵滿面，鬢
　　如霜。　　夜來幽夢忽還鄉。小軒窗。正梳妝。
　　相對無言，唯有淚千行。料得年年腸斷處，明月
　　夜，短松崗。

眞情眞景，用白描手法，寫盡了他對淒涼身世的感慨和對亡妻的懷念。整首詞寫得婉轉淒哀；之所以千載之後還感人肺腑，就是因爲哀思眞切。

蘇軾因"烏臺詩案"被貶黃州之後，過著"深自閉塞，扁舟草屨，放浪山水間，與樵漁雜處"⑥的生活。但他沒有屈服，《定風波》（沙湖道中）就是這種生活和思想的眞實寫照。

　　　　莫聽穿林打葉聲，何妨吟嘯且徐行。竹杖芒
　　鞵輕勝馬。誰怕。一蓑煙雨任平生。　　料峭春
　　風吹酒醒。微冷。山頭斜照卻相迎。回首向來蕭
　　瑟處。歸去。也無風雨也無晴。

鄭文焯《手批東坡樂府》云："此足徵是翁坦蕩之懷，任天而動。琢句亦瘦逸，能道眼前景。以曲筆直寫胸臆，倚聲能事盡之矣。"

4

曲筆寫胸臆，這是中肯的評價。這首詞反映了蘇軾在黃州貶逐生活中的「坦蕩之懷」。山雨和夕照是當時「眼前景」；「君子坦蕩蕩」，蘇軾既不爲「穿林打葉」的雨聲擔憂，也不爲「山頭斜照」的晴景喜悅。在他看來，「也無風雨也無晴」，在山村密林中總保持著「一蓑煙雨任平生」的政治上的平靜；在景物描寫中染上了主觀的情感色彩。

像《卜算子》（缺月挂疏桐）寫深夜的孤鴻，表現了他對醜惡現實的傲視：「缺月挂疏桐，漏斷人初靜。誰見幽人獨往來，縹渺孤鴻影。　　驚起卻回頭，有恨無人省。揀盡寒枝不肯棲，寂寞沙洲冷。」他把自己的思想性格，化爲縹渺的孤鴻，融注在這「有恨無人省」的藝術意象裡，明顯地表現了他「揀盡寒枝不肯棲」的孤傲高潔，不肯與世苟合。他巧妙地使用象徵的藝術手段，突現出這一時期中自己的內心世界。

從蘇詞的各種不同類型的篇章中，我們傾聽到詩人熱情的歌唱，坦率的自白，淒怨的幽思。那「大江東去，浪淘盡千古風流人物」的引吭高歌，那「有筆頭千字，胸中萬卷，致君堯舜，此事何難」的內心私語，那「千里孤墳，無處話淒涼」的哀思，都是詩人的真情的凝煉的概括。他寫景抒情，也都表現了同樣的藝術個性。如「曉來雨過，遺蹤何在？一池萍碎，春色三分，二分塵土，一分流水」（《水龍吟》〔似花還似非花〕）的暮春景色，而下文「細看來不是楊花，點點是離人淚」，在對春殘絮飛的描寫中，滲入了離人的傷感。蘇軾以真摯的情感，敏銳的領悟和豐富的思想，叩動讀者的心絃。「一點浩然氣，千里快哉風」（《水調歌頭·黃州快哉亭贈張偓佺》）的直往直來，無罣無礙；「殷勤昨夜三更雨，又得浮生一日涼」（《鷓鴣天》〔林斷山明竹隱牆〕）的恬靜悠閒；「但願人長久，千里共嬋娟」（《水調歌頭·丙辰中秋》）的慰勉；「人生如逆旅，我亦是行人」（《臨江仙·送錢穆父》）的曠達；意趣不同，但有一點是相同的，就是它們都出自蘇軾的心靈深處。真是美的基礎，美是真的復現。蘇詞的美與真相互依存，相互融合，是不可分割的。明人袁宏道《與丘長孺書》說：「大體物真則貴，真則我面不能同君面，而況古人之面貌乎？」晚清況周頤《蕙風詞話》說：「真字有詞骨。情真、景真，所作必佳，且易脫稿。」這些都說明一個道理：只有真，才使作品有個性，作品才能多樣化。蘇軾在有意無意中把真、善、美作為一種創作思想，而在作品中努力加以體現，因此，他的詞作具有鮮明的個性特徵。

他的清新明快的農村詞和漁父詞，也是在這種創作思想指導下寫出的。這些膾炙人口的詞作，真切地表現了農人和漁父的自然淳樸的生活。早在徐州時期，他在仕途上還比較順利，所寫的一組描繪農村風光的小詞《浣溪沙》，筆下的勞動者生活十分寧靜平和：

　　　　麻葉層層苘葉光，誰家煮繭一村香。隔籬嬌
語絡絲娘。

　　　　簌簌衣巾落棗花，村南村北響繰車，牛衣古
柳賣黃瓜。

此後，人生坎坷。在飽經風霜之後寫成的《漁父詞》，雖然也反映農村勞動人民的生活，但卻呈現出一股逸然超脫的思想情趣：

　　　　漁父笑，輕鷗舉。漠漠一江風雨。　　江邊騎
馬是官人，借我孤舟南渡。

靜謐的荒野江邊，質樸的莞爾而笑的漁父與輕盈自由的江鷗為伴，跟風雨中追名逐利的官人構成鮮明的對照，蘇軾的美醜標準也在這裡明顯地得到表示。這一點，又是在非常自然的化工妙手中表現出來，使人感到是一種「真態」的村野氣息。

劉辰翁在《辛稼軒詞序》[7]中說：「詞至東坡，傾蕩磊落，如詩如文，如天地奇觀。」胸襟的傾蕩磊落與客觀的天地奇觀在形象思維的過程中得到化合，於是產生「含風偃蹇得真態」[8]的詩章。

6

對蘇軾詞的藝術風格作理論概括，自南宋以來，一直是文學批評史上的一個熱門課題。其中，"銅琶鐵板"的豪放說，眾口傳述。宋·俞文豹《吹劍續錄》記載："東坡在玉堂日，有幕士善歌。因問：'我詞比柳詞何如？'對曰：'柳郎中詞，只好十七八女孩兒執紅牙拍板，唱楊柳岸、曉風殘月；學士詞，須關西大漢，執鐵板，唱大江東去。'東坡爲之絕倒。"這段話真夠形象。人們往往把柳永詞和蘇軾詞的藝術風格對立，認定柳永是宋詞中婉約派的代表，蘇軾是豪放派的宗師。過去的一些文學史著作和有關論文，爲了尊豪放而抑婉約，過分地強調蘇詞的豪放風格，忽視了對蘇詞的全貌進行客觀的探討。

我們認爲，蘇軾的詞具有高度的美的價值，不朽的藝術魅力。既表現了陽剛之美，也表現了陰柔之美，決非單純的"豪放"二字可以概括的。過去的詞論家也曾指出過這一點。如周濟《介存齋論詞雜著》中說："人賞東坡粗豪，吾賞東坡韶秀。韶秀是東坡佳處，粗豪則病也。"賀裳《皺水軒詞筌》指出："蘇子瞻有'銅琶鐵板'之譏，然其《浣溪沙·春閨》曰：'彩索身輕常趁燕，紅窗睡重不聞鶯'。如此風調，令十七八女郎歌之，豈在'曉風殘月'之下。"馮煦《東坡樂府序》曰："詞有二派，曰剛曰柔；毗剛者斥溫厚爲妖冶，毗柔者目縱佚爲粗獷。而東坡剛亦不吐，柔亦不茹。纏綿芳菲，樹秦柳之前稱；空靈動蕩，道張姜之大輅。惟其所之，皆絕詣。"僅就這幾段評論來看，前人對蘇詞風格的探討，並不局限於"豪放"一格，而是從多方面去求索。

蘇軾有些詞的風格確是豪放的，除上述《念奴嬌·赤壁懷古》外，像《江城子·密州出獵》的"酒酣胸膽尚開張"，抒發了"會挽雕弓如滿月，西北望，射天狼"的報國熱情；《陽關曲·贈張繼願》"恨君不取契丹首，金甲牙旗歸故鄉"的想馳騁沙場的抱負；《水調歌頭》（明月幾時有）和《念奴嬌》（憑高遠望）寫中秋之夜欲"乘風歸去"、"便欲乘風，翻然歸去"的遨遊月宮的想像，復現李白醉舞狂歌的逸興遄飛。《水調歌頭·黃州快哉亭贈張偓佺》的"一點浩然氣，千里快哉風"的獨來獨往；《滿庭芳》（蝸角虛名）的"百年裏，渾教是醉，三萬六千場"的放蕩；《漁家傲》（千古龍蟠幷虎踞）的"公駕鳳車乘彩霧。紅鸞驂乘青鸞駁。……翻然欲下還飛去"的凌霄俯瞰人世。在這些作品中，表現了蘇軾豪情橫逸，筆力千鈞。這類詞爲數不多，只佔蘇軾詞作十分之一左右。但它們給人極爲鮮明、強烈的印象。在蘇軾以前，詞的內容大多以少女少婦爲中心，寫閨情閨怨，纏綿繾綣，"只好十七八女子執紅牙板"而歌。李煜寫亡國之恨的幾首，爲詞添了新的內容，但也還只適於低吟淺唱。到蘇軾把詞的題材擴大到前所未有的廣度，蘇軾二三十首不適於低吟淺唱，只能"登高遠望，舉首高歌"、"覺天風海雨逼人"的詞，最令人耳目一新。所以人們特別稱道蘇詞的"豪放"。

但蘇軾的詞，除佔總數十分之一"豪放"之作外，其餘很多都不是能配合銅琵琶、鐵綽板、"舉首高歌"的。比方蘇詞中大部分有清新、明麗、雋秀風格的，其所以如此，是由於它們的題材決定的。這些詞寫山川景色是那樣清新而明麗，寫人物又是那樣纖細而深情，另有一種情趣。這些詞，形象鮮明，語淡情深，感人肺腑。像《江城子》（十年生死兩茫茫），寫他對亡妻王夫人的悼念，一往情深，纏綿悱惻。《祝英臺近》（挂輕帆，飛急槳），寫情人之間"斷腸簇簇雲山，重重煙樹"的群山流水隔阻的兩地相思，"欲見無由，癡心猶自"，只盼望"一聲傳語"。寫得情意委婉，景色若隱若現，把主觀的情思與客觀的景物互相滲透。《水龍吟》（楚山修竹如雲）詠歌妓吹笛，從笛的素材、形狀到吹笛的情景的描寫，襯托出奏笛的人的秀美，進而又以音樂效果來反襯人物，著意對笛中奏出的曲調的動聽及音樂效果的細膩描寫，運筆空靈精巧，琢語清遠。《洞仙歌》（冰肌玉骨）一詞，詠後蜀主孟昶與花蕊夫人"夜納涼摩訶池上"的動人傳說，人物形象美麗，柔情似水，而詞意

8

溫潤和柔，流麗婉轉。沈祥龍在《論詞隨筆》中說這首詞"韶麗處，不在塗脂抹粉也。……蓋皆在神不在跡也"。《蝶戀花》（花褪殘紅青杏小）是寫春景之詞，其"枝上柳綿吹又少，天涯何處無芳草"兩句，把惜春、傷春之情，寫得綺靡絕倫。王士禎稱"恐屯田緣情綺靡，未必能過"。而《浣溪沙》（道字嬌訛語未成），則被論詞者公認為不在柳永的"楊柳岸曉風殘月"之下。此外如《江城子》（鳳凰山下雨初晴）、《南鄉子》（繡鞅玉鐶遊）、《西江月》（玉骨那堪愁瘴）、《阮郎歸》（綠樹高柳咽新蟬）等篇，無論詠人詠物，都表現得極其溫柔美麗。

　　蘇軾以對山川風物的描寫，寄託他曠達飄逸的情懷，發人遐思，是蘇詞另一風格。詞章高亮處，得陶淵明的清淡，王維的幽逸。這類詞既不險怪，又不穠麗，但平淡之言令人深深回味。如上文引《西江月》（照野瀰瀰淺浪）寫的是溪流月色，綠楊橋頭，空曠的草野，靜謐的春夜，盡管是平常的郊外，寂寞的單人獨騎，沒有名山巨壑，滄海大川；也沒有歌吹沸天，金迷紙醉；然而平常的景物被寫得韻味無窮。作者本人在詞境裡的陶醉，也令讀者神往。又如《浣溪沙》（山下蘭芽短浸溪）寫蘭溪"山下蘭芽短浸溪。松間沙路淨無泥。蕭蕭暮雨子規啼"，多麼清麗！溪流明潔，蘭芽生機勃勃，林間沙路潔白；暮雨空濛中子規悲啼，景物平淡，何等富於詩情畫意；詞的下片因溪水西流，蘇軾唱出"誰道人生難再少，君看流水尚能西。休將白髮唱黃雞"，取白居易詩句反其意而用之，從而在詞中表現了作者對人生的信念。又如一組寫農村的《浣溪沙》和五首《漁父》詞，把農村風光、農婦、漁夫的生活、神態寫得生動形象；景色和人物都是平凡的，但讀者卻感到十分親切和難忘。有的詞上闋和下闋寫不同的情感，由於景物改移，人的思想也發生變化，這是自然的。如《八聲甘州·寄參寥子》，上闋寫海潮洶湧澎湃，作者為之心胸開豁，忘懷今古；下闋寫"回首"望湖景山色，空翠煙霏，又想到與摯友相約同歸，則又不是忘情，而是多情。鄭文焯《手批東坡樂府》云："突兀雪山，捲地而來，眞似錢塘江上看潮時，添得此老胸中數萬甲兵，是何等氣象雄且傑。妙在無一字豪宕，無一語險怪，又出以閒逸感喟之情，所謂'骨重神寒'，'不食人間煙火氣'者。詞境至此觀止矣。"又《永遇樂》（明月如霜）寫秋夜萬籟俱寂，一葉墜地也鏗然有聲，人已寧靜；而下闋，詞人爲"燕子樓空，佳人何在，空鎖樓中燕"而懷古時，"黃樓夜景，爲余浩嘆"，不但人不寧靜了，甚至萬籟無聲的夜也發出嘆息了。這些詞都是寓激情於平淡之中。

由此而論，蘇軾詞的風格不能以"豪放"概括，也不能以"婉約"包舉。豪爽任誕者有之，婉約蘊藉者有之，雅淡秀逸者有之，穠艷華麗者有之，峭拔者有之，圓潤者有之；不是單調畫一，而是衆美兼具。王易《詞曲史》指出：蘇詞"上承樂府，遠紹風騷，理宜不限一途，傳情萬態。況剛柔迭用，喜慍分情，志動於中，則歌詠外發。豈可自小其域而區區以'婉約'爲正哉！"

蘇詞之所以風格多樣，原因不止一端。首先，蘇軾不斷地開拓詞的表現領域，擴大詞的表現手法，同時在創作中自覺地或不自覺地轉換藝術風格。蘇軾學問淵深廣博，閱歷豐富，能以敏銳的眼力觀察和剖析生活中的事物。他的詞似乎是信手拈來，脫口而出；實在是蘇軾智慧、學識的凝煉和累積，是蘇軾在藝術創作中不斷求索的結果。他有思接千載，視通萬里的情思和視野，見之於詞，把詞的題材開拓得很廣闊，或抒情，或寫景，或敘事，或說理，或道家常，或諧謔，往往成爲佳作。題材的多樣化決定風格的多樣性。蘇詞風格的多樣，也是蘇軾在變革和改造詞這一藝術形式的實踐中的卓越成績。

而且，由於蘇軾創作歷史長，創作跨度大，因此，他的藝術風格不可能一成不變。蘇軾的生活道路是複雜曲折的，他的政治生涯是陂陀起伏的，有順境，有逆境，逆境多而順境少，特別是在"烏臺詩案"中差一點送了命；晚年被貶到天涯海角的儋州。他的生活不斷地變化，思想感情也不斷地變化。言爲心聲，——見之於詞，這就構成了他詞作的各種不同的風格。

再則，蘇軾所受思想影響的複雜性，決定了他的創作思想的變化和發展；體現在詞篇上就出現風格的多式多樣。蘇軾接觸的人，上自皇帝宰執，下至漁夫蠶婦、賣藝求食者；他的好友有漢人，也有黎人，有文士墨客，也有僧道，惟其如此，他思想的接觸面很廣。他旣學儒，又信釋道；旣篤守周公孔子，又好莊老哲學；他歸誠僧佛，又以佛教爲虛妄。他的思想經常充滿矛盾。這些矛盾又因時間和遭遇的變化而變化。

蘇軾主張要讓作家的藝術個性得到充分發揮，提倡"出新意於法度之中，寄妙理於豪放之外"⑨，他在《文說》中自述"吾文如萬斛泉源，不擇地而出，在平地滔滔汩汩，雖一日千里無難。及其與山石曲折，隨物賦形而不知也。"他提倡文藝創作應是"文理自然，姿態橫生"。從這些主張中，可以看到蘇軾所追求的藝術境界是何等自由寬廣，作詩作文如此，詞的創作實踐也不例外，決非某一藝術風格所能束縛得住。我們暫用"淡妝濃抹總相宜"這一詩句來作爲蘇詞藝術風格多樣的眞實寫照。

上面是我們對蘇詞思想和藝術上的一些特徵的理解，不是作全面的評價。

我們這部《東坡樂府編年箋注》，是在朱祖謀《東坡樂府》（下稱朱本）及龍楡生《東坡樂府箋》（下稱龍本）的基礎上進行編寫的。朱本把蘇軾的大部分詞編年，在注中說明這些詞的創作年載。龍本據朱本和其它諸本作了校對，而且對東坡詞中的典故成語作箋，又在某些詞後作了《附考》，說明詞的大意、寫作背景和相關的事。朱本的編年，龍本的箋、校、附考，節省了讀者翻檢資料的時間和精力，有助於讀者了解蘇軾其人和蘇軾的詞。

本書仿效了朱本和龍本的編年、注釋、校和附錄的作法，在這兩個本子的基礎上，我們又作了如下一些工作：

一、本書在可編年的詞後，都說明每首的寫作時間及爲什麼編於某年的根據。關於編年對照龍本，我們做了三方面的工作：一是朱本及龍本沒有編年的詞，我們盡力根據各方面的材料加以考證，進行編年，如《華清引》（平時十月幸蓮湯），我們把它編入治平元年甲辰（公元一○六四年）作，是根據蘇軾的詩作推論而成的。其他如《一叢花》（今年春淺臘侵年）、《如夢令》（爲向東坡傳語）、《水龍吟》（小溝東接長江）、《江城子》（銀濤無際捲蓬瀛）等三十五首，我們都根據各方面的材料從龍本的不編年詞中移入編年詞。二是龍本中編年的部分，我們經過研究發現更加有力的證據，認爲龍本編年不確而加以調整的有十多首，如《水龍吟》（楚山修竹如雲）、《水龍吟》（似花還似非花）、《水調歌頭》（昵昵兒女語）等。三是龍本編年詞中，有的材料不夠充實，我們也加以補充。

二、龍本的《箋》有宏富精闢的資料。本書的箋注有一部分是以龍本爲根據的，但又有所補充和發展。因爲龍本僅注意了東坡詞中典故成語的來歷或某個字、詞的解釋，往往忽略了全首詞的意義，如《阜羅特髻》（采菱拾翠），全詞八十一個字，有七句是“采菱拾翠”，佔全詞字數三分之一以上。“采菱拾翠”是什麼呢？龍本說：“《楚辭》‘涉江采菱，發陽阿些’。《洛神賦》‘或采明珠，或拾翠羽’。”只是指出“采菱”和“拾翠”見於何書，而沒有說明在這首詞中是什麼意義。而詞中“似此佳名，阿誰消得”和“一雙子”正可以說明什麼是“采菱拾翠”，卻因爲它不是典故而不加解釋。這就讓讀者讀完這首詞還不知道詞到底詠什麼。本書箋注則交代“采菱”和“拾翠”是“一雙子”的“佳名”，使讀者容易理解整首詞。

而且，龍本《箋》引書不標明卷數、篇名，本書則加上卷數、篇名，使讀者查檢方便。如《西江月·寶香眞覺院賞瑞香》，龍注引《廬山記》，《廬山記》是佚書，本書則標明陶穀《清異錄》卷

12

下《花‧瑞香》引《廬山記》，讓讀者查索方便。有的注釋，本書比龍本更加詳細通俗，讓讀者容易理解詞意。如《浣溪沙‧揚州賞芍藥櫻桃》"芍藥櫻桃兩鬪新"，下闋"紅玉半開菩薩面"分說芍藥，"丹砂濃點柳枝唇"分說櫻桃，龍本箋注只引張鷟《朝野僉載》說裴談的故事，講"菩薩"，不能幫助讀者理解"菩薩面"，是芍藥。我們則引王璉詩"芍藥半開菩薩面"，說明蘇軾這一句的來歷，也說明這句指芍藥花。由於這些，本書箋注比龍本多兩倍。

三、本書糾正龍本中的一些錯誤。如《西江月‧送建溪雙井茶谷簾泉與勝之》，龍本根據傅注本和元本解釋"勝之"為"徐君猷家後房"，把王益柔（字勝之）這位比蘇軾大約年長二十歲的老翁，誤作徐君猷的十四歲的舞妓，性別、年齡、身分都不同。不但在這首詞講不通，而且在《西江月‧姑熟再見勝之次前韻》更無從講通，本書根據有關材料作了糾正。其他詞中有的注釋不準確或錯誤的地方，我們也都一一加以改正。

四、本書箋注，於罕見字作出解釋之前，加注讀音；有些字並不罕見，但有不同的讀音，按照詞的聲調的規律，在某首詞中只能讀平聲或仄聲，我們也加以注音。

龍榆生《東坡樂府箋》成書於公元一九三五年七月，數年以來，研究東坡詞者均以這部書為依據，尚未出現有新的箋注本。為了讓更多讀者能直接閱讀和欣賞東坡詞，我們在授課之餘作了上列一些工作，希望能對讀者有所幫助。但由於時間和條件的限制，這部書在材料的掌握上尚有許多不足之處，有的地方甚至可能存在謬誤，有待於以後不斷充實完善。

石聲淮　唐玲玲於武昌桂子山
一九八三年完稿
一九八五年九月改稿

①劉熙載《藝概》。
②"人間"作"人生"。
③《題閒閒書赤壁賦》。
④《東坡題跋·錄陶淵明詩》
⑤許昂霄《詞綜偶評》
⑥《答李端叔書》
⑦劉辰翁《煩溪集》卷六
⑧蘇軾《歐陽少師令賦所蓄石屏》
⑨《書吳道子畫後》

巻一　編　年

治平元年甲辰　公元一〇六四年　東坡廿九歲

1. 華　清　引

　　平時十月幸蓮湯。玉甃瓊梁。五家車馬如水，珠璣滿路旁。　　翠華一去掩方牀。獨留煙樹蒼蒼。至今清夜月，依前過繚牆。

【編年】

　　龍榆生《東坡樂府箋》未編年。此詞當作於治平元年甲辰（公元1064年）。蓋是年十二月十七日，東坡罷鳳翔任，至長安，因遊驪山。《蘇軾詩集》卷五有《驪山三絕句》，寫蘇軾登臨驪山時感慨於在關中建都的各個王朝的沒落。又《蘇軾詩集》卷二十七有《送陳睦知潭州》詩，詩中有"舊遊空在人何處，二十三年真一夢"句，可考出寫作時間。據《續通鑑長編》卷三百六十一載："元豐八年（公元1085年）十一月朝散大夫鴻臚少卿陳睦爲直龍圖閣知潭州。"逆數二十三年，則《驪山三絕句》寫於治平元年甲辰（公元1064年）。而《華清引》是詠唐玄宗、楊貴妃冬天到華清宮溫泉事，上片寫其豪侈，下片寫遺址淒涼。以歷史事蹟，說明皇帝驕奢淫佚，必然招致禍敗，以此作爲鑒戒。內容與《驪山三絕句》相同，由此我們爲此詞作了編年。

【箋注】

〔平時十月幸蓮湯〕　往常每年十月皇帝到華(huà)清池溫泉去過冬。《舊唐書》卷九《玄宗紀〔下〕》："天寶四載秋八月甲辰，玄宗册太眞妃楊氏爲貴妃"，自此天寶五載至十四載，（四載十月丁酉，五載十月丁酉，六載十月戊申，七載十月庚午……十四載十月壬辰）每年冬十月都幸溫泉（華清宮）。幸：　帝王到達。蔡邕《獨斷〔上〕》："天子所至，曰'幸'。世俗謂'幸'爲僥幸。車駕所至，民臣被其德澤，以爲僥幸。故曰'幸'也。"蓮湯：指驪山上華清宮的華清池。宋敏求《長安志》卷十五載："天寶六

3

載，改爲華清宮，驪山上下益治湯井，爲池台殿環列山谷，明皇歲幸焉。又築會昌城，即於湯所置百司及公卿府邸焉。華清宮北向正門曰津陽門，東面曰開陽門，西面曰望京門，南面曰昭陽門，津陽門之東曰瑤光樓、其南曰飛霜殿，御湯九龍殿，亦名蓮花湯。"樂史《楊太眞外傳》："上每年十月幸華清宮，常經冬還宮闕，去即與妃同輦。華清有瑞正樓，即貴妃梳洗之所；有蓮花湯，即貴妃澡浴之室。"《明皇雜錄》："玄宗幸華清宮，新廣湯池，製作宏麗，安祿山於范陽以白玉石爲魚龍鳧雁，仍以石梁及石蓮花以獻，雕鐫巧妙，殆非人功。上大悅，命陳於湯中，仍以石梁橫亙湯上。而蓮花纔出際，上因幸華清宮，至其所，解衣將入，而魚龍鳧雁皆若奮鱗舉翼狀欲飛動；上甚恐，遽命撤去，而蓮花今猶存。"　〔玉甃(zhòu)〕　本是磚砌的井壁。這裡玉甃指玉石砌成的溫泉浴池。邵伯溫《邵氏見聞錄》卷十七：驪山"山下起華清宮、宮有溫泉，以白玉石爲芙蓉出水，爲御湯、蓮花湯、太子湯、百官湯。"　〔五家〕　指楊貴妃本家楊銛、楊錡及韓、虢、秦三夫人五家。《舊唐書》卷五十一《楊貴妃列傳》："韓、虢、秦三夫人與銛、錡等五家，每有請託，府縣承迎，峻如詔救。四方賂遺，其門如市。"〔車馬如水〕　言車馬來往不絕。《後漢書》卷十〔上〕《明德皇后紀》："前過濯龍門上，見外家問起居者，車如流水，馬如游龍。"李煜《望江南》詞："還似舊時遊上苑，車如流水馬如龍。"　〔珠璣滿路旁〕　《舊唐書》卷五十一《楊貴妃列傳》："玄宗每年十月幸華清宮，國忠姊妹五家扈從，每家爲一隊，著一色衣，五家合隊，照映如百花之煥發，而遺鈿墜舄，瑟瑟珠翠，燦爛芳馥於路。"璣(jī)：不圓的珠。　〔翠華〕　皇帝的旌旗，用翡翠鳥的羽毛裝飾。司馬相如《上林賦》："建翠華之旗。"這裡"翠華一去"指安史之亂中唐玄宗逃難西去。　〔方牀〕　同"匡牀"或"筐牀"。《莊子·齊物論》，說麗姬"與王同筐牀，食芻豢"。(《釋文》"'筐'，一作'匡'")《淮南子·主行訓》："匡牀蒻席，非不安也，然……明主弗安也。"都說君主的床是'匡牀''筐牀'。《莊子》的《釋文》又引崔譔說："'筐'，方也"，所以蘇軾作"方牀"。　　〔獨留煙樹樹蒼蒼〕只剩下煙雲樹木，鬱鬱蒼蒼。劉禹錫《竹枝詞》："巫峽蒼蒼煙雨時。"〔至今清夜月二句〕　句意仿劉禹錫《金陵五題》之一《石頭城》："淮水東邊舊時月，夜深還過女牆來。"繚(liǎo)牆：華清宮的圍牆。班固《西都賦》："繚以周牆"。宋敏求《長安志》卷十五載：華清宮四面皆有繚牆，如按歌台南臨東繚牆，羯鼓樓追南繚牆之外。杜牧《華清宮》詩："繡嶺明

4

珠殿，層巒下繚牆。"

【校】

元本調作"華胥引"，"蓮"作"蘭"。毛本題作《感舊》。《全宋詞》調同毛本，"蓮"作"蘭"。題目爲《感舊》。

烏臺詩案蘇軾被罪。梅花愈冷愈開花，東坡反省感悟，胸懷大，理性對待成敗，思考提升至豁然。探春賞春亦見其性情，他以梅自勉，砥礪乃有春日吹綻梅英去覷。

熙寧五年壬子　公元一〇七二年　東坡三十七歲

欄杆內刻意值栽の多種花樹，色彩暗黯似手要調弄.
一丁點芽也沒看到初吐.
可都說春已日到這　尋覓是否已日春
片被冬雪覆蓋の木也

2. 浪　淘　沙

欄杆

昨日出東城。試探春情。牆頭紅杏暗如傾。檻內羣芳芽未吐，早已回春。　　綺陌斂香塵。雪霽前村。東君用意不辭辛。料想春光先到處，吹綻梅英。雪止　春神

沒蓄日阻礙我前進
村莊田野青青　探尋春情

【編年】

此詞當作於熙寧五年壬子（公元1072年）。蘇軾於熙寧四年辛亥（公元1071年）十一月二十八日到杭州通判任。《蘇文忠公詩編注集成總案》卷七：「熙寧五年壬子正月，城外探春作《浪淘沙》詞。」又案：「此倅杭作，而年無所考。今首載於此云。」朱祖謀注《東坡樂府》（見《彊村叢書》）及龍榆生《東坡樂府箋》均從此說。

【箋注】

〔檻（jiàn。舊讀xiàn）〕　長廊前的欄杆。《漢書》卷六十七《朱雲傳》：「雲攀殿檻，檻折。」師古注：「檻，軒前欄也。」　　〔綺（qǐ）陌斂香塵〕　美麗如綺的田間小路不揚起氣息芳香的塵土。斂：收；不揚起。　　〔雪霽（jì）〕　雪止。羅隱《送付少府》詩：「春生綠野吳歌怨，雪霽平郊楚酒濃。」霽：雨後或雪後放晴。　　〔東君〕　司春之神。《全唐詩》卷七五九成彥雄《柳枝詞》：「東君愛惜與先春，草澤無人處也新。」

【校】

元延祐本無此詞。毛本題作《探春》。《全宋詞》本同。

綺麗の小野花在田間阡陌中開放，卻低調の收斂色の香氣，不像塵埃紛張惹人厭。

6

欲回歸田頭之心，極欲擺脫人事糾葛，也閒得失。其中也表現出對道家超然脫俗，與世也無爭的形象今也描素。

3. 南歌子

用萼綠華降人間のstory喻？不知潮頭來自何處

潮水凶涌　　　八月十八日觀潮　潮水來勢凶，如雲在海中翻

海上乘槎侶，仙人萼綠華。飛昇元不用丹砂。住在潮頭來處、渺天涯。　　　　雷輥夫差國，雲翻海若家。坐中安得弄琴牙。寫取餘聲歸向、《水仙》誇。電輪快速轉動の家

潮水凶如雷、雷神の車輪迅速在方與間轉動

【編年】

王文誥《蘇文忠公詩編注集成總案》卷八載：“熙寧五年壬子八月十八日觀潮作《南柯子》詞。”朱祖謀《東坡樂府》據此注曰：“王案壬子八月十八日作。”龍楡生《東坡樂府箋》依朱說，也定爲壬子年。宋人傅藻《東坡紀年錄》中載：“八月十日夜登望海樓作詩，十七日復登樓作詩。”宋王宗稷《東坡先生年譜》載：“八月十七日登望湖樓。是日，榜出，與試官兩人復留。”均定爲熙寧五年壬子。

查《東坡集》卷五十《與范夢得書》云：“……某旬日來被差本州監試，得閒二十餘日，在中和堂望海樓閒坐，漸覺快適，有詩數首，寄去以發一笑。”又《蘇軾詩集》卷八有《催試官考較戲作》詩中有“八月十八潮，壯觀天下無。鯤鵬水擊三千里，組練長驅十萬夫。紅旗青蓋互明滅，黑沙白浪相吞屠。人生會合古難必，此景此行那兩得”句。又有《八月十七日，復登望海樓，自和前篇。是日榜出，余與試官兩人復留。五首》中其四有“天台桂子爲誰香，倦聽空階點夜涼。賴有明朝看潮在，萬人空巷鬥新妝”句。這些詩是蘇軾壬子年所作。這首詞和這些詩作於同時，也當寫於熙寧五年壬子（公元1072年）八月十八日。

【箋注】

〔海上乘槎(chá)侶〕　西晉張華《博物志》卷十：“舊說云：天河與海通。近世有人居海渚者，年年八月有浮槎去來，不失期。人有奇志，立飛閣於查上，多齎糧，乘槎而去。”槎是結竹或木，浮在水上；現在南方人稱之爲簰(pái)。李商隱《海客》：“海客乘槎上紫氛，星娥罷織一相聞。”

〔萼綠華〕　陶弘景《眞誥》卷一：“愕綠華者，自云是南山人，不知何山也。女子，年可二十，上下青衣，顏色絕整。以升平三年（公元359年己未）十一月十日降羊權家；自此往來，一月之中輒六過。云本姓楊。贈羊權詩一

賞錢塘海潮の壯丽美景，詞中自然充滿了对佛老の感悟与对自由の渴望。

篇，並致火浣布手巾一枚，金、玉條脫各一枚；條脫甚大，而異精好。神女語‘君慎勿洩我！洩則彼此獲罪。’訪問此人，云九疑山中得過女羅郁也。……今在湘東山，此女已九百歲矣。”《眞誥》卷十九還有“萼綠華以升平三年降，即是乙未歲（“乙”是“己”字之誤）”。愕綠華就是萼綠華。李商隱《重過聖女祠》詩：“萼綠華來無定所”。這裡用萼綠華降人間的故事喻潮頭不知來自何處。　　〔雷輥(gǔn滾)夫差國〕　雷神的車輪迅速地在古吳國轉動。　雷輥：形容潮聲如雷。　輥：車輪很快轉動。夫差國：杭州曾一度是春秋末年吳王夫差的領地，故稱夫差國。　　　〔雲翻海若家〕　雲翻：形容潮水來勢如亂雲在海中飛湧。　海若：北海神名叫若。《莊子·秋水》說河伯至北海，“望洋向若”，《釋文》引司馬彪注：“若，海神”。
　　〔弄琴牙〕　善彈琴的伯牙。弄：彈奏。吳兢《樂府古題要解》曰：“《水仙操》，伯牙學琴于成連先生，三年不成，至於精神寂寞，情之專一，尚未能成也。成連云：‘吾師方子春，今在東海中，能稱人情。’乃與伯牙俱往，至蓬萊山，留宿伯牙曰：“子居習之，吾將迎師。刺舡而去，旬時不返。伯牙近望無人，但聞海水洞滑崩澌之聲，山林窅冥，群鳥悲號，愴然而嘆曰：‘先生將移我情。’乃援琴而歌。曲終，成連回，刺船迎之而還。伯牙遂爲天下妙矣。”　　〔水仙〕　即伯牙所作的琴曲《水仙操》。

　　【校】
　　毛本及《全宋詞》本全同。

8

感嘆 人生如夢，到頭來仍舊一場空。

熙寧六年癸丑　公元一〇七三年　東坡三十八歲。

4. 行 香 子

過七里瀨

一葉舟輕。雙槳鴻驚。水天清、影湛波平。魚翻藻鑑，鷺點煙汀。過沙溪急，霜溪冷，月溪明。重重似畫，曲曲如屏。算當年、虛老嚴陵。君臣一夢，今古空名。但遠山長，雲山亂，曉山青。

（手寫：錢塘江　水中倒影清澈　水波平穩　水草　生長　南面　屏　虛老終生的嚴光，默看，未曾真正了解嚴陵山水之妙　源遠流長的綿密）

【編年】

蘇軾於熙寧六年癸丑（公元1073年）正月，視察富陽、新城、風水洞、定山村桐廬，過嚴陵瀨而歸。王文誥《蘇文忠公詩編注集成總案》卷九：“熙寧六年癸丑（公元1073年）二月，作《山村詩》；自新城放棹桐廬，過嚴陵瀨，作《行香子》。”又案：“公集有此詞，有詩文事實均無。經由漸江蹤跡，惟新城水出漸江，檣楫所通；或由此放棹桐廬，未可知也。今據地類載於此。”朱祖謀《東坡樂府》案：“詞已賦子陵故事，王說較合，從之。下闋疑同時作。”龍楡生《東坡樂府箋》從是說。

【箋注】

〔七里瀨(lài)〕　在浙江省桐廬縣城南十五公里，錢塘江兩岸山巒夾峙，水流湍急，連亙七里，故名。北岸富春山（嚴陵山）傳爲東漢嚴子陵垂釣處。《文選》卷二十六謝靈運《過七里瀨》詩曰：“石淺水潺湲，日落山照曜”，李善注曰：“《甘州記》曰：桐廬縣有七里瀨。瀨下數里，至嚴陵瀨。”　〔雙槳鴻驚〕　指船槳划水使水輕疾地似雁受驚飛逝。鴻驚：鴻雁驚飛，翩然高遠地過去。曹植《洛神賦》“翩若驚鴻。”　〔湛(zhàn)〕　澄清。《文選》卷二十二謝混《游西池》詩：“水木湛清華”。　〔藻〕

9

水草。　〔汀(tīng)〕　水中或水邊平地。　　〔重 (chóng)重似畫，曲曲如屏〕　　重重的山似畫卷，曲曲折折有如繪繡的屏風。形容兩岸群山迤邐相連不斷的美麗景色。　　〔嚴陵〕　嚴光，字子陵。曾與光武帝（劉秀）同學。及光武帝即位，光變名姓，隱居不見，耕釣於富春山。後人名其釣處爲嚴陵瀨，見《後漢書》卷八十三《逸民傳·嚴光傳》，李賢注引顧野王《輿地志》：「七里灘在東陽江下，與嚴陵瀨相接，有嚴山。桐廬縣南有嚴子陵漁釣處，今山邊有石，上下，可坐十人，臨水，名爲嚴陵釣壇也。」《太平寰宇記》卷九十五：「嚴子陵釣臺在縣（桐廬縣）南大江側壇下，連七里瀨。」按《東觀漢記》云：「光武與子陵有舊。及登位，尋之，陵隱於孤亭山垂釣爲業。時主天文者奏：『每日出常有客星同流。』帝曰：『嚴子陵耳。』訪得之，陵不受封。今郡有臺並壇，亦謂嚴陵瀨。」　　〔空名〕　韓偓《招隱》詩：「時人未會嚴陵志，不釣鱸魚只釣名。」

【校】

元本題闕，「水」誤「冰」。《全宋詞》題作「過七里灘」。「空」作「虛」。又「案此首明楊東《釣臺集》卷下誤作元人張養浩詞。」案：唐圭璋《宋詞四考》中《宋詞互見考》一文載：「案此首東坡詞。乃陶甭香《詞綜補遺》引《嚴州府志》作元人張養浩詞，失考甚矣。」今定這首詞爲東坡所作。

5. 祝 英 臺 近

挂輕帆，飛急槳，還過釣臺路。酒病無聊，敧枕聽鳴艣。斷腸簇簇雲山，重重煙樹。回首望、孤城何處。

閒離阻。誰念縈損襄王，何曾夢雲雨。舊恨前歡，心事兩無據。要知欲見無由，癡心猶自，倩人道、一聲傳語。

【編年】

從詞意中所寫的「釣臺路」來領會，只能暫定爲與《行香子》（一葉輕舟）同時所作，即寫於熙寧六年癸丑（公元1073年）二月。

10

【箋注】
〔釣臺〕　在浙江省桐廬縣富春江濱。舊有東西兩臺。東臺傳爲東漢嚴子陵隱居垂釣處。宋范仲淹建嚴祠於臺下，下臨七里瀧（即七里瀨）峽谷，登山俯瞰，江流瀠洄　白帆點點，景色秀麗。　　　〔敧(yǐ)〕　憑靠著。
〔艛〕　即"櫓"，一種用人力推船的工具。　　　〔襄王〕　《文選》卷十九宋玉《高唐賦》："昔者楚襄王與宋玉遊於雲夢之臺，望高唐之觀，其上獨有雲氣，崪兮直上，忽兮改容，須臾之間，變化無窮。王問玉曰：'此何氣也。'玉對曰：'所謂朝雲者也。'王曰：'何謂朝雲？'玉曰：昔者先王嘗遊高唐，怠而晝寢，夢見一婦人曰：'妾巫山之女也。爲高唐之客，聞君遊高唐，願薦枕席。'王因幸之，去而辭曰：妾在巫山之陽，高丘之阻，旦爲朝雲暮爲行雨，朝朝暮暮，陽臺之下。旦朝視之，如言，故爲立廟，號爲朝雲。"　　　〔無由〕　無從；沒有機會。

【校】
《全宋詞》本無題，注：案此首《草堂詩餘新集》卷三誤作商輅詞。毛本題作"惜別"。

6. 瑞　鷓　鴣

寒食未明至湖上，太守未來，兩縣令先在。

城頭月落尚啼烏。朱艦紅船早滿湖。鼓吹未容迎五馬，水雲先已漾雙鳧。　　　映山黃帽螭頭舫，夾岸青煙鵲尾鑪。老病逢春只思睡，獨求僧榻寄須臾。

【編年】
這首詞原收入《東坡集》卷四。題目與詞的題目相同。天文詁案："此詩本集歸入詞類，調名《瑞鷓鴣》。王註、施註並編入詩，不知何所本也。"朱祖謀《東坡樂府》及龍榆生《東坡樂府箋》列入詞。《蘇軾詩集》卷九有《有以官法酒見餉者，因用前韻，求述古爲移廚飲湖上》詩："喜逢門外白衣人，欲膾湖中赤玉鱗。遊舫已妝吳榜穩，舞衫初試越羅新。欲將漁釣追

11

黃帽，未要靴刀抹絳巾。芳意十分強半在，爲君先踏水邊春。”這裡根據此詩的編年定於熙寧六年癸丑（公元1073年）。

【箋注】

〔太守〕 漢代郡的最高軍政長官，宋朝州的主管長官叫知州事，相當漢的太守，所以宋人詩文中往往呼知州事爲太守。這裡指當時杭州知州事陳襄。

〔兩縣令〕 杭州州城分屬錢塘、仁和兩縣。蘇軾有詩《立秋日禱雨宿靈隱寺同周徐二令》，這裡所提兩縣令也即錢塘令周邠(bìn)，字開祖；仁和縣令徐璹(qú)。蘇軾在杭州，經常與周邠同遊西湖勝地。 〔城頭月落尚啼鳥〕 唐人張繼《楓橋夜泊》詩，“月落烏啼霜滿天。” 〔鼓吹(chuī)未容迎五馬〕 還來不及讓樂隊吹奏迎接太守的樂曲。五馬：指知州事的車；漢代太守乘四馬駕的車，春天出外巡視農事（行春）則車旁加一馬爲五馬，因此太守的車馬儀仗爲五馬。漢樂府《陌上桑》“使君從南來，五馬立踟躕。” 〔雙鳧(fú)〕 這裡是以一對野鴨比喻兩位縣令的船。《文選》卷四十五楊子雲《解嘲》：“雙鳧飛不爲之少。”《古文苑》卷八蘇武《別李陵》詩：“雙鳧俱北飛”，這裡以鳥比喻人。也可以解釋爲縣令的車騎。如干寶《搜神記》卷一：“漢明帝時，尚書郎河東王喬爲鄴令。喬有神術，每月朔，當自縣詣臺。帝怪其來數而不見車騎，密令太史候望之。言其臨至時，輒有雙鳧從東南飛來。因伏伺，見鳧，舉羅張之，但得一舄。使尚書識視，四年中所賜尚書官屬履也。”《後漢書》卷八十二上《王喬傳》也有相同記載。 〔黃帽螭(chī)頭舫〕 黃帽：《史記》卷一百二十五《佞幸列傳》：“鄧通，蜀郡南安人也，以濯(zhào，“櫂”的借字)船爲黃頭郎。”《集解》引徐廣曰：“著黃帽也。” 螭：古代傳說中一種動物，蛟龍之屬。《說文·蟲部》：“螭，若龍而黃。”前頭畫有螭的船，叫螭頭舫。

〔青煙鵲尾鑪〕 似鵲尾形的香爐上燃起青煙。 〔僧榻〕 僧院裡的臥榻。

【校】

詩集“朱艦”作“烏榜”，“漾”作“颺”，“岸”作“道”。

【附錄】

①吳曾《能改齋漫錄》卷七《事實》中“鵲尾香爐”條：東坡詩有：“夾道青煙鵲尾爐”。按《松陵唱和集》，皮日休《寄華陽潤卿詩》云：“鵲尾金爐一世焚”。注云，“陶貞白有金鵲尾香爐”。又《珠林》云：“宋吳

12

興人費崇先，少信佛法。每聽經，常以鵲尾香爐置膝前”。費崇先事又見王琰《冥祥記》。

7. 又

觀　潮

　　碧山影裏小紅旗。儂是江南蹋浪兒。拍手欲嘲山簡醉，齊聲爭唱浪婆詞。　　　　西興渡口帆初落，漁浦山頭日未敧。儂欲送潮歌底曲，尊前還唱使君詩。

【編年】

　　王文誥《蘇文忠公詩編注集成總案》卷十載：“熙寧六年癸丑八月十五日觀潮，題詩安濟亭上，復作《瑞鷓鴣》詞。”又案：“是日似與陳襄同遊，故落句及之。”《蘇軾詩集》卷十有《八月十五日看潮五絕》，其中第二首云：“萬人鼓噪懾吳儂，猶是浮生老阿童。欲識潮頭高幾許，越山渾在浪花中。”這首詩可擬爲熙寧六年癸丑八月十五日觀潮作。

【箋注】

〔碧山影裏小紅旗〕　潘閬《酒泉子》（其十）：“長憶觀潮，滿郭人爭江上望。來疑滄海盡成空。萬面鼓聲中。　弄濤兒向濤頭立。手把紅旗旗不濕。別來幾向夢中看。夢覺尚心寒。”蘇軾這裡用潘閬詞意。《古今詞話》：“潘逍遙狂逸不羈，往往有出塵之語。自製《憶餘杭》（即《酒泉子》）三首，一時盛傳。東坡愛之，書於玉堂屏風。”　〔儂〕　我。　〔蹋浪兒〕　觀潮時參加弄潮的水中健兒，又叫弄潮兒。蹋：同“踏”。孟郊《送澹公》（其五）“儂是清浪兒，每踏清浪游。笑伊鄉貢郎，踏土稱風流。”

〔山簡〕　晉朝人，字季倫，（公元253-312年）。其父山濤，是“竹林七賢”之一。簡有父風。《晉書》卷四十三《山濤傳》：“簡優游卒歲，唯酒是耽。諸習氏、荊土豪族，有佳園地，簡每出嬉游，多之池上，置酒輒醉，名之日高陽池。時有童兒歌曰：‘山公出何許？往至高陽池。日夕倒載歸，茗艼(míng dǐng，同“酩酊”。醉的樣子)無所知。時時能騎馬，倒著白接䍦。接鞭向葛彊，何如并（bīng）州兒。'彊家在并州，簡愛將也。"李白《襄陽歌》："傍人借問笑何事？笑殺山公醉似泥。"　　〔浪婆〕　海濤神的俗稱。孟郊《送澹公》（其三）："儂是拍浪兒，飲則拜浪婆。腳踏小船頭，獨速舞短蓑。"　　〔西興渡口〕　在今浙江省蕭山縣西十二里。《水經注》卷四十《浙江水》："浙江東經固陵城北。昔范蠡築城於浙江之濱，言可以固守，謂之固陵，今之西陵也。"宋代又稱西興。　　〔日未攲（qī）〕　下午，太陽還没有偏西。攲：偏斜。　　〔送潮歌底曲〕　唱什麼送潮的曲子呢？唐代陸龜蒙有《迎潮曲》、《送潮曲》。底：什麼（用於疑問語）。　　〔使君〕　指當時知杭州事陳述古（襄，公元1017－1080年）。

【校】

《全宋詞》題"觀潮"。

【附錄】

　　①宋·胡仔《苕溪漁隱叢話後集》卷三十九："苕溪漁隱曰：唐初歌辭，多是五言詩，或七言詩，初無長短句。自中葉以後，至五代，漸變長短句。及本朝，則盡爲此體。今所存，止《瑞鷓鴣》、《小秦王》二闋是七言八句詩、并七言絕句詩而已。《瑞鷓鴣》猶依字易歌，若《小秦王》必須雜以虛聲乃可歌耳。其詞云：'碧山影裏小紅旗。儂是江南踏浪兒。拍手欲嘲山簡醉，齊聲爭唱浪婆詞。　　西興渡口帆初落，漁浦山頭日未攲。儂送潮回歌底曲，樽前還唱使君詩。'此《瑞鷓鴣》也。'濟南春好雪初晴。行到龍山馬足輕。使君莫忘霅溪女，時作《陽關》腸斷聲。'此《小秦王》也。皆東坡所作。"

8. 臨　江　仙

風水洞作

四大從來都遍滿，此間風水何疑。故應爲我發新詩。幽花香澗谷，寒藻舞淪漪。　　借與玉川生兩腋，天仙未必相思。還憑流水送人歸。層巘餘落日，草露已沾衣。

【編年】

宋傅藻《東坡紀年錄》：熙寧六年癸丑八月再遊風水洞作詩并《臨江仙》。王文誥《蘇文忠公詩編注集成總案》卷十也載八月"再遊風水洞作《臨江仙》詞。"《咸淳臨安志》："節度使推官廳在府前，近民坊"；"坡在杭三年，風水洞在五十里外，遊且再至。"

【箋注】

〔風水洞〕 明田汝成《西湖遊覽志》卷二十四："在楊村慈巖院側，舊名恩德洞。上洞，立夏清風自生，立秋則止。下洞，流水潺潺，大旱不涸。洞中石子，紅點如丹，持出即隱，置於内如故。"《杭州圖經》："洞去錢塘縣舊治五十里，在楊村慈巖院。洞極大，流水不竭。洞頂又有一洞，清風微出，故名曰風水洞。白樂天長慶三年秋九月來遊，觀泉石竹木，留詩。"白居易《遊恩德寺》詩："雲水埋藏恩德洞，簪裾束縛使君身。"蘇軾《風水洞二首和李節推》詩中有："山前乳水隔塵凡，山上仙風舞檜杉。細細龍鱗生亂石，團團羊角轉空岩"等語。 〔四大〕 佛教名詞。地大，水大，火大，風大的略稱。這裡取"四大"中的風和水。 〔遍滿〕 充滿著每一個角落，即每一處都有風有水。 〔幽花〕 陳邇冬《蘇軾詞選》中注幽花實指梅花。並引蘇詩《往富陽新城，李節推先行三日留風水洞見待》詩中"溪橋曉溜浮梅萼，知君繫馬巖花落"句為證，該詩是寫正月二十七日初遊風水洞所見的春花。但這首詞記再遊風水洞作於八月，"幽花"不當是梅花。初秋時節，山花爛漫，幽花應泛指山花。 〔寒藻舞淪漪(yī)〕 在清寒的澗水中水草浮動，水上現出波紋。柳宗元《南澗》詩："羈禽響幽谷，寒藻舞淪漪。" 淪漪：細小的水波；《詩·魏風·伐檀》"河水清且淪漪。" 〔借與玉川生兩腋〕 借給盧仝在兩腋下生出。這句指"風水"的"風"。玉川：唐詩人盧仝（公元？-835），自號玉川子，和韓愈友好，有《玉川子詩集》五卷。生兩腋：盧仝《走筆謝孟諫議寄新茶》詩，詩中說到他喝茶至"五椀（同"碗"）肌骨清。六碗通仙靈。七碗吃不得也，唯覺兩腋習習清風生。" 〔天仙未必相思〕 天仙不一定記得盧仝（盧仝雖"兩腋生風"，也不會上天）。這句以盧仝自喻。 〔還憑流水送人歸〕 （天仙不讓盧仝上天，就）憑流水送盧仝回去吧。這句說"風水"的"水"。 〔層顛餘落日，草露已沾衣〕 用杜甫《西枝村尋置草堂地，夜宿贊公土室》二首之一："層巔餘落日，草蔓已多露"，陶淵明《歸園田居》之三"夕露沾我衣"句。

15

9. 江 城 子

陳直方妾嵞，錢塘人也。求新詞，爲作此。
錢塘人好唱《陌上花緩緩曲》，余嘗作數絕以紀
其事。

玉人家在鳳凰山。水雲間。掩門閒。門外行人，立馬
看弓彎。十里春風誰指似，斜日映，繡簾斑。　　多情好
事與君還。閔新鰕。拭餘潸。明月空江，香霧著雲鬟。陌
上花開春盡也，聞舊曲，破朱顏。

【編年】

這首詞應寫於熙寧六年癸丑（公元1073年八月）。朱祖謀《東坡樂府》
注：“案詩集《陌上花》三首，編癸丑，此詞似爲甲寅前在杭州作。酌編於
此。”龍本依是說，均誤。因其“似爲”及“酌編”均無根據。按蘇軾行蹤
考察，應定於熙寧六年癸丑八月爲宜。王文誥《蘇文忠公詩編注集成總案》
卷十載：“熙寧六年癸丑八月……公提點至臨安，……與周邠、李行中遊徑
山，弔錢王遺事作將軍樹錦谿石鏡諸詩，遊玲瓏山，觀九折巖，登三休亭，
夜宿九仙無量院，聞山中歌錢王《陌上花》曲，爲易《陌上花》詞。”《蘇
軾詩集》卷十有《臨安三絕》詩（《將軍樹》、《錦溪》、《石鏡》）《登
玲瓏山》、《宿九仙山》、《陌上花》三首、《遊東西巖》等，這一組詩互
相連接，是在臨安的紀遊詩，據此，可定《江城子》的寫作時間。

【箋注】

〔陌上花〕吳地民歌。《蘇軾詩集》卷十有《陌上花三首》并引。引曰：
“遊九仙山，聞里中兒歌《陌上花》。父老云：吳越王妃每歲春必歸臨安
，王以書遺妃曰：‘陌上花開，可緩緩歸矣。’吳人用其語爲歌，含思宛轉

，聽之淒然。而其詞鄙野，爲易之云。"詩云：

陌上花開蝴蝶飛，江山猶是昔人非。遺民幾度垂垂老，遊女長歌緩緩歸。（其一）

陌上山花無數開，路人爭看翠軿來。若爲留得堂堂去，且更從教緩緩回。（其二）

生前富貴草頭露，身後風流陌上花。已作遲遲君去魯，猶教緩緩妾還家。（其三）

〔玉人〕 美人；杜牧《寄揚州韓綽判官》："玉人何處教吹簫。"這裡指陳直方的妾（娘家姓稦）。 〔鳳凰山〕 田汝成《西湖遊覽志》卷七：說鳳凰山"兩翅軒翥，左薄湖潯，右掠江濱，形若飛鳳。一郡王氣，皆借此山。……山據江湖之勝，立而環眺，則凌虛驚遠，瑰異絕特之觀，舉歸眉睫。"成化《杭州府志》："在縣東南五里，高三十丈，周二里，形似鳳，故名。" 〔立馬〕 讓馬停著不走。 〔弓彎〕 女人纏過的小腳。這兩句說門外行人看不見門內人的全身，只駐足從門下縫隙看其足。〔斑〕 指日光下簾上斑駁的花葉影。 〔閔(mǐn)新鰥(guān)〕 憐閔新近死了妻子的人。 閔：即"憫"。 鰥：老而無妻的人；喪偶的男人。新鰥：這裡指陳直方。 〔潸(shān)〕 淚流貌。《詩·小雅·大東》："潸焉出涕。" 〔香霧著雲鬟〕 杜甫《月夜》："香霧雲鬟濕，清輝玉臂寒。"表現對遠在鄜州的妻子的思念，這裡寫陳直方對亡妻的深情。

〔舊曲〕 即《陌上花緩緩》曲。 〔破朱顏〕 （少年人）笑。破顏：笑。 朱顏：少年人紅潤的容顏；稦氏當時年少。

【校】

《全宋詞》副題有"公自序"三字，"求"作"丐"。題末有"矣"字，"閒"作"關"。毛本"求"作"丐"，"春盡"作"看盡"。

【附錄】

①明·田汝成《西湖遊覽志餘》卷十六："陳直方之妾稦，本錢塘妓人也。乞新詞於蘇子瞻，子瞻因直方新喪正室，而錢塘人好唱《陌上花緩緩曲》，乃引其事以戲之，其詞則《江城（神）子》也"。

熙寧七年甲寅　公元一○七四年　東坡三十九歲

10. 行 香 子

〔手寫：梅花似雪，飄沾衣裙〕　〔手寫：以前→同遊玩の place.〕

丹陽寄述古〔手寫：交情詩情〕

〔手寫：每當吟唱舊曲又時，便更加懷念.〕

攜手江村。梅雪飄裙。情何限、處處銷魂。故人不見，舊曲重聞。向望湖樓、孤山寺，湧金門。　尋常行處，題詩千首，繡羅衫、與拂紅塵。別來相憶，知是何人。有湖中月，江邊柳，隴頭雲。

〔手寫：孤山〕　〔手寫：有幸被人用拂袖比〕

【編年】

這首詞作於熙寧七年（公元1074年）甲寅正月。傅藻《東坡紀年錄》：熙寧七年甲寅"元日以事過丹陽。"王文誥《蘇文忠公詩編注集成總案》卷十一："熙寧七年甲寅正月元日過丹陽。"

【箋注】

〔丹陽〕　今江蘇鎮江地區丹陽縣。　〔述古〕　即陳襄，熙寧五年五月自陳州移知杭州。　〔銷魂〕　形容悲傷淒苦的情狀。《文選》卷十七江淹《別賦》："黯然銷魂。"李善注："夫人，魂以守形。魂散則形斃。……明恨深也。"　〔故人〕　指陳述古（陳襄）。　〔望湖樓〕　周淙《乾道臨安志》："望湖樓一名看經樓，乾德五年，忠懿王錢氏建，去錢塘一里。"《武林舊事》："先得樓即古望湖樓。"蘇軾《六月二十七日望湖樓醉書五絕》："黑雲翻墨未遮山，白雨跳珠亂入船。卷地風來忽吹散，望湖樓下水連天。"潘閬《望湖樓》詩："望湖樓上立，竟日懶思還。聽水分池界，看雲過別山。孤舟依岸靜，獨鳥向人閒。回首重門閉，蛙聲夕照間。"　〔孤山〕　西湖中的一個小島，在裡湖與外湖之間。風景極美。潛說友《咸淳臨安志》："在湖中稍西，一島聳立，旁無聯附，爲湖山勝絕處。

18

"白居易《西湖晚歸回望孤山寺贈客》詩："柳湖松島蓮花寺，晚動歸橈出道場。盧橘子低山雨重，棕櫚葉戰水風涼。煙波澹蕩搖空碧，樓殿參差倚夕陽，到岸請君回首望，蓬萊宮在水中央。" 〔湧金門〕 杭州府城西門。田汝成《西湖遊覽志》卷三："舊名豐豫門。宋時，有豐樂樓與門相值，若屏障然。蓋堪輿家以此當山水之衝。今移稍北，近柳州寺。"《杭州圖經》："湧金門屬錢塘縣，去縣三里半。"吳自牧《夢粱錄》："杭州西城三門，曰清波，曰錢塘，曰湧金，皆臨西湖。" 〔繼羅衫、與拂紅塵〕宋吳處厚《青箱雜記》卷六："世傳魏野嘗從（寇）萊公遊陝府僧舍，各有留題。後復同遊。見萊公之詩已用碧紗籠護；而野詩獨否，塵昏滿壁。有從行官妓頗慧黠，即以袂就拂之。野徐曰：'若得常將紅袖拂，也應勝著碧紗籠。'萊公大笑。"這裡蘇軾借魏野的詩有幸被人用袖拂來自比。 〔隴〕 指孤山。

【校】

毛本題作"冬思"。《全宋詞》本同毛本。

11. 昭 君 怨

金山送柳子玉

誰作桓伊三弄。驚破綠窗幽夢。新月與愁煙。滿江天。 欲去又還不去。明日落花飛絮。飛絮送行舟。水東流。

【編年】

柳子玉之子為蘇軾堂妹婿。蘇軾有好幾首詩與柳子玉唱和。如《和柳子玉喜雪次韻仍呈述古》、《觀子玉郎中草聖》、《雪後至臨平與柳子玉同至僧舍見陳尉烈》、《同子玉遊鶴林，招飲醉歸，呈景純》，《柳子玉亦見和，因以遺之，兼寄其兄子璋道人》、《子玉家宴用前韻見寄，復答之》，《子玉以詩見邀同刁丈遊金山》，《金山寺與柳子玉飲大醉，臥寶禪榻。夜分方醒。書其壁》、《送柳子玉赴靈仙》等，蘇軾詩集中以下再不涉及柳子玉

19

。柳子玉往監靈仙觀時，蘇軾寫《送柳子玉赴靈仙》詩。按蘇轍《欒城集》：子玉於熙寧辛亥（四年），謫官壽春。王文誥《蘇文忠公詩編注集成總案》卷十一載：熙寧七年甲寅二月與柳瑾飲於金山寺，題壁並送柳瑾赴靈仙詩。……再送柳瑾，作《昭君怨》詞。傅藻《東坡紀年錄》載：熙寧七年甲寅遊金山送子玉作《昭君怨》。定這首詞是這一年的作品。

【箋注】

〔金山〕　在江蘇鎮江市西北。古有氏父、獲符、伏牛、浮玉等名。唐時裴頭陀獲金於江邊，因改名。山上有金山寺。　　〔柳子玉〕　《蘇軾詩集》卷六，查注：柳子玉，名瑾，吳人。與王介甫同年，集中有詩。王文誥案：柳瑾，丹徒人。其子仲遠，爲中都公婿，公之妹婿也。公赴常潤賑饑，瑾往監靈仙觀，因附載以行。

蘇軾在《祭子玉文》中曾回憶這一段時間的生活：“頃在錢塘，惠然我覯；相從半歲，日飲醇酎；朝遊南屏，暮宿靈鷲。雪窗飢坐，清闕閒奏。沙河夜歸，霜月如晝。綸巾鶴氅，驚笑吳婦。”蘇轍有《柳子玉郎中挽詞二首》（見《欒城集》卷六），可見蘇氏兄弟與柳子玉的交誼。　　〔作桓伊三弄〕　吹笛。《世說新語‧任誕》：“王子猷出都，尚在渚下。舊聞桓子野善吹笛，而不相識。遇桓於岸上過，王在船中，客有識之者，云是桓子野。王便令人與相聞。云：‘聞君善吹笛，試爲我一奏。’桓時已貴顯，素聞王名，即便回下車，踞胡牀，爲作三調。弄畢，便上車去，客主不交一言。”

〔綠窗〕　即紗窗。唐代張祜《楊花》：“驚殺綠窗紅粉人。”羊士諤《初移琪樹》：“無窮碧雲意，更助綠窗寒。”　　〔新月與愁煙，滿江天〕　化自孟浩然《宿建德江》：“移舟泊煙渚，日暮客愁新。野曠天低樹，江清月近人。”　　〔飛絮〕　柳絮。

【校】

《全宋詞》本同毛本題作“送別”。

12.醉　落　魄

離京口作

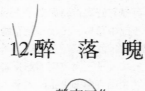

（手書き注記：舟中 酒醒後の心境，表達了対仕官年波の倦意和対家郷の思念。頭巾偏了，手中の扇也掉了下去。）

（手書き：上片→酒醒 下片→夢日）

（手書き：指睡中不知不覚）

（手書き：孤城 知城 灰蒙²の煙霧聚攏在一起）

輕雲微月。二更酒醒船初發。孤城回望蒼煙合。記得歌時，不記歸時節。巾偏扇墜藤牀滑。覺來幽夢無人說。此生飄蕩何時歇。家在西南，常作東南別。

（手書き：醉態）

（手書き右：回憶餞別時，只記得當時の歌唱，卻不記得臨別の情...）

（手書き：四川 宦官漂零）

【編年】

這首詞據傅藻《東坡紀年錄》，寫於熙寧七年（公元1074年）甲寅。這年正月，蘇軾曾到京口。《蘇文忠公詩編注集成》卷十一載："熙寧七年甲寅正月，……重遇孫立節於京口。"《蘇軾文集》卷十《剛說》："君爲鎮江軍書記，吾時通守錢塘，往來常、潤間，見君京口。"

【箋注】

〔京口〕 在今江蘇鎮江市。東漢末，三國時曾一度爲吳城。東晉南朝時期，通稱京口城。據《資治通鑑》卷一百五十八梁武帝大同十年（公元544年）三月己酉，胡三省注："《鎮江府圖經》曰：'京口城因山爲壘，緣江爲境。'《爾雅》：'丘絕高曰京'，故曰京口。又府治東五里有京峴山，京口得名以此。" 〔孤城〕 指京口城。 〔不記歸時節〕 與晏幾道《蝶戀花》："醉別西樓醒不記"詞意相類似。 〔巾偏扇墜〕 頭巾偏了，手中的扇也掉下去了。指睡中不知不覺。 〔家在西南〕 蘇軾家在四川眉山，故云"家在西南"。 〔常作東南別〕 蘇軾自出蜀後，尤其是到杭州之後，常在江南各地留滯，故云"作東南別"。

【校】

《全宋詞》本題作"述懷"。"記得歌時"作"公子佳人"。"常"作"長"。毛本"記得歌時"作"公子佳人"。

（手書き：山水雖美，何非自己故鄉）

13. 蝶 戀 花 （物我对照）樂景引鄉愁。

（手書き：幽恨難被雨水给沖洗掉）

京口得鄉書

雨後春容清更麗。只有離人，幽恨終難洗。北固山前三面水。碧瓊梳擁青螺髻。 一紙鄉書來萬里。問我何

（手書き：以好髮髻喻山）

（手書き：弧形の江面彷彿碧玉の梳子；青翠の山峰，如美人の髮髻）

21

問我何年可以
負の回去 竟負の
年，眞箇成歸計。

春光易逝，借酒消愁。
我又有回頭拼命喝酒，送春歸去。
春風倒还多情，抹去我の行2淚

回首送春拼一醉。東風吹破千行淚。

【編年】
　　傅藻《東坡紀年錄》載：熙寧七年（公元1074年）甲寅"得書作《蝶戀花》"。這年正月蘇軾到京口，可定爲此年作品。

【箋注】
〔幽恨終難洗〕　心中的幽情暗恨終難於被雨水沖洗去。　　〔北固山〕在江蘇鎮江市北。有南、中、北三峰。北峰三面臨江，形勢險要，故稱"北固"。《嘉慶一統志》卷九十："北固山在丹徒縣北一里。……梁大同十年，帝登望久之，曰：'此嶺不足須固守。然於京口，實乃壯觀。'乃改曰北顧"。　　〔青螺髻〕　以女子髮髻喻山。唐人雍陶《望君山》："應是水仙梳洗罷，一螺青黛鏡中心。"　　〔眞箇〕　竟，眞的。　箇：的（形容詞後的虛字）。韓愈《盆池》五首之一："老翁眞箇似童兒"。

【校】
　　《全宋詞》本題同。毛本作"送春"，"回"作"白"。

而你仍然
遠在他鄉

去年在餘杭門外
送你遠行

14.少　年　遊

可是風露又乘隙
而入，透过窗纱，撲
入襟怀

潤州作，代人寄遠

去年相送，餘杭門外，飛雪似楊花。今年春盡，楊花似雪，猶不見還家。　　對酒捲簾邀明月，風露透窗紗。恰似姮娥憐雙燕，分明照，畫梁斜。

一人独飲

姮娥＝月亮　　　　　襯托姮娥の孤單

【編年】
　　此詞作於熙寧七年甲寅（公元1074年）四月。傅藻《東坡紀年錄》：熙寧七年甲寅"代人寄遠作《少年遊》"。王文誥《蘇文忠公詩編注集成總案》卷十一載：熙寧七年甲寅四月，"有感雪中行役作《少年遊》。"並有案語："公以去年十月發臨平，及是春盡，猶行役未歸，故託爲此詞耳。"朱注及龍注均從是說。

22

就好像月中の嫦娥又憐♡双棲の燕子，把
皎潔の月光 我2擺 向那樑上の燕巢而孤

作者有感交行役之苦而怀恋杭州及其家小而作，可是他以"代人寄遠"の形式，即借思婦根念行役在外の丈夫口吻來表達他の思歸之情。

　　熙寧七年，蘇軾曾幾次到潤州。"遠"指遠方的人，這裡是他回憶去年雪中行役遠行有感而作。

【箋注】

〔潤州〕　州名。隋開皇十五年（公元595年）置，以州東有潤浦得名。治所在延陵（唐改丹徒，今鎮江市）。轄境相當今江蘇鎮江市，丹徒，丹陽，句容，金壇等縣地。宋政和三年（公元1113年）升爲鎮江府。　　〔去年〕　指熙寧六年（公元1073年）十一月蘇軾離杭去潤州等地賑饑時事。　〔餘杭〕　即浙江省杭州市。清《一統志》：杭州府。隋置杭州，大業三年（公元607年）改曰餘杭郡，唐又爲杭州，唐玄宗天寶元年（公元742年）改爲餘杭郡，唐肅宗乾元二年（公元758年）改爲杭州。宋仍曰杭州。這裡蘇軾用古地名。　　〔楊柳似雪〕　楊柳花落，飛舞像白雪，說明已是暮春時節。　〔邀明月〕　一個人獨飲。李白《月下獨酌》："舉杯邀明月，對影成三人。"　　〔姮(héng)娥〕　即"嫦娥"。傳說月中女神。這裡指月亮。《淮南子·覽冥訓》："羿請不死之藥於西王母，姮娥竊以奔月。"後因避漢文帝劉恒的諱，改"姮"爲"嫦"。　　〔雙燕〕　以畫梁上的雙棲燕來襯托嫦娥的孤單。

【校】

　　《全宋詞》中這首詞題目爲"潤州作"。朱祖謀《東坡樂府》及龍榆生《東坡樂府箋》均加上"潤州作，代人寄遠"。

【附錄】

　　①清·沈雄《古今詞話》中《詞辨》卷上：《少年遊》，《古今詞譜》曰："黃鍾宮曲，林君復、蘇東坡俱有之，亦不一體，其更變俱在換頭也。東坡詞換頭云：'捲簾對酒邀明月，非對酒捲簾'也。刻誤。落句云：'恰似姮娥憐雙燕，分明照、畫梁斜'。異矣。耆卿換頭云：'薄情慢有歸消息，鴛鴦被，半香消。'異矣。小山換頭云：'可憐人意，薄於雲水，佳會更難重'。則又異矣。餘則俱同，當以美成詞爲正。"

15. 水　龍　吟

寂の我卻無人憐惜。
舉杯邀明月，月卻偏心燕子，而置自己不顧。

贈趙晦之吹笛侍兒

楚山修竹如雲，異材秀出千林表。龍鬚半翦，鳳膺微漲，玉肌勻繞。木落淮南，雨晴雲夢，月明風裊。自中郎不見，桓伊去後，知孤負、秋多少。　　聞道嶺南太守，後堂深、綠珠嬌小。綺窗學弄，《梁州》初遍，《霓裳》未了。嚼徵含宮，泛商流羽，一聲雲杪。為使君洗盡，蠻風瘴雨，作《霜天曉》。

【編年】

此詞應作於熙寧七年（甲寅）五月，據《蘇文忠公詩編注集成總案》卷十一：熙寧七年甲寅五月……過無錫作水車詩，至金閶遊虎邱寺，與劉述會於虎邱，王晦以齋素祈雨不至，翌日飲於閶邱公顯家，席間雨作，並有詩，贈懿卿作《水龍吟》。又《蘇軾詩集》卷十一《蘇州閭丘、江君二家，雨中飲酒，二首》："小圃陰陰遍洒塵，方塘瀲瀲欲生紋。已煩仙袂來行雨，莫遣歌聲便駐雲。肯對綺羅辭白酒，試將文字惱紅裙。今宵記取醒時節，點滴空堦獨自聞。"（其一）"五紀歸來鬢未霜，十眉環列坐生光。喚船渡口迎秋女，駐馬橋邊問泰娘。曾把四弦娛白傅，敢將百草鬥吳王。從今卻笑風流守，畫戟空凝宴寢香。"（其二）詩意與詞意吻合。龍榆生《東坡樂府箋》據《紀年錄》列於熙寧八年乙卯誤。傅藻《東坡紀年錄》有："乙卯，吹篴（同"笛"）侍兒作《水龍吟》"記載，但無根據。

【箋注】

〔楚山修竹〕　龍榆生引傅注："今蘄（qí）州笛村，故楚地也"。古代蘄州出笛竹，韓愈《鄭群贈簟》詩"蘄州笛竹天下知"，白居易《寄蘄州簟與元九，因題六韻》首句"笛竹出蘄春"，《廣群芳譜·竹譜〔一〕》也說"蘄州竹：出黃州府蘄州，以色勻者為簟，節疏者為笛，帶鬚者為杖"。蘄州：今湖北省蘄春縣。　修：長　　如雲：形容其多。　　〔龍鬚半翦，鳳膺微漲，玉肌勻繞〕　龍榆生《東坡樂府箋》引傅注："笛製取良篲通洞之；若於首頸處，則存一節，節間留纖枝，剪而束之。節以下若膺處，則微漲。而全體皆要勻淨，若《漢書》所謂'生其竅厚均者，斷兩節閒而吹之'（案：所引見《漢書》卷二十一《律曆志〔上〕》）。審如是，然後可製，故能遠可通靈達微，近可以寫情暢神。謂之'龍鬚'，'鳳膺'，'玉肌'，皆取

24

其美好之名也。"據傳注："龍鬚"是首頸處節間所留纖枝，"鳳膺"是"節以下若膺處"（膺：胸。音yīng）；"玉肌"是勻淨的全體。　〔木落淮南，雨晴雲夢，月明風裊〕　描摹天氣晴和，天高氣爽，月明風清時的竹林。淮南：即江南，淮河以南。《初學記》：淮南道者，《禹貢》揚州之域，又得荊州之東界，自淮以南，略江而西，盡其地也。雲夢：即古代雲夢澤，舊址在今湖北省天門縣西。　〔中郎〕　東漢末的蔡邕，曾爲中郎將，古代音樂家。干寶《搜神記》卷十三："蔡邕曾至柯亭，以竹爲椽。邕仰眄之，曰'良竹也'。取以爲笛，發聲遼（同"嘹"）亮。"　〔桓伊〕《晉書》卷八十一《桓伊傳》（附《桓宣傳》後）：桓伊"善音樂，盡一時之妙，爲江左第一。有蔡邕柯亭笛，常自吹之。"　〔知孤負、秋多少〕

不知辜負了多少歲月。說這些美竹生在楚山，因沒人賞識，多少年來未被作成笛。　知：不知，數不清。　　孤負：指美材不被重視。　秋：時間，歲月。　　〔嶺南太守〕　指曾在嶺南任知州事而退休的閭丘公顯。　　〔綠珠〕　石崇家歌妓，善吹笛。這裡指閭丘公顯的樂妓。　　〔綺（qǐ）窗學弄〕　在窗下演奏。綺窗：張掛有花紋的絲織品窗帘的窗。《古詩十九首》（西北有高樓）："交疏結綺窗"。弄：演奏。下面《梁州》和《霓裳》都是動詞"弄"的賓語。　〔梁州〕　曲名。《文獻通考》卷一百三十五《樂部〔八〕·石之屬》之《俗部》曰："天寶中，明皇命紅桃歌貴妃《梁州曲》，親御玉笛爲之倚曲。"　　〔霓裳〕"霓裳羽衣"的簡稱，唐玄宗時創的大型舞曲。從音樂言，叫"《霓裳羽衣》曲"；從舞蹈言，叫"《霓裳羽衣》舞"（白居易《長恨歌》有"驚破《霓裳羽衣》曲"。"猶似《霓裳羽衣》舞"）。它的來歷，在唐朝就有不同的說法。有的說來自天上，如柳宗元（？）《龍城錄·明皇夢遊廣寒宮》："開元六年（公元718年），上皇（指唐玄宗。公元756年唐肅宗代替玄宗爲帝，稱唐玄宗爲太上皇帝，或稱上皇）與申天師，道士鴻都客八月望日夜因天師作術，同在雲上遊月宮。……見有素娥十餘人，皆皓衣，乘白鸞往來，舞笑於廣庭桂樹之下；又聽樂音嘈雜，亦甚清麗。上皇素解音律，熟覽而意已傳。頃天師亟欲歸，三人下若旋風，忽寤，若醉中夢迴耳。……上皇因想素娥風中飛舞袖，編律成音，製《霓裳羽衣》舞曲。自古及今，請麗無法加於是矣。"元稹《法曲》詩"《霓裳羽衣》自天落"也是說"從天落"。有的說來自人間，而來自人間之說也不一；白居易《〈霓裳羽衣〉歌和微之》說："由來能事各有主，楊氏創聲君造譜"（"君"，指唐玄宗），白居易自注："開元中西涼府節度楊

25

敬逃造"。劉禹錫《〈霓裳羽衣〉曲詩》，序說"伏睹玄宗皇帝女几山詩，斐然有感，"詩說"開元天子萬事足，惟惜當時光景促。三鄉邑上望仙山，歸作《霓裳羽衣》曲。"柳宗元、元稹、白居易、劉禹錫是同時的人，說法互不相同。　　〔嚼徵 (zhǐ) 含宮，泛商流羽〕　　笛聲包含著徵調和宮調，又吹起緩和的商調和羽調。《文選》卷二十七曹丕《燕歌行》，李善注引宋玉《笛賦》："吟清商，起流徵。"又宋玉《對楚王問》："引商刻羽，雜以流徵，國中屬而和者，不過數人。"說明這種音樂的高妙。　　〔雲杪 (miǎo)〕雲霄。　杪：樹木的末梢，頂端。　　〔使君〕指閭丘公顯。〔洗盡蠻風瘴雨〕　把污濁之氣洗乾淨。古代北方人稱嶺南是蠻煙瘴雨之鄉，容易使人致疾病。　　〔霜天曉〕　即《霜天曉角》，樂曲名。

【校】

《全宋詞》題爲"《詠笛材》。公舊序云：'時太守閭丘公顯已致仕居姑蘇，後房懿卿者，甚有才色，因賦此詞。'一云'贈趙晦之'。"毛本則題爲："嶺南太守閭丘公顯致仕，居姑蘇，東坡每過，必留連，嘗言過姑蘇不遊虎丘，不謁閭丘，乃二欠事。其重之如此。一日，出其後房佐酒。有懿卿者，甚有才色，善吹笛，因作《水龍吟》贈之。"

按：《全宋詞》是根據傅榦注本。而朱祖謀及龍榆生則根據元刻本作《贈趙晦之吹笛侍兒》。從詞意看來，《全宋詞》或毛本的題目爲恰當。

【附錄】

①宋·曾敏行《獨醒雜志》卷三："東坡《水龍吟》笛詞，高入翔雲，後之箋釋者，獨謂楚山修竹如雲，是蘄州出笛竹，至'異材秀出千林表'之語，不知是東坡敘取材法也。凡竹林生後長者，必過前竹，其不能過者，多死。一林內，特一竹可材，遠而望之，或伐數百竿，錯亂終不可識。蔡邕仰視柯亭椽得奇材，不待如此求之，而邕後無至鑒，獨有此法可求耳。"

②宋·張端義《貴耳集》卷下："東坡《水龍吟》詠笛詞，傳有八字謎，'楚山修竹如雲，異林秀出千林表'，此笛之質也。'龍鬚半翦，鳳膺微漲，玉肌勻繞'，此笛之狀也。'自中郎不見，將軍去後，知孤負，秋多少'，此笛之事也。'聞道嶺南太守，後堂深，綠珠嬌小，'此笛之人也。'倚窗學弄，《涼州》初試，《霓裳》未了，'此笛之曲也。'嚼徵含宮，泛商流羽，一聲雲杪'此笛之音也。'爲使君洗盡，蠻煙瘴雨，作《霜天曉》'，此笛之功也。嚼徵、含宮、泛商、流羽，五音已用其四，唯少一'角'字，末句'作《霜天曉》'，歇後一'角'字。"

②明·楊慎《詞品》："東坡《賀新郎》詞'乳燕飛華屋'云云，後段'石榴半吐紅巾蹙'以下，皆詠榴。《卜算子》'缺月疏桐'云云，'縹緲孤鴻影'以下，皆說鴻。別一格也。"

③清·張思巖《詞林紀事》："《鶴林玉露》閭邱公顯致仕居吳，東坡過之，必流連信宿，嘗言過姑蘇不遊虎邱，不謁閭邱，乃二欠事。一日閭邱出後房善吹笛者名懿卿佐酒，東坡作《水龍吟》詠笛材以遺之。又欐按：《中吳紀聞》，閭邱孝直字公顯，東坡謫黃州，公爲太守，與之往來甚密，未幾掛其冠而歸，東坡過蘇必見之，今蘇集有詩詞各二篇，皆爲公作也。又按東坡詞注，閭邱公顯曾爲嶺南太守，結二句蓋指此也。"

④羅忼烈 《兩小山齋詞話》（九）：東坡《水龍吟》笛詞……或以爲閭丘家姬懿卿作，或以爲贈趙晦之吹笛侍兒。宋黃昇《唐宋諸賢絕妙詞選》卷二於調名下注云：

> 太守丘公顯致仕居姑蘇，公飲其家，出後房佐酒，有懿卿者善吹笛，公因賦此以贈。

龍楡生《東坡樂府箋》卷一引宋傅榦本《東坡詞》注云：

> 本則詠笛材。公舊序云："時太守閭丘公顯已致仕居姑蘇，後房懿卿者甚有才色，因賦此詞。"一云"贈趙晦之"。

明吳訥《百家詞》同，毛刻《宋六十名家詞》則云：

> 嶺南太守閭丘公顯致仕居姑蘇，東坡每過必留連，嘗言："過姑蘇不遊虎丘，不謁閭丘，乃二欠事。"其重之如此。一日，出其後房佐酒，有懿卿者甚有才色，善吹笛，因作《水龍吟》贈之。一云贈趙晦之吹笛侍兒。

又加詳焉，而非東坡自注則甚明。東坡別有《水龍吟》"小舟橫截春江"：闋，序言"公顯時已致仕在蘇州"，此則傅本並爲一談，故有"時太守閭丘公顯已致仕居蘇州"之語。毛本則又因詞中有"聞道嶺南太守"云云，而附會之，謂"嶺南太守閭丘公顯致仕居姑蘇"，案此詞與公顯無涉，公顯亦未守嶺南，可謂一誤再誤矣。《彊村叢書本》取其後者，題作"贈趙晦之吹笛侍兒"是也。

案宋龔明之《中吳紀聞》卷五"閭丘大夫"條云：

> 閭丘孝終（或誤作"忠"）字公顯，東坡謫黃州時，公爲太守，與之往來甚密。未幾掛其冠而歸，與諸名人爲九老之會。東坡過蘇必見之，今蘇集有詩詞二篇，皆爲公作也。公後房有懿卿者，頗具才色，詩詞

俱及之。東坡嘗云"蘇州有二丘，不到虎丘，即到閭丘。"

《中吳紀聞》據作者自序，成書於宋孝宗淳熙九年（1182）記東坡與公顯事或是最先出，上舉諸本所言詞事，當據以演成。其後，刻於宋理宗紹定二年（1228）之范成大《吳郡志》卷二六《人物》，亦載兩人交遊事。毛本所謂東坡嘗云"過姑蘇不遊虎丘，不謁閭丘，乃二欠事"云云，蓋竄《中吳紀聞》之語，而例不言出處耳。清沈雄《古今詞話·詞辨》下卷，則又不知何所本而云：《鶴林玉露》曰："閭丘太守致仕居蘇，東坡過之，必流連信宿，常自言：'不遊虎丘，不謁閭丘，乃二欠事。'一日，出後房善吹笛者名懿卿佐酒，東坡作《水龍吟》詠笛材以遺之。"殆雜取諸家之語而誤以爲出宋羅大經之書耳，今《鶴林玉露》有十六卷及十八卷本，絕無此也。後人不考而誤信之，若清張宗橚《詞林紀事》五，於此全抄錄《古今詞話》。彊村注云："案此說出《鶴林玉露》。"《東坡樂府箋》亦然，皆失檢之過也。

案最先言此詞事者當是孔平仲，《孔氏談苑》卷二云：

> 朝士趙昶有兩婢善吹笛，知藤州日，以丹硃遺子瞻，子瞻以蘄笛報之，並有一曲，其詞甚美。云："木落淮南，雨晴雲夢，日斜風裊。"又云："自桓伊不見，中郎去後，孤負秋多少。"斷章云："爲君洗盡，蠻風瘴雨，作清霜曉。"昶曰："子瞻罵我矣。"昶，南雄州人，意謂子瞻以蠻風譏之。

平仲字毅父，宋英宗治平二年（1065年）進士，《宋史》有傳。平仲與兄文仲、武仲皆有名於當世，數與東坡交遊唱和，所記蓋當時友輩見聞，自較後人爲可信。不知南宋以來，治東坡詞者何以忽之？又《東坡樂府箋》據《紀年錄》，但知趙晦之名，也無所聞，讀《談苑》，乃知其爲廣東南雄州人，方知藤州，故詞謂之"嶺南太守"也。

宋張端義《貴耳集》卷下云：

> 東坡《水龍吟》笛詞八字謎："楚山修竹如雲，異材秀出千林表"，此笛之質也。"龍鬚半翦，鳳膺微漲，玉肌勻繞"，此笛之狀也。"木落淮南，雨晴雲夢，月明風嫋"，此笛之時也。"自中郎不見，將軍去後，知孤負，秋多少。"此笛之事也。"聞道嶺南太守，後堂深綠珠嬌小，"此笛之人也。"綺窗學弄，《涼州》初試，《霓裳》未了"，此笛之曲也。"嚼徵含宮，泛商流羽，一聲雲杪"，此笛之音也。"爲使君洗盡，蠻煙瘴雨，作霜天曉。"此笛之功也。五音已用其四，乏一角字，"霜天曉"，歇後一"角"字。

28

坡詞多如柳絮因風，花飛自在，無蹊徑可尋，此則畦畛分明，一如荃翁縷析者。雖非最上乘之作，而婉麗中含清剛之氣；坡詞本色，往往如是。又大家之詞宋人載錄者與今本率多異同，今本"桓伊去後"，《貴耳集》作"將軍去後"，"初遍"作"初試"是也。《談苑》所舉止九句，異同反更多。蓋文章之道，樹酌損益，不憚改而愈工，竊謂《談苑》所載乃初稿，今本爲再稿，《貴耳》所錄最優，殆定稿也，老於此道者自知之。

（手寫）蜀→四川
杭→江南
四川和江南の风景有很多相似处，曾遊覽就想早

16. 卜 算 子

（手寫）從四川到江南的人　江南→杭州の山　杭州（江南）

自京口還錢塘，道中寄述古太守

蜀客到江南，長憶吳山好。吳蜀風流自古同，歸去應須早。　　還與去年人，共藉西湖草。莫惜尊前仔細看，應是容顏老。

（手寫）我和去年一同一起坐在西湖の遊玩の嫩草地上飲酒。
we 盡情玩樂觀賞眼前風光，發現只有我們老了。

【編年】

這首詞應作於熙寧七年甲寅（公元1074年）。傅藻《東坡紀年錄》有熙寧七年"自京口還寄述古，作《卜算子》"。蘇軾有《常潤道中，有懷錢塘，寄述古五首》詩，其一中有"從來直道不辜身，得向西湖兩過春"句，述古於熙寧五年壬子（公元1072年）八月來杭，至七年春，則爲'兩過'矣。詩其二云："草長江南鶯亂飛，年來事事與心違。花開後院還空落，燕入華堂怪未歸。世上功名何日是，尊前點檢幾人非。去年柳絮飛時節，記得金籠放雪衣。"又其三："浮玉山頭日日風，湧金門外已春融。三年魚鳥渾相識，三月鶯花付與公。剩看新翻眉倒暈，未應泣別臉消紅。何人識得相思字，寄與江邊北向鴻。"詩的內容可與詞意互參。

【箋注】

（手寫）空間の轉移、對比，自然映照出時間の飄忽流逝。

〔錢塘〕 即杭州。　〔吳山〕 即子胥山，在杭州。《咸淳臨安志》："吳山在城中吳人祠子胥山上，因名曰胥山。"田汝成《西湖遊覽志》卷十二："春秋時，爲吳南界，以別於越，故曰吳山，或曰，以伍子胥故，訛'伍'爲'吳'，故郡志亦稱胥山。"蘇軾在《法惠寺橫翠閣》一詩之末說：

（手寫）表現了作對時光飛逝
與是昨非，物事人非の感嘆
故鄉之思，羈旅之情，朋友之誼，年華流逝之嘆交疊呈現。

29

每外同遊西湖，發生之故事，軼聞趣事。

"遊人尋我舊遊處，但覓吳山橫處來。"可見蘇軾對吳山的喜愛。 〔藉〕 薦，墊著坐。《文選》卷十一孫綽《遊天台山賦》："藉萋萋之纖草。"李善注："以草薦地而坐曰藉。"這裡，"共藉西湖草"是指他們一起坐在西湖的草地上飲酒。

【校】

《全宋詞》及毛本題目是"感舊"。傅注本是"自京口還錢塘道中寄述古太守"。龍本據此。

17.江　城　子

湖上與張先同賦，時聞彈箏。

鳳凰山下雨初晴。水風清。晚霞明。一朵芙蕖，開過尚盈盈。何處飛來雙白鷺，如有意，慕娉婷。　　忽聞江上弄哀箏。苦含情。遣誰聽。煙斂雲收，依約是湘靈。欲待曲終尋問取，人不見，數峯青。

【編年】

此詞爲熙寧七年甲寅（公元1074年）作。

【箋注】

〔張先〕 字子野，（公元990-公元1078年），烏程（今浙江吳興）人。北宋詞人。宋陳師道《後山詩話》載："張先善著詞，有云：'雲破月來花弄影'，'簾幕捲花影'，'墮輕絮無影'，世稱誦之，號張三影。"有《張子野詞》。宋·葉夢得《石林詩話》卷下："張先郎中，字子野，能爲詩及樂府，至老不衰。居錢塘，蘇子瞻作倅時，先年已八十餘，視聽尚精強，家猶蓄聲妓，子瞻嘗贈以詩云：'詩人老去鶯鶯在，公子歸來燕燕忙。'蓋全用張氏故事戲之。先和云：'愁似鰥魚知夜永，嬾同蝴蝶爲春忙。'極爲子瞻所賞。然俚俗多喜傳詠先樂府，遂掩其詩聲，識者皆以爲恨云。"

〔箏(zhēng)〕 一種撥弦樂器。戰國時已流行於秦地，故又名秦箏。

〔芙蕖〕 即荷花。　〔盈盈〕 美麗的姿態。這裡是以芙蕖的輕盈姿態

30

杭州太守陳襄（述古）罷任，蘇軾即席寫下本詞
詞中以白描取勝，情景交融，描繪出杭州
形勝の美好景色，又充分表現了陳襄留恋杭州以及
朋友之情。上→承撫景關懷 下→美堂上所觀夜景

比喻彈箏者的美麗。　　　〔雙白鷺〕　這裡比喻舟上愛慕彈箏姑娘的男子。
〔娉(ping)婷〕　風貌美麗大方的女子。　　　〔湘靈〕　馬融《廣成頌》：
"湘靈下，漢女游"，《後漢書》卷九十（上）《馬融傳》李賢注："湘靈
，舜妃，溺於湘水，爲湘夫人也。見《楚詞》。"這裡，說彈箏的女子不是
人間的人。　　　〔曲終句〕　中唐詩人錢起《湘靈鼓瑟》詩末："曲終人不
見，江上數峯青。"

【校】

《全宋詞》調名爲《江神子》。題作"江景"。朱祖謀《東坡樂府》"芙蕖
"作"芙蓉"。

【附錄】

①張邦基《墨莊漫錄》卷一："東坡在杭州。一日，遊西湖，坐孤山竹
閣，前臨湖亭上，時二客皆有服，預焉。久之，湖心有一彩舟漸近亭前，靚
妝數人，中有一人尤麗，方鼓箏，年且三十餘，風韻嫻雅，綽有態度。二客
競目送之，曲未終，翩然而逝。公戲作長短句云"。（下詞略）

②清·葉申薌《本事詞》卷上："子瞻一日遊孤山，與客坐竹閣前之臨
湖亭，忽有綵舟鼓楫而來。漸近亭前，見靚妝數人，有一人年差長，而風韻
尤勝，方鼓箏，綽有態度。皆目送之。曲未終，翩然而逝。公戲作《江神子
》云"。（下詞略）

③《甕牖閒評》卷五：東坡倅錢塘日，忽劉貢父相訪，因拉與同遊西湖
。時二劉方在服制中，至湖心，有小舟翩然至前，一婦人甚佳。見東坡自敘
：'少年景慕高名，以在室無由得見，今已嫁爲民妻，聞公遊湖，不避罪而
來。善彈箏，願獻一曲，輒求一小詞，以爲終身之榮可乎？'東坡不能卻，
援筆而成，與之。（詞如上略）。

述古有東坡有師友之誼，心多敬重之言。
心委婉情思，借景言情。化淡の離愁為
清遠之思，富韻味。清麗の詞風

18.虞　美　人

有美堂贈述古

湖山信是東南美。一望彌千里。使君能得幾回來。便

述古 即使 滿

湘水女神在傾訴自己の憂傷

大處落墨
境界闊大
気派不凡.

31

使尊前醉倒、更徘徊。　　　沙河塘裏鐙初上。《水調》誰家唱。夜闌風靜欲歸時。惟有一江明月、碧琉璃。

（手寫批註）形容明月照映著江水，清澈透亮，

【編年】

此詞熙寧七年甲寅（公元1074年）七月作。王文誥《蘇文忠公詩編注集成總案》卷十二：熙寧七年甲寅"七月，宿靈隱寺，曉起登北峰塔，記詩。陳襄將罷任，宴僚佐於有美堂，作《虞美人》詞。"《本事集》云："陳述古守杭，已及瓜代。未交前數日，宴僚佐於有美堂。侵夜月色如練，前望浙江，後顧西湖，沙河塘正出其下。陳公慨然，請貳車蘇子瞻賦之，即席而就。寄《攤破虞美人》。"

【箋注】

〔有美堂〕　《嘉慶重修一統志》卷二百八十四《杭州府》載："在府城內吳山最高處"。宋·陳巖肖《庚溪詩話》："嘉祐初，龍圖閣直學士尚書吏部郎中梅摯公儀出守杭州，上（仁宗）特製詩以賜之。其首章曰：'地有湖山美，東南第一州。'梅既到杭州，欲侈上之賜，遂建堂山上，名曰'有美'。歐陽修爲記以述之。"歐陽修《有美堂記》，記梅摯守杭時在嘉祐二年（公元1057年）。蘇軾在杭州常與述古遊有美堂，如《與述古自有美堂乘月夜歸》："娟娟雲月稍侵軒，瀲瀲星河半隱山。魚鑰未收清夜永，鳳簫猶在翠微間。淒風瑟縮經弦柱，香霧淒迷著鬢鬟。共喜使君能鼓樂，萬人爭看火城還。"　　〔湖山信是東南美〕　用宋仁宗"地有湖山美，東南第一州"之句。信：的確。魏萬《金陵酬翰林謫仙子》："湖山信爲美，王屋人相待。"　　〔彌（mí）滿。　　〔使君〕　指陳述古。漢魏時稱州郡長官爲使君。陳襄知杭州，相當漢魏郡刺史，所以稱"使君"。　　〔便使〕　即使，雖說。　　〔沙河塘〕　在杭州城南五里，通錢塘江。是錢塘繁榮之地。　　〔鐙〕　同"燈"。　　〔《水調》〕　原爲唐人大曲。段安節《樂府雜錄》記宮廷歌女永新："泊漁陽之亂，六宮星散，永新爲一士人所得。韋青避地廣陵，因月夜憑欄於小河上，忽聞舟中唱《水調》者，曰：'此永新故歌也。'"　　〔碧琉璃〕　形容明月照映著江水，清澈透亮，就像一江碧色的琉璃那樣明澈可愛。

【校】

傅注本題作"杭州守陳述古作"，而《全宋詞》及毛本再加"《本事集》云"四字，以及《本事集》中記載。"更"作"且"。

32

悲歌現在誰家会吟唱了？

此時暫時忘卓了適才の宴飲和世間の紛擾，而進入人 無自然融為一体の美妙境界.

就像一江碧色の琉璃那样明澈可见.

19. 訴 衷 情

而明澈如鏡，溫 婉静謐の江月象徵了支人為人
高風亮潔， 也支情の純潔真摯

送述古，迓元素。

錢塘風景古今奇。太守例能詩。先驅負弩何在，心已
浙江西。 花盡後，葉飛時。雨淒淒。若為情緒，更問
新官，向舊官啼。

到杭州任 太守の人照例
善於寫詩。下級迎接上級の最隆重
致敬。

【編年】

　　這首詞作於熙寧七年甲寅（公元1074年）七月。傅藻《東坡紀年錄》有
：熙寧七年甲寅"送述古迓元素，作《訴衷情》"。王文誥《蘇文忠公詩編
注集成總案》卷十二：熙寧七年甲寅，楊繪自應天來代，作《訴衷情》。

【箋注】 怎麼样 の 情怀。指留志舊官，又欢迎新官。

〔元素〕 楊繪，字元素，（公元1027-1088年）四川縣竹人。神宗朝為御
史中丞。免役法行，繪陳十害，罷為侍讀學士，出知亳州，歷應天、杭州。
《宋史》卷三百二十三有傳。《咸淳臨安志》：陳襄移知應天府，與楊繪兩
易其任。《蘇軾文集》卷十二有《熙寧手詔記》，介紹楊繪生平及人品。
　　〔太守例能詩〕 到杭州當太守的人照例善於寫詩。唐代詩人白居易任
杭州太守，劉禹錫曾寫《白舍人曹長寄新詩，有遊宴之盛，因以戲酬》曰：
"蘇州太守例能詩"。這裡用劉句，只易"蘇"為"杭"；原知杭州事陳襄
善寫詩，新任知杭州事楊繪也善詩，故有此語。太守：秦漢時稱郡的最高長
官，宋代知府事或知州事相當秦、漢的守，所以詩文中稱知府或知州為"太
守"。這裡指知杭州事。 〔先驅負弩〕 下級迎接上級的最隆重的致敬
。《史記》卷一百一十七《司馬相如列傳》記司馬相如"至蜀，蜀太守以下
郊迎，縣令負弩矢先驅，蜀人以為寵。"《索隱》"霍去病出擊匈奴，河東
太守郊迎負弩。又魏公子救趙擊秦，秦軍解去，平原君負蘭矢迎公子於界上
。" 〔若為情緒〕 怎麼樣的情懷。指留戀舊官，又歡迎新官。 〔
問新官，向舊官啼〕 唐·孟棨《本事詩·情感第一》："陳太子舍人徐德
言之妻，後主叔寶之妹，封樂昌公主，才色冠絕。時陳政方亂，德言知不相

保，謂其妻曰：'以君之才容，國亡必入權豪之家，斯永絕矣。儻情未緣未斷，猶冀相見，宜有以信之。'乃破一鏡，人執其半，約曰：'他日必以正月望日賣於都市。我當在，即以是日訪之。'及陳亡，其妻果入越公楊素之家，寵嬖殊厚。德言流離辛苦，僅能至京，遂以正月望日訪於都市。有蒼頭賣半鏡者，大高其價，人皆笑之。德言直引至其居，設食，具言其故，出半鏡以合之，仍題詩曰：'鏡與人俱去，鏡歸人不歸。無復嫦娥影，空留明月輝。'陳氏得詩，涕泣不食。素知之，愴然改容，即召德言，還其妻，乃厚遺之。聞者無不感嘆。乃與德言陳氏偕飲，令陳氏爲詩曰：'今日何遷次，新官對舊官。笑啼俱不敢，方驗作人難'。遂與德言歸江南，竟以老終。"這裡用徐德言妻的詩句來表示當時送迹古"舊官"，迓元素"新官"的心情，悲喜都不是，寫得很有風趣。

【校】

傅注本、元本"浙"作"誓"。這裡從毛本。《全宋詞》本"今"作"來"，"浙"作"誓"。

20.菩　薩　蠻

杭妓往蘇，迓新守楊元素。寄蘇守王規甫。
玉童西迓浮丘伯。洞天冷落秋蕭瑟。不用許飛瓊。瑤臺空月明。　　清香凝夜宴。借與韋郎看。莫便向姑蘇。扁舟下五湖。

【編年】

與上首時間相接，均爲熙寧七年甲寅（公元1074年）七月作。題目杭妓往蘇迓新守楊元素。這是當時習俗。唐宋時，官吏赴任，皆有官妓作先導。蘇守王規甫即蘇州知州王誨，字規父。據《吳郡志》：王誨於熙寧六年（公元1073年）以朝散大夫司勳郎中知蘇州。

【箋注】

〔玉童〕　喻杭妓。　　〔浮丘伯〕　古仙人。有人認爲是黃帝時的浮丘公

34

，與容成子游。有人認爲是《列子·黃帝》所稱的壺丘子。有人認爲是周靈王時的人，迎王子晉吹笙騎鶴，遊嵩山（見《鵲橋仙·七夕》〔緱山仙子〕注），或稱浮丘伯。　這裡藉浮丘伯來比喻楊元素，以玉童迎仙人。

〔洞天冷落秋蕭瑟〕　言仙境冷落，沒有融和的春意，只是一片蕭瑟的秋涼的景象。意思是杭州的好官妓走空了，仙境似的杭州冷落了。洞天：道教徒所說的神仙洞府，見杜光庭《洞天福地記》。這裡指杭州。　　〔不用許飛瓊，瑤臺空月明〕　言許飛瓊不在，所以瑤臺也不那麼可愛了，遼闊的天空只有明月照著。唐孟棨《本事詩·事感第二》："詩人許渾，嘗夢登山，有宮室凌雲，人云：'此昆侖也。'既入，見數人方飲酒，招之，至暮而罷。詩云：'曉入瑤臺露氣清，坐中唯有許飛瓊。塵心未斷俗緣在，十里下山空月明'。"瑤臺：傳說中的神山，《離騷》："望瑤臺之偃蹇兮"。
〔清香凝夜宴。借與韋郎看〕　唐詩人韋應物有《郡齋雨中與文士燕集》詩"宴寢凝清香"，這裡引用此句。韋郎：唐詩人韋應物，曾任蘇州刺史，這裡以韋郎指現任知蘇州事王誨。說杭妓到蘇州只能借給你看。　　〔姑蘇〕
春秋時吳國國都，在今江蘇省蘇州市。宋時蘇州的州城。王誨當時知蘇州。　〔莫便向姑蘇，扁舟下五湖〕　（借給你看，）你不要把她拐走了，帶到五湖去遊而一去不回了。戲嘲王誨不要學范蠡取西施而截留杭妓。用越相范蠡平吳後，帶著吳宮美女西施乘扁舟泛五湖的故事。扁舟下五湖，是沿晚唐詩人杜牧《杜秋娘》"西子下五湖，一舸逐鴟（chǐ）夷"之誤。爲說明它的來歷，先解釋"鴟夷"（一作"鴟鷃"）。鴟夷有兩個意義：一個意義是皮革作的大口袋。《左傳哀公十一年》，《國語·吳語》，《史記》卷六十六《伍子胥列傳》都記忠於吳國的伍員(yún)，字子胥（公元前？—前484年。《吳語》作"申胥"），因直諫觸犯了吳王夫差，吳王夫差賜劍使伍子胥自殺，《史記》卷六十六《伍子胥列傳》說，伍子胥死後，吳王"取子胥屍，盛以鴟夷革，浮之江中"。《吳語》說：夫差"乃使取申胥之屍，盛以鴟鷃而投之於江"；後人說伍子胥，往往和"鴟夷"結合起來。另一個意義是伍員同時的越國謀臣范蠡(lǐ)，幫助越王滅吳，建功之後，不受封賞。《史記》卷一百二十九《貨殖列傳》說范蠡離開越國，"乃乘扁舟浮於江湖變名易姓，適齊，爲鴟夷子皮"（《史記》卷四十一《越世家》也記了此事）；它和盛伍員屍體的鴟夷無關。《越絕書》逸篇（明人楊慎《丹鉛餘錄》卷十五引《修文殿御覽》）說："吳亡後，越浮西施於江，令隨鴟夷以終"（吳亡以後，越人把西施拋到江水中，令她追隨伍子胥而終）。《越絕書》逸

35

篇所說的"鴟夷"是盛伍子胥屍體的革囊，這說法和《墨子·親士》"西施之沉，其美也"（《親士》說一連串冤枉慘死的人，西施是其一）相合。但杜牧把《越絕書》逸篇這句話的"鴟夷"誤解爲范蠡，而遍造出范蠡帶西施浮五湖的故事。蘇軾此詞和《范蠡》詩"誰遣姑蘇有麋鹿？更憐夫子得西施"，和本書《水龍吟》（小舟橫截春江）"五湖聞道，扁舟歸去，仍攜西子"，《減字木蘭花》（雲鬟傾倒）"一舸姑蘇，便逐鴟夷去得無"，都承杜牧詩之誤。 五湖：今江蘇南、浙江北的太湖。《後漢書·馮衍傳》〔下〕馮衍《顯志賦》："沉孫武於五湖兮"，李賢注："虞翻云：'太湖有五湖；滆湖，洮湖，射湖，貴湖及太湖爲五湖'。並太湖之小支，俱連太湖，故太湖兼得'五湖'之名。在今湖州東也。"

【校】

《全宋詞》題僅作"杭妓往蘇迎新守"。毛本作"杭妓往蘇"，"向"作"過"。

21.又

西湖席上代諸妓送陳述古

娟娟缺月西南落。相思撥斷琵琶索。枕淚夢魂中。覺來眉暈重。 華堂堆燭淚。長笛吹《新水》。醉客各西東。應思陳孟公。

【編年】

這首詞寫於熙寧七年甲寅（公元1074年）七月，與上首迎楊元素同時期作。朱祖謀《東坡樂府》題爲"靈璧寄彭門故人。"而毛本有案語："本集《靈璧張氏園亭記》爲元豐二年（公元1079年）三月二十七日作，公至靈璧，亦是時也。"朱氏根據元本題作"靈璧寄彭城故人"。而龍榆生《東坡樂府箋》認爲"察詞中情意，似與代妓送述古較合，改編甲寅。"此說較合事實。

【箋注】

（手寫）送別故人超初整何未行之際，借歌女述情，代為灑淚。婉妁之調。描測歌妓內心隱秘的情界。其實為作者の心情投影

〔娟娟〕　形容月色的美好。　　〔索〕　指琵琶的弦。　　〔眉暈(yùn)重(chóng)〕　由於啼哭而使畫眉的黛色因沾上淚水模糊，現出兩重了。

〔華堂堆燭淚〕　宴會延續得很久，燒過的燭油成堆。燭淚：蠟燭燃燒時，燭油流下如淚。歐陽修《歸田錄》：「鄧州花蠟名天下，相傳是萊公（寇準）燭法。公嘗知鄧州，早貴豪侈，每飲賓席，常闔扉輟驂以留之。尤好夜宴，劇飲未嘗點油，至溷軒馬廄，亦燒燭達旦。每罷官去，後人至官舍，見廁溷間，燭淚凝地，往往成堆。」　　〔新水〕　即《水調》，當時流行的曲調。　　〔陳孟公〕　兩漢時的陳遵，字孟公。《漢書》卷九十二《游俠傳》載：「遵嗜酒。每大飲，賓客滿堂，輒關門，取客車轄投井中；雖有急，終不得去。」這裡用陳遵比擬陳襄豪爽好客。

【校】

《全宋詞》題「述古席上」。毛本題「代妓送陳述古」，「華」作「畫」。

【附錄】

①田汝成《西湖遊覽志餘》卷十六《香奩艷語》中載：「唐、宋間，郡守新到，營妓皆出境而迎。既去，猶得以鱗鴻往返，覬不為異。……蘇子瞻送杭妓往蘇州迎新守《菩薩蠻》云云，又《西湖席上代諸妓送陳述古》云云，此亦足覘一時之風氣矣。」

（手寫）不要輕易也說　　師先憎→婉妁

22. 江　城　子

（手寫）送別の歌　　羞怯　　白如霜以細絹做の扇子

孤山竹閣送述古

翠娥羞黛怕人看。掩霜紈。淚偷彈。且盡一尊，收淚聽《陽關》。漫道帝城天樣遠，天易見，見君難。　　畫堂新剏近孤山。曲闌干。為誰安。飛絮落花，春色屬明年。欲棹小舟尋舊事，無處問，水連天。

【編年】

（手寫）沒有也弓　可以尋訪

（手寫）掩盡

37

這首詞同樣寫於熙寧七年甲寅（公元1074年）七月。據傅藻《東坡紀年錄》：甲寅送述古赴南都，作《江神子》。王文誥《蘇文忠公詩編注集成總案》卷十二："熙寧七年甲寅七月，與陳襄放舟湖上，宴於孤山竹閣，作《江神子》詞。"朱注及龍注皆據此。

【箋注】

〔孤山竹閣〕　《嘉慶重修一統志》卷二百八十四：在錢塘縣孤山，唐白居易建。董嗣杲《樂天竹閣》詩："此君玉立此樓空，不復幽眠想白公。百尺有檐侵碧落，千竿無語足清風。闌尖亭影流漁屋，龕面祠香託佛宮……"（自注："竹閣有鄭清之記。"）可見景色之美。　　〔怯〕　害怕。這裡作害羞解。　　〔霜紈（wán）〕　白如霜的細絹作的扇子。　紈：薄綢。古代女子見生人要用扇掩面，扇用紈作，因此稱扇為"紈"。《文選》卷二十七班婕妤《怨歌行》"新裂齊紈素，皎潔如霜雪。裁為合歡扇，團團似明月。"　　〔淚偷彈〕　偷偷地抹去眼淚。偷：暗地裡；不讓人看到地。　　〔陽關〕　《陽關曲》，即王維《送元二使君》："渭城朝雨浥輕塵，客舍青青柳色新，勸君更盡一杯酒，西出陽關無故人。"後人稱為《渭城曲》，也稱《陽關曲》或《陽關三疊》，是送別的歌。　　〔漫道〕　不要輕易地說。　　〔帝城天樣遠〕　《世說新語·夙惠》："晉明帝數歲，坐元帝膝上，有人從長安來，元帝問洛下消息，潸然流涕。明帝問何以致泣。具以東渡意告之，因問明帝，'汝意謂長安何如日遠？'答曰：'日遠。不聞人從日邊來，居然可知。'元帝異之。明日，集群臣宴會，告以此意，更重問之，乃答曰：'日近'。元帝失色曰：'爾何故異昨日之言邪？'答曰：'舉目見日，不見長安。'"這裡"天易見，見君難"，即用此事而意異。　　〔創〕　創建；新建立。　　〔棹（zhào）〕　槳。這裡解作盪船（動詞）。

〔無處問〕　沒有地方可以尋訪。

【校】

《全宋詞》本"聽"作"唱"，"創"作"構"。傅注本"尊"作"樽"，"聽"作"唱"，"漫"作"謾"，"新創"作"新締"。案：詞的上闋是寫歌妓送述古，故"收淚唱《陽關》"比"收淚聽《陽關》"更合適。

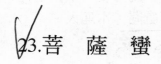

23.菩　薩　蠻

38

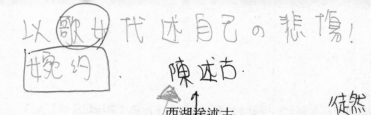

以歌女代述自己の悲傷！
婉約

陳述古

徒然

西湖送述古

秋風湖上蕭蕭雨。使君欲去還留住。今日漫留君。明朝愁殺人。 佳人千點淚。灑向長河水。不用斂雙蛾。路人啼更多。

路上の人民因述古錢塘江離去而哭泣流淚の人太多了。

勸慰送行妓女不要皺眉了

【編年】

這首詞寫作時間與前首同。

【箋注】

〔使君〕 漢代對郡守的敬稱。宋代的州相當漢代的郡，宋代的知州事相當漢代的郡守，因此詩文中稱知州事爲"使君"。這裡指知杭州事陳述古。

〔漫〕 徒然。杜甫《賓至》詩："豈有文章驚海內，漫勞車馬駐江干。"

〔長河〕 《文選》卷十六江淹《別賦》："怨復怨兮遠山曲，去復去兮長河湄。"這裡長河指錢塘江。 〔不用斂雙蛾〕 不用悲苦皺眉了。這是勸慰送行妓女的話。斂：收緊。指皺眉，蛾：眉。《詩經·衞風·碩人》："螓首蛾眉。"後世以"蛾"代指美女的眉。 〔路人啼更多〕 路上的人民因述古離去而哭泣流淚的人太多了。寫杭州人民熱愛陳述古。

【校】

《全宋詞》題目爲"西湖"。毛本題爲"西湖"，"佳人"作"尊前"。

24.清 平 樂

送述古赴南都

清淮濁汴。更在江西岸。紅旆到時黃葉亂。霜入梁王故苑。 秋原何處攜壺。停驂訪古躑躅。雙廟遺風尚在，漆園傲吏應無。

【編年】

這首詞應寫於熙寧七年甲寅（公元1074年）。傅藻《東坡紀年錄》：“熙寧七年甲寅送述古赴南都，作《清平樂》。”詞中預計陳襄到時已“黃葉亂”，有“霜”，此詞大約作於初秋，陳襄即將離杭州時。

【箋注】

〔南都〕　北宋以歸德（今河南商丘市）爲南都。　　〔清淮〕　淮水，源出河南省桐柏山，東流經河南、安徽等省到江蘇入洪澤湖，洪澤湖以下，主流出三河經高郵湖由江都縣三江營入長江。　　〔濁汴〕　汴水。隋開通濟渠，因中間自今滎陽至開封一段就是原來的汴水，故唐、宋人遂將自出河至入淮通濟渠東段全流稱爲汴水、汴河或汴渠。　　〔旆(pèi)〕　古時旗末狀如燕尾的垂旒。也泛稱旗。這裡指陳襄赴南都時的官府儀仗。　　〔梁王故苑〕　漢梁孝王在陳留的宮苑。也即梁孝王的兔園或睢(suī)園。《史記》卷五十八《梁孝王世家》：“於是孝王築東苑，方三百餘里。廣睢陽城七十里。大治宮室，爲複道，自宮連屬於平臺三十餘里，”張守節《史記正義》“《括地志》：‘兔園在宋州宋城縣東南十里。’葛洪《西京雜記》云：‘梁孝王苑中有落猿岩，棲龍岫，雁池，鶴洲，鳧島。諸宮觀相連，奇果佳樹、瑰禽異獸、靡不畢備。’俗人言梁孝王竹園也。”《水經注》卷二十四：“睢水又東南流，歷於竹圃，……世人言梁王竹園也。”這裡指當年繁榮美麗的梁王故苑，現在你陳襄經過那裡，已是一派秋色。　　〔攜壺〕　在郊外擺酒宴。　　〔停驂(cān)訪古踟躕〕　把馬車停下來，訪問古蹟而徘徊不進。　驂：車轅旁的馬。一車四馬，當中二匹夾住車轅的叫兩服，在兩服旁的叫兩驂。停驂：實際是兩服兩驂都停下來。《詩·小雅·采菽》：“載驂載駟。”訪古：指下面所寫的“雙廟”和“漆園”。踟躕：徘徊流連不前。　　〔雙廟遺風〕　指張巡，許遠忠義衛國的高風亮節。　雙廟：爲唐張巡、許遠在睢陽立的廟。公元 759年安史之亂中，張巡、許遠死守睢陽（今河南省東部的鹿邑縣境內），英勇抗敵而犧牲。韓愈有《張中丞傳後序》一文，記述此事，韓愈在那篇後序中說他“親祭於其所謂‘雙廟’者。”《新唐書》卷一百九十二《張巡傳》：“大中（公元 847-860年）時，圖（張）巡、（許）遠、（南）霽雲像于凌煙閣。睢陽至今祠享，號‘雙廟’云。”　　〔漆園傲吏〕　戰國時道家學者莊周。莊周曾爲蒙地的漆園吏，《文選》卷二十一郭璞《遊仙詩》五首之一：“漆園有傲吏。”　傲：說莊周輕視富貴。見《史記》卷六十三《老莊申韓列傳》載：“楚威王聞莊周賢，使使厚幣迎之，許以爲相。莊周笑謂楚使者曰：‘千金，重利；卿相，尊位也

40

涙，激*自別情而鄉思。
上→送別述古途中之景。　　送別
下→帰來の懷念之情。

。子獨不見郊祭之犧牛乎？養食之數歲，衣以文繡以入大廟。當是之時，雖
欲爲孤豚，豈可得乎？子亟去，無污我。我寧游戲污瀆之中自快，無爲有國
者所羈，終身不仕，以快吾志焉。"

【校】

《全宋詞》題目作"秋詞"與毛本同。朱祖謀《東坡樂府》本無題只注
"毛本題作'秋詞'。"

感嘆自己無法如塔般高而能
望遠，目送述古遠去。

情景合一
景中有情，情中有景　沒有像述古那樣美好の人了

25.南　鄉　子

送述古

回首亂山橫。不見居人只見城。誰似臨平山上塔，亭
亭。迎客西來送客行。　　　歸路晚風清。一枕初寒夢不成
。今夜殘燈斜照處，熒熒。秋雨晴時淚不晴。　因思念而淚流不止

亭立
光微弱貌。殘燈斜照處，淚水在燈
光下發亮

【編年】

此詞作於熙寧七年甲寅（公元1074年）在臨平舟中送陳述古離杭。傅藻
《東坡紀年錄》：熙寧七年甲寅送述古。《蘇文忠公詩編注集成總案》卷十
二載：熙寧七年甲寅七月，追送陳襄移南都，別於臨平舟中，作《南鄉子》
詞。

【箋注】

〔不見居人〕　《詩‧鄭風‧叔于田》："叔于田，巷無居人。豈無居人？
不如叔也洵美且仁"。意思是說，並不是沒有人，而是沒有像叔那樣美好的
人。引《詩》比喻陳襄走後，杭州只有空城再無"居人"了。　　〔臨平山
〕　《浙江通志》卷九引成化《杭州府志》：在縣治東北五十四里，周十八
里，高五十三丈，上有龍洞天井，旱未嘗竭。下有東岳廟、景靈觀。又下有
臨平湖。蘇軾《次韻杭人裴惟甫》："餘杭門外葉飛秋，尚記居人挽去舟。
一別臨平山上塔，五年雲夢澤南州。"　　〔亭亭〕　聳立貌。形容臨平山
上塔。孔稚珪《北山移文》："若其亭亭物表"。　　〔熒熒(yíng)〕　光
微弱貌。這裡是寫殘燈斜照處，淚水在燈光下發亮。　　〔淚不晴〕　以雨

41

（手写）自述詞，屌示了他任杭州太守期間の生活情緒。並且对功名逐漸了無瞭趣。有了想歸隱の心思

止天晴喻淚止。這裡說因思念而流淚不止，無法控制。

【校】

毛本"歸"作"臨"。

（手写）睏在床上听聞向晚の衙門里沒什力麼事。

（手写）躺着辦公

26.又

（手写）竹席生涼，碧紗櫥帳 竹席

（手写）枕边晴風拂过 白日裡從夢中醒来 處理、辦公 沒有一件

和楊元素

涼簟碧紗廚。一枕清風晝睡餘。睡聽晚衙無箇事，徐徐。讀盡牀頭幾卷書。　搔首賦歸歟。自覺功名嬾更疏。若問使君才與氣，何如。占得人間一味愚。 *（手写）只不过一分傻*

（手写）抓著腦袋吟哺起歸隱の詩句

【編年】

寫於熙寧七年甲寅（公元1074年）。

【箋注】

〔簟(diàn)〕　竹席。《詩·小雅·斯干》："下莞上簟，乃安斯寢。"

〔睡聽晚衙無箇事〕　聽：作處理、治理、辦公解。聽晚衙：即下午辦公（上午辦公爲"早衙"）。躺著辦公，言政簡無訟，無箇事：沒有一件事。

〔歸歟〕　回去吧！回去吧！《論語·公冶長》："子在陳曰：'歸與！歸與！'"《文選》卷十一王粲《登樓賦》有"昔尼父之在陳兮，有'歸與'之嘆音"。這裡指用王粲《登樓賦》的意思。　〔嬾〕　同"懶"，懶惰。

【校】

《全宋詞》本題作"自述"。"睡聽"作"臥聽"，"箇事"作"一事"。"氣"作"術"。

27.南　歌　子

苒苒中秋過，蕭蕭兩鬢華。寓身此世一塵沙。笑看潮

42

來潮去，了生涯。　　方士三山路，漁人一葉家。早知身世兩聱牙。好伴騎鯨公子、賦雄誇。

【編年】

寫於熙寧七年甲寅（公元1074年）八月十八日。《蘇文忠公詩編注集成總案》卷十二：熙寧七年甲寅八月十八日江上觀潮作。

【箋注】

〔苒苒(rǎn)〕　同"冉冉"。輕柔地；漸漸地；不覺地。《離騷》："老冉冉其將至兮。"　　〔蕭蕭〕　蕭條地，衰頹地。　　〔華〕（頭髮）花白。　　〔寓身此世〕　我本人寄託在這人世中。　寓：寄託，暫時住下。　身：本人。世：世界，也指時代。　　〔塵沙〕　佛教術語。如塵如沙，喻物之多。《行事鈔》："法界塵沙。"《資持記》："法界者十界依正也，塵沙者喻其多也。"這裡"一塵沙"是說如無數塵沙之一，喻人生渺小。

　　〔方士三山路，漁人一葉家〕　言可以乘潮而入海求仙，也可以托一葉之舟於萬頃碧波之上。　方士：術士，我國古代求神仙方術的人。起源於戰國河北、山東一帶近海地區，以修煉成仙和求不死之藥等方術騙取統治者的信任。　三山：方士們說的三神仙；《史記》卷二十八《封禪書》："自（齊）威、宣燕昭使人入海求蓬萊、方丈、瀛洲。此三神山者，其傳在渤海中，去人不遠。……蓋嘗有至者，諸僊人及不死之藥皆在焉"。　　一葉家：以一葉小舟為家。一葉，形容船之小。　　〔早知身世兩聱牙〕　如果早知道和世俗不能相合。身：世：承上"寓身此世"。聱(áo)牙：互相抵觸，不能協調；元結《自釋》（《新唐書·元結傳》引）解釋"聱牙"，是"不相聽從，不相鉤加"。　　〔好伴騎鯨公子賦雄誇〕　我就會陪著騎鯨魚以漫遊四海的人遠走，寫賦言志以誇於世間。　騎鯨：騎鯨遊大海；李白自稱"海山騎鯨客"，杜甫《送孔巢父謝病歸遊江東、兼呈李白》詩，末曰"若逢李白騎鯨魚，道甫問訊今何如。"賦雄誇：作賦以抒寫雄誇之志；李白《大鵬賦》就是一篇雄誇之作。

【校】

《全宋詞》題有"每用前韻"四字。按，蘇軾前有一首《南歌子·八月十八日觀潮》，句末用"華"，"砂"，"涯"，"家"，"牙"，"誇"，和此首同；此首的詞牌，韻腳與前同，內容也是觀潮。不過前一首作於壬子（公元1072年）八月十八日，此首作於前首之後兩年的八月十八日。

28.浣 溪 沙

美好の事

高の樓台矗立在
云霧繚繞の層峦翠峰間。
　　　　　　　　　　自杭移密守。席上別元素，時重陽前一日。
明亮如看。　　美麗の自然景
縹緲危樓紫翠間。良辰樂事古難全。感時懷舊獨凄然
璧玉の月　　　　　　　　　　　　　　也年年如是
璧月瓊枝空夜夜，菊花人貌自年年。不知來歲與誰
菁美如珍
寶の花枝
看。
全都有
我一定
寂寞孤
单。

【編年】
　　因題目有"別楊元素時重陽前一日"，故可定爲熙寧七年甲寅（公元1074年）九月初八日作品。

【箋注】
〔良辰樂事〕　謂美好的事。《宋書・謝靈運傳》載謝靈運《山居賦》，以良辰，美景，賞心，樂事爲"四美"。王勃《滕王閣序》："四美具，二難并。"詞中"良辰、樂事古難全"，明月重陽是"良辰"，但"感時懷舊"不是"樂事"；有了良辰，沒有樂事。　　〔璧月瓊枝〕　《南史》卷十二《后妃傳〔下〕・後主張貴妃傳》："（陳）後主每引賓客，對貴妃等遊宴，則使諸貴人及女學士與狎客共賦新詩，互相贈答，採其尤艷麗者，以爲曲調，被以新聲，……其曲有《玉樹後庭花》、《臨春樂》等，其略云：'璧月夜夜滿，瓊樹朝朝新'，大抵所歸皆美張貴妃、孔貴嬪之容色。"這裡指美麗的自然景色。　　〔不知來歲與誰看〕　不知明年與誰一同看璧月瓊枝，菊花人貌。由今年"感時傷舊"預想到明年也許不能和今年同席的人在一起了。

【校】
《全宋詞》題目爲"菊節"毛本作"菊節別元素"。菊節，即重陽。

29.又

白雪清詞出坐間。愛君才器兩俱全。異鄉風景卻依然。可恨相逢能幾日，不知重會是何年。茱萸子細更重看。

【編年】

與上首詞同時作，內容都是重九節贈楊元素。兩首詞牌（《浣溪沙》）和韻腳（間、全、然、年、看）也相同。

【箋注】

〔白雪清詞〕 高超不俗的詞章。古代楚國歌曲名《陽春白雪》，當時認爲是較高級的音樂。宋玉《對楚王問》：“客有歌於郢中者，其始曰《下里巴人》，國中屬而和者數千人，……其爲《陽春白雪》，國中屬而和者不過數十人。” 〔才器〕 才能器量，才具。《魏書》卷八十二《祖瑩傳》：“此子才器，非諸生所及，終當遠至。” 〔可恨相逢能幾日〕 從七月接楊元素由應天來杭，到九月重陽相別，時間很短促，故有此語。 〔茱萸子細更重看〕 用杜甫《九日藍田崔氏莊》詩，“明年此會知誰健，醉把茱萸子細看”句，而情感更強烈。 茱萸(zhū yú)：植物名，有濃烈香味，可入藥。古代風俗，陰曆九月九日重陽節，佩茱萸以去邪避惡。《西京雜記》卷三：“戚夫人侍兒賈佩蘭後出爲扶風段儒妻，說在宮內見戚夫人……九月九日佩茱萸，食蓬餌，飲菊華酒，云令人長壽。”《太平御覽》卷三十三《時序·九月九日》引周處《風土記》：“九月九日，律中無射(yì)而數九。俗於此日以茱萸氣烈，成熟。當此日折茱萸房以插頭，言避惡氣而禦初寒。”

【校】

《全宋詞》題目是“重九舊韻”，毛本作“重九”。

30.泛　金　船

流杯亭和楊元素

無情流水多情客。勸我如相識。杯行到手休辭卻。似軒冕相逼。曲水池上，小字更書年月。還對茂林修竹，似

45

永和節。　　　纖纖素手如霜雪。笑把秋花插。尊前莫怪歌聲咽。又還是輕別。此去翺翔，徧上玉堂金闕。欲問再來何歲，應有華髮。

【編年】

這首詞寫於熙寧七年甲寅（公元1074年）九月二十日。《蘇文忠公詩編注集成總案》卷十二載：甲寅九月，告下：公以太常博士直史館權知密州軍州事，罷杭州通守任。……二十日往別南北山道友，同楊繪，魯有開，陳舜俞至下天竺題壁。楊繪餞別於中和堂，和韻作《勸金船》詞。潛說友《咸淳臨安志》：「下天竺題名云：楊繪元素，魯有開元翰，陳舜俞令舉，蘇子瞻同遊。熙寧七年九月二十日。」由是可證實這首詞所寫的時間。傅藻《東坡紀年錄》：「甲寅；和元素。」

中和堂：《嘉慶重修一統志》卷二百八十四：「在仁和縣鳳凰山下，本錢鏐閱禮堂，宋時爲郡治。至和二年（公元1055年），郡守孫沔(miǎn)建堂，易名中和。」李覯《中和堂記》：「杭瀬浙河，雅爲東南一都會，民物殷富，山水清美。歷唐至五季錢氏所據，傳三世，閱七紀。我宋受命，守吏即王宮爲居，棟宇宏敞，他郡莫及。始錢氏作堂，名‘閱禮’，至和中威敏孫公沔來守，更飭治之，易名‘中和’。守居負鳳凰山，堂跨山憑高。蘇文忠公嘗謂‘下瞰海門，洞視萬里’，觀覽之傑可想。」

【箋注】

〔流杯亭〕　即曲水亭。董嗣杲《西湖百詠引》：「曲水亭在下竺寺前，一曰流杯亭，有水臺盤在亭心。宋淳祐間重建。」梅詢《曲水亭》詩：「鶴髮山中人，流水鑿幽石。如憑青玉案，分遞自消釋。」流杯是古代一種飲酒法，大家環流水而坐，讓杯在水中浮游；杯止於誰前，誰就飲酒。　　　〔多情客〕　指楊元素。　　　〔勸我如相識〕　如相識的友人一樣，勸我多喝酒。意謂杯多次被水送到我前面，使我多喝酒。勸：勸酒；使……喝酒。相識：舊朋友。　　　〔行〕　傳遞。　　　〔軒冕〕　軒：古代大夫乘的車。　冕：古代貴人戴的禮冠。這裡指有官位爵祿的人。　　　〔小字更書年月〕　即《咸淳臨安志》所說的題名及年月。　　　〔似永和節〕　像當年王羲之永和年間在蘭亭集會一樣。　永和：　東晉穆帝年號，（公元 345年-356年）。王羲之《蘭亭集序》：「永和九年（公元 353年），歲在癸丑，暮春之初，會於會稽山陰之蘭亭。修禊事也。羣賢畢至，少長咸集。此地有崇山峻嶺，茂林修竹

46

（手写）为什ㄇ有思念，為什ㄇ有無了気何，为何有離膓堕淚，原来只有心ゆ存了一点功名の熱望。

，又有清流激湍，映帶左右。……"　　〔纖纖素手〕　指歌妓白淨的手。
《古詩十九首》："纖纖擢素手。"　　〔歌聲咽（yè）〕　歌聲哀怨幽咽。
　　〔玉堂金闕〕　指貴官的官署。　玉堂：官署名，漢侍中有玉堂署；宋以後翰林院亦稱玉堂。《漢書》卷七十五《李尋傳》："過隨衆賢待詔，食太官，衣御府，久汙玉堂之署。"王先謙補注："何焯曰：'漢時待詔於玉堂殿，唐時待詔於翰林院。至宋以後，翰林遂并蒙玉堂之號。'"　金闕：闕，皇宮門旁的兩觀（guàn），飾之以黃，故曰金闕。岑參《奉和中書舍人賈至早朝大明宮》詩："金闕曉鐘開萬戶。"這裡"玉堂金闕"言楊元素升到朝廷作官，不常在杭州了；所以"莫怪歌聲咽。"　　〔卻問再來何歲，應有華髮〕　承上"輕別"（不是"永別"），應有再來之日，只是時間較長，人到那時已生了白髮。　　華髮：顏色不純，半白半黑的髮。

【校】
　　《全宋詞》調名作"勸金船"，題目爲"和元素韻自撰腔命名。""相識"作"曾識"，"似軒冕"句作"公道難得"，"徧上"作"徧賞"，毛本題與《全宋詞》同。

（手写）東坡の功名えい、故郷え情豪宕の気格。兩人同為四川人，心多了一份郷誼。表現在詞ゆの感情也較爽朗。

31. 南　鄉　子

（手写）無数次の陪伴你暢飲談笑。不用像也作の樣子用酒来訴說離別憂愁。痛飲雨也相邀　の飲酒從来都別有気……

和楊元素時移守密州

東武望餘杭。雲海天涯兩渺茫。何日功成名遂了，還鄉。醉笑陪公三萬場。　　不用訴離觴。痛飲從來別有腸。今夜送歸鐙火冷，河塘。墮淚羊公卻姓楊。

【編年】　　（手写）为人們所怀念の堕淚羊公却是姓楊。
　　寫於熙寧七年甲寅（公元1074年）。傅藻《東坡紀年錄》有："甲寅，移守密；和元素《南鄉子》。"王文誥《蘇文忠公詩編注集成總案》卷十二載："甲寅，再餞別於湖上，作《南鄉子》詞。"王文誥云："公既發，楊繪復遠送之。"當時楊繪也離開杭州，先到湖州有事。此詞是蘇軾告別之辭

（手写）今夜争着殘燈送你歸去。走过河塘，恍惚間見落淚の羊公卻是你楊元素！

。

【箋注】

〔密州〕 州名。隋開皇五年（公元589年）改膠州置。以境内密水爲名。治所在東武（後改諸城，今山東諸城縣）。《山東通志》卷十九："諸城縣縣北有南北二城，南城爲西漢東武縣城，北城乃魏永安中所築，兩城合一，中券一門，謂之雙門。"縣治在北城，即隋之密州治也。 〔功成身遂〕即取得功成就。《老子》王弼注本第九章："功遂，身退，天之道。"〔還鄉〕 因爲楊繪和蘇軾卻是蜀人，所以"還鄉"後還可以"陪"。〔醉笑陪公三萬場〕 無數次盡情地陪伴您暢飲談笑。 〔墮淚羊公卻姓楊〕 爲人們所懷念而墮淚的羊公卻是姓楊。用"羊""楊"同音爲諧戲。羊公即羊祜（公元 221-278年。祜音hù），《晉書》卷三十四《羊祜列傳》說羊祜爲荆州督，"樂山水。每風景，必造峴(xiàn)山，置酒言詠。"率後，"襄陽百姓於峴山祜平生遊憩之所，建碑立廟，歲時饗祭焉。望其碑者，莫不流涕。杜預因名爲墮淚碑。"這個碑名《晉故使持節侍中太傅鉅平成侯羊公之碑》，見楊慎《譚苑醍醐》卷八，楊慎引《益州記》說撰者是李賜（或李興）。

【校】

《全宋詞》題目作"和楊元素"，"渺茫"作"杳茫"。

32. 又

> 沈強輔雯上出犀麗玉作胡琴送元素還朝，
> 同子野各賦一首。

　　裙帶石榴紅。卻水殷勤解贈儂。應許逐雞雞莫怕，相逢。一點靈心必暗通。　　何處遇良工。琢刻天眞半欲空。願作龍香雙鳳撥，輕攏。長在環兒白雪胸。

【編年】

寫於熙寧七年甲寅（公元1074年）。

48

【箋注】

〔沈強輔雯上出犀麗玉作胡琴送元素還朝〕　這一題目，前人都感費解。吳曾《觀林詩話》以爲"犀玉"（無"麗"字）是琵琶名。有人認爲"犀麗玉"及"胡琴"爲二歌妓名。龍楡生《東坡樂府箋》中附考引鄭文焯《手批東坡樂府》云："此詞題當分爲二，以'胡琴送元素還朝'爲第二題。集中《采桑子慢》題序：'有胡琴者，姿色尤好，三公皆一時英秀，景之秀，妓之妙，眞爲希遇'云云。是'胡琴'爲妓女可證。次闋過片所謂'粉淚怨離居'，即胡琴送元素之意。《定風波》送元素作，亦有'紅粉尊前添懊惱'之句，可知'胡琴'爲元素所眷已。朱云：一賦胡琴，一賦元素，誤甚。至犀麗玉亦妓名，詞中用典切，正可證託喻其人，本集中詠姬人名字並如是例，此'作'字結束前題，斷無詠作胡琴之理。況以玉作胡琴，更與送元素無關。詞中'良工琢刻'云云，皆喻言麗玉之天眞，故下有'願作龍香雙鳳撥'之語，益足徵命題之義。且集中謂'某出妓'或'侍姬某'，亦詞人恒例，豈可泥於'琢刻'等字，即謂其切'作'字，不亦死於句下乎？集中《雙荷葉》，本耘老侍兒小名，公即以爲曲名，且詞中以'荷葉'貼切，尤盡清妙之致，此犀麗玉并姓字亦曲曲寫出，獨何疑乎？"龍本據此說，似缺乏憑藉，解釋得牽強。朱祖謀《彊村叢書》中的《東坡樂府》，在詞中的案語云："一賦胡琴，一賦元素。"則"胡琴"作爲被彈的樂器。結合詞意，此說較爲恰切。理由是：一、根據宋朝吳曾的《觀林詩話》載："東坡在湖州，甲寅年，與楊元素、張子野、陳令舉，由苕霅泛舟至吳興。東坡家嘗出琵琶，並沈沖宅犀玉共三面胡琴，又州妓一姓周，一姓邵，呼爲'二南'。子野賦《六客辭》。後子野、令舉、孝叔北去，唯東坡與元素、公擇在爾。元素因作詩寄坡云：'仙舟游漾霅溪風，三奏琵琶一艦紅。門望喜傳新政異，夢魂猶憶舊歡同。二南籍裏知誰在，六客堂中已半空。細問人間爲宰相，爭如願往水晶宮。'"從這一段記載裡，可見"胡琴"是樂器而不是歌妓。二、龍考所說的《采桑子》一詞的序，是蘇軾在潤州時所寫的，與這首詞不出於同一時間，而且序中所載："潤州甘露寺多景樓，天下之殊景也。甲寅仲冬，余同孫巨源，王正仲參會於此，有胡琴者，姿色尤好，三公皆一時英秀，景之秀，妓之妙，眞爲希遇。"當然，詞中的三公，是指孫巨源，王正仲及胡完夫，非蘇軾稱自己爲"三公"，並說自己也在"一時英秀"之列；這一點當以蘇軾《與李公擇書》爲證，信中說："途中與完夫，正仲，巨源相會，所至輒作數劇飲笑樂，人生如此有幾。"其次，序中所說"有胡琴者"，不是

49

名叫胡琴的妓女，而是彈胡琴的樂妓，如蘇軾《與蔡景繁書》中有"時家有胡琴婢"，明言家中有彈胡琴的婢女。三、從這首詞的詞意來看，是言有珍貴的胡琴及美麗的彈胡琴的歌妓。一本"雯"作"席"，在席上出用犀及麗玉作的珍貴的胡琴，詞中有"何處遇良工，琢刻天真半欲空"句，形容胡琴琢刻之美，琴撥也很珍貴，爲"龍香雙鳳撥"，進一步描述胡琴"琢刻"的珍貴。四、題末言"同子野各賦一首"，張子野《南鄉子》一首，詞首有小序曰："送客過餘溪，聽天隱二玉鼓胡琴。"詞的上片云："相并細腰身。時樣宮妝一樣新。曲項胡琴魚尾撥，離人。入塞弦聲水上聞。"由此可見是美麗的歌妓在彈胡琴。從以上這四個方面看，就可以把這一題目解通了。

犀：即犀牛角，古代把犀牛角視爲珍異之物，通犀的角中心的髓像一條白線上下相通，《漢書·西域傳》末"贊"說："通犀翠羽之珍盈於後宮。"

麗玉：美玉。　　〔裙帶石榴紅〕血紅色的石榴裙的裙帶。　　〔儂〕我。浙江方言。　　〔逐雞〕即隨雞。逐：追隨，追逐。喻女子嫁後，對丈夫永遠跟從。宋莊季裕《雞肋篇》卷下，引宋時諺語："嫁得雞，逐雞飛。嫁得狗，逐狗走。"歐陽修《代鳩婦言》："人言嫁雞逐雞飛，安知嫁鳩被鳩逐。"這裡是形容歌妓的多情。　　〔一點靈心必暗通〕李商隱《無題》：（首句："昨夜星辰昨夜風"）"心有靈犀一點通。"〔龍香雙鳳撥〕用整塊的龍涎香雕刻雙鳳的彈撥。　　龍香：龍涎香，抹香鯨腸胃的病態分泌物，類似結石，從鯨體內排出漂浮於海面或沖上海岸而被人取得。主要成分爲龍涎香素，具有持久的香氣，是極名貴的香料。雙鳳撥：用雙鳳爲雕刻圖案的彈撥。　　撥：撥弦之物。　　〔輕攏〕白居易《琵琶行》："輕攏慢捻抹復挑。"指用手輕輕地攏撥琴弦。　　〔環兒〕楊貴妃的小名玉環。這是以玉環的美麗來比喻歌妓之美。

【校】

《全宋詞》題目前有"公舊序云"四字，"靈心"作"靈犀"。

【附錄】

①張先（子野）《南鄉子》

送客過餘溪，聽天隱二玉，鼓胡琴

相并細腰身。時樣宮妝一樣新。曲項胡琴魚尾撥，離人。入塞弦聲水上聞。　　天碧染衣巾。血色輕羅碎褶裙。白卉已隨霜女妒，東君。暗折雙花借小春。

33.定　風　波

送元素

今古風流阮步兵，平生遊宦愛東平。千里遠來還不住。歸去。空留風韻照人清。　　紅粉尊前添懊惱。休道。如何留得許多情。記取明年花絮亂。看泛。西湖總是斷腸聲。

【編年】

熙寧七年甲寅（公元1074年）作。朱祖謀《彊村叢書》中《東坡樂府》注："案子野送元素、送子瞻詞，皆同此韻。當在二公過湖州時作。元素守杭未久，即内召。子野詞有'詔卷促歸'語，與此詞'千里遠來還不住'情事正合，'明年花絮'與子野之'黃鶯相識晚'又合，俱謂元素去之速也。"可見此詞與前面幾首是同時作品。

【箋注】

〔阮步兵〕　三國末年魏國阮籍（公元210-263年），字嗣宗，曾爲步兵校尉，也稱阮步兵，與嵇康齊名，都在"竹林七賢"之列。　　〔東平〕　《晉書》卷四十九《阮籍傳》："籍本有濟世志，屬魏晉之際，天下多故，名士少有全者，籍由是不與世爭，遂酣飲爲常。……及文帝輔政，籍嘗從容言於帝曰：'籍平生曾遊東平，樂其風土。'帝大悅，即拜東平相。籍乘驢到郡，壞府舍屏障，使内外相望，法令約簡，旬日而還。"這裡"愛東平"即指此。　　〔千里遠來還不住〕　指元素從遠處到杭州來，但在杭州時間短促。　　〔風韻〕　風度韻致，李白《贈宣州靈源寺仲濬公》詩："風韻逸江左。"

【校】

《全宋詞》"今古"作"千古"，"添"作"深"，"如何"作"怎生"，"看泛"作"須看"，"西湖總是"作"泛西湖是"。

51

　　《全宋詞》本張先《定風波令・次子瞻韻送元素內翰》："浴殿詞臣亦議兵。禁中頗牧党羌平。詔卷促歸難自緩。溪館。彩花千數酒泉清。　　春草未青秋葉暮。□去。一家行色萬家情。可恨黃鶯相識晚。望斷。湖邊亭上不聞聲。"又《再次韻送子瞻》："談辨繞疏堂上兵。畫船齊岸暗潮平。萬乘靴袍曾好問。須信。文章傳口齒牙清。　　三百寺應遊未遍。□算，湖光風物豈無情，不獨渠丘歌叔度。行路。吳謠終日有餘聲。"

34. 減字木蘭花

　　　　　祕閣《古笑林》云："晉元帝生子，宴百官，賜束帛。殷羨謝曰：'臣等無功受賞。'帝曰：'此事豈容卿有功乎？'"同舍每以爲笑。余過吳興。而李公擇適生子，三日會客，求歌辭。乃爲作此戲之。舉坐皆絕倒。

　　惟熊佳夢。釋氏老君親抱送。壯氣橫秋。未滿三朝已食牛。犀錢玉果。利市平分沾四坐。多謝無功。此事如何到得儂。

【編年】

　　作於熙寧七年（公元1074年）甲寅九月。傅藻《東坡紀年錄》：甲寅，"李公擇生子，作《減字木蘭花》"，王文誥《蘇文忠公詩編注集成總案》卷十二：甲寅九月，"李常生子方三日，作《減字木蘭花》。"

【箋注】

〔祕閣《古笑林》〕　　應是祕閣所藏書名，今佚。此則故事今見於《世說新語・排調》："元帝皇子生，普賜群臣，殷洪喬謝曰：'皇子誕育，普天同慶。臣無勳焉，而猥頒厚賚。'中宗笑曰：'此事豈可使卿有勳邪？'"

〔李公擇〕　　即李常（公元1027-1090年），字公擇，《宋史》卷三百四十四有《李常傳》：李常，少讀書廬山白石僧舍。既擢第，留所抄書九千卷，名李氏山房。蘇軾寫有《李氏山房藏書記》。李公擇在熙寧初爲秘閣校理，後與王安石政見不合，落校理，通判滑州，歲餘復職，知鄂州，徙湖、齊二州。徙淮南西路提點刑獄，元豐六年，召爲太常少卿，轉禮部侍郎。後官拜御史中丞，兼侍讀，加龍圖閣學士，受劉安世彈劾，徙兵部尚書。辭不拜，出知鄧州，徙成都。行次陝，暴卒，年六十四，有文集、奏議六十卷，《詩傳》十卷，《元祐會計錄》三十卷。　　〔三日會客〕　宋代風俗：小兒生下三日，爲他洗澡，設宴請客，客人送禮，叫洗兒會。孟元老《東京夢華錄》卷五：“至滿月則以生色及繃繡錢，貴富家金銀犀玉爲之，并果子，大展洗兒會，親朋盛集。煎香湯於盆中，下果子綵錢蔥蒜等，用數丈彩繞之，名曰‘圍盆’。以釵子攪水，謂之‘攪盆’。觀者各散錢於水中，謂之‘添盆’。”吳自牧《夢粱錄》卷二十“育子”條：“至滿月，則外家以彩畫錢或金銀錢雜果，及以彩段珠翠頤角兒食物等，送往其家，大展‘洗兒會’。親朋俱集，煎香湯於銀盆內，下洗兒果彩錢等，仍用色彩繞盆，謂之‘圍盆紅’。”　　〔絕倒〕　大笑，笑得不能伸腰，向前傾俯像要倒仆一樣。

〔惟熊佳夢〕　《詩·小雅·斯干》：“乃占我夢。吉夢維何？維熊維羆（pí），維虺（huǐ）維蛇。大人占之：維熊維羆，男子之祥。”夢中見到熊羆，是生男孩的吉徵。這裡說李常得了兒子，是見熊之夢的應驗。　　〔釋氏老君親抱送〕　戲言李公擇生的男兒高貴，是由釋氏和老君親抱著送來的。釋氏：即佛教始祖釋迦车尼。老君：道教的始祖老子。　　〔食牛〕　戲言李公擇兒子茁壯可愛，有食牛之氣。杜甫《徐卿二子歌》：“徐卿二子生絕奇，感應吉夢相追隨。孔子釋氏親抱送，盡是天上麒麟兒。大兒九齡色清澈，秋水爲神玉爲骨。小兒五歲氣食牛，滿堂賓客皆回頭。”　　〔犀錢玉果〕　賓客對初生嬰兒賀喜，贈送的“洗兒錢”及玩器。犀錢：富貴人家用犀角做的錢形物。　　〔利市平分沾四坐〕　指生兒之家把洗兒盆中的所受的錢和果子贈給在座客人。所以下句有“無功”的戲語。利市：《左傳》昭公十六年，鄭子產追述東周初年鄭國君主對商人說：“爾有利市寶賄，我弗與。”指獲得財物。　　〔無功〕　無功受祿之意。戲言自己沒有出力，不能受此財物。

【校】

《全宋詞》本題只作“過吳興，李公擇生子三日，會客，作此詞戲之。”“著”作“到”。

①宋胡仔《苕溪漁隱叢話前集》卷三十八："《溫叟詩話》：東坡最善用事，旣顯而易讀，又切當。……賀人洗兒詞云：'深愧無功，此事如何到得儂'。南唐時，宮中賜洗兒果，有追書謝表云：'猥蒙寵數，深愧無功'。李主曰：'此事卿安得有功？'尤爲親切。"苕溪漁隱曰：《世說》："元帝生子，普賜群臣。殷羡謝曰：'皇子誕育，普天同慶。臣無勳焉，而猥頒賚。'中宗笑曰：'此事豈可使卿有勳邪？'二事相類，聊錄於此。但'深愧無功'之語，東坡乃用南唐事也。"

35.南　鄉　子

席上勸李公擇酒

不到謝公臺。明月清風好在哉。舊日髯孫何處去，重來。短李風流更上才。　　秋色漸摧頹。滿院黃英映酒杯。看取桃花春二月，爭開。盡是劉郎去後栽。

【編年】

這首詞寫於熙寧七年甲寅（公元1074年）九月。王文誥《蘇文忠公詩編注集成總案》卷十二："熙寧甲寅九月，李常生子方三日，作《減字木蘭花》，席上勸李常酒，再作《南鄉子》。"

〔箋注〕

〔謝公臺〕　在揚州。　　〔好在〕　平安無恙。唐人相慰問或告別的祝詞。　　〔髯孫〕　本是三國時的吳帝孫權，孫權有紫髯。《三國志·吳志·吳主權》，建安十九年下，裴松之注引《獻帝春秋》："張遼問吳降人：'向有紫髯將軍，長上短下，便馬善射，是誰？'降人答曰：'是孫會稽（孫權當時爲會稽太守）。'"這裡戲指孫覺，覺字莘(shēn)老，鬚髯多，蘇軾稱之爲髯孫。詞問"髯孫何處去"，則孫覺當時未在座。　　〔短李〕本是唐代李紳的綽號。李紳，字公垂，以作詩有名，見《新唐書》卷一百八

54

十一《李紳傳》。白居易《江樓夜吟元九律詩，成三十韻》"老張知定伏，短李愛應顛"，自注"張十八籍，李二十紳，皆攻律詩"。這裡指李常，李常身材矮小，也像李紳會作詩，所以蘇軾戲稱他"短李"。　　〔黃英〕菊花。《禮記・月令》季秋之月，"鞠（同"菊"）有黃華"。英：花朵。

　　〔盡是劉郎去後栽〕　用唐詩人劉禹錫詩句。劉禹錫《元和十年自朗州召至京，戲贈看花諸君子》："紫陌紅塵拂面來，無人不道看花回。玄都觀裏桃千樹，盡是劉郎去後栽。"用愛趕熱鬧的桃花比當時得志的官員，而這班官員是新近（"劉郎去後"）被提升的。這裡蘇軾用不肯趕繁華的"黃英"自比和比李常，譏諷新進的官員爲桃花。

【校】

《全宋詞》本同。

36.菩　薩　蠻

席上和陳令舉

　　天憐豪俊腰金晚。故教月向松江滿。清景爲淹留。從君都占秋。　　身閒惟有酒。試問遨遊首。帝夢已遙思。匆匆歸去時。

【編年】

　　此詞作於熙寧七年甲寅（公元1074年）。《東坡題跋》卷六《書遊垂虹亭》云："吾昔自杭移高密，與楊元素同舟，而陳令舉、張子野皆從吾過李公擇於湖，遂與劉孝叔俱至松江。夜半月出，置酒垂虹亭上。子野年八十五，以歌詞聞於天下，作《定風波令》。其略云：'見說賢人聚吳分，試問，也應傍有老人星。'坐客歡甚，有醉倒者。"張先（子野）在熙寧七年曾寫《定風波令》一首，其小序內容與東坡此文相同。序曰："霅溪席上，同會者六人，楊元素侍讀、劉孝叔吏部、蘇子瞻、李公擇二學士、陳令舉賢良"。詞曰："西閣名臣奉詔行。南牀吏部錦衣榮。中有瀛仙賓與主，相遇。平津選首更神清。　　溪上玉樓同宴喜，歡醉。對堤杯葉暗秋英。盡道賢人聚

55

吳分，試問。也應旁有老人星。"王文誥《蘇文忠公詩編注集成總案》卷十二案：熙寧七年甲寅九月，"公既發，楊繪復遠送之，而陳舜俞、張先皆從，遂同訪李常於湖州，劉述亦在座，張先賦《六客詞》。"因楊繪回京，又送蘇軾赴密州，所以這首詞還是爲送楊繪而作。

【箋注】

〔陳令舉〕　即陳舜俞，湖州烏程（今浙江吳興）人。博學強記。舉進士，又舉制科第一。熙寧三年（公元1070年），以屯田員外郎知山陰縣。青苗法行，舜俞不奉令，上疏自劾，謫監南康酒稅。舜俞始嘗棄官歸，居秀州之白牛村，自號白牛居士。已而復出，遂貶死。見《宋史》卷三百三十一《陳舜俞傳》。《蘇東坡全集》（前集）卷三十五有《祭陳令舉文》。　　〔豪俊腰金晚〕　有超人才德的人得志太遲了。豪俊：才德過人的人。指楊元素，當時楊元素回朝升官。　　腰金：腰間有金魚袋。唐代制度，官員按等級尊卑，分別用玉、金和銀裝飾魚袋，佩在衣帶上（魚袋內裝魚形的符節。）佩金魚袋是三品以上官。杜甫《季夏送鄉弟韶陪黃門從叔朝謁》詩"拖玉腰金極主身。"楊繪在王安石變法時，因反對免役法而被罷職，知亳（bó）州，歷應天府、杭州，由杭州再回朝任翰林學士。　　〔故教月向松江滿〕　"故教"（所以使）承上"天憐"，天憐楊元素，爲了補償楊元素富貴太遲的損失，所以今夕出個大月亮。　　松江：酈道元《水經注》卷十一："太湖之東，吳國西十八里有岕嶺山。……去太湖三十餘里，東則松江出焉。……"注曰："今太湖東注爲松江，下七十里有水口分流，東北入海爲婁江，東南入海爲東江，與松江而三也。"　　〔淹留〕　停留，久留。《離騷》："時繽紛其變易兮，又何可以淹留。"　　〔占〕　占有。　　〔遨遊首〕　據龍榆生注中引傅注："成都風俗，以遨遊相尚，綺羅珠翠，雜沓衢巷。所集之地，行肆畢備，須得太守一往後方盛。士人因目太守爲'遨頭'云。"

〔帝夢〕　《尚書序》："高宗夢得說（yuè），使百工營求諸野，得諸傅巖，作《說命》。"這裡用殷高宗因夢而尋訪傅說，比喻當時皇帝（宋神宗）召用楊繪。

【校】

《全宋詞》無題。"遨"作"清"。毛本缺"腰金晚，故教月向"及"有酒，試問"，"已遙思"等十四字。

56

37.鵲　橋　仙

七　夕

緱山仙子，高情雲渺，不學癡牛騃女。鳳簫聲斷月明中，舉手謝、時人欲去。　　客槎曾犯，銀河波浪，尚帶天風海雨。相逢一醉是前緣，風雨散、飄然何處。

【編年】

　　此詞暫依朱注定於熙寧七年甲寅（公元1074年）。朱注：案本集王中甫哀詞，施注原編丙辰七月五日，詩前敘云，'哭中甫於密州，則令舉没矣。'又祭陳令舉文云，'余與令舉別二年，而令舉歿。'公以甲寅九月與令舉訪公擇於湖州，六客之會，令舉與焉。既過松江，令舉匆匆歸去，此詞乃送之也。

【箋注】

〔緱山仙子〕　緱(gōu)山，即緱氏山。在今河南偃師東南。《太平御覽》卷三十一《時序·七月七日》引《列仙傳》曰："王子喬者，周靈王太子晉也。好吹笙作鳳凰鳴。道士浮丘公接以上嵩山。後喬於山見桓良曰：'告我家：七月七日待我於緱山頭。'果乘白鶴駐山頂，望之不到，舉手謝時人，數日而去。"　　〔癡牛騃(ái)女〕　即牽牛星和織女星，織女長年織造雲錦，自嫁與河西牛郎後，織乃中斷。天帝大怒，責令她與牛郎分離，只准每年七夕相會一次。《詩經·小雅·大東》有"跂彼織女"和"睆彼牽牛"並提，但没有說相會相離的事。說到隔水相望，見於《古詩十九首》中"迢迢牽牛星"一首。《荊楚歲時記》，內容又有所發展。盧仝《月蝕詩》："癡牛與騃女，不肯勤農桑。徒勞含淫思，夕旦遙相望。"　　〔鳳簫〕　排簫。古代的簫用長短不同的竹管排列而成，形如鳥翼，所以叫"鳳簫"。

〔客槎(chá)曾犯〕　張華《博物志》卷十："舊說云：天河與海通。近世有人居海渚者，年年八月有浮槎去來，不失期。人有奇志，立飛閣於槎上，多齎糧，乘槎而去。十餘日中猶見星月日辰。自後茫茫忽忽，亦不覺晝夜。去十餘日，奄至一處，有城郭狀，屋舍甚嚴。遙望宮中多織婦。見一丈夫牽牛渚次飲之。牽牛人乃驚問曰：'何由至此？'此人具說來意，並問'此是何處？'答曰：'君還至蜀郡訪嚴君平，則知之。'竟不上岸，因還如期。後至蜀，問君平，曰：'某年某月有客星犯牽牛宿。'計年月，正是此人到天河時也。"

【校】

《全宋詞》及毛本題目都為"七夕"，"波"作"微"，無"送陳令舉"字樣，朱本及龍本均加此四字，不知以何為據；從詞的內容看，與陳令舉無關。

【附錄】

①宋·陸游《渭南文集》卷二十八《跋東坡七夕詞》："昔人作七夕詩，率不免有珠櫳綺疏惜別之意，惟東坡此篇居然是星漢上語。歌之，曲終，覺天風海雨逼人。學詩者當以是求之。"

38.阮　郎　歸

　　　　　　一年三過蘇。最後赴密州時，有問"這回來不來"，其色淒然。太守王規父嘉之，令作此詞。

　一年三度過蘇臺。清尊長是開。佳人相問苦相猜。這回來不來。　　情未盡，老先催。人生真可咍。他年桃李阿誰栽。劉郎雙鬢衰。

【編年】

此詞寫於熙寧七年甲寅（公元1074年）十月於知蘇州王誨的宴會上贈一個歌妓。傅藻《東坡紀年錄》："甲寅，赴密；過蘇，有問'這回來不來'者，其色淒然。蘇守嘉之，令求詞，作《阮郎歸》。"王文誥《蘇文忠公詩編注集成總案》卷十二載："甲寅十月至金閶，飲於王誨席上。時已三過蘇臺，誨令歌者求公詞，作《阮郎歸》詞。"蘇軾從杭州到密州任，九月二十

58

日後離開杭州，經湖州，松江，十月過蘇州金閶。早在此年正月，蘇軾已到過蘇州；五月又至，這次是第三次了，故有"一年三過蘇"之語。

【箋注】

〔王規父〕 王誨，字規父。熙寧六年，癸丑（公元1073年）以朝散大夫、司勳郎中，知蘇州。即《菩薩蠻》（寄蘇守王規甫）諧謔地叫他不要學范蠡帶西施遊五湖那樣截留杭妓的王規甫。 〔蘇臺〕 即姑蘇臺。在蘇州市西南姑蘇山上，又名胥臺，春秋時吳王闔廬所築。夫差於臺上立春宵宮，爲長夜之飲。越國攻吳，吳太子友戰敗，遂焚其臺。 〔清尊長是開〕（這三次過蘇州）都是設酒接風。 尊：酒杯。 〔咍(hāi)〕 笑。《楚辭·九章·惜誦》："又衆兆之所咍也。" 〔他年桃李阿誰栽，劉郎雙鬢衰〕 唐·孟棨《本事詩·事感第二》曰："劉尚書（禹錫）自屯田員外左遷朗州司馬，凡十年始徵還。方春，作《贈看花諸君子》詩曰：'紫陌紅塵拂面來，無人不道看花回。玄都觀裏桃千樹，盡是劉郎去後栽。'其詩一出，傳於都下。有素嫉其名者，白於執政，又誣其有怨憤。他日見時宰，與坐，慰問甚厚，既辭，即曰：'近有新詩，未免爲累，奈何？'不數日，出爲連州刺史。其自敘云：'貞元二十一年春，余爲屯田員外，時此觀未有花。是歲出牧連州，至荆南，又貶朗州司馬。居十年，詔至京師，人人皆言有道士手植仙桃滿觀，盛如紅霞，遂有前篇，以記一時之事。旋又出牧，於今十四年，始爲主客郎中，重遊玄都，蕩然無復一樹，唯兔葵燕麥動搖於春風耳。因再題二十八字，以俟後再遊。時太和二年三月也。'詩曰：'百畝庭中半是苔，桃花淨盡菜花開。種桃道士歸何處？前度劉郎今獨來。'"劉禹錫詩，只說"桃"；這裡"李"字是搭配的。

【校】

《全宋詞》題作"蘇州席上作"，毛本同。元本題下注云："一本名《醉桃源》。"

39.醉 落 魄

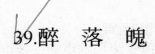

蘇州閶門留別

59

蒼顏華髮。故山歸計何時決。舊交新貴音書絕。惟有佳人，猶作殷勤別。　　離亭欲去歌聲咽。瀟瀟細雨涼吹頰。淚珠不用羅巾裛。彈在羅衫，圖得見時說。

【編年】

　　題目已說明是蘇州閶門留別時作，應是與上首詞是同一時間的作品。

【箋注】

〔閶(chāng)門〕　《嘉慶重修一統志》卷七十七《吳城》條：《續圖經》：閶閭城，即今郡城，一曰閶門。《吳越春秋》："閶門者，以象天門通閶闔風也（《淮南子·天文訓》說閶闔風是西風）。閶闔欲破楚，楚在西北，故立閶門以通天氣，復名破楚門。"《寰宇記》云："吳城西門也，春申君改爲閶門。"《府志》："西北門也，一曰胥門。"　　〔華髮〕　花白頭髮。　　〔舊交新貴音書絕〕　言遭逢厄運時，新貴們雖是舊交，也不相往來，與他音書斷絕。杜甫《狂夫》詩："厚祿故人書斷絕。"　　〔離亭〕　城外大道旁的長亭或短亭。人們往往於亭內送別。　　〔裛(yì)〕　沾濕。　　〔彈在羅衫〕　把淚揩在你的羅衣上。　　〔圖〕　希望，謀求。全句的意思是說，希望再見面時能見到羅衫上的淚痕。

【校】

　　《全宋詞》題作"憶別"，後注有"又案"：此首別見黃庭堅《豫章先生詞》。　　"顏"作"頭"，"衫"作"衣"。毛本則題作"蘇州閶門留別"，一刻"山谷"；但"故山歸計何時決"作"故鄉歸路無因得"。

40.菩　薩　蠻

潤州和元素

玉笙不受朱唇暖。離聲淒咽胸填滿。遺恨幾千秋。心留人不留。　　他年京國酒。墮淚攀枯柳。莫唱"短因緣"。長安遠似天。

【編年】

此詞作於熙寧七年甲寅（公元1074年）。傅藻《東坡紀年錄》："甲寅，潤州和元素。"

【箋注】

〔玉笙不受朱唇暖〕　指歌女不吹笙。朱唇：歌女的唇。陸罕《詠笙》詩曰："管清羅袖拂，響合絳唇吹。"　　〔京國酒〕　古代著名京口酒。《晉書》卷六十七《郗超傳》："（桓）溫恒云：'京口酒可飲，兵可用。'"京口，即宋代潤州。　　〔墮淚攀枯柳〕　《世說新說·言語》："桓公北征，經金城（今鎮江境內）見前爲琅琊時種柳，皆已十圍，慨然曰：'木猶如此，人何以堪！'攀枝執條，泫然流涕。"　　〔短因緣〕　《太平廣記》卷三百四十九《韋鮑生記》：鮑生者，有妾二人，遇外弟韋生有良馬。鮑出妾爲酒勸韋，韋請以馬換妾。鮑許以抱胡琴者，仍命歌以送韋酒。既而妾又歌以送鮑酒，歌曰："風颭荷珠難暫圓，多生信有短因緣。西樓今夜三更月，還照離人泣斷弦。"　　〔長安遠〕　《世說新語·夙惠》："晉明帝數歲，坐元帝膝上，有人從長安來，元帝問洛下消息，潸然流涕。明帝問何以致泣，具以東渡意告之，因問明帝；'汝意謂長安何如日遠。？'答曰：'日遠。不聞人從日邊來，居然可知。'元帝異之。明日，集群臣宴會，告以此意，更問之，乃答曰：'日近。'元帝失色曰：'爾何故異昨日之言邪？'答曰：'舉目見日，不見長安。'"

【校】

《全宋詞》題作"感舊"。"心"作"恩"，"墮"作"泫"。

41.減 字 木 蘭 花

贈潤守許仲塗，且以"鄭容落籍高瑩從良"爲句首。

鄭莊好客。容我尊前先墮幘。落筆生風。籍籍聲名不負公。　　高山白早。瑩骨冰膚那解老。從此南徐。良夜清風月滿湖。

【編年】

作於熙寧七年甲寅（公元1074年）。傅藻《東坡紀年錄》：“甲寅作，贈潤守許仲塗；作《減字木蘭花》。”時蘇軾過京口。

【箋注】

〔許仲塗〕 許遵，泗州人，字仲塗。第進士，又中明法，擢大理寺詳斷官，知長興縣。後爲審刑院詳議官，知宿州，登州。遵累典刑獄，強敏明恕。熙寧間，出知壽州，每判大理寺，請知潤州，又請提舉崇福宮。尋致仕，累官中散大夫。見《宋史》卷三百三十《許遵傳》。 〔鄭容落籍，高瑩從良〕 免除鄭容娼妓的身分；讓高瑩嫁人，不再作娼妓。取此詞每句的第一個字。鄭容、高瑩是兩個娼妓名。 落籍：從娼妓的名冊中去掉，允許她不作娼妓，另外謀生。 從良：嫁給人作妻子，不再作娼妓。當時娼妓落籍和從良，要得到官府的允許。 〔鄭莊〕 西漢鄭當時，字莊，《漢書》卷五十《鄭當時傳》載：“當時以任俠自喜，脫張羽於厄，聲聞梁楚間。孝景時，爲太子舍人。每五日洗沐，常置驛馬長安諸郊，請謝賓客，夜以繼日，至明旦，常恐不遍”。因此，蘇軾詞中說：“鄭莊好客”，以比宴會主人許仲塗。 〔墮幘(zé)〕 頭上的巾掉下來，指醉後放蕩不檢點。用西晉時庾敳(ái)在東海王司馬越的座間，醉後幘掉下來的故事。《晉書》卷五十《庾峻傳》：“峻子敳，……有重名，爲搢紳所推，而聚斂積實，談者譏之。……時劉輿見任於越（東海王司馬越），……說越令就換錢千萬，冀其有吝，因此可乘。越於衆坐中問於敳，而敳乃頹然已醉，幘墮机上，以頭就穿取。徐答云：‘下官家有二千萬，隨公所取矣。’輿於是乃服。” 〔落筆生風〕 贊美人（這裡指宴會主人）的文才。杜甫《寄李十二白二十韻》：“筆落生風雨，詩成泣鬼神。” 〔籍籍〕 言語喧聒，衆口嘩然。《漢書》卷五十三《景十三王傳·江都易王傳》：“國中口語籍籍。”又卷四十三《陸賈傳》“名聲籍甚”。這句說宴會主人聞名遠近。 〔高山白早〕 意思是指我們老得快，已生白髮，有如高山頭早積白雪。 〔瑩骨冰膚〕 形容歌妓之美。宋玉《神女賦》：“溫乎如瑩。”《莊子·逍遙遊》：“藐姑射之山，有神人居焉。肌膚若冰雪。” 〔那解老〕 再也不會衰老。用許仲塗和作者自己“白早”，和兩個歌妓的“那解老”對比。那（舊讀nó）：怎麼。 解：能，會。 〔南徐〕 南徐州。劉宋永初二年（

62

公元421 年）置，治所在京口（今江蘇鎮江市）；宋時爲潤州。　　〔良夜〕　天色美好之夜，或深夜。《後漢書》卷五十《祭(zhài)遵傳》"勞饗士卒，作黃門武樂，良夜乃罷。"李賢注："良，猶深也。"又蘇軾《後赤壁賦》："月白風清，如此良夜何！"末兩句說鄭、高二妓去後，南徐夜景風月雖美，卻沒有妓樂可娛了。

【校】

《全宋詞》本題目爲"贈潤守許仲塗"，且以"鄭容落籍，高瑩從良"爲句首。毛本題目引《東皋雜錄》這一段話。題作："自錢塘被召，林子中作郡守，有會。坐中營妓出牒，鄭容求落籍，高瑩求從良。子中呈東坡。東坡索筆爲《減字木蘭花》書牒後，暗用'鄭容落籍，高瑩從良'八字於句端也，兼贈潤守許仲塗。"又"清風"作"風清"。

【附錄】

①宋·陳善《捫蝨新話》下集卷九："東坡集中有《減字木蘭花》詞云：（詞如上，略）。人多不曉其意。或云：坡昔過京口，官妓鄭容，高瑩二人當侍宴，坡喜之。二妓間請於坡，欲爲脫籍，坡許之而終不爲言。及臨別，二妓復之船所懇之。坡曰：'爾當持我之詞以往，太守一見。便知其意。'蓋是'鄭容落籍，高瑩從良'八字也。此老眞爾狡獪耶！"

②清·張宗橚《詞林紀事》引《東皋雜錄》"東坡自錢塘被召，過京口，林子中作郡守，有宴會，座中營妓出牒，鄭容求落籍，高瑩求從良，子中命呈牒東坡，坡索筆題《減字木蘭花》於牒後，暗用'鄭容落籍，高瑩從良'八字於句端也。"又張宗橚按："《聚蘭集》載此詞，乃東坡贈潤守許仲塗，非林子中也。"

42.南　歌　子

別潤守許仲塗

欲執河梁手，還升月旦堂。酒闌人散月侵廊。北客明朝歸去、雁南翔。　　窈窕高明玉，風流鄭季莊。一時分散水雲鄉。惟有落花芳草、斷人腸。

【編年】

據朱祖謀《東坡樂府》注案：“此詞仍賦高鄭事，因類編之。”因此也編於熙寧七年甲寅（公元1074年）。詞中有“雁南翔”，當是作於秋冬之際。

【箋注】

〔潤守〕 指知潤州事。秦漢稱郡的首長爲守(shǒu)，宋的州相當秦漢的郡，所以詩文中稱知州事爲“守”。 〔河梁〕 《文選》卷二十九李陵《與蘇武詩》三首之三：“攜手上河梁，遊子暮何之。”陸雲《答兄平原》詩：“南津有絕濟，北渚無河梁。”後世用“河梁”爲送別之詞。梁：橋。
〔月旦〕 用東漢末的許劭（公元151-196年）的典。《後漢書》卷九十八《許劭傳》：“初，劭與靖（劭從兄）俱有高名，好共覈論鄉黨人物，每月輒更其品題，故汝南俗有‘月旦評’焉。”這裡以許劭指許遵。 〔北客〕 來自北方的客人。這裡指蘇軾自己，原自汴都出來。 〔窈窕高明玉，風流鄭季莊〕 高明玉即高瑩，鄭季莊即鄭容。見本書第41首《減字木蘭花·贈潤守許仲塗》。 〔水雲鄉〕 江南的水鄉。江南地卑濕而多沮澤，故謂之水雲鄉。

【校】

《全宋詞》本全同。毛本題目作“別潤州許仲塗。”

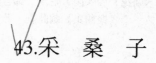

43. 采 桑 子

潤州甘露寺多景樓，天下之殊景也。甲寅仲冬，余同孫巨源、王正仲參會於此。有胡琴者，姿色尤好。三公皆一時英秀，景之秀，妓之妙，眞爲希遇。飲闌；巨源請於余曰：‘殘霞晚照，非奇才不盡。’余作此詞。

多情多感仍多病，多景樓中。尊酒相逢。樂事回頭一笑空。　　停杯且聽琵琶語，細撚輕攏。醉臉春融。斜照江天一抹紅。

【編年】

作於熙寧七年甲寅（公元1074年）陰曆十一月。傅藻《東坡紀年錄》：甲寅，多景樓與孫巨源相遇，作《采桑子》。《蘇文忠公詩編注集成總案》卷十二載：甲寅，“過京口與胡宗愈、王存、孫洙劇飲，遊多景樓，作《采桑子》詞。”與此詞蘇軾自序合。《京口志》：“甘露寺有多景樓，中刻東坡熙寧甲寅與孫巨源輩會此，賦《采桑子詞》。碑石今尚存。”蘇軾是年赴密州，路經潤州，故有此作。《總案》引蘇軾至揚州後所寫《與李公擇書》云：“此行天幸，既得與老兄，又途中與完夫、正仲、巨源相會。所至輒作數日劇飲笑樂，人生如此有幾，未知他日能復繼此否。”《蘇軾詩集》卷十二《潤州甘露寺彈箏》詩注：王注堯卿曰：楊元素云：孫洙巨源，王存正仲，與東坡同遊多景樓。京師官妓皆在，而胡琴者，姿伎尤妙。三公皆一時英彥，境之勝，客之秀，伎之妙，眞爲希遇。酒闌，巨源請於東坡曰：‘殘霞晚照非奇詞不盡。’遂作《采桑子》，所謂‘多情多感仍多病，多景樓中’是也。

【箋注】

〔孫巨源〕　即孫洙，〔公元1032－1080，洙（zhū）〕廣陵人。未冠，擢進士。所寫進策，韓琦譽之爲“今之賈誼”。孫洙在太常禮院時，王安石主新法，他鬱鬱不能有所言，力求補外，得知海州。洙博聞強識，明練典故，道古今事甚有條理。出語皆成章，雖對親狎者，未嘗發一鄙語。文詞典麗，有西漢之風。《宋史》卷三百二十一有傳。　　〔王正仲〕　王存（公元1023－1101年）字正仲，潤州丹陽人。慶曆六年登進士第，調嘉興主簿。治平中，入爲國子監直講，史館檢討，知太常禮院等職。元豐年間，遷龍圖閣直學士，知開封府等。贈左銀青光祿士大夫。《宋史》卷三百四十一有傳。　　〔多景樓〕　唐時臨江亭故址，在江蘇丹徒縣北固山甘露寺內。宋知潤州事陳天麟建。　　〔三公〕　除上述孫巨源、王正仲外，還有胡宗愈。宗愈字完夫，神宗時爲集賢校理，與安石政見不和，出通判眞州，元祐中任給事中，御史中丞等職，最後任禮部尚書，遷吏部，卒年六十六，贈左銀青光祿大夫。《宋史》卷三百一十八有傳。　　〔尊酒相逢〕　韓愈《贈鄭兵曹》：“

尊酒相逢十載前，君爲壯夫我少年。尊酒相逢十載後，我爲壯夫君白首。"
〔琵琶語〕　這裡指席上歌妓所彈奏的曲調；能使聽者理解演奏者的心情，所以叫"語"。白居易《琵琶行》："今夜聞君琵琶語。"　〔細撚輕攏〕　演奏琵琶的指法。撚(niǎn)：手指揉弦；攏：手指按弦。白居易《琵琶行》："輕攏慢撚撥復挑。"　〔醉臉春融〕　盡情歡飲，醉後如春意融和，興高氣揚。

【校】

《全宋詞》本題作"潤州多景樓與孫巨源相遇"。毛本與《全宋詞》同。

44.更　漏　子

送孫巨源

　水涵空，山照市。西漢二疏鄉里。新白髮，舊黃金。故人恩義深。　海東頭，山盡處。自古客槎來去。槎有信，赴秋期。使君行不歸。

【編年】

此詞寫於熙寧七年甲寅（公元1074年），傅藻《東坡紀年錄》："甲寅送巨源。"王文誥《蘇文忠公詩編注集成總案》卷十二載："甲寅十月，與孫洙送別，作《更漏子》詞"。據詞中"西漢二疏鄉里，當是送孫洙赴海州。"

【箋注】

〔水涵空，山照市〕　這是描寫海州（舊城在今江蘇省連雲港市附近）的景色。海州地處海濱，海水澄清，晴空的倒影照在水中，像水涵容著太空；而山色又襯托著城市，一派海濱風光。據《永遇樂》（"長憶別時"）一詞序："孫巨源以八月十五日離海州，坐別於景疏樓，既而與余會於潤州，至楚州方別。"說明孫巨源於八月十五日離開海州，前往潤州會蘇軾。　〔西漢二疏鄉里〕　海州是西漢二疏的故鄉。《名勝志》："景疏樓在海州治東北

66

。石刻云：宋葉祖洽慕二疏之賢而建，疏廣、疏受，皆東海人也。”《蘇軾詩集》卷十二《次韻孫巨源，寄漣水李、盛二著作，并以見寄五絕》其二云：“高才晚歲終難進，勇退當年正急流，不獨二疏爲可慕，他時當有景孫樓。”詩後有公自注：“巨源離東海。郡有景疏樓。”則蘇軾認爲二疏鄉里即指海州。西漢二疏：疏廣及其兄子疏受。《漢書》卷七十一《疏廣傳》載：疏廣，字仲翁，東海蘭陵人。廣爲太傅。廣兄子受字公子，亦以賢良舉爲太子家令，並拜爲少傅。在太子十二歲的時候，廣謂受曰：“吾聞‘知足不辱，知止不殆’，‘功遂身退，天之道’也。今仕宦至二千石，宦成名立；如此不去，懼有後悔。”於是“上疏乞骸骨，上以其年篤老，皆許之，加賜黃金二十斤，皇太子贈以五十斤。公卿大夫故人邑子設祖道，供帳東門外，送者車數百兩，辭決而去。”“廣既歸鄉里，日令家共具設酒食，請族人故舊賓客，與相娛樂。數問其家金餘尚有幾所？趣（同“促”）賣以共（同“供”）具。……廣曰：‘……此金者，聖主所以惠養老臣也。故樂與鄉黨宗族共饗其賜，以盡吾餘日，不亦可乎？’於是族人說（同“悅”）服，皆以壽終。”　　〔客槎（chá）〕　見《鵲橋仙》（客槎曾犯）注。　　〔使君〕漢代對郡守的敬稱。北宋知州相當漢代郡守。這裡指孫洙，洙知海州事。
　　【校】
　　《全宋詞》本與此全同。

45.醉　落　魄

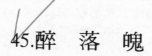

席上呈楊元素

　　分攜如昨。人生到處萍飄泊。偶然相聚還離索。多病多愁，須信從來錯。　　尊前一笑休辭卻。天涯同是傷淪落。故山猶負平生約。西望峨嵋，長羨歸飛鶴。

　　【編年】
　　此詞作於熙寧七年甲寅（公元1074年），傅藻《東坡紀年錄》：“甲寅離京口，呈楊元素。”

〔分攜〕 離別。攜：離。 〔如昨〕 好像就是昨天的事一樣，記得很分明。昨：爲了叶韻，讀入聲，如"作"。 〔萍飄泊〕 杜甫《秦州見敕目：薛三據授司議郎，畢四曜除監察。與二子有故，遠喜遷官；兼述索居。凡三十韻》："浩蕩逐流萍。"《九家集注杜詩》卷二十注："流萍謂流落如萍之在水，任其飄泊也。" 〔離索〕 離開同伴而孤獨地生活著。《禮記·檀弓上》："吾離群而索居亦已久矣。"鄭玄注："群，謂同門朋友也。索，猶散也。" 〔天涯同是傷淪落〕 白居易《琵琶行》："同是天涯淪落人"。 〔故山猶負平生約〕 本來向故鄉約定，早日回去，但違背了平生的約言。即不能回故鄉而内心疚恨。 〔西望峨嵋〕 蘇軾的故鄉青神在峨嵋山下。京口遠在峨嵋之東，在京口看故鄉，所以說"西望"。 〔歸飛鶴〕《神仙傳》卷九《蘇仙公傳》："蘇仙公者，桂陽人也，漢文帝時得道。……先生灑掃門庭，修飾牆宇。友人曰：'有何邀迎？'答曰：'仙侶當降。'俯仰之間，乃見天西北隅紫雲氤氳，有數十白鶴飛翔其中，翩翩然降於蘇氏之門，皆化爲少年，儀形端美，如十八九歲人，怡然輕舉。先生斂容逢迎。乃跪白母曰：'某受命當仙，被召有期。儀衛已至，當速色養。'即便拜辭，……聳身入雲，紫雲捧足；群鶴翱翔，遂升雲漢而去。……有白鶴飛來止郡城東北樓上。人或挾彈彈之。鶴以爪攫鏤板，以漆書云：'城郭是，人民非。三百甲子一來歸。吾是蘇君彈何爲！'至今修道之人，每逢甲子日焚香禮於仙公之故第也。"蘇軾和蘇仙公同姓。仙公能化鶴回故里，蘇軾不能，所以對"歸飛鶴"表示"羨"。

【校】

《全宋詞》本無"楊"字。

46.如　夢　令

題淮山樓

城上層樓疊巘。城下清淮古汴。舉手挹吳雲，人與暮天俱遠。魂斷。魂斷。後夜松江月滿。

68

【編年】

此詞朱、龍兩家均未編年。按蘇軾於熙寧七年（公元1074年）九月以前在杭州，作杭州通判；九月接到調令，知密州事，離杭赴密。一路投親訪友，登山臨水，經過湖州（今浙江省吳興）、松江（今上海市南郊松江縣）、潤州（今江蘇省鎮江市），……取道泗州，然後到海州，在那些城中都作了停留。最後由海州到密州（今山東省諸城縣）。到泗州淮山亭的日子，作品沒有記載。只是據《菩薩蠻·席上和陳令舉》有"月向松江滿"，陰曆九月十五日（月滿是在陰曆十五日）在松江；據本書第49首《永遇樂》贈孫巨源（首句"長憶別時"）的序，"余以十一月十五日至海州"，距在松江兩個月。泗州淮山樓在松江至海州的中間，蘇軾當是十月到淮山樓的。此詞說"後夜松江月滿"，可見作詞是在十月十三日。因此，此詞應爲熙寧七年（公元1074年）十月十三日暮時作。

【箋注】

〔題淮山樓〕 題於泗州的淮山樓。泗州城已於十六世紀清康熙年代沉入洪澤湖，淮山樓在州城內，也已沉陷。據蘇軾《書遊垂虹亭記》，蘇軾這次離杭州，"與楊元素同舟。陳令舉、張子野皆從吾邈(guō)公擇於湖。遂與劉孝叔俱至松江"（過：登門拜訪。公擇：李常的字。湖：湖州）。到松江後，蘇軾作《菩薩蠻》本書第36首（席上和陳令舉），說"天憐豪俊腰金晚，故教月向松江滿"，說到月滿松江。此詞是蘇軾在淮山樓，南望松江，感到離開朋友後的惆悵（"人與暮天俱遠"），向遠方的朋友致意（"揖吳雲"），詞末再次提到月滿松江，作此詞懷念他們，情感深厚。 〔城上層樓疊巘(yàn)〕城上一層層的樓，一疊疊的山。城：指泗州城。巘：下面小上面大的山，像個底小腹大的壇子；就是說極爲陡峻、無法攀登的山。城上"層樓"很好理解。但城上"疊巘"不易理解。似是城在山腰或山下，從城上看，山上更有山。 〔清淮古汴〕 淮水和汴水。北宋水道變化前已和今日不同：當時淮水經安徽北部和江蘇北部而東流入海；當時汴水自今河南省商丘市向東南流，經安徽宿縣、靈璧和泗州（已淪陷爲湖）流入當時的淮水。這裡"清淮古汴"都不同於今日的淮和汴。北宋時淮水在泗州城南，汴水在泗州城北。 〔舉手揖吳雲〕 高拱兩手向遙遠的吳地上空作揖。向遠在松江的朋友們致敬。吳：松江是古吳國之地。 〔人與暮天俱遠〕 可作兩種解釋：一是友人們和昏暮的天都隔遠了；"人"指在松江的友人。一是我和暮天都隔你們遠了；"人"指蘇軾自己。 〔魂斷〕 內心痛苦。

69

指離別之苦。　　〔後夜〕　兩天以後之夜；明日之次夜。　　〔月滿〕陰曆十五日月是圓的。

【校】

《全宋詞》及毛本相同。

47.浣　溪　沙

　　　　　　　贈陳海州。陳嘗爲眉令，有聲

　　長記鳴琴子賤堂。朱顏綠髮映垂楊。如今秋鬢數莖霜。　　聚散交遊如夢寐，升沈閒事莫思量。仲卿終不忘桐鄉。

【編年】

　　熙寧七年甲寅十月，蘇軾到密州時，路過海州而作。蘇軾有《次韻陳海州書懷》詩：“鬱鬱蒼梧海上山，蓬萊方丈有無間，舊聞草木皆仙藥，欲棄妻孥守市闤。雅志未成空自歎，故人相對若爲顏。酒醒卻憶兒童事，長恨雙鳧去莫攀。”蘇軾自注云：“陳曾令鄉邑。”即曾知蘇軾故鄉眉山縣事。

【箋注】

〔海州〕　北宋時淮南路的一個州。州治朐(qú)山縣北（今江蘇省連雲港市以西的東海縣城）　　陳海州：姓陳的人作知海州事，名字和生平待考。

〔陳嘗爲眉令，有聲〕　這位陳海州曾作過眉山知縣，有好名聲。　　眉：指眉山縣。　　令：縣的首長；宋朝的知縣。　有聲：有好名譽。　　〔鳴琴子賤堂〕　《呂氏春秋·察賢》：“宓(fú)子賤治單(shàn)父，彈鳴琴，身不下堂而單父治。”這裡用子賤治單父，比喻陳在眉州的政績好，政清刑簡而治。　　〔朱顏綠髮映垂楊〕　指你作我縣知縣時，我還年輕，朱顏黑髮。朱顏：指人年輕容色紅潤。　　綠髮映垂楊：用春喻青年，和下句“秋鬢數莖霜”相對。綠髮：黑髮。　　〔升沈〕　指宦海升降。這裡“升沈閒事莫思量”是說升官降職都無所謂。　　〔仲卿終不忘桐鄉〕　桐鄉：在今安徽桐

70

城縣北。仲卿，漢代人朱邑的字。《漢書》卷八十九《循吏傳》載：“朱邑字仲卿，廬江舒人也。少時爲舒桐鄉嗇夫，廉平不苛，以愛利爲行，未嘗笞辱人；存問耆老孤寡，遇之有恩，所部吏民愛敬焉。遷補太守卒史，舉賢良，爲大司農丞，遷北海太守，以治行第一入大司農。……邑病且死。囑其子曰：‘我故爲桐鄉吏，其民愛我。必葬我桐鄉，後世子孫奉嘗我。不如桐鄉民。’及死，其子葬之桐鄉西郭外，民果共爲邑起冢立祠，歲時祠祭，至今不絕。”這裡用朱邑得桐鄉人民的愛戴而思念桐鄉，比喻陳海州得眉山人的愛戴，也不忘眉山。

【校】

《全宋詞》題作“憶舊”，“忘”作“避”。

48.沁　園　春

赴密州早行，馬上寄子由

孤館鐙青，野店雞號，旅枕夢殘。漸月華收練，晨霜耿耿，雲山摛錦，朝露團團。世路無窮，勞生有限，似此區區長鮮歡。微吟罷，憑征鞍無語，往事千端。　　當時共客長安。似二陸初來俱少年。有筆頭千字，胸中萬卷，致君堯舜，此事何難。用舍由時，行藏在我，袖手何妨閒處看。身長健，但優游卒歲，且鬥尊前。

【編年】

熙寧七年甲寅（公元1074年）赴密州路上作。傅藻《東坡紀年錄》甲寅十月作。王文誥《蘇文忠公詩編注集成總案》卷十二載：“公時由海州赴密，不復繞道至齊一視子由，故其詞如此耳。”

元好問《遺山文集》卷三十六《東坡樂府集選引》云：“絳人孫安常注坡詞，參以汝南文伯起《小雪堂詩話》，刪去他人所作《無愁可解》之類五十六首，其所是正，亦無慮數十百處。坡詞遂爲完本，不可謂無功。然尚有

71

可論者；如'古岸開青葑'《南柯子》，以末後二句倒入前篇，此等猶爲未盡，然特其小小者耳，就中'野店雞號'一篇，極害義理，不知誰所作，世人誤爲東坡，而小說家又以神宗之言實之，云'神宗聞此詞，不能平，乃貶坡黄州，且言教蘇某閒處袖手，看朕與王安石治天下。'安常不能辨，復收之集中，如'當時共客長安，似二陸初來俱少年。有胸中萬卷，筆頭千字，致君堯舜，此事何難。用舍由時，行藏在我，袖手何妨閒處看'之句；其鄙俚淺近，叫呼衒鬻，殆市駔之雄，醉飽之後發之，雖魯直家婢僕且羞道，而謂東坡作者，誤矣。"

元遺山強調這首《沁園春》不是蘇軾所作，說它"鄙俚"，是不知羞恥的人"叫呼衒鬻"，把這首詞貶得不值一文。這一看法不合理。這首詞應該是蘇軾當時到密州路上所寫的，詞中寫出旅途的跋涉，追憶兄弟二人青年時代的抱負以及當時的思想狀態。蘇軾因爲子由在齊州，兄弟能經常相會，要求到密州來。他因與新法派政見不合而受排斥，離開京師後，不免無限感慨，他勸子由不計較"用舍"，從"閒處看"，以酒消愁。這首詞內容完全出自蘇軾的真情實感，應是蘇軾所寫無疑。詞中有憤懣，但沒有元好問所說的"害義理"的內容。元好問的評語是錯誤的。

【箋注】

〔子由〕 即蘇轍，蘇軾弟弟。《宋史》卷三百三十九《蘇轍傳》："蘇轍字子由，年十九，與兄軾同登進士科，又同策制舉。王安石變法時，意見牴牾，出爲河南推官，後授齊州掌書記。"蘇軾這次到密州，密州距齊州不遠，卻不能到齊州與子由見一面，故作此詞。　　〔號（háo）〕 鳴叫。

〔漸月華收練〕 天空拂曉前明亮的月色逐漸收起光輝。練：潔白的絲綢，這裡形容月亮的皎潔。　　〔耿耿〕 發光。《文選》卷二十六謝朓《暫使下都，夜發新林至京邑，贈西府同僚》："秋河曙耿耿。"白居易《長恨歌》"耿耿星河欲曙天。"　　〔雲山摛（chī痴）錦〕 雲霧繚繞的山巒起伏，像鋪開的織錦一樣。摛：鋪開。　　〔漙漙〕 同"漙漙"。形容露水甚多。《詩經‧鄭風‧野有蔓草》："野有蔓草，零露漙兮。"　　〔世路無窮〕 人生的道路經歷不盡。　　〔勞生〕 勞累艱辛的一生。《莊子‧大宗師》："夫大塊……勞我以生。"　　〔區區〕 內心。　　〔鮮（xiǎn）歡〕 少有歡趣。　　〔長安〕 西漢和唐建都長安。從唐以後，"長安"在詩文中往往是國都的代稱。這裡是指北宋首都汴京（現河南開封）。嘉祐元年（公元1056年）蘇軾二十一歲，蘇轍十八歲時到汴京舉進士。　　〔二

72

陸〕 西晉初年陸機、陸雲兄弟，吳亡後，兄弟倆到晉都洛陽，才氣橫溢，深受張華推重。這裡蘇軾以二陸來比喻子由和他自己。 〔有筆頭千字，胸中萬卷；致君堯舜，此事何難〕 用杜甫《奉贈韋左丞丈二十二韻》中有"讀書破萬卷，下筆如有神"，"致君堯舜上，再使風俗淳"語。蘇軾追述兄弟二人少年到京時的才學懷抱。 〔用舍由時，行藏在我〕 《論語・述而》："用之則行，舍之則藏。"這裡的意思是說，用不用我由時勢決定，行與藏由我自己決定。舍（shě）：拋棄，不用。行：出仕；實現自己的政治理想。藏：隱居。 〔袖手何妨閒處看〕 時代不用我，我就袖手旁觀又何妨呢。閒處看：以閒人的地位來看待。即把自己置於旁觀者的地位。

〔優游卒歲〕 見《左傳》叔向引《詩》："優哉游哉，聊以卒歲。"是說他優閒自在地度過時光。 〔且斗尊前〕 暫且以賽酒來取樂。唐人牛僧孺《席上贈劉夢得》："且計尊前見在身。"

【校】
《全宋詞》無題。"團團"作"溥溥"。毛本與《全宋詞》同。

49.永　遇　樂

孫巨源以八月十五日離海州，坐別於景疏樓上。既而與余會於潤州，至楚州乃別。余以十一月十五日至海州，與太守會於景疏樓上，作此詞以寄巨源。

長憶別時，景疏樓上，明月如水。美酒清歌，留連不住，月隨人千里。別來三度，孤光又滿，冷落共誰同醉。捲珠簾，淒然顧影，共伊到明無寐。 今朝有客，來從灘上，能道使君深意。憑仗清淮，分明到海，中有相思淚。而今何在，西垣清禁，夜永露華浸被。此時看，回廊曉月，也應暗記。

【編年】

寫於熙寧七年甲寅（公元1074年）十一月。傅藻《東坡紀年錄》："甲寅，海州寄巨源，作《永遇樂》。"王文誥《蘇文忠公詩編注集成總案》卷十二載："此詞'別來三度孤光又滿'句，乃與巨源相別三月，而客至東武，爲道巨源寄語，故作此詞。時巨源以同修起居注知制誥召還；計其必已自淮入京，故又有'而今何在，西垣清禁'及'此時看，回廊曉月'等句，道其鎖宿之情事也。此詞作於乙卯（即公元1075年）正月，確不可易。"施注於《廣陵會三同舍》孫巨源題下云："東坡與巨源既別於海州景疏樓，後登此樓懷巨源，作《永遇樂》詞。"對於這條案語，朱祖謀在《東坡樂府》中注："案詞敘稱孫巨源八月十五日，坐別樓上，則詞中'別來三度'，乃謂巨源之別海州，歷九月、十月，至公至之十一月十五日，恰爲三度。非公與別三月也。仍從《紀年錄》。"現仍按朱注編錄甲寅。

【箋注】

〔海州〕 宋代淮南路的一個州，轄朐(qú)山等四縣。州治在朐山（今江蘇省連雲港市西南）。 〔楚州〕 宋代淮南路的一個州，領山陽等五縣。州治在山陽（今江蘇淮安） 〔月隨人千里〕 指月跟人跑，也即千里共明月之意。《文選》卷十三謝莊《月賦》："美人邁兮音塵闋，隔千里兮共明月。" 〔三度孤光又滿〕 三度月圓，即三個月。 孤光：月光。《文選》卷三十沈約《詠湖中雁》："單汎逐孤光。" 〔捲珠簾淒然顧影〕 捲起珠簾，在月的清光下，我望著孤獨的影子。 〔濉(suī)〕 水名，宋時自河南經安徽、至江蘇蕭縣流入泗水。這裡指孫巨源當時所在處。〔使君〕 指孫洙。 〔西垣清禁〕 西垣，宋代皇宮內中書省所在地。清禁，皇宮。中書省是爲皇帝寫詔令的機構，設在皇宮的禁牆內。 〔回廊曉月也應暗記〕 回廊曉月也應該暗自記得我們八月在景疏樓。

【校】

《全宋詞》題作"寄孫巨源"。無序。

50.減 字 木 蘭 花

空牀響琢。花上春禽冰上雹。醉夢尊前。驚起湖風入坐寒。　　《轉關》《鑊索》。春水流絃霜入撥。月墮更闌。更請宮高奏獨彈。

【編年】

熙寧七年甲寅（公元1074年）十一月作。據朱祖謀《東坡樂府》注：“本集公《與蔡景繁書》：‘朐（qú）山臨海石室，信如所諭。某嘗攜家一遊，時家有胡琴婢，就室中作《鑊（huò）索》《涼州》，凜然有鐵馬之聲。’案公於甲寅十一月至海州，是詞疑賦胡琴婢事。”這封信見於《東坡續集》卷五，是蘇軾後來在黃州寫給蔡景繁的一組書信之一，信中回憶當年在海州的情景。他在另一封信中說：“感海上奇觀，恨不與公同遊東海縣，一帆可到，聞益奇瑋。”說明當年東海聽音樂給蘇軾留下難忘印象。所以這首詞姑置於此年。

【箋注】

〔空牀響琢，花上春禽冰上雹〕　以各種音響來描摹琴聲。空牀響琢喻聲之空曠，花上春禽喻其清脆如鳥鳴。冰上雹喻其繁密。　　〔驚起湖風入坐寒〕　說琵琶聲使聽者感到颼颼的寒意，有如湖上忽然刮起風來。　　〔《轉關》《鑊索》〕　即《轉關六么》（或作《轉關綠腰》）和《鑊索涼州》，琵琶曲調名。《蘇軾詩集》卷十一《古纏頭曲》：“《轉關》、《鑊索》動有神，雷輥空堂戰窗牖。”王文誥注：“樂府：琵琶曲有《轉關六么》、《鑊索梁州》，皆其名也。”《白石道人歌曲》卷二《醉吟商小品》序：“石湖老人謂予曰：‘琵琶有四曲，今不傳矣。曰《鑊索梁州》、《轉關綠腰》、《醉吟商胡渭州》、《歷弦薄媚》也。’”《蔡寬夫詩話》：“頃見一教場老工言，惟大曲不敢增損，往往猶是唐本；而弦索樂家，守之尤嚴。言《涼州》者，謂之《鑊索》，取其音節繁雄；言《六么》者，謂之《轉關》，取其聲詞閒婉。元微之《琵琶歌》詩云：‘《涼州》大遍最豪嘈，《錄要》散序名籠撚。’”　　〔春水流絃〕　形容琵琶發出春天流水的聲響。白居易《琵琶行》：“幽咽流泉水下灘”。　　〔宮高奏獨彈〕　獨自彈奏高昂的宮調。宮：宮調。中國歷代稱宮、商、角、變徵（zhǐ）、徵、羽、變宮為七聲，其中以任何一聲為主，均可構成一種調式。凡以宮聲為主的調式稱“宮”（即宮調、式），而以其他各聲為主者則稱“調”，如商調、角調等，統稱宮調。

上→杭州元宵の熱鬧繁華
下→密州元宵の蕭條寂寞，兩相対比
用粗筆句勒，抓住杭密気候、地理、風俗等各自特点

熙寧八年乙卯　公元一〇七五年　東坡四十歲

富貴人家の帳底吹出优
奥の笙声以火陣[2]の香

51. 蝶　戀　花

気清土潤，行馬無塵

形容杭州元宵繁華熱鬧の景象

密州上元

鐙火錢塘三五夜。明月如霜，照見人如畫。帳底吹笙
香吐麝。更無一點塵隨馬。寂寞山城人老也。擊鼓吹
簫，卻入農桑社。火冷鐙稀霜露下。昏昏雪意雲垂野。瑞雪

只有在農家社稷時才有鼓簫楽曲　冷清，no笙笛no燈火，只有

雪垂曠野

【編年】

　作於熙寧八年乙卯（公元1075年）。傅藻《東坡紀年錄》：“乙卯上元
作《蝶戀花》。”王文誥《蘇文忠公詩編注集成總案》卷十三：熙寧八年乙
卯正月十五日作《蝶戀花》詞。這首詞上片回憶杭州元宵節的熱鬧繁華，下
片詠當時密州元宵節的蕭條寂寞，兩相對比。在此前一年，密州遭受了慘重
的蝗災，因此這年元宵只能在“火冷燈稀”中度過。

【箋注】

〔上元〕　正月十五日元宵節，也叫上元。唐代以來有觀燈的風俗，所以又
叫“燈節”。吳自牧《夢粱錄》：“正月十五日元夕節，爲上元天官賜福之
辰。”　〔錢塘〕　指杭州城。　〔三五夜〕　陰曆每月十五夜。此指
元宵節。　〔帳〕　指富貴人家堂前懸掛的帷帳。　〔香吐麝〕　指
帷帳後散發出一陣陣濃烈的香氣。麝(shè)：麝香，是極名貴的香料。
〔更無一點塵隨馬〕　更無：再也沒有；一點都沒有。塵：指馬奔馳時揚走
的塵土。由於人們都觀燈行樂，街上沒有奔馳的車騎，所以沒有“塵隨馬”
。　〔擊鼓吹簫，卻入農桑社〕　指山城元宵沒有笙歌可聽，即使有簫鼓
，也只在農家社祭的場合中，很是簡陋。社：農村節日祭神的場所。
〔雪意雲垂野〕　言烏雲低垂，一片陰沉沉氣象，好像要下雪的樣子。意思
是不但沒有燈燭音樂，連月亮都沒有；極言掃興。

76

[手寫]夜夢其亡妻,悼念所作

【校】

《全宋詞》題目相同,但"更無一點塵隨馬"爲"此般風味應無價","卻"作"乍"。

[手寫]分離好不去刻意去想妳,/自是難忘2人往日美好時光

[手寫]人事滄桑.

52. 江 城 子

[手寫]一生一死/蘇被貶到密州,生活極苦心境亦苦,心想亡妻在地下裡

[手寫]熙/元豐/年

乙卯正月二十日夜記夢 *[手寫]密州 vs. 四川*

十年生死兩茫茫。不思量。自難忘。千里孤墳,無處話凄涼。縱使相逢應不識,塵滿面,鬢如霜。　　夜來幽夢忽還鄉。小軒窗。正梳妝。相顧無言,惟有淚千行。料得年年腸斷處,明月夜,短松崗。

[手寫]夢醒/相/不是無話可說./在亡妻過近之日,是否會想起/在世の親人而來陽世是有太多話要說而不知從何說起

【編年】

作於熙寧八年乙卯(公元1075年)正月二十日,傅藻《東坡紀年錄》載:"乙卯二十日記夢作《江神子》。"王文誥《蘇文忠公詩編注集成總案》卷十三也載"乙卯二十日記夢作《江神子》"。誥案:"詞注謂公悼亡之作。考通義君卒於治平二年乙巳(公元1065年),至熙寧八年乙卯正十年也。"《東坡集》卷三十九《亡妻王氏墓誌銘》:"治平二年五月丁亥(二十八日),趙郡蘇軾之妻王氏卒於京師,六月甲午(初六日)殯於京城之西。其明年六月壬午(十四日)葬於眉之東北彭山縣安鎮鄉可龍里先君夫人墓之西北。……其死也,蓋年二十有七而已。"

【箋注】

〔十年生死兩茫茫〕　蘇軾的妻子王弗死於治平二年,到寫這首詞時已有十年。生死相隔,茫茫不見,思念之情非常痛切。　〔不思量,自難忘〕用不著故意去思念,自然忘不了。　〔千里孤墳〕　王弗葬於眉之東北彭山縣安鎮鄉可龍里,離密州遙遠,所以說"千里孤墳。"　〔鬢如霜〕頭髮鬢角已經白了。言自己經歷奔波,已衰老了。　〔小軒窗〕　小廊的窗前。　〔料得年年腸斷處,明月夜,短松崗〕　孟棨《本事詩·徵異》:開元中,有幽州衙將妻生五子後去世,後妻李氏虐待五子,其"母忽於家

77

中出”，“題詩贈張曰：‘欲知腸斷處，明月照孤墳’。” 短松崗：只有短小的松樹的荒涼的山崗。

《全宋詞》題注云：公之夫人王氏先卒，味此詞，蓋悼亡也。毛本無題。

53. 南 鄉 子

梅花詞和楊元素

寒雀滿疏籬。爭抱寒柯看玉蕤。忽見客來花下坐，驚飛。蹋散芳英落酒巵。　　痛飲又能詩。坐客無氈醉不知。花謝酒闌春到也，離離。一點微酸已著枝。

【編年】

熙寧七年甲寅（公元1074年）。七月楊元素到杭州，九月二十日以後蘇軾就離開杭州。這首和楊元素的詞是寫在梅花盛開的時候，應是乙卯春在密州與楊元素分別後所作。

【箋注】

〔柯〕 樹枝。 〔玉蕤(ruí)〕指白梅花。 蕤：花草下垂的樣子；這裡說盛開的花。色白，故說“玉”。 〔巵(zhī)〕 盛酒漿的器物。

〔坐客無氈〕 本是形容貧窮；客人來了連氈作的坐席都沒有（古人席地而坐，不用椅凳。冬日寒冷，用氈作坐席）。《晉書》卷九十《吳隱之傳》說吳隱之儉樸，“爲度支尚書，以竹篷爲屏風，坐無氈席”；杜甫《戲鄭廣文又兼呈蘇司業》“才名三十年，坐客寒無氈”。這裡不是說貧窮，而是說賓客主人一心吟詩飲酒，以至醉了，沒有氈席也不感到冷。 〔離離〕 形容果實繁多。這裡是預計“花謝，春到”後的梅樹將會結微酸的梅子。

〔著枝〕 結在枝上。 著：加在……上。

【校】

毛本及《全宋詞》“花謝”作“花盡”。

78

54. 雨 中 花 慢

初至密州，以累年旱蝗，齋素累月。方春
牡丹盛開，遂不獲一賞。至九月，忽開千葉一
朵，雨中特為置酒，遂作。

今歲花時深院，盡日東風，輕颺茶煙。但有綠苔芳草
，柳絮榆錢。聞道城西，長廊古寺，甲第名園。有國豔帶
酒，天香染袂，為我留連。　　　清明過了，殘紅無處，對
此淚灑尊前。秋向晚，一枝何事，向我依然。高會聊追短
景，清商不假餘妍。不如留取，十分春態，付與明年。

【編年】

作於熙寧八年乙卯（公元1075年）九月。傅藻《東坡紀年錄》：“乙卯
，以旱蝗齋素，方春牡丹盛開不獲賞。九月，忽開一朵；雨中特置酒，作《
雨中花》。”又王文誥《蘇文忠公詩編注集成總案》卷十三載：“乙卯，方
春時城西牡丹盛開，公以旱蝗齋素不獲臨賞。九月，忽開一朵，雨中置酒會
客，作《雨中花慢》詞。”

【箋注】

〔累年旱蝗〕　《東坡集》卷二十九《上韓丞相論災傷手實書》，蘇軾在書
中說，到密州後見該地蝗災情況，“自入境，見民以蒿蔓裹蝗蟲而瘞之道左
，累累相望者二百餘里；捕殺之數，聞於官者幾三萬斛。”蘇軾又在《次韻
章傳道喜雨》詩中反映這場災情：“去年夏旱秋不雨，海畔居民飲鹹苦。今
年春暖欲生蝗，地上戢戢多於土。……農夫拱手但垂泣，人力區區固難禦。
”可見旱蝗情況嚴重。　　〔齋素累月〕　為了求神解除旱蝗之災而祭祀，
在祭祀時和災情解除之前，齋戒持素幾個月。因為災情是“人力難禦”，蘇
軾就求助於神力而禱神，蘇軾《雲泉記》記他為旱而禱祭的事：“東武濱海
多風，而溝瀆不留，故率常苦旱。禱於茲山，未嘗不應。民以其可信可恃，

蓋有常德者，故謂之常山。熙寧八年春夏旱，軾再禱焉，皆應如響”，說這年春夏，蘇軾爲了求神救旱而禱。要禱神，爲了對神虔敬，必須“齋素”。“齋素”是不在日常生活的地方過日子或出遊，而在清潔的房裡專心地想念神；不吃葷、不喝酒，當然也不聽音樂、不觀舞蹈，不參加宴會和賞花。累月：不止一個月。　齋素累月是蘇軾在密州春夏牡丹花開“不獲一賞”的原因。　〔千葉〕　重瓣；有多層花瓣的花。　〔盡日東風，輕颺(yàng)茶煙〕　寫他因“齋素”不能出遊，閒寂時只能在庭園中烹茶。唐人杜牧《題禪院》詩：“今日鬢絲禪榻畔，茶煙輕颺落花風。”　〔柳絮榆錢〕暮春時飛墜的柳花和榆莢。　柳絮：柳花。　榆錢：《本草綱目‧木部〔二〕》：“榆未生葉時，枝條間先生榆莢，形狀似錢而小，色白成串，俗呼榆錢。”　歐陽修《和較藝書事》：“杯盤餳粥春風冷，池館榆錢夜雨新。”蘇軾《次韻田國博部夫南京見寄二絕》之二：“深紅落盡東風惡，柳絮榆錢不當春”，也說“東風”、“柳絮榆錢”的暮春時節。　〔長廊古寺，甲第名園〕　大的佛寺，貴人家的著名園林。指東武的南禪、資福兩寺，城北蘇氏園。《蘇軾詩集》卷十四《玉盤盂》序：“東武舊俗：每歲四月大會於南禪、資福兩寺，以芍藥供佛，而今歲最盛。凡七千餘朵，皆重跗累蕚，繁麗豐碩。中有白花；正圓如覆盂；其下十餘葉稍大，承之如盤，姿格絕異，獨出於七千朵之上。云得之於城北蘇氏園中，周宰相莒公之別業也。”長廊古寺：有長廊的古佛寺。　甲第：貴人的住宅。《史記》卷二十八《封禪(shàn)書》，漢武帝封方士欒大爲樂通侯，“賜列侯甲第”。甲等住宅爲甲第。《漢書》卷一〔下〕《高帝紀》〔下〕高帝十二年三月詔：“爲列侯食邑者皆佩之印，賜大第宅”，孟康注：“有甲乙次第，故曰‘第’也。”〔國豔帶酒，天香染袂(mèi)〕　《異人錄》記唐玄宗賞牡丹，“問侍臣程正己曰：‘牡丹詩誰稱首？’對曰：‘李正封詩云：國色朝酣酒，天香夜染衣’。因謂貴妃曰：‘妝鏡前斂一紫金盞，則正封之詩見矣。’”這裡“國色帶酒，天衣染袂”出自李正封詩。國豔帶酒指緋紅色牡丹（今名醉楊妃），天香染袂指貢黃色牡丹（今名御袍黃）。　袂：袖。　〔高會聊追短景〕　盛大的宴會，且不放過短的白晝；即標題中“特爲置酒”之意。高會：盛大的酒宴。《史記》卷七《項羽本紀》說義帝派遣的上將軍宋義不顧士卒凍餓，“飲酒高會”，服虔注：“高會，大會也。”　追：不放過。　短景：短的白晝；謂尋歡作樂，嫌白晝短。景：日光。　〔清商〕　古樂曲。《漢書》卷二十一〔上〕《律曆志〔上〕》以五聲宮、商、角、徵(zhǐ)、

80

羽五聲配五行，商聲於五行爲金，於五方爲西，於四時爲秋。這裡取商聲爲秋的意思。古代稱商聲之樂爲“清商”，《韓非子·十過》說衛國樂師師涓爲晉平公演奏在濮水上聽到鬼神演奏的樂曲，“師曠曰：此所謂‘清商’也。”《古詩十九首》“清商隨風發。”　　〔不假餘妍(yán)〕　不會讓你的餘妍延續下去。指秋風不會讓牡丹長久開放。　假：放過；寬容。　妍：美麗。

【校】

《全宋詞》無題。調名無“慢”字。“假”作“暇”。毛本題“初至密州，以旱蝗齋素者累月。方春牡丹盛開，不獲一賞。至九月忽開千葉一朵。雨中爲置酒作。”“輕颺”作“蕩漾”。

55. 浣　溪　沙

九月九日。二首

珠檜絲杉冷欲霜，山城歌舞助淒涼。且餐山色飲湖光。　　共挽朱轓留半日，強揉青蕊作重陽。不知明日爲誰黃。

【編年】

龍榆生《東坡樂府箋》未編年。此詞當作於熙寧八年乙卯（公元1075年）。東坡於熙寧七年甲寅（公元1074年）十月赴密州任，在密州過了兩個重陽，於熙寧十年丁巳（公元1077年）正月離任。詞中“朱轓”表明東坡當時是知州的身分，“山城”、“淒涼”表明他身在密州，東坡《蝶戀花·密州上元》詞“寂寞山城”，東坡《後杞菊賦》說密州郡齋的生活，和此詞相合。又據東坡《雨中花慢》（首句“今歲花時深院”）的序：“余初至密州，以連年旱蝗，齋素累月”，日子過得艱苦。以後才情況有所好轉。東坡作此詞，當在艱苦中。今定此詞作於熙寧八年乙卯。　　〔九月九日。二首〕元本題作“九日”，傅注本和毛本題爲“九月九日”、“九日”就是“九月九日”重陽。這裡從傅注本和毛本，因爲兩本有“二首”二字；說明除此首外，下面一首《浣溪沙》（首句"霜鬢真堪插拒霜"）也是詠重陽，和此首共一"九月九日"標題。

【箋注】

〔珠檜(guì)絲杉〕　檜樹。　珠檜：檜樹結的子呈球形，所以說"珠"。絲杉：宋代對檜的俗稱。《詩·衛風·竹竿》"檜楫松舟"，毛《傳》："檜，柏葉松身"（《爾雅·釋木》，《漢書》卷六十八《霍光傳》"樅木外藏槨十五具"下顏師古注也如此）。程大昌《演繁露》卷二《絲杉》："柏葉松身，乃今俗呼爲絲杉者也（"今"，指程大昌的年代，公元1126-1198年，稍遲於蘇軾）"。　　〔山城歌舞助淒涼〕　山城藝人演出的歌舞，增添了氣氛的淒涼。歌舞原是爲遊宴助歡樂的，而這裡"助淒涼"，一則說天氣淒清，心情悲涼，歌舞熱鬧不起來；二則說山城窮僻，藝人的技巧低劣，更令人感到山城淒苦。　　〔且餐山色飲湖光〕　充分地眺望自然風景吧。這一句表現出酒飯不好，只好把湖光山色當飯吃。　餐：把……吃飽；盡量吃。陸機《日出東南隅》："秀色若可餐。"　　〔共挽朱轓留半日〕　大家挽留我，（只好）停住半日。這句說：景色淒涼，歌舞不使人愉快；酒飯粗惡，但被僚屬們挽留了半日。轓(fān)：車箱兩側伸出的弧形板（用皮革或竹篾作，用以遮擋塵和泥，不使達到車箱）。朱轓：油漆成朱色的轓；漢景帝六年（公元前151年）五月詔："令長(zhǎng)吏二千石，車朱兩轓"（見《漢書》卷五《景帝紀》）；只有到二千石（每月俸祿一百二十斛穀子）的官員才容許車有朱轓。漢代郡守是二千石級，北宋知府和知州相當漢的郡守，這裡用"朱轓"表示身分，蘇軾當時是知州。　　〔強揉青蕊作重陽〕勉強揉弄青色的花苞充作點綴重陽節日的菊花。意思是：菊開黃花，黃菊花是重陽節日的標誌，人們在重陽要摘菊花插鬢或拿在手裡；山城菊花晚開，重陽只有青色的菊花苞，人只好揉弄青色的菊花苞充數點綴佳節。　青蕊（ruǐ）：青色的花；尚未成爲黃色的菊花。　　〔不知明日爲誰黃〕　重陽過了菊花才開出黃花，不知那是爲誰開的。嘲誚菊花：今日需要你黃，你卻是"青蕊"；過了今日人們不理會你了，你卻黃。和杜甫《嘆庭前甘菊花》詩"庭前甘菊移時晚，青蕊重陽不堪摘。明日蕭條盡醉醒，殘花爛漫開何益"意思相同。也有嘆於盛會難再，與蘇軾（本書第137首）《南鄉子·重九·涵輝樓呈徐君猷》"萬事到頭都是夢，休休，明日黃花蝶也愁"的感慨相近。

【校】

82

毛本題作"九月九日二首"，《全宋詞》本同。

56. 又

和前韻

霜鬢眞堪插拒霜。哀弦危柱作《伊》《涼》。暫時流轉爲風光。　　未遣清尊空北海，莫因長笛賦山陽。金釵玉腕瀉鵝黃。

【編年】　與前首同。

【箋注】

〔和前韻〕　此三字依毛本加。"和（hè)韻"是用另一首詩詞的韻腳（用韻之句的末字）爲韻腳。這裡指用前一首《浣溪沙》第一、二、三、五、六句詞的韻腳"霜"、"涼"、"光"、"陽"和"黃"作爲此詞的韻腳。

〔霜鬢眞堪插拒霜〕　白髮上眞夠得上插戴芙蓉花。霜鬢：白髮。杜甫《登高》"艱難苦恨繁霜鬢"。插：插戴。拒霜：芙蓉花。《本草》："芙蓉，一名拒霜，艷如荷花，八九月始開。故名拒霜。"蘇軾有《和陳述古拒霜花》詩云："千林掃作一番黃，只有芙蓉獨自芳。喚作拒霜知未稱，細思卻是最宜霜。"白頭人戴拒霜，當是取不許頭髮再白下去的意思。　　〔哀弦危柱作《伊》《涼》〕　用弦樂器演奏出《伊州曲》、《涼州曲》。柱：弦樂器上縛弦的小柱；調音時旋轉小柱。《伊》《涼》：唐玄宗天寶年間樂曲，以邊遠州爲樂曲名，如《伊州曲》、《涼州曲》、《甘州曲》等，見本書卷三第249首《哨遍》〔霓裳入破〕句注。這裡泛指一切樂曲。　　〔暫時流轉爲風光〕　用杜甫《曲江》二首之二末"傳語風光共流轉，暫時相賞莫相違"兩句。　　流轉：運行；指使悲憂喜樂的事不斷地流動變化。　風光：令人欣悅的景色和場面。　　〔未遣清尊空北海〕　是"北海未遣清尊空"字序的變換；孔融不讓酒杯空著。北海："東漢末年孔融（公元153-208）曾作過北海相，人稱孔北海。孔融愛和賓客宴飲，說"坐"（同"座"）上客常滿，尊中酒不空，吾無憂矣"（見《後漢書》卷一百《孔融傳》）。　　〔

莫因長笛賦山陽〕　不要因爲聽了音樂而作賦懷念亡友。三國末年，魏國文人嵇康被當權的相國司馬昭殺害。後來，嵇康的好友向秀經過山陽（郡名。郡城在今山東省金鄉縣境內）嵇康的舊居，寒夜聽到鄰人吹笛，興起哀思，作《思舊賦》以抒對亡友的悼念，見《文選》卷十六。賦中有“經山陽之舊居”、“聽鳴笛之慷慨。”後人以“山陽聞笛”指思念亡友。　〔金釵玉腕瀉鵝黃〕　衣飾富麗的妓女爲賓客們倒酒。金釵玉腕：頭戴金釵、腕帶玉釧（的婦女）；指穿戴富麗的妓女。　瀉(xiè)：大量傾倒（水或酒）。鵝黃：淺黃色；指淺黃色的酒；杜甫《舟前小鵝兒》詩：“鵝兒黃似酒”。

【校】

元本“哀”作“衰”。毛本題作“和前韻”。

57. 江　城　子

密州出獵

　　老夫聊發少年狂，左牽黃，右擎蒼，錦帽貂裘，千騎卷平岡。爲報傾城隨太守，親射虎，看孫郎。　　酒酣胸膽尚開張。鬢微霜。又何妨。持節雲中，何日遣馮唐。會挽雕弓如滿月，西北望，射天狼。

【編年】

　　這首詞寫於熙寧八年乙卯（公元1075年）。傅藻《東坡紀年錄》：乙卯冬，祭常山回，與同官習射放鷹，作詩和梅戶曹《會獵鐵溝行》又作《江神子》。王文誥《蘇文忠公詩編注集成總案》卷十三，乙卯十月，祭常山回，小獵，與梅戶曹會獵鐵溝，作詩，並作《江神子》。

【箋注】

〔老夫〕　蘇軾自稱。這年蘇軾才四十歲，夠不上“老”，奔馳打獵，是少年人的遊戲；和“少年”相對，所以自稱老夫。　〔狂〕　最高度的興致，忘了一切的境地。　〔左牽黃、右擎蒼〕　左手牽黃狗，右臂擎蒼鷹。鷹和犬都是獵人用以擒捕鳥獸的。黃：指犬。《史記》卷八十七《李斯傳》

84

記李斯臨受刑時對兒子說："吾欲與若復牽黃犬，俱出上蔡東門逐狡兔，豈可得乎。"蒼：指鷹。《史記》•卷一百二十二《酷吏列傳》說郅都（人名）被貴人們畏懼，"號曰蒼鷹。" 〔錦帽貂裘〕 太守出獵的穿戴。即錦蒙帽、貂鼠裘。 〔千騎(jì)〕 誇張跟隨打獵隊伍的盛大。卷(juǎn)平岡：席捲平地和山崗。 〔傾城〕 全城的人都出城（觀看）。《文選》卷二十孫楚《征西官屬送於陟陽候作》："傾城遠追送。" 〔親射虎，看孫郎〕 即"看孫郎，親射虎"的倒文。孫郎：孫權。《三國志•吳志•吳主傳》：建安"二十三年十月，權將如吳，乘馬射虎於庱(líng)亭（在丹陽縣東四十七里），馬爲虎所傷，權投以雙戟，虎卻廢；常從張世擊以戈，獲之。" 〔胸膽尚開張〕 胸懷開擴，豪氣盎然。 〔持節雲中，何日遣馮唐〕 即"何日遣馮唐持節雲中"的倒文。意思是什麼時候朝廷遣遣使者召我去帶兵呢？節：符節；漢代皇帝派遣使者出外，執符節以作憑證。雲中：郡名。秦漢治所在雲中（今内蒙古托克托東北）。馮唐：漢文帝時的一位重才而主持正義的郎官。西漢魏尚爲雲中郡守；愛惜士卒，守邊成績顯著；但因上報戰果數字有出入，獲罪削職。馮唐向文帝劉恒進諫，洗雪魏尚的冤屈。"文帝說（同'悅'），是日令唐持節赦魏尚，復以爲雲中守。"這裡蘇軾以魏尚自比，希望朝廷派遣使者召我，如漢文帝重用魏尚一樣。
〔會挽雕弓如滿月〕 （如果天子用我保衛邊疆，我）將發揮我的武藝，把弓引滿。會：將要。雕弓：飾以彩繪的弓。如滿月：形容拉弓如滿月一樣圓。 〔天狼〕 星名。《晉書•天文志》：狼一星在東井南，爲野將，主侵掠。這裡天狼指自西北入侵的敵人西夏。《楚辭•九歌•東君》："舉長矢兮射天狼。"

【校】
《全宋詞》題目作"獵詞"。毛本亦然。

【附錄】
①《蘇軾詩集》卷十三《祭常山回小獵》詩云："青蓋前頭點皂旗，黃茅崗下出長圍，弄風驕馬跑空立，趁兔蒼鷹掠地飛。回望白雲生翠巘，歸來紅葉滿征衣。聖明若用西涼簿，白羽猶能效一揮。"詩意與詞意相同。蘇軾在《與鮮于子駿》書中說："所索拙詩，豈敢措手；然不可不作，特未暇耳。近卻頗作小詞，雖無柳七郎風味，亦自是一家，呵呵。數日前，獵於郊外，所獲頗多；作得一闋，令東州壯士抵掌頓足而歌之，吹笛擊鼓以爲節，頗

85

壯觀也。寫呈取笑。”可見蘇軾對這首豪放詞頗為得意。

58. 減字木蘭花

送東武令趙昶失官歸海州

　　賢哉令尹。三仕已之無喜慍。我獨何人。猶把虛名玷
搢紳。　　不如歸去。二頃良田無覓處。歸去來兮。待有
良田是幾時。

　　【編年】
　　寫於熙寧八年乙卯（公元1075年）。傅藻《東坡紀年錄》：“乙卯，作
《減字木蘭花》，贈晦之。”王文誥《蘇文忠公詩編注集成總案》卷十三：
“乙卯十一月，送趙晦之罷東武令歸海州，又作《減字木蘭花》”。並有案
語：“《紀年錄》載此詞於八年之末，云送東武令趙晦之歸海州，今從之。
”《蘇軾詩集》卷十三《送趙寺丞寄陳海州》：“景疏樓上喚蛾眉，君到應
先誦此詩。若見孟公投轄飲，莫忘冲雪送君時。”詩首有王文誥案：“時趙
晦之罷東武令，歸漣水也。”
　　【箋注】
〔送東武令趙昶（chǎng）失官歸海州〕　送已被免職的原知諸城縣事趙昶回
海州。　東武令：知諸城縣事；諸城縣的首長。東武：漢代設置的縣，隋代
改名諸城，今山東諸城縣。　令：古代稱一縣的最高長官，宋代稱知縣事或
知縣。　趙昶：字晦之，海州人，作過知諸城縣事。諸城是密州所轄的一個
縣。蘇軾知密州事，趙昶是蘇軾的屬官。昶被免職（“失官”），蘇軾作這
首詞為他送行；慰藉他。　　〔賢哉令尹。三仕已之無喜慍（yùn）〕　用春
秋時楚國令尹子文三次作令尹、三次被罷免，不改常態，比擬趙昶不因利祿
得失而喜怒。《論語·公冶長》：　“令尹子文三仕為令尹，無喜色；三已
之，無慍色。”　賢哉：讚美之詞。　令尹：指楚國令尹子文。《左傳》載
：子文於公元前664年（魯莊公三十年）為令尹，公元前637年（魯僖公二十
三年）讓位給子玉，在這二十八年中有幾次被解職和復職。《國語·楚語〔

86

下〕》也說"昔鬭子文三舍令尹，無一日之積。"三（舊讀sàn）：三次。
仕：出仕；作官。 已：停職；被罷免。 慍：怒。 〔猶把虛名玷(diàn)搢(jiàn)紳〕 還把虛名忝辱社會上層人的地位。謂賢者不在位，而我這樣才德不夠的人卻作官。 玷：污；才德不夠而佔據職位，是污辱了官位。這是蘇軾自謙之詞。 搢紳：上層社會的人。古代官員持笏（象牙或竹木作的狹長的版）；不持時，把笏插在大帶上。搢：插笏。紳：古代上層社會人腰上繫的大帶。搢紳是插笏於大帶的人，官員或社會上層人物。《史記》卷二十八《封禪書》說："今天子（指漢武帝）初即位，……搢紳之屬皆望天子封禪"。或作"薦紳"，《史記》卷一《五帝本紀》贊說："薦紳先生難言之。" 〔二頃良田〕 二百畝良田。古代認爲這是中等以上人家可以過安閒生活的財產。《史記》卷六十九《蘇秦列傳》記蘇秦富貴之後的話："使我有洛陽負郭田二頃，吾豈能佩六國相印乎！"頃：一百畝。 〔歸去來兮〕 棄官歸田吧。陶淵明《歸去來辭》中語。 〔待有良田是幾時〕（如果）等待有良田（才歸隱），那要等待到何時呢。有些貪戀官位不想歸隱的人，藉口"我還沒有良田，等我有了良田，可以過日子了，我再退隱。"蘇軾詰問：那要等到幾時你才有良田呢？

【校】

毛本題目作"送東武令趙晦之"。《全宋詞》同。

59. 一 叢 花

初春病起

今年春淺臘侵年。冰雪破春妍。東風有信無人見，露微意、柳際花邊。寒夜縱長，孤衾易暖，鐘鼓漸清圓。

朝來初日半含山。樓閣淡疏煙。遊人便作尋芳計，小桃杏、應已爭先。衰病少悰，疏慵自放，惟愛日高眠。

【編年】

此詞朱本、龍本都未編年。應寫於熙寧九年（公元1076年）丙辰春天。

王文誥《蘇文忠公詩編注集成總案》卷十四載："熙寧九年丙辰，……立春日病中邀文勛、喬敘、趙成伯爲會，公不能飲，策仗倚几於傍，觀醉笑以撥悶滯作詩。"《蘇軾詩集》卷十四有《立春日，病中邀安國，仍請率功禹同來。僕雖不能飲，當請成伯主會，某當杖策倚几於其間，觀諸公醉笑，以撥滯悶也，二首》。詩曰："孤燈照影夜漫漫，拈得花枝不忍看。白髮敧簪羞彩勝，黃耆煮粥薦春盤。東方烹狗陽初動，南陌爭牛臥作團。老子從來興不淺，向隅誰有滿堂歡。"（其一）"齋居臥病禁煙前，辜負名花已一年。此日使君不強喜，早春風物爲誰妍。青衫公子家千里，白髮先生杖百錢。曷不相將來問病，已教呼取散花天。"詩意與詞意略同。又《詩集》中載王文誥案："《續通鑑長編》載熙寧八年閏四月，其下年立春，適在歲除之時。"案："總案熙寧九年正月，'立春日'條下云：查注以此二詩分出八九兩年，甚當。上年逢閏，立春似在臘底，以卷中藉此題爲限界，故不可動也。"詞中有"今年春淺臘侵年"語，正與此論相合。

【箋注】

〔春淺臘侵年〕　因去年四月閏，比常年多一個月，所以今年春來得早。春淺：指正月上旬。臘侵年：去年十二月已有春意。臘：陰曆十二月；古代冬至後第三個戌日（甲戌，丙戌，戊戌，庚戌或壬戌）爲臘，一般地說，在陰曆十二月，所以稱十二月爲臘月。　　〔妍(yán)〕　美麗。　　〔鐘鼓漸清圓〕　指夜間鐘鼓之聲不像隆冬那樣沉濁嘎啞，而漸漸清脆圓潤。〔小桃杏〕　還沒有盛開的桃花、杏花。　　〔悰(cōng)〕　歡樂的心情。《文選》卷二十二謝脁《游東田》："慼慼苦無悰。"　　〔疏慵自放〕疏：不檢點，不顧禮法。慵：懶。自放：放縱自己；任性。

【校】

此詞在傅注本卷十一。傅注本"銜"作"含"，"悰"作"情"。毛本無題，"含""情"二字同傅注本。《全宋詞》無題，有"案此首《草堂詩餘新集》卷三誤作商輅詞，"銜"作"含"，"悰"作"情"。

熙寧九年丙辰　公元一〇七六年　東坡四十一歲

60. 蝶　戀　花

> 微雪，客有善吹笛擊鼓者。方醉中，有人
> 送《苦寒》詩求和，遂以此答之。

　　簾外東風交雨霰。簾裏佳人，笑語如鶯燕。深惜今年
正月暖。鐙光酒色搖金琖。　　摻鼓《漁陽》撾未遍。舞
褪瓊釵，汗濕香羅軟。今夜何人吟古怨。清詩未了冰生硯。

【編年】

　　寫於熙寧九年丙辰（公元1076年）正月。王文誥《蘇文忠公詩編注集成總案》卷十三："春夜文勖席上作《蝶戀花》詞。"文勖即文安國，見61首《滿江紅》（天豈無情）〔文安國〕注。

【箋注】

〔交雨霰(xiàn)〕　雨霰交雜而下。　霰：《說文》卷十一《雨》部："霰：稷雪也。"俗稱"雪澤"。　〔琖(zhǎn)〕"盞"的異體字。　〔摻(càn)鼓《漁陽》撾(zhuā)　未遍〕　擊鼓奏《漁陽》調尚未完畢。　摻：擊鼓的第三遍。　撾：擊，敲打。　《漁陽》：鼓曲名。《後漢書·文苑列傳·禰(nǐ)　衡》：曹操"聞衡善擊鼓，乃召為鼓吏；因大會賓客，閱試音節。……衡方為《漁陽參撾》，蹀躞而前，容態有異，聲節悲壯，聽者莫不慷慨。"李賢注："參撾是擊鼓之法。"庾信《夜聽搗衣》詩："聲煩《廣陵散》，杵急《漁陽摻》"。李商隱《聽鼓》詩："欲問《漁陽摻》，時無禰正平"。　〔舞褪(tùn)瓊釵〕　形容舞女舞姿幅度大和舞的節奏急促，以至玉釵從髮上滑脫。　褪：（把穿好了的衣飾）脫下來。　〔何人吟古怨〕　誰吟成古代哀怨的詩篇呢。即題內"有人送《苦寒》詩求和"。

這句有責怪之意：正是觀舞聽歌、飲酒消寒時，有人作出不應景的《苦寒》詩，要我中止享樂而作詩和他。

【校】

《全宋詞》題作"密州冬夜文安國席上作"，"了"作"就"。毛本也如此。

61. 滿　江　紅

正月十三日，雪中送文安國還朝

　　天豈無情，天也解、多情留客。春向暖、朝來底事，尚飄輕雪。君遇時來紆組綬，我應老去尋泉石。恐異時、杯酒復相思，雲山隔。　　浮世事，俱難必。人縱健，頭應白。何辭更一醉，此歡難覓。不用向、佳人訴離恨，淚珠先已凝雙睫。但莫遣、新燕卻來時，音書絕。

【編年】

作於熙寧九年丙辰（公元1076年）正月十三日，與上首詞（第60首）作於同一年。《蘇軾詩集》卷十四《立春病中邀安國仍率禹功同來，僕雖不能飲，當請誠伯主會，某當杖策倚几於其間，觀諸公醉笑，以撥滯悶也。二首》；詩中《合註》云："《東坡全集》有文安國席上作《蝶戀花》一詞，即廬江文勛也。"《蘇軾文集》卷十二《刻秦篆記》中云："廬江文勛適以事至密。勛好古善篆，得李斯用筆意，乃摹諸石，置之超然臺上。"《蘇軾文集》卷七十有《跋文勛扇畫》。

【箋注】

〔文安國〕　倪濤《六藝之一錄》卷三百四十五《歷朝書譜》引《書史會要》云："文勛，字安國，官太府寺丞。善論難劇談，工篆書。"蘇軾曾爲他作《文勛篆贊》，贊曰："世人篆字，隸體不除。如浙人語，終老帶吳。安國用筆，意在隸前。汲冢魯壁，周鼓秦山。"　　〔底事尚飄輕雪〕　爲什麼還飄輕雪。本來"春向暖"就不該"飄輕雪"的，然而"飄輕雪"了，這

90

是“底事”？這句話不是詰問“天”，而是向人解釋：天是“解多情留客”的；天飄輕雪，客人就不啓行了，這是天“留客”。底事：爲什麼。　　〔君遇時來紆組綬〕　你交上好運，繫上綬帶到任作官了。　時：命運好的時候。　紆(yū)：結上，繫上。　組綬(shòu)：古代繫玉佩用的絲帶。《禮記‧玉藻》：“天子佩白玉而玄組綬。公侯佩山玄玉而朱組綬。”後世官印紐上結的長帶也叫組綬。　　〔我應老去尋泉石〕　我該告老退休尋找山水之樂。　老：因年老而請求退休（動詞）。　泉石：隱居之處。　　〔雲山隔〕　道路遙遠，被雲和山隔斷，不能相見。　　〔浮世事，俱難必〕　世間的事，都難以預見。　浮世：人世；因爲人世是不固定、不穩定的，所以稱浮。　必：預計得準確。　　〔佳人〕　指文勛。　　〔但莫遣、新燕卻來時，音書絕〕　只要使春深時得到你的來信。不要到春深時得不著音信（勞我們牽掛）。　遣：使，教。下文八個字是“莫遣”的内容。　新燕：春天剛來的燕子。梁簡文帝《新燕》詩：“新禽應節歸，俱向吹樓飛。”　卻：回轉；指燕子從南方回來。　音書：口信和書信。

【校】

毛本題少“雪中”二字。“遇時”作“過春”，“老”作“歸”，“尋”作“耽”，“復”作“忽”，“不用”作“欲”，“遣”作“追”。《全宋詞》與毛本同。

62. 河　滿　子

湖州寄益守馮當世

見說岷峨淒愴，旋聞江漢澄清。但覺秋來歸夢好，西南自有長城。東府三人最少，西山八國初平。　　莫負花溪縱賞，何妨藥市微行。試問當壚人在否，空教是處聞名。唱著子淵新曲，應須格外含情。

【編年】

題說“湖州寄益守馮當世”，詞中内容是馮當世作益守時的事，馮當世作益守在熙寧九年丙辰（公元1076年）。這年蘇軾在密州，題說"湖州"，時和地相矛盾。

　　據《宋史》卷二百一十一《宰輔〔二〕》：熙寧八年乙卯（公元1075年）"馮京自右諫大夫，參知政事，以守本官知亳州"，熙寧九年丙辰（公元1076年）"十月丙午，馮京自資政殿學士，右諫議大夫、知成都府，除知樞密院"。說馮京於熙寧八年知亳州，熙寧九年由知成都府調進汴都升知樞密院。和《宋史》卷三百一十七《馮京傳》記馮京受到新黨呂惠卿排擠而"罷知亳州。未幾，以資政殿學士知渭州。茂州夷叛、徙知成都府"相合。馮京於熙寧八年從知亳州改知渭州，大約也在熙寧八年。後來由知渭州改知成都府。熙寧九年十月，由知成都府調到汴京知樞密院。馮京何時到成都呢？據《續資治通鑑》卷七十一《宋紀〔七十一〕》：熙寧九年"四月辛亥（這年四月朔日丙戌。辛亥為二十六日），茂州夷寇邊"，馮京到成都當在這年四月二十六日之後。《續資治通鑑》同卷：熙寧九年"十月丙午（這年十月朔日甲申。丙午為二十三日），以資政殿學士知成都府馮京知樞密院事"；馮京離開成都，當在受到新的任命之後不久。計從四月二十六日至十月二十三日，前後半年。蘇軾作此詞，寄給在成都的馮京，只能在此半年之內。

　　能不能說，此詞是蘇軾寄給馮京的，而馮京當時不在成都呢？不能。詞中"岷峨"、"花溪"、"藥市"是成都之地，"當壚"、"子淵"是成都的人，"江漢澄清"是馮京在成都的功勳，不能把此詞解釋為馮京在別處。因此，我們把此詞編於熙寧九年之秋（詞中有"秋來舊夢好"）。

【箋注】

〔湖州〕　名本都作"湖州"。據上文〔編年〕，詞作於熙寧九年，這年蘇軾在密州知州事，不在湖州。"湖"當是"密"之誤。　　〔益守〕　知成都府事。益：益州；古成都府為益州。這裡用古地名。　守：秦漢時郡的長官稱"守"，宋的知府事和知州事相當秦漢的郡守，宋人詩文中常稱知府、知州為"守"。　　〔馮當世〕　馮京，字當世，江夏（今湖北省武昌縣）人。鄉試、禮部試和廷試都是第一名（鄉試第一俗呼"解元"，禮部試第一俗呼"會元"，廷試第一名是"狀元"），授翰林學士。岳父富弼是宰相；為了避嫌，京不在汴京任職，以龍圖閣學士的銜先後知揚州、江寧等州府。宋神宗時，再作翰林學士，改御史中丞。與王安石政見不合，出知亳州事。不久，改知渭州。熙寧九月四日，改知成都府；十月，被召到都知樞密院。宋哲宗即位，馮京以太子太師的銜退位。《宋史》卷三百一十七有傳。

〔岷峨淒愴〕　四川的山河呈現出令人淒愴的戰爭氣氛。　岷峨：　成都府的岷山和峨嵋山。　　〔江漢澄清〕　戰爭的愁慘氣氛消滅了，天地晴朗，山川澄明　《江漢》：《詩·大雅·江漢》，詠周宣王命大臣召（shào）虎平定淮夷。這裡以召虎平定淮夷比喻馮京妥善地解決了茂州的矛盾，恢復了四川的和平。《宋史·馮京傳》：茂州番人何丹正要攻打雞宗關，聽說馮京派軍隊來了，請求投降。馮京手下一些人主張用兵力掃蕩夷人的地區。馮京得到朝廷的允許，禁止軍隊侵掠，給夷人生產資料和生活資料，讓他們回去生產，"夷人喜，爭出犬豕割血受盟，願世世爲漢藩"。化戰爭爲和平。

　　〔但覺秋來歸夢好〕　我只感到今年秋天以來，夢見回到故鄉，夢境很好。這是說，我對故鄉四川的情勢平安，感到放心，歸夢都是美好的。　有人解此句，據《宋史·馮京傳》：宋神宗已召馮京後，夢見馮京入朝，下詔叫馮京早日回京，說這是"秋來歸夢"。這一解釋是錯的。"歸夢"不能指宋神宗的夢，宋神宗沒有外出，說不上"歸"。而且宋神宗夢見馮京，是在已召馮京之後；而詞的下片是勸馮京在成都觀賞和採訪，皇帝已召馮京，蘇軾不會叫馮京在成都流連不回，違抗詔旨。　　〔西南自有長城〕　這句說明"歸夢好"的原因。我對故鄉的情況完全放心，因爲馮京保衛著故鄉，像長城一樣鞏固。　西南：從宋的國土說，四川在西南。　長城：防備敵人入侵的工事；以比得力的將帥，能抵擋來犯的敵人。如《宋書》卷四十三《檀道濟傳》，檀道濟守衛北邊，防北魏的侵略有功；但被當權大臣劉義康所忌，公元436年，奉召入京，被殺；臨死，說："乃壞汝萬里長城！"又如《新唐書》卷九十三《李勣傳》，說李勣"治并州十六年，以威肅聞。帝嘗曰：'煬帝不擇人守邊，勞中國築長城以備虜。今我用勣守并，突厥不敢南，賢長城遠矣！'"　　〔東府〕　指樞密院，北宋決定軍事的最高軍政機關；和中書省（最高民政機關）並稱"二府"。《宋史》卷一百六十二《職官志〔二〕》：宋初循唐，五代之制，置樞密院，與中書對持文武二柄，號爲"二府"。院在中書之北，印有"東院"、"西院"之文；共爲一院，但行'東院'印。東府就是東院。指宋神宗召馮京到樞密院供職。　　〔三人最少（shào）〕　三人：指中書門下平章事吳充、王珪二人，加上馮京。《宋史》卷十五《神宗本紀》：熙寧九年冬十月丙午，"王安石罷，判江寧府。以吳充監修國史，王珪爲集賢殿大學士，并同中書門下平章事。資政殿學士馮京知樞密院。"又《續資治通鑑》卷七十一：熙寧九年十月丙午，"樞密使檢校太傅吳充、禮部侍郎參知政事王珪，并守前官同平章事……以資政殿學

93

士知成都府馮京知樞密院事。”這年王珪五十八歲，吳充和馮京五十六歲，大約吳充比馮京出生的月份早，所以說馮京是“三人”中“最少”的。

〔西山八國初平〕　以唐朝韋皋比馮京。《新唐書》卷一百五十八《韋皋傳》，說唐德宗貞元（公元785至805年）初，韋皋代張延賞爲劍南西川節度使，“蠻部震服。於是西山羌女、訶陵、南水、白狗、逋租、弱水、清遠、咄霸八國酋長皆因皋入朝。乃詔皋統押近界諸蠻、西山八國、雲南安撫使。”　〔花溪〕　成都的浣花溪。在市西郊，是錦江的支流。溪旁有杜甫所居的浣花草堂。　〔藥市〕　從前成都以每年七月爲藥市，四遠皆至，藥物甚多。三月而罷。　〔微行〕　穿老百姓衣服在民間行走；官吏化裝爲百姓而外出，不讓人看出是官。　〔當壚人〕　賣酒的人；指西漢時司馬相如，卓文君夫妻二人。臨邛（qiōng）的富人卓王孫的女兒卓文君夜出投奔文學家司馬相如，結成夫妻，和司馬相如回到成都。家貧，開酒店。卓文君當壚賣酒，司馬相如和雇傭的人一同操作，在市上洗滌酒器，（見《史記》卷一百十七或《漢書》卷五十七《司馬相如傳》）。　壚（lú）：安放酒罈的土台子，四邊隆起，一邊特別高。　〔是處聞名〕　這個地方著名。是處：此處；指成都。成都出了司馬相如夫妻賣酒這一戲劇性的事，以至千古聞名。〔子淵〕　西漢後期的王褒，字子淵。蜀人，精通音樂，長於文學創作。以音樂和文學創作取得漢宣帝和太子的喜愛。現存作品有《僮約》和在《文選》中的《洞簫賦》、《聖主得賢臣頌》等。《漢書》卷六十四有《王褒傳》。

【校】
毛本題作“湖州作”。《全宋詞》也作“湖州作，”“格”作“分”。各本“益守”作“南守”，今從傅注本作“益守”。

63. 殢　人　嬌

戲邦直
別駕來時，鐙火熒煌無數。向青瑣、隙中偷覷。元來便是，共彩鸞仙侶。方見了、管須低聲說與。　　　　百子流

94

蘇，千枝寶炬。人間有、洞房煙霧。春來何事，故拋人別處。坐望斷、樓中遠山歸路。

【編年】

寫於熙寧九年丙辰（公元1076年）。王文誥《蘇文忠公詩編注集成總案》卷十四載：丙辰，“提刑李清臣行部至密，作唱和詩。清臣復作《超然臺賦》，公跋之，刻石臺上。”（古代地方官員巡視其所轄地區，叫“行部”。北宋時地方行政區，縣以上是州或府，相當現代的地區一級；州府以上是路，相當現代的省一級。密州是京東路所屬十六州之一州。李清臣當時作提舉京東路刑獄，主管京東路的司法。蘇軾知密州事。李清臣行部，也要視察密州）。《蘇軾詩集》卷十四有《答李邦直》、《次韻李邦直感舊》、《次韻答邦直、子由五首》等詩。並作這首詞戲謔地賀李清臣新婚。

【箋注】

〔邦直〕 即李清臣（公元1032-1102年）《宋史》卷三百二十八《李清臣傳》：李清臣字邦直，魏人也。七歲知讀書，日數千言，暫經目輒誦。稍能戲爲文章。韓琦聞其名，以兄之子妻之。舉進士，應材識兼茂科。歐陽修壯其文，以比蘇軾。既而詔舉館閣，歐陽修薦之，得集賢校理、同知太常禮院。從韓絳使陝西，坐貶通判海州，久之，還故官，出提點京東刑獄。後召爲兩朝國史編修官，同修起居注，進知制誥、翰林學士。元豐新官制，拜吏部尚書。六年，拜尚書右丞。哲宗即位，轉左丞。後爲曾布所陷，出知大名府而卒，年七十一。贈金紫光祿大夫。 〔別駕〕 漢代行政地區：縣之上一級爲郡，相當宋代的州（或府）；郡之上一級爲州（如豫州、徐州、荊州……），相當宋代的路（而與宋代的州不同）；州的最高長官叫刺史（或州牧），相當蘇軾時代的一路的轉運使。漢代刺史之副叫從事史，又叫別駕（刺史巡視轄地時，從事史乘驛車隨行；另外駕一部車，所以叫別駕）。李清臣作京東路的提刑，秩位低於京東路的轉運使，相當於漢代的從事史，所以蘇軾稱之爲“別駕”。蘇軾在《點絳脣》（“閑倚胡牀”）中，稱通判（宋代知州或知府的副職）爲“別乘”（即“別駕”），是另一說。 〔鐙火熒煌〕 燈光四射。鐙：同“燈”。 〔向青瑣隙中偷覷(qù)〕 人們從雕花的門縫中偷看。青瑣：古代宮門上的一種裝飾。《離騷》：“欲少留此靈瑣兮”，王逸注：“瑣，門有青瑣也。”洪興祖補注引《漢舊儀》的《音義》：“青瑣，以青畫戶邊鏤也。”《世說新語·惑溺》：“韓壽美姿容，賈充辟以爲掾，充每聚會，賈女自青瑣中窺見壽，說之，恒存懷想，發於吟詠。後婢往壽家，具述如此，并言女光麗。壽聞之心動，遂請婢潛修音問，及期往宿。" 〔彩鸞仙侶〕 唐人裴鉶《傳奇集》："大和（公元827-835年）末，有書生文簫遊鍾陵，因中秋許仙君上昇日，吳蜀楚越士女駢集，生亦往焉。忽遇一姝，風韻出塵，吟詩曰：'若能相伴陟仙壇，應得文簫駕彩鸞。自有繡襦并甲帳，瓊臺不怕雪霜寒。'生曰：'吾姓名其兆乎？'此必神仙之儔侶也。夜四鼓，姝與三四輩，獨秉燭登山，生潛躡其後。姝覺，回首曰：'豈非文簫耶？'至絕頂，乃知其爲女仙矣。彩鸞與生有夙契，遂同歸鍾陵。僅十載，後至會昌（公元841-846年）間，遂入越王山，各乘一虎，登仙而去。"這裡用文簫遊鍾陵的故事戲李邦直新婚，爲得仙女爲妻。〔百子流蘇〕 即百子帳的流蘇。百子：百子帳，氈帳。《南史·河南王傳》："有屋宇，雜以百子帳，即穹廬也。"按：唐代婚禮，取古代青廬之遺意，多張設帳幔，稱爲百子帳。流蘇：下垂的穗子，用五彩羽毛或絲線製成。古代用作車馬、帳幕等的裝飾品。《孔雀東南飛》："流蘇金鏤鞍。"這裡以百子流蘇形容邦直生活的奢華。 〔寶炬〕 蠟燭。梁簡文帝《對燭賦》："綠炬懷翠，朱蠟含丹。" 〔洞房煙霧〕 杜甫《鄭附馬宴洞中》："主家洞中細煙霧。" 〔坐望斷樓中遠山歸路〕 因此使得（你的妻子）在樓中等待你，一眼望到底，只看見遠山和你歸時要經歷的路。 坐：因此。 望斷：遠望到盡頭。

【校】

毛本"鐙火熒煌無數"作"滿城燈火無數"。《全宋詞》本"鐙"作"燈"。

64. 望 江 南

超然臺作

春未老，風細柳斜斜。試上超然臺上看，半壕春水一城花，煙雨暗千家。　　寒食後，酒醒卻咨嗟。休對故人思故國，且將新火試新茶。詩酒趁年華。

【編年】

寫於熙寧九年丙辰（公元1076年）。傅藻《東坡紀年錄》：乙卯，治城上故臺，名之曰超然臺，作記，又作《大悲閣記》；又於超然臺作《望江南》。王文誥《蘇文忠公詩編注集成總案》卷十四："熙寧九年丙辰，春，提刑李清臣行部至密作唱和詩，清臣復作《超然臺賦》，公跋之，刻石臺上。"朱祖謀《東坡樂府》案："《紀年錄》乙卯，於超然臺作《望江南》。案公於甲寅十一月，至密州任，《超然臺記》謂：'移守膠西，處之期年。園之北，因城以爲臺者，舊矣。稍葺而新之，時相與登覽，放意肆志焉。'詞作於春，當屬丙辰。後一首疑同時作，以類附焉。"朱注正確。蘇軾在《超然臺記》中，明說他"處之期年"之後，才"治其園圃，絜其庭宇，伐安丘高密之木，以修補破敗，爲苟完之計"，因而修葺超然臺。蘇軾於熙寧七年甲寅（公元1074年）十一月三日到密州。過冬之後，熙寧八年乙卯春天遊廬山，及春旱，禱於常山。十一月開始葺超然臺，建快哉亭。到熙寧九年丙辰春天，於正月七日文勛摹秦篆，刻石超然臺上。並寫下《望江南》詞。龍榆生《東坡樂府箋》依朱說。

【箋注】

〔超然臺〕　現尚存，在今山東省諸城縣郊。超然臺是蘇轍所取的臺名，蘇軾在《超然臺記》中云："是時余弟子由適在濟南，聞而賦之，且名其臺曰超然。以見余之無所往而不樂者，蓋遊於物之外也。"　　〔壕〕　護城河。　　〔煙雨暗千家〕　一派煙雨迷濛的春色籠罩著密州城。　　〔寒食〕　節令名，清明節前一天（一說清明前兩天）。相傳起於春秋時晉文公悼念介之推事。公元前655年，晉文公出走；公元前636年，歸晉即位，獎賞跟隨外出的人，卻忘記了介之推。以後文公記起，之推已隱居綿山不出，文公於是焚燒綿山，想以此迫之推出山，但介之推卻抱木焚死，就定於是日禁火寒食。《荊楚歲時記》："冬至一百五日，即有疾風甚雨，謂之寒食，禁火三日。"　　〔咨嗟〕　感嘆聲。　　〔故國〕　指故鄉四川眉山。　　〔新火〕　寒食節禁火，寒食節後一日清明節生火，稱"新火"。杜甫《清明》："朝來新火起新煙，湖色春光淨客船。"蘇軾《徐使君分新火》："臨皋亭中一危坐，三見清明改新火。"　　〔新茶〕　春天新嫩的茶葉尖和春泉烹成的茶。《東坡志林》卷一《記夢參寥茶詩》："昨夜夢參寥師攜一軸詩見過，覺而記其《飲茶詩》兩句云：'寒食清明都過了，石泉槐火一時新。'夢中問：'煙新矣，泉何故新？'答曰：'俗以清明均淘井。'"《苕溪漁隱叢話・前集》卷四十六引《學林新編》云："茶之佳品，造在社前；其次則火前，謂寒食前也；其下則雨前，謂穀雨前也。"　〔年華〕　年富力強的時候。

【校】

《全宋詞》題作"暮春"，毛本無題。

65. 又

　　春已老，春服幾時成。曲水浪低蕉葉穩，舞雩風軟紵羅輕。酣詠樂昇平。　　微雨過。何處不催耕。百舌無言桃李盡，柘林深處鵓鴣鳴。春色屬蕪菁。

【編年】

　　與上首同作於熙寧九年丙辰（公元1076年）。上首作於"春未老"時，此首作於"春已老"時。

【箋注】

〔春服幾時成〕　《論語・先進》篇：孔子問曾點的志向，曾點回答："莫（暮）春者，春服既成，冠者五六人，童子六七人，浴乎沂，風乎舞雩(yú)，詠而歸。"　〔曲水浪低蕉葉穩〕　指天氣晴和，曲水風平浪靜，流於水中的酒杯很平穩。曲水：古代風俗，於陰曆三月上巳日（見第66首《滿江紅（東武會流杯亭）》〔上巳日〕注。）就水濱宴飲，認爲可祓(fú)除不祥，後人因引水環曲成渠，流觴取飲，相與爲樂，稱爲曲水。又人們在環曲的水流上游放置酒杯，任其隨水流行，停在誰的面前，誰即取飲，叫做"流觴"，也叫"流杯"。蕉葉：作成蕉葉形的酒杯，《宋詩鈔》陳造《江湖長翁詩鈔・雪夜與師是棋，次《前韻》："掀髯得一笑，爲汝倒蕉葉。"　〔舞雩(yú)風軟紵(zhù)羅輕〕　舞雩台暮春的風柔和，紵羅作的春裝輕便。舞雩：即舞雩台，在今曲阜縣南。《論語・先進》記孔子學生曾點說："

98

風乎舞雩"（在舞雩之下乘風涼）。《水經注》卷二十五："沂水北對稷門，一名高門，一名雩門。南隔水有雩壇，壇高三丈，即曾點所欲風處也。"軟：柔和。紵（zhù）羅：用紵（苧麻織品）和羅（絲織品）作的衣服。輕：輕便，比起厚重的冬衣輕適。　　〔酣詠〕　興致酣暢地歌唱。　　〔百舌無言桃李盡〕　百舌：鳥名。全身黑色，唯嘴黃。善鳴，其聲多變化，故曰"百舌"，也叫"反舌"。《禮記‧月令》仲夏之月，"反舌無聲"。桃李盡時已是暮春仲夏，則百舌鳥已無聲（無言）。　　〔柘（zhè）林深處鵓鴣鳴〕　柘：桑科，灌木至小喬木，有刺。鵓鴣（bō gǔ）：鳥名，俗稱布穀鳥。天將雨，其鳴甚急，故又稱爲"水鵓鴣"。　　〔蕪菁〕　又名蔓菁，十字花科。一二年生草木。直根肥大，質較蘿蔔緻密，有甜味。呈球形或扁圓形。依栽培不同分秋冬蕪菁及四季蕪菁。根和葉可食，湘鄂呼爲大頭菜。韓愈《感春》詩："黃黃蕪菁花，桃李事已退。"

【校】

《全宋詞》本題目爲暮春，"輭"作"軟"。毛本同，又"紵"作"苧"，"耕"作"畊"。

66. 滿　江　紅

東武會流杯亭，上巳日作。城南有陂，土色如丹。其下有隄，壅邘淇水入城。

東武南城，新隄就、邘淇初溢。微雨過、長林翠阜，臥紅堆碧。枝上殘花吹盡也，與君試向江頭覓。問向前、猶有幾多春，三之一。　　官裏事，何時畢。風雨外，無多日。相將泛曲水，滿城爭出。君不見、蘭亭修禊事，當時坐上皆豪逸。到如今、修竹滿山陰，空陳迹。

【編年】

寫於熙寧九年丙辰（公元1076年）春。傅藻《東坡紀年錄》："上巳日

99

流觴於南禪小亭，作《滿江紅》。”王文誥《蘇文忠公詩編注集成總案》卷十四：“三月三日流觴於南禪小亭作《滿江紅》詞”。王注是根據《紀年錄》而定的。

【箋注】

〔東武〕 即密州州治，今山東省諸城。　　〔上巳日〕 陰曆三月第一個巳日。《後漢書》卷十四劉昭《禮儀志〔中〕》篇末說三月“上巳，官民皆絜（同“潔”）於東流水上，曰洗濯祓（fú）除，去宿垢疢（chèn），爲大絜。”劉昭自注：“謂之禊（xì）也。”《周禮·春官·女巫》：“掌歲時祓除，”鄭玄注：“如今三月上巳如水上之類”，賈公彥《疏》：“一月有三巳，據上旬之巳。”三國時改爲三月初三日。　　〔陂（bēi）〕 澤畔的岸。〔郏（fú）淇水〕 即扶淇水。《水經注》卷二十六《濰水》：“郏淇之水，出西南常山，東北流注濰。⋯⋯濰自箕縣北經東武縣西北流，合郏淇之水。晏謨、伏深云：東武城西北二里濰水者，即扶淇之水也。”　　〔初溢〕春水初漲。　　〔問向前猶有幾多春，三之一〕 問以後春天還有多少，回答是：三分之一。從立春之日到立夏之前一日是春。上巳在清明節前後。從清明到立夏大約是春天最後的三分之一。　　〔風雨外，無多日〕 除了颳風下雨之外，沒有多的日子。就是說：可以出外遊宴的晴朗日子並不多，值得珍惜。　日：指晴和的日子。　　〔相將〕 互相扶攜。　　〔蘭亭修禊（xì）事〕 指公元353年東晉一些著名人士上巳日在蘭亭修禊遊宴賦詩的事。禊：避除災害，春禊每年三月三日舉行，秋禊每年七月十四日舉行。王羲之《蘭亭集序》曰：“永和九年，歲在癸丑，暮春之初，會於會稽山陰之蘭亭，修禊事也。”蘭亭：在浙江省紹興西南，地名蘭渚（zhǔ），渚有亭。　　〔當時坐上皆豪逸〕 當時參加宴會的人都是豪傑的人物和高逸之士。那次參加者自王羲之以下有謝安、謝方、孫綽、徐豐之、孫統、袁嶠之、王彬之、郄曇、王豐之、華茂、庾友、虞說、魏旁、謝懌、庾蘊、孫嗣、曹茂之、曹華、桓偉、王宿之、謝瑰、卞迪、邱髦、羊模、孔熾、劉密、虞谷、勞夷、后懌、華耆、謝滕、王蘊之、任儗、呂系、呂本、曹禮、和羲之子凝之、玄之、徽之、渙之、獻之。這些人都出自高門士族。王羲之《蘭亭集序》說那次聚會：“群賢畢至”。　　〔修竹滿山陰〕 王羲之《蘭亭集序》中有：“此地有崇山峻嶺，茂林修竹。”　修：長。　山陰：今浙江省紹興縣，當日蘭亭修禊之處。　　〔空陳迹〕 徒然成爲歷史的遺迹。王羲之《蘭亭集序》：“向之所欣，俯仰之間，已爲陳迹。”

100

《全宋詞》題目爲“東武會流杯亭”。次句作“新堤固，漣漪初溢。”“微雨過”作“隱隱遍”。“翠阜”作“高阜”。“試”作“更”。毛本與《全宋詞》本同。

【附錄】

①宋·楊湜撰《古今詞話》：東坡自禁城出守東武，適值霖潦經月，黃河決流，漂溺鉅野，及於彭城。東坡命力士持畚鍤，具薪芻，萬人紛紛，增塞城之敗壞者。至暮，水勢益洶。東坡登城野宿，愈加督責，人意乃定，城不没者一板。不然，則東武之人，盡爲魚鱉矣。坡復用僧應言之策，鑿清冷口積水，入於古廢河，又東北入於海。水旣退，坡具利害屢請於朝，築長堤十餘里，以拒水勢，復建黃樓以厭之。堤成，水循故道分流。城中上巳日，命從事樂成之。有一妓前曰：‘自古上巳舊詞多矣，未有樂新堤而奏雅曲者，願得一関歌公之前。’坡寫《滿江紅》曰：（略）俾妓歌之，坐席歡甚。（唐圭璋《詞話叢編》第十一册）

案：如依此記，此詞應作於徐州。記中把徐州抗災事與東武任混爲一談，現僅錄以參考。

67. 菩　薩　蠻

有　寄

城隅靜女何人見。先生日夜歌彤管。誰識蔡姬賢。江南顧彦先。　先生那久困。湯沐須名郡。惟有謝夫人。從來是擬倫。

【編年】

這首詩應作於熙寧九年丙辰（公元1076年）八月十五日。

在《蘇軾文集》卷十五中，有《和孔周翰二絕》詩，其中《再觀邸園留題》詩云：“小園香霧曉蒙籠，醉守狂詞未必工。魯叟錄《詩》應有取，曲收彤管《邶‧鄘》風。”詩意與詞意相同，都採用《詩經‧邶風‧靜女》：“靜女其孌，貽我彤管”句。而《蘇文忠公詩編注集成》卷十四載：“熙寧九年八月十五日飲於超然臺上，聞孔宗翰方乞密，因和宗翰前過東武題壁詩”又正合詞中“先生那久困，湯沐須名郡”句。故可定這首詞爲熙寧九年爲孔周翰而寫。

　　孔宗翰，字周翰，孔子四十五代孫孔道輔之子；即孔子四十六世孫。據《東都事略》記載：周翰“以父任爲將作監主簿，復舉進士，王珪、司馬光奉敕薦士，皆以宗翰應。詔知蘄、密、陝、揚、洪、兗六州。元祐初，除司農少卿、刑部侍郎、卒。”孔周翰與蘇軾友誼甚篤，　倡酬相屬。詞中小題“有寄”，是言寄與孔周翰的。

【箋注】

〔城隅靜女〕　《詩‧邶風‧靜女》首章：“靜女其姝(shū)，俟(sì)我於城隅。”隅，角落。　　〔日夜歌彤(tóng)管〕　日日夜夜唱《靜女》詩。彤管：《靜女》次章：“靜女其孌(luán)，貽我彤管。彤管有煒 (wěi)，說(yuè)懌(yì)女美。”《蘇軾詩集》卷十五《和孔周翰二絕》中“曲收彤管《邶鄘風》”句注：“堯卿曰：嘗聞高密老儒之言曰：邴氏有賢婦，孀居不嫁，其節甚高。故公此詩用《靜女》‘彤管有煒’，《柏舟》‘共姜自誓’，邶、鄘二風之事也。”此二句說明孔周翰對邴氏賢婦高節的敬慕。　　〔蔡姬〕　漢末女詩人蔡琰(yǎn)，字文姬，是學者、文學家、書法家、音樂家蔡邕（公元123-192）的女兒，繼承了她父親的才藝和學問。見《後漢書‧列女傳‧董祀妻》。　　〔顧彥先〕　顧榮，字彥先（公元？-312），西晉時不介入“八王之亂”而退隱，以後又出仕而支持琅邪王司馬睿（晉元帝）在江南的政權，以對抗黃河流域割據政權的侵擾。　　〔湯沐須名郡〕　湯沐：湯沐邑；本是古代諸侯在王都附近的一塊領地，供諸侯朝見王而到王都暫住時取得生活所需（湯，熱水；沐，洗頭髮。這裡指生活所需之物）；自漢以後，指諸侯、公主的封地；這裡指宋朝的州或府。名郡：著名的好州府，指適合“先生”名望的州、府。　　〔惟有謝夫人，從來是擬倫〕　只有謝夫人才能比擬。謝夫人：《晉書》卷九十六《列女傳‧王凝之妻（謝道蘊）》：“初，同郡張玄妹亦有才質，適於顧氏。玄每稱之以敵道蘊。有濟尼者游於二家。或問之，濟尼答曰：‘王夫人神情散朗，故有林下風氣。顧家婦清心玉映，自是閨房之秀。’”這一故事又見《世說新語‧賢媛》。

【校】

102

《全宋詞》本全同毛本。

68. 水 調 歌 頭

丙辰中秋，歡飲達旦，大醉，作此篇。兼懷子由。

明月幾時有，把酒問青天。不知天上宮闕，今夕是何年。　我欲乘風歸去，惟恐瓊樓玉宇，高處不勝寒。起舞弄清影，何似在人間。　　轉朱閣，低綺戶，照無眠。不應有恨，何事長向別時圓。人有悲歡離合，月有陰晴圓缺，此事古難全。但願人長久，千里共嬋娟。

【編年】

寫於熙寧九年丙辰（公元1076年）中秋。題中已寫明。傅藻《東坡紀年錄》及王文誥《蘇文忠公詩編注集成總案》皆依此。蘇轍字子由，當時在齊州。

【箋注】

〔明月幾時有，把酒問青天〕　用李白《把酒問月》："青天明月來幾時，我今停杯一問之"意。把酒：端起酒杯。　　〔宮闕〕　皇宮前兩旁的高樓。　　〔今夕是何年〕　《說苑·善說》記一個越人向楚令尹鄂君子晳唱歌（《玉臺新詠》卷一題為《越人歌》）："今夕何夕兮"。唐人韋瓘（假託牛僧孺之名）的小說《周秦紀行》有詩"香風引到大羅天，月地雲階拜洞仙。共道人間惆悵事，不知今夕是何年"。宋人《容齋續筆》卷十五《注書難》："紹興（公元1031–1162年）初，又有傅洪化秀才注蘇軾詞，鏤板錢塘。至於'不知天上宮闕，今夕是何年'，不能引'共道人間惆悵事，不知今夕是何年'之句。"　　〔乘風歸去〕　像神仙乘風回天上。《列子·黃帝》有"列子乘風而歸"的記載。　　〔歸去〕　蘇軾自比為仙人謫居人間，以升天為"歸去"。　　〔瓊樓玉宇〕　月中宮殿。《大業拾遺記》："瞿乾

103

祐於江岸玩月。或問‘此中何有？’瞿笑曰：‘可隨我觀之。’俄見月規半天，瓊樓玉宇爛然。” 〔高處不勝(shēng)寒〕 太高之處冷得難受。

不勝：承受不起。 〔起舞弄清影〕 用李白《月下獨酌》“起舞弄清影”句。 〔綺(qǐ)戶〕 以綺爲帘的門窗。綺：有花的絲綢。 〔無眠〕 失眠的人。 〔不應有恨，何事長向別時圓〕 月不應該有恨事，爲什麼老是在人們別離的時候就圓（即惹起人離別的愁思）呢。月照著“無眠”的蘇軾，蘇軾被月光引起愁思，就詰責月，爲什麼偏偏當我和親人離別之時圓呢。這句用北宋文學家石曼卿之句：司馬光《溫公詩話》：“李長吉‘天若有情天亦老’，人以爲奇絕無對。曼卿對‘月如無恨月常圓’，人以爲勍敵。” 別：人們離別不相聚；指蘇軾和弟弟蘇轍各在一方。 〔古難全〕 意謂人不能只有“歡”和“合”，沒有“悲”和“離”；月不能只有“晴”和“圓”，沒有“陰”和“缺”。 〔人長久〕 我們都長壽。這是祝願。 人：蘇軾指自己和蘇轍。 〔千里共嬋(chán)娟〕 相距很遠的人同對一個月亮。《文選》卷十三謝莊《月賦》：“隔千里兮共明月”。唐人許渾《懷江南同志》：“唯應洞庭月，萬里共嬋娟”。嬋娟：姿態美好的樣子；人或物的美好。如孟郊《嬋娟篇》：“花嬋娟，泛春泉。竹嬋娟，籠曉煙。伎嬋娟，不長妍。月嬋娟，眞可憐”。這裡指月。

【校】
《全宋詞》本，毛本“惟”作“又”，一本作“只”。

【附錄】
①宋·蔡絛《鐵圍山叢談》卷三：“歌者袁綯，乃天寶之李龜年也。宣和間，供奉九重。嘗爲吾言：東坡公昔與客游金山，適中秋夕，天宇四垂，一碧無際。加江流傾湧，俄月色如畫，遂共登金山之頂之妙高臺，命綯歌其《水調歌頭》曰：‘明月幾時有？把酒問青天。’歌罷，坡爲起舞，而顧問曰：‘此便是神仙矣！’吾謂文章人物，誠千載一時，後世安所得乎！”

②《坡仙集外紀》：“蘇軾於中秋夜宿金山寺，作《水調歌頭》寄子由云云。 神宗讀至‘瓊樓玉宇’二句，乃嘆曰：‘蘇軾終是愛君。’即量移汝州。”

③胡仔《苕溪漁隱叢話前集》卷五十九：“先君嘗云：坡詞‘低綺戶’，當云‘窺綺戶’。二字既改，其詞益佳。”

④張炎《詞源》：“此詞清空中有意趣，無筆力者未易到。”

104

⑤《後集》卷三十九："中秋詞，自東坡《水調歌頭》一出，餘詞皆廢。"

⑥元李冶《敬齋古今黈》卷八：東坡《水調歌頭》：'我欲乘風歸去，只恐瓊樓玉宇，高處不勝寒。起舞弄清影，何似在人間？'一時詞手，多用此格。如魯直云：'我欲穿花尋路，直入白雲深處，浩氣展虹蜺。袛恐花深裡，紅露顯人衣。'蓋效東坡語也。近世閒閒老人（趙秉文）亦云：'我欲騎鯨歸去，只恐神仙官府，嫌我醉時眞。笑拍群仙手，幾度夢中身。'

⑦清·劉熙載《藝概》卷四："詞以不犯本位爲高。東坡《滿庭芳》：'老去君恩未報，空回首彈鋏悲歌。'語誠慷慨，然不若《水調歌頭》、'我欲乘風歸去，惟恐瓊樓玉宇，高處不勝寒'。尤覺空靈蘊藉。"

⑧卓人月《詞統》曰："'明月幾時有'一詞，畫家大斧皴，書家擘窠體也。"

⑨黃蓼園《蓼園詞選》："按通首只是詠月耳。前闋，是見月思君，言天上宮闕，高不勝寒，但仿佛神魂歸去，幾不知身在人間也。次闋，言月何不照人歡洽，何似有恨偏於人離索之時而圓乎？復又自解，人有離合，月有圓缺，皆是常事，惟望長久共嬋娟耳，纏綿悱惻之思，愈轉愈曲，愈曲愈深。忠愛之思，令人玩味不盡。"

⑩張惠言《詞選》卷一：《水調歌頭》評："忠愛之言，惻然動人。神宗讀'瓊樓玉宇，高處不勝寒'之句，以爲'終是愛君'矣。"

⑪先著《詞潔》："凡興象高，即不爲字面礙，此詞前半身是天仙化人之筆。惟後半'悲歡離合'，'陰晴圓缺'等字，苛求者未免指此爲累；然再三讀去，轉挽運動何損其佳？少陵《詠懷古迹》詩云：'支離東北風塵際，漂泊西南天地間'，未常以風塵、天地、西南東北等字窒塞，有傷是詩之妙。詩家最上一乘，固有以神行者矣。於詞何獨不然！'"

題爲"中秋對月懷子由"，宜其懷抱俯仰浩落如是。錄坡公詞，若并汰此作，是無眉目矣。亦恐詞家疆宇狹隘，歷來作者惟墮入纖穠一隊，不可以救藥也。後村二調亦感力能出脫者，取爲此公嗣響，可以不孤。"

⑫沈雄《古今詞話》中《詞品》卷上："《水調歌頭》間有藏韻者。東坡明月詞：'我欲乘風歸去，惟恐瓊樓玉宇'，後段'人有悲歡離合，月有陰晴圓缺'，謂之偶然暗合則可，若以多者證之，則向之箋體家，未曾立法於嚴也。"又《詞辨》卷下："東坡中秋詞，前段第三句作六字句，後段'不應有恨，何事長向別時圓'，又似四字七字句，《詞品》所謂'語意參差

'也。稼軒《席上作》'何人為我楚舞，聽我楚歌聲？'與'人間萬事，毫髮常重泰山輕'類是，余俱整肅。能使神宗讀至'惟恐瓊樓玉宇，高處不勝寒'，嘆曰：'蘇軾終是愛君也。'但前後六字後，'我欲乘風歸去'二句，'人有悲歡離合'二句，似有暗韻相叶，餘人失之。然每閱張于湖《觀雨》，辛稼軒《觀雪》，楊止濟《登樓》，無名氏《望月》，固不如東坡之作，陳西麓所以品其'萬古一清風'也。"

⑬王闓運《湘綺樓詞選》卷一："'人有'句，大開大闔之筆，他人所不能。"

⑭鄭文焯《手批東坡樂府》："發端從太白仙心脫化，頓成奇逸之筆。湘綺誦此詞，以為'此難全'韻，可當'三語掾'，自來未經人道。"

⑮王國維《人間詞話》卷下："長調自以周、柳、蘇、辛為最工。美成《浪淘沙慢》二詞，精壯頓挫，已開北曲之先聲。若屯田之《八聲甘州》，東坡之《水調歌頭》，則佇興之作，格高千古，不能以常調論也。"

69. 畫 堂 春

寄子由

柳花飛處麥搖波。晚湖淨鑑新磨。小舟飛棹去如梭。齊唱《采菱》歌。　　平野水雲溶漾，小樓風日晴和。濟南何在暮雲多。歸去奈愁何。

【編年】

作於熙寧九年丙辰（公元1076年），當時蘇轍在濟南，蘇軾在密州，作此詞相寄。朱祖謀《東坡樂府》注："案《潁濱遺老傳》：'張文定知淮陽，以學官見辟，從之。三年，授齊州掌書記，復三年。'考子由以癸丑（公元1073年）九月自陳至齊，迄丙辰九月，三年成資罷任，即已上書還京。詞必以是時寄之，故有'濟南'、'歸去'等語。前段則追述辛亥（公元1071年）七八月同遊陳州柳湖事。"據首句"柳花麥浪"，此詞當作於該年暮春。

106

〔麥搖波〕　風吹起麥浪。　　〔鑑新磨〕　湖面像剛磨過的鏡面一樣明澈。鑑：鏡子。古代鏡是銅製的；用一些年歲，鏡面就昏暗了，要用藥物磨焠（有專門以磨鏡爲業的人）後才能照人；新磨過的鏡光澤澄澈。　　〔水雲溶漾〕　水和天溶溶漾漾。　溶溶：　水盛大的樣子；《楚辭》劉向《九歎・逢紛》“體溶溶而東回。”　漾漾：　水波蕩動的樣子；宋之問《宿雲門寺》詩：“漾漾潭際月”。　　〔濟南何在暮雲多〕　不見濟南，只見暮雲；不見在濟南的弟弟，只見層層暮雲。抒發思念弟弟之情，就是題中“寄子由”之意。　濟南：　宋朝齊州，是漢朝至南北朝的濟南郡。州城歷城即濟南郡城（今山東濟南市）。蘇轍當時正知齊州事，在濟南。暮雲：　杜甫《春日懷李白》詩：“江東日暮雲”，因此以“暮雲”指所懷念的遠人。

【校】
《全宋詞》本同。

70. 江　城　子

　　前瞻馬耳九仙山。碧連天。晚雲閒。城上高臺，眞箇是超然。莫使忽忽雲雨散，今夜裏，月嬋娟。　　小溪鷗鷺靜聯拳。去翩翩。點輕煙。人事淒涼，回首便他年。莫忘使君歌笑處，垂柳下，矮槐前。

【編年】
　　作於熙寧九年丙辰（公元1075年）。傅藻《東坡紀年錄》：“丙辰十二月；移知徐州，東武道中作《江神子》。”王文誥《蘇文忠公詩編注集成總案》卷十四：“丙辰，晚登超然臺望月，作《江神子》詞。”又誥案：“公《和周邠寄雁蕩山圖》詩自注，已有‘將赴河中’之語，而作此詞尤有去意，信爲是年冬後所作。”
【箋注】
〔馬耳〕　馬耳山，在山東省諸城縣西南六十里。《水經注》卷二十六《濰水》："（洧）水出馬耳山，高百丈，上有二石並舉，望齊馬耳，故世取名焉。"蘇軾《雪後書北臺壁》詩："試掃北臺看馬耳，未隨埋沒有雙尖。"

〔九仙〕　九仙山，在山東省諸城縣西南九十里。山勢高聳摩空。傳說有仙人居住。蘇軾《次韻周邠寄雁蕩山圖》："九仙今已壓京東。"自注："將赴河中，密邇太華，九仙在東武，奇秀不減雁蕩也。"　〔城上高臺，眞箇是超然〕　城上的超然臺眞是超然物外。超然臺：蘇軾在密州第二年所修建的城臺。《超然臺記》云："園之北，因城以爲臺者舊矣。稍葺而新之，時相與登覽，放意肆志焉。……余弟子由適在濟南。聞而賦之；且名其臺曰超然，以見余之無所往而不樂者，蓋遊於物之外也。"蘇轍《超然臺賦》敍曰："子瞻守高密，因其城上之廢臺而增葺之，以告轍曰：'將何以名之？'轍曰：'天下之士，奔走於是非之場，浮沉於榮辱之海，囂然盡力而忘反，亦莫自知也。而遊者哀之，非以其超然不累于物耶？老子曰：雖有榮觀，燕處超然。試以'超然'名之，可乎？"　〔月嬋娟〕　見第 68 首《水調歌頭》〔千里共嬋娟〕注。　〔靜聯拳〕　靜悄悄地蜷集在一起。聯拳：蜷曲的樣子，頭、頸、身軀縮作一團。謝莊《玩月》詩："水鷺足聯拳"。杜甫《漫成一絕》："沙頭宿鷺聯拳靜"。　〔輕煙〕　天際的淡雲輕煙。　〔使君〕　指蘇軾自己。

【校】

《全宋詞》本同。

71. 又

東武雪中送客

相從不覺又初寒。對尊前。惜流年。風緊離亭，冰結淚珠圓。雪意留君君不住，從此去，少清歡。　　轉頭山上轉頭看。路漫漫。玉花翻。雲海光寬，何處是超然。知道故人相念否，攜翠袖，倚朱欄。

【編年】

寫於熙寧九年丙辰（公元1076年）。傅藻《東坡紀年錄》：丙辰十二月，移知徐州，東武雪中送章傳道作《江神子》。《蘇軾詩集》卷十三有《遊廬山次韻章傳道》詩："塵容已似服轅駒，野性猶同縱壑魚。出入岩巒千仞表，較量筋力十年初。雖無窈窕驅前馬，還有鴟夷掛後車。莫笑吟詩淡生活，當令阿買爲君書。"由此可見蘇軾與章傳道的友誼。這裡"東武雪中送客"，所送即章傳道。

【箋注】

〔流年〕 像流水一樣逍逝的歲月。 〔從此去，少清歡〕 從今以後，我的清歡就少了；指今後沒有良朋相對了。 〔轉頭山〕 在山東省諸城縣南四十里。 〔玉花翻〕 大雪紛飛的景象。 〔超然〕 指超然臺。（見前首注） 〔翠袖〕 女人的衣袖。杜甫《佳人》："天寒翠袖薄。"這裡指姬妾。

【校】

《全宋詞》題目是"冬景"。"從"作"逢"，"上"作"下"，"雲"作"銀"。毛本同《全宋詞》外，但"不住"作"且住"。

109

72. 陽　關　曲

答李公擇

濟南春好雪初晴。纔到龍山馬足輕。使君莫忘霅溪女，還作《陽關》腸斷聲。

【編年】

作於熙寧十年丁巳（公元1077年）。

【箋注】

〔李公擇〕　見本書第34首《減字木蘭花》（惟熊佳夢）〔李公擇〕注。《蘇軾詩集》卷十六《送李公擇》施注：公擇在濟南，東坡赴彭城，過之。公擇罷濟南，復過東坡於彭城。故東坡以"莫忘霅溪女"戲之。　　〔濟南〕　古濟南郡城，北宋齊州州城，今山東濟南市。　　〔龍山〕　《山東通志》卷二十二，歷城縣："龍山在縣東七十里。"陳師道《後山談叢》："齊之龍山鎮有平陸故城，附城有走馬台。"　　〔馬足輕〕　馬輕健地小跑。

〔使君莫忘霅(zhá)溪女〕　你（指李常）不要忘了湖州的歌女。使君：漢代對州郡首長的稱呼：李常知齊州事，宋代知州相當漢代州郡長官，所以稱李常為"使君"。霅溪：《浙江通志》卷十二：霅溪在烏程縣東南一里，凡四水合為一溪，自浮玉山曰苕溪，自銅峴山曰前溪，自天目山曰餘不溪，自德清縣前北流至州南興國寺前曰霅溪，東北流四十里合太湖。顧長生《三吳土地記》云："有霅溪，水至深者。"徐陵《孝義寺碑》云："清霅瀰瀰，深窮地根。"按《字書》云："霅者，水激射之聲也。"　　〔還作《陽關》腸斷聲〕　還在唱《陽關》令人斷腸的悲歌。這句告訴李常：霅溪女想念你而唱《陽關》悲歌。《陽關》：指王維《渭城曲》末二句："勸君更盡一杯酒，西出陽關無故人。"李商隱《贈歌妓二首》："斷腸聲裏唱《陽

[手寫註記：送別詞，兩人皆因反對新法而被貶。]
[手寫註記：上→暮春，微露惜別之情]
[手寫註記：下→送別，兼及對再受重用の渴望，而兩人同病相憐]

關》”。

【校】

《全宋詞》脫“答”字，只題“李公擇”，從詩集補。“還”作“時”
。

【附錄】

①《蘇軾詩集》卷十五王文誥案：江藩曰：《陽關詞》，古人但論三疊
，不論聲調，以王維一首定此詞平仄。此三詩，與摩詰毫髮不爽。

②鄭文焯《手批東坡樂府》：“是闋第三句第五字，以入聲爲協律，蓋
昉於‘勸君更盡一杯酒’也。”

[手寫註記：春江柳老去]

73. 蝶 戀 花

[手寫註記：花落の樣子]
[手寫註記：寂寞の林子，人亦寂寞]
[手寫註記：暮春花謝]
[手寫註記：已不是櫻桃花開の時節]

暮春別李公擇

　　簌簌無風花自墮。寂寞園林，柳老櫻桃過。落日有情
還照坐。山青一點橫雲破。　　　　路盡河回人轉柁。繫纜漁
村，月暗孤燈火。憑仗飛魂招楚些。我思君處君思我。

[手寫註記：想象朋友夜泊于冷落の漁村心胃不眠，希望朝廷重視の願望，加對孤燈，暗有明日相伴，只能與⋯⋯相伴]

【編年】

作於熙寧十年丁巳（公元1077年）。傅藻《東坡紀年錄》丁巳，又作
《蝶戀花》別公擇。王文誥《蘇文忠公詩編注集成總案》卷十五載：熙寧十
年丁巳二月，與李常劇飲爲別。《蘇軾詩集》卷十六《次韻舒教授寄李公擇
》詩，詩中有“去年逾月方出晝”句，用孟子去齊時，“三宿而後出晝”的
典故（《孟子·公孫丑下》），蘇軾自注：“予去年留齊月餘”。詩是元豐
元年戊午（公元1078年）作於徐州，詩中“去年”當然是熙寧十年；此詞在
話別時寫於齊州，應編於熙寧十年丁巳。

【箋注】

〔簌簌〕　（sù sù）花落的樣子。　　〔過〕　指開花的時節已經過去。

〔橫雲破〕　形容空中雲彩被青山割裂。　　〔柁〕　同“舵”。船舵，控

111

制船航行轉向的裝置。〔楚些(suò)〕《楚辭·招魂》中，除"朕幼清以廉潔兮"一段和末"亂曰"以下之外，句末都用"些"字，因此稱《招魂》一篇爲"楚些"。沈括《夢溪筆談》卷三《辯證（一）》："今夔峽、湖湘及南北江獠人凡禁咒句尾皆稱'些'。及楚人舊俗。西域咒語末皆云'娑婆訶'亦三合而爲'些'也。"按沈括似誤。今湖南、湖北（古楚地）叮囑人，語末詞爲"吵"，就是"些"，不是禁咒語。

【校】

《全宋詞》本題作"暮春"，"墮"作"觶"，"有"作"多"，"人"作"千"，"鐙"作"燈"。毛本與《全宋詞》同。

【附錄】

①邵伯溫《邵氏見聞錄·後錄》卷十九："東坡別公擇長短句：'憑仗飛魂招楚些，我思君處君思我'，退之《與孟東野書》'以余心思足下，知足下懸懸於余'之意也。"

74. 殢 人 嬌

小王都尉席上贈侍人

滿院桃花，盡是劉郎未見。於中更、一枝纖軟。仙家日月，笑人間春晚。濃睡起　驚飛亂紅千片。　　密意難傳，羞容易變。平白地、爲伊腸斷。問君終日，怎安排心眼。須信道　司空自來見慣。

【編年】

寫於熙寧十年丁巳（公元1077年）。傅藻《東坡紀年錄》：丁巳，"三月一日與王詵(shēn)會四照亭。有倩奴者，求曲，遂作《洞仙歌》、《喜長春》與之。朱祖謀疑《喜長春》爲《殢(dì)人嬌》別名。"王文誥《蘇文忠公詩編注集成總案》卷十五：丁巳三月二日寒食與王詵作北城之遊，飲於四照亭上，作《殢人嬌》詞。《烏臺詩案》："熙寧十年二月到京，三月初一

112

日王詵送到簡帖，約來日出城外四照亭相見。次日軾與詵相見，令姨嬡六七人斟酒下食。有倩奴向軾求曲子，遂作《洞仙歌》一首、《喜長春》一首與之。次日王詵送韓幹馬十二匹共六軸求蘇軾跋。"又《蘇軾詩集》卷十八：元豐己未（公元1079年）徐州《作書寄王晉卿，忽憶前年寒食北城之遊，走筆爲此詩》云："北城寒食煙火微，落花胡蝶作團飛。王孫出遊樂忘歸，門前驄馬紫金羈。吹笙帳底煙霏霏，行人舉頭誰敢睎。扣門狂客君不麾，更遣傾城出翠幃。書生老眼省見稀，畫圖但覺周昉肥。別來春物已再菲，西望不見紅日圍。何時東山歌《采薇》，把盞一聽《金縷衣》。"在此後兩年所追憶的"前年"情況就是當日的遊宴。

【箋注】

〔小王都尉〕 王詵(shēn)，字晉卿。《宋史》卷二百五十五《王全賦傳》後附王詵傳，有簡單介紹："緘子詵，字晉卿，能詩善畫，尚蜀國長公主，官至留後。"《蘇軾詩集》卷十八《作書寄王晉卿，忽憶前年寒食北城之遊，走筆爲此詩》，施注：王晉卿，名詵，太原人，徙開封。自少志趣不群，能詩善畫，以選尚魏國賢惠公主。母宣仁高后，與神宗爲同產。主性賢厚，不妒忌，好讀古文章，喜筆札。晉卿慕東坡，相與遊從。爲晉卿作《寶繪堂記》。多蓄法書名畫，及自製丹青，每爲題詠，坡以詩對御史臺，謫黃州。晉卿自絳州團練使，坐追兩秩停廢。賢惠病，神宗復其官，以慰主意。未幾，薨，遂貶官安置均州。元豐七年春，徙潁。哲宗即位，許居京師。元祐初，自登州刺史，復文州團練使，駙馬都尉。與東坡不相聞者七年，相見感嘆，作詩相屬。坡和篇眞蹟，在臨川黃揆子俞家，刻於婺州倅廳，徽宗爲端王，相與情好最厚。既即位，自和州防禦使，遷定州觀察使。 〔桃花〕雙關；既說桃花，又說王詵的衆多姬妾。 〔劉郎〕 這裡以劉禹錫自比。劉禹錫《元和十年，自朗州召至京，戲贈看花諸君子》："玄都觀裏桃千樹，盡是劉郎去後栽。"是"劉郎去後栽"，所以"劉郎未見。" 〔更一枝纖軟〕 其中之一更纖細柔媚，既形容桃花中特別美的，也指倩奴是姬妾中特別美的。 〔亂紅〕 形容落花紛飛，已是暮春時節。李賀《將進酒》："況是青春日將暮，桃花亂落如紅雨。"歐陽修《蝶戀花》（庭院深深深幾許）："亂紅飛過千秋去。" 〔問君終日怎安排心眼〕 請問你，（周圍如此多的美人，）你的心思和眼睛怎麼安放得下來。君，指王詵。

〔司空自來見慣〕 孟棨《本事詩·情感》："劉尚書禹錫罷和州，爲主客郎中、集賢學士。李司空罷鎮在京，慕劉名，嘗邀至第中，厚設飲饌。酒

酣，命妙妓歌以送之。劉於席上賦詩曰：'倭墮梳頭宮樣粧，春風一曲《杜
韋娘》。司空見慣渾閑事，斷盡江南刺史腸'。"後因以"司空見慣"稱事
之常見者。這裡以李紳比王詵，以劉夢得"腸斷"自比。

【校】

　　毛本題無"小"字。"人閒"作"人間"。按詞意，應作"人間"。《
全宋詞》同毛本。

75. 洞　仙　歌

　　江南臘盡，早梅花開後。分付新春與垂柳。細腰肢、
自有入格風流，仍更是、骨體清英雅秀。　　永豐坊那畔
，盡日無人，誰見金絲弄晴晝。斷腸是，飛絮時，綠葉成
陰，無箇事、一成消瘦。又莫是、東風逐君來，便吹散眉
間，一點春皺。

【編年】

　　寫作時間及背景見前首。傅藻《東坡紀年錄》：《小王都尉席上贈侍人
》有《喜長春》和《洞仙歌》二首。《喜長春》（即《殢人嬌》）已見上，
則此首《洞仙歌》當也是王詵席上贈侍姬的。朱祖謀《東坡樂府注》："案
毛本題與紀年未合，然細譯詞意，與《殢人嬌》詞略同，非止賦物也。"毛
晉本題為"詠柳"，從字面看，可說是詠柳，但下闋是寫閨愁，像是代倩奴
詠懷，以柳為比興。

【箋注】

〔分付新春與垂柳〕　把春意交代給柳樹。梅得春意先開花；梅開之後，讓
柳得到春意而垂條。　　〔細腰肢〕　以女郎的細腰形容垂柳。杜甫《絕句
漫興九首》之八："隔戶垂楊弱嫋嫋，恰如十五女兒腰。"　　〔入格〕
夠得上高標準、高水平的。　　〔永豐坊那畔三句〕　是種柳的一段故事。
唐宣宗聞樂府唱白居易《柳枝詞》有"永豐西角荒園裏，盡日無人屬阿誰"
之句，乃下敕移植於坊中。這裡永豐坊畔即指此事。《白居易集》卷三十七

114

，有河南盧貞《和樂天詩》序云：“永豐坊西南角園中，有垂柳一株，柔條極茂。白尚書曾賦詩，傳入樂府，遍流京都。近者詔旨，取兩枝植於禁苑，乃知一顧增十倍之價，非虛言也。”白詩曰：“一樹春風千萬枝，嫩於金色軟於絲。永豐西角荒園裏，盡日無人屬阿誰。”盧詩曰：“一樹依依在永豐，兩枝飛去杳無蹤。玉皇曾採人間曲，應逐歌聲入九重。”　　〔盡日無人，誰見金絲弄晴晝〕　即白居易詩“盡日無人屬阿誰”之意。誰見；即“屬阿誰”，金絲：指柳絲。取“嫩於金色軟於絲”句。弄：指柳絲在風中擺動。　　〔飛絮時，綠葉成陰〕　春末夏初，柳絮飛揚，濃葉成陰。杜牧《嘆花》詩：“如今風擺花狼籍，綠葉成陰子滿枝。”　　〔無箇事〕　沒有一點事，無緣無故。消瘦：憔悴。　　〔吹散眉間一點春皺〕　春風吹散了眉間的皺紋，指心情舒暢，不皺眉了。

【校】

毛本題作“詠柳”，“誰”作“惟”。《全宋詞》同毛本。詞後案：《古今圖書集成・草木篇》第二百六十六《柳》部誤以此首爲晏幾道作。

76. 陽 關 曲

中秋作

暮雲收盡溢清寒。銀漢無聲轉玉盤。此生此夜不長好，明月明年何處看。

【編年】

寫於熙寧十年丁巳（公元1077年）。此詞亦載詩集，題《陽關詞》三首。《中秋作》列第一首。朱祖謀《東坡樂府》及龍榆生《東坡樂府箋》只列《答李公擇》一首。《蘇軾詩集》卷十五有《陽關詞》三首，王文誥注：次公曰：“三詩各自說事，惟是皆可歌之，故曰《陽關三絕》。”《中秋作》詞在詩集中附查注曰：《風月堂詩話》云：“東坡《中秋》詩紹聖元年（公元1094年甲戌）自題其後云：‘予十八年前中秋與子由觀月彭城時，作此詩，以《陽關》歌之。’”查《蘇軾文集》卷六十八《書彭城觀月詩》云：“

'暮雲收盡（略）'余十八年前中秋夜，與子由觀月彭城，作此詩，以《陽關》歌之。今復此夜宿於贛上，方遷嶺表，獨歌此曲，以識一時之事，殊未覺有今夕之悲，懸知有他日之喜也。"自甲戌上推十八年，爲丁巳（公元1077年），故編入此年。

【箋注】

〔溢〕 充溢，滿出。 〔清寒〕 形容月色如水。 〔玉盤〕 月亮。李白《古朗月行》詩："小時不識月，喚作白玉盤。"

77. 又

受降城下紫髯郎。戲馬臺南舊戰場。恨君不取契丹首，金甲牙旗歸故鄉。

【編年】

此首寫作年載不可考。《詩集》把三首《陽關曲》收在一起，題爲《陽關詞》，又寫的是徐州戲馬臺，故附錄於此。

【箋注】

〔受降城〕 唐景龍二年（公元 708年），張仁愿於黃河以北，築三受降城，首尾相應，用以防禦突厥統治者的侵擾。中受降城在今內蒙古包頭市西；東受降城在今托克托南，黃河北大黑河東岸，西去中城三百里（唐制，下同）；兩受降城在杭錦後旗烏加河北岸、狼口山南，東去中城三百八十里。其後東西兩城均曾改築。 〔紫髯郎〕 三國時吳帝孫權。《三國志·吳志·吳主權》記建安十九年（公元214年）孫權和曹操的大將張遼擊敗而逃，裴松之注引《獻帝春秋》："張遼問吳降人：'向有紫髯將軍，長上短下，便馬善射，是誰？'降人答曰：'是孫會稽（孫權當時是會稽太守）'。"孫權被稱爲"紫髯將軍"，又被稱"孫郎"，這裡合二稱爲"紫髯郎"。

〔戲馬臺〕 在今江蘇省徐州市，項羽所築。《南齊書·禮志》："宋武帝爲宋公，在彭城（今徐州），九日（九月初九日重陽）出項羽戲馬臺"。蘇軾《上神宗皇帝書》："徐州爲南北襟要，……其城三面阻水……惟南面可以通馬，而戲馬臺在焉，其高十仞，廣袤數百步。" 〔恨〕 惋惜，爲

116

……感到遺憾。"不取契丹首,金甲牙旗歸故鄉"是"恨君"的事。 〔契丹〕 古代一個部族。北魏以來,在今遼河上游一帶遊牧。唐以其地置松漠都督府,以契丹首領爲都督。唐末建立遼王朝,和五代、北宋相對立。公元1125年被金所滅。 〔牙旗〕 大軍前爲主帥建的大旗。唐代封演《聞見記》解釋:"猛獸以爪牙爲衞,故軍前大旗謂之牙旗。軍中聽號令必至牙旗之下。或云:公門外刻木爲牙,立於門側以象獸牙;軍將之行,置牙竿首,懸旗於上。"

【校】

朱祖謀《東坡樂府》、龍榆生《東坡樂府箋》未收此詞。《蘇軾詩集》題"贈張繼愿"。題下王文誥案:"別本題止'軍中'二字。施(元之)本題作'右贈張繼愿'。"

78. 水 調 歌 頭

余去歲在東武,作《水調歌頭》以寄子由。今年,子由相從彭門百餘日,過中秋而去,作此曲以別余。以其語過悲,乃爲和之。其意以不早退爲戒,以退而相從之樂爲慰云。

安石在東海,從事鬢驚秋。中年親友難別,絲竹緩離愁。一旦功成名遂,準擬東還海道,扶病入西州。雅志困軒冕,遺恨寄滄州。 歲云暮,須早計,要褐裘。故鄉歸去千里,佳處輒遲留。我醉歌時君和,醉倒須君扶我,惟酒可忘憂。一任劉玄德,相對臥高樓。

【編年】

寫於熙寧十年丁巳(公元1077年)。傅藻《東坡紀年錄》:"丁巳,子由過中秋而別,作《水調歌頭》。"這一年四月,他同蘇轍自開封同行到徐州就任,蘇轍在徐州停留四個月左右,將赴南都守簽判任,中秋作《水調歌

頭》作別，蘇軾寫這首詞爲和。王文誥《蘇文忠公詩編注集成總案》卷十五
載："四月，與子由行過南都，謁張方平於樂全堂。六月，與子由、顏復同
遊百步洪。八月四日，與子由同遊石經院，過雲龍山，訪張天驥。十五日，
同子由泛舟呂洪，作《水調歌頭》送別。十六日，子由赴南京留守簽判，作
《初別子由》詩。"蘇轍《水調歌頭》詞云："離別一何久，七度過中秋。
去年東武今夕，明月不勝愁，豈意彭城山下，同泛清河古汴，船上載《涼州
》。鼓吹助清賞，鴻雁起汀洲。　　　坐中客，翠羽帔，紫綺裘。素娥無賴西
去，曾不爲人留。今夜清尊對客，明夜孤帆水驛，依舊照離憂。但恐同王粲
，相對永登樓。"

【箋注】

〔彭門〕　即彭城，宋代徐州州治在彭城（今江蘇省徐州市）。　　〔百餘
日〕　這年四月到八月。　　〔安石在東海〕　安石：晉朝的謝安，字安石
。謝安石隱居於會稽的東山（今浙江省上虞縣西南），會稽郡境東瀕海，故
稱"東海。"　　〔從事鬢驚秋〕　謝安開始出仕，鬢髮已斑白了。從事，
從政。《晉書》卷七十九《謝安傳》"安石少有重名，棲遲東土，放情丘壑
。謝安弟萬爲西中郎將，總藩任之重。安雖處衡門，其名猶出萬之右，……
及萬黜廢，安始有仕進志，時年已四十餘矣。"　　〔中年親友難別，絲竹
緩離愁〕　難別：離別時難分難捨。絲竹：泛指音樂。緩：沖淡，使緩和。
《晉書》卷八十《王羲之傳》："謝安嘗謂羲之曰：'中年以來，傷於哀樂
，與親友別，輒作數日惡。'羲之曰：'年在桑榆，自然至此。頃正賴絲竹
陶寫，……'"。這裡以謝安比子由，以王羲之的話作寬慰。　　〔準擬東
還海道，扶病入西州〕　《晉書》卷七十九《謝安傳》："安雖受朝寄，然
東山之志始末不渝，每形於言色。及鎮新城，盡室而行，造泛海之裝；欲須
經略粗定，自江道還東。雅志未就，遂遇疾篤。上疏請量宜旋旆，……聞當
輿入西州門。自以本志不遂，深自慨失，因悵然謂所親曰：'……吾病殆不
起乎！'"這裡以謝安喻自己，本來打算功成名就之日，就準備退隱，不料
後來抱病回來。　　〔雅志困軒冕〕　雅志：指退隱之志。軒冕：古時卿大
夫的車服。《漢書·律曆志下》："始垂衣裳，有軒冕之服。"顏師古注：
"軒，軒車也；冕，冕服也。"也指官位爵祿或貴顯的人。《莊子·繕性》
："古之所謂得志者，非軒冕之謂也。"《晉書》卷九十二《應貞傳》："
軒冕相襲，爲郡盛族。"這裡"困軒冕"，是指爲官場利祿所困而不得自由
。　　〔遺恨寄滄州〕　滿腔遺恨寄託與茫茫滄海。滄州：濱水的地方。古

118

時常用來稱隱士的居處。阮籍《爲鄭沖勸晉王箋》："然而臨滄洲而謝支伯。"謝朓《之宣城郡出新林浦向板橋》詩："旣歡懷祿情，復協滄州趣。"
〔要褐裘〕 換上粗布衣服。即辭官當老百姓。褐裘：粗麻作面子的裘衣，古時貧賤人穿的衣服。因以爲貧賤人的代稱。褐：粗麻布。 〔佳處輒遲留〕 遇到風景美好的地方就停留下來。遲：徘徊，不向前。 〔一任劉玄德，相對臥高樓〕 《三國志》卷七《魏志·陳登傳》："許汜與劉備論天下，汜曰：'陳元龍湖海之士，豪氣不除。'……備問汜：'君言豪，寧有事耶？'汜曰：'昔遭亂過下邳，見元龍。元龍無客至之意，久不相與語，自上大牀臥，使客臥下牀。'備曰：'君有國士之名。今天下大亂，帝主失所；望君憂國忘家，有救主之意。而君求田問舍，言無可采，是元龍所諱也，何緣當與君語如小人？欲臥百尺樓上，臥君於地，何但上下牀之間邪！'"玄德即劉備字，這兩句意思是說，我沒有匡濟天下的大志，任憑像陳元龍這些有雄心大志的人瞧不起，我也不放在心上。

【校】

毛本題首有"公舊序云"四字，"爲慰云"，下多一"耳"字。《全宋詞》本同毛本。

79. 浣 溪 沙

贈閭丘朝議。時還徐州。
　一別姑蘇已四年。秋風南浦送歸船。畫簾重見水中仙。　　霜鬢不須催我老，杏丹依舊駐君顏。夜闌相對夢魂間。

【編年】

蘇軾曾於熙寧七年甲寅（公元1074年）到蘇州，作過《浣溪沙》贈閭丘公顯。熙寧十年丁巳，閭丘公顯到徐州，見蘇軾，蘇軾再作此首《浣溪沙》相贈。傅藻《東坡紀年錄》中有："甲寅，再過蘇，贈閭丘公顯，作《浣溪沙》。"這一年又有《蘇州閭丘江君二家雨中飲酒二首》。那麼，詞中言"

一別姑蘇已四年”，當是熙寧十年丁巳（公元1077年）。王文誥《蘇文忠公詩編注集成總案》卷十五載：“丁巳八月，閭丘公顯過彭城，作《浣溪沙》詞。”

【箋注】

〔閭（lú）丘朝議〕 閭丘孝終。《蘇軾詩集》查慎行注：“范成大《吳郡志》：‘閭邱孝終，字公顯，郡人。嘗守黃州。既掛冠，與諸人耆艾爲九老會。東坡經從，必訪孝終，賦詩爲樂。’本集《水龍吟》詞序云：‘太守閭邱公顯已致仕，居姑蘇。’按閭邱名字，蓋取《孝經》‘顯父母，孝之終也’二句義。” 〔姑蘇〕 蘇州市古稱，因西南有姑蘇山得名。《史記》卷三十一《吳世家》，記公元前496年，“越因伐吳，敗之姑蘇。”司馬貞注：“姑蘇，臺名，在吳縣西三十里。” 〔南浦〕 南方的水邊。《楚辭·九歌·河伯》：“送美人兮南浦。”王逸注：“願河伯送己南至江之涯。”後常用以稱送別之地。《文選》卷十六江淹《別賦》：“送君南浦”，張銑注：“南浦，送別之處。” 〔水中仙〕 謂舟中的歌女。晉王嘉《拾遺記》卷十《洞庭山》：“洞庭山浮於水上，其下有金堂數百間，玉女居之。四時聞金石絲竹之聲徹於山頂。楚懷王之時，舉群才賦詩於水湄，故云瀟湘洞庭之樂，聽者令人難老，雖《咸池》、《九韶》，不得比焉。每四仲之節，王常繞山以遊宴，各舉四仲之氣以爲樂章。……屈原……被王逼逐，乃赴清泠之水。楚人思慕，謂之水仙。……其山又有靈洞，入洞中常如有燭於前。中有異香芬馥，泉石明朗。採藥之人入中，如行十里，迥然天清霞耀，花芳柳暗，丹樓瓊宇，宮觀異常。乃見眾女，霓裳冰顏，艷質與世人殊別。”後以湖中歌妓稱爲“水仙子”。如周密《武林舊事·西湖遊幸》：湖山“歌妓舞鬟，嚴妝自衒，以待招呼者，謂之水仙子。” 〔杏丹〕 謂閭丘紅光滿面。與前句“霜鬢”相對。 〔夜闌〕 夜將盡；已到下半夜。

【校】

毛本“杏丹”作“杏花”。《全宋詞》同毛本。

120

元豐元年戊午　公元一○七八年　東坡四十三歲

80. 臨　江　仙

送李公恕

　　自古相從休務日，何妨低唱微吟。天垂雲重作春陰。坐中人半醉，簾外雪將深。　　聞道分司狂御史，紫雲無路追尋。凄風寒雨更駸駸。問囚長損氣，見鶴忽驚心。

【編年】

　　此詞當寫於元豐元年戊午（公元1078年），王文誥《蘇文忠公詩編注集成總案》卷十六：「元豐元年戊午，正月……送李公恕。」

【箋注】

〔送李公恕〕　據《蘇軾詩集》卷十六《送李公恕赴闕》詩：「……我頃分符在東武，脫略萬事惟嬉遨。……君為使者見不問，反更對飲持雙螯。……世上小兒多忌諱，獨能容我真賢豪。為我買田臨汶水，逝將歸去誅蓬蒿。……」記的是這次李公恕以京東轉運判官（轉運使之副）的身分到密州視察，和蘇軾飲宴談心的情況。施之為詩作注：「李公恕時為京東轉運判官，召赴闕。公恕一再持節山東。子由亦有詩送行。」李公恕是蘇軾的上級，但很尊重和關心蘇軾。公恕被朝廷召到汴京（「召赴闕」），蘇軾作此詞相送。詞中以親密朋友的口氣，不是以下級官對上級官的口氣說話。　　〔休務日〕　官吏休假不上官署之日。即「休沐」，在家休息，洗頭。洗頭時不能戴冠，所以不辦公而休息。漢代制度：官吏五日一次休假日。《資治通鑑》卷二十三漢昭帝始元三年：「（霍）光每休沐出」胡三省注：「漢制：中朝官五日一下里舍休沐。三署諸郎亦然。」《史記》卷一百三《萬石君列傳》和《漢書》卷四十六《萬石君傳》，說石建、石慶兄弟「每五日洗沐，歸謁親」，《史記·集解》和《漢書》注引文穎說：「郎官五日一下」，《史記·

121

正義》"孔文祥曰:'直五日一下也。'按:五日一下直,洗沐("下",回家休息)。"《漢書·考證》引宋劉奉世說:"按霍光秉政,亦休沐(見《漢書》卷四十六《霍光傳》);然則漢公卿以下皆有休沐也。"漢《樂府·相逢行》"五日一來歸"就是指休沐回家。這裡作"休務",文同《閑遣》(《丹淵集》卷三)詩"掩門休務外"也作"休務"。 〔聞道分司狂御史,紫雲無路追尋〕 孟棨《本事詩·高逸第三》:"杜牧爲御史,分務洛陽時。李司徒罷鎮閑居,聲伎豪華,爲當時第一。洛中名士,咸謁見之。李乃大開筵席。當時朝客高流,無不臻赴,以杜持憲,不敢邀致。杜遣座客達意,願與斯會。李不得已,馳書。方對花獨酌,亦已酣暢,聞命遽來,時會中已飲酒。女奴百餘人,皆絕藝殊色。杜獨坐南行,瞪目注視,引滿三巵。問李云:'聞有紫雲者,孰是?'李指示之。杜凝睇良久,曰:'名不虛傳,宜以見惠。'李俯而笑,諸妓亦皆迴首破顏。杜又自飲三爵,朗吟而起,曰:'華堂今日綺筵開,誰喚分司御史來。忽發狂言驚滿座,兩行紅粉一時迴。'意氣閑逸,傍若無人。"蘇軾在這裡是以李司徒(李願)戲比李公恕,自比杜牧,但沒有紫雲那樣的歌妓。 〔駸駸(qīn)〕 馬速行貌,引申爲疾速。這裡比喻時間迅速消逝。梁簡文帝《納涼》詩:"斜日晚駸駸。" 〔問囚長損氣〕 審問囚犯是最使人氣短的事。《蘇軾詩集》卷三十二《熙寧中,軾通守郡。除夜,直都廳,囚繫皆滿,日暮不得返舍,因題一詩於壁,今二十年矣。衰病之餘,復忝郡寄。再經除夜,庭事蕭然,三圜皆空。蓋同僚之力,非拙朽所致。因和前篇呈公濟、子侔二通守》詩。前一首曰:"除日當早歸,官事乃見留。執筆對之泣,哀此繫中囚,小人營餱糧,墮網不知羞。我亦戀薄祿,因循失歸休。不須論賢愚,均是爲食謀。誰能暫縱遣,閔默愧前修。"寫在熙寧年間,與這首詞的寫作時間相近,表現了蘇軾對當時貧民爲了生活不下去而犯法入獄的同情,所以視"問囚"爲"損氣"的事。 〔見鶴忽驚心〕 連上句應解爲:長年累月把精力消耗在獄訟公務上,沒有觀賞山水園林;一旦見鶴,感到久違花木禽魚了。庾信《哀江南賦》:"聞鶴唳而心驚",指梁軍隊戰敗潰散,用《晉書·謝安傳》說苻秦軍隊淝水敗後到"風聲鶴唳,皆以爲兵"的故事,這裡用庾句,而意思大異。蘇軾以"見鶴"來表達自己在"簾外雪將深"的春陽日子裡,"問囚長損氣"的心情。

【校】

《全宋詞》題爲"冬日即事"。毛本題爲"冬日即事","更"作"是

122

"，"忽"爲"總"。

81. 浣 溪 沙

　　　　　　徐門石潭謝雨，道上作五首。潭在城東二十
　　里，常與泗水增減，清濁相應。
　照日深紅暖見魚，連村綠暗晚藏鳥。黃童白叟聚睢盱
。　　　麋鹿逢人雖未慣，猿猱聞鼓不須呼。歸來說與采桑
姑。

【編年】
　　此詞寫於元豐元年戊午（公元1078年）。王文誥《蘇文忠公詩編注集成
總案》卷十六："元豐元年三月，時方春旱，城東二十里有石潭，與泗水通
。置虎頭潭中，可致雷雨，作《起伏龍行》。禱既應，赴潭謝雨，道中作《
浣溪沙》詞。"傅藻《東坡紀年錄》："元豐元年三月，春旱，置虎頭石潭
中，作《起伏龍行》。謝雨，道中作《浣溪沙》。"
【箋注】
〔石潭〕《蘇軾詩集》卷十六《起伏龍行》敘中云："徐州城東二十里，有
石潭。父老云：'與泗水通，增損清濁，相應不差，時有河魚出焉。'元豐
元年春，旱。或云：'置虎頭潭中，可以致雷雨。'用其說，作《起伏龍行
》。"　　　〔謝雨〕　天旱禱求降雨，得雨之後，到求雨之處謝神。　　〔
常與泗水增減，清濁相應〕　石潭水漲水落，水清水濁，常和泗水相應。泗
水：在山東省中部。古泗水自魯橋以下又南循今運河至南陽鎮，穿南陽湖而
南，經昭陽湖西、江蘇沛縣東，又南至徐州市東北，循於黃河東南流至德匯
市西南，注入淮河。　　　〔藏鳥〕　有鳥鴉棲宿。　　　〔黃童白叟〕　即黃
口小兒童和白髮老人。韓愈《元和聖德詩》："黃童白叟、踽躍歡呀。"黃
：黃口；兒童，像待母鳥哺食的雛鳥一樣，口是黃的。白：白頭；老人。
〔睢盱 (suī xū)〕　喜悅之貌。《易·豫·六三》"盱豫"，孔穎達疏：
"睢盱者，喜悅之貌。"　　　〔麋(mí)鹿、猿猱(náo)〕　野生的動物。麋

123

：鹿類，比牛還大。猱：猱，一名金絲猴。

【校】

毛本及《全宋詞》"村"爲"溪"，"來"爲"家"。

82. 又

旋抹紅妝看使君，三三五五棘籬門。相排踏破蒨羅裙。　老幼扶攜收麥社，烏鳶翔舞賽神村。道逢醉叟臥黃昏。

【編年】

寫作時間與前首同。

【箋注】

〔旋〕立即，急急忙忙地。　〔抹〕塗，搽，指塗脂抹粉。　〔使君〕古代稱郡守或州刺史。宋代知州相當古郡守和刺史。這裡指蘇軾自己。〔棘籬門〕用荊棘編成的籬笆門。　〔蒨(qiàn)羅裙〕紅羅裙。蒨：同"茜"，草名，可用作紅色的染料，《爾雅·釋草》："茹藘"，郭璞注："今之蒨也，可以染絳。"杜牧《村行》詩："籬窺蒨裙女。"　〔收麥社〕收麥時節的賽神會。社，社祭。　〔烏鳶(yuān)翔舞〕烏鴉和鳶圍繞著賽神會上的供品飛翔。鳶：一種猛禽，俗稱鷂鷹。　〔賽神村〕正在迎神賽會的村子。舊俗用儀仗、鼓樂、雜戲，迎神像出廟，周遊街巷，叫"賽會"。

【校】

《全宋詞》、毛本"排"作"挨"。

83. 又

麻葉層層苘葉光，誰家煮繭一村香。隔籬嬌語絡絲娘。　垂白杖藜擡醉眼，捋青擣麨軟肌腸。問言豆葉幾時黃。

【編年】

寫作時間與前首同。

【箋注】

〔苘(qǐng)〕　麻類植物。羅願《爾雅翼・釋草（八）》："苘，枲屬，高四五尺，或六七尺，葉似苧而薄，實如大麻子，今人績以爲布及造繩索。"《詩・衛風・碩人》及《鄭風・丰》："衣錦褧衣"；《說文》卷七《林部》引"褧"作"檾"。　〔絡絲娘〕　絡絲的婦女。絡絲：把絲纏在篗上。　〔垂白杖藜〕　拄著藜杖的白髮老翁。垂白：鬍鬚頭髮將要白了。杜甫《垂白》（或作《白首》）詩："垂白馮唐老。"黎：當作"藜"，一種草木植物，莖老堅硬可以作杖。杖：拄（動詞）。　〔捋(luō)青擣麨(chǎo)〕　捋：用手指把物脫下。擣："搗"的異體字，麨：以乾飯磨成的乾糧。　〔軟肌腸〕　飽肚子。蘇軾《發廣州》："三杯軟飽後，一枕黑甜餘。"自注："浙人謂飲酒爲軟飽。"《冷齋夜話》卷一："詩人多用方言。南人……謂睡美爲黑甜，飲酒爲軟飽。故東坡詩曰：'三杯軟飽後，一枕黑甜餘。'"

84. 又

簌簌衣巾落棗花，村南村北響繰車。牛衣古柳賣黃瓜。　酒困路長惟欲睡，日高人渴漫思茶，敲門試問野人家。

【編年】

寫作時間與前首同。

【箋注】

〔蔌(sù)蔌〕　紛紛落下的樣子。　　　〔繰(sāo)車〕　繰絲車。"繰"同
"繅"。　　〔牛衣〕　《漢書》卷七十六《王章傳》說王章"臥牛衣而泣
"。程大昌《演繁露》卷二：《牛衣條》"王章臥牛衣而泣"，注'龍具也
'龍具之制，不知何若，案《食貨志》："董仲舒曰：'貧民常衣牛馬之衣
，而食犬彘之食'，然則'牛衣'者，編草使暖，以被牛體，蓋簑衣之類也
。"這裡指穿牛衣的人。

【校】

《全宋詞》注：案此首別又誤入吳文英《夢窗詞集》。

【附錄】

①曾季貍《艇齋詩話》："東坡在徐州，作長短句云：'半依古柳賣黃
瓜'。今所本作'牛衣古柳賣黃瓜'，非，予嘗見東坡墨蹟作'半衣'，乃
知'牛'字誤也。"

②《高齋詩話》：東坡長短句云："村南村北響繰車。"參寥詩云："
隔村仿佛聞機杼，知有人家住翠微。"秦少游云："菰蒲深處疑無地，忽有
人家笑語聲。"三詩大同小異，皆奇句也。

③清王士禎《花草蒙拾》：""牛衣古柳賣黃瓜'，非坡仙無此胸次。
近惟曹顧菴學士時復有之，'綠楊杜宇'酒後偶然語，亦是大羅天上人。吾
友蘄水楊菊廬比部，因此詞於玉臺山作《春曉亭子》，一時人多為賦之，亦
佳話也。"

85. 又

　　軟草平莎過雨新，輕沙走馬路無塵。何時收拾耦耕身
。　　日暖桑麻光似潑，風來蒿艾氣如薰。使君元是此中
人。

【編年】

寫作時間與前首同。

126

〔軟草平莎(suō)〕　原野上的輕軟的細草。莎：莎草，即香附子，多年生草本，生於濕地或沼澤中。　　〔耦耕〕　《論語‧微子》說兩個隱士：“長沮、桀溺耦而耕。”這就是表示蘇軾要像長沮、桀溺那樣，作歸隱田園的人。耦耕：古代用耒耜作農具（還不會用犁），兩人爲一組耕種。　　〔光似潑〕　形容桑麻地裡的日光像水潑一樣灑著地面。　　〔蒿(hāo)艾〕多年生草本，揉之有香氣。秋季開花。　　〔薰〕香氣。　　〔使君元是此中人〕　我本來就是農村中的人。使君：指蘇軾自己。元是：本來是。此中：指他所描述的迷人的農村。

86. 又

縹緲紅妝照淺溪。薄雲疏雨不成泥。送君何處古臺西。　　廢沼夜來秋水滿，茂林深處晚鶯啼。行人腸斷草淒迷。

【編年】

　　寫於元豐元年戊午（公元1078年）。傅藻《東坡紀年錄》：“元豐元年戊午十二月，送顏梁，作《浣溪沙》”。但詞集中《浣溪沙》沒有“送顏梁”的標題，這首詞是送行的，大約是“送顏梁”。不過就“秋水滿”和“晚鶯啼”的時節看，應是秋天，而非“十二月”。

【箋注】

〔古臺〕　即戲馬臺，在徐州彭城縣；項羽所築，是晉末劉裕餞送孔靖之處。《文選》卷二十有謝瞻和謝靈運《九日從宋公戲馬臺送孔令》各一首。

〔廢沼〕　荒蕪乾涸的池塘。

【校】

毛本無這首詞。《全宋詞》本元本有此詞。

87. 千 秋 歲

徐州重陽作

淺霜侵綠。髮少仍新沐。冠直縫，巾橫幅。美人憐我老，玉手簪金菊。秋露重，眞珠滿袖沾餘馥。　　坐上人如玉。花映花奴肉。蜂蝶亂，飛相逐。明年人縱健，此會應難復。須細看，晚來明月和銀燭。

【編年】

元豐元年戊午（公元一〇七八年）作。傅藻《東坡紀年錄》：元豐元年戊午九月作《千秋歲》。

【箋注】

〔淺霜侵綠〕　秋天到了，薄薄的秋霜侵害著翠綠的大地。指草木開始黃萎。　〔新沐〕　剛剛洗過頭髮。沐：洗頭髮。　〔冠直縫〕　《禮記·檀弓〔上〕》："古者冠縮縫，今也橫縫。"縮縫即直縫，和"橫縫"相對。　〔巾橫幅〕　《三國志·魏志·武帝》建安二十五年下，注引《傅子》："漢末王公多委王服，以橫幅巾爲雅，是以袁紹崔豹之徒，雖爲將帥，皆著縑巾。"　〔簪金菊〕　頭髮中插戴黃菊花。古代男子有重陽日於髮上插菊的風俗。簪：本義是古人用來插定髮髻或連貫於髮的一種長針，男女都用。這裡用作動詞，作"插"解。　〔眞珠滿袖沾餘馥(fù)〕　眞珠，即珍珠。這裡承上指菊上的露珠。馥，香氣。　〔花映花奴肉〕　讚美在座的少年男子，風度翩翩。杜甫《暮秋枉裴道州手札率爾遣興寄遞呈蘇渙侍御》詩："紅顏白面花映肉"。花奴：唐玄宗時皇子李璡的小名，《楊妃外傳》："汝陽王璡小名花奴，尤善羯鼓。帝嘗謂侍臣曰：'召吾花奴將羯鼓來，爲我解穢！'"，蘇軾《虢國夫人夜遊圖》詩："玉奴絃索花奴手"（玉奴，楊貴妃）；這裡用唐代有才藝的皇子比在座的賓客。　〔人如玉〕　德行好的男人。指參與宴會的人《詩·秦風·小戎》"言念君子，溫其如玉。"　〔明年人縱健〕　杜甫《九日藍田崔氏莊》詩："明年此會知誰健，醉把茱萸仔細看。"

【校】

《全宋詞》本題爲"湖州暫來徐州重陽作"，又"黃"作"金"，"滿"作"落"，"明月"作"月上"。毛本題目與《全宋詞》同。元本題作"重陽作徐州"。"露"作"霜"。

88. 永 遇 樂

彭城夜宿燕子樓，夢盼盼，因作此詞。

明月如霜，好風如水，清景無限。曲港跳魚，圓荷瀉露，寂寞無人見。紞如三鼓，鏗然一葉，黯黯夢雲驚斷。夜茫茫，重尋無處，覺來小園行遍。　　　天涯倦客，山中歸路，望斷故園心眼。燕子樓空，佳人何在，空鎖樓中燕。古今如夢，何曾夢覺，但有舊歡新怨。異時對，黃樓夜景，爲余浩歎。

【編年】

作於元豐元年戊午（公元一○七八年）。王文誥《蘇文忠公詩編注集成總案》卷十七：戊午十月，夢登燕子樓，翼日，往尋其他，作《永遇樂》詞。

【箋注】

〔彭城〕　徐州州治；今江蘇省徐州市。　　〔燕子樓〕　唐代張建封（公元七三五－八○○年）守徐州時，娶了關盼盼（一作"關盼盼"）爲妾。白居易曾作《燕子樓》詩三首，序曰："徐州故張尚書有愛妓曰盼盼，善歌舞，雅多風態。予爲校書郎時，遊徐、泗間，張尚書宴予，酒酣，出盼盼以佐歡，歡甚，予因贈詩云：'醉嬌勝不得，風嫋牡丹枝。'一歡而去。爾後絕不相聞，迨茲僅一紀矣。昨日司勳員外郎張仲素繪之訪予，……繪之從事武寧軍累年，頗知盼盼始末；云'尚書既歿，歸葬東洛。而彭城有張氏舊第，第中有小樓，名燕子。盼盼念舊愛而不嫁，居是樓十餘年，幽獨塊然，於今還在。"詩中有"燕子樓中霜月夜，秋來只爲一人長"之句。最後盼盼不食

129

而死。

　　按：白居易於貞元二十年（公元804年）授校書郎，元和元年（公元806年）罷。‘張尚書宴予’當在貞元二十年之後；而張建封死於貞元十六年（公元806年），故知‘張尚書’，爲張建封之子張愔，蘇軾仍依舊說，認爲是張建封事。　　〔紞(dǎn)如〕　擊鼓聲。《晉書》卷九十《良吏列傳·鄧攸傳》：“紞如打五鼓，雞鳴天欲曙。”　　〔鏗然一葉〕　描寫夜間的沉靜，連落葉的聲音也好像是金石鏗然之聲。韓愈《秋懷詩》：“空階一片下，錚若摧琅玕。”　　〔夢雲驚斷〕　（被落葉聲驚醒）而夢也中斷而作不下去了。夢雲，夢境中隱約如雲煙。　　〔望斷故園心眼〕　杜甫《春日梓州登樓二首》其二：“天畔登樓眼，隨春入故園。”　　〔空鎖樓中燕〕　即人去樓空，只有樓中的燕子棲梁。　　〔何曾夢覺(jiào)〕　詞中是寫從夢中醒來。但把整個生命看作一場夢，則從來不曾醒過。何曾，幾時（反問語，即：“從來不”、“從來沒有”之意）。　　〔黃樓〕　蘇軾在徐州時修建。蘇軾《黃樓賦》序中敘述他領導人民戰勝水災之後建黃樓的經過。當徐州被洪水包圍時，蘇軾“廬於城上，過家不入”，帶領人民抗洪，與城共存亡。“水既去，而民益親，於是即城之東門爲大樓焉，堊以黃土，曰土實勝水。”因名之曰黃樓。蘇軾《送鄭戶曹》：“蕩蕩清河壖，黃樓爲我開。”

【校】

　　《全宋詞》本爲“公舊注云：夜宿燕子樓，夢盼盼，因作此詞。一云：徐州夢覺北登燕子樓作。”毛本題目無“公舊注云”四字。“紞如”作“沈沈”，“鏗”作“飄”，“處”作“覓”。

【附錄】

　　①宋·曾敏行《獨醒雜志》卷三：“東坡守徐州，作《燕子樓》樂章。方具稿，人未知之。一日，忽聞傳於城中，東坡訝焉。詰其所從來，乃謂發端於邏卒。東坡召而問之，對曰：‘某稍知音律，嘗夜宿張建封廟，聞有歌聲，細聽乃此詞也。記而傳之，初不知何謂。’東坡笑而遣之。”

　　②宋·張炎《詞源》：“詞中用事最難，要融化不澀。如東坡《永遇樂》云：‘燕子樓空，佳人何在，空鎖樓中燕’，用張建封事。白石《疎影》云：‘猶記深宮舊事，那人正睡裡，飛近蛾綠’，用壽陽事。又云：‘昭君不慣胡沙遠，但暗憶江南江北；想環珮月下歸來，化作此花幽獨’，用少陵

130

詩，此皆用事而不爲所使。"

③清·先著《詞潔》："'野雲孤飛，去留無跡'，石帚之詞也。此詞亦當不愧此品目。僅嘆賞'燕子樓空'十三字者，猶屬附會淺夫。"

④清·徐釚《詞苑叢談》卷三："東坡夜登燕子樓，夢盼盼，因作《永遇樂》詞云：（略）後秦少游自會稽入京，見東坡。坡云：久別當作文甚勝，都下盛唱公'山抹微雲'之詞，秦遜謝。坡遽云：'不意別後公郤學柳七。'秦答曰：'某雖無識，亦不至是。先生之言無乃過乎？'坡云：'銷魂當此際，非柳七詞句法乎？'秦慚服。又問別作何詞，秦舉'小樓連苑橫空，下窺繡轂雕鞍驟。'坡云：'十三個字只說得一個人騎馬樓前過。'秦問先生近著，坡云：'亦有一詞，說樓上事'。乃舉'燕子樓空，佳人何在，空鎖樓中燕。'晁無咎在座云：'三句說盡張建封燕子樓一段事，奇哉。'"

⑤清·劉體仁《七頌堂詞繹》："詞有古詩同妙者……'燕子樓空，佳人何在，空鎖樓中燕。'平生少年之篇也。"

⑥清·鄭文焯《手批東坡樂府》："公以'燕子樓空'三句語淮海，殆以示詠古之超宕，貴神情不貴跡象也。"

⑦唐圭璋《唐宋詞簡釋》："此首爲坡公夢登燕子樓，翌日往尋其地之作。上片，述夢與夜景；下片，述尋其地之感。起三句，寫夜深之明月如霜，好風如水，已覺幽絕。'曲港'三句，寫月下之魚跳露瀉，更覺萬籟無聲，非復人世。以坡公之心境澄徹，故能體物微妙如此。'紞如'三句，言夢爲鼓聲葉聲驚醒。'夜茫茫'三句，言驚醒後尋夢無處，故行遍小園以自遣耳。前六句正寫小園景象，此六句則追述也。下片，因昨夜之夢，遂思及人生無常，古今如夢。'天涯'三句，自嘆爲客已久，頗有思歸之意。'燕子'三句，則興登樓之感，人去樓空，亦如一夢。十三字詠古超宕，說盡古今盛情事。自與少游'十三個字只說得一個人騎馬樓前過'，大不相侔。'古今'三句，嘆夢覺者少。'異時'兩句，設想後人亦會臨夜念己。"

89. 蝶　戀　花

送鄭彥能還都下

別酒勸君君一醉。清潤潘郎，又是何郎婿。記取釵頭新利市。莫將分付東鄰子。　　回首長安佳麗地。十五年前，我是風流帥。爲向青樓尋舊事。花枝缺處留名字。

【編年】

趙德麟《侯鯖錄》卷一："東坡在徐州送鄭彥能還都下，因作詞云：'十五年前，我是風流帥。爲向青樓尋舊事，花枝缺處留名字。'記坐中人語，嘗題於壁。"據此，此詞作於蘇軾在徐州時。吳曾《能改齋漫錄》卷十六《東坡送潘邠老赴省詞》："（省略）右《蝶戀花》詞，東坡在黃時，送潘邠老赴省試作也。今集不載。"和《侯鯖錄》不同，《侯鯖錄》說作於徐州，《能改齋漫錄》說作於黃州；《侯鯖錄》說送鄭彥能，《能改齋漫錄》說送潘大臨（潘大臨，字邠老）。這裡採《侯鯖錄》之說。因爲：（一）趙德麟和蘇軾同時，相互友好，《蘇軾文集》卷五十二有《與趙德麟》的信十七封。關於蘇軾的事，得自親見親聞；而吳曾是南宋時人，沒有接觸蘇軾，所錄蘇軾的事得自傳說，不如《侯鯖錄》可信。（二）《冷齋夜話》和王象之《輿地紀勝》卷四十《黃州　人物·潘大臨潘大觀》都說潘大臨很貧窮；而能在"青樓"有"舊事"，"花枝缺處留名字"都不是貧窮者所能作的事，夠不上"風流帥"。蘇軾此詞不是贈潘大臨的。吳曾說此詞"今集不載"，但《全宋詞》和《宋六十名家詞》都載了，當是據《能改齋漫錄》加上的。朱祖謀《東坡樂府》和龍榆生《東坡樂府箋》也收了它，但不用《能改齋漫錄》"在黃時"，而編入蘇軾在徐時。據此，應暫定爲元豐元年戊午（公元一〇七八年）時作。

【箋注】

〔送鄭彥能還都下〕　這一標題，據《侯鯖錄》"東坡在徐州送鄭彥能還都下"而加。鄭彥能：即鄭僅，彭城（今江蘇徐州）人。慶曆七年（公元1047年）生。第進士。歷官顯謨閣待制，出知寧州，徙秦州。崇寧二年（公元1103年），熙河路都轉運使。召拜戶部侍郎，改吏部侍郎，知徐州。政和三年（公元1113年）終顯謨閣直學士、通議大夫，贈光祿大夫，諡修敏。據《侯鯖錄》記秦觀和這首詞，說"我曾從事風流府"，鄭彥能是蘇軾知徐州時的屬吏。　　〔潘郎〕　潘岳，字安仁（公元241-300年），西晉文學家，少年時以貌美名。《晉書》卷五十五《潘岳傳》："岳少時常挾彈出洛陽道。婦人遇之者，皆連手縈繞，投之以果，遂滿車而歸。"這裡說鄭彥能貌美。

〔何郎〕　何晏，字平叔（公元？－249年），三國時魏國玄學家。《三國志‧魏志》卷九《曹眞》：晏："好老莊言，作《道德論》及諸文賦著述凡數十篇"；裴松之注引《魏略》："晏性自喜，動靜粉白不去手，行步顧影"，又《語林》："何平叔晏美姿儀，面純白。魏明帝疑其傅粉，夏日以湯餅食之，汗出，以朱衣拭面，色轉皎然"。這裡說鄭彥能的岳父也是美男子。　　〔釵頭新利市〕　兩件新的喜事。釵頭：兩個。釵：古代婦女的一種首飾，插在頭髮上，使髮髻固定而不散亂。上端（露在髻外的部分）往往作成雀形或鳳形，下端（夾在髻內而不露出的部分）分歧爲兩股。古代叫釵的上端爲"頭"，這裡指歧成兩股的部分；因此稱成對成雙的東西爲"釵頭"。利市：可喜慶的事。《易‧說卦》說巽(xùn)卦（☴）"爲近利，市三倍"（及於利，賣得三倍的價），後世以"利市三倍"爲一詞，謂發財得福，幸運。這句說鄭彥能"釵頭利市"，當是"雙喜臨門"，不知是兩件什麼喜事。據《侯鯖錄》說："還都"，喜事之一是升官。據下文"東鄰子"、"青樓"等看，另一喜事大約是新結識了女人。　　〔東鄰子〕　相窺探的美女。《文選》卷十九宋玉《登徒子好色賦》："楚國之麗者莫若臣東家之子……此女登牆窺臣者三年。"這裡當是說從前和鄭彥能有來往的女子。"莫將分付東鄰子"是不要把"釵頭新利市"向她洩漏。　　〔回首長安佳麗地〕　追憶在國都美女密集之處。套用杜甫《秋興八首》之六，"回首可憐歌舞地"句。　長安：指北宋首都開封；西漢和唐都建都長安，後人襲漢、唐舊稱，稱首都爲"長安"。　佳麗：美女；白居易《長恨歌》"後宮佳麗三千人"；這裡指妓女。　〔我是風流帥〕　我是追逐美女的著名人物。我：代替鄭彥能說話，指鄭彥能；《侯鯖錄》說，"記坐中人語"，是記鄭彥能的話，鄭彥能自稱"我"，而不是蘇軾自稱。但《侯鯖錄》記，當時著名的文學家秦觀讀了這首詞，誤以爲這個"我"爲蘇軾自稱，鬧成笑話。風流：這裡說玩弄女人。帥：頭號人物，如後世所謂"大王"。鄭彥能自誇是最能玩弄女人的人，是"風流"的頭目。　　〔青樓尋舊事〕　在妓院搜訪從前的事。青樓：這裡指妓館；杜牧《遣懷》詩："十年一覺揚州夢，贏得青樓薄倖名"。尋：採訪。　　〔花枝缺處留名字〕　在妓館的牆上還留著我鄭彥能的名字呢。　花枝缺處：妓館；白居易《長安道》詩："花枝缺處青樓開"；這裡蘇軾用白居易詩句，以"花枝缺處"爲"青樓"的歇後語。

【校】

《全宋詞》及毛本有標題"送潘大臨"，當是據吳曾《能改齋漫錄》而誤增的，今刪。又"十五"，"留"，《全宋詞》和毛本作"三十"、"餘"。

【附錄】
①趙德麟《侯鯖錄》卷一："東坡在徐州送鄭彥能還都下，用作詞云：
'十五年前，我是風流帥……花枝缺處留名字。'記坐中人語。嘗題於蟹復
。秦少游遊京師，見此詞，遂和之，其中有'我曾從事風流府'。公聞而笑
之。"

90. 浣 溪 沙

贈彭門梁左藏

怪見眉間一點黃。詔書催發羽書忙。從教嬌淚洗紅妝
。　上殿雲霄生羽翼，論兵齒頰帶風霜。歸來衫袖有天香
。

【編年】
　這首詞朱本及龍本均未編年。據《蘇軾詩集》卷十六中有《和子由送將
官梁左藏仲通》、《送將官梁左藏赴莫州》二首詩，知道梁左藏即梁仲通（
生平不詳），詩的內容與詞意相同，依詩的編年及題目已寫明"贈彭門梁左
藏"字樣，這首詞的編年應定於元豐元年戊午（公元一○七八年）。

【箋注】
〔彭門〕　彭城，今江蘇省徐州市，北宋時徐州州治。蘇軾作品中有時稱徐
州為彭門或徐門。　　〔梁左藏〕　即梁仲通。左藏：是左藏的官（左藏作
坊使或副使或左藏庫使或副使）。官名。《宋史·職官志》：左藏庫東、西
作坊使；階武顯大夫；西京左藏庫使，階武經大夫；作坊副使，階武顯郎；
左藏副使，階武經郎。　　〔眉間一點黃〕　舊以為眉間黃色是有喜事的徵
兆；韓愈《鄖城晚飲，奉贈副使馬侍郎、馮李二員外》詩："眉間黃色見歸
期。"傅榦注引《玉管照神書》："氣青黃色喜重重。"　　〔發〕　出發

134

。　〔羽書〕　古代加急公文，上插鳥羽；用於緊急軍情。後世雞毛信起於此。　〔從教(jiāo)嬌淚洗紅妝〕　這就使得嬌貴的婦女流淚，淚水洗臉上的紅粉。就是說：梁左藏的嬌妻爲了與丈夫分離而哭泣。　〔上殿雲霄生羽翼〕　上殿受皇帝召見，有如登天；指得見皇帝的光榮。　〔風霜〕風霜能凋殺草木；以喻克敵的威力。　〔衫袖有天香〕　衣袖裡留有皇宮爐煙的香氣味。唐詩人賈至《早期大明宮，呈兩省寮友》"衣冠身染御爐香"，天香：指皇宮裡香爐中燒的香煙。

【校】

元本無題，毛本題作"有贈"，"怪"作"惟"。《全宋詞》本同毛本。

91. 南　鄉　子

旌斾滿江湖。詔發樓船萬舳艫。投筆將軍因笑我，迂儒。帕首腰刀是丈夫。　　粉淚怨離居。喜子垂窗報捷書。試問伏波三萬語，何如。一斛明珠換綠珠。

【編年】

根據詞意，是送武將出征。上首《浣溪沙》有"詔書催發羽書忙"，這首詞有"詔發樓船萬舳艫"，應爲同時所作，今編於此。

【箋注】

〔旌斾(pèi)〕　即旌旗。《左傳·僖公二十八年》："狐毛設二斾而退之。"杜預注："斾，大旗也。"這裡旌斾滿江湖是描寫大將出發時的盛狀，湖面上的樓船旌旗到處飄揚。　〔樓船萬舳艫(zhú lú)〕　萬隻高大的戰船。樓船：有樓的大船，古代用於作戰。舳艫：舳，船尾。艫，船頭。這裡用以指船隻。《漢書·武帝紀》："舳艫千里，薄樅陽而出。"顏師古注引李斐曰："舳，船後持柁（舵）處也；艫，船前頭刺棹處也。"　〔投筆將軍〕　《後漢書·班超傳》：超"家貧，常爲官傭書以供養，久勞苦。嘗輟業投筆嘆曰：'大丈夫無他志略，猶當效傅介子、張騫立功異域，以取封侯，安能久事筆研（硯）間乎！'"　　〔迂儒〕　拘泥守舊而不能實際工作的讀書人。迂，遠；和現實脫節。　　〔帕首腰刀〕　頭上裹帕，腰間掛弓；指武將的裝束。韓愈《送鄭尚書序》說嶺南節度府經過其所屬四個經略使，四個經略使"必戎服，左握刀，右屬弓矢，帕首袴靴。"　　〔離居〕夫妻分離。《古詩十九首》："同心而離居"。　　〔喜子垂窗報捷書〕當蟢子垂到窗時，就是我打勝仗的喜信。這是出征者安慰流淚的妻：你等著我的捷報吧。　喜子：即蟢子，一種不結網的長腳蜘蛛。《爾雅·釋蟲》："蠨蛸(xiāoshāo)：長踦(jǐ)"，郭璞注："小蜘蛛長腳者，俗呼喜子"。又作"蟢子"，劉晝《劉子》三《鄙名》"今野人晝見蟢子者，以爲有喜樂之瑞"。又叫"喜母"，《詩·邠風·東山》"蠨蛸在戶"，孔穎達《疏》引陸璣《毛詩草木鳥獸蟲魚疏》"蠨蛸：荊州、河內人謂之喜母。此蟲來著人衣，當有親客至，有喜也。"　　〔伏波〕　伏波將軍馬援（公元前14－公元49年）。王莽時和東漢初扶風茂陵（今陝西省興平縣東北）人，字文淵。西漢末農民大起義時歸向劉秀。劉秀稱帝（漢光武皇帝）前後，多次建立武功。建武十七年（公元41年）作伏波將軍，封新息侯。　　〔"三萬"語〕　馬援征交阯，曾向光武帝上表："西于縣戶有三萬二千，遠界去庭千餘里，請分爲封溪、望海兩縣"。蘇軾引此語說出征者將要立戰功於國境外，重新劃分遠域縣界。　　〔一斛明珠換綠珠〕　花重價購買極美麗的妾。綠珠：古代著名美女。西晉初年，石崇爲交趾採訪使時用眞珠三斛買得。見《晉書》卷三十三《石崇傳》。

【校】

毛本題目是《贈行》，《全宋詞》同毛本。

92. 浣　溪　紗

徐州藏春閣園中

慚愧今年二麥豐。千歧細浪舞晴空。化工餘力染夭紅。　　歸去山公應倒載，闌街拍手笑兒童。甚時名作錦薰籠。

【編年】

此詞寫於元豐二年己未（公元1079年），蘇軾罷徐州任時。據王文誥《蘇文忠公詩編注集成總案》卷十八載：“元豐二年己未（公元1079年）三月……登藏春閣作浣溪紗詞。”元豐二年三月二十七日，蘇軾作《靈璧張氏園亭記》，說及他自彭城移守吳興，詞中的“歸去”詞意，也相切合。過去朱本、龍本因傅藻《東坡紀年錄》有“元豐元年戊午十二月藏春園作《浣溪紗》”字樣，定此詞爲元豐元年作。據詞意所寫係春景，定爲第二年春應更爲恰當。

【箋注】

〔慚愧〕 幸運，難得，僥倖。這是當時口語。《水滸傳》第二回：“天可憐見，慚愧了！我子母兩個脫了這天羅地網之厄。” 〔二麥豐〕 指大麥、小麥都獲得豐收。 〔千歧細浪舞晴空〕 形容層層麥浪在晴朗的天空下隨風蕩漾。千歧：指很多麥穗生長得好，一莖多穗，是豐收的祥瑞。《後漢書》卷三十一《張堪傳》：堪爲漁陽守，“百姓歌之曰：‘桑無附枝，麥秀兩歧。張君爲政，樂不可支。’”浪：麥浪。 〔化工〕 天工；自然創造或生長萬物的功能。賈誼《鵩鳥賦》：“天地爲爐兮，造化爲工。”

〔夭紅〕 形容植物茂盛紅艷可愛。夭（yāo）：草木茂盛貌。這裡夭紅是形容末句的“錦薰籠”花。 〔山公〕 即山簡，字季倫（公元253-312年）。山濤的幼子，鎮襄陽時，經常喝得沉醉，《晉書》卷四十三：《山簡傳》中有童兒歌曰：“日夕倒載歸，酩酊無所知。”李白《襄陽歌》：“傍人借問笑何事？笑殺山公醉如泥。……襄陽小兒齊拍手，攔街爭唱《白銅鞮》”，這裡是蘇軾以山簡自比，寫他與民同樂的情狀。 〔闌街〕 即“攔街”，見上引李白《襄陽歌》。 〔錦薰籠〕 即瑞香花。又名錦被堆。《群芳譜》曰：“樹高三四丈許。枝幹婆娑，柔條厚葉者，四時長青，葉深綠色……冬春之交開花成簇，長三四分，如丁香狀。共數種，有黃花、紫花、白花、粉紅花、二色花、梅子花、串子花，皆有香。唯攣枝花繁者香更烈。”

【校】

《全宋詞》本與毛本同。“歧”作“畦”。

元豐二年己未　公元一〇七九年　東坡四十四歲

93. 江 城 子

別徐州

　　天涯流落思無窮。旣相逢。卻匆匆。攜手佳人，和淚折殘紅。爲問東風餘幾許，春縱在，與誰同。　　隋堤三月水溶溶。背歸鴻。去吳中。回首彭城，清泗與淮通。欲寄相思千點淚，流不到，楚江東。

【編年】

　　作於元豐二年己未（公元1079年）。傅藻《東坡紀年錄》：元豐二年己未二月移知湖州，別徐州，作《江神子》。王文誥《蘇文忠公詩編注集成總案》卷十八：元豐二年己未三月，告下，以祠部員外郎直史館，知湖州軍事，留別田叔通、寇元弼、石坦夫，作《江神子》詞。又誥案：此詞乃三月罷徐州之明文，可見改編《寄王詵》、《和田國博》二詩之不謬。《紀年錄》旣以爲罷徐州作，又誤作二月，自爲矛盾，應駁正。

【箋注】

〔殘紅〕　將要凋落的花；古人相別時折柳折花相贈。　　〔東風餘幾許〕春天剩得多少呢？　　〔隋堤〕　隋代開通濟渠，沿渠築堤，後稱爲隋堤。〔吳中〕　指湖州。因湖州治所在烏程（今吳興），唐宋時轄境相當今浙江省吳興、德清、安吉、長興等縣，是古吳國所在。　　〔彭城〕　即徐州州治；今江蘇省徐州市。　　〔清泗與淮通〕　泗水與淮河相通。清泗，泗水別名。　　〔楚江東〕　也指徐州。《史記》卷一百二十九《貨殖列傳》記三楚：「彭城以東，東海、吳、廣陵，此東楚也。」

【校】

138

《全宋詞》題作"恨別"。"隄"作"堤","欲寄"作"寄我"。毛本題作"恨別","隄"作"堤","首"作"望","欲寄"作"寄我"。

【附錄】

①清·黃蓼園《蓼園詞評》："按；彭城即徐州。泗水、汴水皆在焉。其形勝，東接齊魯，北屬趙魏，南通江淮，西控梁楚。意此時東坡於彭城遇舊好，又別之而赴淮揚，臨別贈言也。先從自己流落寫起，言舊好遇於彭城，又匆匆折殘紅以泣別。別後雖有春，不能共賞矣。'隋堤'，汴堤也，通於淮，言我沿隋堤而下維揚，回望彭城，相去已遠。縱泗水流與淮通，而淚亦寄不到，爲可傷也。'楚江東'，謂揚州，古稱吳頭楚尾也，故曰'吳中'，又曰'楚江東'。"

94. 減字木蘭花

彭門留別

玉觴無味。中有佳人千點淚。學道忘憂。一念還成不自由。　　如今未見。歸去東園花似霰。一語相開。匹似當初本不來。

【編年】

作於元豐二年己未（公元1079年）。朱祖謀《東坡樂府》："案是詞當與前首《江城子》詞同時作。"

【箋注】

〔彭門〕　即徐州。　　〔玉觴（shāng）無味〕　美酒味不好。玉觴，玉製的酒器。這裡指美酒。無味：說離別時心情悲哀，連味美的酒都無味了。

〔學道忘憂〕　學習聖賢的學問可以忘記自己的憂愁。《漢書》卷六十六《楊惲傳》："君子游道，樂以忘憂。"　　〔一念〕　一刹那間的念頭。佛經中語。佛教認爲邪心正性，皆生乎一念之間。《觀無量奉經》曰："如一

139

念頃，即生彼國土寶池中。" 〔花似霰〕 形容繁花像霰一樣密。梁元帝《別詩》："上林朝花色如霰"。霰(xiàn)：雪珠，雪滓。 〔開〕開導；慰解。 〔匹似當初本不來〕 就像當初我不來一樣。我當初如果不來，就不會有今天這樣的悲哀；現在，就當我本沒有來過吧。匹似：比方；如若。

【校】

《全宋詞》及毛本題目爲"送別"。

95. 西 江 月

平山堂

三過平山堂下，半生彈指聲中。十年不見老仙翁。壁上龍蛇飛動。 欲弔文章太守，仍歌楊柳春風。休言萬事轉頭空。未轉頭時是夢。

【編年】

寫於元豐二年己未（公元1079年）經過揚州時。《蘇文忠公詩編注集成總案》卷十八王文誥案："元豐二年己未四月，過揚州訪鮮于侁，同張大亨遊平山堂，作《西江月》詞。"又云："公倅杭赴密，守湖，三過揚。熙寧辛亥（公元1071年）見歐公於汝陽，至是元豐己未（公元1079年），凡九年。詞云'十年'舉成數也。時鮮于侁(shēn)自京東轉運使移知揚州，此燕集平山堂主人也。"朱祖謀《東坡樂府》及龍榆生《東坡樂府箋》皆從是說。

【箋注】

〔三過〕 蘇軾於熙寧四年（公元1071年）由京赴杭任通判，七年（公元1074年）由杭移知密州，此次（公元1079年）由徐移知湖州，都經三過揚州。

〔平山堂〕 在今江蘇省揚州市。歐陽修任揚州知州時，（公元1048年），曾於僧舍間建平山堂。王象之《輿地紀勝》卷三十七《揚州·景物〔下〕》："平山堂在大明寺側。慶曆八年（公元1048年）二月，歐公來牧是邦，爲堂於大明寺之坤隅。負堂而望，江南諸山，拱列簷下，若可攀取，因名

140

之曰平山堂。"　　〔半生彈指聲中〕　半輩子時間一瞬間就逝去了。彈指：比喻時間短暫。佛經說二十念爲一瞬，二十瞬爲一彈指。　　　〔老仙翁〕指文忠公歐陽修。　　　〔壁上龍蛇飛動〕　指平山堂壁上的壁畫。這裡"龍蛇飛動"是壁畫的筆勢如龍騰蛇舞。《楚辭‧招魂》："仰觀刻桷，畫龍蛇些"，雖然刻桷，不是壁畫，但說明"龍蛇"可以爲屋內之飾。王逸《天問章句》，屈原"見楚有先王之廟，及公卿祠堂，圖畫天地山水神靈，琦偉譎詭；及古聖賢怪物行事"。這兩句詞的意思是，雖然歐陽修已經仙逝，而平山堂壁畫還是那樣完整。　　　〔弔〕　憑弔。　　〔文章太守〕　指歐陽修是寫文章能手的太守。歐陽修曾在平山堂請劉敞飲宴，席中作《朝中措》詞，下闋有"文章太守，揮毫萬字"語。　　　〔仍歌楊柳春風〕　歐陽修《朝中措‧送劉仲甫出守維揚》："平山闌檻倚晴空，山色有無中。手種堂前垂柳，別來幾度春風。　文章太守，揮毫萬字，一飲千鍾。行樂直須年少，尊前看取衰翁。"

【校】

《全宋詞》及毛本"是"作"皆"。

【附錄】

①《蘇軾紀事》卷上："歐文忠守維揚日，於城西建平山堂，頗暢遊觀之勝。劉原甫出守揚州，文忠餞之，作《西江月》詞。後東坡亦守是邦，登平山堂，戲而和之云：'三過平山堂下，半生彈指聲中。十年不見老仙翁。壁上龍蛇飛動。　欲弔文章太守，仍歌楊柳春風。休言萬事轉頭空。未轉頭時是夢。'評：是詩與前體同，達人之言。"

②宋‧釋惠洪《石門題跋》卷二《跋東坡〈平山堂〉詞》："東坡登平山堂，懷醉翁，作此詞。張嘉父謂予曰：'時紅妝成輪，名士堵立，看其落筆置筆，目送萬里，殆欲仙去爾。'"

③清‧王士禎《花草拾蒙》："平山堂一坏土耳，亦無片石可語。然以歐、蘇詞，遂令地重。因念此地稚圭、永叔、原父、子瞻諸公，皆曾作守，令人惶汗。僕向與諸子遊宴紅橋，酒間小有酬唱，江南北頗流傳之，過揚州者，多問紅橋矣。"

④清‧張思巖《詞林紀事》載：《石門題跋》："東坡登平山堂，懷醉翁，作此詞。張嘉甫謂予曰：'時紅妝成輪，名士堵立，看其落筆置筆，目送萬里，殆欲仙去爾。'余衰退，得觀此於祐上座處，便覺煙雨孤鴻在月中

矣。"樓敬思云："結二語，喚醒聰明人不少。"

　⑤清·陳廷焯《白雨齋詞話》卷六："東坡《西江月》云：'休言萬事轉頭空，未轉頭時皆夢。'追過一層，喚醒痴愚不少。"

96. 南　歌　子

湖州作

　　山雨蕭蕭過，溪風瀏瀏清。小園幽榭枕蘋汀。門外月華如水、彩舟橫。　　苔岸霜花盡，江湖雪陣平。兩山遙指海門青。回首水雲何處、覓孤城。

　　【編年】

　　作於元豐二年己未（公元1079年）五月十三日。王文誥《蘇文忠公詩編注集成總案》卷十八："元豐二年己未五月十三日，錢氏園送劉攽（huī）赴餘姚，並作《南歌子》。施注以墨蹟刻石，定此爲送劉攽詞，後題元豐二年五月十三日吳興錢氏園作。"詩集卷十八中有《送劉寺丞赴餘姚》詩，詩中施注云："劉……熙寧壬子歲，行甫爲杭州進士考官東坡□□，……後七載，公守湖州，行甫自長興道郡城。劉寺丞，名攽，字行甫，長興人。赴餘姚，公旣賦此詩，又卽席作《南柯子詞》餞行，首句云'山雨瀟瀟過'是也。後題元豐二年五月十三日吳興錢氏園作，今集中乃指他詞爲送行甫，而此詞第云'湖州'作，誤也。眞跡，宿皆刻石餘姚縣治。行甫手寫《華嚴經》八十一卷，故詩云'手香新寫《法界觀》'。紹聖間，爲兵部郎。"朱祖謀《東坡樂府》注："攽字行甫，湖州人，集中有《送劉寺丞赴餘姚》，卽施注所謂'他詞'者。疑與是詞題互誤，今編於次以待考，而題皆姑仍其舊云。"今循是說。

　　【箋注】

〔湖州〕　隋仁壽（公元602年）置州，因地濱太湖得名，治所在烏程（今浙江省吳興）。　　〔蕭蕭〕　形容風雨急驟。《詩·鄭風·風雨》："風雨瀟瀟"，毛傳："瀟瀟，暴疾也。"這裡"山雨蕭蕭過"一語與《送劉寺

142

丞赴餘姚》詩中"中和堂後石楠樹，與君對牀聽夜雨"相合。　〔瀏瀏(1
iù)〕　風急的樣子。《楚辭》劉向《九歎·逢紛》："秋風瀏瀏以蕭蕭。
"　　〔幽榭〕　幽靜的水榭。榭(xiè)：建築在高台上的屋。　　〔枕〕
這裡用作動詞，解爲靠。　　〔蘋汀(tīng)〕長著蘋草的水中平地。蘋：植
物名，也叫"蘋蒿"。《爾雅·釋草》："蘋，蘋蕭。"汀：水中或水邊平
地。《楚辭·九歌·湘夫人》："搴汀洲兮杜若"，王逸注："汀，平也。
"　　〔月華如水〕　形容月亮的柔光明媚透徹。月華：月暈時，圓圈周圍
的彩色雲氣；但一般指明月。梁沈約《詠月》："月華臨靜夜，夜靜滅氛埃
。"　　〔苕(tiáo)〕　苕溪，在浙江省北部。有東苕溪和西苕溪，在湖州
附近匯合注入太湖。　　〔霜花〕　指苕花；苕花盛開如霜一樣白。　　〔雪
陣〕　指潮水。潮漲捲起的浪頭一白如雪。　　〔海門〕　錢塘江海門，兩
山對起。故曰："兩山遙指海門青。"

【校】

《全宋詞》　"蕭蕭"爲"瀟瀟"，"風"作"橋"，又毛本有"苕"
作"岢"。

97. 又

和前韻

　　日出西山雨，無晴又有晴。亂山深處過清明。不見綵
繩花板、細腰輕。　　　盡日行桑野，無人與目成。且將新
句琢瓊英，我是世間閒客、此閒行。

【編年】

寫作時間與前者詞同。

【箋注】

〔日出西山雨，無晴又有晴〕　劉禹錫《竹枝詞》："東邊日出西邊雨，道
是無晴卻有晴。""晴"諧音"情"，情：指少年人愛戀之情。　　〔過清
明〕　清明節已過，此時已五月。　　〔綵繩花板細腰輕〕　纖腰的姑娘握

143

酒夜趕路の片斷小景,清新富情趣.
上→雨後趕路,恬淡柔和.
下→酒醒 憶夢

著彩繩,踏著花板蕩鞦韆。彩繩花板:鞦韆。 〔目成〕 兩心相悅,以目
傳情。《楚辭‧九歌‧少司命》:"滿堂兮美人,忽獨與余兮目成。"
〔琢(zhuó)瓊英〕 雕琢似玉的美石。這裡用刻玉喻構思詩句。 〔閒客
〕 清閒的人。杜牧《八月十二日得替後移居雪溪館,因題長句四韻》:"
景物登臨開始見,願為閒客此間行。"

【校】
《全宋詞》及毛本題為《和前韻》。龍榆生《東坡樂府箋》題為"送行
甫赴餘姚。"

98. 又　早晨空腹喝の酒

添上.塗上.附上

雨暗初疑夜,風回便報晴。淡雲斜照著山明。細草軟
沙溪路、馬蹄輕。 卯酒醒還困,仙村夢不成。藍橋何
處覓雲英。只有多情流水、伴人行。

【編年】

回到 雨趕路

寫作時間與前者詞同。

【箋注】
〔著〕 同"着";添上,塗上。 〔卯酒〕 早晨空腹喝的酒。白居易
《醉吟》:"耳底齋鐘初過後,心頭卯酒未消時。"卯:一日的卯時,晨五
至七時。 〔仙村〕 蘇軾《送劉寺丞赴餘姚》詩曰:"我老人間萬事休
,君亦洗心從佛祖。手香新寫《法界觀》,眼淨不覷登伽女。"由此可領會
仙村的含義,也即下面的"藍橋"、"神仙窟"。 〔藍橋何處覓雲英〕
唐人小說裴鉶《傳奇‧裴航》:記唐長慶中,有裴航秀才,因下第遊於鄂
諸,與樊夫人同舟,航獻詩求見,樊夫人贈詩云:"一飲瓊漿百感生,玄霜
搗盡見雲英,藍橋便是神仙窟,何必崎嶇上玉清。"後經藍橋,覯女子雲英
,遂娶為妻。見《太平廣記》卷五十。

【校】
毛本作"寓意","便"作"忽"。《全宋詞》本同,唯"輭"作"軟

144

”。

《全宋詞》和毛本把這首列於“日出西山雨”一首之前。而朱祖謀《東坡樂府》和龍榆生《東坡樂府箋》則把這首移至“日出西山雨”之後。毛本題“和前韻”，則是“日出西山雨”一首和這首之韻；先有這首，後才有和這首詠之作，因此把這首改回原處。

99. 又

帶酒衝山雨，和衣睡晚晴。不知鐘鼓報天明。夢裏栩然胡蝶、一身輕。　　老去才都盡，歸來計未成。求田問舍笑豪英。自愛湖邊沙路、免泥行。

【編年】

與前兩首同韻。爲作時應與前兩首詞同。

【箋注】

〔衝〕 冒著；這裡指冒雨趕路。　　〔和衣睡晚晴〕 在傍晚的雨後初晴的時候不脫衣裳睡著了。　　〔不知鐘鼓報天明〕 不聽見傳更報曉的鐘鼓聲。指睡得很熟。杜甫《倡仗行》：“睡美不聞鐘鼓傳”。　　〔夢裏栩(xǔ)然胡蝶〕 《莊子·齊物論》：“昔者莊周夢爲胡蝶，栩栩然胡蝶也。自喻適志與，不知周也。俄然覺，則蘧然周也。不知周之夢爲胡蝶與？胡蝶之夢爲周與？”李白《古風五十九首》之九：“莊周夢胡蝶，胡蝶爲莊周。一體更變易，萬事良悠悠。”栩然：活生生地。　　〔求田問舍〕 謂只知買田置屋，爲個人利益打算，沒有遠大志向。《三國志·魏志·陳登傳》：“（劉）備曰：‘君（許汜）有國士之名。今天下大亂，帝主失所，望君憂國忘家，有救世之意。而君求田問舍，言無少采。是元龍（陳登字）所諱也。’”　　〔免泥〕 不會沾著泥濘。

【校】

《全宋詞》及毛本題爲“再用前韻”，“胡”作“蝴”。

145

100. 雙荷葉

湖州賈耘老小妓名雙荷葉

雙溪月。清光偏照雙荷葉。雙荷葉。紅心未偶，綠衣偷結。　　背風迎雨流珠滑。輕舟短棹先秋折。先秋折。煙鬟未上，玉杯微缺。

【編年】

作於元豐二年己未（公元1079年）五月。傅藻《東坡紀年錄》："是月過賈耘老水閣，作詩。又次前韻，耘老小妓號雙荷葉，作詞。"

【箋注】

〔雙荷葉〕　蘇軾有三百多首詞。其中有蘇軾自作的新曲調，如《皁羅特髻》、《占春芳》，《占春芳》詞取詞中"占春芳"句作爲詞牌。但蘇軾按舊曲塡詞，都標舊詞牌，如《浪淘沙》、《滿江紅》……等。只有這首《雙荷葉》是按舊的《憶秦娥》的曲調塡的詞，詞牌不標《憶秦娥》，而標《雙荷葉》，是個特例。其所以叫"雙荷葉"，取詞中"清光偏照雙荷葉"一句。蘇軾取"雙荷葉"爲一個小婢之名（見本詞末〔附錄〕引吳聿《觀林詩話》），又用它爲這首的詞牌。本來改舊詞牌名，早已有之，如蘇軾之前一百多年的唐莊宗皇帝改詞牌《憶仙姿》爲《如夢令》（見本書第172首《如夢令》的序和〔唐莊宗〕注。）唐莊宗改《憶仙姿》之名，由於"憶仙姿"，不雅，但《憶秦娥》沒有什麼不雅，不知蘇軾爲什麼要改它的名。　　〔賈耘老〕　賈收，字耘老，烏程人。著有《懷蘇集》。《東坡續集》卷六《答賈耘老書》："新詩不蒙錄示數篇，何也？貧固詩人之常。齒落目昏，當是爲雙荷葉所困，未可專咎詩也。"又"念賈處士貧甚，無以慰其意，乃爲作怪石枯木一紙，每遇饑時，輒以開看，還能飽人否？若吳興有好事者，能爲君致米三石，酒三斗，終君之世者，便以贈之。不爾者，可令雙荷葉收掌，須添丁長，以付之也。"（賈收子名添丁）　　〔雙溪〕　即苕溪和霅溪。賈收是烏程（今浙江吳興）人，二溪在烏程。　　〔雙荷葉〕　原爲一種髮型名，這裡是賈耘老之妾名。（見本首〔附錄〕）　　〔紅心未偶〕　用諧音雙

146

關的話嘲謔賈收在雙荷葉未爲妾時，已相交結。紅心未偶，既是說荷花已有紅蕊而没長出藕（"偶""藕"同聲），也喻賈收及雙荷葉未成正式配偶。

〔綠衣偷結〕　這裡用雙關作諧謔。說荷花已悄悄結成，即是指賈收與雙荷葉的關係，綠衣：荷葉，又指妾。《詩·邶風》："綠兮衣兮，綠衣黃裏。"毛《傳》說《綠衣》是妾僭夫人的詩，綠是間色，黃是正色，間色賤，正色貴；以喻妾賤而得到夫人才能享受的尊貴；這裡以"綠衣"指妾。

〔棹（zhào）〕　撐船的用具。這裡指船。　〔先秋〕　秋天未到之前。　〔煙鬟〕　猶雲鬟。指成年婦女的髮髻。羅鄴《聞友人入越幕》詩："稽嶺春生酒凍消，煙鬟紅袖恃嬌嬈"。煙鬟未上：指雙荷葉尚未梳起成年婦女的髮髻。　〔玉杯〕　玉製的杯子。這裡喻處女的身體。

【校】

《全宋詞》題注爲"即《秦樓月》。"毛本無題。"流"作"淚"，朱孝臧曰：案是調爲《憶秦娥》，或公易以新名。《全宋詞》末注云：又案《花草粹編》卷四此首誤作周邦彦詞。唐圭璋《宋詞四考》："案此首蘇軾詞，見《東坡樂府》。《花草粹編》卷四誤作周邦彦詞。"

【附錄】

①宋、吳聿《觀林詩話》："東坡名賈耘老之妾爲雙荷葉，初不曉所謂。他日，傳趙德麟家所收泉南老人《雜記》，記此事云：'兩髻並前如雙荷葉，故以名之。'如荷葉髻，見溫飛卿詞：'裙拖安石榴，髻嚲偏荷葉。'"

101. 漁　家　傲

七　夕

皎皎牽牛河漢女。盈盈臨水無由語。望斷碧雲空日暮。無尋處。夢回芳草生春浦。　　鳥散餘花紛似雨。汀洲蘋老香風度。明月多情來照戶。但攬取。清光長送人歸去。

【編年】

此詞寫於元豐二年己未（公元1079年）七月。是年七夕蘇軾在湖州度過。七月二十八日就被皇甫遵追攝赴獄。朱祖謀《東坡樂府》注：「案詞有‘汀洲蘋老’語，疑在湖州時作。‘公在湖州過七夕。惟元豐己未也。’」

【箋注】

〔皎皎牽牛河漢女〕　《古詩十九首》：「迢迢牽牛星，皎皎河漢女。………河漢清且淺，相去復幾許。盈盈一水間，脈脈不得語。」　〔春浦〕春天草木生氣勃勃的水邊。　〔鳥散餘花〕　《文選》卷二十二：謝朓《游東田》詩：「鳥散餘花落」。　〔汀洲蘋老〕　初秋時節洲渚旁的蘋草已經衰老。這是水鄉景色。朱祖謀據以「疑在湖州時作」，湖州是水鄉。

〔但攬取〕　採摘。你儘管採取（這月光）吧。但：只顧、儘量。

【校】

《全宋詞》同，毛本無題。

148

元豐三年庚申　公元一〇八〇年　東坡四十五歲

102. 臨 江 仙

　　　　　　　　龍丘子自洛之蜀，載二侍女，戎裝駿馬。至
溪山佳處，輒留數日，見者以爲異人。其後十年
，築室黃岡之北，號曰靜安居士，作此詞贈之。
　　細馬遠馱雙侍女，青巾玉帶紅韉。溪山好處便爲家。
誰知巴峽路，卻見洛城花。　　　面旋落英飛玉蕊，人間春
日初斜。十年不見紫雲車。龍丘新洞府，鉛鼎養丹砂。

【編年】

　　寫於元豐三年庚申（公元1080年）正月。蘇軾於元豐二年　（公元1079
年）八月被誣送御史臺根勘。十二月責授檢校尚書水部員外郎，充黃州團練副
使，本州安置。庚申（公元1080年）正月赴任，過歧亭，贈故人陳慥季常作
。王文誥《蘇文忠公詩編注集成總案》卷二十：元豐三年庚申正月二十五日
，將赴歧亭，山上有白馬疾馳來迎者，則歧下故人陳慥季常也。相從至其家
所謂‘靜菴’者，環堵蕭然，而妻子奴婢皆有自得之意。公聳然異之，爲留
五日，作“昨日雲陰重，東風融雪汁”詩。並贈《臨江仙》詞。《蘇軾詩集
》卷二十三《歧亭五首并序》及《方山子傳》中都記述了同樣內容。

【箋注】

〔龍丘子〕　陳慥，字季常，蘇軾的朋友。父希亮，字公弼。公弼知鳳翔府
，東坡始仕爲簽書判官，相從三年。公弼後家洛陽。蘇軾到黃州後曾爲季常
作《方山子傳》，其中有一段作這樣介紹：“方山子，光黃間隱人也。少時
慕朱家、郭解爲人，閭里之俠皆宗之。稍壯，折節讀書，欲以此馳騁當世，
然終不遇。晚乃遁於光、黃間，曰歧亭。庵居蔬食，不與世相聞。棄車馬，

149

毀冠服，徒步往來山中，人莫識也。見其所著帽，方屋而高，曰：‘此豈古方山冠之遺象乎！’因謂方山子”。 大約“龍丘子”、“靜庵居士”是自號，“方山子”是別人所稱。 〔黃岡〕 即今湖北省黃岡縣。歧亭在宋時屬黃岡，今屬湖北省麻城。 〔細馬遠馱雙侍女〕 小馬在遠處載著兩個侍女；即遠處兩個侍女騎著小馬。序說“駿馬”，詞說“細馬”，因詞用李白《對酒》：“吳姬十五細馬馱”語。馱(tuó)負載。 〔韄〕 “靴”的異體字。 〔巴峽路〕 四川崇山峻嶺之間的狹路。 〔洛城花〕

北宋時洛陽牡丹很盛，歐陽修《洛陽牡丹記》：“牡丹，出丹州、延州、東出青州，南出越州，而出洛陽者，今爲天下第一。”陳慥的兩個美麗的侍女跟隨陳慥從洛陽來，所以說巴峽路見洛陽花。 〔飛玉蕊〕 形容花瓣繽紛落下。 〔紫雲車〕 指載少女的車。杜牧《贈妓人張好好》詩：“聘之碧瑤佩，載以紫雲車。” 〔龍丘新洞府〕 指陳季常以地名爲號，自號龍丘子。洞府：仙人的住處；這裡指修仙的人的隱居處。 〔鉛鼎養丹砂〕 言陳季常隱居煉丹，以求長生不老之術或成仙。鉛鼎：煉丹原料鉛、汞之類和煉丹的爐鼎。丹砂：即朱砂，古代道家煉藥多用朱砂，後因以稱依方精製的藥，一般爲顆粒狀或粉末狀。

【校】

《全宋詞》“數日”字無。“曰”字無。“作此詞贈之”爲“作此記之”。毛本僅“作此詞贈之”爲“作此贈之”。

【附錄】

①明·楊慎《詞品》卷三《陳季常》：苕溪漁隱曰：“東坡云：‘龍丘子自洛之蜀，載二侍女，戎裝駿馬，至溪山佳處，輒留數日，見者以爲異人。後十年，築室黃岡之北，號靜庵居士。作《臨江仙》贈之云。’（詞略）龍丘子即陳季常也，秦太虛寄之以詩，亦云：‘侍童雙擢玉，鬢髮光可照。駿馬錦障泥，相隨窮海嶠，暮年更折節，學佛得心要。鸞馬放阿樊，幅巾對沉燎。’故東坡作詩戲之，有‘忽聞河東獅子吼，拄杖落手心茫然’之句。觀此則知季常載侍女以遠遊，及暮年甘於枯寂，蓋有所制而然，亦可憫笑也哉。”

103. 南　鄉　子

晚景落瓊杯。照眼雲山翠作堆。認得岷峨春雪浪，初
來。萬頃蒲萄漲綠醅。　　　春雨暗陽臺，亂灑歌樓濕粉腮
。一陣東風來捲地，吹迴，落照江天一半開。

【編年】

　　這首詞應寫於元豐三年庚申（公元1080年）。《東坡樂府》依傅藻《東
坡紀年錄》中有一句："熙寧七年《南鄉子》"，而定這首詞爲熙寧七年作
。但蘇軾作過不止一首《南鄉子》，傳說的是那一首《南鄉子》呢？不清楚
。而朱本則據此定爲是年，未說明理由。龍楡生《東坡樂府箋》又按照朱本
，未作解釋。

　　傅注本題作"黃州臨皋亭作"，可信。因此詞所寫景物，與蘇軾到黃州
後所記敘的相一致。王文誥《蘇文忠公詩編注集成總案》卷二十中記："元
豐三年五月二十九日，遷居臨皋亭，亭在回車院中，作遷居詩。公居亭中，
酒醉飯飽，倚於几上，白雲左繞，清江右迴，重門洞開，林巒坌入。當是時
若有所思而無所思，以受萬物之備。"《東坡志林》卷四《臨皋閑題》："
臨皋亭下八十數步，便是大江，其半是峨嵋雪水。吾飲食沐浴皆取焉，何必
歸哉！江上風月，本無常主，閒著便是主人。"這一系列描寫，都與詞意相
同。參照傅、朱、龍諸家說，編爲元豐三年。

【箋注】

〔晚景落瓊杯〕　斜陽落在我的酒杯之中。　晚景：夕陽。景：日光。
〔認得岷峨春雪浪〕　岷峨：四川的岷山和峨嵋山。黃岡的江水來自上游岷
峨的春雪所化，岷峨是蘇軾故鄉，所以說"認得"。　　〔蒲萄漲綠醅(péi
)〕　江水萬頃像清澈的未濾過的蒲萄酒。既形容漲水的清，又言來自故鄉
之水的滋味之美。　醅：未濾過的酒。　　〔陽臺〕　三峽中的山名。宋玉
《高唐賦》記巫山神女的話："妾在巫山之陽，高丘之阻，旦爲朝雲，暮爲
行雨。朝朝暮暮，陽臺之下。"　〔亂灑歌樓濕粉腮〕　喻一陣春雨中的
雲山景色。上闋，在"晚景"中，"雲山翠作堆"的晴景"照眼"。一陣"
春雨"，雲山呈現歌樓粉腮被打濕的另一景色。　　〔落照江天一半開〕
一陣春風將雨吹迴之後，夕陽之下，江面和天空各佔一半視野。　落照：夕

151

陽。說"春雨"之後，"東風來捲地"，吹散了雲，又出現"落照"下"江天"景色。

【校】

《全宋詞》及毛本題目作《春情》。"春"作"暮"，"歌"作"高"。

104. 菩 薩 蠻

七夕。黃州朝天門上作。二首

畫檐初挂彎彎月。孤光未滿先憂缺。遙認玉簾鉤。天孫梳洗樓。　　佳人言語好。不願求新巧。此恨固應知。願人無別離。

【編年】

這首詞朱本和龍本未編年，但據題目及詞意，應是寫於元豐三年庚申（公元1080年）七月。因爲：第一，題目爲七夕黃州朝天門二首，已豁明。第二，蘇軾被捕入獄，元豐三年到黃州，王夫人於元豐三年五月二十九日由子由伴到達黃州。據《與章惇書》云："舍弟自南都來，挈賤累繚繞江淮，百日至此。"又蘇軾《詩集》卷二十《遷居臨皋亭》詩有"全家占江驛，絕境天爲破"句。臨皋亭距黃州朝天門不遠。這是蘇軾與王夫人在黃州度過的第一個七夕。詞的末句"願人無別離"表現了夫妻經過拆散後再團聚時的心中的餘悸。又蘇軾在黃州《與章質夫》信中說："七夕詞亦錄呈"。故列在此年。

【箋注】

〔七夕〕　陰曆七月初七之夜。相傳天上的牽牛星（一名河鼓）和織女星爲夫妻，而被銀河隔開，一年一度於此夕聚會。《文選》卷三十謝惠連《七月七日夜詠牛女》李善注引曹植《九詠》注："牛女爲夫婦。七月七日得一會同也。"　　〔黃州朝天門〕　北宋時黃州東南角的城門。明代擴建黃州城時改名一字門。現在已毀。　　〔二首〕　指此首和下面一首《菩薩蠻》（

152

本書第105首）。詞牌相同，但內容和用韻不同。此首詠人間的七夕，下一首詠天上牛郎和織女的七夕。此首詠七月初七之夜，下一首詠七月初八日之晨。　〔孤光未滿先憂缺〕　月還沒有圓就預先擔心它缺；比喻人還沒有團圓就擔心離別。孤光：月；《文選》卷三十沈約《詠湖中雁》詩："羣浮動輕浪，單泛逐孤光"，杜甫《桔(jié)柏渡》詩："孤光隱顧眄"。　未滿：指月亮還沒有圓；陰曆十四、五日之夜月才圓。　〔遙認玉簾鉤，天孫梳洗樓〕　遠看月亮如一隻鉤，認它爲織女星梳妝樓的簾鉤。　鉤：形容七夕的月亮的形狀。《文選》卷三十鮑照《翫月城西門廨中》詩："始見西南樓，纖纖如玉鉤"。　天孫：織女星；《史記》卷二十七《天官書》："北宮玄武，……其北織女。織女，天女孫也"。　梳洗樓：皇宮中后妃化妝處；元稹《連昌宮詞》有"寢殿相連端正樓，太眞梳洗樓上頭"（太眞，即楊貴妃）。　〔佳人〕　指七夕時祭禱織女星的人，這裡說蘇軾的妻王夫人。　〔言語〕　指少婦祭禱之辭，即下文"不願求新巧。此恨固應知，願人無別離"。　〔不願求新巧〕　不願（向你織女星）乞求新的巧。相傳織女星能給人才慧，婦女在七夕向織女乞求才智技藝，能心靈手巧，叫"乞巧"。向織女星乞求"巧"以外的幸福也叫"乞巧"；《太平御覽》卷三十一《時序・七月七日》引《風土記》：說七月七日夜"祈河鼓、織女，言此二星辰當會。守夜者咸懷禮願，乞富，乞壽，無子乞子。唯得乞其一，不得兼求"。　新巧：其它的福。指除了"人無別離"之外的更多的幸福。

〔此恨固應知，願人無別離〕　這一痛苦你織女星應該體會夠了的，我乞求的是夫婦不分離。　此恨：指夫婦不團聚的痛苦。　固應知：本應該解理。相傳牽牛和織女本是夫婦，但被迫分開，中隔銀河而不能聚會。所以乞巧的婦女向織女說：夫婦別離之恨，你應體會得到。

【校】

元本題作"七夕朝天門上作"，毛本題作"新月"，"遙"作"還"。《全宋詞》題作"新月"。

105. 又

風迴仙馭雲開扇，更闌月墮星河轉。枕上夢魂驚。曉來疏雨零。　　相逢雖草草。長共天難老。終不羨人間。人間日似年。

【編年】
　　見前首（本書第104首）【編年】。前首標題“二首”，指前首和這首，即這首與前首都是“七夕，黃州朝天門上”。不過前首詠人間七夕，此首詠天上牛郎織女話別。前首詠初七日夜間“初挂彎彎月”、“遙認玉簾鈎”；此首詠初八夜凌晨“更闌月墮星河轉”，星色也不同。前首“願人無別離”，較含蓄婉轉；此首“人間日似年”，較直率顯露，都表現了蘇軾對烏臺詩案的餘悸和苦悶。

【箋注】
〔風迴仙馭〕　風吹得太陽乘的車倒轉來。指黑夜即將過去，太陽即將出現。太陽本已在昨日西沈，現在又將從東方出現，是風把它的車吹回轉的。仙馭(yù)：天神的駕車者。這裡說日神的車；指太陽。唐太宗《秋日縣清光》詩：“仙馭隨輪轉”。　　〔雲開扇〕　作為扇翣(shà)掩障太陽的雲移開了（，太陽顯出來了）。　扇：用雉尾作的扇；帝庭的儀杖，在帝王就坐之前，用扇障蔽，使殿陛下的人看不見帝王；帝王坐好後接受群臣朝拜時，扇翣移開，帝王就被人看見。杜甫《秋興》八首之五“雲移雉尾開宮扇”。這裡說雲散日出。　　〔更(gēng)闌〕　更殘；五更天。古代用鐘鼓報夜，一夜分為五更。更闌是五更時分，夜將完畢，天要曉了。　闌：盡；所剩無幾。　　〔驚〕　驚醒；醒過來。　　〔草草〕　草率；匆忙而來不及齊備。指牛郎織女匆忙草率地聚會，又匆忙草率地分手。這是感到不足之處。〔長共天難老〕　永遠和天一同存在，不會老死。牛郎和織女雖然草草相會，又草草離別，但牛郎和織女永遠和天同在。這是感到安慰之處。　難老：不會老死，不會消失。　　〔人間日似年〕　人世間的日子難過。這是說明上句牛郎、織女“不羨人間”的理由。

【校】
　　元本和傅注本題作“七夕”。案：前首的題已有“七夕”、“二首”，則此首也同前首一樣詠“七夕”；不標“七夕”，自然是“七夕”。毛本“馭雲”二字缺。傅注本、元本“墮”作“墜”、“來”作“檐”、“日”作“夜”。《全宋詞》題“　七月夕　”，“來”作“檐”。

106. 水　龍　吟

次韻章質夫《楊花詞》

似花還似非花，也無人惜從教墜。拋家傍路，思量卻是，無情有思。縈損柔腸，困酣嬌眼，欲開還閉。夢隨風萬里，尋郎去處，又還被、鶯呼起。　　不恨此花飛盡，恨西園、落紅難綴。曉來雨過，遺蹤何在，一池萍碎。春色三分，二分塵土，一分流水。細看來，不是楊花點點，是離人淚。

【編年】

此詞朱本、龍本均編在元祐二年丁卯（公元1087年），誤。據《蘇軾文集》卷五十五，有蘇軾在黃州《與章質夫》信，信中說：“承喻慎靜以處憂患。非心愛我之深，何以及此，謹置之座右也。《柳花》詞妙絕，使來者何以措詞。本不敢繼作，又思公正柳花飛時出巡按，坐想四子，閉門愁斷，故寫其意，次韻一首寄去，亦告不以示人也。《七夕》詞亦錄呈。”可見此詞為到黃州之後作，又因與《七夕》詞是同時所寫，而《七夕》詞考為元豐三年，故定《水龍吟》詞為元豐三年庚申（公元1080年）作。章質夫《水龍吟》是詠楊花的，詞云：“燕忙鶯懶芳殘，正堤上柳花飄墜。輕飛亂舞，點畫青林，全無才思。閒趁游絲，靜臨深院，日長門閉。傍珠簾散漫，垂垂欲下，依前被風扶起。蘭帳玉人睡覺，怪春衣、雪沾瓊綴。繡牀漸滿，香球無數，才圓卻碎。時見蜂兒，仰粘輕粉，魚吞池水。望章臺路杳，金鞍游蕩，有盈盈淚。”蘇軾的詞用章質夫這首詞的韻腳：“墜”、“思(sì)”、“閉”、“起”、“綴”、“碎”、“水”、“淚”而作。

【箋注】

〔章質夫〕　章楶(jié)，字質夫，宰相章惇之兄，浦城人，仕至資政殿學士。蘇軾信中有“思公正柳花飛時出巡按”一語，與當時章質夫正、“提點

155

湖北刑獄成都路轉運使"合。　　〔似花還似非花〕　言柳絮似花但不是花
。梁元帝《詠陽雲樓簷柳》詩："楊花非花樹，"白居易《花非花》詞："
花非花，霧非霧。"　　〔也無人惜從教墜〕　也沒有人愛惜它，任憑它飄
落。從教(jiāo)：聽任；不管。　　〔無情有思(sì)〕　似乎無情，卻是有
意。這裡情思的"思"與柳絲的"絲"同音雙關。梁簡文帝《折楊柳詩》：
"楊柳亂成絲，攀折上春時。"杜甫《白絲行》："落絮游絲亦有情"。溫
庭筠《詠柳》詩："楊柳千條拂面絲"。　　　〔縈損柔腸，困酣嬌眼欲開還
閉〕　這裡寫柳絮飛時（暮春）的閨愁。寫離人柔腸被離別的情思縈繞折磨
，描摹其困倦酣睡的美麗眼睛，欲睜又閉的嬌倦容色。　　〔被鶯呼起〕
從夢中被黃鶯呼喚驚醒。這裡化用唐人金昌緒《春怨》詩："打起黃鶯兒，
莫教枝上啼。啼時驚妾夢，不得到遼西"意。　　〔落紅難綴〕　落花難以
再接合到花樹上去。這裡由柳絮飄零，轉到春盡花落；花落不能再綴到枝上
，比喻人別離後不能再聚會；綿綿閨愁，所以詞末句說"離人淚"。　　　〔
萍碎〕　浮萍零亂破碎。言楊花落水，化爲零亂的浮萍。蘇軾舊注云："楊
花落水爲浮萍，驗之信然。"這是不符合科學的說法。蘇軾《再次韻曾仲錦
荔支》詩有："柳花著水萬浮萍"句，自注云："柳至易成；飛絮落水中，
經宿即爲浮萍。"　　〔春色三分，二分塵土，一分流水〕　指三分春色，
有二分落在地上化爲塵土，一分落在水上而流去。那麼三分春色全消逝了。
　〔點點是離人淚〕　言楊花是離人一滴滴的眼淚。

【校】

　《全宋詞》末有注：案此首別誤作周邦彥詞，見《詞學筌蹄》卷一。毛
本"家"作"街"。

【附錄】

　①宋曾季貍《艇齋詩話》："東坡和章質夫《楊花詞》云：'思量卻是
，無情有思'，用老杜'落絮游絲亦有情'也。'夢隨風萬里，尋郎去處，
依前被鶯呼起'。即唐人詩云：'打起黃鶯兒，莫教枝上啼。幾回驚妾夢，
不得到遼西'。細看來不是楊花，點點是離人淚。即唐人詩云：'時人有酒
送張八，惟我無酒送張八。君看陌上梅花紅，盡是離人眼中血'。皆奪胎換
骨乎？"

　②宋·張炎《詞源·雜論》："詞不宜強和人韻；若倡者之曲韻寬平，
庶可賡歌；倘韻險又爲人所先，則必牽強賡和，句意安能融貫？徒費苦思，

156

未見有全章妥溜者。東坡《次章質夫楊花水龍吟》韻，機鋒相摩，起句便合讓東坡出一頭地，後片愈出愈奇，眞是壓倒今古。我輩倘遇險韻，不若祖其元韻，隨意換易，或易韻答之。是亦古人‘三不和’之說。”

　　③又：“東坡詞如《水龍吟》詠楊花、詠聞笛，又如《過秦樓》、《洞仙歌》、《卜算子》等作，皆清麗舒徐，高出人表。”

　　④宋·朱弁《曲洧舊聞》卷五：“章質夫作《水龍吟》詠楊花詞，命意用事，瀟灑可喜。東坡和之，若豪放不入律呂。徐而視之，聲韻諧婉，反覺章詞有繡織工夫。”

　　⑤宋·姚寬《西溪叢語》卷下：“楊、柳二種，楊樹葉短，柳樹葉長。花初發時，黃蕊。子爲飛絮，今絮中有小青子，著水泥沙灘上即生小青芽，乃柳之苗也。東坡謂絮化爲浮萍，誤矣。”

　　⑥宋·沈義父《沈氏樂府指迷·豪放與叶律》：“近世作詞者不曉音律，乃故爲豪放不羈之語，遂借東坡，稼軒諸賢自諉。諸賢之詞固豪放矣；不豪放處，未嘗不叶律也。如東坡之《哨遍》、楊花《水龍吟》、稼軒之《摸魚兒》之類，則知諸賢非不能也。”

　　⑦宋·魏慶之《詩人玉屑》卷二十：“章質夫詠《楊花詞》，東坡和之，晁叔用以爲東坡如王嬙西施，淨洗腳面，與天下婦人鬥好。質夫豈可比哉！是則然矣。余以爲質夫詞中所謂‘傍珠簾散漫，垂垂欲下，依前被風扶起’，亦可謂曲盡楊花妙處。東坡所和雖高，恐未能及。詩人議論不公如此耳。”

　　⑧明·王世貞《藝苑巵言》：“昔人謂銅將軍鐵綽板，唱蘇學士大江東去，十八九歲好女子唱柳屯田楊柳外曉風殘月，爲詞家三昧。然學士此詞，亦自雄壯，感慨千古。果令銅將軍於大江奏之，必能使江波鼎沸。至詠楊花《水龍吟慢》，又進柳妙處一塵矣。”

　　⑨清·沈謙《塡詞雜說》：“東坡，‘似花還似非花’一篇，幽怨纏綿，直是言情，非復賦物。徽宗亦然。”

　　⑩清·許昂霄《詞綜偶評》：“《水龍吟》與原作均是絕唱，不容妄爲軒輊。‘思量卻似無情有思’，貫下文六句。‘曉來雨過’三句，公自注云：‘舊說楊花入水爲浮萍，驗之信然’。”

　　⑪清·李調元《雨村詞話》卷一：“宋初葉清臣字道卿，有《賀聖朝》詞云：‘三分春色二分愁，更一分風雨。’東坡《水龍吟》演爲長句云：‘春色三分，二分塵土，一分流水’，神意更遠。”

⑫清·徐釚《詞苑叢談》卷四："資政殿學士章楶，字質夫，以功名顯，詩詞尤見稱於世，嘗作《水龍吟》詠楊花，東坡與之帖云'柳花詞妙絕，使來者何以措詞！'"

⑬清·劉熙載《藝概》卷四："鄰人之笛，懷舊者感之，斜谷之鈴，溺愛者悲之。東坡《水龍吟·和章質夫詠楊花》云：'細看來不是楊花，點點是離人淚'，亦同此意。"

⑭沈際飛《草堂詩餘正集》卷五："'隨風萬里尋郎'，悉楊花神魂。"

又云："使以將軍鐵板來唱'大江東去'，必至江波鼎沸；若此詞，更進柳妙處一塵矣。"

又云："讀他文字，精靈尚在文字裡面。坡老只見精靈，不見文字。"

⑮清·黃蓼園《蓼園詞選》："首四句是寫花形態。'縈損'以下六句是寫見楊花之人之情緒。二闋用議論，情景交融，筆墨入化，有神無跡矣。"

⑯清·先著《詞潔》："《水龍吟》末後十三字，多作五四四；此作七六，有何不可。近見論譜者於'細看來不是'及'楊花點點'下分句，以就五四四之印板死格；遂令坡公絕妙好詞，不成文理。起句入魔'非花'矣，而'又似'不成句也。'拋家傍路'四字欠雅綴，趁韻不穩。'曉來'以下，眞是化工神品。"

⑰清·況周頤《蕙風詞話續編》卷一："黃雪舟詞，清麗芊綿，頗似北宋名作。唯傳作無多，殊爲憾事。其《水龍吟》'柔腸一寸，七分是恨，三分是淚'，蓋仿東坡'春色三分，二分塵土，一分流水'之句。所不逮者，以刻鏤稍著痕跡目。其歇拍云'待問春，怎把千紅，換得一池綠水'，亦從'一分流水'句引申而出。"

"東坡《水龍吟》起云：'似花還似非花'，此句可作全詞評語，蓋不離不即也。時有舉史梅溪《雙雙燕·詠燕》、姜白石《齊天樂·賦蟋蟀》，令作評語者，亦曰'似花還似非花'。"

⑱清·王國維《人間詞話》卷上："東坡《水龍吟·詠楊花》和韻而似原唱。章質夫詞原唱而似和韻。才之不可強也如是。"

"詠物之詞，自以東坡《水龍吟》爲最工，邦彥《雙雙燕》次之。白石《暗香》、《疏影》格調雖高，然無一語道著，視古人'江邊一樹垂垂發'等句何如耶？"

158

107. 水 調 歌 頭

歐陽文忠公嘗問余："琴詩何者爲善？"答以"退之《聽穎師琴》詩。"公曰："此詩固奇麗，然非聽琴，乃聽琵琶也。"余深然之。建安章質夫家善琵琶者乞爲歌詞。余久不作，特取退之詞稍加隱括，使就聲律，以遺之云。

昵昵兒女語，鐙火夜微明。恩怨爾汝來去，彈指淚和聲。忽變軒昂勇士，一鼓塡然作氣，千里不留行。回首暮雲遠，飛絮攪青冥。衆禽裏，眞彩鳳，獨不鳴。躋攀寸步千險，一落百尋輕。煩子指間風雨，置我腸中冰炭，起坐不能平。推手從歸去，無淚與君傾。

【編年】

此詞朱本、龍本均依王文誥說定爲元祐二年丁卯（公元1087年）正月，誤。據《蘇軾文集》卷五十九中，蘇軾在黃州《與朱康叔》信第十二首中說："章質夫求琵琶歌詞，不敢不寄呈"一語，可見這首詞爲黃州時所作，現定爲元豐三年庚申（公元1080年），與《楊花詞》同時。

【箋注】

〔歐陽文忠公〕　即歐陽修，文忠是他死後的謚號。歐陽修是蘇軾的座師。
〔退之《聽穎師琴》〕　韓愈《聽穎師琴》詩，見本篇《附錄》。退之，韓愈的字。穎師：一個佛教僧，唐憲宗元和年間在長安。師：當時佛教僧的通稱。穎：這個僧之名。李賀有《聽穎師彈琴歌》。　　〔章質夫〕　章楶（jiè），字質夫，浦城人，北宋時，浦城屬建州，建州州治在建安，所以蘇軾說"建安章質夫。"　　〔隱（yǐn）括〕　把邪曲的東西改爲平直，改造。指依詩文原有的內容和詞句而改成另一體裁的作品；這裡說蘇軾改韓愈《聽穎師琴》詩爲詞（保留韓愈原詩很多詞句）。　　〔使就聲律〕　使它能合音樂；使它能被歌唱。韓愈那首詩不能唱，蘇軾把它改造得合於《水調歌頭

159

》曲調，可供人唱。就：湊合。聲律：歌曲，樂曲；聲：五聲（古代階名，Tonicsolfa）。　律：十二律（古代音名，Nomenclature）。　〔昵昵(nìnì)兒女語〕　此句用韓愈原詩。昵昵：親近，相愛；昵同“暱”。
〔鐙火夜微明〕　此句爲韓愈原詩所無。燈火夜明，形容樂聲和柔，情感溫存。鐙：同“燈”。　〔恩怨爾汝〕　相互親密。恩：愛。怨：出於相愛的責怨。爾汝：古代最親近的人，才以“爾”、“汝”相稱。杜甫《醉時歌》：“忘形到爾汝”，表示親昵。　〔軒昂〕　高昂。　〔一鼓填然作氣〕　一次聲音洪大地振作士氣擊鼓進軍。《左傳·莊公十年》：“一鼓作氣”。填然：鼓聲洪大地，《孟子·梁惠王〔上〕》：“填然鼓之”。
〔不留行〕　不停止；一往直前。“忽變軒昂勇士，一鼓填然作氣，千里不留行”，即韓愈原詩“劃然變軒昂，勇士赴敵場”，形容樂聲高亢，感情謝昂。　〔青冥〕　天空。《楚辭·九章·悲回風》“據青冥而攄虹兮”，李白《夢遊天姥吟留別》“青冥浩蕩不見底”。“飛架攬青冥”，即韓愈原詩“浮雲飛架無根蒂，天地闊遠隨飛揚”。　〔彩鳳〕　和“衆禽”相對。相傳鳳是百鳥之王。《說文》卷四《鳥》部：“鳳：鳳飛，羣鳥從以萬數”。“衆禽裏，眞彩鳳，獨不鳴”，出韓愈原詩“喧啾百鳥羣，忽見孤鳳凰”。　〔躋(jī)攀寸步千險，一落百尋輕〕　出韓愈原詩“躋攀分寸不可上，失勢一落千丈強”。形容樂聲緩慢地一點一點升高，而陡然降低。躋攀：攀登；向上行。分寸不可上：艱難地緩緩一分一寸地上升。一落百尋：一掉下來，就墜落幾十丈。尋：八尺。“躋攀”和“落”相對，“寸步”和“百尋”相對，“險”和“輕”相對。　〔指間風雨〕　手指裡生出的風雨。指用手演奏的樂曲。　〔腸中冰炭〕　聽演奏時感情激劇變化，如冰一樣冷，如炭一樣熱，內心強烈矛盾。冰炭：冰和燒燃的炭，不能同時放在一個容器內的，《韓非子·顯學》“夫冰炭不同器而久”。這裡指矛盾的情感；陶淵明《雜詩》十一首之四：“孰若當世事，冰炭滿懷抱。”韓愈原詩“穎師爾誠能，無以冰炭置我腸。”　〔無淚與君傾〕　形容樂聲感人之深，聽者爲之淚流盡了。韓愈原詩說“濕衣淚滂滂”，而蘇軾說“無淚”，感情更強烈。

【校】

《全宋詞》本題首有“公舊序曰”四字。“公曰”前有“最善”二字，“固”作“最”，“琵琶”下無“詩”字，“怨”作“冤”。毛本“公曰”前也有“最善”二字，“固”作“最”，“琵琶”下無“詩”字。“怨”作

"冤"。

中秋節

108. 西江月

人生有多少佳節能如此新清涼呢

黃州中秋

世事一場大夢，人生幾度新涼。夜來風葉已鳴廊。看取眉頭鬢上。 酒賤常愁客少，月明多被雲妨。中秋誰與共孤光。把盞淒然北望。

聲聲 想像眉頭髮
酒很便宜
望著見上客人卻很少

【編年】

寫於元豐三年庚申（公元1080年）。《蘇文忠公詩編注集成總案》卷二十二 "元豐三年庚申八月十五日作《西江月》詞。" 宋·楊湜《古今詞話》云 "東坡在黃州，中秋對月獨酌，作《西江月》詞云云。坡以讒言謫居黃州，鬱鬱不得志。凡賦詩綴詞，必寫其所懷，然一日不負朝廷。其懷君之心，末句可見矣"。 胡仔駁之曰："《聚蘭集》載此詞，注曰：'寄子由'。故後句云：'中秋誰與共孤光，把酒淒涼北望。' 則兄弟之情，見於句意之間矣。疑是在錢塘作。時子由爲睢陽幕客。《詞話》所云，則非也。"

按：詞末 "北望" 的意思是從黃州望汴京，此詞應是黃州之作。

【箋注】

〔人生幾度新涼〕 指人生短促。一年只一度八月的新涼，人生僅那麼幾十年，經歷得多少新涼呢。 〔看取眉頭鬢上〕 秋色已上眉髮。 〔酒賤常愁客少〕 這是恨事之一，可以待客而客少。指世態炎涼，謫黃州後友

人一倒楣了，有酒也沒人肯來唱，世態炎涼
先明磊落，反而招來小人妒忌陷害。

161

人不敢來往。　〔月明多被雲妨〕　這也是恨事之一，明月被浮雲遮蓋。妨：遮掩。以此喻讒人蔽君，忠而見謗。《古詩十九首》："浮雲蔽白日"，李白《登金陵鳳凰臺》："總爲浮雲能蔽日，長安不見使人愁"。　〔共孤光〕　共同觀賞月光。孤光：月，杜甫《桔(jié)柏渡》："孤光隱顧眄。"　〔盞〕　即酒杯。北望：蘇軾在黃州，舉酒思念汴京。

【校】

《全宋詞》無題。"新"作"秋"。毛本"新"作"秋"，"琖"作"醆"。

【附錄】

①明·楊慎《詞品》卷三："《古今詞話》云：'東坡在黃州，中秋夜，對月獨酌，作《西江月》詞（略）'。坡以讒言謫居黃州，鬱鬱不得志，凡賦詩綴詞，必寫其所懷。然一日不負朝廷，其懷君之心，末句可見矣。"苕溪漁隱曰："《聚蘭集》載此詞，注云'寄子由'。故後句云：'中秋誰與共孤光，把酒淒然北望。'則兄弟之情見於句意之間矣。疑是倅錢塘作。子由時爲濰陽幕客。若《詞話》所云，則非也"。

109. 定　風　波

十月九日，孟亨之置酒秋香亭。有雙拒霜，獨向君猷而開，坐客喜笑，以爲非使君莫可當此花，故作是篇。

兩兩輕紅半暈腮。依依獨爲使君回。若道使君無此意。何爲。雙花不向別人開。　但看低昂煙雨裏。不已。勸君休訴十分杯。更問尊前狂副使。來歲。花開時節爲誰來。

【編年】

寫於元豐三年庚申（公元1080年）。傅藻《東坡紀年錄》：“元豐三年庚申十月九日，孟亨之置酒秋風亭，有雙拒霜獨向君猷而開，坐客喜笑，以爲‘非使君莫當此花’，作《定風波》。”

【箋注】

〔孟亨之〕詩集施注：“孟亨之，名震，東平人，舉進士。東坡來黃州，君爲倅（“倅”，州府長官之副，宋代稱“通判”）。”　〔拒霜〕一名木芙蓉，一名木蓮。《群芳譜》曰：“一名華木，一名柂木，一名地芙蓉。有數種，惟大紅千瓣白，千瓣半白，半桃紅，千瓣醉芙蓉，朝白、舞桃紅，晚大紅者，佳甚。黃色者種貴難得。又有四面花、轉觀花，紅白相間。八九月間次第開謝，寒而不落，不結子。”現在稱芙蓉花。　〔君猷〕姓徐，名大受，東海人。當時知黃州事。蘇軾貶謫黃州，受到徐君猷厚禮優待。君猷任滿死去，蘇軾有祭文，挽詞，意甚淒惻。　〔使君〕漢代稱州刺史爲使君。宋代知州相當唐代的刺史。唐宋時的文章往往用漢代對刺史的稱號稱唐代刺史和宋代知州。這裡指徐君猷。　〔兩兩輕紅半暈(yùn)腮〕形容兩朵芙蓉呈粉紅色，嫣然嬌媚，就像美人暈紅的臉腮一樣。暈：頰上的紅色。　〔低昂不已〕俯仰不止。低昂：起伏；在風前俯仰。　〔狂副使〕指蘇軾自己，當時他是黃州團練副使。

【校】

《全宋詞》及毛本無“雙”字。

110. 菩　薩　蠻

回文。四時閨怨

翠鬟斜幔雲垂耳。耳垂雲幔斜鬟翠。春晚睡昏昏。昏昏睡晚春。　　細花梨雪墜。墜雪梨花細。蠻淺念誰人。人誰念淺蠻。

【編年】

此詞朱本、龍本均未編年。據《蘇軾文集》卷五十一《與李公擇》書第

163

十三首云："效劉十五體，作回文《菩薩蠻》四首寄去，爲一笑。不知公曾見劉十五詞否？劉造此樣見寄，今失之矣。"又第二十八首中云："所傳小詞，爲僞託者，察之。然自此亦不可不密也。回文比來甚奇，嘗恨其主不稱。若歸吾人，眞可喜，可謂得其所哉，亦須出也。"這二封信均在黃州時寫的。信中提及劉貢父的回文，也於《蘇軾文集》卷五十在徐州《與劉貢父》（三）信中有記載："某啓，示及回文小闋，律度精緻，不失雍容，欲和殆不可及，已授給李公擇同一封歌者矣。"蘇軾在徐州的心願，到黃州時才實現。那麼是在黃州何年寫的呢？據信中說："杜門謝客，甚安適，氣術又近得其簡妙者，早來此面傳，不可獨不死也。"可見是到黃州初期。又信中有"子由無恙，十月喪其小女"句，蘇子由喪女在元豐三年十月，故回文詞也應爲元豐三年庚申（公元1080年）十月之後。

【箋注】

〔回文〕 指從此至以下共四首的形式。每首第一、二兩句，第三、四兩句，第五、六兩句，第七、八兩句、字全同、只是順序恰好相反。 〔四時閨怨〕 指從此至以下共四首的内容，分別詠春，夏，秋，冬四時（每時一首）少婦爲思念丈夫的怨愁。但夏的一首（首句"柳庭風靜人眠晝"）詠的不是"怨"，而是少年夫妻消夏的喜悅。閨：少女或少婦寢息之室；這裡指少婦其人。 〔翠鬟斜幔雲垂耳〕 形容少婦的頭髮濃密光澤。 翠：黑色有光澤。古代常用"綠"形容少婦或少女的頭髮深黑光澤。 鬟（huán）：未成年的婦女的圓圈形髮髻。 幔：遮蓋（動詞）。 雲：形容女子長的美髮；《詩·鄘風·君子偕老》"鬒髮如雲"，毛《傳》："如雲，言美長也"。 〔耳垂雲幔斜鬟翠〕 耳旁垂著如雲的帷幔，那是少婦斜梳著的鬟髻濃密光澤。 幔：帷幔，遮隔内外的；這裡指髮髻高如懸幔。 〔春晚〕 暮春；將要殘盡的春。 〔細花梨雪墜〕 小朵的梨花成爲陣陣雪花一樣墜落。 梨雪：如雪一樣落的梨花。 〔蹙淺〕 微皺著眉。 蹙：皺眉。 〔人誰念淺蹙〕 別人有誰會思念（我）這個微皺眉不樂的人呢。怨沒有人念著我。

【校】

傳注本題作"四時閨怨。回文，效劉十五貢父體"。劉攽（bān），字貢父（公元1022-1088年），新喻（今江西省新喻縣）人，和蘇軾同時而年稍長的學者，文學家。題爲"效劉貢父體"，當是劉攽有同樣形式（"體"）的作品。但現在劉攽的詩文集《彭城集》中沒有詞，更沒有回文體。據《

164

四庫全書總目》卷一百五十三《別集》；現存《彭城集》的詩文是從《永樂大典》綴集的，"較之原書，所少不過十之一二"；大約劉攽原有回文詞，就在"十之一二"，中失傳了。

此詞《全宋詞》題作"回文春閨怨"。

111. 又

柳庭風靜人眠晝。晝眠人靜風庭柳。香汗薄衫涼。涼衫薄汗香。　　手紅冰椀藕。藕椀冰紅手。郎笑藕絲長。長絲藕笑郎。

【編年】

與上首同。

【箋注】

〔柳庭風靜人眠晝〕　種有柳樹的庭院裡風停止了，人眠於晝間。　　〔晝眠人靜風庭柳〕　午睡時到處寂靜無聲，只有風吹著庭院中的柳。　　〔手紅冰椀藕〕　手被置了冰的碗中的藕凍紅了。　冰椀：盛了冰的碗。　椀：同碗。　　〔冰紅手〕　凍紅了手。　冰：凍（動詞）。　　〔藕絲長〕是同聲雙關的話："藕絲"和"耦（配耦；又作"偶"）思"同音。既說切斷了的藕牽的絲很長，又說配偶（妻）思念郎長久不息。　　〔長絲藕笑郎〕　既說人笑藕、藕也笑人；又說的是嘲笑郎長久思念他的妻，捨不得分離。據題目，此首詠夏日的"閨怨"（見前首）；詞中"晝眠"、"薄衫"、"香汗"、"冰藕"是詠夏日。但夫婦一同吃冷藕、相互笑謔，沒有"怨"意。

【校】

毛本題作"回文夏閨怨"，二"椀"字作"腕"。《全宋詞》本題同毛本。

112. 又

井桐雙照新妝冷，冷妝新照雙桐井。羞對井花愁。愁花井對羞。　　影孤憐夜永，永夜憐孤影。樓上不宜秋。秋宜不上樓。

【編年】
與上首同。

【箋注】
〔井桐雙照新妝冷〕　井欄旁兩棵桐樹對著我淡淡的新妝。　　井桐：魏明帝（曹叡）樂府《猛虎行》：“雙桐生空井”；後世詩歌常沿用“井桐”、“桐井”、“雙桐”一詞。　照：對、朝向。　冷：清淡。　　〔羞對井花愁〕　（我）羞於對著井欄旁的花呻吟吁嘆。　　〔愁花井對羞〕　愁慘的花在井欄旁相對而羞。　愁：指花的顏色愁慘；花在秋日將要凋落，失去艷麗而呈愁顏之色。　羞：指花失去芳艷低垂。　　〔影孤憐夜永〕　形影孤單，為夜長而感到悲哀。指夜間失眠而指望天明。　憐：不愉快而嘆息惋惜。　永：長久；和夏夜相比，秋夜顯得長；加之孤獨寂寞，更嫌夜長了。　〔樓上不宜秋〕　指孤寂的人樓居感到淒寒蕭瑟。　　〔秋宜不上樓〕　可作兩種解釋：一是嗔怪秋，說秋天，你應該不上我的樓！一是責怨自己，說秋日（我）應該不上樓眺望的！

【校】
毛本題作“回文秋閨怨”。“桐”作“梧”，“秋”作“愁”。《全宋詞》本題同毛本。

113. 又

雪花飛暖融香頰。頰香融暖飛花雪。欺雪任單衣。衣單任雪欺。　　別時梅子結，結子梅時別。歸不恨開遲。

166

遲開恨不歸。

【編年】
與上首同。

【箋注】

〔雪花飛暖融香頰〕 雪花撲面，撲到少婦臉上暖處，融在她頰上。這句說少婦冒著飛雪佇立在外。 〔欺雪任單衣〕 少婦傲對著雪，任憑衣裳單薄。這句和下句說少婦忍著寒冷盼待丈夫。欺雪：指少婦藐視雪。

〔雪欺〕 指雪想迫使少婦畏懼它。 〔別時梅子結〕 少婦和丈夫分別的時候正是梅結子的暮春季節。這句是回憶。 〔歸不恨開遲〕 只要他回，不嫌花開得遲。 開遲：開花太晚；承上，說梅花。

【校】

毛本作“回文冬閨怨”。《全宋詞》本題同毛本。

元豐四年辛酉　公元一〇八一年　東坡四十六歲

114. 少　年　遊

> 　黃之僑人郭氏，每歲正月迎紫姑神，以箕爲
> 腹，箸爲口，畫灰盤中，爲詩敏捷，立成。余往
> 觀之，神請余作《少年遊》，乃以此戲之。

　玉肌鉛粉傲秋霜。準擬鳳呼凰。伶倫不見，清香未吐
，且糠粃吹揚。　　　到處成雙君獨隻，空無數，爛文章。
一點香檀，誰能借箸，無復似張良。

【編年】

　寫於元豐四年辛酉（公元1081年）。《東坡續集》卷十二《子姑神記》
：“余始來黃州，進士潘丙謂余曰：‘異哉！公之始受命，黃人未知也。有
神降於僑人郭氏之第，曰蘇公將至，而吾不及見也。’其明年正月，神復降
於郭氏。余往觀之。”蘇軾庚申年（公元1080年）到黃州。記中所說的“明
年”應是元豐四年辛酉。

【箋注】

〔黃之僑人〕　自外地來到黃州安家落戶的人。　黃：黃州。　僑人：自外
來的居民。　　〔紫姑神〕　同“子姑神”。《異苑》卷五：“世有紫姑神
，古來相傳云是人家妾，爲大婦所嫉，每以穢事相次役。正月十五日，感激
而死。故世人以其日作其形，夜于廁間或豬欄邊迎之。”一作“子姑神”。
蘇軾有《子姑神記》。　　〔以箕爲腹〕　用簸箕作紫姑神的身軀。詞的上
半詠作腹的箕（箕是竹作的。詞從竹說起）。　箕：揚米去糠之具。　腹：
指身軀。　　〔箸爲口〕　用筷子作口。口是說話的，這裡說用一隻筷子寫
字代替說話。詞的下半詠一隻“爲口”的筷子。　箸：筷子。〔畫灰盤中〕

168

畫（寫）在盤中的灰上。說明紫姑神"以箸爲口"。　　〔以此戲之〕用這首詞戲弄它。　此：指這首《少年遊》詞。　戲：嘲弄。詞的上半說竹不用來作定律的管，而不幸被編織爲揚糠粃的箕，下半說筷子是成雙的，而紫姑神只用一隻；詩才雖敏捷，只是些"爛文章"。這些都是"戲"。〔玉肌鉛粉傲秋霜〕　指紫姑神被人裝扮得像玉和鉛粉一樣白，可以傲視霜。鉛粉：婦女搽臉的粉，用鉛作成。　傲：傲視，勝過。　　〔準擬鳳呼凰〕　準確地模仿鳳呼喚凰的聲音。　這句說吹竹管發出的樂音，如鳳凰之鳴。紫姑神的身是竹作的；竹本可作成管，吹出鳳凰之聲。準擬：逼眞的模仿。　凰：雌鳳：《書·益稷》"鳳凰來儀"，僞孔安國《傳》："雄曰鳳，雌曰凰，靈鳥也"、一作"皇"。　　〔伶倫不見，清香未吐〕　沒有被伶倫發現，沒有發出如鳳皇鳴喚的清音。指作箕的竹不幸，沒有被用作定聲律的管發出清聲，只用來作常見的箕。"香"字不通，應是"音"字之誤。伶倫：相傳是黃帝時的樂官，名叫倫。《漢書·律曆志〔上〕》："昔黃帝使泠綸（《呂氏春秋·仲夏紀·古樂》篇作"伶倫"）自大夏之西，昆侖之陰，取竹於解(xiè)谷生、其竅厚均者，斷兩節間吹之，以爲黃鐘之宮。制十二筒以聽鳳之鳴，其雄鳴六，雌鳴亦六，皆黃鐘之宮而皆可以生之，是爲律本。"　　〔糠粃(bǐ)〕　簸米時揚棄之物。糠，米皮。粃：沒有米粒的空穀殼。　　〔到處成雙君獨隻〕　（筷子）到處都是成雙的，但你獨獨不成雙而是單一的。指紫姑神用以寫字的一根筷子。　君：您；指那隻筷子。隻：單一，不成雙。　　〔爛文章〕　指紫姑神寫出的詩。　　〔一點香檀〕　美女的口，小（"一點"）而香（"香檀"）。這裡指紫姑神代口的箸。　　〔誰能借箸，無復似張良〕　誰還能像張良一樣借箸爲籌以獻計謀呢？沒有人再能像張良了。說唯獨紫姑神能借箸爲口，像張良借箸畫謀一樣。《史記》卷五十五《留侯世家》：酈食其(lìyìjī)勸漢王劉邦恢復秦稱帝之前呑滅的六國政權，立六國君主的子孫爲六個王。張良從外來，謁見漢王，"漢王方食，曰：'子房前！客有爲我計撓楚權者。'具以酈生語告於子房，曰'於子房何如？'良曰：'誰爲陛下畫此計者？陛下事去矣！'漢王曰：'何哉？'張良曰：'臣請藉前箸爲大王籌之'"，裴駰《集解》："張晏曰：求借所食之箸用指畫也。"

【校】

傅注本、元本俱無。《全宋詞》及毛本全同。

【附錄】

①北宋孔平仲《孔氏談苑》："近黃州郭殿直家有此神（指子姑神），蘇軾與之甚狎"。"殿直"是殿前司班直的簡稱。郭氏帶這一官銜，住在黃州。

115. 又

端午贈黃守徐君猷

銀塘朱檻麴塵波。圓綠卷新荷，蘭條薦浴，菖花釀酒，天氣尚清和。　好將沈醉酬佳節，十分酒、一分歌。獄草煙深，訟庭人悄，無恠宴遊過。

【編年】

寫於元豐四年辛酉（公元1081年）。傅藻《東坡紀年錄》："元豐四年端午作《少年遊》贈徐君猷。"王文誥《蘇文忠公詩編注集成總案》卷二十一："元豐四年五月五日，過徐大受飲，作《少年遊》詞。"

【箋注】

〔黃守〕　知黃州事。黃：黃州。　守：秦漢時郡的最高行政長官。宋代一州相當秦漢一郡，因此用"守"代知州事（州的最高長官）。　〔端午〕陰曆五月初五日，民間節日。本名"端五"。《太平御覽》卷三十一引《風土記》："仲夏端五。端，初也。"亦名端陽、重五、重午。　〔檻(jiàn)〕　欄杆。　〔麴(qū)塵〕　酒麴所生的細菌，色微黃如塵。《周禮·天官·內司服職》掌王后之六服，中有"鞠衣"；鄭玄注："鞠衣，黃桑服也；色如鞠塵，象桑葉始生。"鞠通"麴"、"麯"。楊巨源《折揚柳》詩："水邊楊柳麴塵絲。"牛嶠《楊柳枝》詩："舞裙新染麴塵羅。"

〔蘭條薦浴〕以蘭葉浸水洗澡。《大戴禮記·夏小正》；五月"蓄蘭，為沐浴也。"《楚辭·九歌·雲中君》："浴蘭湯兮沐芳。"　條：枝。

〔菖花釀酒〕　以菖蒲花釀酒。《荊楚歲時記》："端午，以菖蒲一寸九節者泛酒，以辟瘟氣。"〔酬佳節〕　應付美好的節日。杜牧《九日齊山登高》"但將酩酊酬佳節"。　〔獄草煙深〕　言政治清明，囚犯絕跡，所以

170

獄中草深。　〔訟庭人悄〕　公庭中無人訴訟，所以"悄"。《韓詩外傳》卷六："子路治蒲。三年，孔子過之。……曰：'入其庭，甚閒，此明察以斷，政民無擾也。'"這裡，蘇軾稱讚徐大受的政績好，獄和庭都閒著，人民沒有爭訟。　〔無悋(lìn)〕　盡興；縱情。　悋："吝"的異體字；吝惜，有所保留而不肯放縱；指不盡情。

【校】

《全宋詞》本"悋"作"吝"。毛本"一分歌"作"十分歌"。"悋"作"吝"。

雨後微雪

出遊之作

116. 浣　溪　沙

十二月二日，雨後微雪。太守徐君猷攜酒見過，坐上作《浣溪沙》三首。明日，酒醒，雪大作；又作二首。

覆塊青青麥未蘇。江南雲葉暗隨車。臨皋煙景世間無。　雨腳半收簷斷線，雪牀初下瓦跳珠。歸來冰顆亂黏鬚。

【編年】

寫於元豐四年辛酉（公元1081年）。傅藻《東坡紀年錄》："十二月二日雨後微雪，君猷攜酒見過，作《浣溪沙》。明日，酒醒，大雪又作。"又王文誥《蘇文忠公詩編注集成總案》卷二十一："十一月二日雨後微雪，徐大受攜酒臨皋，坐上作《浣溪沙》詞。明日，酒醒，雪大作，和前詞。"

【箋注】

〔覆塊〕　被土覆蓋著。塊：泥土。　〔蘇〕　蘇醒。這裡形容小麥僅發芽，未抽長的樣子。點出春天快要來臨。　〔雲葉暗隨車〕　言天空的雲似葉一樣追隨著車蓋。即形容烏雲濃重。車：指徐君猷的車。爲了叶韻，讀爲jū；以下四首同。　〔臨皋〕　在湖北省黃岡縣南，長江北岸。《黃州府志》卷三："臨皋亭在城南江邊，乃古之回車院也。宋蘇軾曾寓居，嘗曰

171

：‘亭臨大江，半是峨嵋雪水’。爲築南堂於此。後廢。”《東坡題跋》卷
六《書臨皋亭》：“東坡居士酒醉飯飽，倚於几上，白雲左繞，清江右洄，
重門洞開，林巒坌入。當是時若有思而無所思，以受萬物之備，暫愧愧愧。
”　　〔檐斷線〕　形容屋檐的水滴像斷了的線一樣，不再滴了。　　〔雪
牀〕　霰。龍榆生引《汪穰卿筆記》云：汪在張文襄幕，見蘇文忠手書《浣
溪沙》五首，‘雪牀初下瓦跳珠’句，‘林’作‘牀’。注：“京師俚語，
霰爲‘雪牀’。”因霰爲粒狀，落在屋瓦上如珠跳一樣，故又言“瓦跳珠”
。　　〔冰顆亂黏鬚〕　小冰顆黏滿鬍鬚。

【校】

毛本“雪牀”作“雪林”。“跳”作“疏”。《全宋詞》本同。

117. 又

醉夢昏昏曉未蘇。門前轣轆使君車。扶頭一琖怎生無
　　廢圃寒蔬挑翠羽，小槽春酒滴眞珠。清香細細嚼梅
鬚。

【編年】

寫作時間同上首。

【箋注】

〔醉夢昏昏〕　唐代李涉《鶴林寺僧舍（寺在鎮江）》詩：“終日昏昏醉夢
間。”　　〔蘇〕　蘇醒；清醒。　　〔轣轆(lì lù)〕　車輪轉動的聲音。　〔
使君〕　指徐君猷。見本書第109首《定風波》〔使君〕注。　　　〔扶頭一
琖(zhǎn)怎生無〕　一盞扶頭酒怎麼能沒有呢。　扶頭：指酒；唐人姚合《
答友人招遊》“賭棋招敵手，沽酒自扶頭”。琖：同“盞”。　怎生：如何
；怎麼。　　〔寒蔬挑翠羽〕　挑選像翠羽一樣綠淨的冬日蔬菜（下酒）。這
句話說蘇軾備辦蔬菜。　　〔小槽春酒滴眞珠〕　用李賀《將進酒》“琉璃鍾
，琥珀濃，小槽酒滴眞珠紅”句。這句說徐大受帶去美酒。小槽：釀酒的槽
。珍珠紅：一滴一滴從小槽滴下的紅酒。　　〔梅鬚〕　梅蕊。喻寒蔬春酒的

172

甘芳。

【校】

《全宋詞》和毛本題下有"前韻"二字，"昏昏"作"醺醺"，"滴"
作"凍"。

118. 又

雪裏餐氈例姓蘇。使君載酒爲回車。天寒酒色轉頭無
。　　薦士已聞飛鶚表，報恩應不用蛇珠。醉中還許攬桓
鬚。

【編年】

寫作時間同前首。

【箋注】

〔雪裏餐氈例姓蘇〕　在寒凍中過苦日子的總是姓蘇的人。《漢書》卷五十
四《蘇武傳》：蘇武出使匈奴，匈奴令叛徒衞律迫其投降，蘇武不屈。"乃
幽武置大窖中，絕不飲食。天雨雪，武臥齧雪與旃毛并咽之，數日不死。匈
奴以爲神。"這裡"雪裏餐氈"不取持節不屈的意思，而是說自己貧窮，在
凍餓中過日子。　　〔使君〕　指太守徐大受，字君猷。　　〔爲(wèi)回
車〕　特地彎路（到我家來）。回：轉，繞。　　〔轉頭無〕　寫他們在雪
天中豪飲，把載來的酒一飲而盡。轉頭：迅速；只一轉頭的時間。　　〔飛
鶚表〕　這是以孔融薦禰(nǐ)衡來比喻徐君猷對蘇軾的尊重。《文選》卷三
十七孔文舉《薦禰衡表》中說："鷙鳥累百，不如一鶚。使衡立朝，必有可
觀。"等語（"鷙鳥累百，不如一鶚"出自《史記・趙世家》記趙簡子的話
）。這裡蘇軾把徐大受推薦蘇軾的奏章比爲孔融《薦禰衡表》：《景蘇園帖
》第五石刻此詞下片首句之下東坡自注："公近薦僕於朝。"　飛：很快地
寄送。　　〔蛇珠〕　高誘《淮南子・覽冥訓》注："隋侯見大蛇傷斷，以
藥傅而塗之。後蛇於夜中銜大珠以報之，因曰隋侯之珠。"這裡用蛇報恩比
喻受惠者的報答。不用隋珠：說無以爲報。　　〔攬桓鬚〕　謝安攬桓伊的

髯鬚。案：當是桓伊攬謝安的鬚。《晉書》卷八十一《桓伊傳》記："東晉孝武帝時，會稽王司馬道子昏瞶荒淫，聽信讒言，猜忌謝安。帝召伊飲讌，安侍坐。帝命伊吹笛。伊神色無迕，云：'臣於箏分乃不及笛，然自足以韻合歌管，請以箏歌，并請一吹笛人，'奴既吹笛，伊便撫箏而歌《怨詩》曰：'爲君旣不易，爲臣良獨難。忠信事不顯，乃有見疑患。周旦佐文武，金縢功不刊。推心輔王政，二叔反流言。'聲節慷慨，俯仰可觀。安泣下沾衿，伊乃超席而就之，捋其鬚曰：'使君於此不凡！'帝甚有愧色。"本應是（桓）"攬謝鬚"這裡誤記爲謝安攬桓伊的髯鬚了。

【校】

《全宋詞》及毛本題有"前韻"二字。

119. 又

半夜銀山上積蘇。朝來九陌帶隨車。濤江煙渚一時無。　　空腹有詩衣有結，濕薪如桂米如珠。凍吟誰伴撚髭鬚。

【編年】

在前面三首的第二天，即元豐四年辛酉十二月三日。

【箋注】

〔銀山上積蘇〕　上：覆上；蓋上（動詞）。積蘇：柴草堆。《列子》卷三《周穆王》篇："王實以爲清都、鈞天、廣樂，帝之所居。王俯而視之，其宮榭若累塊積蘇焉"。　　〔九陌帶隨車〕　大道隨著車行之後翻成白色的帶子。　韓愈《詠雪贈張籍》詩："隨車翻縞(gǎo)帶（縞，白色的。用《左傳·襄公二十九年》吳季札贈鄭子產"縞帶"之名）。"九陌：本謂都城中的大路。駱賓王《帝京篇》："三條九陌麗城隈，萬戶千門平旦開。"這裡指大道。　　〔空腹有詩衣有結〕　忍著飢餓，雪裡吟詩，而破衣百結。有結：形容衣破爛，許多碎塊，如晉代董京於市得碎繒輒以爲衣，號曰"百結衣"（見《太平御覽·隱逸》引王隱《晉書》）；杜甫《北征》"經年

174

苦茅屋，妻子衣百結"，白居易《效陶潛體十六首》有"原生衣百結，顏生食一簞"。這裡是蘇軾自言生活貧窮。　〔溼薪如桂米如珠〕　形容物價昂貴，日常生活不易維持。《戰國策·楚策》：　"楚國之食貴於玉，薪貴於桂。……今令臣食玉炊桂。"　〔撚髭鬚〕　用手指撚鬍鬚；指作詩。有些人作詩時有撚鬚的習慣。盧延讓《苦吟詩》："吟安一箇字，撚斷數莖鬚。"

【校】
《全宋詞》及毛本題目有"再和前韻。"

120. 又

　　萬頃風濤不記蘇。雪晴江上麥千車。但令人飽我愁無。　　翠袖倚風縈柳絮，絳脣得酒爛櫻珠。尊前呵手鑷霜鬚。

【編年】
寫作時間與前首詞同。也次前首的韻。

【箋注】
〔萬頃風濤不記蘇〕　　《景蘇園帖》第五石刻此首起句下注："公田在蘇州，今年風潮蕩盡。"傅注本引舊本此句下注："公有薄田在蘇，今歲為風濤蕩盡。"　　〔麥千車〕　好年成，豐收。《詩·小雅·甫田》"乃求千斯倉，乃求萬斯箱"，鄭玄《箋》："求千倉以處之，萬車以載之。"
〔但令人飽我愁無〕　只要人們飽了，我的愁也沒有了。我雖然受凍，但想到雪兆豐年，明年豐收，無人飢餓了，我就不愁了。但：只要。令(líng)：使。　　〔翠袖倚風縈柳絮〕二句。　翠袖：杜甫《佳人》："天寒翠袖薄"，這裡指舞女。柳絮：雪。《世說新語·言語》："謝太傅寒雪日，內集與兒女講論文義，俄而雪驟，公欣然曰：'白雪紛紛何所似？'兄子胡兒曰：'撒鹽空中差可擬。'兄女曰：'未若柳絮因風起。'公大笑樂，即公大兄無奕女、左將軍王凝之妻也。"　爛：顯眼；鮮明。　櫻珠：形容歌女脣小而紅，如櫻桃；這裡指歌女。孟棨《本事詩・事感第二》載："白尚書姬人樊素，善歌，妓人小蠻，善舞。嘗爲詩曰'櫻桃樊素口，楊柳小蠻腰。'" 　　〔尊前〕　酒席之前。尊：酒樽。　　　〔鑷(niè)霜鬚〕　用鑷子拔去白鬍子。說在歡樂中不願顯出蒼老的相。

【校】

《全宋詞》及毛本題有"前韻"二字。

121. 江　城　子

　　　　大雪，有懷朱康叔使君，亦知使君之念我也。作此以寄之。

　　黃昏猶是雨纖纖。曉開簾。欲平檐。江闊天低，無處認青帘。孤坐凍吟誰伴我，揩病目，撚衰鬚。　　　使君留客醉厭厭。水晶鹽。爲誰甜。手把梅花，東望憶陶潛。雪似故人人似雪，雖可愛，有人嫌。

【編年】

　　寫於元豐四年辛酉（公元1081年）十二月。王文誥《蘇文忠公詩編注集成總案》卷二十二："十二月，有懷朱壽昌，作《江神子》詞。"詞的上闋寫昨夜大雪後，衰病中獨居的寒冷孤寂，下闋表示思念朱壽昌，也想到朱壽昌思念我。據蘇軾《與朱鄂州書》，他很敬佩朱壽昌。朱壽昌作過州的屬官。少年時就失去母親，棄官，到處尋找，找十五年；刺自己手出血，用血寫佛經。熙寧初入蜀，在同州尋到母親，迎回。蘇軾爲此賦詩贊美。

【箋注】

〔朱康叔使君〕　知鄂州事朱壽昌，字康叔，揚州天長人。曾知岳州、廣德軍、鄂州各地。後來入京作朝廷官。這時正知鄂州事。　　　〔平檐(yán)〕形容庭中積雪之厚。檐，屋檐下的地。　　　〔青帘〕　酒店的青布招子；酒旗。鄭谷《旅寓洛南村舍》："白鳥窺魚網，青帘認酒家。"　　　〔揩〕擦，揉。　　　〔撚(niǎn)衰鬚(rán)〕　以手指搓弄衰老了的鬍鬚。作詩構思時的動作。　衰：指鬢的主人衰老。　鬢：頰旁的鬍鬚。　〔厭厭(yān yān)〕　安；指飲酒時安樂。《詩·小雅·湛露》："厭厭夜飲，不醉無歸。"　〔水昌鹽〕　一種產於西方的珍貴的鹽。《梁書》卷五十四《諸夷列傳·中天竺國》："有眞鹽，色正白，如水精。"《魏書》卷三十五《崔浩傳》："太宗賜崔浩御縹醪酒十斛，水精戎鹽一兩。"《金樓子》："胡中有白鹽，產於山崖，映日光明如水精。胡人以供國廚，名'君王鹽'，亦名'玉華鹽'。"　〔爲(wèi)誰甜〕　不爲我獻上美味。意思"甜"指美味（和蜜糖等的甜味不同）。曾季貍《艇齋詩話》："東坡《雪詩》云：'水精鹽，爲誰甜'。鹽味不應言'甜'。以《古樂府》言之：'白酒甜鹽'，則知鹽可言'甜'。"　〔東望憶陶潛〕　說朱壽昌想憶我。陶潛：東晉田園詩人陶淵明的名。這裡蘇軾以"陶潛"自比，以陶淵明的友人江州刺史王宏比朱壽昌。重陽日王宏打發人送酒給陶淵明（見昭明太子蕭統《陶淵明傳》），比於朱壽昌邀蘇軾赴宴。　〔雪似故人〕　蘇軾是朱壽昌的"故人"（舊友）

【校】

毛本調名《江神子》，題前有"公舊序曰"四字，題末作"作《江神子》以寄之。"《全宋詞》本同毛本。

借古抒懷，向朱壽昌致意.

122. 滿 江 紅

黃鶴樓

寄鄂州朱使君壽昌

江漢西來，高樓下、蒲萄深碧。猶自帶、岷峨雪浪，錦江春色。君是南山遺愛守，我爲劍外思歸客。對此間、風物豈無情，殷勤說。　　《江表傳》，君休讀。狂處士，眞堪惜。空洲對鸚鵡，葦花蕭瑟。獨笑書生爭底事，曹公黃祖俱飄忽。願使君、還賦謫仙詩，追黃鶴。

乃長江水如甫自須服滿徹
四川　雪浪氏、捲入
長江

有才能
卻不能
仕

【編年】

寫於元豐四年辛酉（公元1081年）。朱祖謀《東坡樂府》注：案是詞當

177

在黃州作，附編於此。龍榆生《東坡樂府箋》據此說。上闋說和朱壽昌各在一岸，共一江春水。下闋借古事抒懷，向朱壽昌致意。

【箋注】

〔高樓〕　應指武昌黃鶴樓。　　〔江漢西來〕　指長江從西邊流來。蘇軾在黃州，朱壽昌在鄂州，隔江相對。江漢：長江和漢水；《書·禹貢》"江漢朝宗於海"《詩·小雅·四月》"滔滔江漢"，《大雅·江漢》"江漢湯湯(shāng shāng)"都以"江漢"連文，所以這裡也以"江漢"指長江水。

〔蒲萄深碧〕　形容長江水流像葡萄酒一樣清澈碧綠。蒲萄：同"葡萄"　　〔岷峨雪浪〕　指岷山及峨嵋山的雪融而湧入長江的波浪。李白《經亂離後，天恩流夜郎，憶舊遊，書懷。贈江夏韋太守良宰》："江帶岷峨雪，川橫三峽流。"岷峨雪浪，順流而下，黃州、鄂州都在岷峨下游。蘇軾《臨皋閒題》："臨皋亭下八十數步，便是大江。其半是峨嵋雪水。"　　〔錦江春色〕　杜甫在成都作的《登樓》詩"錦江春色來天地"。錦江，四川境內大江，與巫峽相通。所以這裡說長江水把錦江的春色也帶來了。　　〔南山遺愛守〕　在終南山區有仁政的太守。遺愛：《左傳·昭公二十年》："及子產卒，仲尼聞之，出涕曰：'古之遺愛也'。"杜預注："子產見愛，有古人之遺風。"後亦謂'仁政留於民間。'朱壽昌曾任陝州通判，陝州有終南山，故叫南山守。守：秦漢稱郡的首長；通判是知州的副手，相當秦漢"守"之副。　　〔劍外〕　即劍門外，唐人稱劍閣以南蜀中地區為劍外。杜甫《恨別》詩："草木變衰行劍外"，又《聞官軍收河南河北》："劍外忽傳收薊北"。這裡言自己的鄉里是四川。　　〔《江表傳》〕　是記三國時江左吳國時事及人物言行，現已佚亡。裴松之注《三國志》多次引它。

〔狂處(chǔ)士〕　放誕的處士。　處士：有才學而不出仕的人。據下文"洲對鸚鵡"和"曹公黃祖"的事，這裡"狂處士"指東漢末年的禰(nǐ)衡。據《世說新語·言語》注引《典略》："衡字正平，平原般人也。"《文士傳》曰："衡不知先所出，逸才飄舉，少與孔融作爾汝之交。時衡未滿二十，融已五十，敬衡才秀，共結殷勤，不能相違。以建安初北游。或勸其詣京師貴游者，衡懷一刺，遂至漫滅，竟無所詣。融數與武帝牋稱其才。帝傾心，欲見衡。稱疾不肯往，而數有言論。帝甚忿之，以其才名不殺，圖欲辱之。乃令錄為鼓吏，後至八月朝會，大閱，試鼓節；作三重閣，列坐賓客，以帛絹製衣，作一岑车，一單絞，及小幘。鼓吏度者，皆當脫其故衣，著此新衣。次傳衡，衡擊鼓為《漁陽摻撾》，蹋地來前，踊跳腳足，容態不常

178

；鼓聲甚悲，音節殊妙。坐客莫不忼慨，知必衡也。旣度不肯易衣，吏呵之曰：‘鼓吏何獨不易服？’衡便止，當武帝前，先脫幝，次脫餘衣，裸身而立，徐徐乃著岑车，次著單絞，後乃箸幝畢，復擊鼓摻槌而去，顏色無怍。武帝笑謂四坐曰：‘本欲辱衡，衡反辱孤。’至今有《漁陽摻檛》自衡造也。爲黃祖所殺。”　　　〔空洲對鸚鵡〕　即“空對鸚鵡洲”。鸚鵡洲本是長江中的一個小沙洲，後來泥沙淤塞，已和陸地相連，在今武漢市漢陽區。相傳東漢末年江夏守黃祖的長子黃射在洲大會賓客；有人獻鸚鵡，禰衡當即作《鸚鵡賦》，故名。唐詩人崔顥《黃鶴樓》詩有“芳草萋萋鸚鵡洲”句，李白《贈江夏韋太守》詩“顧慚禰處士，虛對鸚鵡洲”。　　　〔獨笑書生爭底事〕　我自笑書生們爭執是爲了哪樁。就是說書生們爭來爭去，甚麼也沒有撈著。　　笑：冷笑，嘲笑。　　底事：什麼。　　〔曹公黃祖〕　想殺禰衡而未殺禰衡的曹操和不存心殺禰衡而殺了禰衡的黃祖。　　　〔飄忽〕　迅速地過去；一閃而過。　　　〔謫仙〕　從仙界貶謫到人間的人；人間難得，只有仙中才有的才華絕頂的人；指李白。《新唐書》卷二百零二《李白傳》，李白到長安，“往見賀知章。知章見其文，嘆曰：‘子，謫仙人也！’”後人用以專稱李白。　　　〔追黃鶴〕　趕上崔顥的《黃鶴樓》詩。崔顥作過一首《黃鶴樓》詩。李白見了崔顥的那首詩，便不作《黃鶴樓》詩了。後來李白遊金陵的鳳凰臺，作《登金陵鳳凰臺》詩，趕上了崔顥的《黃鶴樓》。這裡說，願朱壽昌學前人作詩追上前人，而不計較曹操黃祖那些在歷史上“飄忽”的人。

【校】

《全宋詞》本無題，“獨笑”前有“不”字。毛本題爲“寄鄂州朱使君”。

巻二　編　年

元豐五年壬戌　公元一〇八二年　東坡四十七歲

123. 水　龍　吟

　　　　閭丘大夫孝終公顯，嘗守黃州，作棲霞樓，
為郡中絕勝。元豐五年，余謫居黃。正月十七日
，夢扁舟渡江。中流回望，樓中歌樂雜作。舟中
人言：「公顯方會客也。」覺而異之，乃作此曲
，蓋《越調鼓笛慢》。公顯時已致仕，在蘇州
。

　　小舟橫截春江，臥看翠壁紅樓起。雲間笑語，使君高
會，佳人半醉。危柱哀絃，艷歌餘響，繞雲縈水。念故人
老大，風流未減，空回首煙波裏。　　推枕惘然不見，但
空江、月明千里。五湖聞道，扁舟歸去，仍攜西子。雲夢
南州，武昌東岸，昔遊應記。料多情夢裏，端來見我，也
參差是。

【編年】
　　此詞寫於元豐五年壬戌（公元1082年）。傅藻《東坡紀年錄》：　元豐
五年壬戌正月十七日，“夢扁舟渡江，中流回望，棲霞樓中歌樂雜作，舟中
人言‘公顯方會客。’覺而異之，乃作《水龍吟》。”王文誥《蘇文忠公詩
編注集成總案》卷二十一記載與《東坡紀年錄》同。蘇軾於熙寧七年甲寅五
月曾於蘇州飲於閭丘公顯家，公顯曾守黃州，故謫居黃州後有此詞。上闋記
夢，下闋寫夢醒後的餘味。
【箋注】
〔棲霞樓〕　陸游《入蜀記》卷四：八月十九日：“郡集於棲霞樓，本太守
閭丘孝終公顯所作，蘇公樂府云：‘小舟橫截春江，臥看翠壁紅樓起’，正
謂此樓也。下臨大江，煙樹微茫，遠山數點，亦佳處也。樓頗華潔。先是郡
有慶瑞堂，謂一故相所生之地。後毀以新此樓。”王象之《輿地紀勝》卷四

183

十九《黃州·景物（下）》："棲霞樓在儀門之外西南，軒豁爽塏，坐挹江山之勝，爲一郡奇絕。"明代《弘治黃州府治》："今毀，無址。" 〔越調鼓笛慢〕 《水龍吟》俗名《越調》，詞名《鼓笛慢》。萬樹《詞律》："《鼓笛慢》：按：《詞譜》以此詞歸入《水龍吟》調，注云：'此《添字水龍吟》兼攤破句法。采入，以備一體。"王象之《輿地紀勝》記棲霞樓，說"此東坡所爲賦《鼓笛慢》者也。" 〔公顯時已致仕〕 閭丘公顯當時已經退休。時：當時；在那個時候。 致仕：退休；把公職退還給政府。《禮記·曲禮〔上〕》："大夫七十而致事"，鄭玄注："致其所掌之事於君而告老。"致仕，即"致事"。 〔截〕 攔住。 〔翠壁紅樓〕

在萬綠的山壁中，突起一座紅樓。這句描寫夢中所見棲霞樓的景色。
〔使君〕 宋代詩文中稱知府事或知州事，用漢代對郡守的敬稱"使君"；宋代知府或知州相當漢代的郡守。這裡指閭丘孝終。 〔高會〕 盛大的宴會。《漢書》卷三十一《項羽傳》說義帝派出的上將軍宋義遣兒子作齊相，"身送之無鹽，飲酒高會"，顏師古注："高會，大會也。" 〔危柱哀絃〕 演奏絃樂器。 危：高。柱：絃樂器上縛絃的柱，可以旋轉，使絃繃緊或放鬆。危柱是把柱撐緊，使絃緊。 哀絃：使絃發出感人的樂聲。

〔繞雲縈水〕 形容歌樂的聲音旋繞著雲水而不散。 縈(yíng)：盤旋。

〔故人老大，風流未減〕 老友的年齡老大了，但興會風流并不減於少年時。人老而心不老。故人：老友；指閭丘公顯。 老大：年老；賀知章《回鄉偶書》詩"少小離家老大回。"風流：指尋歡作樂的喜好。 〔推枕惘然不見〕 醒過來，夢中一切都消失了。推枕：起床。 惘然：迷糊的樣子。指在醒來的頃時，是真是夢還不清楚。 〔五湖聞道，扁舟歸去，仍攜西子〕 在五湖地區傳說，你閭丘公顯退休之後，扁舟歸去還帶著美女，沉浸在妓妾聲色中。用越國退休的大夫范蠡攜帶西施，扁舟遊五湖，比喻閭丘公顯退休後盡情享樂。范蠡攜西施遊五湖的事見本書第20首《菩薩蠻》〔莫便向姑蘇扁舟下五湖〕注。 〔雲夢南州，武昌東岸〕 指黃州。閭丘公顯曾知黃州事。黃州是在古雲夢澤之南的州，位於鄂州的對岸。 武昌：鄂州；在今湖北省鄂城，和黃州隔長江相對。 〔昔遊應記〕 應該是你記得往年你在黃州遊歷所經。 〔料多情夢裏，端來見我〕 估計是你重感情，特地闖進我的夢中來見我。 多情：重感情；指閭丘公顯多情，沒有忘記我這個老友。 端：實在；特地。這裡蘇軾揣想夢見閭丘公顯的理由，是閭丘公顯要見我，而進入我的夢境。 〔參差(cēncī)是〕 大致是

（這一理由吧）。　參差：大約；不能準確地。白居易《長恨歌》"雪膚花貌參差是"。

【校】

《全宋詞》序有"公舊注云"四字，"終"作"直"，"詞"作"曲"，"蓋越調鼓笛慢"六字缺，"空"作"獨"，"東"作"南"（黃州在鄂城東北，作"南"誤）。《宋六十名家詞》與《全宋詞》本同。

【附錄】

①清·葉申薌《本事詞》卷上："闊丘公顯守黃州日，作棲霞樓，爲郡中絕勝。子瞻謫居黃州，嘗夢扁舟渡江；中流回望，樓上歌樂雜作。舟人言'闊丘太守宴也。'覺而異之，作《水龍吟》以紀夢，時闊丘已從嶺南致仕歸居蘇州矣。詞云：（略）。闊丘蓋子瞻之舊交，居蘇州日，子瞻每過之，必爲留連數日。且嘗言'過姑蘇不遊虎丘、不謁闊丘是欠事。'其傾倒可知矣。"

②清鄭文焯《手批東坡樂府》："突兀而起，仙乎仙乎！'翠壁'句奇嶄不露琢痕。上闋全寫夢境，空靈中雜以淒麗，過片始言情，有滄波浩渺之致。眞高格也。'雲夢'二句妙能寫閨中情景。煞拍不說夢，偏說夢來見我；正是詞筆高渾不猶人處。"讀東坡先生詞，於氣韻格律並有悟到。空靈妙境，匪可以詞家目之，亦不得不目爲詞家。世每謂其以詩入詞，豈知言哉！董文敏論畫曰："'同能不如獨詣。'吾於坡仙之詞亦云。"

124. 又

　　小溝東接長江，柳堤葦岸連雲際。煙村瀟灑，人間一闋，漁樵早市。永晝端居，寸陰虛度，了成何事。但絲蒓玉藕，珠秔錦鯉。相留戀，又經歲。　　因念浮丘舊侶，慣瑤池、羽觴沉醉。青鸞歌舞，銖衣搖曳，壺中天地。飄墮人間，步虛聲斷，露寒風細。抱素琴，獨向銀蟾影裏，此懷難寄。

【編年】
　　此詞朱祖謀《東坡樂府》注："元本無"，不編年。龍楡生《東坡樂府箋》也未編年。但它可以編年。第一，這首詞說的是在"小溝東接長江"之處過日子，蘇軾一生只是到黃州後才有在長江邊久住的經歷。詞中"柳堤葦岸，煙村瀟灑"，和陸游《入蜀記》乾道六年（公元1170年）8月18日"泊臨皋亭。東坡先生嘗與秦少游書，所謂'門外數步即大江'是也。煙波浩渺，氣象疏豁"景色相合。第二，東坡在黃州奉命不許過問公事，詞中"永晝端居，寸陰虛度，了成何事"微露了慍意；詞的下闋表現從京城貶斥，是從"瑤池"、"壺中天地"陡然"飄墮人間"，追念在京宴飲歌舞之樂，面對目前的"獨"，感到"此懷難寄"，正和當時蘇軾的處境和情懷相合。因此把它編入蘇軾在黃州之作。詞中說"經歲"；蘇軾於宋神宗元豐四年辛酉（公元1081年）到黃州，住在黃州的臨皋亭。"經歲"則作此詞在元豐五年壬戌（公元1082年），所以編年入元豐五年壬戌（公元1082年）。這年，黃州東坡的雪堂還沒有建成，一家住在濱江的臨皋。

【箋注】
〔柳堤葦岸連雲際〕　一望到底，是兩旁夾種柳樹的堤和生滿蘆葦的岸，連接天邊。　　〔煙村瀟灑，人間一鬨，漁樵早市〕　清靜絕俗的小村落裡，只有賣魚賣柴的在早晨作生意，喧鬧一陣子（就安靜了）。煙村：村落；小的居民點。　瀟灑：不同於凡俗；這裡說清靜、遠隔囂雜繁華。鬨（hòng）：喧鬧。一鬨：短時間的鬨鬧，一鬨即散。揚雄《法言·學行》："一鬨之市，不勝異意焉。……一鬨之市，必立之平"。早市：只在早上作買賣的臨時集市。　〔永晝端居〕　整天閒著沒事作。　永晝：長的白天。　端居：安居無事。　〔寸陰虛度，了成何事〕　光陰空度過了，一事無成。寸陰：原是指短暫的時間，陽光移動一寸那麼久。《淮南子·原道訓》"時不與人遊。故聖人不貴尺之璧而重寸之陰"。這裡解爲每一寸光陰。　〔但絲蓴（chún，同"蒓"）、玉藕、珠秔（gēng，同"稉""粳"）錦鯉相留戀〕　只留戀著此地出產的蓴菜、藕、粳稻米和鯉魚四種食物。只有這四種土產食物值得留戀。　但：僅；不過。　蓴：生在河流湖沼淺水處的一種草本植物，葉可供食用。《本草》卷十九《菜部·蓴》：引唐本注："三四月至七八月通名絲蓴，味甜末葉者名瑰軟。"　秔：一種味美的稻米。此秈

186

稻米粒短圓而略透明，所以說"珠秔"。　　〔浮丘舊侶〕　神仙同伴。《列仙傳》卷上說仙人浮丘公接王子喬上嵩山。此首詞的下闋把往日在京聚會飲宴、聽歌觀舞的歡樂和今日被貶逐的孤獨淒涼作對比，以往日爲神仙的生活，"浮丘舊侶"喻往日遊宴的老友。　　〔慣瑤池羽觴沉醉〕　常在仙境瑤池中飲酒沉醉。喻往日在京多次痛飲。　慣：多次；習慣於。　　瑤池：西方的神境。《穆天子傳》卷二"天子觴西王母瑤池之上"，《列子・周穆王》也說周穆王"遂賓於西王母，觴於瑤池之上"。　羽觴(shāng)：飲酒器。古"雀"字作"爵"，用銅鑄成雀形的飲酒器也叫爵；雀是羽類（鳥類），所以稱飲酒的爵爲羽觴。《漢書》卷九十七〔下〕《外戚傳〔下〕：孝成班倢伃"酌羽觴兮消憂"，顏師古注引孟康曰："羽觴，爵也，作生爵（"雀"）形，有頭尾羽翼"。觴：古代用獸角作的飲酒器，後世不用獸角，仍稱爲觴。　　〔青鸞(luán)歌舞〕　這裡喻往日宴會上所聞所見的歌和舞。　青鸞：崔豹《古今注》引後漢太史令蔡衡說：多赤色者鳳，多青色者鸞。這裡指能歌善舞的歌妓舞女。　　〔銖(zhū)衣〕　仙女的極輕的衣。楊慎《藝林伐山》卷十四《五銖衣》："《博異志》：'天女衣六銖，又曰五銖'。《北里志》：'玉肌無屑五銖輕'。"又蘇鶚《杜陽雜編》卷上，說唐宰相元載的會歌舞的寵妾薛瑤英"衣龍綃之衣，一襲無一二兩，搏之不盈一握。載以瑤英不勝衣重，故於異國以求是服也。……（詩人賈）至贈詩曰：'舞怯銖衣重，笑疑桃臉開'。"《漢書・律曆志》："二十四銖爲兩，十六兩爲斤"。　　〔壺中天地〕　仙境之一，這裡喻往日在京的生活享受。《後漢書》卷八十二《方術列傳・費長房傳》："市中有老翁賣藥，懸一壺於肆頭。及市罷，輒跳入壺中。……長房旦日復詣翁。翁乃與俱入壺中，唯見玉堂嚴麗，旨酒甘肴盈衍其中"。《雲笈七籤》卷二十八："施存，魯人，學大丹之跡三百年，十煉不成，唯得變化之術。後遇張申，爲雲台冶官，常懸一壺，如五升器大，化爲天地，中有日月，夜宿其內，自號壺天，人稱壺公。"李賀《開愁歌華下作》："壺中天地雲不開，白晝萬里閒淒迷。"　　〔飄墮人間〕　從上述的"瑤池"、"壺中天地"墮落到人世間。喻從國都被貶斥到黃州。　　〔步虛聲斷〕　再也聽不到步虛聲了。步虛聲：道士誦經禮贊時一種腔調。據稱它如眾仙縹緲、步行於空虛而歌誦之聲。劉敬叔《異苑》卷五，說曹植"遊山，忽聞空裏誦經聲，清遠遒亮。解音者則而寫之，爲神仙聲。道士效之，作步虛聲也。"張籍《送吳鍊師歸王屋》詩："欲到瑤壇上頭宿，應聞空裏步虛聲。"　　〔銀蟾〕銀色的月光。蟾

187

（chán）：蟾蜍（chú），癩蝦蟆。古代傳說月亮裡有蟾蜍；《淮南子・精神訓》："月中有蟾蜍"，王充《論衡・說日》："月中有兔、蟾蜍"；因此稱月爲"蟾"。

【校】

《宋六十名家詞》注："元本不刊。"傅榦注本無此詞。《全宋詞》"蒓"作"蕈"。

125. 江城子

陶淵明以正月五日遊斜川，臨流班坐，顧瞻南阜，愛曾城之獨秀，乃作《斜川詩》。至今使人想見其處。元豐壬戌之春，余躬耕於東坡，築雪堂居之。南挹四望亭之後丘，西控北山之微泉，慨然而嘆。此亦斜川之遊也。乃作長短句，以《江城子》歌之。

夢中了了醉中醒。只淵明。是前生。走遍人間，依舊卻躬耕。昨夜東坡春雨足，烏鵲喜，報新晴。　　雪堂西畔暗泉鳴。北山傾。小溪橫。南望亭丘，孤秀聳曾城。都是斜川當日境，吾老矣，寄餘齡。

【編年】

寫於元豐五年壬戌（公元1082年）。王文誥《蘇文忠公詩編注集成總案》卷二十一："元豐五年二月，南挹四望亭之後丘，西控北山之微泉，慨然而嘆曰：'此亦斜川之遊也！'作《江神子》詞。"　詞的上闋寫在黃州東坡躬耕生活的安謐，以自己心情的恬淡和陶淵明相比。下闋寫東坡和周圍的景物，以東坡的山丘溪泉和陶淵明的斜川相比。煞尾"吾老矣，寄餘齡"聯結上下闋，說自己的心情和東坡的景物足以使我在此隱居下去。

【箋注】

188

〔陶淵明以正月五日遊斜川〕　陶淵明於晉安帝隆安五年辛丑（公元 401年
）和人同遊斜川。見本篇【附錄】。　　〔臨流班坐〕　面對著斜川流水，
和同遊者席地而坐。陶淵明《遊斜川》詩序“臨長流”，詩“班坐依遠流”
。班坐：在地面上鋪上植物的柔枝爲席而坐。《左傳‧襄公二十六年》楚國
伍舉和蔡國聲子在鄭郊相遇，“班荆”，杜預注：“班，布也。布荆坐地”
。班坐就是“班荆”的意思，在野外墊著植物而坐。　　　〔顧瞻南阜〕　陶
《遊斜川》詩說曾城“顧瞻無匹儔”，詩的序“彼南阜者，名實舊矣”。
南阜：即曾城，見下〔愛曾城之獨秀〕注。　　〔愛曾(céng)城之獨秀〕
陶《遊斜川》詩序：“曾城傍無依接，獨秀中皋”，詩“回澤散游目，緬然
睇曾邱。雖微九重秀，顧瞻無匹儔。”　　曾城：斜川的落星寺。駱庭芝《斜
川辨》：“稱‘曾城’者，落星寺也。《遊斜川》詩曰‘回澤散游目，緬然
睇曾邱’，當正月五日，春水未生，落星寺宛在大澤中，是所謂‘回澤’也
。‘曾城’之名，殆是晉所稱者。”　　〔元豐壬戌〕　元豐五年壬戌（公
元1082年）。　　〔躬耕〕　親自參加農業生產勞動。　躬：本人；自己。
〔東坡〕　蘇軾在黃州最後定居處。在黃岡黃州鎮東南。今已無遺跡。蘇軾
東坡八首序“余至黃州二年，日以困匱。故人馬正卿哀余乏食，爲於郡中
請故營地數十畝，使得躬耕其中。”《黃州府志》卷三：“東坡在城東南隅
，宋蘇軾居此，號東坡居士。”　　〔雪堂〕　蘇軾在東坡建的住宅。《雪
堂記》：“蘇子得廢圃於東坡之脅，築而垣之，作雪堂焉。號其正曰雪堂；
堂以大雪中成，因繪雪於壁之間，無容隙也。起居偃仰，環顧睥睨，無非雪
者。蘇子居之，眞得其所也。”　　〔南挹四望亭之後丘〕　雪堂的南方扯
住四望亭後的小山包。　挹(yì)：牽住，拉著。　四望亭：舊址在今黃州市
龍王山下。明弘治《黃州府志》卷四載：“四望亭，在雪堂之南高阜處。唐
太和（公元827-835年）間，刺史劉胤之建，李紳作記。後張激更爲樓。今
無址。”《蘇軾詩集》卷二十《雨晴後，步至四望亭下漁池上，遂乾明寺前
東岡上歸，二首》，注云：“《名勝志》：四望亭，在雪堂南高阜之上。”
　　〔控〕　拉；使挨近。　北山：即聚寶山，在府城北，上有小石。日
出則紅黃燦然，故名。東坡作《怪石供》。（見《黃州府志》卷二）　　微
泉：未有固定所指。東坡北面諸山，宋時“微泉”甚多，皆流入壕塹而成護
城河。　　〔作長短句〕　塡詞。除《生查子》、《浣溪沙》……等少數詞
外，詞的句式都是長短不均的，所以叫長短句。　　〔夢中了了醉中醒〕
在醉中和夢中我才是清醒明白的。指眞性只出現在醉夢中。在醉夢中才有“

我"的意識存在。了了：神智明白；《世說新語·言語》記東漢陳韙說孔融"小時了了。"　　〔只淵明，是前生〕　只有陶淵明是我的前生。　前生：佛家說人生輪迴，有前生、今生和後生；人的靈魂不滅，死後又托生爲後身。人們常說時代不同的兩個人，其遭遇、個性相似的，互爲前生、後生。蘇軾在醉夢中表現眞性，這一點和陶淵明相似；陶淵明是其前生，他是陶淵明的後生，保留了陶淵明"夢中了了醉時醒"的個性。　　〔暗泉鳴，北山傾〕　就是本篇的序所說"西控北山之微泉"。傾：斜。　　〔孤秀聳曾城〕　陶淵明《遊斜川》詩序："若夫曾城，傍無依接，獨秀中皋"。孤秀：即"獨秀"。　　〔餘齡〕　餘生；晚年。

【校】

《全宋詞》題作《江神子》，序前有"公舊注云"四字，末無"乃作長短句，以《江城子》歌之"二句。

【附錄】

①陶淵明《遊斜川》（有序）："辛丑正月五日，天氣澄和，風物閒美。與二三鄰曲同遊斜川，臨長流，望曾城。魴鯉躍鱗於將夕，水鷗乘和以翻飛。彼南阜者，名實舊矣。不復乃爲嘆嗟。若夫曾城，傍無依接，獨秀中皋。遙想靈山，有愛嘉名。欣對不足，率爾賦詩。悲日月之遂往，悼年歲之不留。各疏年紀鄉里，以記其時日。　開歲倏五日，吾生行歸休，念之動中懷，及辰爲茲遊。氣和天惟澄，班坐依遠流。弱湍馳文魴，閒谷矯鳴鷗。回澤散游目，緬然睇曾邱：雖微九重秀，顧瞻無匹儔。提壺接賓侶，引滿更獻酬。未知從今去，當復如此否！中觴縱遙情，忘彼千載憂。且極今朝樂，明日非所求。"

②陸游《自雪堂登四望亭，因歷訪蘇公遺跡至安國院》詩："我醉飛屐登孱顏，挂杖出没風煙間。三山蔥蘢鮫鱷靜，九關肅穆虎豹閒。幾年金骨煉綠髓，此日始得窮躋攀。老仙歸侍紫皇案，空有野水流淙潺。蜿蜒翠阜圍綠野，似嶺非嶺山非山。……"

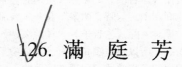

126. 滿 庭 芳

蝸角虛名，蠅頭微利，算來著甚乾忙。事皆前定，誰弱又誰強。且趁閒身未老，須放我、些子疏狂。百年裏，渾教是醉，三萬六千場。　　思量。能幾許，憂愁風雨，一半相妨。又何須：抵死說短論長。幸時清風皓月，苔茵展、雲幕高張。江南好，千鍾美酒，一曲《滿庭芳》。

【編年】

這首詞，朱祖謀和龍楡生注本均未編年。從詞的內容看，應是到黃州後不久的作品。因為，在烏臺詩案後，在激烈的黨爭中，蘇軾變得頹喪但又曠達。《東坡詩集》卷十四《徐大正閒軒》詩："冰蠶不知寒，火鼠不知暑；知閒見閒地，已覺非閒侶。君看東坡翁，懶散誰心數。形骸墜醉夢，生事委塵土。早眠不見燈，晚食或敲午。臥看甋取盜，坐視麥漂雨。語希舌煩強，行少腰腳僂。五年黃州城，不蹋黃州鼓。人言我閒客，置此閒處所，問閒作何味，如眼不自睹。……"在元豐五年九月寫的《臨江仙》（本書第148首），"長恨此身非我有，何時忘卻營營。夜闌風靜穀紋平。小舟從此逝，江海寄餘生。"和這首《滿庭芳》一樣表現了蘇軾到黃州後的心情。《蘇詩紀事》卷上："東坡《滿庭芳》詞，碑刻遍傳海內。使競進之徒讀之可以解體，恬淡之徒讀之可以娛生"，并有評語："達人之言，讀之使人心懷暢然。"這一評語說明蘇軾的頹廢和曠達；而這是蘇軾到黃州時的思想境界。

因此，這首詞列為蘇軾初到黃州的作品，暫編為元豐五年壬戌（公元1082年）。

【箋注】

〔蝸角虛名〕　微不足道的虛名。　蝸角：《莊子・則陽》記宋國戴晉人的話："有國於蝸之左角者曰觸氏，有國於蝸之右角者曰蠻氏，時相爭地而戰，伏尸數萬，逐北旬有五日而後反。"言其藐小。　〔蠅頭〕　比喻物之細微。《南史》卷四十一《衡陽元王道度傳》說南齊衡陽王蕭子鈞親自用小字寫五經。賀玠問他："殿下家自有墳索，復何須蠅頭細書？"用"蠅頭"比喻字體的小。這裡取"蠅頭"微小之義，不說"細書"　〔著甚乾忙〕　瞎忙些什麼。　著：當時口語用在"忙"字前，如現在口語"著急"、"著慌"的"著"。乾忙：無意義的忙。　〔前定〕　（老天爺）已事先安排。　〔誰弱又誰強〕　不由於人的強弱。在爭名奪利的鬥爭中，獲勝者不

191

一定強，失敗者不一定弱，因為勝敗已經"前定"。　〔閒身〕 沒有職責的人。　〔放我些子疏狂〕 容許我有一點自由和任性。　放：縱容，任憑。　疏：放鬆，不受禮法拘束。　〔百年裏，渾教是醉，三萬六千場〕 十二個字照字面應讀成一句。意思是每日醉一場，一年醉三百六十場，百年醉三萬六千場。李白詩中多次說"三萬六千日"，如《襄陽歌》："百年三萬六千日，一日須傾三百杯。"　渾：全。　教（jiāo）：使。　〔思量〕 計算。　〔能幾許，憂愁風雨，一半相妨〕 （一輩子）能夠有多少（日子），（而這些日子）不愉快的心情（"憂愁"）和不愉快的天氣（"風雨"）占去了一半。葉道卿《賀聖朝》詞："二分春色：一分愁悶，一分風雨。"　妨：干擾；敗興。　〔抵死〕 堅持；硬要。　〔苔茵展，雲幕高張〕 （下面是）青苔作為褥席而攤開，（上面是）白雲作為帳幕而高挂。就是說，露天坐臥，在大自然中無拘無束。　茵：供坐臥的褥和席。　展：鋪開。　張：撒開。　〔江南好〕 一是說江南好地方，二是一個詞牌。一語雙關。

【校】

　　傳注本"算"作"筭"，"閒"作"閑"。毛本題目"或作'警悟'"，"須"作"儘"。《全宋詞》"須"作"儘"。

127. 定　風　波

　　　　　　三月七日，沙湖道中遇雨。雨具先去，同行
　　　　　皆狼狽；余獨不覺。已而遂晴。　故作此詞。
　　莫聽穿林打葉聲。何妨吟嘯且徐行。竹杖芒鞋輕勝馬。誰怕。一簑煙雨任平生。　　料峭春風吹酒醒。微冷。山頭斜照卻相迎。回首向來蕭瑟處。歸去。也無風雨也無晴。

【編年】

　　此詞寫於元豐五年壬戌（公元1082年）三月。王文誥《蘇文忠公詩編注
192

集成總案》卷二十一："元豐五年壬戌三月七日，公以相田至沙湖，道中遇雨。作《定風波》詞。"

【箋注】

〔沙湖〕 《黃州府志》卷二：黃岡沙湖"縣東三十里。宋蘇軾嘗欲買田處。一名螺絲店。" 〔雨具先去〕 持雨具的人已走在前了。 〔吟嘯且徐行〕 吟唱長嘯，慢步行走。 吟嘯：意趣蕭閒，不在乎。《晉書》卷四十九《阮籍傳》："登山臨水，嘯詠自若。" 〔芒鞵（同"鞋"）〕草鞋。 〔料峭（qiào）〕 形容春寒。 〔回首向來蕭瑟處。也無風雨也無晴〕 回頭看先在遭風雨而蕭瑟之處，什麼跡象也沒有，沒有經歷風雨，也沒有經歷雨後放晴。大家白忙亂一陣。蘇軾《獨覺（jiào）》詩："悠然獨覺午窗明，欲覺猶聞醉酣聲。回首向來蕭瑟處，也無風雨也無晴。"也說自己心境恬靜，不因外物變化而波動；什麼風呀雨呀晴呀的，都不感到。

【校】

《全宋詞》序前有"公舊序云"四字，"鞵"作"鞋"，"蕭瑟"作"瀟洒"。毛本"蕭瑟"作"瀟灑"。

【附錄】

①鄭文焯《手批東坡樂府》：此足徵是翁坦蕩之懷，任天而動。琢句亦瘦逸，能道眼前景。以曲筆直寫胸臆，倚聲能事盡之矣。

128. 浣 溪 沙

遊蘄水清泉寺。寺臨蘭溪，溪水西流。

　山下蘭芽短浸溪。松間沙路淨無泥。蕭蕭暮雨子規啼。誰道人生無再少。門前流水尚能西。休將白髮唱黃雞。

【編年】

此詞寫於元豐五年壬戌（公元1082年）三月。王文誥《蘇文忠公詩編注集成總案》卷二十一："疾愈，與龐醫遊清泉寺，飲王羲之洗筆池泉，徜徉蘭溪之上，作《浣溪沙》詞。"又《東坡志林》卷一《遊沙湖》："黃州東南三十里爲沙湖，亦曰螺師店，予買田其間。因往相田得疾。聞麻橋人龐安常善醫而聾，遂往求療。安常雖聾，而穎悟絕人。以紙畫字，書不數字，輒深了人意。余戲之曰：'余以手爲口，君以眼爲耳，皆一時異人也。'疾愈，與之同遊清泉寺。寺在蘄水郭門外二里許，有王逸少洗筆泉，水極甘，下臨蘭溪，溪水西流。余作歌云（略）。是日劇飲而歸。"

【箋注】

〔蘄(qí)水〕　蘄水縣，今湖北省浠(xī)水縣，在黃岡東。　　　〔清泉寺〕
《黃州府志》卷三："筆沼，俗名洗筆池，在縣東二里清泉寺。世傳王羲之洗筆於此，今池畔小竹猶漬墨痕。"　〔蘭溪〕　《黃州府志》卷三："在縣西南四十里，多出山蘭。唐以此名縣，今改作鎮。"現有小汽船達武漢，有公路通浠水縣城關，和黃石市隔江相望。唐詩人杜牧《蘭溪》詩："蘭溪春盡碧泱泱，映水蘭花雨後香。楚國大夫憔悴日，應從此路返瀟湘。"
　　〔溪水西流〕　我國地勢：西部高，東部低，大江大河都發源於西，向東流入海。只有少數河流溪澗自東流向西。因爲少見，所以被視爲特點。蘇軾特別指出蘭溪"西流"。詞的下闋就因"流水尚能西"而生出聯想，意思新穎。　　〔子規〕　杜鵑鳥。　　〔人生無再少(shào)〕　青春一去不復返。　　〔門前流水尚能西〕　流水還有不向東流而向西流的。人們習慣以水向東流一去不回，比韶華逝去，青春不再。這裡說"水尚能西"，則歲月也可以重來，人生可以再少。蘇軾《八月十五日看潮五絕》也有同樣的內容："江邊身世兩悠悠，久與滄波共白頭。造物亦知人易老，故教江水向西流。"　　〔休將白髮唱黃雞〕　不要因生了白髮而唱白居易歌辭中有"黃雞"的《醉歌》。就是說，不要爲年老而感傷。白居易《醉歌示妓商玲瓏》："誰道使君不解歌？聽唱黃雞與白日。黃雞催曉丑時鳴，白日催年酉前沒。腰間紅綬繫未穩，鏡裏朱顏看已失。玲瓏玲瓏奈老何，使君歌了汝更歌。"白居易自己唱這首《醉歌》，還要別人"更歌"；蘇軾則叫人"休將白髮唱黃雞"；白居易頹喪，蘇軾曠達。

【校】

《全宋詞》及《宋六十名家詞》全同。

【附錄】

①宋·曾敏行《獨醒雜志》卷二："徐公師川嘗言東坡長短句，有云'

山下蘭芽短浸溪，松間沙路淨無泥。’白樂天詩云：‘柳橋晴有絮，沙路潤無泥。’‘淨’‘潤’兩字，當有能辨之者”。

②宋・陸游《入蜀記》卷四：“八月十七日過回風磯，無大山，蓋江邊石漬耳。然水緊浪湧，過舟甚艱。過蘭谿，東坡先生所謂山下蘭芽短浸谿者。”

③清．陳廷焯《白雨齋詞話》卷六：“東坡《浣溪沙》云：‘誰道人生難再少，君看流水尚能西。休將白髮唱黃雞。’愈悲鬱，愈豪放，愈忠厚，令我神往。”

④清・先著《詞潔》卷一：“坡公韻高，故淺淺語亦覺不凡。”

129. 西 江 月

頃在黃州，春夜行蘄水中，過酒家飲。酒醉，乘月至一溪橋上，解鞍曲肱，醉臥少休。及覺已曉。亂山攢擁，流水鏘然，疑非塵世也。書此詞橋柱上。

照野瀰瀰淺浪，橫空隱隱層霄。障泥未解玉驄驕。我欲醉眠芳草。　　可惜一溪明月，莫教踏碎瓊瑤。解鞍敧枕綠楊橋。杜宇一聲春曉。

【編年】

寫於元豐五年壬戌（公元1082年）三月。王文誥《蘇文忠公詩編注集成總案》卷二十一：三月，“夜過酒家，飲酒醉。月上，策馬至溪橋，解鞍曲肱，少休。及覺，亂山蔥蘢，不謂人世也。題《西江月》詞於橋上。”

【箋注】

〔蘄(qí)水〕　黃州蘄水縣，即今湖北省浠水縣。浠水河自城邊流過，至蘭溪入長江。　〔曲肱(gōng)〕　彎曲著胳膊（當枕頭）。《論語・述而》：“曲肱而枕之。”　肱：手臂的上半部（由肩至肘的那一段）。

195

〔攢(cuán)擁〕 聚集，一層一層的擁疊在一起。 〔瀰瀰（mǐ；這裡讀平聲，音mí）〕 水流貌。《詩經·邶風·新臺》：“河水瀰瀰” 〔橫空〕 橫亙天空。 〔障泥〕 馬韉。墊在馬鞍下，垂於馬背兩旁以擋泥土，故稱。《世說新語·術解》：“王武子善解馬性。嘗乘一馬著連錢障泥，前有水，終不肯渡。王云：‘此必惜障泥’。使人解去，便徑渡。”
〔我欲醉眠〕 用陶淵明語。蕭統《陶淵明傳》記陶淵明醉時向客人說：“我醉欲眠，卿可去。” 〔瓊瑤〕 瓊與瑤都是美玉，這裡形容溪水在月下的碧綠清澈。 〔綠楊橋〕 《黃州府治》卷三：“綠楊橋在（蘄水）縣東里許，蘇軾曾醉臥其上，作《綠楊橋》詞，因名。”明代劉允昌和蘇軾《綠楊橋》詞：“漠漠野雲生壑，亭亭岸柳干霄。秋原粟熟雉囮驕。夜半猶啼芳草。 共是風塵小吏，桃李難比瓊瑤。披襟岸幘過溪橋。人醉蒼茫天曉。”

【校】

《全宋詞》序有：“公自序云”四字，標點有“過酒家飲。酒醉。”“及覺已曉”的差異。“攢擁”作“蔥蘢”，“疑非”作“不謂”，“語”作“詞”。“隱隱”作“曖曖”，“蹋”作“踏”。

【附錄】

①明·楊慎《詞品》卷一：“歐陽公詞：‘草薰風暖搖征轡’，乃用江淹《別賦》：‘閨中風暖，陌上草薰’之語也。蘇公詞：‘照野瀰瀰淺浪，橫空曖曖微霄’，乃用陶淵明‘山滌餘靄，宇曖微霄’之語也。填詞雖於文爲末，而非自選詩、樂府來，亦不能入妙。”

②清·沈雄《古今詞話》中《詞辨》卷上：“花庵詞客曰：‘照野瀰瀰淺浪，橫空曖曖微霄’、東坡用陶語：‘山滌餘靄，宇曖微霄’也。公以春夜行蘄水中，過酒家醉飲；乘月一至溪橋，曲肱少寐，及覺，已曉，亂山蔥蘢，不謂人世也。黃九疑公有突兀之句，故小敘及之。”

③《蘇詩紀事》卷上：評：“是詞調爲《西江月》。小令凡二體，并雙調，是其第一體。後段尤妙。”

④清·張宗橚《詞林紀事》：“王阮亭：吾友楊菊廬比鄰，因此詞，於玉台山作春曉亭子，一時名士多爲賦之，亦佳話也。”

196

130. 洞仙歌

余七歲時，見眉山老尼，姓朱，忘其名，年九十歲。自言：嘗隨其師入蜀主孟昶宮中。一日大熱，蜀主與花蕊夫人夜納涼摩訶池上，作一詞。朱具能記之。今四十年，朱已死久矣，人無知此詞者，但記其首兩句。暇日尋味，豈《洞仙歌令》乎？乃爲足之云。

冰肌玉骨，自清涼無汗。水殿風來暗香滿。繡簾開、一點明月窺人，人未寢，敲枕釵橫鬢亂。　　起來攜素手，庭戶無聲，時見疏星渡河漢。試問夜如何，夜已三更，金波淡、玉繩低轉。但屈指、西風幾時來，又不道，流年暗中偷換。

【編年】

作於元豐五年壬戌（公元1082年）。朱祖謀注："案公生丙子，'七歲'爲壬午，又'四十年'爲壬戌也。"朱注是，據蘇軾序推算，蘇當時四十七歲。

【箋注】

〔孟昶(chǎng)〕　五代末後蜀國王。公元934年爲王。宋太祖乾德三年（公元965年），後蜀爲宋所滅，昶降，被改封爲秦國公。長於文學和音樂，曾作《相見歡》詞。　　〔花蕊夫人〕　後蜀王孟昶之妃，姓徐（一說姓費），青城（今四川灌縣）人。後蜀亡，被擄入宋，被宋太祖寵愛。其所以叫花蕊夫人，見本首【附錄】引吳曾《能改齋漫錄》。五代有兩個花蕊夫人，都姓徐，都是蜀的王妃，都有文采。除孟昶的妃外，還有前蜀（蜀王姓王，所以前蜀又稱"王蜀"）王妃，公元925年，前蜀亡，妃被殺。見明代郎瑛《七修類稿》卷28《二花蕊夫人》。　　〔摩訶池〕　五代時蜀王在四川成都的王宮中的大池。摩訶(hē)：一作莫訶，一作摩蘊，是梵語的音譯，意思是多、大、勝。明人曹學佺《蜀中名勝記》卷四《成都府》引《蜀檮杌》：“王建武成元年（公元908年）改摩訶池為躍龍池”。　　〔為(wèi)足之〕給它補足。意思是把原只剩的兩句添補成一首完整的《洞仙歌》。　　〔冰肌玉骨〕　形容婦女肌體美麗，如冰之清，如玉之潤。　　〔水殿〕　濱水或為水所環繞的殿。指摩訶池畔或池中的殿宇。　　〔敧(yǐ)〕　同“倚”。　　〔素手〕　少女潔白的手。《古詩十九首》：“纖纖出素手”、“纖纖擢素手”。　　〔河漢〕　天上的銀河。《古詩十九首》：“皎皎河漢女”、“河漢清且淺”。　　〔金波〕　月光。《漢書》卷二十二《禮樂志》漢《郊祀歌》第十一《天門開》：“月穆穆以金波”，顏師古注：“言月光穆穆，若金之波流也。”　　〔玉繩低〕　玉繩星向下沉。《文選》卷二十六謝朓《暫使下都夜發新林到京邑贈西府同僚》詩“玉繩低建章”，李善注引《春秋元命苞》：“玉衡北兩星為玉繩星。”　低：下降。　　〔流年〕像水一樣流逝的年華。

【校】

《全宋詞》序有“公自序云”四字，“余”作“僕”，“久矣”二字缺。《宋六十名家詞》“歲”作“餘”，“納涼”作“起避暑”，“但”作“獨”，“久”字缺，“云”字缺，“三更”之上衍“是”字。

【附錄】

①張邦基《墨莊漫錄》卷九：東坡作長短句《洞仙歌》，所謂“冰肌玉骨，自清涼無汗”者。公自敘云：“予幼時見一老尼，年九十餘，能言孟蜀主時事，云蜀主嘗與花蕊夫人夜起，納涼於摩訶池上，作《洞仙歌令》。老人能歌之，予今但記其首兩句，乃為足之。”近見李公彥《秀成詩話》，乃云楊元素作《本事記》：“《洞仙歌》‘冰肌玉骨，自清涼無汗。’錢塘有老尼能誦後主詩首章兩句，後人為足其意以填此詞。”其說不同。予友陳興祖德昭云：頃見一詩話，亦題云李秀成作，乃全載蜀主一詩：“冰肌玉骨清無汗，水殿風來暗香滿，簾間明月獨窺人，敧枕釵橫雲鬢亂。三更庭院悄無聲，時見疏星渡河漢。屈指西風幾時來，只恐流年暗中換。”云東坡少年遇美人，喜《洞仙歌》，又邂逅處景色暗相似，故隱括稍協律以贈之也。予以謂此說近之。據此，乃詩耳。而東坡自敘乃云是《洞仙歌令》，蓋公以此敘自晦耳。《洞仙歌令》腔出近世，五代及國初未之有也。

②宋·吳曾《能改齋漫錄》卷十六：偽蜀主孟昶：徐匡璋納女於昶，拜

198

貴妃，別號花蕊夫人，意花不足擬其色，似花蕊颭輕也。又升號慧妃，以號之言如其性也。王師下蜀，太祖聞其名，命別護送。途中作詞自解云：「初離蜀道心將碎，離恨綿綿。春日如年。馬上時時聞杜鵑。　　　三千宮女皆花貌，妾最嬋娟。此去朝天，只恐君王寵愛偏。」陳无己以夫人爲姓費，誤也。

　　③宋‧周紫芝《竹坡詩話》卷二：「冰肌玉骨清無汗，水殿風來暗香滿，繡簾一點暗窺人，倚枕釵橫鬢雲亂。起來庭院俏無聲，時見疏星渡雲漢。屈指西風幾時來，不道流年暗中換。」世傳此詩爲花蕊夫人作。東坡嘗用此作《洞仙歌》曲。或謂東坡托花蕊以自解耳。不可知也。

　　④宋‧胡仔《苕溪漁隱叢話》前集卷六十：《漫叟詩話》云：「楊元素作《本事曲》，記《洞仙歌》云云。」錢塘有一老尼，能誦後主詩首章兩句，後人爲足其意，以填此詞。余嘗見一士人，誦全篇云：「冰肌玉骨清無汗，水殿風來暗香滿。簾開明月獨窺人，攲枕釵橫雲鬢亂。起來瓊戶啓無聲，時見疏星渡河漢。屈指西風幾時來，只恐流年暗中換。」又東坡《洞仙歌》序云（略）。苕溪漁隱曰：《漫叟詩話》所載《本事曲》，云：錢塘一老尼能誦後主詩首章兩句，與東坡《洞仙歌》序全然不同。當以序爲正也。

　　⑤明‧楊慎《詞品》卷二：花蕊夫人，宮辭之外，尤工樂府。蜀亡，入汴，書葭萌驛壁云：「初離蜀道心將碎，離恨綿綿。春日如年。馬上時時聞杜鵑。」書未畢，爲軍騎催行。後人續之云：「三千宮女皆花貌，妾最嬋娟。此去朝天。只恐君王寵愛偏。」花蕊見宋祖，猶作「更無一個是男兒」之詩，焉有隨昶行而書此敗節之語乎？續之者不惟虛空架橋；而辭之鄙，亦狗尾續貂矣。

　　⑥明‧胡應麟《詩藪‧雜篇》卷四：花蕊夫人，費姓，或云徐氏。按郎瑛《類稿》以蜀有兩花蕊，皆能詩，皆亡國，皆徐氏也。王蜀徐妃二人，亦各知爲詩，見《蜀檮杌》，一號花蕊。孟蜀花蕊《宮詞》一卷，今傳。又「君王城上樹降旗」絕句，載《後山詩話》。嘗供奉故主之家，宋主問之，以「張仙」對。信慧黠女人也。

　　又《詩藪‧雜篇》卷四：孟後主昶，世以爲荒淫不通，然實留心文藝。嘗與花蕊夫人納涼作詞云：「冰肌玉骨清無汗，水殿風來暗香滿。簾開明月獨窺人，攲枕釵橫鬢雲亂。起來瓊戶啓無聲，時見疏星渡河漢。屈指西風幾時來，只恐流年暗中換。」按昶詞，蘇公《洞仙歌》全檃括之。元人《琵琶記》「新篁池閣」亦出此。而《花間集》不載。近世吳興補刻，復遺之，因

199

錄此。昶又嘗書石刻五經。當唐末，海內各名畫士咸入益州。昶子玄寶甫齔，誦萬言，七歲卒。先是，王蜀主衍亦能文。

⑦明·李日華《味水軒日記》：東坡墨蹟行書《洞仙歌》詞一首，字如當三錢大，豐茂多姿，全法徐季海。此詞首語"冰肌玉骨，自清涼無汗"，舊傳蜀花蕊夫人句，後皆坡翁續成之。豪華婉逸，如出一手，亦公自所得意者。染翰灑灑，想見其軒渠滿志也。

⑧清·宋翔鳳《樂府餘論》 按《（苕溪漁隱）叢話》載《漫叟詩話》而辨之甚備，則元素《本事曲》仍是東坡詞。所謂"見一士人誦全篇"云云者，乃《漫叟詩話》之言，不出元素也。元素與東坡同時，先後知杭州。東坡追憶當時詞，當在杭足成之，元素至杭聞歌此詞，未審爲東坡所足，事皆有之。東坡所見者蜀尼，故能記蜀詞。若錢尼，何自得聞也？《本事曲》已誤。至所傳"冰肌玉骨清無汗"一詞，不過檃括蘇詞，然後刪去數虛字，語遂平直，了無意味。蓋宋自南渡後，典籍散亡，小書雜出，真僞互見。《叢話》多有別白。而竹垞《詞綜》，顧棄此錄彼，意欲變草堂之所選。然亦千慮之一失矣。

⑨清·沈雄《古今詞話》：京東人士隱括東坡《洞仙歌》爲《玉樓春》，以記摩訶池上之事。

⑩清·沈祥龍《論詞隨筆》：詞韶麗處，不在塗脂抹粉也；誦東坡"冰肌玉骨，自清涼無汗。水殿風來暗香滿"句，自覺口吻俱香。悲慨之處，不在嘆逝傷離也；誦耆卿"漸霜風淒緊，關河冷落，殘照當樓"句，自覺神魂欲斷。蓋在神不在迹也。

⑪清·張德瀛《詞徵》卷五：蜀主孟昶《玉樓春》詞，花蕊夫人避暑摩訶池上作。東坡謂幼時有眉山老尼能誦其詞，今但記其首兩句，疑是《洞仙歌令》，乃爲足之。蜀主詞載張邦基《墨莊漫錄》。與今本所傳稍參異同。今觀坡詞，與蜀主全詞吻合，非但記其兩句。《墨莊漫錄》謂東坡少年遇美人，喜《洞仙歌》，又邂逅處景色暗相似，故檃括稍協律以贈之，而詞敘以之自晦云。蓋謂《洞仙歌》腔出近世，五代、宋初未嘗有也。然則潘明叔所云"蜀帥謝元明開古摩訶池，得石刻"者，殆孟昶詞所本乎？

131. 滿 江 紅

200

董毅夫名鉞，自梓漕得罪，罷官東川，歸鄱陽，過東坡於齊安。怪其豐暇自得。余問之。曰："吾再娶柳氏，三日而去官。吾固不戚戚，而憂柳氏不能忘懷於進退也。已而欣然，同憂患若處富貴，吾是以益安焉。"命其侍兒歌其所作《滿江紅》。嗟嘆之不足，乃次其韻。

　　憂喜相尋，風雨過、一江春綠。巫峽夢、至今空有，，亂山屏簇。何似伯鸞攜德耀，簞瓢未足清歡足。漸粲然、光彩照階庭，生蘭玉。　　　幽夢裏，傳心曲。腸斷處，憑他續。文君婿知否，笑君卑辱。君不見、《周南》歌《漢廣》，天教夫子休喬木。便相將、左手抱琴書，雲間宿。

　　【編年】
　　寫於元豐五年壬戌（公元1082年）三月。王文誥《蘇文忠公詩編注集成總案》卷二十一："元豐五年壬戌三月，和董鉞《滿江紅》詞。誥案：董義夫因朱壽昌納交於公，不一年，以病没。見本集《與蔡景繁書》中。至公與朱、蔡書及《滿江紅》詞敘均作'義夫'，獨《哨遍》詞敘作'毅夫'，'義'略可通'毅'，似兩用之者。今爲一之，庶無歧出耳。"
　　【箋注】
　〔梓漕〕　梓州轉運使。　梓：梓州；宋代西川路的一個州，州治在郪（qī。今四川中江縣東南）。　漕（cáo）：本是管水路運輸的官；宋代用來稱各地方轉運使或其官署，其職權超過水運。　〔鄱（pó）陽〕　今江西鄱陽縣。　〔齊安〕　黃州。南朝的齊朝設齊安郡。隋開皇五年改爲黃州。古人詩文往往用古代地名。　〔豐暇自得〕　寬舒愉快。一般人丟官之後都憂鬱苦惱，董鉞卻心情寬暇，因此蘇軾"怪"。　〔戚戚〕　悲憂。《列女傳》卷二《魯黔婁妻》說黔妻"不戚戚於貧賤"。　〔進退〕　升官和貶降。　〔嗟嘆之不足〕　嗟嘆還不能充分抒情。《毛詩序》"嗟嘆之不足，故永（同"詠"）歌之"。嗟嘆：這裡說贊賞。　〔風雨過，一江春綠〕

201

比喻董鋮夫婦在受過打擊之後，心情仍如一江春水平靜清澈。　〔巫峽夢〕三句　像楚襄王巫山的夢醒以後，夢中一切都消失了，只見亂山如屏簇聚。喻人世榮華得意也如夢境，最後仍是一場空。　巫峽夢：《文選》卷十九宋玉《高唐賦》記巫山的夢。　〔何似〕　怎麼趕得上；不如。　〔伯鸞攜德耀〕　東漢的梁鴻攜持其妻孟光。一對甘心過苦日子的志同道合的夫妻。《後漢書·逸民列傳·梁鴻傳》：“梁鴻字伯鸞，扶風平陵人。……勢家慕其高節，多欲女之。鴻並絕不娶。同縣孟氏有女……擇對不嫁，年至三十，父母問其故；女曰：‘欲得賢如梁伯鸞者。’鴻聞而聘之。女求作布衣、麻屨、織作筐緝績之具。及嫁，始以裝飾入門。……鴻曰：‘吾欲裘褐之人，可與俱隱深山者爾。爾今乃衣綺縞，傅粉墨，豈鴻所願哉。’妻曰：‘以觀夫子之志耳。妾有隱居之服。’乃更爲椎髻，著布衣，操作而前。鴻大喜曰：‘此眞梁鴻妻也，能奉我矣。’字之曰德曜，（名）孟光。……乃共入霸陵山中，以耕織爲業，詠詩書、彈琴以自娛。”用梁鴻、孟光比喻董鋮和柳氏夫婦不憂貧苦。　〔簞（dān）瓢未足清歡足〕　生活貧苦而精神愉快。起碼的生活資料都不夠，但歡樂卻是多得很。　簞：盛飯的竹器；瓢：盛漿水之器；這裡指飲食物。《論語·雍也》記孔子稱讚弟子顏回：“賢哉回也！一簞食（sì），一瓢飲，在陋巷。人不堪其憂，回也不改其樂。賢哉回也！”這裡用顏回生活貧乏而“不改其樂”比董鋮夫婦。　足：充足。

〔生蘭玉〕　生育如蘭如玉的好兒子。對董鋮夫妻的祝願。《晉書》卷七十九《謝安傳》：“安嘗戒約子姪，因曰：‘子弟亦何預人家事，而正欲使其佳？’諸人莫有言者。謝玄答曰：‘譬如芝蘭玉樹，欲使其生於庭階耳。’安大悅。”“蘭玉”就是芝蘭玉樹光彩粲然照庭階。　〔心曲〕　内心深處。《詩·秦風·小戎》“亂我心曲”，鄭玄《箋》：“心曲，心之委曲也。”　〔腸斷處，憑他續〕　腸子斷了，讓它自行接起來。不理睬使人難過的事。憑：聽任。　〔文君婿知否，笑君卑辱〕　卓文君的丈夫司馬相如，你知道嗎？我們恥笑你的品德卑汙。　文君：西漢前期臨邛（qióng）富人卓王孫之女，丈夫死了，回娘家居住，愛上了在卓家作客的文學家司馬相如，二人夜間奔出卓家，到司馬相如故鄉成都。司馬相如極貧。後來接受卓王孫的資助。　婿：丈夫。文君婿：卓文君的丈夫司馬相如。　卑辱：指司馬相如忍受不住貧困而受卓王孫的賜予，是卑賤可恥。婿，丈夫。　〔《周南》歌《漢廣》〕二句　《詩·周南》中歌詠《漢廣》篇的守禮的男子不強求遊於外的賢女，天使得《漢廣》中的男子休於喬木。《漢廣》詩有“

南有喬木，不可休思（《毛詩》作"不可休息"。此據《韓詩》）。　漢有
游女，不可求思"。舊解：喬木太高大，人不能休於其枝葉；以比賢女雖游
於水上，也不可妄求。但老天爺卻使得這個男子休於喬木（也就是求得賢女
）。　歌：歌詠。　教(jiāo)：使；叫。夫子：男子，丈夫（敬稱）；指董
鉞。　休喬木：據《漢廣》，喬木是"不可休"的，以喻賢女是"不可求"
的；這裡說董鉞"休喬木"，就是說董鉞很有幸地得了賢女爲妻。　　〔相
將〕　相與；相伴。　　〔雲間宿〕　到雲中住宿。到遠隔繁華世界的遠處
隱居。

【校】

《全宋詞》本序有"楊元素《本事曲集》"七字，無"罷官東川"四字
。"過"作"遇"，無"余問之"三字。"若處"作"如處"，"命其侍兒
"作"乃令家僮"，"嗟嘆"之前有"東坡"二字。毛本本無"罷官東川，
余問之"七字，"嗟嘆"之前有"東坡"二字。又"義"作"毅"，"過"
作"遇"，"若"作"如"，"命其侍兒"作"命其家僮"。

132. 哨　遍

　　　　　　陶淵明賦《歸去來》，有其詞而無其聲。余
既治東坡，築雪堂於上，人俱笑其陋；獨鄱陽董
毅夫過而悅之，有卜鄰之意。乃取《歸去來辭》
，稍加隱括，使就聲律，以遺毅夫，使家僮歌之
，相從於東坡，釋耒而和之，扣牛角而爲之節，
不亦樂乎！

　　爲米折腰，因酒棄家，口體交相累。歸去來，誰不遣
君歸。覺從前皆非今是。露未晞。征夫指余歸路，門前笑
語喧童穉。嗟舊菊都荒，新松暗老，吾年今已如此。但小
窗、容膝閉柴扉。策杖看、孤雲暮鴻飛。雲出無心，鳥倦

知還，本非有意。　　噫。歸去來兮。我今忘我兼忘世。親戚無浪語，琴書中、有眞味。步翠麓崎嶇，泛溪窈窕，涓涓暗谷流春水。觀草木欣榮，幽人自感，吾生行且休矣。念寓形宇內復幾時。不自覺、皇皇欲何之。委吾心、去留誰計。神仙知在何處，富貴非吾志。但知臨水登山嘯詠，自引壺觴自醉。此生天命更何疑。且乘流、遇坎還止。

【編年】

寫於元豐五年壬戌（公元1082年）。傅藻《東坡紀年錄》：元豐五年壬戌，"擬斜川之遊，以淵明《歸去來辭》櫽括爲《哨遍》。"王文誥《蘇文忠公詩編注集成總案》卷二十一：元豐五年三月："以《哨遍》寄朱壽昌，作書。"《東坡續集》卷四《與朱康叔書》："董義夫相聚多日，甚歡，未嘗一日不談公美也。舊好誦陶潛《歸去來》，常患其不入音律，近輒微加增損，作《般涉調哨遍》，雖微改其詞，而不改其意，請以《文選》及本傳考之，方知字字皆非創入也。"說明了蘇軾寫這首詞的原意。

【箋注】

〔陶淵明賦《歸去來》〕　陶淵明隱居時寫《歸去來辭》。賦：作（詩歌）。　〔無其聲〕　不能唱；不像詞曲那樣能配上樂曲歌唱。　聲：樂曲，唱腔。　〔卜鄰〕　想結成鄰舍。這裡指董毅夫也想在雪堂附近住下來。卜：選擇。《左傳·昭公三年》記晏嬰對鄰舍說："諺曰：'非宅是卜，唯鄰是卜。'"　〔櫽括〕　本義是把彎曲的木頭矯直，這裡引申爲依某篇作品原有的內容、詞句改寫成另一種體裁。　〔使就聲律〕　使符合詞的聲律，可以吟唱。就：遷就；適合。　〔釋耒（lěi）〕　放下耕具；在農業生產勞動中休息。耒：古代起土的農具耜的曲柄。這裡泛指農具。　〔扣牛角〕　敲打牛的角爲拍節。古代有扣牛角而歌的，如《淮南子·道應訓》記春秋時，隱士甯越作小販，在齊城門外敲牛角而唱歌。　〔爲米折腰，因酒棄家〕　爲了俸米，不得不向上級派來的官員彎腰致敬；因爲自己要喝酒，以至不能顧到妻子的生活。這是陶淵明作縣令時遇到的兩個矛盾。梁昭明太子蕭統《陶淵明傳》，記陶淵明作彭澤縣令時，郡守派遣督郵到彭澤視察縣裡的政治情況，吏要陶淵明"應束帶見之"，"淵明嘆曰：'我豈能爲五斗米折腰向鄉里小兒！'"要"五斗米"就得"折腰"，不折腰就得不到這五斗米，這是"爲米折腰"。又記陶淵明命令把自己三百畝公廨田（當時政府交給縣令處置的田；田裡的出產供縣令一家的生活）全種上釀酒的秫而不種作飯的稻，說"吾常得醉於酒足矣！"只顧自己有酒喝，不顧老婆孩子有沒有飯吃。這是"因酒棄家"。解決"爲米折腰"的矛盾，陶淵明"即日解綬去職"。爲了旣有酒喝，家裡人又有飯吃，就"使二頃五十畝種秫，五十畝種秔"，六分之五的田供陶淵明喝酒，六分之一的田供家裡人吃飯。

〔口體交相累〕 爲了取得生活資料，只好違背自己的心願。這是官場生活最大的矛盾：要取得生活資料就得作違背心願的事（"違己"），要不違背自己心願就無法取得生活資料。陶淵明認爲不"違己"比取得生活資料更可貴，所以辭官而"歸去來"。 口：指口所需的食物。體：指蔽體所要的衣服。口體：指生活資料。 病：爲患；造成困難。 陶淵明《歸去來辭》序："飢凍雖切，違己交病"。 〔覺從前皆非今是〕 感到過去都錯了，現在才是正確的。即過去作官是錯的，今天歸隱是對的。"從前"和"今"相對，"是"和"非"相對。陶《歸去來辭》"覺今是而昨非。" 非：錯誤。是：正確。 〔晞(xī)〕 乾。 露未晞：用《詩·秦風·蒹葭》"白露未晞"語，指早晨；也就是陶辭所說"晨光熹微"的時刻。 〔征夫指余歸路〕 過路人向我指示我的歸途。 征夫：在道路奔波的人，過路人。陶辭"問征夫以前路。" 〔門前笑語喧童稺〕 兒童在門前笑語喧嘩。陶辭"僮僕歡迎，稚子候門。"這是門外所見。 〔舊菊都荒，新松暗老〕 從前種的菊花因長久無人培養灌漑而荒廢了，栽種不久的松樹在沒人見的日子裡變老了。這是入門所見；一個離家已久的人乍回家，對家中松菊旣親切熟悉又生疏。陶辭"三徑就荒，松菊猶存。" 〔但小窗，容膝閉柴扉〕 只有小窗所在的室（，室很小，）僅僅容得下我坐；我把柴門關上。陶淵明辭"門雖設在常關"，"倚南窗以寄傲，審容膝之易安"；這首詞爲了音節，省略了陶辭中的一些話，所以文義不貫。 容膝：僅容得下人坐著。這裡指僅能容膝的小室。古人坐時，膝接觸墊坐的席，臀擱在腳跟上，所以稱人坐時所占的面積爲容膝。《韓詩外傳》卷九：北郭先生之妻對北郭先生說："今日連駟結騎，所安不過容膝。" 扉(fēi。這裡爲了叶韻，讀fěi)：門扇。柴扉：用沒有加工的木材作的門扇。 〔策杖〕 拄著杖。陶辭"策扶老以流憩"（扶老：老人拄的杖）。 〔雲出無心，鳥倦知還〕 雲從山上出來是無意的，鳥倦了也自然回巢。這兩句旣是寫景，承上句"孤雲（云）暮鴻（鳥）飛"，也比喻自己出仕不是本心，倦於出仕也就

歸隱。陶辭"雲無心以出岫(xiù)，鳥倦飛而知還。"　　〔親戚無浪語〕

親人互相不說虛偽話。陶辭"悅親戚之情話"。　浪語：漂浮的話，不可信託的話，指世俗虛偽的應酬；和"情話"相反。　　〔琴書有眞味〕　陶辭"樂琴書以消憂"。彈琴讀書有眞醇的樂趣。　眞味：最本質的味，和陶淵明《飲酒》二十首之六"此中有眞意，欲辨已忘言"的"眞意"相同。

〔步翠麓崎嶇，泛溪窈窕〕　陶辭"旣窈窕以尋壑，亦崎嶇而經邱"，言戶外尋春踏青之樂。　步：緩行（動詞）。　麓：山腳。　泛：指泛舟，讓船自行於流水中。　窈窕(yǎo tiǎo)：深而靜；這裡指深遠之處。　　〔涓涓暗谷流春水〕　陶辭"泉涓涓而始流"。　涓涓：少量的水細細地流。

〔草木欣榮〕　陶辭"草欣欣而向榮。"　　〔幽人自感，吾生行且休矣〕　隱居的人自行感到：我這輩子將要完了。　幽人：隱逸者。《易·履·九二》"幽人貞吉"，孔穎達《疏》解"幽人"爲"幽隱之人"。這裡指董毅夫也指蘇軾自己。休：截止，完結。陶辭"感吾生之行休。"　行：將要；不久就會。　　〔寓形宇內復幾時〕　我們的身軀寄托在宇宙之內還能多久呢。用陶辭原話。　寓：寄存；寄托。　形：肉體。　宇：天地間。

〔皇皇欲何之〕　煩躁不安地要往何處去呢？陶辭"胡爲乎皇皇兮欲何之。"皇皇：有所求而不得的樣子。《孟子·滕文公（下）》："孔子三月無君，則皇皇如也"，趙岐注："皇皇，如有所求而不得。"　之：往。　　〔委吾心，去留誰計〕　一切聽從我的心，去也好，留也好，誰事先作打算呢？　委：託付，任憑。　去留：離開或留下；行動。　誰計：誰事先安排。就是說：不用管。　陶辭："曷不委心任去留。"　　〔神仙知在何處〕陶辭"帝鄉不可期"（帝鄉：神仙所居之地）。　　〔富貴非吾志〕　陶辭"富貴非吾願。"　　〔臨水登山嘯詠〕　在山水佳麗處長嘯詠詩。陶辭"登東皋以舒嘯，臨清流而賦詩。"　臨水登山：《楚辭·九辯》："若在遠行，登山臨水兮送將歸"。《九辯》"登山臨水"是送別，此詞"臨水登山"是遊觀，悲喜不同。　　〔自引壺觴(shāng)自醉〕　自取酒壺酒盞，把自己灌醉。沒有同伴，一人獨飲，所以說"自"。陶辭"引壺觴以自酌"。不過陶淵明說"有酒盈尊，引壺觴以自酌"是在初到家時"入室"飲酒；這首詞則是春遊"臨水登山"時獨飲。　　〔此生天命更何疑〕　陶辭末"樂夫天命復何疑。"說貧富、貴賤、壽夭都是老天爺注定的，自己欣然接受，完全信任不疑。　　〔乘流，遇坎還止〕　陶辭"乘化以歸盡"。　順著"天命"的洪流漂浮運行，一被捲入低窪之處，不能再漂浮，就停止不行了。

206

用賈誼《鵩鳥賦》："乘流則行，遇坎則止。"坎(kǎn)：水的深處。

《全宋詞》序前有"公舊序云"四字。"余"下無"既"字。毛本題"哨遍"作"稍遍"，"余"下無"既"字，"志"作"願"。詞末有注："其詞蓋世所謂《般瞻》之《稍遍》也。般瞻，龜茲語也，華言寫五聲，蓋羽聲也。於五音之次爲第五。今世作'般涉'，誤矣。《稍遍》三疊，每疊加促，字當爲'稍'，讀去聲也。作'哨'或作'涉'，皆非是。"案：毛先舒《填詞名解》卷三："'哨遍'本作'稍遍'，《般涉》調。'般涉'本作'般瞻'，龜茲語也，猶華言'五聲'，蓋此調本羽音，羽於宮商次爲第五。《哨遍》三疊，每疊加促。今調則只作雙調耳。"

【附錄】

①清·賀裳《皺水軒詞筌》："東坡櫽括《歸去來辭》，山谷櫽括《醉翁亭》，皆墮惡趣。天下事爲名人所壞，正自不少。"

②清·馮金伯《詞苑萃編》卷九："東坡酷愛《歸去來辭》，既次其韻，又衍爲長短句，又裂爲集字詩，破碎甚矣。陶文信美，亦何必爾，是亦未免近俗也。"

③清·王奕清《御選歷代詩餘》卷一百十五："東坡在儋耳，常負大瓢行歌田間，所歌皆《哨遍》也。一日遇一媼，謂坡曰：'學士昔日富貴，一場春夢耳。'東坡因呼爲'春夢婆'。"（引自《坡仙集外紀》）

133. 定 風 波

　　　　　　　元豐五年七月六日，王文甫家飲釀白酒，大
　　　　　　醉。集古句作墨竹詞。
雨洗娟娟嫩葉光。風吹細細綠筠香。秀色亂侵書帙晚
。簾捲，清陰微過酒尊涼。　　　人畫竹身肥擁腫。何用。
先生落筆勝蕭郎。記得小軒岑寂夜。廊下。月和疏影上東

牆。

【編年】
題目自注,已寫明是作於元豐五年七月六日。

【箋注】
〔王文甫〕 蘇軾詩集施元之注:"王齊愈,蜀人,時寓居武昌縣。"王文誥《蘇文忠公詩編注集成總案》卷二十:"齊萬字子辯,乃齊愈字文甫之弟"。其居在武昌之車湖,與伍洲相對。 〔集古句作墨竹詞〕 綴集古人的詩句拼砌成這首詠墨竹的詞。 古句:古人的詩句。杜甫《嚴鄭公宅同詠竹(得"香"字)》詩:"綠竹半含籜,新梢纔出牆。色侵書帙晚,陰過酒尊涼。雨洗娟娟淨,風吹細細香。但令無剪伐,會見拂雲長",白居易《畫竹歌》"人畫竹身肥擁腫",都是這首詞綴集的古句。上闋用杜甫詠竹詩的中四句;杜甫原詩是五言,蘇軾加工改成七言句。 墨竹:用濃淡的墨畫成的竹(只用墨,不用甚它顏料)。 〔雨洗娟娟嫩葉光〕 經雨之後,竹的嫩葉光潔美麗。用杜詩"雨洗娟娟淨"句。 娟娟:美好的樣子。 〔風吹細細綠筠香〕 用杜詩"風吹細細香"句。 筠(yún):竹莖的青皮。
〔秀色亂侵書帙晚〕 用杜詩"色侵書帙晚"句。 帙(zhì):包書卷的套子(古代的書卷成軸,用帙裹在卷外)。這句說竹遮住窗,使室內昏暗,看不清書帙。 〔清陰微過酒尊涼〕 竹的陰影使室內涼寒,剛燙的酒很快就冷了。用杜詩"陰過酒尊涼"句。 〔人畫竹身肥擁腫〕 用白居易詩句。 擁腫:過分肥大。《莊子‧逍遙遊》說樗(chū)"大本擁腫而不中繩墨"。 〔先生落筆勝蕭郎〕 這位畫墨竹的先生下筆比蕭悅好。 先生:指蘇軾所詠的墨竹的作者。也許是蘇軾自己。 落筆:下筆(作畫)。
蕭郎: 白居易《畫竹歌》所稱讚的那位畫竹的蕭悅。 白居易說一般畫竹的人把竹畫得擁腫,蕭悅畫得瘦挺,比一般畫家好;而此詞則說這位畫墨竹的先生更勝過蕭悅。據白居易《畫竹歌》序。蕭悅當時作協律郎(作音樂工作的官),故稱"蕭郎"。 〔小軒〕 長廊;或小室。 〔岑(cén)寂〕 寂寞;孤獨。

【校】
元本題"五年"作"六年","娟娟"作"涓涓"。《全宋詞》本題同元本。

134. 漁　家　傲

贈曹光州

　　些小白鬚何用染。幾人得見星星點。作郡浮光雖似箭
。君莫厭。也應勝我三年貶。　　　我欲自嗟還不敢。向來
三郡寧非忝。婚嫁事稀年冉冉。知有漸。千鈞重擔從頭減。

【編年】

　　寫於元豐五年壬戌（公元1082年）。王文誥《蘇文忠公詩編注集成總案
》卷二十一：“元豐五年壬戌六月，王適、曹煥來謁。適既報罷，作《歸來
引》以贈之。又爲《漁家傲》詞使煥寄其父九章，遂辭公赴筠州。”這首詞
是託曹煥帶給其父知光州曹九章的。王適和曹煥來訪謁，王適已被罷免，蘇
軾作《歸來引》（見《蘇軾詩集》卷四十八《歸來引》送王適歸筠州）安慰
王適。曹九章作知州多年沒有升遷，也有牢騷，蘇軾作這首《漁家傲》安慰
他，說“你總算比我好”，並向曹九章說自己近況。

【箋注】

〔曹光州〕　蘇轍《欒城集》中《同王適、曹煥遊清居院步還所居》詩云：
“笑問黃泥行，此味還同否。”自注云：“子瞻謫居齊安，自臨皋遊東坡，
路過黃泥坂，作《黃泥坂》詞，二君皆新自齊安來，故云。”《蘇軾詩集》
卷二十一《弔李臺卿詩并敘》，敘中曰：“軾謫居黃州，臺卿爲麻城主簿，
始識之。既罷居於廬，而曹光州演甫以書報其訃。臺卿，光州之妻黨也。”
又蘇軾《記朱元德》云：“光州有朱元德道人者，百許歲。聞其死，故人曹
九章適爲光守，斂葬之。”又《記神清洞》云：“蘇轍之婿曹煥。”又蘇轍
《欒城集》中《祭曹演父文》：“始於朋友，求我婚姻。匪我知公，我兄實
知。……”從以上敘述觀之，可知曹光州名九章，字演甫；其子名煥，是蘇
轍的女婿。　　〔星星〕　形容鬚髮花白。左思《白髮賦》：“星星白髮
，生於鬢垂。”　　〔作郡〕　作知州事。指知光州事。　　〔三年貶〕
蘇軾從元豐三年貶黃州，作此詞時已是元豐五年，故云。　　〔嗟〕　感嘆
。　　〔三郡〕　蘇軾歷知密州、徐州、湖州，故云。　　〔忝（tiǎn）〕

辱；有愧；不稱職。常用作謙詞，《詩·小雅·小宛》：“夙興夜寐，無忝爾所生。” 〔婚嫁事〕 兒婚女嫁的事。世俗的事，《後漢書》卷一百二十三《逸民列傳·向長傳》向長“男女娶嫁既畢，敕斷家事勿相關，譬如我死也。” 〔冉冉〕 漸漸，年華漸漸消逝，《離騷》：“老冉冉其將至兮”，這裡說人老了。 〔千鈞〕 古代以三十斤為一鈞，千鈞，極言其重，《漢書》卷五十一《枚乘傳》，枚乘上書諫吳王濞：“夫以一縷之任，係千鈞之重。” 〔從頭減〕 根本上取消。“千鈞重擔從頭減”，指死亡，一切包袱都卸掉。

【校】

毛本及《全宋詞》均與此同。

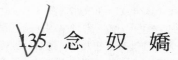

135. 念　奴　嬌

赤壁懷古

大江東去，浪淘盡、千古風流人物。故壘西邊，人道是，三國周郎赤壁。亂石穿空，驚濤拍岸，捲起千堆雪。江山如畫，一時多少豪傑。　　遙想公瑾當年，小喬初嫁了，雄姿英發。羽扇綸巾，談笑間檣櫓灰飛煙滅。故國神遊，多情應笑，我，早生華髮。人生如夢，一尊還酹江月。

【編年】

寫於元豐五年壬戌（公元1082年）。傅藻《東坡紀年錄》載：元豐五年壬戌，七月既望，泛舟於赤壁之下，作《赤壁賦》；又懷古，作《念奴嬌》。王文誥《蘇文忠公詩編注集成總案》不載。

【箋注】

〔赤壁〕 東漢末漢獻帝建安十三年（公元208年），周瑜以劣勢兵力擊破曹操的大軍於赤壁。赤壁之戰是我國歷史上一次著名的戰役。赤壁古戰場在何處，傳說不一。現在多數人以為在今湖北省嘉魚縣東南，已闢為遊旅勝地。根據史料，似應在湖北武昌縣西長江南岸。這裡所詠的赤壁是湖北黃州市的赤壁磯，曾訛傳爲周瑜破曹軍處，現在稱爲東坡赤壁。　〔風流人物〕優秀傑出的歷史人物。　〔故壘(lěi)〕　古代軍營外所築的壁。　壘：軍壁。　〔人道是〕　人們傳說是。蘇軾《與范子豐書》："黃州西山麓，斗入江中，石色如丹。傳云曹公敗處所謂‘赤壁’者。或曰：‘劉備智過人而見事遲。華容夾道皆葭葦；若使縱火，吾無遺矣。’今赤壁少西，對岸即華容鎮，庶幾是也。然岳州復有華容縣，竟不知孰是。"《東坡志林》卷四《赤壁洞穴》："黃州守居之數百步爲赤壁，或言即周瑜破曹公處，不知果是否。"蘇軾沒有斷定黃岡赤壁是古戰場，只說"人道是"、"或曰"、"或云"，志疑而已。　〔三國周郎〕　周瑜（公元175-210年），字公瑾。和孫策（孫權之兄。吳國的奠基人，死時吳尚未建國）同年相友善。被孫策命爲建威中郎將，"瑜時年二十四，軍中皆呼爲周郎"。破曹操大軍之年，周瑜三十四歲。事跡見《三國志・吳志・周瑜》。　〔穿空〕　形容石壁峭立，如要刺穿長空。　〔千堆雪〕　形容浪大。李煜《漁父》詞："浪花有意千重雪"。　〔小喬〕　《三國志・吳志・周瑜》：孫策攻荊州時，"得橋公兩女，皆國色也。策自納大橋，瑜納小橋"。"橋"是二橋的姓，或作"喬"。　〔雄姿英發〕　姿態雄偉，英氣勃發。《三國志・吳志・周瑜》說周瑜"長壯，有姿貌。"　英發：周瑜意氣慷慨，議論超群。蘇軾《送歐陽推官赴華州監酒》："知音如周郎，議論亦英發。"　〔羽扇綸(guān)巾〕　羽扇：用長羽作的扇。綸巾：配有青絲帶的頭巾。巾扇和戎裝不相配。羽扇綸巾是文士所持所戴。周瑜作戰而戴綸巾，持羽扇，顯得風流瀟灑，從容鎮靜，和"雄姿英發"相稱。程大昌《演繁露》卷八《羽扇》："（裴啓）《語林》曰：‘諸葛武侯與晉宣帝戰於渭濱，乘素車、着葛巾、揮白羽扇，指麾三軍’，《晉書》：顧榮征陳敏，自以羽扇麾之；敏衆大潰。是皆持羽扇以自表異，而令衆軍瞻求易見也。"蘇軾《永遇樂》（本書第243首）"綸巾羽扇，一尊飲罷，目送斷鴻千里。"　〔檣(qiáng)櫓〕　檣：桅杆。櫓：船旁如槳的划船之具。　檣櫓：指船；這裡指曹操的戰船。赤壁之戰，周瑜焚毀了曹操的水軍船艦。黃岡赤壁所藏蘇軾墨跡石刻作"檣櫓"。但宋人張端義《貴耳集》記李壁（公元1159-1222年）對金國使者說話，引作"強虜"。一本又作"狂虜"。虜：對敵人的賤稱，指曹軍。　〔灰飛煙滅〕　焚燒後，一點不遺留，連灰和煙都沒有了。形容周瑜火攻取勝，曹操水軍全被消滅；火又延燒到岸上曹軍營中，營落也燒盡。李白《赤壁送別歌》："二龍爭戰決雌雄，赤壁樓船掃地空。烈火張天照雲海，周瑜於此破曹公。"　　〔故國神遊〕　神遊故國。　故國：指古戰場赤壁。　　〔多情應笑我、早生華髮〕　（對我）情意深厚的人將要笑我頭白得太早，未老先衰。　多情：情意深厚的人；指感情好的舊友。　應(yīng)：該；大概；表示估計之詞。　我：從曲調說，這個字和"多情應笑"相連成句。但從文字說，"我"是兼語（是"笑"的賓語，又是"早生華髮"的主語），也和下文"早生華髮"相連。　華髮：花白頭髮。　　〔酹(lèi)〕　灑酒於地或水中以祭神。

【校】

《全宋詞》及毛本與此同。此詞蘇軾自行作過修改；而且流傳很廣，輾轉抄寫；有些詞句不同。見下【附錄】。這裡不一一列舉。

【附錄】

①宋・邵伯溫《邵氏聞見後錄》卷十九："東坡《赤壁詞》'灰飛煙滅'之句，《圓覺經》中佛語也。"

②宋・洪邁《容齋續筆》卷八《詩詞改字》：向巨原云："元不伐家有魯直所書東坡《念奴嬌》，與今人歌不同者數處：如'浪淘盡'為'浪聲沉'，'周郎赤壁'為'孫吳赤壁'，'亂石穿空'為'崩雲'，'驚濤拍岸'為'掠岸'，'多情應笑我早生華髮'為'多情應是笑我生華髮'，'人生如夢'為'如寄'。不知此本今何在也。"

③宋・曾季貍《艇齋詩話》：東坡"大江東去"詞，其中云"人道是三國周郎赤壁"。陳无己見之，言"不必道'三國'。"東坡改云'當日'。今印本兩出，不知東坡已改之矣。

④宋・胡仔《苕溪漁隱叢話前集》卷五十九：苕溪漁隱曰：東坡"大江東去"赤壁詞，語意高妙，真古今絕唱。

《苕溪漁隱叢話後集》卷二十六：苕溪漁隱曰：《後山詩話》謂"退之以文為詩，子瞻以詩為詞，如教坊雷大使之舞，雖極天下之工，要非本色。"余謂：後山之言過矣，子瞻佳詞最多，其間傑出者，如"大江東去，浪淘盡千古風流人物"（赤壁詞），"明月幾時有？把酒問青天"（中秋詞），"落日繡簾捲，亭下水連空"（快哉亭詞），"乳燕飛華屋，悄無人，庭陰轉午"（初夏詞），"明月如霜，好風如水，清景無限"（夜登燕子樓詞），"楚山修竹如雲，異材秀出千林表"（詠笛詞），"玉骨愁瘴霧，冰肌自有仙風"（詠梅詞），"東武南城，新堤固，漣漪初溢"（宴流杯亭詞），

212

"冰肌玉骨，自清涼無汗"（夏夜詞），"有情風萬里捲潮來，無情送潮歸"（別參寥詞），"缺月挂疏桐，漏斷人初靜"（秋夜詞），"霜降水痕收，淺碧鱗鱗露遠洲"（九日詞）。凡此十餘詞，皆絕去筆墨畦徑間，直造古人不到處，真可使人一唱而三嘆。若謂以詩爲詞，是大不然。子瞻自言："平生不善唱曲，故有不入腔處"，非盡如此。後山乃比之教坊司雷大使舞，是何每況愈下？蓋其謬耳。

　　⑤宋．俞文豹《吹劍續錄》：東坡在玉堂，有幕士善謳；因問："我詞比柳七何如？"對曰："柳郎中詞，只好合十七八女孩兒，執紅牙板，歌'楊柳岸曉風殘月'。學士詞，須關西大漢，執鐵板，唱'大江東去'。"公爲之絕倒。

　　又《吹劍錄》云：大江東去詞，三"江"，三"人"，二"國"，二"生"，二"故"，二"如"，二"千"字，以東坡則可，他人固不可。然語意到處，他字不可代，雖重無害也。今人看文字，未論其大體如何，先且指點重字。

　　⑥宋·張侃撰《拙軒詞話》："蘇文忠《赤壁賦》不盡語，裁成大江東去詞，過處云：'人道是三國周郎赤壁。'赤壁有五處，嘉魚、漢川、漢陽、江夏、黃州，周瑜以火敗操在烏林，《後漢書》、《水經》載已詳悉。陸三山《入蜀記》載韓子蒼云：'此地能令阿瞞走。'則直指爲公瑾之赤壁。又黃人謂赤壁回赤鼻。後人取詞中"酹江月"三字名之。

　　⑦金·元好問《題閒閒書赤壁賦後》："夏口之戰，古今喜稱道之。東坡赤壁詞殆戲以周郎自況也。詞才百餘字，而江山人物無復餘蘊，宜其爲樂府絕唱。"

　　⑧明·王世貞《藝苑卮言》："昔人謂銅將軍鐵綽板唱蘇學士'大江東去'，十八九歲好女子，唱柳屯田'楊柳岸曉風殘月'，爲詞家三昧。然學士此詞，亦自雄壯，感慨千古。果令銅將軍於大江奏之，必能使江波鼎沸。至詠楊花《水龍吟慢》，又進柳妙處一塵矣。"

　　⑨明·沈謙《填詞雜說》："詞不在大小淺深，貴於移情。'曉風殘月'、'大江東去'，體制雖殊，讀之若身歷其境，惝恍迷離，不能自主。文之至也。"

　　⑩清·徐釚《詞苑叢談》卷一：尤悔庵（侗）曰："詞名斷宜從舊"。其更名者，乃摘前人詞中句爲之，如東坡《念奴嬌》赤壁詞，首云"大江東去"，末云"一尊還酹江月"；今人竟改《念奴嬌》爲《大江東去》，又名

《酹江月》，又名《赤壁詞》，如此則有一詞，即有一詞名，千百不能盡矣。後人訛"大江東"爲"大江乘"，更可笑。舉一以例其餘。

又卷三云：蘇東坡"大江東去"有"銅將軍鐵綽板"之譏，柳七"曉風殘月"，謂可令十七八女郎，按紅牙檀板歌之。此袁陶語也。後人遂奉爲美談。然僕謂東坡詞，自有橫槊氣概，固是英雄本色；柳纖艷處，亦麗以淨耳。況"楊柳外"句，又本魏承班《漁歌子》"窗外曉風殘月"，只改二字，增一字，焉得獨擅千古！

⑪清·毛奇齡《西河詞話》卷一：詞名多取詩句之佳者，如《夏雲峰》則取"夏雲多奇峰"句，《黃鶯兒》則取"打起黃鶯兒"句是也。獨《酹江月》、《大江東去》則因東坡《念奴嬌》詞內有"大江東去"，"一尊還酹江月"二句，遂易是名。夫以詞中句而反易詞名，則詞亦偉矣。

⑫清·沈雄《古今詞話》卷上："江尚質曰：東坡《酹江月》爲千古絕唱。耆卿《雨霖鈴》惟是'今宵酒醒何處？楊柳岸曉風殘月'，東坡喜而嘲之。""沈天羽曰：求其來處，魏承班'簾外曉鶯殘月'，秦少游'酒醒處，殘陽亂鴉'，豈又盡是登涸語？余則爲耆卿反唇曰：'大江東去，浪淘盡千古風流人物'，衆屍狼籍，臭穢何堪，不更甚於袁陶之一曬乎！"

又《詞辨》卷下：《樂府解題》曰："蘇長公以'大江東去'爲首句，名《大江東》，《嘯余譜》中有訛爲'大江乘'者。以'一尊還酹江月'爲卒章，名《酹江月》。中有公瑾小喬事，名《赤壁謠》。"

⑬清·王又華《古今詞論》：東坡"大江東去"詞，"故壘西邊，人道是三國周郎赤壁"，論調則當於"邊"字讀斷，論意則當於"道"字讀斷。"小喬初嫁了，雄姿英發"，論調則"了"字當屬下句，論意則"了"字當屬上句。"多情應笑我，早生華髮"，"我"字亦然。又《水龍吟》"細看來不是楊花，點點是離人淚"，調則當是"點"字斷句，意則當是"花"字斷句。文自爲文，歌自爲歌；然歌不礙文，文不礙歌；是坡公雄才自放處，他家間亦有之；亦詞家之一法。

⑭清·馮金伯《詞苑粹編》卷二十一：東坡《赤壁詞》"浪聲沉"，他本作"浪淘盡"，與調未協。"孫吳"作"周郎"，犯下"公瑾"字。"崩雲"作"穿空"。"掠岸"作"拍岸"。又"多情應是笑我生華髮"，作"多情應笑我早生華髮"。并非。今從《容齋隨筆》所載黃魯直手書本更正。至於"小喬初嫁"宜句絕，"了"字屬下句，乃合。

⑮清·丁治儀《聽秋聲詞館詞話》卷十三：東坡詞赤壁懷古《念奴嬌》

214

詞，盛傳千古，而平仄句調都不合格。《詞綜》詳加辨證。從《容齋隨筆》所載山谷手書本云："大江東去，浪聲沉，千古風流人物。故壘西邊，人道是三國孫吳赤壁。亂石崩雲，驚濤掠岸，捲起千堆雪。江山如畫，一時多少豪傑。　遙想公瑾當年，小喬初嫁了，雄姿英發。羽扇綸巾，談笑處，檣櫓灰飛煙滅。故國神遊，多情應是、笑我生華髮。人生如寄，一尊還酹江月。"較他本"浪聲沉"作"浪淘盡"，"崩雲"作"穿空"，"掠岸"作"拍岸"，雅俗迥殊。不僅"孫吳"作"周郎"，重下"公瑾"而已。惟"談笑處"作"談笑間"、"人生"作"人間"，尚誤。至"小喬初嫁"句，謂"了"字屬下乃合。考宋人詞後段第二、三句，作上五下四者甚多，仄韻《念奴嬌》本不止一體，似不必比而同之，萬氏《詞律》仍從坊本，以此詞爲別格，殊謬。

⑯清·張宗橚《詞林紀事》卷五：橚按：此闋各本異同甚多，此從《容齋隨筆》錄出。　容齋南渡人，去東坡不遠，又本山谷手書，必非僞托，又按《詞綜》，謂他本"浪聲沈"所作"浪淘盡"，與調未協。考譜，"浪淘盡"三字，平仄未嘗不協，覺"浪聲沉"更沉著耳。又謂"小喬初嫁"宜句絕，"了"字屬於下句乃合，此正如村學究說書，不顧上下語意連絡，可一噴飯也。

⑰清·先著《詞潔》："坡公才高思敏，有韻之言點檢將來，不無字句小疵，然不失爲大家。"《詞綜》從《容齋隨筆》改本，以"周郎"、"公瑾"傷重，"浪聲沈"，較"淘盡"爲雅。予謂"浪淘"字雖粗，然"聲沈"之下不能接"千古風流人物"六字，蓋此句之意全屬"盡"字，不在"淘"、"沈"二字分別。至於赤壁之役，應屬周郎。"孫吳"二字反失之泛。惟"了"字上下皆不屬，應是湊字。"談笑"句甚率。其他句法伸縮，前人已經備論，此仍從舊本，正欲其瑕瑜不掩，無失此公本來面目耳。

⑱清·錢裴仲《雨華盦詞話》："坡公才大，詞多豪放，不肯剪裁就範，故其不協律處甚多，然又何傷其爲佳什。而《詞綜》論其赤壁懷古，'浪淘盡'當作'浪聲沉'，余以爲毫釐千里矣。知詞者，請再三誦之自見也。夫起句是赤壁，接以'浪淘盡'三字，便入懷古，使千古風流人物，直躍出來。若'浪聲沉'，則與下句不相貫串矣。至於'小喬初嫁了'了字屬下，更不成語。'多情應笑'作'多情應是'，亦未妥。不如存期爲佳也。"

⑲清·黃蓼園《蓼園詞譯》："題是懷古，意謂自己消磨壯心殆盡也。開口'大江東去'二句，嘆浪淘人物，是自己與周郎俱在內也。'故壘'句

215

至次闋‘灰飛煙滅’句，俱就赤壁寫周郎之事。‘故國’三句，是就周郎拍到自己，‘人生似夢’二句，總結以應起二句。總而言之，題是赤壁，心實為己而發。周郎是賓，自己是主。借賓定主，寓主於賓。是主是賓，離奇變幻，細思方得其主意處。不可但誦其詞　而不知其命意所在也。”

136. 又

中　秋

憑高眺遠，見長空萬里，雲無留迹。桂魄飛來，光射處，冷浸一天秋碧。玉宇瓊樓，乘鸞來去，人在清涼國。江山如畫，望中煙樹歷歷。　　我醉拍手狂歌，舉杯邀月，對影成三客。起舞徘徊風露下，今夕不知何夕。便欲乘風，翻然歸去，何用騎鵬翼。水晶宮裏，一聲吹斷橫笛。

【編年】

寫於元豐五年壬戌（公元1082年）八月十五日。王文誥《蘇文忠公詩編注集成總案》卷二十一：元豐五年八月十五日作《念奴嬌》。

【箋注】

〔桂魄〕　月。王維《秋夜曲》“桂魄初生秋露微”。古人稱月體為魄。相傳月中有桂樹，故叫桂魄。　　〔冷浸一天秋碧〕　清冷的月光浸透碧淨的秋空。秋夜月光令人感到寒意，故曰“冷”。　　〔玉宇瓊樓〕　見本書第68首《水調歌頭》（明月幾時有）〔瓊樓玉宇〕注。這裡指人間；在月光下，人間成了仙界。　　〔乘鸞來去〕　比喻在月光下的人如神在天空駕鶴乘鸞來往。　　〔清涼國〕　說仙境所在，不僅其處廣寒清虛，人心也清涼，沒有熾熱的欲念。　　〔望中煙樹歷歷〕　俯視人世的煙和樹，分明可見。歷歷：分明的樣子；崔顥《黃鶴樓》詩“晴川歷歷漢陽樹”。　　〔舉杯邀月〕　三句，蘇軾寫自己月下酣飲狂歌，如同李白。李白《月下獨酌》詩：“舉杯邀明月，對影成三人。……我歌月徘徊，我舞影零亂。”　　〔今夕不知何夕〕　寫自己興奮得很，有到了另一個世界的恍惚之感。見《水調歌

216

頭》〔今夕是何年〕注。　　　〔翻然歸去，何用騎鵬翼〕　我翩然乘風飛回仙界，不必騎鵬。鵬翼：可以高飛遠飛的鵬翼；在《莊子‧逍遙遊》：“鵬之徙於南溟也，水擊三千里，摶扶搖而上者九萬里”。　　　〔水晶宮〕　用水中產物飾的宮殿。任昉《述異記》上，說春秋末年吳王“闔閭構水精（同“晶”）宮，尤極珍怪，皆出之水府。”這裡指仙人所居。　　　〔一聲吹斷橫笛〕　能盡量發洩胸中鬱悶，一口氣可以把笛吹斷裂。盧肇《逸史》（見《太平廣記》卷二百零四）《李謩》：“（李）謩開元中吹笛爲第一部，近代無比。有故，自教坊請假至越州，公私更宴，以觀其妙。時州客同會鏡湖，邀李生湖上吹之。會中有一孤獨生者，年老，久處田野，人事不知。時輕雲蒙籠，輕風拂浪，浪波陡起。李生捧笛，其聲始發之後，昏暫齊開，水木森然。坐客皆更讚詠之，以爲鈞天之樂不如也。孤獨生亦無一言，會者皆怒；李生爲輕己，意甚憤之。良久又靜思作一曲，更加妙絕，無不賞駭，獨孤生乃徐曰：‘生安知僕不會也！’李生更有一笛，拂拭以進，獨孤視之，曰：‘此都不堪取執者，粗通耳。’乃換之，曰：‘此至入破必裂，得無恡惜否？’李生曰：‘不敢’。遂吹，聲發入雲，四座震慄，李生蹙踏不敢動。及入破，笛遂破裂，不復終曲。李生再拜，衆皆帖息，乃散。”

【校】

《全宋詞》與毛本全同。

137. 南 鄉 子

重九涵輝樓呈徐君猷

霜降水痕收。淺碧鱗鱗露遠洲。酒力漸消風力軟，颼颼。破帽多情卻戀頭。　　　佳節若爲酬。但把清尊斷送秋。萬事到頭都是夢，休休。明日黃花蝶也愁。

【編年】

寫於元豐五年壬戌（公元1082年）九月。傅藻《東坡紀年錄》：元豐五年壬戌“重九，涵渾樓作《南鄉子》呈君猷。”《蘇軾文集》卷五十二《與王定國》信第十二中說："重九登棲霞樓，望君淒然，歌《千秋歲》，滿座識與不識，皆懷君。遂作一詞云：'霜降水痕收（下略）'其卒章，則徐州逍遙堂中夜與君和詩也。"信中寫的是棲霞樓，但小題則寫爲涵輝樓，可能傳抄時誤。

【箋注】

〔涵輝樓〕 《黃州府志》卷三：涵輝樓在縣西南。（南）宋張安國取《赤壁賦》中語改曰無盡藏樓，後有坐嘯堂及無倦、味道二軒。宋韓琦《涵輝樓詩》："臨江三四樓，次第壓城首。山光遍軒楹，波影撼窗牖。" 〔水痕收〕 秋天到來，水位低淺，所以言水痕收。收：縮；減退。 〔淺碧〕 清淺碧綠的江水。 〔露遠洲〕 顯露出遠處的沙洲。 〔破帽多情卻戀頭〕 陶淵明《晉故征西大將軍長史孟府君傳》："九月九日，（桓）溫遊龍山，參佐畢集，四弟二甥咸在坐。時，佐吏並著戎服。有風吹君帽墮落。溫目左右及賓客勿言，以觀其舉止。君初不自覺，溫命取以還之。"這是著名的孟嘉落帽的故事，這裡蘇軾說"破帽多情卻戀頭"，承上"風力軟"，說明帽戀頭使風吹它不落，用意新穎。 〔若爲酬〕 如何對付，怎樣應付。若爲：如何；《宋書·王景文傳》："居貴要但看問心若爲耳。"這裡又有那堪，怎奈的意思。酬：對待；應付過去。 〔但把清尊斷送秋〕 用杜牧《九日齊安登高》："但將酩酊佳節"意。尊：酒杯。這裡指酒。 〔明日黃花蝶也愁〕 明日；九月初十日。黃花：菊花。《禮記·月令》：季秋之月"鞠有黃華（"鞠"同"菊"，"華"同"花"）。這裡是說明日重陽節過了，沒有人賞黃菊了，蘇軾《九日次韻王鞏》："相逢不用忙歸去，明日黃花蝶也愁。"可見這是蘇軾得意之句。

【校】

《全宋詞》及毛本全同。

【附錄】

①宋·釋惠洪《冷齋夜話》卷一："如鄭谷《十日菊》曰：'有緣今日人心別，未必秋香一夜衰'，此意甚佳，而病在氣不長。西漢文章雄渾雅健者，其氣長故也。曾子固曰：詩當使人一覽語盡而意有餘，乃古人用心處。所以荊公菊詩曰：'千花萬卉凋零後，始見閒人把一枝'。東坡則曰：'萬事到頭終是夢，休休，明日黃花蝶也愁'。凡此之類，皆換骨法也。"

②清·張宗橚《詞林紀事》：《三山老人語錄》：從來九月用落帽事，

218

東坡獨云：“破帽多情卻戀頭”，語爲奇特，不知東坡用杜子美詩：“羞將短髮還吹帽，笑倩旁人爲整冠。”樓敬思云：九日詩詞，無不使“落帽”事者，總不若坡仙《南鄉子》詞，更爲翻新。

③清·沈際飛《草堂詩餘正集》卷二：“自來九日多用落帽，東坡不落帽，醒目。”

又“東坡升沉去住，一生莫定，故開口說夢。如云‘人間如夢’，‘世事一場大夢’，‘未轉頭時皆夢’，‘古今如夢，何曾夢覺’，‘君臣一夢，今古虛名’，屢讀之胸中鄙吝自然消去。”

④《休齋詩話》：“唐人常詠《十日菊》‘自緣今日人心別，未必秋香一夜衰’，世以爲工，蓋不隨物而盡；如‘酒盞此時須在手，菊花明日便愁人’，自覺氣不長耳，東坡亦云‘休休，明日黃花蝶也愁’　亦然。雖變其語，終存此過，豈在謫所遇時感慨，不覺發是語乎？”

⑤清·黃蓼園《蓼園詞評》：“‘破帽戀頭’，語奇而穩。‘明日黃花’句，自屬達觀。凡過去未來者幾非在我，安可學蜂蝶之戀香乎？”

138. 醉　蓬　萊

余謫居黃州，三見重九，每歲與太守徐君猷會於棲霞樓。今年公將去，乞郡湖南。念此惘然，故作是詞。

笑勞生一夢，羇旅三年，又還重九。華髮蕭蕭，對荒園搔首。賴有多情，好飲無事，似古人賢守。歲歲登高，年年落帽，物華依舊。　　此會應須爛醉，仍把紫菊紅萸，細看重嗅。搖落霜風，有手栽雙柳。來歲今朝，爲我西顧，酹羽觴江口。會與州人，飲公遺愛，一江醇酎。

【編年】

作於元豐五年壬戌（公元1082年）九月。王文誥《蘇文忠公詩編注集成總案》卷二十一載："元豐五年壬戌九月九日徐大受攜酒雪堂作《醉蓬萊》詞。"并有詒案："詞有'羈旅三年'句，信爲元豐五年壬戌所作。而《紀年錄》以重九《南鄉子》詞編是年，以是詞編六年癸亥，并誤，今駁正"細品詞意有"來歲今朝，爲我西顧"語，此時蘇軾已知徐君猷元豐六年三月將罷黃州任，故有此語。朱本、龍本均從傳說，列爲元豐六年作，因缺乏根據，故仍依王說。

【箋注】

〔棲霞樓〕《黃州府志》：棲霞樓在縣西南，宋閭丘孝忠守黃時建。陸游《入蜀記》："棲霞樓，太守閭邱公顯所作，先是郡有慶瑞堂，謂一故相所生之地，後毀，以新此樓。"　　〔乞郡湖南〕　要求到湖南作知州。郡：漢魏時行政區域，相當於宋代的州（或府），這裡指宋代的州。湖南：當時湖南路，在今湖南省東部和北部。　　〔勞生〕　勞苦的一生。　　〔羈旅〕他鄉作客。《左傳·莊公二十二年》："羈旅之臣。"杜預注："羈，寄也；旅，客也。"　　〔華髮蕭蕭〕　頭髮花白稀疏貌。褚遂良帖云："華髮蕭然"，《蘇軾詩集》卷四十四《次韻韶守狄大夫見贈》二首："華髮蕭蕭老遂良，一身萍挂海中央。"　　〔賴有多情〕　幸喜有情誼深厚的人。多情：情誼深厚的人，熱情的人；指徐君猷。　　〔好(hào)飲無事〕　喜歡宴會飲酒，沒有事做。《史記》卷七十《張儀列傳》："陳軫使於秦，過梁，欲見犀首，犀首謝弗見。……異日犀首見之。陳軫曰：'公何好飲也？'犀首曰：'無事也。'曰：'吾請公饜事可也。'"鄭文焯曰："東坡詩中恒用'無事酒'以此。"這裡說沒有訴訟和其他急事，是歌頌徐君猷不擾民，和犀首的"好飲無事"不同。　　〔登高〕　吳均《續齊諧記》："汝南桓景隨費長房遊學累年。長房謂曰：'九月九日汝家中當有災，宜急去，令家人各作絳囊盛茱萸以繫臂，登高飲菊花酒，此禍可除。'景如言，齊家登山。及還，見雞犬牛羊一時暴死。長房聞之，曰：'此可代也。'今世人九日登高飲酒，人帶茱萸囊，蓋始於此。"後人因此有九月九日登高的習俗。

〔落帽〕　陶淵明《晉故征西大將軍長史孟府君傳》："九月九日，（桓）溫遊龍山，參佐畢集，四弟二甥咸在坐。時，佐吏並著戎服。有風吹君帽墮落。溫目左右及賓客勿言，以觀其舉止。君初不自覺。溫命取以還之。"後世以"落帽"爲重九登高宴會的典故。　　〔物華〕　物的光華，指美好的景物。杜甫《曲江陪鄭南史飲》："自知白髮非春事，且盡芳尊戀物華。"　　〔紫菊紅萸〕　指重九登高佩的茱萸和觀賞的菊花。　　〔細看重(c hóng)嗅〕 承上"紫菊紅萸",仔細看茱萸和反覆嗅菊花。杜甫《九日藍田崔氏莊》"醉把茱萸仔細看",李煜《浣溪沙》:"酒惡時拈花蕊嗅"。

〔搖落〕 凋殘;零落。宋玉《九辯》:"悲哉秋之爲氣也:蕭瑟兮草木搖落而變衰",曹丕《燕歌行》:"秋風蕭瑟兮天氣涼,草木搖落兮露爲霜"。 〔手栽雙柳〕 親手栽的兩棵柳樹。這應是蘇軾和徐大受在黃州生活的紀實。手:親手。 〔酹(lèi)羽觴(shāng)江口〕 (爲我祭神祝福)灑酒於江口。酹:在飲酒前灑酒於地或水上以祭神。 羽觴:見本書第124首《水龍吟》〔慣瑤池羽觴沉醉〕注。 〔會與州人,飲公遺愛〕我將和黃州的人,共同飲您留下的恩惠。 會:將。 州:指黃州。 遺愛:官員有德政,死後或離職以後,被人民思念。《左傳·昭公二十年》,鄭大夫子產有很多德政,"及子產死,仲尼聞之,出涕曰:'古之遺愛也'",杜預注:"子產見愛,有古人之遺風。"《黃州府志》卷三:"遺愛亭在城南安國寺內。宋元豐中徐大受爲郡守,有善政;既去,民建此亭,蘇軾因以名之。"《蘇軾文集》卷十二《遺愛亭記》云:"東海徐公君猷,以朝散郎爲黃州。未嘗怒也,而民不犯。未嘗察也,而吏不欺。終日無事,嘯詠而已。每歲之春,與眉陽子瞻遊於安國寺,飲酒旆竹間亭,擷亭下之茶,烹而飲之。公既去郡,寺僧繼連請名。子瞻名之曰遺愛"。遺愛不是可"飲"的,這裡說黃州人"飲"徐大受的遺愛,用雨露比喻徐大受在職行的德政;如《詩·大雅·既醉》"既醉以酒,既飽以德"說德可以吃"飽"一樣。

〔一江醇(chún)酎(zhòu)〕 滿長江的美酒(就是可"飲"的徐大受的"遺愛")。一江:滿江;比喻徐大受遺愛之長遠,飲之不盡。 醇:未摻水的酒。 酎:經過兩次或三次復釀的醇酒。《禮記·月令》:孟夏之月,"天子飲酎",鄭玄注:"酎之言醇也,謂重釀之酒";又《漢書·景帝紀》:元年冬十月詔:"高廟酎",顏師古注:"酎:三重釀醇酒也。"這裡以醇酎之味比喻徐大受遺愛之令人嚮往。

【校】
《全宋詞》及毛本題均爲"重九上君猷"。"紅"作"茱"。

139. 減 字 木 蘭 花

贈徐君猷三侍人，一嫵卿

嬌多媚殺。體柳輕盈千萬態。殢主尤賓。斂黛含顰喜又瞋。　徐君樂飲。笑謔從伊情意恁。臉嫩膚紅，花倚朱闌裏住風。

【編年】

作於元豐五年壬戌（公元1082年）十二月。王文誥《蘇文忠公詩編注集成總案》卷二十一：元豐五年十二月，張商英過黃州會徐大受座上，作《減字木蘭花》詞。

【箋注】

〔殺〕　同“煞”（這裡叶韻讀shài）。猶今日口語“得不得了”、“得要命”、“媚殺”即媚得要命。　〔體柳輕盈千萬態〕　形容嫵卿體態，似垂柳一般輕盈，千姿百態，非常嫵媚。杜甫《漫興九絕》之九：“隔戶垂楊弱嫋嫋，恰如十五女兒腰。”　〔殢(tì)主尤賓〕　纏住主人，嗔怪客人。主：主人。殢：纏住；不放……走。尤：責怨。賓：指張商英、蘇軾等。

〔斂黛含顰〕　斂：收縮，聚攏。黛：本是青黛（一種礦物），古代婦女用以畫眉；所以作爲婦女眉毛的代稱。顰：皺眉。這裡斂黛含顰是形容嫵卿臉部表情，皺起眉頭，似嗔似愁的神態。　〔瞋(chēn)〕　同‘嗔’。

〔徐君〕　指徐君猷。　〔恁(rèn)〕　如此，這樣。　〔花倚朱闌〕　言嫵卿似花一樣美麗，倚靠在紅色的欄杆邊。

【校】

《全宋詞》題無“一”字，“殺”作“噷”，“顰”作“嚬”。“膚”作“敷”。毛本：“顰”作“嚬”

【附錄】

①何薳《春渚紀聞》卷六云：“張無盡過黃州。而黃州。（徐君猷）有四侍人，適張夫人攜其一往婿家，爲浴兒之會。無盡因爲戲語云：‘厥有美妾，良由令妻。’公即續之爲小賦云：‘道得徽章鄭趙，姓稱孫、姜、閻、齊。浴兒於玉潤之家，一變足矣。侍坐於冰清之仄，三英粲兮。’既暮，而張夫人復還，其一還，乃閻姬也，最爲徐所寵。公復書絕句云：‘玉筍纖纖揭繡簾，一心偷看綠羅尖。使君三尺毯頭帽，須信從來只有簷。’”

222

140. 又

勝　之

　　雙鬟綠墜。嬌眼橫波眉黛翠。妙舞蹁躚。掌上身輕意
態妍。　　曲窮力困。笑倚人旁香喘噴。老大逢歡。昏眼
猶能子細看。

【編年】
　　寫於元豐五年壬戌（公元1082年）十二月。
【箋注】
〔勝之〕　徐君猷的一個家妓。　　〔雙鬟〕　　古代少女頭上梳成兩個環
形髮髻。　　〔橫波〕　比喻眼睛流轉生姿。《楚辭·招魂》：“目曾波”
五臣注：“美人……目若水波。”李白《長相思》，“昔時橫波目，今作流
淚泉。”　　〔翠〕　綠。古代用綠形容眉和鬢髮黑而發光。　　〔蹁躚(x
iān)〕　旋轉的舞態。《文選》卷四。張衡《南都賦》：“翹遙遷延，蹴踏
蹁躚。”李善注：“皆舞之貌。”　　〔掌上身輕〕　《趙飛燕外傳》：“
飛燕體輕，能為掌上舞。”這裡以漢代美人趙飛燕的輕盈喻勝之的舞姿。
　　〔曲窮力困〕　樂曲終了（舞停止了），人也疲倦了。窮：盡；完了。
　　〔香喘噴〕　喘氣時噴出陣陣香氣。
【校】
　　《全宋詞》及毛本“子”作“仔”。

141. 又

慶　姬

天眞雅麗。容態溫柔心性慧。響亮歌喉。遏住行雲翠不收。　　妙詞佳曲。囀出新聲能斷續。重客多情。滿勸金巵玉手擎。

【編年】
寫作時間與前兩首同。

【箋注】
〔遏(è)住行雲〕　歌聲使得天空的雲也不行動了。形容侍妾慶姬歌聲的美妙。遏：阻住。《列子·湯問》：“薛譚學謳於秦青，未窮青之技，自謂盡之，遂辭歸。秦青弗止，餞於郊衢，撫節悲歌，聲振林木，響遏行雲。”
〔巵(zhī)〕　古代一種盛酒器。　　〔重客〕　尊敬客人；指慶姬在宴會上向客人勸酒時。　　〔擎(qíng)〕　舉；向上托住。

【校】
《全宋詞》及毛本全同。

142. 又

贈君猷家姬
柔和性氣。雅稱佳名呼懿懿。解舞能謳。絕妙年中有品流。　　眉長眼細。淡淡梳妝新縮髻。懊惱風情。春著花枝百態生。

【編年】
寫作時間同前首詞。

【箋注】
〔君猷家姬〕　據詞中，當是除嫵卿、勝之、慶姬外第四人，名即懿懿。
〔雅稱(chèn 或 chèng)佳名呼懿懿〕　指她的“柔和正氣”正配得上“懿懿”這個美好的名字。稱：適合；夠得上。懿：美；古人稱女子才德之美，常用“懿”。　　〔解舞能謳(ōu)〕　即能歌善舞。謳：不用樂器伴奏而唱

224

。　　〔有品流〕　有名次，夠得上等級的品評流別。即言在眾人中選出的
。　　〔新綰(wǎn)髻(jì)〕　剛挽束在頭頂的頭髮。綰：結。　　〔著花
枝〕　把花朵裝在枝上，即開花。著：置，裝上。

【校】

《全宋詞》本及毛本皆同。

143. 又

贈勝之

　　天然宅院。賽了千千并萬萬。說與賢知。表德元來是
勝之。　　今來十四。海裏猴兒奴子是。要賭休癡。六隻
骰兒六點兒。

【編年】

寫作時間與前首同。

【箋注】

〔表德〕　即表字。《顏氏家訓・風操》："古者名以正體，字以表德。"
表：表明，顯示。　　〔海裏猴兒〕　北宋時戲稱"好孩兒"。張相《詩詞
曲語辭匯釋》卷六：謂猴孩兒為暱辭云："按海與好，猴與孩，均取音近。
"為"海猴兒"，好孩(hǎo hái)兒轉音為海猴(hǎi-hóu)兒；只諧其音，不
取"海"和"猴"的意義。這裡為了湊足字數，加一個"裏"字。　　〔要
賭休癡〕　如果和人比賽聰明。賭：有用骰子賭輸贏和比賽兩個意思，蘇軾
在此用雙關的話。這句說比賽，下句說賭博。休癡：聰慧。　　〔六隻骰(t
óu)兒六點兒〕　每個骰子只一點，取"第一"、"一等"之意；即無比、
沒賽；指沒有人能和勝之競聰明，《敬齋古今黈》另有解說（見本首附錄）
。骰子：賭博時用來投擲，憑上面點數較勝負的（立方形，六面，每面分別
為一、二、三、四、五、六點）。本叫"骰子"。今又讀成"色子"（普通
話為shǎizi）。

【校】

《全宋詞》本和毛本俱同。

【附錄】

①宋．王明清《揮麈後錄》卷七：徐得之君猷，陽翟人，韓康公婿也。知黃州日，東坡先生遷謫於郡，君猷周旋之不遺餘力。其後君猷死於黃，東坡作祭文挽詞甚哀。又與其弟書云：'軾始謫黃州，舉眼無親。君猷一見，相待如骨肉，此意豈可忘哉！'君猷後房甚盛。東坡常聞堂上絲竹，詞中謂'表德元來字勝之'者，所最寵也。東坡北歸，過南都，則其人已歸張樂全子厚之恕矣。厚之開燕。東坡復見之，不覺掩面號慟，妾乃顧其徒大笑。東坡每以語人，爲蓄婢之戒。

②李冶《敬齋古今黈》拾遺卷一："東坡贈勝之《減字木蘭花》云：'要賭休癡，六隻骰兒六點兒。'東坡以爲六隻皆六點，此色乃没賽也。然此一句中間少'皆'字意，卻便是六隻骰兒都計六點而已，才得俗所謂六個神，乃色之最少者耳。只欠一字，辭理俱詘。"

144. 菩 薩 蠻

贈徐君猷笙妓

碧紗微露纖摻玉。朱脣漸煖參差竹。《越調》變新聲。龍吟徹骨清。　　夜闌殘酒醒。惟覺霜袍冷。不見斂眉人。胭脂覓舊痕。

【編年】

寫於元豐五年壬戌（公元1082年）。朱祖謀《東坡樂府》注："案四詞（以上四詞）皆在黃州作，以類編。"

【箋注】

〔笙妓〕　吹笙的妓妾。　　〔碧紗〕　碧色絹紗的衣袖。　　〔纖摻玉〕纖細美麗如玉的手指。"摻"與"纖"兩字相同，音xiān，《詩·魏風·葛屨》："摻摻女手，可以縫裳"。毛《傳》"摻摻，猶纖纖也。"《古詩

226

十九首》說織女"纖纖擢素手。"纖纖：手指細長的樣子。　　〔朱唇漸煖參差(cēn cī)竹〕　以口吹笙，使笙竹也有了煖氣。煖：使……暖（動詞），下"參差竹"是它的賓語。參差竹：以竹管製成的笙。段安節《樂府雜錄·笙》："笙亦名參差。"　　〔越調變新聲〕　越調翻出了新的樂聲。這裡是形容笙妓能創出新的樂曲。越調：宋時的俗樂。　　〔龍吟〕　形容笙聲。李白《宮中行樂詞》："笛奏龍吟水。"晚唐詩人羅鄴《笙》詩："筠管參差排鳳翅，月堂淒戚勝龍吟。最宜稍動纖纖玉，醉送當歌灩灩春"。

〔夜闌〕　夜深。闌：殘，盡，晚。　　〔霜袍冷〕　已沾上寒霜的衣袍有著冷意。　　〔斂眉人〕　指笙妓雙眉緊鎖。　　〔胭脂覓舊痕〕　流淚滿面，臉上胭脂與淚痕混合在一起。

【校】

《全宋詞》本無題。"摻"作"纖"，"闌"作"來"。毛本無題。"摻"作"纖"，"闌"作"長"。"不見斂眉人，胭脂覓淚痕"作"不見意中人，新啼壓舊痕。"

145. 醉 翁 操

　　琅邪幽谷，山川奇麗，泉鳴空澗，若中音會。醉翁喜之，把酒臨聽，輒欣然忘歸。既去十餘年，而好奇之士沈遵聞之，往游，以琴寫其聲，曰《醉翁操》，節奏疏宕；而音指華暢，知琴者以為絕倫。然有其聲而無其辭。翁雖為作歌，而與琴聲不合。又依《楚詞》作《醉翁引》。好事者亦倚其辭以製曲，雖粗合韻度，而琴聲為詞所繩約，非天成也。後三十餘年，翁既捐館舍，遵亦沒久矣。有廬山玉澗道人崔閑，特妙於琴，恨此曲之無詞，乃譜格其聲，而請於東坡居士以補之云。

琅然。清圓。誰彈。響空山，無言。惟翁醉中知其天
。月明風露娟娟。人未眠。荷蕢過山前。曰有心也哉此賢
。　　　醉翁嘯詠，聲和流泉。醉翁去後，空有朝吟夜怨。
山有時而童巔。水有時而回川。思翁無歲年。翁今爲飛仙
。此意在人間。試聽徽外三兩弦。

【編年】

寫於元豐五年壬戌（公元1082年）。王文誥《蘇文忠公詩編注集成總案
》卷二十一載：元豐五年壬戌十二月，"爲崔閑作《醉翁操》。"誥案："
本集《醉翁操敍》與石刻互異，以曾鞏跋考之，則作於黃州也。"又《蘇文
忠公詩編注集成總案》卷三十五載："元祐七年（公元1092年）壬申四月二
十四日，書《醉翁操》寄沈遵之子法眞。"

【箋注】

〔琅邪〕　即琅邪山，在安徽省滁縣西南。因東晉琅邪王（元帝）避難於此
而得名。林壑優美，有豐樂亭，醉翁亭，琅邪寺等古跡。爲遊覽勝地。歐陽
修《醉翁亭記》："環滁皆山也。其西南諸峰，林壑尤美，望之蕭然而深秀
者，琅邪也。"　　〔若中(zhòng)音會〕　好像適合樂曲的音聲節拍。中
：適當，合於。會：相合。《莊子・養生主》說庖丁解牛，庖丁的動作，刀
的鈴聲（古代用鸞刀割肉，刀上有鈴），"合於《桑林》之舞，乃中《經首
》之會"。　　〔輒(zhè)〕　就。每每。　　〔疏宕(dàng)〕　寬緩。

〔醉翁引〕　《歐陽文忠公集》卷十五《醉翁吟》：余作醉翁亭於滁州。
太常博士沈遵，好奇之士也；聞而往游焉。愛其山水，歸而以琴寫之，作《
醉翁吟》三疊。去年秋，余奉使契丹，沈君會余恩冀之間。夜闌酒半，援琴
而作之，有其聲而無其辭，乃爲之辭以贈之。其辭曰："始翁之來，獸見而
深伏，鳥見而高飛。翁醒而往兮醉而歸。朝醒而暮醉兮無有四時。鳥鳴樂其
林，獸出遊其蹊，咿嚘喁唽於翁前兮醉不知，有心不能以無情兮，有合必有
離。水潺潺兮，翁忽去而不顧；山岑岑兮，翁復來而幾時。風嫋嫋兮山木落
，春年年兮山草菲。嗟我無德於其人兮，有情於山禽與野麋。賢哉沈子兮。
能寫我心而慰彼相思。"　　〔琅(làng)然〕　（聲音）清朗響亮。

〔圓(yuán)〕　同"圓"。圓潤。一作"圓"。　　〔娟娟〕　美好貌。

228

杜甫《狂夫》詩："風含翠篠娟娟靜。"又《小寒食舟中作》："娟娟戲蝶過閒幔。"　〔荷(hè)蕢(guì)〕　扛著草編的筐子。這裡指一個懂音樂的隱士。《論語·憲問》："子擊磬於衞。有荷蕢而過孔氏之門者，曰：'有心哉，擊磬乎！'既而曰：'鄙哉硜硜乎，莫己知也。斯己而已矣！深則厲，淺則揭(qì)。'子曰：'果哉，末之難矣。'"荷：背上負著。蕢：草編的筐子。　〔嘯詠〕　嘯：吹口哨。詠：歌詠。　〔怨〕　爲了叶韻，讀yuān。　〔童巔〕　無草木的山頂。《釋名·釋長幼》："山無草木曰童。"　〔回川〕　漩渦。　〔無歲年〕　算不出多少年歲。就是說：山有童禿時，水有回處，而思念醉翁則沒有盡頭。　〔飛仙〕　對死者的敬稱，說他成仙升天。　〔徽〕　彈奏（動詞）。《淮南子·主術訓》："鄒忌一徽，而威王終夕悲。"

【校】

毛本不收此篇。《全宋詞》題前有"一首并序"四字，"山川"作"山水"，上片末注："泛聲同此"，下片末注"《東坡後集》卷八"。

【附錄】

①石刻蘇文忠公眞跡云：慶曆中，歐陽公謫守滁州。琅邪幽谷，山川奇麗，鳴泉飛瀑，聲若環佩。公臨聽忘歸。僧智山作亭其上，公刻石爲記，以遺州人。既去十年，太常博士沈遵聞而往遊，以琴寫其聲，爲《醉翁吟》，蓋宮聲三疊。後會公河朔；遵援琴作之，公歌以遺遵，并爲《醉翁引》以敘其事。然調不注聲，爲知琴者所惜。後三十年，公薨，遵亦没。有廬山道人崔閑，遵客也，妙於琴理，常恨此曲無詞，乃譜其聲，請於東坡居士以補其缺，然後聲詞皆備，遂爲琴中絕妙。好事者爭傳其詞，曰："琅然。清圓。誰彈。響空山。無言。惟有醉翁知其天。月明風霜娟娟。人未眠。荷蕢過山前。曰有心也哉此賢。　醉翁嘯詠，聲和流泉。醉翁去後，空有朝吟夜怨。山有時而童巔。水有時而回淵。思翁無歲年。翁今爲飛仙。此意在人間。試聽徽外三兩弦。"方補詞間，爲弦其聲，居士倚爲詞，頃刻而就，無所點竄。遵之子爲比邱，號本覺眞禪師，居士書以與之云。

又《蘇軾文集》卷七十一《書＜醉翁操＞後》："二水同器，有不相入，二琴同手，有不相應。今沈君信手彈琴，而與泉合，居士縱筆作詩，而與琴會，此必有眞同者矣。本覺法眞禪師，沈君之子也，故書以寄之。願師宴坐靜室，自以爲琴，而以學者爲琴工。有能不謀而同三令無際者，願師取之。元祐七年四月二十四日。"

②宋・曾鞏跋："余與子瞻皆歐陽公門下士也,公作《醉翁引》,既獲見之矣。公沒後,子瞻復按譜成《醉翁操》,不徒調與琴協,即公之流風餘韻,亦於此可想焉。後人展此,庶尚見公與子瞻之相契者深也。南豐曾鞏記。"

③宋・黃庭堅《山谷題跋》卷二《跋子瞻〈醉翁操〉》:"人謂東坡作此文,因難以見巧,故極工。余則以爲不然。彼其老於文章,故落筆皆超逸絕塵耳。黃庭堅題。"

④宋・王闢之《澠水燕談錄》卷八《歌詠》:慶曆中,歐陽文忠公謫守滁州,有琅邪幽谷,山川奇麗。鳴泉飛瀑,聲若環佩,公臨聽忘歸。僧智仙作亭其上,公刻石爲記,以遺州人。既去十年,太常博士沈遵,好奇之士,聞而往遊,愛其山水秀絕。以琴寫其聲爲《醉翁吟》,蓋宮聲三疊。後會公河朔,遵援琴作之,公歌以遺遵,并爲《醉翁引》以敘其事;然調不主聲,爲知琴者所惜。後年公薨,遵亦沒。其後,廬山道人崔閑,遵客也,妙於奏理。嘗恨此曲無詞,乃譜其聲,請於東坡居士子瞻以補其闕,然後聲詞皆備,遂爲琴中絕妙。好事者爭傳其詞,曰"琅然。清圓。誰彈。問空山。無言。惟有醉翁知其天。月明風露娟娟,人未眠。荷蕢過山前,曰'有心哉此賢'"第二疊泛聲同。"此翁嘯詠,聲和流泉。醉翁去後,空有朝吟夜怨。山有時而童巔,水有時而回淵,思翁無歲年。翁今爲飛仙,此意在人間。試聽徽外三兩弦。"方其補詞,閑爲絃其聲,居士倚爲詞,頃刻而就,無所點竄。遵之子爲比丘,號本覺真禪師。居士書以與之,云"二水同器有不相入,二琴同手有不相應。沈君信手彈琴而與泉合,居士縱筆作詞而與琴會,此必有真同者矣。"

⑤清・王文誥《蘇文忠公詩編注集成總案》卷三十五誥案:以上皆石刻原文,後有吳寬跋語,文繁不錄。至此詞之敘,已載卷二十一《總案崔閑》條下。其後跋亦載本集,年月日皆合,惟石刻詞敘語意加詳,似公隨筆。而下者多補前所不及。蓋前爲作詞之敘,此爲書詞之敘,皆出公手也。但石刻"臨聽"作"於聽","崔閑"作"崔間""去後"作"去復",此乃屢經摹刻,就字形而沿譌者,今已更正。其黃庭堅跋與《山谷題跋》本同。曾鞏跋,亦出鞏手,然鞏於是時卒已十載,豈有作跋之事?此乃鞏所跋者,別爲一本,鉤工移置此刻之後。凡石刻似此增刪移易,其弊多矣,……曾鞏既見此詞,則作於鞏之存日可知。

230

⑥清·張德瀛《詞徵》卷一：《醉翁操》乃琴調泛聲。歐陽文忠初作醉翁亭於滁州，既爲之記。時太常博士沈遵遊焉，爲作《醉翁吟》三疊，寫以琴。然有聲無詞，故文忠復爲《醉翁述》以補之，或病其琴聲爲詞所繩約，殆非天成。後三十餘年，有廬山玉澗道人崔閑，工鼓琴，請於蘇東坡爲之詞，律呂和協，辛稼軒"長松之風"一闋，其和章也。元明人無賦是調者，惟於本朝得三闋焉，其一爲陳砥中作，見《松風閣琴譜》。其一爲凌次沖作，見《梅邊吹笛譜》。其一爲女史吳蘋香作，見《花帘詞》。

⑦《蘇詩紀事》卷中：（序及詞皆略）其評曰：詞亦娟娟可喜。果是天才，說得有妙理，使人一唱三嘆。

⑧清·劉體仁《七頌堂詞繹》：檃括體不可作也，不獨醉翁操如嚼蠟，即子瞻改琴詩，"琵琶"字不見，畢竟是全首說夢。

⑨清·張宗橚《詞林紀事》《詞譜》：此本琴曲，所以蘇詞不載。自辛稼軒編入詞中，後遂沿爲詞調。在宋人中，亦只有辛詞一首。

⑩清·許昂霄《詞綜偶評》：《醉翁操》：東坡自評其文云'如萬斛泉源，不擇地皆可出'，唯詞亦然。

⑪清·沈雄《古今詞話》中《詞辨》卷下：《古今詞譜》曰：琴調曲也。東坡序曰：（略，又詞略）沈雄曰：按前解卒章曰："有心哉此賢，作泛音。'怨'字叶平聲。汪水雲謂，不若'朝禽夜猿'也，曾改之，但辛稼軒送范先之琴曲，抑又不同耳。"

⑫清·鄭文焯評曰：讀此詞，髯蘇之深於律可知。

146. 卜 算 子

黃州定慧院寓居作

缺月挂疏桐，漏斷人初靜。誰見幽人獨往來，縹緲孤鴻影。　　驚起卻回頭，有恨無人省。揀盡寒枝不肯棲，寂寞沙洲冷。

【編年】

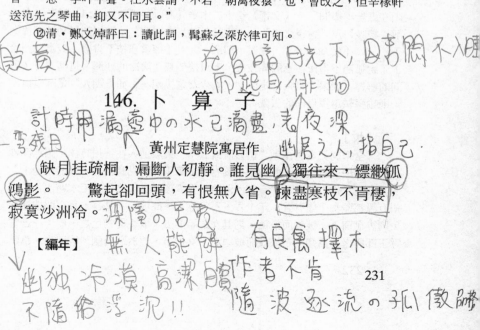

231

此詞寫於元豐五年壬戌（公元1082年）十二月。王文誥《蘇文忠公詩編注集成總案》卷二十一：元豐五年壬戌十二月，作《卜算子》詞。

【箋注】

〔定慧院〕 《黃州府志》卷三："定慧院在城東清淮門外。宋蘇軾以元豐三年二月至黃，寓此院。東有海棠一株，軾所爲賦詩也；又書'開嘯'二字，勒石。下有快哉亭。前有海棠亭。後有洗墨池，又有睡足堂、捫腹軒。"現在已無遺跡了。　　〔疏桐〕 因葉落而枝條稀疏的梧桐樹。　　〔漏斷人初靜〕 夜深人靜。　漏：古代以壺滴漏計算時刻，因此稱時刻爲漏。這裏指夜間的時刻。　漏斷：夜終止，指亥時，一日最後的時刻，相當現在二十一時至二十三時（夜九至十一時）。亥時後的子時，即二十一時至一時（夜十一時至下半夜一時）是第二日的開始，所以以亥時爲夜斷。　初：剛剛；才。　　〔幽人〕 孤獨的人。如《能改齋漫錄》、《野客叢書》、《古今詞話》所引《女紅餘志》等所說（見下〔附錄〕），這"幽人"是個愛慕蘇軾的少女。但《苕溪漁隱叢話》、《潯南詩話》、《詞苑叢說》、《詞徵》等說（見下〔附錄〕），則"幽人"是蘇軾自己。《易·履·九二》"幽人貞吉"，孔穎達《疏》解"幽人"爲"幽隱之人"。　　〔縹緲孤鴻影〕 隱約出沒，似孤雁的影蹤。這裡以孤鴻比喻幽人，下闋詠孤鴻。縹緲(piāo miǎo)：依稀恍惚，模糊不明，白居易《長恨歌》"忽聞海上有仙山，山在虛無縹緲間"（《文選》卷十二木華《海賦》"群仙縹piàc眇"，李善解"縹眇"爲"遠視之貌"，"縹眇"就是"縹渺"，遠視則見物模糊恍惚）。　　〔省(xǐng)〕 覺察，理解。　　〔揀盡寒枝不肯棲，寂寞沙洲冷〕 說孤鴻不肯棲在寒的高枝上，寧可棲於寂寞淒冷的沙洲。這兩句可作不同的解釋：如果"幽人"指少女，喻少女選擇配偶；如"幽人"是蘇軾自己，則喻蘇軾選擇自己的去就。

【校】

《全宋詞》本題注："黃魯直跋云：'東坡道人在黃州時作，語意高妙，似非吃煙火食人語。非胸中有萬卷書，筆下無一點塵俗氣，孰能至是！'"又"誰"作"時"，"寂寞沙洲冷"作"楓落吳江冷"。毛本題注："惠州有溫都監女，頗有聲，年十六，不肯嫁人。聞坡至，甚喜，每夜聞坡諷詠，則徘徊窗下。坡覺而推窗，則其女踰牆而去。坡從而物色之，曰：'吾當呼王郎與之子爲姻。'未幾而坡過海。女遂卒，葬於沙灘側。坡回惠，爲賦此詞。"又"誰"作"時"。

【附錄】

①宋·黃庭堅《山谷題跋》卷二：《跋東坡樂府》：（引《卜算子》詞略）東坡道人在黃州時作，語意高妙，似非吃煙火食人語，非胸中有萬卷書，筆下無一點塵俗氣，孰能至此。

②宋·吳曾《能改齋漫錄》卷十六《東坡〈卜算子〉詞》條：東坡先生謫居黃州，作《卜算子》詞（詞略），其屬意蓋爲王氏女子也。讀者不能解。張右史文潛繼貶黃州，訪潘邠老，嘗得其詳，題詩以誌之云：'空江月明魚龍眠，月中孤鴻影翩翩，有人清吟立江邊，葛巾藜杖眼窺天。夜冷月墮秋蟲泣 ，鴻影翹沙衣露濕。仙人采詩作步虛，玉皇飲之碧琳瑛。'

③宋·胡仔《苕溪漁隱叢話》前集卷第三十九："揀盡寒枝不肯棲"之句，或云'鴻雁未嘗棲宿樹枝，唯在田葦間，此亦語病也'。此詞本詠夜景，至換頭但只說鴻。正如《賀新郎》詞："乳燕飛華屋"，本詠夏景，至換頭但只說榴花，蓋其文章之妙，語意到處即爲之，不可限於繩墨也。

④宋·王楙 《野客叢書》卷二十四："東坡《卜算子》詞，《漁隱》謂鴻雁未嘗棲宿樹枝，唯在田葦間。'揀盡寒枝不肯棲，'此語亦病。"僕謂人讀書不多，不可妄議前輩詞句。觀隋李元操《鳴雁行》曰："'夕宿寒枝上，朝飛空井傍。'坡語室無自邪？"

⑤宋·陳鵠《耆舊續聞》："揀盡寒枝不肯棲"，取興鳥擇木之意，所以山谷謂之高妙。又云：趙右史家有顧禧景蕃補注東坡長短句眞跡云："余頃於鄭公實處，見東坡親蹟書《卜算子》斷句云：'寂寞沙汀冷'，今本作'楓落吳江冷'，詞意全不相屬。"

⑥宋·魏慶之撰《魏慶之詞話》："東坡《卜算子》云：（詞略）魯直見之，稱其韻力高勝，不類食煙火人語。非胸中有萬卷書，下筆無一點俗氣，安能若是哉。"

⑦金·王若虛《滹南遺老集》卷三十九《滹南詩話〔上〕》：東坡雁詞云：'揀盡寒枝不肯棲'。以其不棲木故云爾。蓋激詭之致，詞人正貴其如此，而或者以爲語病，是尚可與言哉！近日張吉甫復以'鴻漸於木'爲辯，而怪昔人之寡聞，此益可笑，《易》象之言，不當援引爲證也。其實雁何嘗棲木哉！

⑧清·徐釚《詞苑叢說》卷三：東坡在黃州作《卜算子》詞云（詞略）

233

。山谷以爲非吃煙火食人語。鮦陽居士云：“‘缺月’，刺明微也；‘漏斷’，暗時也；‘幽人’，不得志也；‘獨往來’，天助也；‘驚鴻’，賢人不安也；‘回首’，愛君不忘也；‘無人省’，君不察也；‘揀盡寒枝’，不偷於高位也；‘寂寞吳江冷’，非所安也。與《考槃》詩相似。”阮亭稱其‘村夫子强作解事，令人欲嘔’。韋蘇州《滁州西澗》詩，疊山以爲小人在朝，賢人在野之象，令韋郎有知，豈不叫屈？僕嘗戲謂，坡公命宮磨蝎：湖州詩案，生前爲王珪、舒亶輩所苦；身後又硬受此差排耶！

⑨清·謝章鋌《賭棋山莊詞話》：鮦陽居士所釋，字箋句解，果誰語而誰知之？雖作者未必無此意，而作者亦未必定有此意，可神會而不可言傳。斷章取義，是刻舟求劍，大非矣。

⑩清·張德瀛《詞徵》卷五：曾丰謂蘇子瞻長短句，猶有與道德合者，‘缺月疏桐’一章，觸興於驚鴻，發乎情性也。收思於冷洲，歸乎禮義也。本朝張茗柯（惠言）論詞，每宗此義，遂爲鮦陽之續。

⑪清·李良年《詞家辨證》：東坡在黃州作《卜算子》詞　有“缺月挂疏桐”等句。山谷以爲“不吃煙火食人語”。《詞學筌蹄》强爲之解，皆未得其故。余載入《品藻》中，昨讀《野客叢書》，又云：“乃東坡在惠州白鶴觀所作。惠有溫都監女，頗有姿色，年十六而不肯聘人。聞坡至相鄰，溫謂人曰：‘此吾婿也’。一夜坡吟詠間，其女徘徊窗外，坡覺而推窗，則逾墙而去。坡物色得其詳，正呼王說爲媒，適有過海之事，此議遂寢。其女不久卒，葬於沙汀之側。坡回，爲之悵然，故爲此詞也。”犁庄曰：“此言亦非。似亦忌公者以此謗之，如階下篓錢之類耳。小說紕繆，不足憑也。”

⑫清·沈雄《古今詞話》中《詞辨》卷上：《女紅餘志》曰：“惠州溫氏女超超，年及笄不肯字人。東坡至，喜曰：‘我婿也。’日徘徊窗外，聽公吟詠，覺則亟去。東坡知之，迺曰：‘吾將呼王郎與子爲姻。’及東坡渡海歸，超超已卒，葬於沙際。公因作詞云（略）。”

⑬清·劉熙載《藝概·詞概》：黃魯直跋東坡《卜算子》“缺月挂疏桐”一闋云：“語意高妙，似非吃煙火食人語，非胸中有萬卷書，筆下無一點塵俗氣，孰能至此！”余案：詞之大要，不外厚而清。厚，包諸所有；清，空諸所有也。

⑭清·陳廷焯《白雨齋詞話》卷六：或問“比”與“興”之別。余曰：“……若‘興’則難言之矣，託喻不深，樹義不厚，不足以言‘興’。深矣厚矣，而喻可專指，義可强附，亦不足以言‘興’。所謂‘興’者，意在筆

234

先，神餘言外，極虛極活，極沉極鬱，若遠若近，可喻不可喻，反覆纏綿，都歸忠厚。求之兩宋，如東坡《水調歌頭》、《卜算子·雁》……等篇，亦庶幾近之矣。”

⑮清·黃蓼園《蓼園詞評》：“山谷云：東坡道人在黃州作此詞，語意高妙，似非吃煙火人語。自非胸中有萬卷書，筆下無一點塵俗氣，孰能至此。鮦陽居士云：‘缺月’，刺明微也。‘漏斷’，暗時也，幽人不得志也。‘獨往來’，無助也。‘驚鴻’，賢人不安也。‘回頭’，愛君不忘也。‘無人省’，君不察也。‘揀盡寒枝不肯棲’，不偷安高位也。寂寞沙洲冷，非所安也。此詞與《考槃》詩極相似。按此詞乃東坡自寫在黃州之寂寞耳。初從人說起，言如孤鴻之冷落。第二闋，專就鴻說，語語雙關。格奇而語雋，斯爲超詣神品。”

元豐六年癸亥　公元一〇八三年　東坡四十八歲

147. 瑞　鷓　鴣

　　烏啼鵲噪昏喬木。清明寒食誰家哭。風吹曠野紙錢飛，古墓累累春草綠。　　棠梨花映白楊路。盡是死生離別處。冥漠重泉哭不聞，蕭蕭暮雨人歸去。

【編年】

　　這首詞作於元豐六年癸亥（公元1083年）。王文誥《蘇文忠公詩編注集成總案》卷二十二："元豐六年三月寒食，與郭遘渡寒溪，吳亮提壺野飲。遘能爲挽歌聲，酒酣發響，四坐淒然。復歌《寒食》詞。"

　　這首詞過去被編入詩集，不列入《東坡樂府》。王文誥案："此詩查注收入第四十八卷《續集》中。"又說"《外集》與郭生遊寒溪，主簿吳亮置酒；郭生喜作挽歌，酒酣發聲，坐爲淒然；郭生言'恨無佳詞'，因爲略改樂天《寒食》詩歌之；坐客有泣者。"蘇軾此詞，僅前兩句與白詩不同，"白楊路"作"白楊樹"，其餘盡相同。

　　唐圭璋《宋詞四考·宋詞互見考》收了這首詞，加案曰："此首蘇軾詞，見《東坡志林》。《花草粹編》誤引作郭生詞。此詞蓋東坡爲郭生作，非郭生自作也。"據唐說編入詞集中。

【箋注】

〔烏啼鵲噪昏喬木〕　在喬木林的暮色中，到處是野鳥啼鳴喧噪。　　〔清明寒食〕　我國舊俗，清明、寒食是掃墓的日子，人們帶祭品到先人墳墓前祭拜。　寒食：清明節前一日；這日人們不燃火炊烹，吃生冷物，所以叫寒食。　〔紙錢〕　燒化給死人當錢用的紙錢。南宋末年葉寘《愛日齋叢鈔》卷五，引《事林廣記》說：漢以後埋葬死人，用瘞（yì）錢；後世漸用紙錢爲"寓錢"作埋葬用。唐玄宗時，王璵用紙錢祭死者，以後盛行。但《愛日齋

236

叢鈔》又引洪興祖《杜詩辨證》，說南齊廢帝東昏侯劉昱祭鬼神，"剪紙爲錢以代束帛"；牛僧孺說"楮錢，唐初剪紙爲之"；以補《事林廣記》之不足。總之，唐已盛行燒紙錢給鬼用。白居易除一首《寒食野望吟》（見下〔附錄〕）外，還有《答'謝公最小偏憐女'感元九悼亡因爲代答三首》有"枉向秋風吹紙錢"，《樂府詩集》卷四十七《神弦曲》後附唐人王叡《詞神歌》之《送神》末句"紙錢灰出木棉花"，可見唐代燒紙錢供鬼的風氣很盛。　　〔累累(léiléi)〕　多；重疊。古樂府《十五從軍征》"松柏冢累累。"　　〔棠梨〕　一種落葉灌木，陰曆二月開白花，秋天結子。一名白棠，和杜同類，結紅子的叫杜，結白子的叫棠。古人常以棠梨和墳墓相聯，如白居易《寒食野望吟》（見本篇附錄），唐人李郢《寒食野望》詩："舊墳新隴哭多時，……野風吹散白棠梨"。　　〔白楊〕　古代植於墓地的樹。《古詩十九首》："驅車上東門，遙望郭北墓。白楊何蕭蕭，松柏夾廣路"；"但見邱與墳，……白楊何蕭蕭"。　　〔冥漠〕　已埋葬的死人。《文選》卷六十謝惠連《祭古冢文》，改葬古墓的棺，"既不知其名字遠近，故假之號曰'冥漠君'云耳。"　　〔重(chóng)泉〕　地底下之泉；這裡指墓坑。古稱"九泉"（阮瑀《七哀詩》"冥冥九泉室"），說入地很深，越九重泉；元稹《哭子詩》"九重泉路託何人"。

【附錄】
①白居易《寒食野望吟》詩："丘墟郭門外，寒食誰家哭？風吹曠野紙錢飛，古墓累累春草綠。棠梨花映白楊樹，盡是死生離別處。冥漠重泉哭不聞，蕭蕭暮雨人歸去。"

148. 臨　江　仙

夜歸臨皋

　　夜飲東坡醒復醉，歸來髣髴三更。家童鼻息已雷鳴。敲門都不應，倚杖聽江聲。　　長恨此身非我有，何時忘卻營營。夜闌風靜縠紋平。小舟從此逝，江海寄餘生。

【編年】

　　此詞應寫於元豐六年癸亥（公元1083年）四月以前。王文誥《蘇文忠公詩編注集成總案》卷二十一載：元豐五年九月雪堂夜飲醉歸臨皋，作《臨江仙》詞。誤推早了一年。

　　據《宋元通鑑》卷三十八載：“元豐六年夏，四月丙辰，曾鞏卒。”《東坡全集》卷七十一《書謗》云：“吾昔謫居黃州；曾子固居憂臨川，死焉。人有妄傳吾與子固同日化去，如李賀長吉死時事對以上帝。時先帝亦聞其語，以問蜀人蒲宗孟，且有嘆息語。”又《東坡續集》卷五《與君瑞殿直書》云：“春末未嘗一日間，欲去奉謁，遂成食言。愧愧。君猷知四月末乃行，猶可一見否？”葉夢得《避暑錄話》卷上記了這件事，下面又說“子瞻在黃州……與數客飲於江上，夜歸。江面際天，風露皓然，乃作歌詞，所謂‘夜闌風靜縠紋平，小舟從此逝，江海寄餘生’者，與客大歌數過而散。翌日喧傳子瞻夜作此詞，挂冠服江邊，挐舟長嘯去矣。郡守徐君猷聞之，驚且懼，以爲州失罪人。急命駕往謁，則子瞻鼻鼾如雷，猶未興也。然此語卒傳至都下，雖裕陵亦聞而疑之。”則這首詞當作於元豐六年四月以前，而不是王文誥推算的五年。此詞寫一次夜飲遲歸，敲門不開，獨立門外的感受，表現了蘇軾在黃州的生活。

【箋注】

〔臨皋〕見前《浣溪沙》（本書第116首）〔臨皋〕　注。　　　〔東坡〕蘇軾在黃州躬耕處。《黃州府志》卷三：“東坡在城東南隅，宋蘇軾居此，號東坡居士，慕唐白居易而名也。”　　　〔鼻息雷鳴〕　睡熟鼾聲如雷。息：呼吸。　　〔此身非我有〕　意思是人無法掌握自己的“身”。《莊子·知北遊》：“舜問乎丞曰：‘道可得而有乎？’曰：‘汝身非汝有也，汝何得有夫道？’舜曰：‘吾身非吾有也，孰有之哉？’曰：‘是天地之委形也。’”　　　〔營營〕　往來不停貌。《詩·小雅·青蠅》“營營青蠅”，毛《傳》：“營營，往來貌。”這裡說奔波勞碌。　　　〔縠（hú）紋〕　細微的水波。縠：有皺紋的紗。　　　〔逝〕　去；離開。　　　〔江海寄餘生〕　隱居江海，寄託我的殘生。

【校】

　　《全宋詞》和毛本無題。

238

149. 滿庭芳

有王長官者，棄官黃州三十三年，黃人謂之
王先生。因送陳慥來過余，因爲賦此。

三十三年，今誰存者，算只君與長江。凜然蒼檜，霜
幹苦難雙。聞道司州古縣，雲溪上、竹隝松窗。江南岸，
不因送子，寧肯過吾邦。　　摐摐。疏雨過，風林舞破，
煙蓋雲幢。願持此邀君，一飲空缸。居士先生老矣，眞夢
裏、相對殘釭。歌聲斷，行人未起，船鼓已逢逢。

【編年】

寫於元豐六年癸亥（公元1083年）。王文誥《蘇文忠公詩編注集成總案
》卷二十二：元豐六年癸亥五月，陳慥報荊南莊田，同王長官來，作《滿庭
芳》。《蘇軾文集》卷五十五《與楊元素書》："見陳季常慥，云'京師見
任郎中其孚之子，欲賣荊南頭湖莊子，去府五六十里，有田五百來石，厥直
六百千，先只要二百千，餘可迤邐還。不知信否？又見樂宣德，言此田甚好
，但稅稍重。告爲問看。浼亂尊聽，負荊不了也'。"

【箋注】

〔蒼檜〕　蒼老的檜樹。檜，見本書第55首《浣溪沙》〔珠檜絲杉〕注。
〔霜幹〕　傲霜的枝幹。　　〔司州古縣〕　湖北省黃陂縣境內。《唐書·
地理志》："武德三年（公元620年），以黃陂縣置南司州，七年（公元624
年），州廢。"　　〔竹隝(wù)松窗〕　栽種的竹子作爲圍牆，松樹隙處開
的窗；指王先生幽隱的住所。隝：同"塢"；構築在村外圍作爲屏障的土堡
。杜甫《發閬中》："溪行盡日無村塢。"這裡指圍牆。宅周圍生竹，如同
圍牆，故稱竹隝。　　〔不因送子〕　如果不是因爲送陳慥來。子：指陳慥
。　　〔寧(nìng)肯過吾邦〕　那裡會到我這裡來。寧：豈。吾邦：指黃州
。　　〔摐摐(chuáng)〕　通"撞"，擊。司馬相如《子虛賦》："摐金鼓
，吹鳴籟。"這裡是形容雨聲。　　〔風林舞破，煙蓋雲幢(chuáng)〕　風
吹樹林，把如車蓋的煙，如幢幡的雲都衝破，露出霽色。蓋：古代車上如傘

239

形的車蓋。幢：旗。 〔一飲空缸〕 豪飲，一回把酒缸喝光。空：（飲
）盡，使不剩（動詞）。缸：酒器。 〔居士〕 東坡居士；即蘇軾自己
。 〔釭（gāng）〕 燈盞。 〔逢逢（páng）〕 鼓聲。《詩・大雅・靈
臺》：“鼉鼓逢逢。”

【校】

《全宋詞》本題有“公舊序云”四字。無“黃州”二字。毛本“摐摐”
作“樅樅”，“歌聲”作“歌舞”。

【附錄】

①鄭文焯《手批東坡樂府》：“健句入詞，更奇峰鬱出，此境匪稼軒所
能夢到。不事雕鑿，字字蒼寒，如空巖霜幹，天風吹墮頗黎地上，鏗然作碎
玉聲。”

150. 好　事　近

黃州送君猷

紅粉莫悲啼，俯仰半年離別。看取雪堂坡下，老農夫
淒切。　　明年春水漾桃花，柳岸隘舟楫。從此滿城歌吹
，看黃州闐咽。

【編年】

此詞作於元豐六年癸亥（公元1083年）五月。王文誥《蘇文忠公詩編注
集成總案》卷二十二載：元豐六年癸亥五月，送別徐大受作《好事近》詞。
又王案：“此詞乃徐君猷置家於黃而去，故云‘半年離別’也。”

【箋注】

〔紅粉〕 指送徐君猷行時席上的妓。 〔雪堂〕 見本書第125首《江
城子》（夢中了了醉中醒）〔雪堂〕注。 〔老農夫〕 蘇軾自指。他躬
耕於東坡，故自稱老農夫。 〔春水漾（yàng）桃花〕 落下的桃花被春水
漂蕩。指明年春天。漾：泛、蕩。 〔柳岸隘（ài）舟楫〕 岸上楊柳盛長

，枝葉茂密，使江流狹隘而舟楫難行。隘：使……狹窄（動詞）。　〔歌吹(chuì)〕　指黃州人們歡迎徐君猷回來而歌唱奏樂。　〔闐(tián)咽(yè)〕　擁擠，形容人和車馬多。這裡指黃州人們出來迎接徐君猷的盛況。

【校】

《全宋詞》及毛本題目均無“黃州”二字。

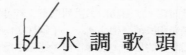

151. 水 調 歌 頭

黃州快哉亭贈張偓佺

　　落日繡簾捲，亭下水連空。知君為我，新作窗戶濕青紅。長記平山堂上，欹枕江南煙雨，渺渺沒孤鴻。認得醉翁語，‘山色有無中’。　　一千頃，都鏡淨，倒碧峯。忽然浪起，掀舞一葉白頭翁。堪笑蘭臺公子，未解莊生天籟，剛道有雌雄。一點浩然氣，千里快哉風。

【編年】

　　作於元豐六年癸亥（公元1083年）。王文誥《蘇文忠公詩編注集成總案》卷二十二載：元豐六年癸亥閏六月，張夢得營新居於江上，築亭，公榜曰快哉亭，作《水調歌頭》。又傅藻《東坡紀年錄》：元豐六年十一月十二日為張夢得書《昆陽賦》，十九日書《四箴》，在於快哉亭，作《水調歌頭》贈張偓佺。

【箋注】

〔黃州快哉亭〕．蘇轍《欒城集》卷二十四《黃州快哉亭記》：“江山西陵，始得平地，其流奔放肆大，南合沅湘，北合漢沔，其勢益張。至於赤壁之下，波流浸灌，與海相若，清河張君夢得，謫居齊安，即其廬之西南為亭，以覽視江流之勝，而余兄子瞻名之曰快哉。”王象之《輿地紀勝》卷四十九《黃州·景物〔下〕》：“張夢得即其廬之西南為亭，以覽江流之勝。東坡以‘快哉’目之。”　〔張偓佺(wò quán)〕　張夢得，字懷民，又字偓佺，清河人，當時謫居黃州，和蘇軾交遊。這年十月十二日，蘇軾訪張懷民，寫了著名的《記承天寺夜遊》短文。 〔亭下水連空〕 快哉亭在城南，下臨長江，水天相連。這句說快哉亭下臨水。 空：天。 〔知君爲我，新作窗戶濕青紅〕 知道窗戶是專爲我而新作的。表示理解張偓佺對我蘇軾的重視。 新作窗戶濕青紅：新建造窗戶。"濕"承"新"而言，指青色紅色的油漆還沒有乾 〔平山堂〕 公元1048年歐陽修在揚州建平山堂。王象之《輿地紀勝》卷三十七《揚州·景物（下）》："平山堂在州城西北五里大明寺側，……負堂而望，江南諸山，拱列檐下，若可攀取，因名之曰平山堂。"這裡以平山風光和快哉亭相比。 〔欹枕江南煙雨，渺渺没孤鴻〕 臥著遙望江南在細雨中的景色，孤鴻在縹緲迷濛中隱没。 〔認得醉翁語，"山色有無中"〕 我真正體會到醉翁詞中的"山色有無中"的佳句。 認得：懂得，體會到。醉翁：歐陽修。歐陽修《醉偎香》詞中有"平山欄檻倚晴空，山色有無中"句，山色有無中是描繪煙雨中朦朧的山色若有若無。句子出自王維《漢江臨汎》："江流天地外，山色有無中。" 〔倒碧峯〕 碧色山峰在水中的倒影。 〔掀舞一葉白頭翁〕 浪頭掀起一葉扁舟，舟上有個白髮老翁。 〔堪笑蘭臺公子〕 可笑宋玉這人。蘭臺公子：稍遲於屈原的楚國辭賦家宋玉，曾在蘭臺侍奉楚襄王，相互問答，故稱蘭臺公子。 〔未解莊生天籟〕 不知道莊子"天籟"的說法。莊生：戰國時道家學者莊子。天籟(lài)：使風發聲的自然力；風動時地面一切竅穴都發聲，鼓動眾竅出聲的力。《莊子·齊物論》顏成子游和老師南郭子綦說人籟，地籟和天籟（籟是吹奏樂器，如簫笛等以孔竅出聲），人用竹管作成樂器，經吹奏而出聲是人籟；地面上各種不同大小、形狀的孔穴，風吹過時出聲是地籟。使竅穴出聲的是天籟。照莊子說，風是自然而起，又自然而止的，原無所謂雌風、雄風。 〔剛道有雌雄〕 硬說風有雌雄。《文選》卷十三宋玉《風賦》："楚襄王游於蘭臺之宮，宋玉、景差侍。有風颯然而至，王乃披襟而當之，曰：'快哉此風！寡人所與庶人共者邪？'"蘇軾爲亭命名"快哉"，取《風賦》"快哉此風"一語；但反對《風賦》中宋玉把風分爲"大王之雄風"和"庶人之雌風"。蘇軾認爲莊子天籟之說是對的，宋玉雄風、雌風之說是莊子所没有的。按：蘇轍《黃州快哉亭記》引述了宋玉《風賦》之後，發議論說："夫風無雌雄之異，而人有遇不遇之變。楚王之所以爲樂，與庶人之所以爲憂，此則人之變也，而風何與焉！"和蘇軾這首詞一樣，否定宋玉風有雌、雄之別。 〔一點浩然氣，千里快哉風〕 只要自己胸中有浩然之氣，就如享受千里雄風一樣喜樂。意思是心胸磊落

242

，即使像《風賦》中"庶人"一樣窮困，被"雌風"煎熬，也會如《風賦》中的"大王"，對"雄風"喝采"快哉！"蘇轍《黃州快哉亭記》說"張君（夢得）不以謫爲患，收會稽之餘功，而自放於山水之間。此其間有以過人者。將蓬戶甕牖無所不快。"蘇軾這一議論，和蘇軾這兩句詞意思相同。張夢得"有以過人者"，就是他心胸有"浩然氣"；所以"無所不快"，如對"千里快哉風"。一點：和"千里"相對；兩句說"浩然氣"威力大，"一點"可抵擋"千里"之風。　浩然氣：正氣；《孟子·公孫丑（上）》"我善養吾浩然之氣"。是一種主觀的精神狀態，如孟子所說，浩然之氣"至大至剛"，"塞於天地之間"，純由内心"集義所生"（積義：積善；事事都合乎義），要"以直養"而不使它餒。後世把"浩然之氣"理解爲崇高氣節的來歷。　快哉風：《風賦》記楚王披襟當之而爲之喝采"快哉"的"雄風"。

【校】

《全宋詞》本題"快哉亭作"。毛本題"快哉亭作"，"渺渺"作"杳杳"。

【附錄】

①吳曾《能改齋漫錄》卷七《事實》"山色有無中"條："東坡《水調歌頭》云：……'認得醉翁語，山色有無中'，蓋歐陽文忠長短句云：'平山闌檻倚晴空，山色有無中'。東坡蓋指此也。然王摩詰《漢江臨汎》詩已嘗云'江流天地外，山色有無中'。歐實用此，而東坡偶忘之耶？"

②宋·陸游《老學庵筆記》卷六："'水流天地外，山色有無中'，王維詩也。權德輿《晚渡揚子江》詩云：'遠岫有無中，片帆煙水上'，已是用維語。歐陽公長短句云：'平山闌檻倚晴空，山色有無中。'詩人至是蓋三用矣。然公但以此句施於平山堂爲宜，初不自謂工也。東坡先生乃云：'記取醉翁語，山色有無中'，則似謂歐陽公創爲此句，何哉？"

③清·沈雄《古今詞話》中《詞品》卷下《語病》：《藝苑雌黃》曰："歐陽公'平山闌檻俯晴空，山色有無中。'東坡賦《水調歌頭》記其事，'長記平山堂上，欹枕江南煙雨'，蓋以'山色有無'，非煙雨不能然也。然以'平山闌檻俯晴空'爲起句，已成語病，恐蘇公不能爲之諱也。則是以歐陽公爲短視者近是。'俯'一作'倚'。"

④清·王奕清《歷代詩話》卷四《歐陽修平山堂》："山色有無中"，

歐陽公詠平山堂句也。或謂平山堂望江南諸山甚近，公短視故耳。東坡爲公解嘲，乃賦快哉亭詞云："記得平山堂上，欹枕江南煙雨，杳杳没孤鴻。認得醉翁語，山色有無中。"蓋山色有無，非煙雨不能也。然公詞起句是"平山闌檻倚晴空"，安得"煙雨"？恐東坡終不能爲公解矣。

　　⑤清・鄭文焯《手批東坡樂府》：此等句法，使作者稍稍矜才使氣，便入粗豪一派。妙能寫景中人，用生出無限情思。

　　⑥清・黃蓼園《蓼園詞選》："前闋從'快'字之意入次闋起三語，承上闋寫景。'忽然'二句一跌，以頓出末二句來。結處一振，'快'字之意方足。"

152. 鷓　鴣　天

　　林斷山明竹隱牆。亂蟬衰草小池塘。翻空白鳥時時見，照水紅蕖細細香。　　村舍外，古城旁。杖藜徐步轉斜陽。殷勤昨夜三更雨，又得浮生一日涼。

【編年】

　　寫於元豐六年癸亥（公元1083年）。朱祖謀《東坡樂府》注"案：公以甲子四月去黃，此詞乃六月景事，酌編癸亥。"

【箋注】

〔林斷山明〕　（遮住山的）樹林斷絕處，山顯現出來。明：顯出，使……被看見。　　〔翻空〕　翻翔在空中。　　〔紅蕖〕　紅色的荷花。荷花又名芙蕖。《詩・鄭風・山有扶蘇》："隰有荷華"，鄭玄《箋》："未開曰菡萏，已發曰芙蕖。"杜甫《狂夫》詩："雨裛紅蕖冉冉香。"　　〔古城〕　指黃州古城。　　〔杖藜〕　拄杖。杖：拄，以……爲杖。藜：一種草本植物，高五六尺，老後莖堅者可作杖。《莊子・讓王》說，原憲"杖藜而應門。"　　〔浮生〕　人在世間的歲月；謂世事無定，生命短促，所以說"浮"。李涉《題鶴林寺僧舍》"偶經竹院逢僧話，又得浮生半日閒。"

【校】

《全宋詞》題注云："東坡謫黃州作此詞，眞本藏林子敬家。"毛本題注爲"時謫黃州"。

【附錄】

①鄭文焯《手批東坡樂府》：淵明詩'嘯傲東軒下，聊復得此生'。此詞從陶詩中得來，逾覺清異，較'浮生半日閒'句，自是詩詞異調。論者每謂坡公以詩筆入詞，豈審音知言者！

153. 西 江 月

重陽棲霞樓作

點點樓頭細雨。重重江外平湖。當年戲馬會東徐。今日淒涼南浦。　　莫恨黃花未吐。且教紅粉相扶。酒闌不必看茱萸，俯仰人間今古。

【編年】

據龍楡生《東坡樂府箋》，定此詞爲元豐六年癸亥（公元1083年）作。其附記云："案彊村本此詞列在卷三，不編年，以當時未見傳本，不敢臆定故也。今據傳本題文，與詞中'戲馬東徐'之語，斷爲先生謫居黃州三年間作。因此改編癸亥。"

【箋注】

〔棲霞樓〕　見第138首《醉蓬萊》〔棲霞樓〕注。　　〔江外〕　指長江之南。　　〔戲馬東徐〕　用劉裕重九在徐州戲馬臺盛宴的故事，比喻自己知徐州（公元1077或1078年）宴會賓客。戲馬：指在戲馬臺。《南齊書·禮志》曰："宋武帝爲宋公，在彭城，九月九日登項羽戲馬臺，至今相承以爲故事"。《嘉慶重修一統志》卷一百：《徐州》戲馬臺"在銅山縣（今江蘇徐州市）南。晉義熙中，劉裕至彭城；九日，大會，賓僚，賦詩於此。宋元嘉二十七年，魏主南侵至彭城，亦嘗登之。《水經注》：'彭城有項羽戲馬臺。'《元和志》：'戲馬臺，在彭城東南二里，宋於臺上置寺。'《舊志

245

》：高臺十仞，廣數百步。蘇軾以此爲城南之重蔽。今爲臺頭寺。”《文選》卷二十謝瞻、謝靈運各有《九日從宋公戲馬臺送孔令》詩一首。可見徐州長官重九和賓客登戲馬臺是舊例。蘇軾也曾循此舊例。東徐：即彭城，今江蘇徐州市之東。　　〔今日淒涼南浦〕　今日送行淒涼和“當年戲馬會東徐”的熱鬧歡欣相對。南浦：南面的水邊。《楚辭·九歌·河伯》：“送美人兮南浦。”後世用來稱送別之處，如《文選》卷十六江淹《別賦》：“送君南浦”。張銑注：“南浦，送別之處。”這裡說和徐君猷話別。　　〔莫恨黃花未吐〕　不要嫌菊花還沒有開。舊習俗重九要摘菊花插在頭上，作此詞時，菊花未開放，故勸人“莫恨”。黃花：菊花；《禮記·月令》季秋之月“鞠（同‘菊’）有黃花”。　　〔紅粉〕　指伺候飲宴的妓女。　　〔不必看茱萸〕　反杜甫《九日藍田崔氏莊》：“明年此會知誰健，醉把茱萸仔細看”之意，說連明年都不用計算了。　　〔俯仰〕　一低頭，一抬頭之間，表示時間之短。王羲之《蘭亭集序》：“俯仰之間，已成陳迹。”

【校】
　　《全宋詞》題目爲“重九”。毛本題目爲“重九”，“俯仰”作“頫仰”。

154. 十 拍 子

　　白酒新開九醞，黃花已過重陽。身外儻來都似夢，醉裏無何即是鄉。東坡日月長。　　　玉粉旋烹茶乳，金虀新擣橙香。強染霜髭扶翠袖，莫道狂夫不解狂。狂夫老更狂。

【編年】
　　寫於元豐六年癸亥（公元1083年）。王文誥《蘇文忠公詩編注集成總案》卷二十二載：“元豐六年癸亥九月作《十拍子》詞”。
【箋注】
〔九醞〕　一種美酒。《文選》卷四張衡《南都賦》“酒則九醞甘醴”，李

246

善注引《魏武集·上九醞酒奏》："三日一醞，滿九斛米止。"唐人李肇《國史補》卷下舉名酒和產地，有"酒則有……嶺南靈溪、博羅，宜城之九醞。"〔黃花已過重陽〕已過了重陽的菊花。人們在重陽觀賞菊花，插菊花簪在頭上。重陽一過，菊花就無人過問了。因此，這一句既是寫景物，又表示人的盛年一過，走下坡路；或表示不用過問世事了。〔身外儻(tǎng)來〕指自身以外的一切，包括貲財、名譽、官位、妻室兒女等不是與生俱來的事物。儻來：偶然得到，不意而來之物。《莊子·繕性》："物之儻來，寄者也。"成玄英《疏》："儻者，意外忽來者耳。"〔醉裏無何即是鄉〕只要沉醉就以沒有的鄉爲家鄉了。隋唐之際的王績《醉鄉記》贊美醉酒的境界，稱之爲"醉鄉"。此句說：只要少時的醉，人們就會感到醉鄉如家鄉一樣親切。無何：即"無何有之鄉"，並不實際存在的鄉土；《莊子·逍遙遊》"無何有之鄉，廣莫之野"。鄉：故鄉。〔東坡日月長〕東坡就是久留之處。日月長：永久住下去；白居易《長恨歌》："蓬萊宮中日月長。"〔玉粉旋烹茶乳〕隨手烹煎研成細末的茶。玉粉：珍貴的粉末。茶乳：研成粉末的茶。唐宋時代把茶葉用乳缽研成細粉末再烹煮飲用。〔金虀(jī)新擣橙香〕金色的虀剛擣出來，發散出橙桔的香味。虀：剁碎或搗碎的菜。〔強染霜髭〕勉強把花白的鬍鬚染黑。意即使自己顯得年輕一些。〔狂夫老更狂〕杜甫《狂夫》："欲填溝壑惟疏放，自笑狂夫老更狂。"

【校】

《全宋詞》題爲"暮秋"，毛本作爲"莫秋"。

155. 南 歌 子

黃州臘八日飲張懷民小閣

衛霍元勳後，韋平外族賢。吹笙只合在緱山。同駕彩鸞歸去、趁新年。　　烘暖燒香閣，輕寒浴佛天。他時一醉畫堂前。莫忘故人憔悴、老江邊。

【編年】

寫於元豐六年癸亥（公元1083年）。王文誥《蘇文忠公詩編注集成總案》卷二十二載：元豐六年癸亥十二月八日飲張夢得小閣，作《南柯子》詞。

【箋注】

〔臘八〕 即臘月八日。佛教節日。相傳陰曆十二月初八日是釋迦牟尼的成道日，佛寺常於該日誦經，并效法佛成道前牧女獻乳糜的傳說故事，取香穀及果實等造粥供佛，名臘八粥。後演變爲一種民間節日，以陰曆十二月初八日吃臘八粥，有慶豐收之意。孟元老《東京夢華錄》卷十："十二月"條云："初八日，街巷中有僧尼三五人，作隊念佛，以銀銅沙羅或盆器，坐一金銅或木佛像，浸以香水，楊柳灑浴，排門教化。諸大寺作浴佛會，并送七寶五味粥與門徒，謂之'臘八粥'。都人是日各家亦以果子雜料煮粥而食也。" 〔張懷民〕 見本書第151首《水調歌頭》黃州快哉亭贈〔張偓佺〕注。 〔衛霍〕 衛青、霍去病，西漢漢武帝兩個抗擊匈奴侵略者，保衛北方邊疆的大將。事跡見《史記》卷一百一十一《衛青、霍去病列傳》。這裡以比張懷民的祖先。 〔後〕 子孫。 〔韋平〕 西漢後期韋賢和兒子韋玄成，平當和兒子平晏，都位至丞相。見《漢書》卷七十三《韋賢、子玄成傳》，卷七十一《平當傳》。這裡以比張懷民的父祖歷代都是貴人。

〔吹笙只合在緱(kōu)山〕 用春秋時王子晉成仙的故事。《列仙傳》："王子晉，周靈王太子也。好吹笙作鳳鳴，遊伊、洛間，道士浮邱公接上山。三十餘年後，來於山上，告桓長曰：'告我家，七月七日待我緱氏山。'至日，果乘白鶴到山頭，望之不得到，舉手謝時人而去。"這裡用王子晉成仙喻張懷民解除貶謫而升官回京。緱山：緱氏山，今河南洛陽市至登封縣古大道旁。 〔駕彩鸞〕 乘坐彩鸞拉的車升天。 〔新年〕 明年。作詞在十二月初八日，距新年不遠了。預祝新年張懷民駕鸞乘鶴高升（即回到朝廷）。 〔燒香閣〕 拜佛燃香的小樓閣。 〔輕寒浴佛天〕 宗懍《荊楚歲時記》"荊楚以四月八日，諸寺香湯浴佛，共作龍華會，以爲彌勒下生之徵也。"陰曆四月初八日，當穀雨、立夏的時節，江南往往陰雨反寒，所以說"輕寒"的"天（氣）"。這裡說，明年浴佛節你已不在黃州了，到那時候你"莫忘故人"。 〔莫忘故人憔悴老江邊〕 叮囑張懷民；那時你已得意了，請莫忘了我還在困苦中。故人：老友，舊交；這裡蘇軾指自己。憔悴：困苦，失意。老：過晚年生活（動詞）。

【校】

248

毛本題"臘"下有"月"字。

156. 臨 江 仙

詩句端來磨我鈍，鈍錐不解生鋩。歡顏爲我解冰霜。酒闌清夢覺，春草滿池塘。　　應念雪堂坡下老，昔年共採芸香。功成名遂早還鄉。回車來過我，喬木擁千章。

【編年】

這首應寫於元豐六年癸亥（公元1083年）。

朱本和龍本均未編年。據詞意，當是在黃州寄給其弟蘇轍的。

第一：詞中有"功成名遂早還鄉"。蘇軾曾和子由相約功成名遂身退。子由《逍遙堂會宿二首并引》的引中說："轍幼從子瞻讀書，未嘗一日相舍。既壯，將宦遊四方。讀韋蘇州詩至'那知風雨夜，復此對牀眠'，惻然感之。乃相約早退，爲閒居之樂。"蘇轍所說，和東坡此詞相合。東坡《初秋寄子由》（見《蘇軾詩集》卷二十二）詩，寫於黃州，也說"雪堂風雨夜，已作對牀聲。"

第二：詞中"昔年共採芸香"，是蘇軾和蘇轍生活的紀實。

第三：蘇軾自比謝靈運，以子由比靈運之弟惠連。《蘇軾詩集》卷三十七《次韻李端叔送保倅翟安常赴闕，兼寄子由》詩："中山保塞兩窮邊，臥治雍容已百年。顧我迂愚分竹使，與君談笑用蒲鞭。松荒三徑思元亮，草合平池憶惠連。白髮歸心憑說與，古來誰似兩疏賢"其中"草合平池憶惠連"一語與詞中"酒闌清夢覺，春草滿池塘"意義相同。

第四：詞中有"應念雪堂坡下老"一語，分明是在黃州時的作品。

【箋注】

〔詩句端來磨我鈍，鈍錐不解生鋩〕　你的詩句眞要磨去我的鈍，但我已成了不能生鋒芒的鈍錐了。"鈍"有愚鈍和錐針刀劍失去鋒芒兩個意思；"磨我鈍"指思路的愚鈍，"鈍錐"指不銳利。端：眞的。毛晉本作"揣"（《老子》王弼注本第九章"揣而梲之"，陸德明《老子音義》讀"揣"爲chuǎ

i或duǒ，把尖的一端磨快），也通。鋩(máng)：同“芒”，指錐、針之類尖的一端。《晉書·祖納傳》：祖納對梅陶、鍾雅說：“君汝潁之士利如錐，我幽冀之士鈍如槌。持我鈍槌，摧君利錐，皆當摧矣。”這裡蘇軾說自己是“鈍錐”（不是利錐），“磨”也不能“生鋩”。磨：指蘇轍寄詩來解除心中的愚鈍。蘇軾《別子由三首兼別遲》詩“三年磨我費百書”，也有此意。
　　〔歡顏爲我解冰霜〕　酒融化了我心中的淒冷孤寂；以酒消愁。歡顏：據下句“酒闌”，這裡指酒；酒能使人歡悅。冰霜：指心情的冷漠，沒有生趣。　　〔酒闌〕　這裡說酒力消失。　　〔覺(jiào)〕　醒來。　　〔春草滿池塘〕　春天到了。承上“解冰霜”，說孤寂之感消除後，心裡春意盎然，充滿生機。南朝早年謝靈運《登池上樓》詩有“池塘生春草”（見《文選》卷二十三）的名句，說臥病日久，一旦臨眺，見到春天來到，景物變化。而《南史·謝惠連傳》，說謝靈運“嘗於永嘉西堂思詩，竟日不就。忽夢見惠連，即得‘池塘生春草’，大以爲工。”惠連是靈運的弟弟，蘇轍是蘇軾的弟弟，這裡蘇軾以惠連比蘇轍。不過靈運夢見惠連而得的是“池塘生春草”的詩句，而蘇軾讀蘇轍的詩得的是“春草滿池塘”的春意。　　〔應念雪堂坡下老〕　你想念我。雪堂：蘇軾在黃州東坡築的堂。　雪堂坡下老：蘇軾自己。　　　〔採芸香〕　指求學，或指在翰林院工作。蘇軾和蘇轍幼時一同讀書，同年中進士後，同在翰林院一段時間。芸香是一種植物，其花、葉和莖製成的藥也叫芸香，可以殺蟲；古人用芸香夾在書卷中以防蛀。因此用“芸”指書，稱書爲芸編、芸帙，書房爲芸窗，皇宮藏書的秘書省（相當宋朝翰林院）爲芸省、芸臺。稱在書齋讀書和在翰林院供職爲“採芸香”。
　　〔功成名遂早還鄉〕　不到老年便辭官回鄉。功成名遂：功名成就。《老子》王弼注本第九章“功遂，身退”，第十七章“功成事遂”。遂：順利；完成。蘇軾《水調歌頭》（安石在東海）本書第78首，也是寄給蘇轍的，有“一旦功成名遂，準擬東還海道，扶病入西州”，意思與此相同。　　〔回車來過(guō)我〕　（在你還鄉的途中）繞道來看我。　　回車：叫車子轉彎；叫乘的車改道；繞路。　回：轉。　過：上門訪問。　　〔喬木擁千章〕　說我的住宅林木幽蔽。　章：棵，株（計算樹的數目）。
　　【校】
　　毛本題作“贈送”，“端”作“揣”。《全宋詞》本與毛本同。

250

157. 浣 溪 沙

　　　　玄眞子《漁父》詞極清麗。恨其曲度不傳，
　　故加數語，令以《浣溪沙》歌之。

西塞山邊白鷺飛。散花洲外片帆微。桃花流水鱖魚肥
。　　自庇一身青箬笠，相隨到處綠蓑衣，斜風細雨不須
歸。

【編年】

　　此首《全宋詞》注：“又案此首別誤入黃庭堅《豫章黃先生詞》”。《
彊村叢書》朱祖謀《東坡樂府》中有小序云：“玄眞子《漁父》云：‘西塞
山邊白鳥飛，桃花流水鱖魚肥。青箬笠，綠蓑衣，斜風細雨不須歸。’此語
妙絕，恨莫能歌者，故增數語，令以《浣溪沙》歌之。注云：或刻黃山谷。
”龍楡生《東坡樂府箋》校：“元本無題，從傅本。毛本題作‘玄眞子漁父
’云……”（以下引文與朱注同，這裡從略）。這首詞均未編年。

　　關於別本說這首詞作者是黃庭堅，《全宋詞》中已經否定。唐圭璋先生
在《宋詞四考》一書中《宋詞互見考》一文，也一再說明這一觀點。他說：
“第一首（即《浣溪沙》）是《東坡詞》，題云‘姑孰再見勝之，次前韻’
，東坡詞前首正作此韻。毛本《山谷詞》收之，非是。”據唐先生考證，這
首詞應是東坡詞。至於黃山谷《鷓鴣天》一首，有“西塞山邊白鷺飛，桃花
流水鱖魚肥”句，也是檃括張志和《漁父》詞所作。但蘇軾沿用它是蘇軾的
，黃庭堅沿用它是黃庭堅的，不能說這兩句只容許黃庭堅用，不容許蘇軾用
。《東坡樂府箋》中的《附錄》更加說明這一問題。

　　蘇軾說這首詞因張志和《漁父詞》不能唱，“加數語令以《浣溪沙》歌
之。”但我們認爲，東坡不僅爲了就音律而改，更是爲了寫自己的生活而改
作。雖不過就舊詞加了“散花洲外片帆微”及“自庇一身”，“相隨到處”
幾句而已，但這幾句也成爲確定這首詞的關鍵，而且由於這幾句我們可以斷
定它是蘇軾在黃州作的：

　　第一，東坡加上的一句，地名有“散花洲”在黃州附近，說明“西塞山
”不是浙江的西塞山，而是黃州附近的西塞山。“散花洲外片帆微”一句，

充分說明蘇軾改作此詞時，自己在黃州。

第二，東坡保留舊詞"桃花流水鱖魚肥"一句，也是黃州風光。黃州一帶長江邊盛產鱖魚。蘇軾《後赤壁賦》中有："客曰：'今者薄暮，舉網得魚，巨口細鱗，狀似松江之鱸'。"這個"巨口細鱗，狀似松江之鱸"的就是鱖魚，亦稱"鯚花魚""桂魚"。這種魚是黃州一帶的名產。

第三，"自庇一身青蒻笠，相隨到處綠簑衣"句，蘇軾在黃州《答李端叔書》中，言他的生活是"扁舟草履，放浪山水間，與樵漁雜處"，又他在告別黃州時所寫的一首《滿庭芳》（歸去來兮），最後一句是說："仍傳語，江南父老，時與曬漁簑。"可見頭戴青蒻笠，身披綠簑衣，是蘇軾在黃州時的平日生活之常有，而不是偶一為之。

蘇軾在黃州時間長了，與漁父建立了親密友誼，所以也不可能是黃州初期的作品。蘇軾在元豐七年四月離開黃州，那麼，在桃花流水時節，應是元豐六年癸亥（公元1083年）的時候，因為到元豐七年春天，蘇軾將要奔赴汝州，心情又開始動蕩，也很難表現得這麼平靜了。

【箋注】

〔玄眞子〕 唐朝人張志和的號。張志和生於公元八世紀四十年代，死於九世紀初，婺州金華（今浙江省金華）人。中年隱居不仕，自稱煙波釣叟，著《玄眞子》，以"玄眞子"作另一別號。事跡見《新唐書》卷一百九十六《張志和列傳》。　　〔《漁父》〕　張志和的詞名。唐代教坊樂曲稱《漁歌子》，《新唐書·張志和列傳》稱《漁歌》，徐積稱《漁父樂》，蘇軾沿用五代時和凝為它命的名《漁父》。現在一般都據《花間集》稱為《漁歌子》，張志和的原作："西塞山前白鷺（"鷺"，《宋六十名家詞》注引作"鳥"）飛，桃花流水鱖魚肥。青蒻笠，綠簑衣，斜風細雨不須歸。"　　〔恨莫能歌者〕　可惜無人能唱它。按：《漁歌子》是唐代教坊樂曲之一，唐人能唱；五代時收入《花間集》，五代時也一定能唱。宋代盛行唱唐、五代詞；不知為什麼蘇軾說"莫能歌者"。恨：可惜；令人感到憾惋。莫，無人。

〔故加數語；令以《浣溪沙》歌之〕　所以我加一些字，使（歌者）用《浣溪沙》的曲調唱它。蘇軾把張志和《漁父》加上"散花洲外片帆微"一整句，又把"青蒻笠，綠簑衣"兩個三字句加字改為兩個七字句，把原作二十七個字的形式改為四十二個字，單調（只有一闋）改為雙調（有上、下兩闋），能用《浣溪沙》曲調唱。　　〔西塞山〕　蘇軾此詞的"西塞山"和張志和詞中的"西塞山"不同。張志和是金華人。《新唐書》說其兄張鶴齡怕志和隱居不回，"爲築室越州（今浙江紹興）東郭。"志和回答同時文學家顏眞卿說："願爲浮家泛宅，往來苕(tiáo)、霅(zhà)間"。苕、霅二溪在今浙江省北部，歷代解張志和《漁歌子》的，都說詞中西塞山是現在浙江省武康縣（吳興之南，德清之西）的西塞山。但蘇軾詞把"西塞山"和"散花洲"并舉，此詞的西塞山爲黃州的西塞山（今湖北省黃石市石灰窯中窯）。陸游《入蜀記》卷四（八月十六日）說黃石市郊區"道士磯，一名西塞山，即玄眞子《漁父辭》所謂'西塞山前白鷺飛'者"，則把張志和詞中的西塞山和蘇軾詞中的西塞山都說成是黃州的西塞山了。　〔散花洲〕　又叫散花灘，在西塞山側，臨長江，相傳東漢晚年周瑜在赤壁擊潰曹操大軍後，孫權在此散花以犒勞戰勝的部隊。歐陽修《集古錄》跋唐裴虬《怡亭銘》："怡亭在武昌江水中小島上。武昌人謂其地爲吳王散花洲。"　〔桃花流水〕　春天上漲的江水。當桃花開時，又叫"桃汛"。《漢書‧溝洫志》：漢成帝時，杜欽說："來春桃花盛，必羨溢"。顏師古注："《月令》仲春三月，始雨水，桃始華。蓋桃方華時，旣有雨水，川谷冰泮，衆流猥集，波瀾盛長(zhǎng)，故謂之'桃花水'。"　〔鱖(guì)〕　一種大口、細鱗的淡水魚。　〔自庇一身青蒻笠〕　只夠供我一人不受雨淋的青竹篾斗笠。庇(bì)：遮蓋。這裡指遮雨。　蒻((ruò)同"箬")笠：青篾作的笠。蒻：竹的青皮；指青竹絲編成的。笠：戴在頭上防雨的寬簷帽。　〔蓑(suō)〕　草作的雨衣。

【校】

《全宋詞》題爲"漁父"，有注："又案此首別誤入黃庭堅《豫章先生詞》。"毛本題注有"玄眞子《漁父》云：'西塞山邊白鳥飛。桃花流水鱖魚肥。青蒻笠，綠蓑衣。斜風細雨不須歸。'此語妙絕，恨莫能歌者，故增數語，令以《浣溪沙》歌之。或刻'黃山谷'。"

【附錄】

①宋‧向子諲《酒邊詞》卷下：《浣溪沙》序《漁父詞》，張志和之兄松齡所作也，有招玄眞子歸隱之意。居士爲姑蘇郡守，浩然有歸志。因廣其聲，爲《浣溪沙》，示姑蘇諸友，其詞云："樂在煙波釣是閑，草堂松桂已勝攀。梢梢新月幾回彎。一碧太湖三萬頃，屹然相對洞庭山，狂風浪起且須還。"

②宋‧陸游《入蜀記》卷四：（乾道六年八月）十六日過新野峽，有石

瀕茂林，始聞秋鶯。沙際水牛至多，往往數十爲群，吳中所無也。地屬興國軍大冶縣，當是土産所宜爾。晚過道士磯，石壁數百尺，色正青，了無竅穴，而竹樹迸根，交絡其上，蒼翠可愛。自過小孤，臨江峰嶂，無出其右。磯一名西塞山，即元眞子《漁父辭》所謂"西塞山前白鷺飛"者。李太白《送弟之江東》云："西塞當中路，南風欲進船"，必在荆楚作，故有"中路"之句。張文潛云："危磯插江生，石色擘青玉"，殆爲此山寫眞，又云："已逢妭媚散花峽，不泊艱危道士磯。"蓋江行惟馬當及西塞，最爲湍險難上，抛江泊散花洲，洲與西塞相直。

　　③宋·曾慥《樂府雅詞》卷中：張志和《漁父詞》云"西塞山前白鷺飛。桃花流水鱖魚肥。青箬笠，綠蓑衣，斜風細雨不須歸。"顧況《漁父詞》："新婦磯邊月明，女兒浦口潮平。沙頭鷺宿鷥。"東坡云："元眞語極麗，恨其曲度不傳，加數語以《浣溪沙》歌之云：'西塞山前白鷺飛。散花洲外片帆微。桃花流水鱖魚肥。自庇一身青箬笠，相隨到處綠蓑衣。斜風細雨不須歸。'"山谷見之擊節稱賞，且云："惜乎'散花'與'桃花'重疊，又漁舟少有使帆者。"巧取張、顧二詞，合爲《浣溪沙》云："新婦磯邊眉黛愁。女兒浦口眼波秋。鱖魚錯認月沉鉤。青箬笠前無限事，綠蓑衣底一時休。斜風細雨轉船頭。"東坡跋云："魯直此詞，清新婉麗，問其最得意處，以山光水色替却玉肌花貌，眞得漁父家風也。然才出新婦磯，便入女兒浦，此漁父無乃太浪瀾乎。"山谷晚年，亦悔前作之未工，因表弟李義飫言：《漁父詞》以《鷓鴣天》歌之，甚協律，恨語少聲多耳。因以憲宗遺像求元眞子文章，及元眞之兄松齡勸歸之意，足前數句云："西塞山前白鷺飛。桃花流水鱖魚肥。朝廷尚覓元眞子，何處如今更有詩。青箬笠，綠蓑衣，斜風細雨不須歸。人間欲避風波險，一日風波十二時。東坡笑曰：'魯直乃欲平地起風波也。'東湖老人因坡、谷互有異同之論，故作《浣溪沙》、《鷓鴣天》各二闋云。（略）"

　　④宋·吳曾《能改齋漫錄》卷十六，前段記載與曾慥按語同。後段云："徐師川乃作《浣溪沙》、《鷓鴣天》各二闋，蓋因坡、谷異同而作。云：'西塞山前白鷺飛。桃花流水鱖魚肥。一波才動萬波隨。黃帽豈如青箬笠，羊裘何似綠蓑衣，斜風細雨不須歸。'其二云'新婦磯頭秋月明。女兒浦口晚潮平。沙頭鷺宿戲魚驚。青箬笠前明此事，綠蓑衣裏度平生。斜風細雨小舟輕。'其三云'西塞山前白鷺飛。桃花流水鱖魚肥。朝廷若覓玄眞子，恒在長江理釣絲。青箬笠，綠蓑衣。斜風細雨不須歸。浮雲萬里煙波客，惟有

254

滄浪孺子知。'其四云'七澤三湘翠草連。洞庭江漢水如天。朝廷若覓玄眞子，不在雲邊即酒邊。明月棹，夕陽船。鱸魚恰似鏡中懸。絲綸釣餌都收卻，八字山前聽雨眠。'"

⑤金・王若虛卷二《滹南詩話》：蘇、黃各因玄眞子《漁父詞》增爲長短句，而互爲譏評。山谷又取船子和尚詩爲《訴衷情》，而冷齋亦載之。予謂此皆爲蛇畫足耳，不作可也。

⑥清・王奕清《歷代詞話》卷一引《樂府紀聞》云："張志和自稱煙波釣徒，嘗謁顏眞卿於湖州，以酢艋敝，請更之；願爲浮家泛宅，往來苕霅間，作《漁歌子》詞，曰：'西塞山前白鷺飛，桃花流水鱖魚肥。青箬笠，綠蓑衣。斜風細雨不須歸。'"

又引《西吳記》云："湖州磁湖鎮道士磯，即張志和所謂'西塞山前白鷺飛'也。"

又引《詞苑》云："武昌府大冶縣東九十里，爲道士洑，即西塞山，塞音澀。《水經》云：壁立千仞，東北對黃公九磯，故名西塞；橫截江流，旋渦沸激；舟人過之，每爲失色。張耒詩云：'已逢嫵媚散花峽，不怕危亡道士磯'，遂以爲即志和所謂遊'西塞山'。未知孰是。"

又引《名畫記》云："志和性高邁，自爲《漁歌》，便畫之，甚有逸思。"

又引《羅湖野錄》："張松齡以《漁歌子》招其弟志和曰：'樂在風波釣是閒。草堂松桂已勝攀。太湖水，洞庭山。風狂浪急且須還。'後家嚴陵湖旁仙去。吳人爲建望仙亭。"

⑦清・劉熙載《藝概》卷四："張志和《漁歌子》'西塞山前白鷺飛'一闋，風流千古。東坡曾以其成句用入《鷓鴣天》，又用於《浣溪沙》，然其所足成之句，猶未若原詞之妙通達化也。黃山谷亦曾以其詞增爲《浣溪沙》，且誦之，有矜色焉。"

⑧清・萬樹《詞律》卷一《漁歌子》附："和凝詞結句，用'香引芙蓉惹釣絲'，平仄不同。玄眞又一首起二句：'松江蟹舍主人歡，菰飯蓴羹亦共餐'，平仄全異。和凝又一首：'青箬笠'句用'釣車子'，是'仄平仄'。想亦不拘。然自宋以後，皆依'西塞'一詩；今作者宜從之。"

又："山谷增句作《鷓鴣天》，東坡增句作《浣溪沙》，蓋本調音律失傳，故加字歌之。然坡止加潤玄眞之語。谷則增入'朝廷尚覓玄眞子，何處如今更有詩'二句於'青箬笠'之上，語氣不倫，可謂蛇足。"

158. 漁　父

　　漁父飲，誰家去。魚蟹一時分付。酒無多少醉爲期，彼此不論錢數。

159. 又

　　漁父醉，蓑衣舞。醉裏卻尋歸路。輕舟短棹任斜橫，醒後不知何處。

160. 又

　　漁父醒，春江午。夢斷落花飛絮。酒醒還醉醉還醒，一笑人間今古。

161. 又

漁父笑，輕鷗舉。漠漠一江風雨。江邊騎馬是官人，借我孤舟南渡。

【編年】

這四首詞，過去編蘇軾詩的人們列入蘇詩中。《東坡集》卷十五中有《漁父四首》，《蘇文忠公詩編注集成》卷二十五也列入這四首詩。而在《全宋詞》中，又列入詞，亦注明"以上四首見《東坡集》卷十五"。在《彊村叢書》的《東坡樂府》中，朱祖謀注說明從詩集編入乙丑年，他說："案張志和、戴復古皆有《漁父詞》，字句各異。恭案《三希堂帖》：公書此詞前二首，題作《漁父破子》，是確爲長短句；而《詞律》未收，前人亦無之，或公自度曲也。從詩集編乙丑。"以後龍榆生的《東坡樂府箋》因襲朱注，定爲乙丑。陳邇冬先生的《蘇軾詞選》中亦從此說，陳先生說："《漁父詞》自唐，五代以來，如張志和的'西塞山前白鷺飛，桃花流水鱖魚肥。青蒻笠，綠簑衣，斜風細雨不須歸。'李煜的：'浪花有意千重雪，桃花無言一隊春。一壺酒，一竿身，快活如儂有幾人。'都是七，七，三，三，七的句法，聲（平仄）雖異而調同。蘇軾此調，是他自創的新形式，詞學上叫做'自度曲'。這四首詞，原載在集中，朱本從詩集中採入，朱氏并據《三希堂法帖》所刻蘇軾墨跡有這詞前二首，題《漁父破子》爲證，認爲'是確爲長短句，而《詞律》未收，前人亦無之，或公自度曲也'，今從朱本選錄，并依《詩集》訂爲元豐八年（乙丑）（公元1085年）作。"

這一系列說法，都以朱本爲根據。《詩集》根據什麼編在元豐八年乙丑（公元1085年）呢？查詩集《漁父四首》王文誥案："《漁父詞》於《三閭譜》，向能以七弦道之。公又嘗改張志和詞爲《鷓鴣天》，此四章亦其遺意，皆可譜入琴聲也。"也沒有提出足夠的證據，說明這四首詞確是作於元豐八年。

我們認爲，這四首詞應與前面《浣溪沙》一詞是同時的作品。理由與前面所說相同。

第一，蘇軾在黃州時期曾寫一首《魚蠻子》詩，這首詩的內容與這四首詞相似，都是表現他對漁父的同情和對他們生活的嚮往，《漁蠻子》詩云："江淮水爲田，舟楫爲室居；魚蝦以爲糧，不耕自有餘。異哉魚蠻子，本非左袵徒。連排入江住，竹瓦三尺廬，於焉長子孫，戚施且侏儒。擘水取魴鯉，易如取諸涂。破釜不著鹽，雪鱗芼青蔬。一飽便甘寢，何異獺與狙。人間行路難，踏地出賦租。不如魚蠻子，駕浪浮空虛。空虛未可知，會當算舟車。蠻子叩頭泣，勿語桑大夫。"詩的最後有王文誥案說："紀昀曰：'香山一派。讀之，宛然《秦中吟》也'"。可見《唐宋詩醇》中對這首詞的思想內容給予高度的評價。

《魚蠻子》詩，可確定爲黃州時期所作。查慎行注："《老學庵筆記》：張芸叟作《漁父》詩曰：'家在禾江邊，門前碧水連。小舟勝大馬，大罟當耕田。保甲原無籍，青苗不著錢。桃源在何處？此地有神仙。'蓋元豐中謫官湖湘時所作，東坡取其意爲《魚蠻子》云。"王文誥案："時張芸叟至黃州，公爲作此詞。"張芸叟即張舜民，元豐中曾因在靈武詩有："白骨似沙沙似雪"，及"官軍所受降城柳爲薪"之句，坐謫監邕州米倉，後又遷赴鄜延詔獄，改監郴州酒稅。在這期間曾到黃州，何年則難確定。從以上陸游及王文誥所載，是在元豐年間，也即蘇軾在黃州時期。又詩中所寫的"竹瓦三尺廬"，也完全是黃州習俗，王禹偁的《黃岡竹樓記》所記可證。而《漁父詞》的詞意與《魚蠻子》相同。

第二，《漁父》四首不應寫於元豐八年，因元豐七年三月，蘇軾已將離開黃州，元豐八年蘇軾在常州，揚州，登州一帶奔波，在宜興求田問舍。及抵京師，任禮部郎中，生活已不如黃州時期那麼平靜，更無閒心寫出像《漁父》這樣的詞章。其他道理，與上《浣溪沙》一詞相同。

所以，這首詞不應從朱注編在元豐八年乙丑，而應是在元豐六年癸亥以前，雖難以確定具體年月，但至少應是黃州時期作品。至於《三希堂法帖》引蘇軾墨跡，題爲"乙丑"（乙丑年蘇軾已不在黃州了）。只能說明蘇軾在乙丑年書寫的，不能說明是乙丑年作的。書法家書寫自己過去的作品而不寫當時的創作，并不罕見。

【箋注】

〔誰家去〕 這句問話的回答"酒家飲酒去"被省略。 〔酒無多少醉爲期〕 喝酒不計多少數量，一直喝到醉爲止。無：不管；不計較。醉爲期：以醉爲限度；意思是醉了才罷休；《南史·陶潛傳》："或置酒以招之，造飲輒盡，期在必醉。" 〔彼此不論錢數〕 漁家的魚蟹及酒家的酒，彼此之間不計較多少錢。 〔蓑衣舞〕 漁父已喝醉了，披著蓑衣，蹣跚地走路。孟郊《送澹公》："獨迷舞短蓑。" 〔棹（zhào）〕 船槳。 〔夢斷〕 一覺醒來。 〔酒醒還醉醉還醒〕 用意是說漁父才是最清醒的人，並非醉漢。白居易《醉飲先生傳》"又引數盃，兀然而醉，既而醉復醒

258

，醒復吟，吟復飲，飲復醉；醉吟相仍，若循環然。" 〔舉〕 向上飛。

〔漠漠一江風雨〕 杜甫《灩澦》詩："江天漠漠鳥雙去。"這裡漠漠是形容風雨中的長江上格外幽靜，反映漁夫的清閒生活。 〔江邊騎馬是官人，借我孤舟南渡〕 這裡是以官差騎馬奔波勞苦，來映襯漁父的悠然自得，言騎馬的官人有時沒有辦法，而無馬可騎的漁民卻行得通。

162. 調 笑 令

效韋應物體

漁父。漁父。江上微風細雨。青蓑黃蒻裳衣。紅酒白魚暮歸。歸暮。歸暮。長笛一聲何處。

163. 又

歸雁。歸雁。飲啄江南南岸。將飛卻下盤桓。塞外春來苦寒。寒苦。寒苦。藻荇欲生且住。

【編年】

《全宋詞》二首合爲一。又案："此二首別見蘇轍《欒城集》卷十三。"朱祖謀《彊村叢書東坡樂府》注，第一首是："元本毛本二首俱誤合爲一。案韋詞亦作二首，據改。元本‘暮歸’作‘歸暮’，從毛本。"第二首注是"元本‘苦寒’作‘寒苦’，從毛本，毛本‘桓’作‘旋’。"龍榆生《東坡樂府箋》從是說，在注中只加一句"傅注本有存目闕詞。"各家對這兩首詞均未編年。

根據以上《浣溪沙》及《漁父詞》的內容，又根據第二首中有"歸雁，飲啄江南南岸"句，此"江南南岸"也應指黃州。像本書第 126首《滿庭芳

》（蝸角虛名）的"苔茵展，雲幕高張，江南好"等句，像第 149首《滿庭芳》（三十三年）的"江南岸"，像第 165首《滿庭芳》（歸去來兮）的"江南父老"等等，"江南"都是黃州的泛指，這裡的"江南南岸"也應指黃州。這兩首詞也應該說是黃州時期的作品。現在與《漁父詞》列在一起，暫定爲元豐六年癸亥（公元1083年）作。

【箋注】

〔效韋應物體〕 摹仿韋應物《調笑令》的格式。盛唐詩人韋應物（大約公元 720-810年）有兩首《調笑令》：一首是"胡馬。胡馬。遠放燕支山下。跑沙跑雪獨嘶。東望西望路迷。迷路。迷路，邊草無窮日暮。"一首是"河漢。河漢。曉挂秋城漫漫。愁人起望相思。塞北江南別離。離別離別。河漢雖同路絕。"這兩首《調笑令》的格式有兩個特點：一、首句四字，第一字平聲，第二字仄聲，第三、四字是第一二字的重複，如"胡馬。胡馬"（蘇軾此詞的"漁父。漁父"）。二、第四句六字，第五字平聲，第六字仄聲；第五句四字，是第四句末二字的顚倒和重複，如第五句"迷路。迷路"是第四句末二字"路迷"的顚倒和重複（蘇軾此詞第五句"歸暮歸暮"是第四句末二字"暮歸"二字的顚倒和重複）。蘇軾此詞和下面一首《調笑令》具有韋應物《調笑令》這兩個特點。 〔漁父〕 捕魚爲業的男子。《莊子》和《楚辭》都有《漁父》篇，篇中的"漁父"都是以捕魚爲業的隱士。

〔青蓑黃蒻(ruó)〕 青的蓑衣和黃的笠。見上第157首《浣溪沙》改寫玄眞子《漁父》的〔自庇一身青蒻笠〕、〔蒻〕注。 〔飲啄〕 飲水和啄食物。《莊子·養生主》說野動物生活艱苦："澤雉十步一啄，五步一飲。"

〔盤桓〕 徘徊、遲疑。《易·屯·初九》"盤桓"，孔穎達《疏》："盤桓，不進之貌。" 〔塞(sài)外春來苦寒〕 北方邊塞以北之地，雖已春來，仍以寒爲苦。塞外：對"江南南岸"而言。 〔藻荇欲生且住〕

水藻和荇菜快要生長出來了；（歸雁），你且留下（不要飛往塞外）吧。這是挽留歸雁的話：江南南岸春信漸深，水草快要生了，魚蝦也多起來了，雁在江南南岸生活容易，不像澤雉那樣飲啄艱苦了。 藻：浮生湖沼的植物之一，種類很多。荇(xìng)：也是浮生湖沼的植物，莖白，葉紫赤。住：留。

【校】

《全宋詞》題下無"效韋應物體"五字，毛本無題，兩首合一。

260

164. 瑤　池　燕

閨怨。寄陳季常。

飛花成陣。春心困。寸寸。別腸多少愁悶。無人問。
偷啼自搵。殘妝粉。　　　抱瑤琴。尋出新韻。玉纖趁。南
風來解幽慍。低雲鬢。眉峯斂暈。嬌和恨。

【編年】

　　這首詞傅幹注本和元本未收。趙德麟《侯鯖錄》卷三："東坡云：《琴
曲》有《瑤池燕》，其詞不協，而聲亦怨咽。變其詞作《閨怨》，寄陳季常
去。此曲奇妙，勿與人云。（下記詞，同上，略）"。《蘇軾文集》卷七十
一《難書琴曲十二》（贈陳季常）也已附錄。《宋六十名家詞》據《侯鯖錄
》而收。龍榆生《東坡樂府箋》卷二也錄此詞，編於元豐六年癸亥（公元
1083年），并加案語："先生在黃州與季常往來最密，則此詞必居黃作也。
附編於此，以俟更考。"蘇軾在黃州確是和陳慥往來甚密，有一些作品歌詠
或寄贈陳慥是在黃州作的。龍榆生以爲此詞"寄陳季常"也作於黃州，是合
理的推測。但無具體時間可考，龍氏附編於癸亥年之末，還要"以俟更考"
。本書也從龍氏編於癸亥之末。

【箋注】

〔閨怨，寄陳季常〕　　男子作的"閨怨"總是代在閨中的女子說話，作品中
的"我"就是閨中人。這首詞，蘇軾代陳慥的妻柳氏抒發陳慥遠離後獨居的
孤苦寂寞；等於向陳慥說："你的妻是這樣思念你的，你得給她安慰。"蘇
軾《方山子傳》說陳慥在黃州，"妻子奴婢皆有自得之色"，似乎陳慥在黃
州是和妻在一起的。但令人懷疑的是蘇軾《臨江仙》（"細馬遠馱雙侍女"
）吟陳慥帶兩個美妾戎裝騎馬馳騁。陳慥很畏妻；妻在身旁，陳慥怎麼如此
放縱。《臨江仙》所寫，與《方山子傳》有"妻"子相互矛盾。似可如此理
解：《臨江仙》詞寫得很生動細緻，是蘇軾目睹了的紀實。而《方山子傳》
的"妻子奴婢皆有自得之色"很籠統，只是強調陳慥的恬靜，不但自己恬淡
，連"妻子奴婢"都"自得"，不見得蘇軾寫《方山子傳》時眞的看見了柳

氏。從這首《瑤池燕‧閨怨》看，柳氏當時不是和陳慥一同在黃州。陳季常：陳慥；見本書第 102 首《臨江仙》（"細馬遠駄雙侍女"）〔龍丘子〕注。 〔飛花成陣〕 表明是暮春時節。 〔困〕 倦；煩惱。 〔寸寸別腸〕 離別後十分痛苦，腸子都斷成一寸一寸的。 別：離別。 〔偷啼〕 背著人哭。 偷：不讓人看見地。 啼：哭泣。 〔搵(wèn)〕 用手指按。這裡說梳妝後臉上的粉被淚浸濕，要用手去按。 〔玉纖〕 婦女潔白細長的手指。 〔南風來解幽慍〕 閨中的人彈琴而唱《南風》之詩。《禮記‧樂記》"昔者舜作五弦之琴以歌《南風》"，孔穎達《疏》引《聖證論》：昔者舜彈五弦之琴，其辭曰："南風之薰兮，可以解吾民之慍兮。" 〔斂〕 收縮，這裡解為皺。 〔暈(yùn)〕 婦女因羞、怒或醉而臉上泛起的紅潮。

【校】

毛本"來解"作"未解"。《侯鯖錄》"鬟"作"鬢"，作"鬢"不叶韻。

【附錄】

①《蘇軾文集》卷七十一：《瑤池燕》：琴曲有《瑤池燕》，其詞既不甚佳，而聲亦怨咽。或改其詞作《閨怨》，云："飛花成陣春心困。寸寸別腸，多少愁悶。無人問。偷啼自搵殘妝粉。 抱瑤琴尋出新韻。玉纖趁。南風來解幽慍。低雲鬟。眉峯斂暈嬌和恨。"此曲奇妙，季常勿妄以與人。

②清‧張德瀛《詞徵》卷五：東坡《瑤池燕》詞，《侯鯖錄》及《古今樂錄》并載焉。曾端伯以為廖明略作者，誤也。《瑤池燕》一調，與《越江吟》略同，其音則與《點絳脣》相叶。

262

165. 滿　庭　芳

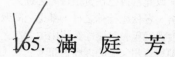

> 元豐七年四月一日，余將去黃移汝，留別雪
> 堂鄰里二三君子。會李仲覽自江東來別，遂書以
> 遺之。

　　歸去來兮，吾歸何處，萬里家在岷峨。百年強半，來
日苦無多。坐見黃州再閏，兒童盡楚語吳歌。山中友，雞
豚社酒，相勸老東坡。　　云何。當此去，人生底事，來往
如梭　待閒看秋風，洛水清波。好在堂前細柳，應念我、
莫翦柔柯。仍傳語，江南父老，時與曬漁蓑。

【編年】

　　這首詞寫於元豐七年甲子（公元1084年）。傅藻《東坡紀年錄》："四
月一日將自黃移汝，以留別雪堂鄰里，作《滿庭芳》"。王文誥《蘇文忠公
詩編注集成總案》卷二十三："元豐七年甲子，四月一日將自黃移汝，留別
雪堂鄰里二三君子，作《滿庭芳》詞。會李仲覽自江東來別，遂書以遺之。
"都和詞的序相同。

【箋注】

〔去黃移汝〕　離開黃州到汝州去。朝廷減輕對蘇軾的處分，把蘇軾調到比
黃州離國都近些的汝州。汝：即汝州。今河南汝南。　　〔李仲覽〕　名翔
，當時他奉楊元素之託來看望蘇軾。　　〔岷峨〕　指岷山及峨嵋山。蘇軾
家在四川眉山縣，在峨眉山附近。　　〔百年強半〕　言人生已過大半。韓
愈《除官赴闕至江州寄鄂岳大夫》："年皆過半百，來日苦無多。"強半：
大半，蘇軾這時已四十九歲。　　〔再閏〕　兩個閏年。《易·繫辭傳〔上

263

）》：“五歲再閏”。蘇軾在元豐三年二月到黃州，至這一年四月離開，在黃州住了四年零兩個月。其間元豐三年有閏九月，元豐六年又有閏六月，經過兩度閏年，故曰“再閏”。　　〔楚語吳歌〕　即楚地的口音。黃州屬古代戰國楚地，又是三國吳地。這裡是蘇軾言自己在吳楚之地的黃州住久了，孩子說話也都是吳楚口音。以此言自己在黃州時間之長久。　　〔社酒〕在社日飲酒。古代農村習俗，春秋祀社神之日，鄰里之間聚會飲酒。　　〔老東坡〕　老：在……地度過晚年。言這些黃州山中老友，勸我老死在東坡，不要離開。這裡表現出他與黃州父老的深厚情誼。　　〔洛水〕　即北洛河，源出陝西，流經河南，至鞏縣入黃河。　　〔莫翦柔柯〕　不要剪去細柳的枝條。《詩經·召南·甘棠》：“蔽芾甘棠，勿翦勿伐，召伯所茇”這裡說，召伯在甘棠樹下住過，人們就愛護那棵樹，不剪不伐。蘇軾以此來作比喻。他當是說，珍惜我們之間的友誼，讓我栽的這些樹能活下去。　　〔曬漁蓑〕　曝曬釣漁穿著的蓑衣。表示他今後尚要回黃州。蘇軾在元祐二年（公元1087年）丁卯，寫了一首《如夢令》，繼這首詞的意思，表示了他對黃州的懷念。“為向東坡傳語。人在玉堂深處。別後有誰來，雪壓小橋無路。歸去。歸去。江上一犁春雨。”由此可見蘇軾對黃州戀戀不捨之情。

　　【校】
　　《全宋詞》題序有“公舊序云”四字，“待閒看”斷句，下句是“秋風洛水清波”。毛本“去黃”作“自黃”，“遣之”後有“舊詞七首，考《北苑龍圖》是淮海作刪”。“社酒”作“社飲”，“此去”作“遠去”，“曬”作“曦”。

166. 西　江　月

　　　送建溪雙井茶、谷簾泉與勝之
　　龍焙今年絕品，谷簾自古珍泉。雪芽雙井散神仙。苗裔來從北苑。　　湯發雲腴釅白，瓊浮花乳輕圓。人間誰敢與爭妍。鬥取紅妝粉面。

　　【編年】
　　264

這首詞的寫作時間及對象歷來被誤解。在詞題"送建溪雙井茶、谷簾泉與勝之"下，由於"勝之"之名，產生了諸多附會和曲解，如傅注本說是"勝之，徐君猷後房，甚慧麗，自陳敘本貴種也。"誤認"勝之"係徐君猷侍妾勝之。元本沿襲這一錯誤，也寫上"徐君猷後房甚慧麗，自陳敘本貴種也"字樣。毛本較謹慎，僅題作"送茶并谷簾與王勝之"，鄭文焯則指出"徐君猷後房，甚慧，自陳敘本貴種也"旁注是被傳者引入正文的錯誤。而朱注及龍注則不加分析，按元本抄上，並且編入元豐五年壬戌（公元1082年）作，誤甚。

　　我們認為，這首詞應作於元豐七年甲子（公元1084年）七月，是時蘇軾抵金陵前在常熟途中與王勝之會面時作。

　　第一，勝之是王勝之，非徐君猷妾勝之。

　　①徐君猷妾勝之非姓王，宋何薳《春渚紀聞》卷六《東坡事實》中："賦詩聯詠四姬"（見本書第139首《減字木蘭花》"嬌多媚殺"一首的〔附錄〕）。徐君猷之妾四人，姓孫、姜、閻、齊，其中無一姓王者，而妾"勝之"當然也不姓王了。再則，蘇軾被貶黃州，雖徐君猷待他極友善，他如果送名茶，也必然送徐君猷，為何要送其中一妾？這不符合當時的風俗和禮法，蘇軾不應該也不可能向徐君猷妾贈送禮物。

　　②在《東坡樂府》卷二中，有《西江月·姑熟再見勝之，次前韻》一首，這裡再見的"勝之"，龍本也誤會為徐君猷妾勝之，其實也是王勝之。而且所謂"次前韻"，即和這首《西江月》的韻腳，這首詞以"泉"、"仙"、"苑"、"圓"、"妍"、"面"為韻腳，作此詞後，又寫了第二首《西江月·姑熟再見勝之，次前韻》，其韻腳也是"泉"、"仙"、"苑"、"圓"、"妍"、"面"，兩首詞送贈的勝之，必然是同一個人。徐君猷妾勝之在黃州，據王明清《揮麈後錄》（見本書第143首《減字木蘭花》。〔附錄〕），徐君猷死後，勝之歸張恕，跟張恕在南都（今河南省商邱市），沒有到過姑熟。故此勝之必然不是徐君猷的妾。

　　③《東坡樂府》卷二有《漁家傲》一首，其標題是《金陵賞心亭送王勝之龍圖，王守金陵，視事一日，移南郡》。這裡明確寫出王勝之，與此詞的王勝之是同一個人。

　　第二，王勝之是何許人？

　　王勝之是蘇軾的好朋友，他比蘇軾大二十三歲。是蘇軾的長輩，所以蘇軾才要向他奉送名茶。

《東坡詩集》卷二十四《同王勝之游蔣山》詩中施注，“王勝之，名益柔，河南人，樞密使晦叔子也。抗直尚氣，喜論天下事，用蔭入官。……歷知制誥直學士院，連守大郡。至江寧，才一日，移南都。又《東都事略》：王益柔少力學。尹洙見其文，曰‘澹而不流，制而不窘，未可量也。’杜衍薦於朝，除集賢校理。蘇舜欽以祠神會客事除名，益柔坐奪職。久之，爲開封推官，歷知制誥，遷龍圖直學士，除秘書監，出知蔡、揚、亳州、江寧、應天府。”蘇軾在常熟與他見面時，已是七十多歲的老人了。

第三，爲什麼說這首詞應定於元豐七年甲子（公元1084年）。

蘇軾於元豐七年三月，“告下特授檢校尚書水部員外郎、汝州團練付使”。四月，他離開黃州，過武昌，路經九江、筠州、湖口、池州、蕪湖、當塗抵金陵，七月抵金陵後，訪王安石於蔣山，當時王勝之也到達金陵，才一日，移南郡，不久逝世。《續通鑑長編》載：“元祐元年五月，王益柔卒。”蘇軾在金陵時正好與他相會，寫下了《同王勝之游蔣山》詩，接著又寫下《至眞州再和二首》。而在詞集中，也爲我們留下三首詞，《漁家傲》一闋，題目已說明“金陵賞心亭送王勝之龍圖，王守金陵”他在到金陵之前，經過安徽當塗縣，遇到王勝之，寫下了這兩首《西江月》。

【箋注】

〔建溪雙井茶〕 宋代出自福建建溪和江西雙井的兩種名貴的茶。建溪：又名建江，江名，流經建寧府建安縣（今福建省南平市之北的建甌縣）城西南。這裡指建安縣。 雙井：見下〔雪芽雙井〕注。 〔谷簾泉〕 谷簾的泉水；被譽爲最甘美的飲用水。陸游《入蜀記》卷四：“（八月）十日，史志道餽谷簾水數器，眞絶品也；甘腴清冷，具備衆美。……谷簾卓然非惠山所及（惠山，今江蘇無錫市近郊的山名。其泉水被譽爲天下第二泉）”。

谷簾：今江西省星子縣廬山之下。《嘉慶一統志》卷三百十六《南康府·山川》“谷簾泉在星子縣西三十五里廬山康王谷中。其水如簾布巖而下，凡三十里。” 〔龍焙今年絶品〕 龍焙今年新產的頭等茶。 龍焙(bèi)：本是泉名，在建安（見上〔建溪雙井茶〕注）東北二十五里的鳳凰山，又名御茶泉；宋代建溪進奉皇帝的茶，用此泉的水灌製，因此人稱建溪名茶爲龍焙。今年：茶以新爲貴，所以說今年。 絶品：最好的品種。 〔自古珍泉〕 多年以來被人珍視的泉。陸羽《茶經》評烹茶的水二十品，谷簾水爲第一。張又新《水記》引劉伯芻、李季卿《品水二十名》，以廬山谷簾泉水爲第一名。宋代人誤以爲二十名的說法出於唐人陸羽。如歐陽修也曾以

266

爲《水記》二十品是陸羽的；後來飲了浮槎(chá)山的泉水，才知道張又新《水記》虛妄，與陸羽《茶經》不合（見歐陽修《浮槎山水記》）。 〔雪芽雙井〕 雙井的白芽茶。歐陽修《歸田錄》（《歐陽文公集》卷一百二十六）：“自景祐（公元1034-1038年）以後，洪州白芽漸盛，近歲製作尤精。囊以紅紗，不過一二兩，以常茶十數斤養之，以避暑濕之氣，……爲草茶第一。”歐陽修說的“白芽”，就是此詞的“雪芽”。雙井：今江西修水縣西三十里。《蘇軾詩集》卷二十八《黃魯直以詩饋贈雙井茶，次韻爲謝》注引《茶事雜錄》：“雙井在寧州西三十里，黃山谷所居也。其南溪心有二井。土人汲以造茶，爲草茶第一。”詩中有“公自注：《歸田錄》：草茶以雙井爲第一。”《歸田錄》說雙井屬洪州，《茶事雜錄》說在寧州；因歐陽修時雙井在洪州分寧縣境內，以後改分寧爲寧州。 〔散神仙〕 不隸屬仙官的仙人，用以譽人品超逸。這裡稱贊雙井白芽茶的珍異。 〔苗裔來從北苑(yuàn)〕 是北苑茶的後代。雙井茶是從北苑引來的。 苗裔：子孫後代。《離騷》“帝高陽之苗裔兮”。來從：來源於……。北苑：姚寬《西溪叢語》卷上：“建州龍焙而北謂之北苑”北苑產的茶“龍團勝雪白茶。茶之極精好者，無出於此。”葉夢得《避暑錄話》卷下：“北苑茶正所產爲曾坑，謂之‘正焙’。非曾坑爲沙溪，謂之‘外焙’。二地相去不遠，而茶種懸絕。沙溪色白過於曾坑，但味短微澀。識茶者一啜而別涇渭也。”這裡說雙井茶是北苑茶（建溪茶）的苗裔；但歐陽修《歸田錄》說建溪茶是臘茶，雙井茶是草茶。 〔湯發雲腴釅白〕 沸水散發了茶，使茶濃稠而且白。 湯：沸水。指烹茶的水被煎沸。 雲腴(yú)：雲霧茶；生於雲霧多的山高處的茶。傅幹注引陸龜蒙詩（所引不見於陸龜蒙文集）：“柱壓雲腴爲酪奴”（“酪奴”，茶的賤稱。《洛陽伽藍記》卷三《城南·報德寺·正覺寺》記北魏孝文皇帝問一個自南齊叛逃而投北魏的王肅“茗飲何如酪漿”，王肅回答：“茗不中與酪作奴”）。蘇軾《生日，王郎以詩見慶，次其韻并寄茶二十一片》詩“建溪新餅截雲腴”，也稱道龍焙的新雲霧茶。 釅(yàn)：濃，稠。 白：宋代把茶製成白色。如趙德麟《侯鯖(zhēng)錄》卷四：“東坡與司馬溫公論茶、墨。溫公曰：‘茶與墨政相反：茶欲白，墨欲黑’。”上文稱雙井名茶爲“雪芽”（《歸田錄》稱爲“白芽”），下文用“乳”、“粉面”比茶，都取茶色以白爲好。 〔琖浮花乳輕圓〕 茶杯中浮著輕圓的泡沫。 琖(zhǎn，同“盞”)：指茶杯。 花乳：烹茶的水沸時，水面浮生的泡沫；俗稱水花。或稱“乳花”；晚唐曹鄴（或說是李德裕）《故人寄茶》詩"香泛乳花輕"，本書第174首《浣溪沙（元豐七年十二月二十四日從泗州劉倩叔遊南山）》詞"雪沫乳花浮午盞"。　　〔人間誰敢與爭妍（yán）〕　人間沒有敢和（這種茶）競美的了。　妍：美麗。　　〔鬥取紅妝粉面〕　鬥得過搽了粉的少女的面頰。用少女的粉面比茶之白，也用紅妝粉面的"妍"比茶味之美。

【校】

元本·傳注本詞題見〔勝之〕注，《全宋詞》本作《茶詞》。　"粉面"，傳注本作"白面"。

167. 又

姑熟再見勝之，次前韻

別夢已隨流水，淚巾猶裛香泉。相如依舊是臞仙。人在瑤臺閬苑。　　花霧縈風縹緲，歌珠滴水清圓。蛾眉新作十分妍。走馬歸來便面。

【編年】

元豐七年甲子（公元1084年）七月，北歸過姑熟時作。王文誥《蘇文忠公詩編注集成總案》卷二十三中有元豐七年七月，舟行至當塗作《天石硯銘跋》及《辨李白姑熟十詠詩》，這首詞是蘇軾經過姑熟作的，也當編於此年。

【箋注】

〔姑熟〕　今安徽省當塗縣。　　〔勝之〕　王益柔。見前首《西江月》。　　〔次前韻〕　用前次的詞的韻。　　〔裛(yì)〕　浸濕。　　〔香泉〕帶著香氣的淚水。泉：形容淚如泉湧。淚裛香泉，說前次見王勝之後，侍奉過王勝之的妓女還在思念勝之。　　〔相如依舊是臞(qú)仙〕　《漢書·司馬相如傳》："相如見上好仙，因曰：'上林之事，未足美也；尚有靡者。臣嘗為《大人賦》，未就，請具而奏之。'相如以為列仙之儒居山澤間，形容甚臞，此非帝王之仙意也。乃遂奏《大人賦》。"蘇軾以司馬相如比王

268

益柔的風流文采。　臞(qú)：瘦。　　〔人在瑤臺閬(làng)苑〕（和我在藪澤山林臞悴。相反），勝之在朝廷作官，如在仙境。瑤臺：相傳仙人西王母所在處。閬苑：也是神仙所居；《神仙傳》：“崑崙閬風苑在玉樓十二層。”這裡指在京作館閣學士官。　　〔縈(yíng)風〕　纏繞在秋風之中。

〔歌珠〕　唐代元稹有《善歌如貫珠賦》，其注曰：“以‘聲氣圓直有如貫珠’為韻。”賦云：“珠以編次，歌以繼聲，美綿綿而不絕，狀累累於已成。”（用《禮記·樂記》末章形容歌聲“累累乎端如貫珠”語）。指王勝之聽妓樂。這句說王勝之喜歡歌妓。　　〔蛾眉新作〕　女子長而美的眉毛剛剛畫成。　蛾眉：《詩經·衞風·碩人》：“螓首蛾眉”，蛾，蠶蛾，其眉（觸鬚）細而長曲。新作：剛畫成的。　　〔走馬歸來便面〕　《漢書》卷七十六《張敞傳》：“敞無威儀，時罷朝會，過走馬章臺街，使御史驅，自以便面拊馬。”師古注：“便面，所以障面，蓋扇之類也；不欲見人，以此為自障面，則得其便，故曰便面，亦曰屏面。”這句喻王勝之的風韻。蘇軾與王勝之是忘年之交，在《至眞州再和二首》中，有“論詩曾伴直，話舊已忘年”語，王文誥案：“治平（公元1064至1067年）間，公與王勝之同在三館，故有‘伴直’‘話舊’之語。”在這兩首和詩中，也寫及席上的歌女，如“公詩便堪唱，為付小嬋娟。”“未用歌池上，隨宜教李娟”等語，宋代官吏宴會上有歌妓是常事。

【校】

《全宋詞》無題。毛本題下注：“或刻‘山谷詞’。”唐圭璋《宋詞四考》中《宋詞互見考》注云：“題云‘姑熟再見勝之，次前韻’。東坡詞前闋正作此韻”，這裡“前闋”指第166首《西江月》“龍焙今年絕品”的一首。

168. 漁　家　傲

金陵賞心亭送王勝之龍圖。王守金陵，視事一日，移南都。

千古龍蟠并虎踞。從公一弔興亡處。渺渺斜風吹細雨

。芳草渡。江南父老留公住。　　公駕風車凌彩霧。紅鸞
驂乘青鸞馭。卻訝此洲名白鷺。非吾侶。翩然欲下還飛去
。

【編年】
　　寫於元豐七年甲子（公元1084年）。傅藻《東坡紀年錄》：元豐七年甲子作《同王勝之游蔣山》詩。王文誥《蘇文忠公詩編注集成總案》卷二十四：元豐七年甲子八月十四日與王益柔同赴儀眞再和《蔣山》詩。這首詞應是同時所寫。趙德麟《侯鯖（zhēng）錄》卷八（見〔附錄〕），言此詞爲陳和叔而作。趙德麟與蘇軾交遊較密，所言大都可據；但此詞序是蘇軾所作，故從序。

【箋注】
〔王勝之〕　見第 166首《西江月》（龍焙今年絕品）〔編年〕　　〔金陵賞心亭〕　古南京城西，是士人官僚餞別之處。　　〔龍圖〕　王勝之當時爲龍圖閣學士。　　〔守金陵〕　知昇州事。北宋把現在江蘇省南京市周圍江寧、句容、溧水溧陽等縣合爲昇州，州城在今南京市。　守：知州事，主管……州。秦、漢稱郡的最高長官爲守，這裡用作動詞。宋的知州事相當秦、漢的郡守。金陵：今南京市，戰國時楚國金陵邑。以後多次改名，三國時叫秣陵、建業、丹陽、石頭城、蔣州，唐代初改爲金陵，這裡用唐代地名。
〔視事〕　主管長官到任辦公。　　〔移南都〕　改爲知歸德府事。移：改任同品級的官職（不升不降）。　　南都：北宋以宋城、寧陵等七縣爲宋州，又叫歸德府，府城在今河南省商丘市。宋以國都開封爲東都，洛陽爲西都，商丘爲南都，大名爲北都。　　〔龍蟠虎踞〕　形容金陵氣勢雄偉。《太平御覽》卷一五六引晉張勃《吳錄》：“劉備曾使諸葛亮至京，因睹秣陵山阜，嘆曰：‘鍾山龍蟠，石頭虎踞，此帝王之室！’”李白《永王東巡歌》：“虎踞龍蟠帝王州，帝子金陵訪古丘。”　　〔興亡處〕　王朝由此地興、在此地亡的史跡所在處。　金陵是孫吳、東晉、劉宋、南齊、梁、陳六個朝代的故都，屢屢建國和亡國之地。　　〔江南〕　指金陵一帶。和蘇軾在黃州的作品稱黃州爲“江南”不同。　　〔留公住〕　挽留您；不願讓您離開。指王益柔深得人心，父老不願他離開江南。　　〔駕風車凌彩霧〕
　　駕著風作的車，凌彩色雲霧而去。指王益柔離知亳（bó）州事的任而改知昇州。　　風車：以風爲車；《莊子·逍遙遊》“列子御風而行。”　　〔驂乘

270

(cān shèng)〕 作陪同乘車的人；車右。古代貴人乘車，車上除馭者外，右方還有一個勇士，遇車行困難時，要下來推車。 〔馭(yù)〕 同"御"，駕車。 〔訝(yà)此洲名白鷺。非吾侶〕 驂乘的紅鸞和馭車的青鸞聽說這個洲叫白鷺洲，吃一驚，說："我們是鸞，它是鷺；我們是紅的、青的，它是白的。它不是我們的同伴！"訝：驚奇。 〔洲名白鷺〕 白鷺洲；長江中一個沙洲，在舊南京城水西門外江中。李白《登金陵鳳凰臺》詩："二水中分白鷺洲"。 〔欲下還飛去〕 驂乘和馭車的鸞本要下來的，但因白鷺"非吾侶"而仍然飛去了。指王益柔到金陵只一天就改官。

【校】

　　《侯鯖錄》"渡"作"路"，"風車"作"飛軒"，"彩"作"紫"，"翩"作"翻"。毛本"翩"作"翻"。《全宋詞》"南都"作"南郡"，"風"作"飛"。

【附錄】

　　①宋．趙德麟《侯鯖錄》卷八："東坡自杭移汝，過金陵，見舒王。適陳和叔作守，多同飲會。一日，游蔣山。和叔被召將行，舒顧江山曰：'子瞻可作歌。'坡醉中書《漁家傲》詞（見上。此從略）。和叔到任數日而去。舒王笑曰：'白鷺者得無意乎！'"

　　②清·張宗橚《詞林紀事》二：按，東坡詞題作"金陵賞心亭，送王勝之龍圖。王守金陵，視事一日，移南都。"與《侯鯖錄》異。

169. 浣 溪 沙

席上贈楚守田待問小鬟

　　學畫鴉兒正妙年。陽城下蔡困嫣然。憑君莫唱短姻緣。　　霧帳吹笙香裊裊，霜庭按舞月娟娟。曲終紅袖落雙纏。

【編年】

寫於元豐七年甲子（公元1084年）。王文誥《蘇文忠公詩編注集成總案》卷二十四：元豐七年甲子十二月，待問席上贈小鬟作《浣溪沙》詞。王案：「田仲宣各注失考，今據二制即田待問，故其字爲仲宣也。公過淮上，正仲宣知楚州，時見其治狀，故著於制中也。」

【箋注】

〔贈楚守田待問小鬟〕 送給田仲宣的小婢。楚守：楚州知州。小鬟：小女孩的鬟髻。用爲婢女的代稱。 〔學畫鴉兒〕 虞世南詠隋煬帝宮女袁寶兒詩：「學畫鴉黃半未成」，見顏師古《隋遺錄》「畫鴉」，指小孩剛學畫畫，塗得不像樣。 〔陽城下蔡困嫣然〕 陽城、下蔡的人都被美人的笑貌迷惑。《文選》卷十九宋玉《登徒子好色賦》：「東家之子，……嫣然一笑，惑陽城，迷下蔡。」這裡是形容小鬟的美麗。陽城、下蔡：戰國時楚國的兩個縣名。困：迷惑。嫣(yān)然：美麗的笑貌。《楚辭·大招》：「宜笑嫣只」，王逸注：「嫣，笑貌也。」 〔短姻緣〕 見第40首《菩薩蠻》（玉笙不受朱唇暖）〔短因緣〕注。 〔霧帳吹笙香裊裊(niǎo niǎo)〕李賀《秦宮詩》：「樓頭曲宴仙人語，帳底吹笙香霧濃」。 〔娟娟〕美好貌。 〔雙纏〕 即一對纏得很小的足。五代以來陋習，女子用布帛緊扎雙足，使足骨變形，腳形尖小，以爲美觀。相傳南唐李後主令宮嬪窅娘以帛纏腳，令纖小作新月狀，由是人皆效之。

【校】

《全宋詞》及毛本題無「席上」二字。

170. 又

一夢江湖費五年。歸來風物故依然。相逢一醉是前緣。 遷客不應常眊矂，使君爲出小嬋娟。翠鬟聊著小詩纏。

【編年】

寫作時間同前首。王文誥《蘇文忠公詩編注集成總案》卷二十四，誥案

："此二詞確爲乞常赴南都作。"蘇軾爲了要去常州陽羨縣（今江蘇省宜興縣）定居，特地到南都（今河南商邱市）去請求。

【箋】

〔一夢江湖費五年〕　蘇軾於元豐元年戊午（公元1078年）曾至楚州。元豐二年己未（公元1079年）罷徐州任後曾經過楚州到湖州上任，元豐七年甲子（公元1084年）又因乞常赴南都，再次經過楚州，中間謫居黃州四年多，故說"費五年"。　　〔遷客〕　被斥逐在外的人。蘇軾自稱；因蘇軾剛從被貶謫之地黃州出來。　　〔眊矂（mào sào）〕　猶言煩惱。王定保《唐摭言·逃進士（下篇）》："不捷（考試落第）而醉飽，謂之'打眊矂。'"蘇軾《與潘三失解後飲酒》詩"顧我自爲都眊矂"。　　〔使君爲（wèi）出小嬋娟〕　田知州爲我派出美麗的小舞婢（演技解悶，所以我不應該多眊矂不快了）。使君：指知州田待問。　小嬋娟：指此詞所詠的舞婢。　　〔著〕對付。

【校】

《全宋詞》題《和前韻》。毛本題《和前韻》，"逢"作"從"。

171. 虞　美　人

　　波聲拍枕長淮曉。隙月窺人小。無情汴水自東流。只載一船離恨、向西州。　　竹溪花浦曾同醉。酒味多於淚。誰教風鑒在塵埃。醖造一場煩惱、送人來。

【編年】

　　寫於元豐七年甲子（公元1084年）。王文誥《蘇文忠公詩編注集成總案》卷二十四："元豐七年甲子十一月，與秦觀淮上飲別，作《虞美人》。"如釋惠洪《冷齋夜話》（見下《附錄》）所記，這首詞是蘇軾和秦觀別離時所作。惠洪曾和蘇軾交遊，他記載蘇軾的事得之見聞，可作依據。王文誥所記基本如《冷齋夜話》。王文誥又有案語："此詞作於淮上，詞意甚明。而《冷齋夜話》以爲'維揚飲別'者，誤。公與少游未嘗遇於維揚，且少游見公金山而歸，有公竹西所寄書爲據”，不同意《冷齋夜話》說蘇軾作這首詞的地方在“維揚”（維揚：即揚州；《書・禹貢》“淮海維揚州”），而應在淮上；因爲詞中“長淮”、“汴水”和揚州沒有關係，而且蘇軾從不曾和秦觀同時在揚州。王文誥這一訂正是對的。

【箋注】

〔長淮〕 淮水。杜甫《同谷七歌》：“長淮浪高蛟龍怒”。　　〔隙月〕從（船篷）縫隙中透進的月光。李賀《春坊正字劍子歌》“隙月斜明刮露寒”。　　〔西州〕 古地名；因爲西州城曾一度作過揚州的州城（《元和郡縣志》卷二十五《上元縣》：晉宋間揚州刺史治所。州治事在台城西，故曰西州），所以也被用作“揚州”的代稱。故址不在今江蘇省揚州，而在今南京市朝天宮西。當時蘇軾和秦觀飲別，送秦觀回鄉。秦觀是高郵人，高郵是揚州所轄的一個縣；所以也用“西州”稱高郵。　向西州：朝揚州行進，不是說人已在揚州；《冷齋夜話》說“維揚飲別”是錯的。　　〔誰教（jiāo）風鑒在塵埃。醞造一場煩惱、送人來〕　這兩句難解在於“一場煩惱”指的是什麼；作者沒有說明，又沒有資料可供參考；再則“誰教”下面的賓語是“你”還是“我”，也不明白。因此可作兩種解釋。一種解釋是誰教你有才識而地位低下，平日不被重視，一旦有所表現，就惹下煩惱。誰教：誰教你。風鑒：風度識見，《晉書・陸機陸雲傳論》：“風鑒澄爽，神情俊邁”。在塵埃：被埋沒。另一種解釋是誰教我賞識人才，贊揚了你，而招致別人忌恨。誰教：誰教我；有自悔自怨的意思。風鑒：賞識別人，有知人之明。在塵埃：指被賞識的人是無名的。

【校】

《全宋詞》題注“《冷齋夜話》云：東坡與秦少游維揚飲別，作此詞。世傳賀方回作，非也。山谷亦云：大觀（公元1107-1110年）中，於金陵見其親筆，實東坡詞也。”又詞末有：“案此首別人誤入黃庭堅豫章先生詞。”毛本題注：“東坡與秦少游維揚飲別作此詞。或刻賀方回，或刻黃山谷，或刻晏小山。”

【附錄】

①宋・釋惠洪《冷齋夜話》卷一云：“東坡初未識少游，少游知其將復過維揚，作坡筆語，題壁於一山寺中，東坡果不能辨，大驚。及見孫莘老，出少游詩詞數十篇讀之，乃嘆曰：‘向書壁者，定此郎也。’後與少游維揚

274

飲別，作《虞美人》詞曰：（詞如上略）世傳此詞是賀方回所作。雖山谷亦云。大觀中於金陵見其親筆，醉墨超放，氣壓王子敬，蓋東坡詞也。”

②宋·吳曾《能改齋漫錄》卷十六《樂府》“載將離恨過江南”條：“東坡長短句云：‘無情汴水自東流，只載一船離恨向西州。’張文潛用其意以爲詩云：‘亭亭畫舸繫春潭，只待行人酒半酣。不管煙波與風雨，載將離恨過江南。’王平甫嘗愛誦之，不知其出於東坡也。”

③清·黃蓼園《蓼園詞評》：“揚州廓，王敦所創開東西南三門，俗謂之西州。《冷齋夜話》云：東坡與少游維揚飲別作此。世傳賀方回作，非也。山谷亦云，大觀中，於金陵見其親筆，實東坡詞也。

只尋常贈別之作，已寫得清新濃厚如此。

想是時少游在揚州，而東坡自汴抵揚，又與之飲別也。首一闋，是東坡自敘其舟中抵揚情事。第二闋，是敘與少游情分，‘風鬢在塵埃’，是惜少游，此其所以煩惱也。”

172. 如　夢　令

元豐七年十二月十八日，浴泗州雍熙塔下，戲作《如夢令》兩闋。此曲本唐莊宗製，名《憶仙姿》，嫌其名不雅，故改爲《如夢令》，蓋唐莊宗作此詞，卒章云：“如夢如夢，和淚出門相送”，因取以爲名云。

水垢何曾相受。細看兩俱無有。寄語揩背人，盡日勞君揮肘。輕手。輕手。居士本來無垢。

【編年】

寫於元豐七年甲子（公元1084年）。此首和下面一首（第 173首）同一詞牌，同一內容，都是詠在佛寺浴。因在佛寺，故諧戲地用了些佛家語。

【箋注】

〔泗州雍熙塔〕　泗州原在安徽安慶市東北七百六十里，已於清康熙初沉陷，塔亦不存。　〔唐莊宗〕　五代時後唐王朝的一個皇帝，名李存勗（公元 885-926年）。所作《憶仙姿》詞：“曾宴桃源深洞。一曲舞鸞歌鳳。長記別伊時，和淚出門相送。如夢。如夢。殘月落花煙重。　〔水垢何曾相受〕　水是水，垢是垢，我是我，我哪裡容受了水和污垢呢？垢（gòu）：塵垢，污垢。　〔兩俱無有〕　水也沒有，垢也沒有。佛家認爲一切實際存在的事物都是虛幻，本來是無有和將成爲無有。這裡戲謔地說浴後揩乾身上，身上的水和垢都無有。　〔揩背人〕　浴室的擦背工人。　〔揮肘〕揮動肘臂工作；指動手擦背。　〔居士〕　信仰佛教而不出家爲僧的人。這裡指蘇軾自己，蘇軾在黃州東坡，自稱東坡居士。　〔本來無垢〕　本是潔淨的。和石頭和尚的禪語意思相同；《五燈會元》卷五《南嶽石頭希遷禪師》記石頭和尚和另一僧的對話：“僧問：‘如何是解脫？’曰：‘誰縛汝！’曰：‘如何是淨土？’曰：‘誰垢汝！’”既未受到污垢（“水垢何曾相受”），當然潔淨。無垢：沒有沾上污垢。《大唐西域記》卷七《吠舍厘國》“毗摩羅詰，唐言無垢稱，舊曰淨名。”《翻譯名義集》卷一《菩薩別名篇第一》：“維摩羅詰：……生曰：‘此之無垢稱。其跡晦五欲，超然無雜。清名遐布，故致斯號’。”佛家說“無垢”指內心沒有欲念，精神上潔淨。這裡蘇軾諧戲地說自己皮膚潔淨，叫揩背人下手要輕。

【校】

《全宋詞》本題目無“兩”字“唐”字。龍本“輕手輕手”中間不點斷。

173. 又

自淨方能淨彼。我自汗流呀氣。寄語澡浴人，且共肉身遊戲。但洗。但洗，俯爲人間一切。

【編年】

寫作時間與前首同。

【箋注】

276

〔自淨方能淨彼〕 只有自己潔淨了，才能使別人潔淨。彼：別人。 〔呀(hā)氣〕 張口大聲呼吸，喘氣。 〔澡浴人〕 這裡指世上的人們。 〔但洗〕 只顧洗吧。 〔俯爲(wèi)人間一切〕 俯，俯念。爲人間一切；指爲了人間一切苦難。即忍受一切的苦。切，爲了叶韻，讀qì。

【校】

《全宋詞》"淨彼"作"洗彼"。龍本"但洗但洗"四字中間無標點。

【附錄】

①蘇軾《仇池筆記》卷上："泗州雍熙塔下，余戲作《如夢令》兩闋云。（詞同上，略）此曲本唐莊宗製，名《憶仙姿》，嫌其不雅馴，改爲《如夢令》。莊宗詞云：'如夢，如夢。和淚出門相送。'取以爲名云。"

②宋·胡仔《苕溪漁隱叢話》後集卷四十一云："東坡言《如夢令》曲名，本唐莊宗製；一名《憶仙姿》，嫌其不雅，改云《如夢》。莊宗作此詞，卒章云：'如夢，如夢。和淚出門相送'，取以爲名。"

174. 浣 溪 沙

元豐七年十二月二十四日，從泗州劉倩叔遊南山。

細雨斜風作小寒。淡煙疏柳媚晴灘。入淮清洛漸漫漫。 雪沫乳花浮午盞，蓼茸蒿筍試春盤。人間有味是清歡。

【編年】

寫於元豐七年甲子（公元1084年），詞序已說明。

【箋注】

〔泗州劉倩叔〕 知泗州事劉倩(qiàn)叔。劉倩叔，名士彥，生平不詳。見第 175首《行香子》（"北望平川"）〔泗守〕注。 〔南山〕 泗州南郊風景區。蘇軾自注："南山名都梁山，出都梁香故也。"《太平寰宇記·

河南道・泗州》說：盱眙縣在泗州南五里，都梁山在縣南六十里。 〔小寒〕 二十四節氣之一，在冬至後半個月。 〔媚晴灘〕 使晴朗的河灘更嫵媚可愛。南山附近有十里灘。 〔清洛〕 清秀的洛水。洛水在泗州注入淮河。淮河在泗州南。 〔雪沫乳花浮午盞〕 在午茶的杯盞上浮著白泡沫。雪沫乳花：指煎茶時水面浮的泡沫。宋代茶製成白色，因此用“雪”、“乳”為比；見第166首《西江月》（“龍焙今年絕品”）〔湯發雲腴釅白〕和〔璣浮花乳輕圓〕兩注。浮午盞：在午茶的杯盞中飄浮。 〔蓼茸（liǎo róng）蒿筍〕 這二種都是春天的菜蔬。蓼茸，蓼的嫩芽。蒿筍，蘆蒿的嫩莖。 〔春盤〕 立春日用蔬菜、水果、餅餌等裝盤，饋送親友，叫做春盤。杜甫《立春》詩：“春日春盤細生菜，忽憶西京梅發時。”〔清歡〕 清逸悠閒的歡樂。

【校】

毛本“茸”作“芽”。

175. 行 香 子

與泗守過南山，晚歸作。

北望平川。野水荒灣。共尋春、飛步屧顏。和風弄袖，香霧縈鬟。正酒酣時，人語笑，白雲間。 飛鴻落照，相將歸去，澹娟娟、玉宇清閒。何人無事，宴坐空山。望長橋上，鐙火亂，使君還。

【編年】

作於元豐七年甲子（公元1084年）。傅藻《東坡紀年錄》：元豐七年甲子十二月，同泗州太守遊南山，過十里灘，作《行香子》。王文誥《蘇文忠公詩編注集成總案》卷二十四：元豐七年甲子十二月二十四日，與劉士彥山行晚歸，作《行香子》。

【箋注】

〔泗守〕 知泗州事。據王文誥案：當時知州是劉士彥。 〔荒灣〕 荒

278

涼的水灣。　　〔屪（chán）顏〕　《漢書·司馬相如傳》載司馬相如《大人賦》：「放散畔岸，驤以屪顏。」注：「屪顏，不齊也。」　　〔和風弄袖〕　輕風吹動衣袖。杜牧《長安雜題長句》：「紫陌微微弄袖風。」　　〔香霧縈鬟〕　香氣在鬟髻間縈繞。指同遊的歌妓。杜甫《月夜》：「香霧雲鬟濕。」縈：旋繞。　　〔飛鴻落照〕　在夕照中的飛雁。　　〔宴坐〕閒坐。　　〔鐙〕　同「燈」。　　〔使君〕　指知泗州事劉士彥。

【校】
毛本「時」作「適」。

【附錄】
①宋·王明清《揮塵後錄》卷七引張唐佐云：「東坡先生自黃州移汝州，中道起守文登。舟次泗上，偶作詞云：『何人無事，宴坐空山。望長橋上，鐙火鬧，使君還』。太守劉士彥，本出法家，山東木強人也。聞之，亟謁東坡云：『知有新詞。學士名滿天下，京師便傳。在法：泗州夜過長橋者，徒二年；況知州邪？卻告收起，勿以示人。』東坡笑曰：『軾一生罪過，開口常是不在徒二年以下。』」
②清·先著《詞潔》：「末語風致嫣然，便是畫意。」

176. 滿　庭　芳

　　　　　　余年十七，始與劉仲達往來於眉山。今年四
　　　　　十九，相逢於泗上；淮水淺凍，久留郡中。晦日
　　　　　同遊南山，話舊感嘆，因作《滿庭芳》云。

三十三年，飄流江海，萬里煙浪雲帆。故人驚怪，憔悴老青衫。我自疏狂異趣，君何事、奔走塵凡。流年盡，窮途坐守，船尾凍相銜。　　嶄嶄。淮浦外，層樓翠壁，古寺空巖。步攜手林間，笑挽攕攕。莫上孤峯盡處，縈望眼、雲海相攙。家何在，因君問我，歸夢繞松杉。

【編年】

寫於元豐七年甲子（公元1084年）。傅藻《東坡紀年錄》：元豐七年甲子十一月晦日與劉仲達相逢泗上，同遊南山，作《滿庭芳》。王文誥《蘇文忠公詩編注集成總案》卷二十四：元豐七年甲子十二月一日抵泗州，……公少與劉仲達善，忽相遇於泗上，乃同至都梁山中話舊，作《滿庭芳》。

案：蘇軾於十二月一日抵泗州，依此詞序"淮水淺凍，久留郡中，晦日月遊南山"語，詞中又有"流年盡"句，所以，這首詩應作於十二月底。傅藻言"十一月晦日"應爲"十二月晦日"之誤。

【箋注】

〔余年十七〕 指公元1052年。　　〔劉仲達〕 名臣，其他不詳。　　〔眉山〕 四川省眉山縣，蘇軾故鄉。　　〔泗〕 泗水。古泗水自山東流經江蘇沛縣東，南至徐州市東北注入淮河。　　〔淺凍〕 枯水時節水淺，而且凌凍，船不能行。　　〔晦日〕 陰曆月終稱晦日。　　〔煙浪雲帆〕征帆在煙霧和浪濤中飄泊，這裡是指自己在生活的海洋中受盡風波。雲帆：行如雲的帆。李白《行路難》："長風破浪會有時，直挂雲帆濟滄海。"

〔老青衫〕 在仕宦不得意的情況中變老。老：老於，在……中變衰老。青衫：低級文官的服色，這裡指職級低卑的地方官。白居易《琵琶行》："座中泣下誰最多，江州司馬青衫濕。"　　〔疏狂〕 懶散狂放。〔流年盡〕 一年完了；指當日是元豐七年陰曆年底（十二月晦日）。　　〔窮途〕 比喻走投無路。　　《世說新語·棲逸》注引《魏氏春秋》："阮籍常率意獨駕，不由徑路。車跡所窮，輒慟哭而返。"　　〔坐守〕 白白地候著。有對現實無能爲力的意思。〔銜〕 接連。　　〔巉巉(chán)〕高險貌。元結《浯溪銘》"巉巉多石"。　　〔淮浦〕 淮河水邊。　　〔攕攕(xiān)〕 女子手纖細貌。《詩經·魏風·葛屨》："攕攕女手。"這裡不是指女子之手，而是蘇軾挽著劉仲達的手。　　〔相攙〕 相混雜在一起。　　〔歸夢繞松杉〕 我的夢魂繚繞在家鄉故宅的松杉上。

【校】

《全宋詞》題注云：楊元素《本事曲集》云："子瞻始與劉仲達往來於眉山。後相逢於泗上，久留郡中。遊南山話舊而作。""夢"作"步"。毛本："淮水"作"洛水""攕攕"作"纖纖"，"雲海"作"雲水"。

280

177. 水 龍 吟

　　昔謝自然欲過海求師蓬萊。至海中，或謂自然：「蓬萊隔弱水三十萬里，不可到。天台有司馬子微，身居赤城，名在絳闕。可往從之。」自然乃還，受道於子微，白日仙去。子微著《坐忘論》七篇，《樞》一篇。年百餘，將終，謂弟子曰：「吾居玉霄峯，東望蓬萊，嘗有眞靈降焉。今爲東海青童所召。」乃蟬脫而去。其後李太白作《大鵬賦》云：「嘗見子微於江陵，謂余有仙風道骨，可與神遊八極之表。」元豐七年冬，余過臨淮，而湛然先生梁公在焉。童顏清澈，如二三十許人；然人亦有自少見之者。善吹鐵笛，嘹然有穿雲裂石之聲。乃作《水龍吟》一首，記子微太白之事，倚其聲而歌之。

　　古來雲海茫茫，道山絳闕知何處。人間自有，赤城居士，龍蟠鳳翥。清淨無爲，坐忘遺照，八篇奇語。向玉霄東望，蓬萊晻靄，有雲駕、驂風馭。　　　　行盡九州四海，笑紛紛、落花飛絮。臨江一見，謫仙風采，無言心許。八表神遊，浩然相對，酒酣箕踞。待垂天賦就，騎鯨路穩，約相將去。

【編年】
　如蘇軾自說：本篇寫於元豐七年甲子（公元1084年）在泗州停留的時候。

【箋注】

〔謝自然〕　《嘉慶重修一統志》卷三百五十六："唐·謝自然，南充女冠。嘗泛海將詣蓬萊。見道人，指言'天台上司馬子微，名在丹台，身居赤城，真良師也。'自然乃師子微，得道術於金泉山，貞元十年白晝上昇。韓愈有詩。"韓愈《謝自然》詩："果州南充縣，寒女謝自然，童騃無所識，但聞有神仙；輕生學其術，乃在金泉山。繁華榮慕絕，父母慈愛捐。凝心感魑魅，慌惚難具言。一朝坐空室，雲霧生其間。如聆笙竽韻，來自冥冥天。白日變幽晦，蕭蕭風景寒，簷楹暫明滅，五色光屬聯。觀者徒傾駭，躑躅詎敢前。須臾自輕舉，飄若風中煙。茫茫八絃大，影響無由緣。"詩注云："果州謝眞人上昇，在金泉山，貞元七年（公元791年）十一月十二日辰時，白晝輕舉。時郡守李堅以聞。有賜詔褒諭，謂'所部之中，靈仙表異，元風益振，至道彌彰'。其詔今尚有石刻在焉。"　　〔蓬萊〕　古代傳說海中三神山之一。《列子·湯問》："曰蓬萊，其山高下周旋三萬里，其頂平處九千里。山之中間相去萬里，以爲鄰居焉。"《史記·封禪書》："方丈、瀛州、蓬萊，此三神山者，其傳在渤海中。……蓋嘗有至者，諸僊人及不死之藥皆在焉。……未至，望之如雲。及到，三神山反居水下。臨之，風輒引去，終莫能至。"　　〔弱水〕　這裡是指古代傳說中的水名，因爲它連鳥羽都載不起，所以叫"弱水"。東方朔《十洲記》："鳳麟州在西海之中央，地方一千五百里，洲四面有弱水繞之。鴻毛不浮，不可越也。"　　〔天台〕　即天台山，在浙江省東部。甬江，曹娥江和靈江分水嶺。東北－西南延伸，南達仙霞嶺。主峰華頂山，在天台縣東北。隋代敕建國清寺，爲佛教天台宗的發源地。《嘉慶重修一統志》卷二百九十七："天台山，在天台縣北。陶弘景《眞誥》：山高一萬八千丈，周八百里，山有八重，四面如一，當斗牛之分，上應台宿，故曰天台（今《眞誥》無此語）。"　　〔司馬子微〕　劉肅《大唐新語》卷十《隱逸》："司馬承禎，字子微，隱於天台山，自號白雲子，有服餌之術。則天、中宗朝，頻徵不起。睿宗雅尚道教，稍加尊異，承禎方赴召……無何苦辭歸，乃賜寶琴花帔以遣之。"　　〔赤城〕　即赤城山，在浙江天台縣北，爲天台山南門。因土色皆赤，狀似雲霞，望之似雉堞得名。《文選》卷十一孫綽《遊天台山賦》："赤城霞起而建標。"李白《夢遊天姥吟留別》"勢拔五岳掩赤城"。　　〔絳闕〕　皇宮前的門闕，這裡指朝廷。《文選》卷十四顏延之《赭白馬賦》："簡諫塞門，獻狀絳闕。"這句說司馬承禎身在赤城而名在朝廷。　　〔白日仙去〕　在白晝成仙而上天。仙：成爲神仙（動詞）。　　〔玉霄峯〕　在天台山。

282

〔眞靈〕　指神仙的蹤跡。　　〔東海青童〕　傳說的仙人。《眞誥》卷十一：大茅山天市壇，“昔東海青童君曾乘獨輪飛飆之車，按行此山，埋寶金白玉”，卷十三也說到“東海青童君”。　　〔蟬脫〕　“脫”(tuì)，同“蛻”；昆蟲脫殼。比喻留下軀殼而靈魂成仙。班固《離騷序》引淮南王劉安《離騷傳》：“蟬脫於穢濁之中，浮游塵埃之外。”　　〔李太白作《大鵬賦》〕　李白《大鵬賦》序曰：“余昔於江陵，見天台司馬子微，謂余有仙風道骨，可與神遊八極之表，因著《大鵬遇希有鳥賦》以自廣。此賦已傳於世，往往人間見之。悔其少作，未窮宏達之旨，中年棄之。及讀《晉書》，睹阮宣子《大鵬贊》，鄙心陋之。遂更記憶，多將舊本不同。今復存手集，豈敢傳諸作者？庶可示之子弟而已。”　　〔八極〕　《淮南子·原道訓》：“廓四方，坼八極。”高誘注：“八極，八方之極也。”　　〔臨淮〕泗州的一個縣，在今安徽鳳陽東北。　　〔湛然先生梁公〕　一個姓梁的，號湛然先生，講修煉之術的道士。　　〔倚其聲〕　即填詞。詞調聲律，均有定規。作詞時依據詞調填入字句，使之符合聲律，謂之倚聲。　　〔赤城居士〕　即司馬承禎。　　〔龍蟠鳳翥(zhù)〕　即龍蟠鳳逸，喻有才智大志的人。李白《與韓荊州書》：“所以龍蟠鳳逸之士，皆欲致名定價於君侯。”翥：飛舉，《楚辭·遠遊》：“鸞鳥軒翥而翔飛。”　　〔清淨無爲〕《史記·老莊申韓列傳》：“李耳無爲自化，清淨自正。”道教徒牽強附會，以老子爲道教的祖師。　　〔坐忘〕　用莊子語。指端坐而全忘一切物我是非差別的精神狀態。《莊子·大宗師》：“墮肢體，黜聰明，離形去知，同於大通，此謂坐忘。”郭象注：“夫坐忘者，奚所不忘哉？既忘其跡（指仁義禮樂），又忘其所以跡者（指形體與心智），內不覺一身，外不識有天地，然後曠然與變化爲體而無不通也。”　　〔遺照〕　用《莊子·應帝王》“至人之用心若鏡，不將不逆，應而不藏”的意思，以“鏡”比喻“至人”的心，心中不留一物，如鏡中不留下它照過的物的形影一樣。遺：棄；不留下。　　〔八篇奇語〕　指司馬子微著的《坐忘論》七篇，《樞》一篇。　　〔玉霄〕　即天台山上的玉霄峰。司馬子微隱處。　　〔晻(àn)靄〕雲靄迷濛掩蓋日光。《離騷》“揚雲旗之晻靄兮”。　　〔驂(cān)風馭〕驂乘(shèng)，陪著乘車。這裡說，風爲馭者，成仙的人（司馬承禎）陪著尊神雲駕風馭。　　〔九州四海〕　九州之外，即爲四海。《楚辭·九歌·雲中君》：“覽冀州兮有餘，橫四海兮焉窮（冀州是九州之一，代表九州）”，又《大司命》“紛總總兮九州”。《爾雅·釋地》：“九夷，八狄，七戎，六蠻，謂之‘四海’。」　　　〔謫仙〕　謫降人世的神仙，指李白。孟棨《本事詩·高逸·第三》：李白「往見賀知章，知章見其文，嘆曰：‘子，謫仙人也’。」杜甫《寄李十二白二十韻》：「昔年有狂客，號爾謫仙人。」　　　〔無言心許〕　口裡不說，但心裡已允許了。即「默許」，內心同意而不表露。《史記》卷三十一《吳太伯世家》，春秋時吳季札到徐國。「徐君好季札劍，口弗敢言。季札心知之。」後來徐君死了，季札把劍繫在徐君墓樹上，說「始吾心已許之。」　　　〔八表〕　八方以外極遠的地方。陶潛《停雲》詩：「八表同昏。」　　　〔箕踞（jū）〕　坐在地面（或席上）時，兩腿伸直分開，形似簸箕。一說屈膝張足而坐。爲一種輕慢態度。《國策·燕（第三）》：「軻（荊軻）自知事不就，倚柱而笑，箕踞以罵。」劉伶《酒德頌》：「奮髯箕踞，枕麴藉糟。」　　　〔垂天賦就〕　作完了《大鵬賦》。李白有《大鵬賦》。《莊子·逍遙遊》說鵬，「其翼若垂天之雲」，因此，這裡以「垂天」代「大鵬」。就：完成。　　　〔騎鯨〕　杜甫《送孔巢父謝病歸遊江東兼呈李白》：「若逢李白騎鯨魚，道甫問訊今何如。」仇兆鰲注：「按：騎鯨魚出《羽獵賦》。俗傳太白醉騎鯨魚，溺死潯陽，皆緣此句而附會之耳。」楊雄《羽獵賦》：「乘巨鱗，騎京（鯨）魚。」蘇軾《次韻張安道讀杜詩》：「騎鯨遁滄海。」

【校】

《全宋詞》本無題。「霒」作「舉」。毛本「道」作「蓬」，「霒」作「舉」。

【附錄】

①宋·邵博《邵氏聞見後錄》卷十六：「天台有司馬子微，身居赤城，名在絳闕，可往從之。自然可還授道於子微，白日仙去。」按子微以開元十五年死於王屋山，自然生於大曆五年，至貞元十年仙去，是子微死四十三年自然始生。乃云「自然授道於子微」，亦誤也。東坡信天下後世者，寧有誤邪？予應之曰：「東坡累誤千百，尚何信天下後世也？」童子更曰「有是言，凡學者之誤亦許矣。」予曰：「爾非東坡奈何？」

284

元豐八年乙丑　公元一〇八五年　東坡五十歲

178. 南　鄉　子

宿州上元

　　千騎試春遊。小雨如酥落便收。能使江東歸老客，遲留。白酒無聲滑瀉油。　　飛火亂星球。淺黛橫波翠欲流。不似白雲鄉外冷，溫柔。此去淮南第一州。

【編年】

　　寫於元豐八年乙丑（公元1085年）。朱祖謀注曰：“案本集《泗岸喜題》云：‘謫居黃州五年，今日離泗州北行，岸上聞騾駄鐸聲空籠；意亦欣然。元豐八年正月四日。’（見《蘇軾文集》卷七十一）據此，則上元至宿州，情事適合，編乙丑。”今從此說。

【箋注】

〔宿州〕　州治在今安徽省宿縣。　　〔上元〕　舊以陰曆正月十五日爲上元節，其夜爲元夜，也叫元霄；有元霄觀燈的習俗，街市懸燈結彩，人們出遊或飲酒奏樂。　　〔小雨如酥〕　春天的小雨像酪油一樣濕潤著大地。韓愈《早春呈水部張十八員外》“天街小雨潤如酥”。　　酥：牛、羊乳酪的上一層油。　　〔歸老客〕　回去度過晚年的人。指蘇軾自己，蘇軾想到常州安家養老。　　〔飛火亂星球〕　這是描寫宿州元霄節的燈彩煙火氣象。

〔橫波翠欲流〕　形容少女目光之美。橫波：美女的眼波。《楚辭·招魂》：“目曾波些。”　　〔不似白雲鄉外冷，溫柔〕　溫柔鄉不像白雲鄉外那樣冷。白雲鄉：猶仙鄉。古人認爲神仙居住天上，故稱。《莊子·天地》：“乘彼白雲，至於帝鄉。”溫柔鄉：女色迷人之處。漢成帝稱趙皇后妹妹的宮爲溫柔鄉。《趙飛燕外傳》記漢成帝的話：“吾老是鄉矣，不能效武皇帝求白雲鄉也。”　　〔淮南第一州〕　淮南最繁華的一州。北宋劃中國爲十五路（路相當今一省），淮南路爲十五路之一，宿州爲淮南路的十七州之一州。

【校】

《全宋詞》本與元本同。此詞又據元本。毛本無錄。

179. 又

用前韻，贈田叔通舞鬟

繡鞅玉鐶遊。鐙晃簾疏笑卻收。久立香車催欲上，還留。更且檀唇點杏油。　　花遍《六幺球》。面旋迴風帶雪流。春入腰肢金縷細，輕柔。種柳應須柳柳州。

【編年】

寫於元豐八年乙丑（公元1085年）。王文誥《蘇文忠公詩編注集成總案》卷二十五：元豐八年乙丑四月田叔通席上贈舞鬟作《南鄉子》詞。

【箋注】

〔前韻〕　前面一首詩歌的韻腳。指前一首《南鄉子·宿州上元》以遊、收、留、油、球、流、柔、州爲韻腳，這首的韻腳同前首。　　〔田叔通舞鬟〕　田叔通的少年舞妓。　田叔通：不詳；　據此詞以柳柳州爲比，似是當時知宿州事。　鬟（huán）：少女環形的髮髻，這裡指髻梳成鬟的少女。　〔繡鞅（yǎng）玉鐶（huán）〕　馬的華麗的裝飾。　鞅：套在馬頸上的皮帶。杜牧《街西長句》："繡鞅瓏瑢走鈿車。"　鐶：拉馬繩的環。"繡""玉"形容馬具的珍貴。　〔檀唇〕　香的嘴唇。　〔杏油〕　杏仁榨出的油。這裡是用以擦唇使更潤澤美麗。　〔六幺（yāo）球〕　即《六幺令》，唐教坊曲名，後用爲詞牌。"幺"是小的意思，因此調弱弦最小，節奏繁急，故名。又名《綠腰》。雙調，九十四字，仄韻。白居易《琵琶行》："初爲《霓裳》後《六幺》"。　〔面旋（xuàn）迴風帶雪流〕　形容舞步旋轉的迅速。迴風，旋風。《文選》卷十九曹植《洛神賦》："飄飄兮若流風之迴雪。"　〔金縷〕　即《金縷衣》。樂府近代曲名。《樂府詩集》卷八

286

十二題李錡作。錡曾任節度使，其妾杜秋娘以善唱此曲著名。詞云："勸君莫惜金縷衣，勸君惜取少年時。花開堪折直須折，莫待無花空折枝。"杜牧《杜秋娘》詩"與唱《金縷衣》"句自注，則說是杜秋娘自作。　〔柳柳州〕　唐人柳宗元才能種出輕柔的柳樹。柳宗元《種柳戲題》"柳州柳刺史，種柳柳江邊。"這裡以柳枝的婀娜形容舞姿，也戲謔地以田叔通調弄得舞女的好腰肢來比柳宗元種出的好柳。

【校】

《全宋詞》及毛本題"田叔通"後加"家"字。

180. 又

用韻和道輔

　　未倦長卿遊。漫舞夭歌爛不收。不是使君能矯世，誰留。教有瓊梳脫麝油。　　香粉縷金球。花艷紅牋筆欲流。從此丹唇并皓齒，清柔。唱遍山東一百州。

【編年】

寫作時間與前首詞同。朱祖謀注："案調韻俱同前詞，一時之作。"

【箋注】

〔道輔〕　不詳，其姓名待考。　〔未倦長卿遊〕　還沒有疲於到處遊歷。西漢詞賦家司馬相如，字長卿，和卓王孫的女兒在成都開酒店，有人對卓王孫說："長卿故倦遊。雖貧，其人材足依也。"見《史記》卷一百十七《司馬相如列傳》。這裡"未倦遊"，則是說道輔沒有遊夠，還要到處遊覽。　〔漫舞夭(yāo)歌爛不收〕　放縱於觀舞聽歌。夭：美好的。爛：不節制地。收：約束，檢點。不收：放縱。　〔不是使君能矯世，誰留〕（若）不是知州官能違反世俗之情，有誰收留你呢。　使君：知州。矯世：違反世俗；世俗輕視放縱不羈的人，而知州能一反世俗之情，憐惜有才華而不檢點的道輔。　〔教有瓊梳脫麝油〕　使得你有豪貴的生活享受。瓊梳

：瓊玉做的梳子。脫：這裡說刮掉、擦去。麝油：香氣撲鼻的塗髮油。
〔縷金球〕　用金絲織成衣面的裘衣，形容衣服華美。　　〔花艷紅牋筆欲流〕　華艷的紅色的紙牋寫下優美的詞曲。筆欲流：下筆不停地寫下去。指道輔才思敏捷，作品豐富。　　〔丹唇并皓齒〕　鮮紅的口唇和白色的牙齒，指歌女之美。《文選》卷十九宋玉《神女賦》：“朱唇的其若丹”，《楚辭‧大招》：“朱唇皓齒。”　　〔唱遍山東一百州〕　（你作的詞）傳遍半個中國，到處被人們歌唱。杜甫《兵車行》：“漢家山東二百州”是整個中國。這裡“一百州”指半個中國。

【校】
　　《全宋詞》本與此同。但龍榆生《東坡樂府箋》“矯”字爲□，留空白。毛本□爲“矯”，“球”作“裘”。今從《全宋詞》本。
　　案：因三首《南鄉子》同韻，故列在一起。

181. 滿　庭　芳

　　　　　　余謫居黃州五年。將赴臨汝，作《滿庭芳》一篇別黃人。既至南都，蒙恩放歸陽羨，復作一篇。

　　歸去來兮，清溪無底，上有千仞嵯峨。畫樓東畔，天遠夕陽多。老去君恩未報，空回首、彈鋏悲歌。船頭轉，長風萬里，歸馬駐平坡。　　無何。何處有，銀潢盡處，天女停梭。問何事人間，久戲風波。顧謂同來稚子，應爛汝、腰下長柯。青衫破，羣仙笑我，千縷挂煙蓑。

【編年】
　　作於元豐八年乙丑（公元1085元）二月。傅藻《東坡紀年錄》：元豐八年乙丑二月，蒙恩放歸陽羨，復作《滿庭芳》。王文誥《蘇文忠公詩編注集成總案》卷二十五：元豐八年乙丑二月，告下：仍以檢校尚書水部員外郎，汝州團練副使，不得簽書公事，常州居住。再作《滿庭芳》詞。蘇軾二月經過南都。《東坡全集》卷六六《爲張安道書〈楞伽經〉後》云："……張公安道以廣大心得清靜覺……今年二月過南都，見公私第。……"

【箋注】

〔將赴臨汝〕　元豐七年甲子三月告下，特授檢校尚書水部員外郎，汝州團練副使。蘇軾即離開黃州赴臨汝，沿途經揚州、常州，上《乞常州居住表》。在常州一帶往來。臨汝，今河南臨汝縣，當時汝州州治。　　〔黃人〕黃州友人。　　〔南都〕　北宋的南京。舊城在今河南省商丘市。　　〔陽羨〕　當時常州的一個縣，今江蘇宜興。　　〔復作一篇〕再作一首。元豐七年（公元1084年）四月初離開黃州之前，蘇軾作過一首《滿庭芳》（本書第165首），向黃州的鄰里告別。在十個月之後（公元1085年二月）；再作這一首，不但詞牌《滿庭芳》與前首相同，而且首句"歸去來兮"，全詞韻腳峨、多、歌、坡、何、梭、波、柯、蓑也和前首相同。　　〔嵯(cuō)峨〕　高峻貌。《楚辭》淮南小山《招隱士》："山氣巃嵸兮石嵯峨，"杜甫《江梅》詩："巫岫都嵯峨。"　　〔彈鋏(jiá)悲歌〕　彈，擊；鋏，劍柄。《戰國策·齊〔四〕》：馮諼爲孟嘗君客，"左右以君賤之也，食以草具。居有頃，倚柱彈其劍，歌曰：'長鋏歸來乎，食無魚！'……居有頃，復彈其劍鋏，歌曰：'長鋏歸來乎，出無車！'……居有頃，復彈其鋏，歌曰：'長鋏歸來乎，無以爲家！'"後因以"彈鋏"指生活窮困，求助於人。　　〔長風〕經久不息的風。　　〔歸馬駐平坡〕　像回去的馬自坡度平緩的坡上疾馳而下一樣。形容船在順風中行駛，旣快又穩。歸馬：馬戀廐，歸廐時奔得很快。駐平坡："駐"應作"注"。注坡：周必大《益公題跋》卷十二《書東坡宜興事》"軍中謂壯士馳駿馬下峻坡爲'注坡'。"平坡：傾斜度小的坡；快馬下平坡，快而平穩，與蘇軾《百步洪》詩"駿馬下注千丈坡"言快而險相對。　　〔無何何處有〕　無何有之鄉哪裡有。《莊子·逍遙遊》："今子有大樹，患其無用，何不樹之於無何有之鄉。"　　〔銀潢〕　銀河。當晴朗的夏秋之夜，在天空中出現的那條雲狀的光。　　〔天女停梭〕　織女停止織布，指織女停止工作問我。　　〔爛柯〕　斧柄都腐爛了。言時間相距長久了，人世變化很大。任昉《述異記》卷上："信安郡石室山，昔時王質伐木，至，見童子數人，棋而歌。質因聽之。童子以一物與質如棗核，質含之，不覺饑。俄頃，童子謂曰：'何不去？'質起，視斧柯爛盡。旣歸，無復時人。"柯：斧柄。　　〔青衫〕　因被貶謫，官職低微的人所穿的服裝。白居易《琵琶行》："江州司馬青衫濕。" 〔千縷〕 破成許多條縷的衣。承上"青衫破。"

【校】

《全宋詞》本題無"謫"字、"州"字；"別"上有"以"字；"樓"作"橋"，"東"作"西"，"何處有"作"何處是"，"何事人間"作"人間何事"。"謂"作"問"。

【附錄】

①清・劉熙載《藝概》卷四："詞以不犯本位為高。東坡《滿庭芳》'老去君恩未報，空回首，彈鋏悲歌'，語誠慷慨。然不若《水調歌頭》'我欲乘風歸去，又恐瓊樓玉宇，高處不勝寒'，尤覺空靈蘊藉。"

182. 踏 莎 行

山秀芙蓉，溪明罨畫。眞游洞穴滄波下。臨風慨想斬蛟靈。長橋千載猶橫跨。　　解佩投簪，求田問舍。黃雞白酒漁樵社。元龍非復少時豪，耳根洗盡功名話。

【編年】

此篇《宋六十名家詞》中不錄。朱祖謀《彊村叢書》本及龍楡生《東坡樂府箋》均不錄。《全宋詞》在這首詞後有注云："《咸淳毗陵志》卷二十三。"並有一案語："案此首別又作賀鑄詞，見《東山詞》卷上。惟《咸淳毗陵志》以外，明沈敕《荊溪外紀》卷十二亦作蘇軾詞，未知孰是。"

按：《荊溪外紀》說此詞是蘇軾作，有道理。此篇可能於元豐八年乙丑（公元1085年）至常州後（今江蘇常州市武進縣）作。

第一，蘇軾於是年五月二十二日到常州，他在《常州謝表》中說："臣已於今月二十二日到常州。"到常州後，曾歸宜興，作《菩薩蠻》一首（首句是"買田陽羨吾將老"，心境恬靜，作好退隱的打算與這篇《踏莎行》相同。

第二，詞中罨畫溪、洞穴，周處斬蛟長橋，都是宜興的名勝古跡，特別是周處斬蛟長橋。據朱冠卿《宜興續圖經》云：“長橋，元豐元年火焚。四年，邑宰褚理復立，榜曰欣濟。東坡過邑，爲書曰：‘晉周孝侯斬蛟之橋’，刻石道傍。崇寧禁錮，沉石水中。”而王文誥在《蘇文忠公詩編注集成總案》的年譜記載，蘇軾在宜興“題晉周孝侯斬蛟之橋，”正是這年，和詞中“慨想”的時、地相合。

第三，詞中所說“求田問舍”一事，年譜中有所記載，蘇軾曾三次到宜興，第一次是熙寧七年甲寅（公元1074年）二月，年譜載“初遊宜興”。這一次無買田事。第二次是元豐七年甲子（公元1084年）九月，年譜中有“了之將爲公買田京口，而公方擬卜居蒜山松林中，俱未遂，乃買曹莊田於宜興。”的記載。《蘇文忠公詩編注集成》卷二十四，有《蒜山松林中可卜居。余欲僦其地，地屬金山，故作詩與金山元長老》一詩，詩中有“我材濩落本無用，虛名驚世終何益。……問我此身何所歸，笑指浮休百年宅，蒜山幸有閑田地，招此無家一房客。”他在《與王定國書》中也說：“近在常州宜興，買得小莊子，歲可得八百碩，似可足食。”十月二日書《楚頌》帖，言欲闢小園種柑橘三百本構楚頌亭。《周益公題跋》卷十二載東坡《楚頌帖》云：“吾來陽羨，船入荊溪，意思豁然，如愜平生之欲，逝將歸老，殆是前緣。逸少云：‘我卒當以樂死’，殆非虛言。吾性好種植，能手自接果木，尤好栽培。陽羨在洞庭上，柑橘栽至易得。當買一小園，種橘三百本。屈原作《橘頌》，吾園若成，當作一序，名之曰‘楚頌’。元豐七年十月二日書。”這是“問舍”一事。第三次在元豐八年乙丑，這一年蘇軾到常州貶所，並曾歸宜興。題晉周侯斬蛟之橋。又據方岳《深雪偶談》云：“東坡卜居陽羨，士人邵民瞻從學於坡，爲公買宅；需緡五百，公傾囊僅能償之，卜吉入居。既得日矣，夜與邵步月，偶至村落間，聞婦人哭聲，遂推扉而入。一老嫗泣曰：‘吾有一居，相傳百年。吾子不肖，舉以售人。今日徙此。百年舊居，一旦訣別，所以泣也。’坡亦爲之愴然，問其居所在，即以五百緡得之者也。即取屋劵焚之，呼其子命翌日還母舊居，不索其仇。自是遂還毗陵，不復買宅。”由此可見蘇軾實有在宜興買屋一事。這一年五月一日題楊州竹西寺。《續通鑑長編》說軾五月一日在竹西寺作詩記寺壁。《蘇文忠公詩編注集成》卷二十五有《歸宜興留題竹西寺三首》。第一首云：“十年歸夢寄西風，此去眞爲田舍翁。剩覓蜀岡新井水，要攜鄉味過江東。”詩中也說及宜興買田的事。這裡所謂“十年歸夢”，據《中華文史論叢》1979年第一輯中宗典先生的《蘇軾卜居宜興考》中說：“當蘇軾獲准放歸陽羨時，黃土村的田置了已經十年了，他的‘夢想’以爲‘眞’不可以實現了。”因此，這首《踏莎行》是寫蘇軾十年前的情景。在同一時間裡，蘇軾寫了《與孟震同遊常州僧舍三首》，詩云：“年來轉覺此生浮，又作三吳浪漫游。忽見東平孟君子，夢中相對說黃州。”他在《次韻答賈耘老》一詩中寫道：“五年一夢南司州（黃州黃陂縣）”，蘇軾第一次到宜興是公元1074年，第三次到宜興是公元1085年，前後十多年，這一段時間裡，他從杭州過密州、徐州、湖州、入獄後到黃州，經過這番顛沛流離、驚風惡雨的生活，現在又一次到宜興，豈不是“十年一夢”嗎？這一夢的意境，與“夢中相對說黃州”及“五年一夢南司州”的意境相同。“元龍非復少時豪，耳根洗盡功名話”，也確是東坡黃州五年之後的精神狀態。

【箋注】

〔溪明罨(yǎn)畫〕罨畫溪是宜興六大名溪之一，是春秋末年范蠡所鑿的河。罨畫：彩色的圖畫。　　〔洞穴〕　宜興善權、張公二洞，風光很美。

〔斬蛟靈〕　傳說晉朝周孝侯（周處公元？—297年）斬蛟處。《世說新語·自新》說了周處斬蛟一事。靈：神明，指周處死後被人祀奉。　　〔長橋〕《嘉慶一統志》卷八十七：“長橋，在宜興縣南。晉《周處傳》，‘長橋下有蛟，食人爲害。處入水斬之’。《元和志》：‘跨荆溪，即處斬蛟處’。《寰宇記》：‘在宜興縣城前二十步’。又《陸澄地理鈔》云：創自後漢袁府君。北宋元豐中，改爲荆溪橋。”　　〔解佩投簪〕　解下朝服佩戴的飾物及冠簪。佩是古時文官朝服繫在帶上的飾物，因謂脫去朝服辭官爲“解佩”。鍾嶸《詩品序》：“或士有解佩出朝，一去忘返。”簪，把冠扎牢在頭髮上的東西。投簪，猶投冠，意即棄官。孔稚珪《北山移文》：“昔聞投簪移海岸。”　　〔求田問舍〕　買田置屋；指人只顧購置田產，想個人生活安樂，沒有遠大志向。《三國志·魏志·呂布》後附《陳登》：“備（劉備）曰：‘君（許汜）有國士之名。今天下大亂，帝主失所，望君憂國忘家，有救世之意；而君求田問舍，言無可采。是元龍（陳登字）所諱也。’”　　〔元龍〕　即陳登，他鄙視許汜求田問舍，讓他臥下床。這裡蘇軾以陳登比自己少年氣盛時，不屑於求田問舍，而現在已沒有那種盛氣了。

〔耳根洗盡〕　《史記》卷六十一《伯夷列傳》張守節《正義》引皇甫謐《高士傳》：許由隱居箕山之下，潁水之濱。堯召他爲九州長，他認爲這話污了耳，到潁水濱洗耳。

292

據《全宋詞》注，毛本無此詞。

183. 菩 薩 蠻

買田陽羨吾將老。從來不爲溪山好。來往一虛舟。聊
從造物遊。　　有書仍懶著。且漫歌歸去。筋力不辭詩，
要須風雨時。

【編年】

作於元豐八年乙丑（公元1085年）。王文誥《蘇文忠公詩編注集成總案
》卷二十五：元豐八年乙丑五月歸宜興作《菩薩蠻》詞。《蘇軾文集》卷六
十《與千之姪》信中說：“叔舟行幾一年，近於陽羨買得少田，意欲老焉。
尋奏乞居常，見邸報，已許。”又卷五十二《與王定國》第十六首：“近在
常州宜興，買得一小莊子，歲可得百餘碩，似可足食。非不知揚州之美，窮
猿投林，不暇擇木也。”

【箋注】

〔陽羨〕　今江蘇省宜興縣。　　〔虛舟〕　沒有人照管的船；自行漂流的
舟。《莊子·山木》：“方舟而濟於河，有虛舟來觸舟，雖有惼心之人不怒
。有一人在其上，則呼張歙之。一呼而不聞，再呼而不聞，於是三呼邪，則
必以惡聲隨之。向也不怒而今也怒，向也虛而今也實。人能虛己以遊世，其
孰能害之！”這裡“來往一虛舟”言像虛舟一樣地游於世上，心裡不存成見
，所以不受到人的責怪。　　〔聊從造物遊〕　姑且跟隨造物主四處遨遊吧
！《莊子·大宗師》記無名人對天根說：“予方將與造物者爲人，……而遊
於無何有之鄉。”聊：姑且。造物：造物者。古時以爲萬物是天造的，故稱
天爲“造物者”。　　〔且漫歌歸去〕　且隨意地歌唱“歸去來”吧。漫：
隨便地。歌：用作動詞。歸去：辭職歸田；這裡指陶淵明的《歸去來辭》。
〔筋力不辭詩〕　從健康狀況說，我還可以作詩。筋力：指健康情況。
〔風雨時〕　蘇轍《逍遙堂會宿》二首並引云：轍幼從子瞻讀書，未嘗一日

相捨。即壯，將宦游四方，讀韋蘇州詩，至"即知風雨夜，復此對床眠，惻然感之，乃相約早退。"這一句即言此意，指退隱時。

【校】

《全宋詞》本及毛本"不爲"作"只爲"，"從"作"隨"，"造物"作"物外"，"且漫歌"作"水調歌"。

【附錄】

宋·周必大《益公題跋》卷十二：宜興主簿朱冠卿續編本縣《圖經》載東坡四事：黃土去縣五十五里，東坡與單秀才步至焉。地主以酒見餉，謂坡曰：'此紅友也。'坡言'此人知有紅友而不知有黃封，眞快活人。'邑人舊傳此帖，今亡。長橋，元豐元年（公元1078年）火焚，四年（公元1081年）宰邑褚理復立，榜曰'欣濟'。來歲，東坡過邑爲書曰：'晉周孝侯斬蛟之橋'，刻石道旁。崇寧禁錮，沉石水中。　東坡初買田黃土村。田主有曹姓者，鬻而造訟，有司已察而斥之，東坡移牒，以田歸之。　邑人慕容輝嗜酒好吟，不務進取，家於城南，所居雙楠并植如蓋。東坡訪之，爲雙楠居士，王平甫亦寄以詩。

某自紹興癸酉（公元1153年）迄淳熙己酉（公元1189年）三十七年之間，凡六至宜興。屢欲考東坡在此月日，而未暇也。今者避暑杜門，因睹《楚頌》帖，略裒遺跡如右。七月二日東里周某題。

蘇文忠公以元豐七年（公元1084年）量移汝州，四月離黃州，五月訪文定公於筠，七八月之交，留連金陵，遂來常州。度九月間抵宜興，聞遍眞觀側郭知訓提舉宅，即卻所館，不知凡留幾日也。今觀《楚頌》帖及公曾孫季眞所藏"淵明丈夫志四海"，皆題十月二日，又云"宜興舟中寫"，計留宜興不過旬餘，復回郡城。自此復趨汝州；過泗，遇歲除。八年正月四日乃行，道中上書乞歸常。三月六日至南京，被旨從所請，回次維揚；又歸宜興，留題竹西三絕，蓋五月一日也。同孟震游常州僧舍，詩"湛湛清池五月寒"，而謝表謂"今月二十二日到常州訖，"其爲五月無疑。是月被奉命復朝奉郎，起守文登。《次韻賈耘老》云："東來六月無井水，仰看古堰橫奔中"。七月二十五日與杜介遇於潤之金山，贈以古詩。八月二十八日復贈竹西無擇長老絕句，則在道日月歷歷可考。其冬，到郡五日而召，自此出入待從，以及南遷。逮靖國辛巳（公元1101年）北歸，意葬於常，不暇種橘之約矣。其帖今藏寓客董柏俅家，董氏世爲東秦名儒，曾祖曁大父在高皇時繼掌外制

294

，士林榮之。柏俅亦篤學嗜古，能濟其美者也。

公熙寧中倅杭，沿檄常、潤間，賦詩云：“惠泉山下土如濡，陽羨溪頭米勝珠。”又有“買牛欲老，地偏俗儉”之語。卜居菴權輿於此。《滿庭芳》詞作於元豐八年初許自便之時。公雖以五月再到常州，尋赴登守，未必再至陽羨也。軍中謂壯士馳駿馬下峻坂爲“注坡。”詞云：“船頭轉長風萬里，歸馬注平坡，”蓋喻歸興之快如此。印本誤以“注”爲“駐”。今邑中大族邵氏園，臨水有天遠堂，最爲奇觀，取名於此詞云。

元祐八年（公元1093年）五月十九日任禮部尚書辯御史黃慶基論買田事云：責黃州日買得宜興姓曹人一契田段，因其事爭訟，無理，轉運使已差官斷遣。不欲與小人爭利，許其將兌價收贖。今公之曾孫猶食此田，豈曹氏理屈不復贖耶？抑當時所置不止此也？三年前寓陽羨，嘗考坡公到邑歲月，書於《楚頌》帖之後。茲來長沙，值二別乘皆賢而文，南廳張唐英，毗陵人；北廳蘇仲嚴，則文定四世孫也。復書以遺之。紹熙壬子（公元1192年）五月一日重題。

184. 蝶　戀　花

雲水縈回溪上路。疊疊青山，環繞溪東注。月白沙汀翹宿鷺。更無一點塵來處。　　溪叟相看私自語。底事區區，苦要爲官去。尊酒不空田百畝。歸來分取閒中趣。

【編年】

寫於元豐八年乙丑（公元1085年）。王文誥《蘇文忠公詩編注集成總案》卷二十五：元豐八年乙丑六月初聞起登州。公將行，有懷荊溪，作《蝶戀花》詞。王文誥案：“詞云‘溪上’，即荊溪也。信爲起知登州臨去所作。自後入掌制命，出典雄藩，以及南遷海外，請老毗陵，未克踐‘歸來’之語。讀公述懷詞，爲之憮然也”。

【箋注】

〔縈(yíng)回〕　纏繞。　　〔環繞溪東注〕　群山環繞東流的溪，指荊溪

295

。《嘉慶一統志》卷八十六：荊溪，在荊溪縣南，以近溪南山得名；自鎮江府溧陽縣流入，承永陽江，下注震澤。《漢書・地理志》：中江出蕪湖西南，東至陽羨入海。虞喜曰：漢初置荊國，以有荊溪在陽羨界爲名。　〔月白沙汀(tīng)翹宿鷺〕　明月照在水邊的沙洲上，夜宿的鷺鳥高出於洲上。翹：高出；突出。　〔底事區區，苦要爲官去〕　爲什麼一心一意硬是要出去作官呢？底事：（爲）什麼事。區區：專心。苦：堅決地，不懈地。

〔尊酒不空田百畝〕　經常有酒可飲而又不缺飯吃。尊酒不空：《後漢書》卷一百《孔融列傳》記孔融語：“坐上客常滿，尊中酒不空，吾無憂矣。”陶淵明《歸去來兮辭》：“有酒盈樽。引壺觴以自酌。”《晉書・隱逸傳》：“在縣公田，（陶淵明）悉令種秫穀，曰：令我常醉於酒足矣。妻子固請種粳，乃使二頃五十畝種秫，五十畝種粳。”

【校】

《全宋詞》及毛本題目爲“述懷”，“取”作“得”。

185. 臨　江　仙

夜到揚州席上作

尊酒何人懷李白，草堂遙指江東。珠簾十里捲香風。花開又花謝，離恨幾千重。　　　輕舸渡江連夜到，一時驚笑衰容。語音猶自帶吳儂。夜闌對酒處，依舊夢魂中。

【編年】

此篇《全宋詞》及《宋六十名家詞》均標明“夜到揚州席上作”。《彊村叢書》朱祖謀僅注：“毛本‘花謝’作‘花又謝’，‘對酒’作‘相對酒’。”不編年。龍楡生《東坡樂府箋》中有校：“傳注本題‘夜’誤作‘衣’。毛本‘花謝’作‘花又謝’，‘對酒’作‘相對酒’，也不編年。”

按：蘇軾一生曾幾次到過揚州。第一次是熙寧四年辛亥（公元1071年）；是年十月十六日，至山陽、揚州，與劉攽、孫洙及劉摯會於知揚州事錢公輔座上，作《廣陵會三詞客，各以其字爲韻，仍邀同賦》詩，《續通鑑長編

》載：“熙寧四年五月，錢公輔知揚州。”由此可知蘇軾十月過揚州與他相會。但這次席上相會，蘇軾才36歲。除喪服回朝之後，遇王安石變法，意見不合，離京而過揚州。在政治生活中才開始遇到挫折，其遭遇與這首詞所表達的意境不符。

第二次經揚州，是在熙寧七年甲寅（公元1074年），蘇軾三十九歲，當他罷杭州通判任，改知密州時，經湖州、松江、常州、京口、金山，又與孫洙同至揚州，與王居卿燕集平山堂作和詩。這時候蘇軾的心境和思想，與第一次過揚州變化不大。

第三次過揚州的景況是這樣的：元豐七年甲子（公元1084年）三月，蘇軾由黃州轉汝州團練副使，離開黃州後，經九江、湖口、宜興，於十月初六日還至京口渡江至揚州。他在《乞常州居住奏狀》中說：“自離黃州，風濤驚恐，舉家重病，幼子喪亡。今雖已至泗州，而資用罄竭，去汝尚遠，難以陸行。”當時困苦萬狀。是年除夕抵達泗州。

第四次和第五次是元豐八年乙丑（公元1085年）。五月一日從楚州經過揚州。以後奉命赴登州途中，於八月二十七日過揚州，訪知揚州事楊景略。

此後元祐六年辛未（公元1091年）四月，他再次到杭州任上，曾過潤州、揚州、高郵等地視察災情。元祐七年壬申（公元1092年）被任命知揚州事，三月十六日，到揚州。不久被召回京，九月離開揚州。紹聖元年甲戌（公元1094年）五月，在貶定州任至惠州途中，也經過揚州。

這首《臨江仙》應寫於元豐八年乙丑（公元1085年）八月二十七日。其所以作這一斷定，主要是從詞的內容及東坡的經歷來看：①王文誥《蘇文忠公詩編注集成總案》卷二十六有元豐八年“八月子由除校書郎，二十七日過揚州訪楊景略”的記載，並有王文誥案：“時楊康功在揚州。”《蘇子容集》中《楊康功墓志銘》記載：“元豐七年避親嫌知揚州”。蘇軾到揚州是在楊康功到揚州以後不久。②在《蘇軾文集》卷五十五有《與楊康功書》（三），書的內容是：“兩日大風，孤舟掀舞雪浪中，但闔戶擁衾，瞑目塊坐耳。楊次公惠醞一壺器，小酌徑醉，醉中與公作《得醉道士石詩》，托楚守寄去，一笑。某有三兒，其次者十六歲矣，頗知作詩，今日忽吟《淮口遇風》一篇，粗可觀，戲為和之，並以奉呈，子由過彼，可出示之令發一笑也。”這是他離開揚州後到楚州或過海州路上所寫的信。從這裡，可見蘇軾與楊康功是詩文朋友，交誼很深。《楊康功有石，狀如醉道士，為賦此詩》一詩，載於《蘇軾詩集》卷二十六。③詞的題是“夜到揚州席上作”，而詞中有“

輕舸渡江連夜到"一語，從常州到揚州，可連夜到達，故有此語。④詞中有"一時驚笑衰容"句，蘇軾此時51歲，已經歷了"烏臺詩案"，在黃州五年的斥逐歲月，才奉命轉汝州、常州、登州等地。因此已有"衰容"。蘇軾個性曠達，見到朋友後雖無限感慨，而有"一時驚笑"之事，有"夜闌對酒，依舊夢魂中"之嘆。因此把這首詞的編年定爲元豐八年乙丑（公元1085年）。

【箋注】

〔夜到揚州，席上作〕 （思念揚州的朋友，）乘舟夜到揚州，在（舊友的）宴會上作此詞。據詞中"十里香風"、"花開花謝"，當是作於暮春初夏。 〔尊酒何人懷李白，草堂遙指江東〕 誰懷念李白而想和李白舉酒論文呢？是杜甫，他在成都的草堂遙指江東的李白。這兩句以杜甫思念李白喻作者自己思念朋友。尊酒：用杜甫《春日憶李白》詩末"何時一尊酒，重與細論文"。草堂：指杜甫；杜甫在成都住浣(huàn)花草堂；這裡，蘇軾自喻。江東：長江下游；杜甫《春日憶李白》詩"江東日暮雲"，李白正閑居江東，這裡，用李白喻在揚州的朋友，揚州在長江下游。 〔珠簾十里捲香風〕 誇說當時揚州的繁華富麗。杜牧《贈別》七絕二首之一："春風十里揚州路，捲上珠簾總不如。"珠簾：用珠穿成的簾；《西京雜記》卷二："昭陽殿織珠爲簾。風至則鳴，如珩佩聲。" 〔花開花謝〕 從早春到晚春初夏。 〔輕舸〕 輕裝的小船。舸(gě)：小船。 〔一時驚笑衰容〕 大家同時吃驚而又笑我經過旅途辛苦的疲困容顏。 〔猶自帶吳儂〕 仍然帶著江東口音。猶自：仍然。吳儂：江東是古代吳國之地，那一地區的語言是吳語，帶"儂"字音多，所以說"吳儂"。劉禹錫《福先寺雪中酬別白樂天》末句："便將詩詠向吳儂"。翟灝《通俗編·稱謂》引《隋書》："煬帝宮中，喜效吳音，多有'儂'語"（今《隋書》無此語）。 〔夜闌〕 夜深。 〔依舊夢魂中〕 仍是像作夢一樣。意思是：過分激動，不信自己真正到了揚州。如杜甫《羌村》三首之一"夜闌更秉燭，相對如夢寐。"

【校】

《全宋詞》無題，"花謝"作"又花謝"，"對酒"作"對酒處"。毛本"花謝"作"花又謝"，"對酒"作"相對處。"

298

186. 南 歌 子

楚守周豫出舞鬟

紺綰雙蟠髻，雲敧小偃巾。輕盈紅臉小腰身。疊鼓忽
催花拍、鬪精神。　　空闊輕紅歌，風和約柳春。蓬山才
調更清新。勝似纏頭千錦、共藏珍。

【編年】

據王文誥《蘇文忠公詩編注集成總案》卷二十六載：元豐八年乙丑（公
元1085年）九月一日抵楚州。這首詞的標題爲“楚守周豫出舞鬟”，故可定
爲是年抵楚州時受楚州太守周豫接待時所寫。

【箋注】

〔楚守周豫出舞鬟〕　楚州知州周豫叫他的舞妓（出來向賓客舞蹈）。楚州
：知楚州軍州事，楚州最高行政長官。楚：北宋時一個州，轄三縣，州城在
今江蘇省洪澤湖東偏北的清江市。守：秦漢時稱郡的最高行政長官；宋代的
州相當秦漢的郡，知州相當秦漢的郡守，所以宋人詩文往往稱州爲郡，稱知
州爲守。周豫：人名，當時楚州知州，生平不詳。出：叫出來；現出來。舞
鬟：演舞蹈的少女。鬟：當時少女的髮型，成環形；因此稱梳鬟形髮髻的少
女，也叫鬟。這一首和下面一首都是詠一個少年舞妓的；不但題材相同，而
且都用《南歌子》這一詞牌；上闋都以“巾”、“身”、“神”爲韻腳，下
闋都以“春”、“新”、“珍”爲韻腳。　〔紺(gàn)綰(wǎn)雙蟠髻〕
用深青色的帛繫住梳成一對蟠形的髮髻。紺：深青色的帛，這裡指紺作的髮
帶。綰：縛；纏。蟠：像蛇盤屈成一堆的樣子。　〔雲敧(qī)小偃巾〕
濃密的頭髮上稍許仰起的巾。雲：比喻少女濃密柔軟的髮。敧：斜。偃：仰
。小偃：略仰起的。　　〔疊鼓〕　小擊鼓（見《文選》卷二十八謝玄暉《
鼓吹曲》“疊鼓送華輈”李善注）。　　〔花拍〕　舞曲《六幺》中的一些
非正的拍子。王灼《碧雞漫志》卷三：“《六幺》前後十八拍，又四花拍，
共二十二拍，樂家者流所謂‘花拍’，蓋非正也。”　　〔空闊輕紅歌，風
和約柳春〕　據下文，這兩句似是出於一位爲這個舞妓題的詩詞中的話。下
文就這兩句而評議，說這兩句“清新”，比“千錦”還可貴。　　〔蓬山才
調更清新，勝似纏頭千錦共藏珍〕　表現傑出才華的詩歌最爲清新，（用來

贈給舞女，）比貴重的財物更爲寶貴。指當場有人吟詩或作詞以贊嘆舞女（
當然這人不是蘇軾自己），蘇軾說，那首詩歌比賞賜一千匹錦還可貴。蓬山
才調：這裡指才華出衆的文學創作。蓬山：傳說中的海外蓬萊山；東漢時以
皇宮中著作和藏書之處東觀(guàn)。（《後漢書》卷六安帝紀，永初四年二
月下，李賢注：“洛陽宮殿名曰南宮，有東觀。”）比爲蓬萊山。《後漢書
》卷五十三《竇憲傳·附竇章傳》：“是時學者稱東觀爲老氏臧（同“藏”
）室，道家蓬萊山”。才調(diào)：才華；才氣。李商隱《賈生》詩：“賈
生才調更無倫”。清新：形容詩歌清麗新穎；杜甫《春日憶李白》詩：“清
新庾開府”。纏頭：賞賜給歌妓、舞妓的財物，大約最初是用彩帛之類纏在
被賜者的頭上，所以叫纏頭；以後用其它財物爲賜，也叫纏頭。千錦：一千
匹錦。

【校】

毛本題“舞鬟”下有“因作二首贈之”六字。《全宋詞》本同毛本，“
更”作“最”。

187. 又

同　前

琥珀裝腰佩，龍香入領巾。只應飛燕是前身。共看剝
葱纖手、舞凝神。　　柳絮風前轉，梅花雪裏春。鴛鴦翡
翠兩爭新。但得周郎一顧、勝珠珍。

【編年】

與上首詞同。

【箋注】

〔同前〕　和前面（首句“紺縐雙蟠髻”）一首相同，即同一題材（詠周豫
的舞女）、同一詞牌（《南歌子》），而且第二、三、四、六、七、八句句
末韻腳巾、身、神、春、新、珍字也相同、　〔琥珀裝腰佩〕　琥珀作的飾
物佩於腰。琥珀：也可作　“虎魄”，可能此詞原作“虎魄”，與下句“龍

香"相對。　　〔龍香入領巾〕　衣服是用名貴的香料熏過的。龍香：龍涎香；古代自大食國（古阿剌伯帝國）運來的一種香料，相傳是龍吐的涎沫凝成，實在是抹香鯨腸間的分泌物。入領巾：（香氣）透入被熏的衣巾裡。古人在烘籠中燒香，把衣放在籠上，使香的煙氣入衣，衣帶香味。　　〔只應飛燕是前身〕　只有趙飛燕才是前身（，別的人都不是）。飛燕：漢成帝的皇后趙飛燕（公元前？－前1年），歷史上著名美麗和善舞的女人，見《漢書·外戚傳〔上〕》；伶玄《飛燕外傳》說趙飛燕能作掌上舞。　前身：前世；佛家以爲人"輪迴"，死後又再托生，在今生之前爲人是"前身"；古代往往以今人和過去的人相比擬，說某一古人是某一今人的"前身"，某一今人是某一古人的"後身"。　　〔剝蔥〕　形容手指纖細而白，如剝去皮的蔥莖；《古詩爲焦仲卿妻作》："指如削蔥根"，又白居易《何處難忘酒》七首之五："玉柱剝蔥手"，又《箏》詩"十指剝春蔥"。　　〔凝神〕精神專注；這裡說一心看舞女的手的姿態而看呆了。　　〔柳絮風前轉，梅花雪裏春〕　傅注："'柳絮'、'梅花'，言舞態輕飛若此。"按："柳絮"可說是"輕飛"，"梅花"大約是形容容貌之美。　　〔周郎〕　漢末的名人周瑜（公元175-210年）。《三國志·吳志·周瑜》說周瑜少年時"精意於音樂。雖三爵之後，其有闕誤，瑜必知之，知之必顧（"三爵之後"，飲了三爵酒而半醉之後。"顧"，望）。故時人謠曰：'曲有誤，周郎顧'。"本說演奏有誤，周瑜望著。後世以善於欣賞音樂爲"周郎顧曲"，不取奏樂之誤，和《三國志》原文不同。

【校】

毛本題作"同前"，《全宋詞》本同毛本。

188. 南　歌　子

師唱誰家曲，宗風嗣阿誰。借君拍板與門槌。我亦逢場作戲，莫相疑。　溪女方偷眼，山僧莫皺眉。卻愁彌勒下生遲。不見老婆三五，少年時。

【編年】

此詞應作於元豐八年乙丑（公元1085年）。據《全宋詞》中黃庭堅《南柯子》（郭泰曾名我）詞序："東坡過楚州，見淨慈法師，作《南歌子》。用其韻贈郭詩翁二首"。蘇軾於元豐八年赴京時，曾二次過楚州，一次是四月，寫《南鄉子》（繡鞅玉鐶遊）贈田叔通舞鬟（本書第179首）。一次是九月。黃庭堅指明蘇軾這首詞是過楚州時寫的，那麼，可測定此詞爲元豐八年所作，至於是四月或九月，就難以斷定。王文誥《蘇文忠公詩編注集成總案》卷二十六載："元豐八年乙丑九月一日作范仲淹跋，抵楚州。"錄以備考。

【箋注】

〔師唱誰家曲，宗風嗣阿誰〕　你唱哪家的調子？繼承哪一宗派的風氣？龍榆生注："《傳燈錄》：關南道吾和尚，因見巫師打鼓作舞，云：'還識神也！'師於此大悟。後往德山，申其悟旨。德山乃印可師。往後每至昇坐時，著緋衣，執木簡作禮。僧問：'師唱誰家曲，宗風嗣阿誰？'師云：'打動關南鼓，唱起德山歌。'……"查《景德傳燈錄》卷十一和《五燈會元》卷四的《襄州關南道吾和尚》一條，都有道吾和尚"打動關南鼓，唱起德山歌"的話。但沒有德山寺僧問"師唱誰家曲，宗風嗣阿誰"的話。當是龍氏所見《傳燈錄》本子不同。　師：對佛教僧侶的敬稱。這裡指當時杭州淨慈寺僧大通（本名善本，後來皇帝賜號大通）。蘇軾攜妓訪大通，佛寺是佛教徒視爲清淨的寶地，大通僧是受信徒們尊敬的和尚；而妓女是人們看成不貞潔的賤者。蘇軾帶妓女到佛寺訪謁名僧，當然被認爲褻瀆了聖地、辱沒了禪師。因此大通怒形於色。蘇軾率性作此詞使妓女唱給大通聽。據這首詞和仲殊的一首和詞（見《冷齋夜話》引）看：大通是名僧，以前卻不乾淨、不端正。這首詞揭大通的老底，一開頭就借用舊話問"師唱誰家曲？宗風嗣阿誰？"以示譏嘲。　宗風：一個宗派的風氣。　宗：佛教的派別，佛教自印度傳入中國，到晉代和南北朝十分盛行，傳授教義的人有不同的看法，分爲許多"宗"。嗣：繼承。阿誰：誰。　〔借君拍板與門槌〕　借用你用以講經說法的拍板和棒（讓我照你的樣講經說法）。就是說：我照你的樣作。指作者攜帶妓女是學大通的樣；這說明大通從前也狎妓。　拍板：一種表示節奏的樂器，用三塊寬約二寸，長約八寸，厚約四分的堅木作成，一頭鑽孔，用繩相連結，使另一頭相互敲擊出聲。詩文又稱爲檀板。唱佛家經文時，僧人也往往用拍板爲節。傅榦注："梁武帝請志公和尚講經（志公，齊梁時著名僧人寶志，公元418－514年）。志公對曰：'自有大士，現在魚行，善能唱

302

講。'帝乃召大士入內，問曰：'用何高座？'大士曰：'不用高座，只用拍板一具。'大士得板，遂乃唱經，并四十九頌。唱畢而去。大士，乃傅大士也。"　門槌：敲門的棍棒。古代僧人宣揚佛家教義（"說法"），說到緊要關頭，往往用棍擊案（"棒"），或大聲喊叫（"喝"）。這裡指說法用的棒，蘇軾戲稱為門槌（chuí）。　〔逢場作戲〕　（賣藝的人）遇到合適的場合，就演一場。《景德傳燈錄》卷六《江西道一禪師》記鄧隱峰的話："竿木隨身，逢場作戲。"就是說：偶然乘興而作，不是經常。這裡蘇軾說，他帶妓女到佛寺，只是偶然乘興。　〔疑〕忌恨；避開。　〔溪女方偷眼〕　農村少女正在偷看。帶妓女到佛寺是罕有的事，所以有人偷看。溪女：山溪少女。偷眼：偷看；暗地裡瞧。　〔卻愁彌勒下生遲，不見老婆三五少年時〕　只是恨彌勒出世太晚，趕不上見到老太婆當年還是少女俊俏愛收拾打扮的時節。這裡說只恨年輕僧人只看見大通和尚現在道貌岸然、神聖不可侵犯的樣子，而沒有見到大通和尚當年也曾有過放蕩的時候。　彌勒下生：彌勒佛出生於人間。彌勒，本姓彌勒，名阿逸多，後來成佛，叫彌勒佛；見《彌勒下生成佛經》。這裡用"彌勒下生"的故事，加一"遲"字，說可惜彌勒佛人間出生晚了，沒有看到大通早年的放蕩。彌勒佛，現在僧寺裡常有他的雕塑像：滿臉笑容，軀體肥胖。老婆三五少年時：老太婆（當年只有）十五歲還是少女的時候。就是說：每個老年人都曾經歷少年時期。老婆：老年婦女。三五：十五（歲）。王定保《摭言》卷三《慈恩寺題名游賞賦詠雜記》中記一個故事：詩人薛逢少年時考上進士，晚年官職卑微，出門沒有乘車，也沒有成隊的儀仗，只騎一匹瘦馬，帶少數跟隨者上朝。新中的進士恰好結隊遊行，前導的人看見薛逢寒酸，叫薛逢為新進士讓路。薛逢遣人回答："報道莫貧相，阿婆三五少年時也曾東塗西抹來（回答你們莫小氣。我這個老太婆十五歲少年時也曾塗脂抹粉、打扮得漂亮過）。"薛逢說，自己少年時也中過進士，得意過，只是目前失意了。蘇軾用這一段故事嘲笑大通和尚少年時在女色方面有過不乾淨的行為。

【校】

元本、毛本同。"慍"下無"形"字。毛本"皺"作"眨"。《冷齋夜話》"莫相"作"不須"，"愁"作"嫌"，"老婆"作"阿婆"。《全宋詞》題下有"《冷齋夜話》云"（略）。（見〔附錄〕）

【附錄】

宋・僧惠洪《冷齋夜話》：〝東坡鎮錢塘，無日不在西湖。嘗攜妓謁大通禪師。大通慍形於色。東坡作長短句，令妓歌之。〞

189. 蝶 戀 花

過漣水軍贈趙晦之

自古漣漪佳絕地。繞郭荷花，欲把吳興比。倦客塵埃何處洗。眞君堂下寒泉水。　　左海門前魚酒市。夜半潮來，月下孤舟起。傾蓋相逢拚一醉。雙鳧飛去人千里。

【編年】

寫於元豐八年乙丑（公元1085年）十月。王文誥《蘇文忠公詩編注集成總案》卷二十六：元豐八年乙丑十月，過漣水重遇趙晦之，贈《蝶戀花》詞。又王文誥案：〝公前赴高密，過漣水，趙晦之方爲東武令。迨遷黃，晦之官於廣西。至是復見，則漣水也。公過漣水，止此二次，詞以吳興比漣水，故有‘繞郭荷花’之句，非十月見荷花也。〞

【箋注】

〔漣水軍〕　宋代淮南路的一個軍（軍，宋代行政區域，和府、州都屬於路）在今江蘇省靖江市東北的漣水縣。　　〔漣漪〕　風吹水波成紋。《詩經・魏風・伐檀》：〝河水清且漣漪。〞　　〔吳興〕　現浙江吳興一帶。

〔左海〕　東海。昔人稱東爲〝左〞、西爲〝右〞。　　〔傾蓋〕　蓋，車蓋，形如傘。傾蓋：謂停車交蓋，爲和對面來的車中的人相見談話，而把車蓋傾斜。常用來指朋友相遇，親切交談。《說苑》卷八《尊賢》：〝孔子之郯，遭程子於途，傾蓋而語，終日。〞　　〔雙鳧(fú)〕　鳧：野鴨。雙鳧：相傳東漢時葉縣令王喬的一雙舄（鞋子）化爲雙鳧，乘之至京師。《太平廣紀》卷六引《仙傳拾遺》〝王喬，河東人也。漢顯宗時爲葉令，有神術，每月朔望，常詣京朝，常怪其來數，而不見其騎，密令太史伺望之。言‘臨至，必有雙鳧從東南飛來’。於是候鳧至，舉羅張之，但得一雙舄焉。乃四年時所賜尚書官屬履也。〞後世以〝雙鳧〞指人的行蹤。又《初學記》卷十八錄蘇武別李陵詩"雙鳧俱北飛，一鳧獨南翔"，後世也以"雙鳧"北飛南翔喻朋友別離。

【校】

《全宋詞》"魚"作"酤"，毛本題目無"軍"字，"絕"作"麗"，"魚"作"酤"。

190. 減字木蘭花

送趙令晦之

春光亭下。流水如今何在也。歲月如梭。白首相看擬奈何。　　故人重見。世事年來千萬變。官況闌珊。慚愧青松守歲寒。

【編年】

此詞宋、龍二家均未編年。

蘇軾於元豐八年乙丑（公元1085年）六月起知登州軍州事，十月過海州漣水，作《蝶戀花》（自古漣漪佳絕地）一首（本書第189首），這首詞有題"送趙令晦之"，又有"故人重見"、"歲月如梭，白首相看擬奈何"句，與前首詞意相同，也與蘇軾這一期間的遭逢相似，故此詞應作於元豐八年乙丑（公元1085年）。

【箋注】

〔趙令晦之〕　趙昶知縣。這時趙晦之已不是知縣，這裡是據從前官銜稱為令。　　〔春光亭下，流水如今何在也〕　往日春光亭下的流水，現在在哪裡啊？用流水一去不回，喻年歲的消逝。春光亭：待考；據詞，當在諸城縣，是蘇軾和趙昶同遊之處。　　〔世事年來千萬變〕　意思是我蘇軾不能適應變化不測的世事。是下句"官況闌珊"的原因。年來：最近幾年來。

〔官況闌珊〕　出仕的熱情淡薄了。　　況：滋味，意趣。闌珊：衰落；減退。　　〔慚愧青松守歲寒〕　自愧不如青松，青松在寒時能守住本色。《論語·子罕》："歲寒然後知松柏之後凋也。"這裡用青松守歲寒稱讚趙昶沒有再出仕；而蘇軾作官，免不了要作些違反本志的事，不如青松能保持志節。前首（第58首）《減字木蘭花》，著重安慰趙昶"失官"；這首則著重說自己不能"守歲寒"的慚愧。

191. 定　風　波

王定國歌兒柔奴，姓宇文氏，眉目娟麗，善應對。家住京師。定國南遷歸，余問柔："廣南風土，應是不好？"柔對曰："此心安處，便是吾鄉。"因爲綴詞云。

常羨人間琢玉郎，天應乞與點酥娘。自作清歌傳皓齒。風起。雪飛炎海變清涼。　　萬里歸來年愈少。微笑。笑時猶帶嶺梅香。試問嶺南應不好。卻道。此心安處是吾鄉。

【編年】

王鞏（定國）貶海上五年南遷歸。《蘇軾文集》卷十《王定國詩集敘》："定國以余故得罪，貶海上五年，一子死貶所，一子死於家，定國亦病幾死。"又《蘇軾文集》卷五十二《與王定國四十一首》中第三十二封信裡，有："君實嘗云：'王定國瘴煙窟裡五年，面如紅玉'。"由此可知王定國被貶五年。故此詞應寫於元豐八年乙丑（公元1085年）。

【箋注】

〔王定國〕　王鞏字定國，文正公旦（公元957－1017年）之孫，懿敏公素（公元1007－1073年）之子。蘇軾下御史獄，王定國亦坐累賓州監酒稅。《續通鑑長編》："元祐六年（公元1091年）六月注載：劉摯云：鞏奇俊有文詞，然不就規檢，喜立事功，往往犯分，躁於進取。蘇轍兄弟獎引甚力。然好作議論，入夸誕，輕易臧否人物，其口可畏，以是頗不容於人。昔坐事竄南荒三年，（應爲五年）安患難，不藏於懷，歸來顏色和豫，氣益剛實，此

306

其過人遠甚，不得謂無入於道也。"　　〔柔奴〕　張宗橚《詞林紀事》：
"柔奴或作寓娘。考《柳州志》：'王鞏侍兒柔奴'，與詞序同，當從詞序
。"　　〔綴詞〕　作詞；指作這首《定風波》詞。綴（zhuì），聯續，連；
用文字聯成作品也叫綴。　　〔琢玉郎〕　形容姿容美麗如玉琢成。指王鞏
。　　〔乞與〕　贈給。　　〔點酥娘〕　柔奴名點酥，是謂點酥娘。　　〔
清歌傳皓齒〕　用杜甫《聽楊氏歌》"佳人絕代歌，獨立發皓齒"句。
〔猶帶嶺梅香〕　還帶著嶺南梅花那種清幽淡雅的香氣。說柔奴笑貌不同凡
俗，而是像梅花那樣素雅恬靜。　　〔此心安處是吾鄉〕　我心地安寧之處
就是我的家鄉。只要心裡平靜，到處可以為家。

【校】

《全宋詞》題目為"南海歸贈王定國侍人寓娘。""自作"作"盡道"
，"年"作"顏"。毛本"年"作"顏"，"笑時"作"時時"。

【附錄】

①《蘇軾文集》卷六十八："晉卿（王定國）為僕所累。僕既謫齊安，
晉卿亦謫武當。饑寒窮困，本書生常分，僕處不戚戚固宜。獨怪晉卿以貴公
子罹此憂患，而不失其正，詩詞益工，超然有世外之樂；此孔子所謂'可與
久處約、長處樂'者。元祐元年九月八日。"

②吳曾《能改齋漫錄》卷八《沿襲》"此心安處便是吾鄉"條：東坡《
定風波》詞序云："王定國歌兒曰柔奴，姓宇文氏。定國南遷歸，余問柔：
'廣南風土應是不好？'柔對曰：'此心安處，便是吾鄉。'因而其語綴詞
之：'試問嶺南應不好，卻道此心安處是吾鄉。'余以此語本出於白樂天，
東坡偶忘之耳。白《吾土》詩云：'身心安處為吾土，豈限長安與洛陽'，
又《出城留別》詩云：'我生本無鄉，心安是歸處'，又《重題》詩云：'
心泰身寧是歸處，故鄉可獨在長安'又《種桃杏》詩云：'無論海角與天涯
，大抵心安即是家'。"

③宋・楊湜撰《古今詞話》："東坡初謫黃州，獨王定國以大臣之子不
能謹交游，遷置嶺表。後數年，召還京師。是時東坡掌翰苑，一日，王定國
置酒與東坡會飲，出寵人點酥侑尊。而點酥善談笑，東坡問曰：'嶺南風物
，可嗛不佳。'點酥應聲曰：'此身安處是家鄉。'坡嘆其善對，賦《定風
波》一闋以贈之，其句全引點酥之語，曰：（詞略）點酥因是詞譽藉甚。（
《綠窗新話》下引《古今詞話》）"

④清·王奕清《歷代詞話》卷五轉引《東皋雜錄》云："王定國自嶺表歸，出歌者柔奴勸東坡飲。坡問：'廣南風土應不好？'柔奴曰：'此心安處，便是吾鄉。'東坡喜其語，作《定風波》詞以紀之。"

元祐元年丙寅　公元一〇八六年　東坡五十一歲

192. 南 歌 子

舞　妓

雲鬢裁新綠，霞衣曳曉紅。待歌凝立翠筵中。一朵彩雲何事、下巫峯。　　趁拍鸞飛鏡，回身燕漾空。莫翻紅袖過簾櫳。怕被楊花勾引、嫁東風。

【編年】

　　這首詞朱本龍本均未編年。從詞意看，應是寫侍女朝雲的。請參閱本書第5首《祝英臺近》（挂輕帆）編年。蘇軾喜歡以巫山神女比喻朝雲，秦觀《南歌子》（靄靄迷春態）一詞中證明這一點。這首詞"一朵彩雲何事下巫峯"句，引襄王夢神女故事，也指朝雲。這首詞是對秦觀詞的答詞。元祐元年，蘇軾推薦秦觀除太學博士，校正秘書省書籍，兼國史院編修官，秦觀那首詞和蘇軾這首詞均應寫於元祐元年丙寅（公元1086年）。

【箋注】

〔舞妓〕　上闋讚舞妓未舞時靜態的美。下闋讚舞妓舞時動態的美。　　〔雲鬢裁新綠〕　如雲的鬢髮剛梳理好。是"新裁雲鬢綠"的倒置。雲：形容婦女髮美而長，《詩·鄘風·君子偕志》"鬢（zhěn）髮如雲"，毛傳："如雲，言美且長也"，《木蘭詩》"當窗理雲鬢"。　裁：剪，割；形容鬢髮梳理得如剪成一樣。　綠：黑。　〔霞衣曳（yì）曉紅〕　長的舞衣拖拂著如同曉霞一樣紅艷。是"衣曳曉霞紅"的倒置；和上句"雲鬢裁新綠"都是為了使音節合於詞律和兩句字面相對而將字的次序顛倒。　曳：拖；衣長，邊緣在地面拖著。　〔待歌凝立翠筵中〕　等待奏樂而凝然不動地立在華麗的舞席中。指舞前的準備。　待歌：等待起舞的樂歌。　凝立：不動地站著。　翠筵：飾有翠鳥羽的舞席。　　〔一朵彩雲何事下巫峯〕　一片瑰麗的

309

雲怎麼從巫山十二峯落下來的呢。用彩雲喻舞者之美。　何事：爲什麼。
下：降落。巫峯：長江三峽的巫峽岸上十二峰。巫山的雲著名，唐代教坊曲
和宋詞牌都有《巫山一段雲》。　　　〔趁拍鸞飛鏡〕　按照樂曲節奏而起舞
，好像青色的鳳對著鏡子奮迅地飛。趁拍：按照樂曲舞蹈。趁：湊上；不先
不後。拍：樂曲的段落章節。　　　鸞飛鏡：用罽(jì)賓國鸞的故事。《太平
御覽》卷九百十六《羽族部〔三〕鸞》，引范泰《鸞鳥詩序》：“罽賓國王
結置峻祁之山，獲一鸞，欲其鳴，不能致。乃飾以金樊、享以珍羞。對之愈
戚，三年不鳴。夫人曰：‘嘗聞鳥見其類而後鳴。可懸鏡以映之。’王從言
。鸞覩形感契，慨焉悲鳴，哀響衝霄，一奮而絕。”　鸞：青色的鳳。
〔燕漾空〕　輕快似燕飛漾天空。漾(yàng)：蕩動。　　〔莫翻紅袖過簾櫳
(lóng)〕　不要舞蹈著到室外去。你不要揮動紅袖到室外去。翻紅袖：揮動
舞衣之袖；舞蹈。過簾櫳：穿過簾子和窗子；指走到室外去。　櫳：窗子。
　　〔怕被楊花勾引嫁東風〕　怕被柳絮引誘和柳絮一同被東風捲走。說明
“莫翻紅袖過簾櫳”的理由。張先《一叢花令》：“沈恨細思，不如桃杏，
猶解嫁東風。”

【校】

元本無。毛本題作“舞妓”。《全宋詞》本無題，末注：案此首云南揚
氏刻之誤作李煜詞。

【附錄】

①秦觀《南歌子·贈東坡侍妾朝雲》：

靄靄凝春態，溶溶媚曉光。何期容易下巫陽。只恐使君前世、是襄王。
暫爲清歌駐，還因暮雨忙。瞥然歸去斷人腸。空使蘭臺公子、賦《高唐》。

310

193. 滿　庭　芳

　　香靉雕盤，寒生冰箸，畫堂別是風光。主人情重，開
宴出紅妝。膩玉圓搓素頸，藕絲嫩、新織仙裳。歌聲罷，
虛檐轉月，餘韻尚悠颺。　　　人間，何處有，司空見慣，
應謂尋常。坐中有狂客，惱亂愁腸。報道金釵墜也，十指
露、春笋纖長。親曾見，全勝宋玉，想像賦《高唐》。

【編年】

　　寫於元祐二年丁卯（公元1087年）。朱祖謀《東坡樂府》注云："王案
：丁卯五月，集於王詵西園。張宗橚曰：案《西園雅集圖跋》，此闋當在王
都尉晉卿席上爲《囀春鶯》作也。"依此說。

【箋注】

〔香靉(ai)雕盤〕　煙香靉靉出自澗鏤的彩盤。香：燒的香。靉：香煙繚繞
，如雲霧靉靉。　　〔寒生冰箸(zhù)〕　寒氣從冰箸生出。冰箸：屋檐上
掛著的冰條（屋檐滴水凝成的）。王仁裕《開元天寶遺事》云："冬至日大
雪。至午雪霽，有晴色。因寒，所結檐溜，皆爲冰條。妃子使侍兒旋下一條
看玩。帝自晚朝視政回，問妃子曰：'所玩何物耶？'妃子笑而答曰：'妾
所玩者，冰箸也。'帝謂左右曰：'妃子聰慧，此象可愛也。'"石曼卿《
早春》："檐垂冰箸晴先滴。"此詞作於五月，不應該眞有冰注。這裡說富
貴人家堂宇清凉，又把冬天藏的天然冰取出置在堂上，即使在五月，也令人
感到寒氣侵人如冰。箸：同"著"，筷子。　　〔紅妝〕　指陪宴的歌妓。
〔膩玉圓搓素頸〕　形容歌妓的秀頸潔白圓潤，像用柔軟的玉搓捏成的
。柳永《晝夜樂》："膩玉圓搓素頸。"　　〔藕絲〕　一種彩色名。李賀

《天上謠》："粉霞紅綬藕絲裙。"王琦匯解："粉霞、藕絲，皆當時彩色名。"這裡還兼有絲很細的意思，言用藕絲那樣細的絲織成的裙料。　　〔虛簷轉月〕　月光已在空寂的簷下轉過了。指時間已過了幾個小時。　　〔餘韻尚悠颺(yáng)〕　歌聲雖已停歇，但悠揚的餘音還在耳邊迴響。餘韻:餘音。《列子‧湯問》："昔韓娥東之齊，匱糧，過雍門，鬻歌假食。既去而餘音繞梁欐，三日不絕，左右以其人弗去。"　　〔司空見慣〕　孟棨《本事詩‧情感第一》："劉尚書禹錫罷和州，爲主客郎中，集賢學士。李司空罷鎮在京，慕劉名，嘗邀至第中，厚設飲饌。酒酣，命妙妓歌以送之。劉於席上賦詩，曰:'鬌髻梳頭宮樣妝，春風一曲杜韋娘。司空見慣渾閒事，斷盡江南刺史腸。'"後因以"司空見慣"稱事之常見者。　　〔狂客〕　這裡指被歌女色藝迷惑得發狂的人。　　〔春笋〕　形容十指纖細如春笋初發一樣尖細可愛。指美人因拾起掉在地上的金釵而袖外露出手指。　　〔全勝宋玉，想像賦《高唐》〕　言我親眼見到的美人，完全比宋玉《高唐賦》中想像的美人還要美些。宋玉:戰國時辭賦家，曾事頃襄王。　賦《高唐》:宋玉所作《高唐賦》(《文選》卷十九收)中的神女。這句說神女還不如席上歌妓之美。

【校】

《全宋詞》本，"歌聲"作"雙歌"。毛本題作"佳人"、"歌聲"作"雙歌"。

194. 如　夢　令

爲向東坡傳語。人在玉堂深處。別後有誰來，雪壓小橋無路。歸去。歸去。江上一犁春雨。

【編年】

這首和下面一首，共兩首《如夢令》詞，朱注本及龍注本均不編年。據傅注本題作"寄黃州楊使君二首，公時在翰苑"。龍榆生《東坡樂府箋》校中說:"案此二首，據傅本可移編卷二元祐丁卯、戊辰間，公官翰林學士時。"又陳邇冬先生《蘇軾詞選》中也說:"按詞意是很顯明的，如其一首首

312

云'爲向東坡傳語。'便是寄人之作；次云'人在玉堂深處'，足證身居翰苑。應是元祐二年（公元1087年）或三年（公元1088年）在汴京時作。"元祐二年十二月，蘇軾有《與潘彥明書》，書中說，"東坡甚煩葺治，乳媪墳也蒙留意，感戴不可言。……僕暫出苟祿耳，終不久客塵間。東坡不可令荒蕪，終當作主與諸君游如昔也。願遍致此意。"可見蘇軾離黃州後對東坡躬耕生活的深情懷念。這二首詞應如陳邇冬說，作於元祐二年丁卯（公元1087年）或元祐三年戊辰（公元1088年）春天"雪壓小橋"時，"一犁春雨"前。

【箋注】

〔爲(wèi)向東坡傳語〕 替我向（我的舊居，）黃州東坡捎句話吧。東坡：蘇軾在黃州築雪堂之處。今已無遺跡。王象之《輿地紀勝》卷四十九《黃州·景物〔下〕》"東坡：……崇寧壬午（公元1102年，蘇軾死之次年）黨禁旣興，堂遂毀焉。"傳語：帶口信；下幾句是傳語的內容。 〔人在玉堂深處〕 我在翰林院。人：這裡指我本人。玉堂：指翰林院；皇帝命令一些文人學者輪流在皇宮的翰林院"待詔"，以他們的文化知識和寫作能力爲皇帝服務。西漢時皇宮有未央宮的玉堂殿，《漢書》卷七十五《李尋傳》記李尋對漢哀帝說："臣隨衆賢待詔，食太官，衣御府，久汙玉堂之署"，王先謙補注引何焯："漢時待詔於玉堂殿。唐時待詔於翰林院。至宋以後，翰林遂蒙'玉堂'之號。"蘇軾於宋哲宗元祐元年（公元1086年）五月從登州知州調回京，元祐二年（公元1087年）至元祐四年（公元1089年）二月在翰林院供職。 〔別後〕 指離開黃州之後。蘇軾於宋神宗元豐七年（公元1084年）四月初六日離黃州。 〔雪壓小橋無路〕 意思是無人往來，雪覆蓋小橋，看不見路了。是蘇軾想像中黃州東坡的現狀。壓：覆蓋。小橋：東坡雪堂正南的小橋。 〔歸去〕 稱到黃州東坡爲"歸"，視黃州爲故鄉，表現蘇軾對黃州的留戀。 〔江上一犁春雨〕 在長江邊下過陣陣春雨，恰好有一犁深吧！這也是想像中東坡春耕的景象。

【校】

《全宋詞》本題作"有寄"，毛本題"有寄"、"玉"作"畫"。

195. 又

手植堂前桃李。無限綠陰青子。簾外百舌兒，驚起五更春睡。居士。居士。莫忘小橋流水。

【編年】
　　與前首同。
【箋注】
〔手植〕　（我）親手栽種（的）。　　　〔綠陰青子〕　于鄴《揚州夢記》記了杜牧一首贈少婦的絕句，末句"綠葉成陰子滿枝"（《唐詩紀事》卷五十六也記了此詩，但杜牧《樊川文集》未收）。"手植堂前桃李，無限綠陰青子"二句，字面像劉敞《朝中措》名句"手種堂前楊柳，別來幾度春風"，但內容完全不同。青子：沒有成熟的青色果實。　　　〔百舌〕　一種愛在春天鳴的鳥，身黑色，嘴黃。其聲多變化，故稱"百舌"，又叫反舌。到農曆五月就聽不到它們叫了；《禮記·月令》仲夏之月"反舌無聲"，鄭玄注："反舌，百舌鳥。"下面"居士居士，莫忘小橋流水"是百舌鳥的叫聲，它在提醒蘇軾。　　　〔居士〕　蘇軾在黃州自號東坡居士。居士：信仰佛教而不在寺院作僧的人。　　　〔莫忘小橋流水〕　陸游《入蜀記》卷四："（八月）十九日早游東坡。……（雪堂）正南有橋，榜曰小橋，以'莫忘小橋流水'之句得名。其下初無渠澗，遇雨則有涓流耳。舊此片石布其上，近輒增廣為木橋，覆以一屋，頗敗人意。"陸游記它，在公元1170年，則蘇軾離黃州已九十年。"小橋"變了，"流水"也沒有了。
【校】
　　《全宋詞》及毛本題作"春思"。

314

元祐三年戊辰　公元一〇八八年　東坡五十三歲

196. 西　江　月

送錢待制穆父

莫嘆平齊落落，且應去魯遲遲。與君各記少年時。須
信人生如寄。　　白髮千莖相送，深杯百罰休辭。拍浮何
用酒爲池。我已爲君德醉。

【編年】

　　這首詞寫於元祐三年戊辰（公元1088年）。《蘇軾詩集》卷三十有《送
錢穆父出守越州絕句二首》詩，題下"錢穆父以龍圖閣待制知開封府。坐奏
獄空不實，出知越州。時元祐三年九月也。"《東都事略・錢勰傳》："元
祐初，權知開封，坐繫囚例所遷就圄空，出知越州。施宿《會稽志》：錢勰
元祐三年十一月，以龍圖閣待制知越州。"詞意與詩意相同。

【箋注】

〔錢待制穆父〕　　《蘇軾詩集》卷二十六《次韻錢穆父》，施注："穆父
，名勰(xié)，吳越讓王諸孫。五歲，日誦千言；十三歲制舉業成。既中秘
閣選，廷對入等矣。會王介甫惡孔經父策，罷科，不得第，以蔭入官。神宗
召對，將任以清要，介甫許用爲御史，穆父謝以母不能爲萬里行。知其必不
附已，命權鹽鐵判官。後元祐初，拜中書舍人，故詩云：'故人飛上金鑾殿
。'謫遷給事中，知開封府，出守越州。……罷知池州以卒。元符末，追復
龍圖閣學士。"　　〔莫嘆平齊落落〕　　不要爲不被人親近而悲嘆。《後漢
書・耿弇傳》：漢光武帝統一中國之前，群雄割據，張步據有齊（今山東濟
南一帶），光武帝的大將耿弇(yǎn)自請"東攻張步以平齊地"，張步潰敗，
齊平定後，光武帝對耿弇說："將軍前在南陽，建此大策，常以爲落落難合
。有志者事竟成也。"落落：空闊，不切實。但在這裡是和人們距離大，不

315

被人親近。這句蘇軾勸錢勰不要因一時失意而嘆，用耿弇有平齊之功，終於被光武帝理解作慰喻。　　〔去魯遲遲〕　喻錢勰留戀國都。《孟子·萬章〔下〕》："孔子……去魯，曰'遲遲吾行也'，去父母國之道也。"〔人生如寄〕　曹操《短歌行》"人生如寄，多憂何爲"。寄：暫時寄託，不作永久的歸宿。　　〔拍浮何用酒爲池〕　（人只要及時行樂就行了，）何必一定要像畢卓一樣拍浮酒池中呢。勸錢勰不要把貶官的不如意事放在心裡，而要淡忘人世。這是舊時士大夫在失意時玩世不恭的自慰，是我們的時代所不應該有的頹廢想法。《世說新語·任誕》："畢茂世卓云：'一手持蟹螯，一手持酒杯，拍浮酒池中，便足了一生。'"蘇軾也欣賞這樣消極的處世態度，在《莫笑銀杯小答喬太博》詩中說："萬斛船中著美酒，與君一生長拍浮。"　　〔爲君德醉〕　被您的德所陶醉；就是從你受到很多的德。《詩·大雅·既醉》"既醉以酒，既飽以德。"

【校】

《全宋詞》及毛本題無"穆父"二字。"平齊"作"平原"。

197. 行 香 子

茶 詞

綺席纔終。歡意猶濃。酒闌時、高興無窮。共誇君賜，初拆臣封。看分香餅，黃金縷，密雲龍。　　鬭贏一水，功敵千鍾。覺涼生、兩腋清風。暫留紅袖，少卻紗籠。放笙歌散，庭館靜，略從容。

【編年】

此詞朱本、龍本均未編年。據《東坡先生墓誌銘》載：（元祐）"四年，以龍圖閣學士知杭州，時諫官言，前宰相蔡持正知安州，作詩借郝處俊事，以譏刺時事，大臣議逐之嶺南，公密疏言，……宣仁后心善公言，而不能用，公出郊，未發，遣內侍賜龍茶、銀合。用前執政恩例，所以慰勞甚厚。"可見蘇軾於元祐四年受賜龍茶，與詞中的"共誇君賜，初拆臣封"及"看

316

分香餅，黃金縷，密雲龍”等語，正相吻合。與毛本題下注（見〔校〕）和
沈雄《古今詞話》所述（見〔附錄〕）有出入。今據《墓誌銘》定此詞寫於
元祐四年己巳（公元1089年）。

【箋注】

〔綺席〕　富麗的宴會。綺(qǐ)：有花紋的綢；這裡解爲華美。　　〔酒闌
〕　飲宴完畢，客人散去。　　〔高興〕　高度的興致。指酒後愉快亢奮。

〔誇君賜〕　以享受到皇帝賞賜爲榮。指主人和賓客都以品嘗皇宮頒發的
茶爲榮幸。誇：向人顯示光榮；有向人炫耀的意思。　　〔拆臣封〕拆開宮
廷侍臣封裹茶葉的封皮。皇帝賜的茶由宮廷侍臣封裹好，受賜的人享用前，
要拆去封皮。此詞特地寫一筆，表示在享用前鄭重其事地向賓客顯示封皮，
讓賓客知道確是來自皇宮，以“誇君賜”。　　〔分香餅，黃金縷，密雲龍
〕　煮君主賞賜的一種叫密雲龍的珍貴的茶。餅：北宋時，建州（今福建省
北部建陽大部分地區，州治在今建甌縣）向皇宮貢獻的茶，是研碎的茶葉作
成的圓餅；茶餅上刻有龍形的叫龍團，刻有鳳形的叫鳳餅。在煮茶前，要把
茶餅裂開，所以說“分”。黃金縷：黃金色的線。這裡說茶餅上放的用金色
線作的花；歐陽修《歸田錄〔下〕》說皇帝賜大臣茶餅，“宮人往往縷金花
於上，以貴重之”。密雲龍：一種珍貴的茶餅。見下〔校〕和〔附錄〕。

〔鬪贏一水，功敵千鍾〕　賽茶取得一水的勝利，相當於千鍾酒的功效。
鬪：賽。北宋上層社會的人有鬪茶的風氣，評烹茶的優劣。江休復《嘉祐雜
志》記“蘇才翁嘗與蔡君謨鬪茶。蔡茶水用惠山泉。蘇茶小劣，改用竹瀝水
煎，遂取勝。”贏：勝。一水：當時賽茶的術語；蔡襄《茶錄·點茶》：“
建安人鬪茶：試以水痕，先者爲負，耐久者爲勝。故較勝負說，曰‘相去一
水’、‘兩水’。”敵：抵得；值得；等於。千鍾：一千鍾酒。《論衡·語
增》：“傳語曰：文王飲酒千鍾，孔子百觚。”因茶能消酒，故曰“功敵千
鍾”。　　〔兩腋生清風〕　盧仝（公元約765-835年）《走筆謝孟諫議新
茶》詩：“七碗吃不得也，惟覺兩腋習習生清風。”　　〔暫留紅袖，少卻
紗籠〕　且留少女在旁，遣退碧紗籠的富貴吧。兩句的“暫”和“少”意思
相同：暫時，目前短時刻裡。“留”和“卻”相反；“卻”是遣開，屏除。
“紅袖”和“紗籠”相對，用魏野（公元960-1019年）的名句；吳處厚《青
箱雜記》卷六說：寇準和魏野少年時都遊過長安（今西安市）的一個僧寺，
各在寺壁上題了詩。後來寇準作鳳翔知府（宋眞宗早年）時，再和魏野一同
遊那僧寺，尋覓從前題的詩。寇準已是貴官了，他題詩之處都被用碧紗籠罩

317

起來；魏野仍是隱士，所以他題的詩蒙上了灰塵，沒有人保護。有個隨行的妓女，用自己的紅袖揩魏野題詩上的灰。魏野對寇準說：〝若得常將紅袖拂，也應勝著碧紗籠〞（我的詩被美女的袖子拂，勝過你的詩被寺僧用碧紗覆蓋）。這個故事發生在蘇軾出生前幾十年，魏野的名句仍被人盛傳。蘇軾用〝紅袖拂〞〝紗籠〞喻〝誇君賜〞的光榮和品嘗茶的佳趣，要賓客且攔下〝誇君賜〞的熱鬧，來欣賞清幽的茶味。　〔放笙歌散，庭館靜，略從容〕

讓奏樂的人退去，庭院寂靜，心情也較閑逸些。放：讓人離開。笙歌：指宴會時在庭奏樂唱歌的人。從(cōng)容：閑暇安逸。說品茶要在安靜的環境和輕鬆的心情中。

【校】

《全宋詞》本全同。毛本題下注：〝密雲龍，茶名，極爲甘馨。宋廖正一字明略，晚登蘇東坡之門。公大奇之。時，黃、秦、晁、張號蘇門四學士，東坡待之甚厚，每來，必令侍妾朝雲取密雲龍。家人以此知之。一日，又命取密雲龍。家人謂是四學士；窺之，乃廖明略也。

【附錄】

①宋‧王闢之《澠水燕談錄》卷九《事志》：建茶盛於江南。近歲製作尤精。龍團茶爲上品，一斤八餅。慶曆中蔡君謨爲福建轉運使，造小團以充歲貢，一斤二十餅，所謂〝上品龍茶〞者也。仁宗尤所珍惜，雖宰相未嘗輒賜，惟郊禮致齋之夕，兩府共四人，名賜一餅，宮人剪爲龍鳳花貼其上，八人分蓄之以爲奇玩，不敢自試。有佳客出爲傳玩。歐陽文忠公云：〝茶爲物之至精，而小團又其精者也。〞嘉祐時，小團初出時也。今小團易得，何至如此名貴！

②明‧楊慎《詞品》卷三：〝密雲龍，茶名，極爲甘馨。宋廖正一，字明略，晚登東坡之門，公大奇之。時黃、秦、晁、張號蘇門四學士，東坡待之厚。東坡必令侍妾朝雲取密雲龍，家人以此知之，一日，又命取密雲龍，家人謂是四學士，窺之，乃廖明略也。

③清‧沈雄《古今詞話》：東坡有二韻事，見於《行香子》：秦、黃、張、晁爲蘇門四學士，每來，必命取密雲龍供茶。家人以此記之。廖明略晚登東坡之門。公大奇之。一日，又命取密雲龍。家人謂是四學士，窺之，則廖明略也。坡爲賦《行香子》一闋。

318

元祐四年己巳　公元一〇八九年　東坡五十四歲

198. 定　風　波

余昔與張子野、劉孝叔、李公擇、陳令舉楊元素會於吳興。時子野作《六客詞》，其卒章云："見說賢人聚吳分，試問：也應旁有老人星。"凡十五年，再過吳興，而五人皆已亡矣。時張仲謀與曹子方、劉景文、蘇伯固、張秉道爲坐客，仲謀請作《後六客詞》云。

月滿苕溪照夜堂。五星一老鬪光芒。十五年間眞夢裏。何事。長庚配月獨淒涼。　　綠髮蒼顏同一醉。還是。六人吟笑水雲鄉。賓主談鋒誰得似。看取。曹劉今對兩蘇張。

【編年】

蘇軾於熙寧七年甲寅（公元1074年）過吳興，而按這首詞小序所說十五年後，則此詞應是元祐四年己巳（公元1089年）所作了。這一年，正好是蘇軾除龍圖閣學士，知杭州，第二次到吳興。傅藻《東坡紀年錄》中定這首詞的寫作時間在熙寧七年甲寅（公元1074年），不符合詞的實際情況。王文誥《蘇文忠公詩編注集成總案》卷三十一載："元祐四年己巳六月，與張仲謀、曹輔、劉季孫、蘇堅、張弼會於湖州爲六詞客作《定風波》詞。"王案："公以熙寧七年甲寅過吳興，子野作《六詞客》詞，至是元祐四年己巳，計十六年，乃扣足十五年也。其爲赴杭過此而作，確無疑矣。但後有《次韻林子中》（即《次韻林子中、王彥祖唱酬》，見《蘇軾詩集》卷三十二）詩，自注‘近聞莘老、公擇皆逝’之語，施注原編在五年四月詩前，而《續通鑑長編》載李常、孫覺卒皆元祐五年（公元1090年）二月，又據《老學菴筆記》：‘元祐五年二月一日，李公擇卒；三日，孫莘老卒，’與施注皆合，不知何以與詞敘不符也。俟再考。”朱祖謀注：“案《紀年錄》編此入甲寅，誤據張子野作詞年也。”現暫定作於元祐四年己巳（公元1089年）一說。

【箋注】

〔張子野〕　張先（公元990-1078年），字子野，湖州人。天聖八年（公元1030年）進士，嘗知吳江縣。晏殊知開封府時，辟爲通判。仕至都官郎中。有《安陸集》一卷。張子野的《定風波令》詞有小序：“霅溪席上，同會者六人：楊元素侍讀、劉孝叔吏部、蘇子瞻、李公擇二學士、陳令舉賢良”。其詞曰：“西閣名臣奉詔行。南牀吏部錦衣榮。中有瀛仙賓與主。相遇。平津選首更神清。　　溪上玉樓同宴喜。歡醉。對堤杯葉惜秋英。盡道賢人聚吳分。試問。也應旁有老人星。”當時張先自己八十五歲，以老人星自比。

〔劉孝叔〕　劉述，字孝叔，東坡作杭州通判時，曾與孝叔會商丘。　　〔李公擇〕　李常（公元1027-1090年），字公擇。南康建昌人，是北宋時藏書家，少年起在江西廬山五老峰下白石菴僧舍讀了半輩子書，蘇軾在《約公擇飲。是日大風》詩中說：“先生生長匡廬山，山中讀書三十年。”擢第後，留所抄書九千卷，名曰李氏山房。神宗初，爲右正言，後通判滑州，知鄂州，徙知湖州，遷尚書祠部員外郎。徙知齊州。《宋史》卷三十四有傳。

〔陳令舉〕　陳舜俞，字令舉。舉制科第一，熙寧中，知山陰縣。推行新法後，上疏自劾，謫監南康軍酒稅，卒。《東坡全集》卷三十五有《祭陳令舉文》，言其“初若有厚其學術，而多其才能，蓋已兼百人之器，旣發之以科舉，又輔之以令名，使取重於天下者。”　　〔楊元素〕　楊繪（公元1027-1088年），神宗朝爲御史中丞，出知亳州，歷應天、杭州，再爲翰林學士。《宋史》卷三百二十二有傳。　　〔曹子方〕　曹輔，字子方，海陵人，元祐三年自太僕丞爲福建轉運判官。　　〔劉景文〕　劉季孫，字景文，開封祥符人，以左藏副使爲兩浙兵馬都監；東坡知杭州，一見，遇以“國士”，表薦之。　　〔蘇伯固〕　蘇堅，字伯固。蘇軾與講宗盟。　　〔張秉道〕　張弼，字秉道，杭人，蘇軾屢稱“髯張”。　　〔張仲謀〕　黃州知州徐君猷的妻舅。　　〔苕(tiáo)溪〕　浙江省吳興縣別稱爲苕溪，因境內有苕溪而得名。　　〔五星—老〕　五星：五星連珠，也叫“五星聚”，水、金、火、木、土五行星同時出現在天空同一方的現象。這種現象不常發生，所以古人認爲它是祥瑞，後人推廣到只要五行星各居一宮相連不斷時就叫做“連珠”。一老：《史記》卷二十七《天官書》西宮咸池：“有大星，曰南極老人。老人見，治安。不見，兵起。”張先詞以劉孝叔、李常、陳舜俞、楊繪、蘇軾五人同席爲“五星聚”自己已八十多歲就自比爲“老人星” 〔長庚配月〕 即太陽系大行星金星，在西叫長庚，在東叫“啓明”；《詩·小雅·大東》：“東曰啓明，西曰長庚”。又叫“太白”或“明星”。是大行星中和地球最接近的一顆，它在天空中的亮度僅次於日、月，最亮時可以在白晝看見。這裡蘇軾以太白星自比，當時“五星聚”五人已死去四人，只剩下蘇軾，故說五星只剩太白星伴著明月，冷清的光亮倍覺淒涼。 〔綠髮蒼顏〕 年輕的和年老的人在一起。綠髮：烏黑而光亮的鬢髮，指年輕人。蒼顏：蒼老的容顏，指老人。 〔水雲鄉〕 指吳興。江南一帶多溪流湖泊，雲水相連，故稱“水雲鄉”。 〔曹劉今對兩蘇張〕 指後六詞客。這裡用古代“曹劉”“蘇張”，巧合聚會者的姓。古代“曹劉”有二，一是曹操和劉備；《三國志·蜀志·先主》記曹操對劉備說：“今天下英雄，唯使君（劉備）與操耳”。一是建安詩人曹植和劉楨，如杜甫《壯遊》：“目短曹劉牆”。這次聚會中有曹輔、劉季孫，恰好是“曹劉”。古代“蘇張”，指戰國時蘇秦，張儀，這兩次聚會中有蘇堅、蘇軾、張弼、張仲謀，恰好是兩蘇、兩張。

【校】

《全宋詞》題有“公自序曰”四字。毛本“元素”作“公素”，“卒章”下無“云”字。“見說”作“盡道”，“配月”作“對月”。

【附錄】

①宋·胡仔《苕溪漁隱叢話》後集卷第三十九：東坡云：“吾昔自杭移高密，與楊元素同舟，而陳令舉、張子野皆從。余過李公擇於湖，遂與劉孝叔俱至松江。夜半月出，置酒垂虹亭上。子野年八十五，以歌詞聞於天下，作《定風波》令，其略云：‘見說賢人聚吳分。試問。也應旁有老人星。’坐客歡甚，有醉倒者。此樂未嘗忘也。今七年耳，子野、孝叔、令舉皆爲異物，而松江橋亭，今歲七月九日，海風駕潮，平地丈餘，蕩盡無復子遺矣。追思曩時，眞一夢耳。”苕溪漁隱曰：吳興郡圃，今有六客亭，即公擇、子瞻、元素、子野、令舉、孝叔。時公擇守吳興也。東坡有云：“余昔與張子野、劉孝叔、李公擇、陳令舉、楊元素會於吳興，時子野作《六客詞》，其

卒章云：‘盡道賢人聚吳分。試問。也應旁有老人星。’凡十五年，再過吳興，而五人皆已亡之矣。時張仲謀與曹子方、劉景文、蘇伯固、張秉道爲坐客，仲謀請作《後六客詞》。”（詞略）

　　②宋‧莊季裕《雞肋編》（下），明‧楊慎《詞品》卷二《六辭客》，清‧王奕清《歷代詞話》卷四等的記載，都與《苕溪漁隱叢話》同。

199. 點 絳 唇

己巳重九和蘇堅

　　我輩情鍾，古來誰似龍山宴。而今楚甸。戲馬餘飛觀。　　顧謂佳人，不覺秋強半。箏聲遠。鬢雲撩亂。愁入參差雁。

【編年】

　　寫於元祐四年己巳（公元1089年）。王文誥《蘇文忠公詩編注集成總案》卷三十一：己巳九月九日和蘇堅《點絳唇》詞。詞中小題已說明是己巳重九寫的。

【箋注】

〔蘇堅〕　《蘇軾詩集》卷三十二《次韻蘇伯固主簿重九》施注：“蘇伯固名堅，博學能詩。東坡自翰林守杭，道吳興。伯固以臨濮縣主簿，監杭州在城商稅，自杭來會。作《後六客詞》，伯固與焉。方經理西湖。伯固建議，謂當參酌古今而用中策。湖成，其力爲多。後一歲，又相從於廣陵，有《和伯固韻送李學博》詩。坡歸自海南，伯固在南華相待，有詩。黃魯直謫死宜州，至大觀間，伯固在嶺外，護其喪歸葬雙井，其風義如此。”　　〔我輩情鍾〕　我們這一類情感濃厚的人。《世說新語‧傷逝》：“王戎喪兒萬子。山簡往省之。王悲不自勝。簡曰：‘孩抱中物，何至於此？’王曰：‘聖人忘情。最下不及情。情之所鍾，正在我輩。’”鍾：聚；指濃厚，強烈。

〔龍山宴〕　用東晉桓溫重九在龍山宴會的故事。陶淵明《晉故征西大將軍長史孟府君傳》說：嘉爲征西大將軍桓溫的參軍，九月九日，溫宴龍山。

322

時佐吏并著戎服。有風至，吹嘉帽落，嘉不之覺，溫命孫盛作文嘲嘉，嘉請筆作答，了不容思，其文辭超卓，四座嘆之。　　〔楚甸(diàn)〕　指徐州。《周禮·夏官·職方氏》說：王都"方千里曰王畿（qí同"圻"）。其外五百里曰侯服，又其外五百里曰甸服"。徐州於古代爲東楚，《史記》卷一百二十九《貨殖列傳》："彭城（徐州）以東，東海、吳、廣陵，此東楚也。"徐州是東楚，又在甸服之內，所以稱爲"楚甸"。這裡楚甸是指他回憶當年重陽節時在彭城的情景。　　〔戲馬餘飛觀〕　戲馬：戲馬臺，故址在徐州市。蘇軾《上神宗皇帝書》曰："彭城三面阻水，……獨其南可通車馬，而戲馬臺在焉。其高十仞，廣袤百步，若用武之世，屯千人其上，凡戰守之具，與城相表裏，雖用十萬人，未易取也。"戲馬臺爲項羽所建。《南齊書·禮志》：宋武帝劉裕作宋公時，重九在戲馬臺舉行宴會。飛觀：即飛觀樓。現戲馬臺已不存在，只遺留下飛觀樓。　　〔佳人〕　指奏樂的人。〔秋強半〕　秋已過了一多半。陰曆七、八、九月爲秋，到重陽，秋去了一多半。　　〔參差(cēnci)〕　龍本引傅注："雁，箏雁也。箏柱斜列，參差如雁。故貫休詩云：刻成箏柱雁相挨。"

【校】

《全宋詞》本"撩"作"吹"。毛本"箏"作"簫"。

元祐五年庚午　公元一〇九〇年　東坡五十五歲

200. 臨 江 仙

疾愈登望湖樓贈項長官

多病休文都瘦損，不堪金帶垂腰。望湖樓上暗香飄。
和風春弄袖，明月夜聞簫。　　酒醒夢回清漏永，隱牀無
限更潮。佳人不見董嬌嬈。徘徊花上月，空度可憐宵。

【編年】

寫於元祐五年庚午（公元1090年）。蘇軾在二月有《聞垂雲亭花開，答
清順詩》，詩題云：“臥病彌月”。詩有“宴坐春強半，清陰月屢遷”句，
與這首詞意境相同。而詞的小題云：“疾愈登望湖樓”。“疾”就是“臥病
彌月”。王文誥《蘇文忠公詩編注集成總案》卷三十三載：二月病起登望湖
樓贈項長官作《臨江仙》詞。

【箋注】

〔望湖樓〕　《嘉慶重修一統志》卷二百八十四：一名看經樓，乾德五年（
公元967年）建。　　〔休文〕　梁朝文學家沈約（公元441－513年），字
休文。　　〔不堪金帶垂腰〕　《南史》卷五十七《沈約傳》：沈約曾寫信
向徐勉陳情，言己老病，“百日數旬，革帶常應移孔。”說因病而瘦，以至
腰圍越來越小。不堪：承受不了。　　　〔暗香〕　指花的香味。林逋《梅花
》詩：“暗香浮動月黃昏。”這裡不是說梅花，而是其他花的香味。　　〔
弄袖〕　吹得袖子飄動。杜牧《長安雜題長句》六首之二：“紫陌微微弄袖
風。”　　〔明月夜聞簫〕　用杜牧《寄揚州韓綽判官》：“二十四橋明月
夜，玉人何處教吹簫。”　　〔夢回〕　從夢中醒來。　　〔清漏永〕　形容
失眠人感到夜長。漏：古代以滴水計時之器；這裡指夜的時間。永：長久。
　　〔隱〕　倚。　　〔董嬌嬈〕　《玉臺新詠》卷一有宋子侯《董嬌嬈（ráo

324

）》詩一首。並有按語云：“東漢《雜曲歌辭》。”《集韻》：‘嬌嬈：妍媚貌’。杜甫《春日戲題惱郝使君兄》：“細馬時鳴金騕褭，佳人屢出董嬌嬈”，本此。　　〔徘徊花上月，空度可憐宵〕　　《太平廣記》卷三百二十六《沈警》：“玄機名警，因奉使秦隴，上過張女郎廟，酌水獻花以祝云：‘酌彼寒泉水，紅芳掇巖谷。雖致之非遠，而薦之異俗。丹誠在此，神其感錄。’既而日暮，短亭稅駕。望月彈琴，作《鳳將雛》《雛銜嬌》曲，其詞曰；‘命嘯無人嘯，含嬌何處嬌。徘徊花上月，空度可憐宵。’”

【校】

《全宋詞》“嬈”作“饒”。

201. 南　歌　子

杭州端午

　　山與歌眉斂，波同醉眼流。遊人都上十三樓。不羨竹西歌吹、古揚州。　　菰黍連昌歜，瓊彝倒玉舟。誰家《水調》唱《歌頭》。聲繞碧山飛去、晚雲留。

【編年】

　　此詞應寫於元祐五年庚午（公元1090年）。題中蘇軾自說“杭州端午”。湖山秀媚，歌吹繁華，確是杭州；菰黍昌歜，傾罇吟唱，只能是端午。但蘇軾先後作杭州通判和知杭州事，在杭州多年。這首詞沒有說明是哪一年的端午。它和下面一首（第202首）的詞牌《南歌子》相同。六個韻腳的字流、樓、州、舟、頭、留也完全相同。雖然這首詠端午，下面一首詠開葑田和作渠的事，內容不同；但地點都是杭州，時間都是端午（下面一首說梅雨後的佳節，正是端午）。這兩首詞是同時的作品。現在編這首詞爲庚午年（公元1090年），因爲蘇軾在杭州開葑作渠在公元1090年。而且蘇軾於公元1089年至1091年在杭州作知州，但公元1089年七月初三日（端午之後）才到杭州，公元1091年三月（端午之前）已離開杭州，在知州任上，只有公元1090年的端午是在杭州過的。

〔斂〕　收斂。這裡"山與歌眉斂"，是言山色與歌女的眉黛緊斂一樣青翠低垂。　　〔波同醉眼流〕　水波閃動，像醉美人的眼波一樣流盼。　　〔十三樓〕　《武林舊事》卷五《湖山勝概》：舊名十三樓石佛院。東坡守杭日，每治事於此。有冠勝軒，雨亦奇軒。蘇軾《郭祥正十三間樓詩》："高樓插湖腳，紺碧十三間。待月客無寐，看出僧自閑。"　　〔不羨竹西歌吹(chuī)古揚州〕　言杭州的繁華歌舞已與揚州竹西媲美了。竹西歌吹：揚州竹西亭繁華的歌舞音樂。杜牧《題揚州禪智寺》"斜陽竹西路，歌吹是揚州。"　　〔菰黍〕　粽子。用菰葉裹黍煮成。菰即菱白，莖可作荣蔬，葉可包粽子。黍：小米。《藝文類聚》卷四《歲時部〔中〕》和《太平御覽》卷三十一《時序·五月五日》載，《風土記》："仲夏端五，……先節一日，以菰葉裹黏米，以粟棗灰汁煮令熟，節日啖，……一名粽，一曰角黍。"

〔昌歜(zǎn)〕《左傳·僖公三十年》："饗有昌歜。"杜預注："昌歜，菖蒲菹。"這裡指菖蒲。朱駿聲《說文通訓定聲·需部》："按菖蒲：辛香之氣發起充盛，故以爲名。"民間在端午節將菖蒲與艾結紮成束。不用作食物。　　〔瓊彝〕　用美玉做的酒樽。彝：《爾雅·釋器》："彝、卣(yǒu或yóu)、罍，器也。"郭璞注："皆盛酒尊，'彝'其總名。"　　〔舟〕　尊彝下面的托子。　　〔《水調》唱《歌頭》〕　即唱《水調歌頭》，詞牌名。相傳隋煬帝開汴河時曾製《水調歌》，唐人演爲大曲。大曲有散序、中序、入破三部分，"歌頭"當爲中序的第一章。　　〔晚雲留〕　言《水調歌頭》的歌聲繞繚上空，響遏行雲。形容歌聲的美妙。

【校】

《全宋詞》及毛本題作"遊賞"。

【附錄】

①清·張宗橚《詞林紀事》引"《耆舊續聞》：東坡《南柯子》云：'遊人都上十三樓。'十三樓在錢塘西湖北山，此詞在錢塘作，舊注'汴京有十三樓'，非也。橚按：《西湖志》大佛寺畔，有相嚴院，晉天福二年錢氏建，有十三間樓，樓上貯三才佛一尊，蘇子瞻治郡時，常判事於此，殆即此詞所云十三樓耶。"

②清·先著《詞潔》卷一："十三樓遂成故實。詞家驅使字面事實有限，如'昌歜'則忌用也。"

③清・黃蓼園《蓼園詞評》：“按周建德中，許京城民居起樓閣，大將軍周景威先於宋門內臨汴水，建樓十三間。世宗嘉之。杜牧詩：‘誰知竹西路，歌吹古揚州。’左傳，享有昌歇。今水澤大菖蒲也。《海錄碎事》，隋煬帝開汴州，自造《水調歌頭》。首章之第一解也。《博物志》秦青善謳，每撫節而歌，聲振林木，響過行雲。此詞不過敘汴京端午繁盛光景耳。在蘇集中，此爲平調，然亦自壯麗。”

202. 又

　　古岸開青葑，新渠走碧流。會看光滿萬家樓。記取他年扶病、入西州。　　佳節連梅雨，餘生寄葉舟。只將菱角與雞頭。更有月明千頃、一時留。

【編年】

　　與前首詞爲同一時間的作品。

【箋注】

〔青葑（fèng）〕 葑即菰根，又叫茭白根。《晉書・毛璩傳》：“四面湖澤，皆是菰葑。”何超《晉書音義》卷下引《珠叢》：“菰草叢生，其根盤結，名曰葑。”蘇軾《開西湖六條狀》中說：“每年之春，芟除澇漉，寸草不遺，然後下種，若將葑田變爲菱藕，永無茭草堙塞之患。”蘇子由《東坡墓誌銘》曰：“公間至湖上，周視良久曰：‘今欲去葑田。葑田如雲，將安寘之，湖南北三十里，環湖往來，終日不達。若取葑田積之湖中爲長堤，以通南北，則葑田去而行者便矣。’” 〔新渠〕 新開的水渠。當是指軾知杭州時所浚排除江潮的茅山河和蓄洩湖水的鹽橋河。 〔會看〕 將要看到。 〔他年〕 將來。 〔扶病入西州〕 言將來仍然不能實現自己的政治抱負。見《水調歌頭》（安石在東海）注。 〔佳節連梅雨〕 言端午節適逢梅雨時。梅雨：初夏時產生在江淮流域雨期較長的連綿陰雨天氣。因時值梅子黃熟，故名梅雨。柳宗元《梅雨》：“梅實迎時雨，蒼茫值晚春。” 〔葉舟〕 一隻輕而小的舟。 〔雞頭〕 也稱芡，種子稱‘

芡實'或'雞頭米'',供食用或釀酒。菱角和雞頭,都是湖中的野生植物。
【校】
《全宋詞》及毛本題目作湖景。"病"作"路"。

203. 減字木蘭花

錢塘西湖,有詩僧清順,所居藏春塢,門前有二古松,各有凌霄花絡其上。順常晝臥其下。時余爲郡。一日,屛騎從過之,松風騷然。順指落花求韻。余爲賦此。

雙龍對起。白甲蒼髯煙雨裏。疏影微香。下有幽人晝夢長。　　湖風淸軟。雙鵲飛來爭噪晚。翠颭紅輕。時上凌霄百尺英。

【編年】

寫於元祐五年庚午(公元1090年)。王文誥《蘇文忠公詩編注集成總案》卷三十二載:庚午五月,過藏春塢爲淸順作《減字木蘭花》詞。

【箋注】

〔淸順〕　《冷齋夜話》卷六《僧淸順〈十竹〉〈林下〉詩》:"西湖僧淸順,字怡然,淸苦多佳句。……東坡亦與之遊,多唱酬"。周紫芝《竹坡詩話》卷一有同樣的記載。　〔藏春塢(wù)〕　淸順居處的小庭院。中間窪,四邊高的地方叫塢。　〔凌霄花〕　亦稱紫葳。落葉木質藤本。莖上有攀援的氣生根。夏秋開花,花冠鐘狀,大而鮮艷。人們也常栽培在庭園中,攀援於棚架或籬牆上供觀賞。　〔爲郡〕　作一郡的主管長官。這裡說知杭州事(杭州的主管長官)。　〔屛(bǐng)騎(jì)從過(guō)之〕　不帶跟隨的人馬(而獨自)去拜訪他。屛:除去,不用。騎從:騎馬跟隨的人。過:拜訪;上門訪問。之:指代僧淸順。　〔松風騷然〕　風吹得松樹發出的颼颼的聲響。騷然:颼颼地(響)。　〔雙龍〕　指門前二古松。

〔白甲蒼髯〕　我國畫的龍有鱗甲和髯。這裡稱二松爲“雙龍”，所以稱松皮爲“甲”，松葉爲“髯”。甲：鱗。　　　〔疏影微香〕　在疏落的樹影下有幽微的凌霄花香味。　　　〔幽人〕　幽居之人；隱士。《易·履·九二》“幽人貞吉”，孔穎達解“幽人”爲“在幽隱之人”。這裡指僧人清順。

〔爭噪晚〕　在夕照中爭相鳴叫。　　〔翠颭(zhàn)紅輕〕　由於鵲鳥的飛和跳，使翠綠的樹葉顫動，使紅色的花兒輕輕擺動。颭：在風中搖曳。

〔時上凌霄百尺英〕　（雙鵲飛來飛去，）有時飛上古松樹上纏繞著的凌霄花。英：花。

【校】

《全宋詞》本題有“《本事集》云”四字。“時余”作“子瞻”，“時上”作“時下”。毛本“時余”作“子瞻”，“時上”“所居”作“居其上，自名”，“時下”。

204. 鵲　橋　仙

七夕和蘇堅

乘槎歸去，成都何在，萬里江沱漢漾。與君各賦一篇詩，留織女、鴛鴦機上。　　　還將舊曲，重賡新韻，須信吾儕天放。人生何處不兒嬉，看乞巧、朱樓彩舫。

【編年】

寫於元祐五年庚午（公元1090年）七月。王文誥《蘇文忠公詩編注集成總案》卷三十二載：庚午七月七日，和蘇堅《七夕詞》。

【箋注】

〔乘槎(chá)〕　乘船。槎：用竹木編成的筏。　　　〔江沱(túo)漢漾(yàng)〕　指漢江二水。江沱，即沱江，長江上游支流，在四川省中部，於瀘州流入長江。漢漾：即漢水。漾：漾水。漢水上源。《書·禹貢》：“嶓冢導漾，東流爲漢。”　　　〔織女〕　指天上的織女星，言牛郎織女的傳說。

〔鴛鴦機〕　織錦機。宋之問《明河篇》：“鴛鴦機上疏螢度”，上官儀《

八詠應制》詩："方移花影入鴛機。"李商隱《即日》詩："幾家緣錦字，含淚坐鴛機。" 〔還將舊曲，重賡(gēng)新韻〕 將蘇堅的《鵲橋仙·七夕》和韻再寫。舊曲：指蘇堅先作的《鵲橋仙·七夕》。重賡：重新繼續。賡：繼；續別人的詩歌而作詩歌，叫賡歌；或說"和(hè)"。新韻：指本首詞。 〔吾儕(chái)天放〕 我們都是任憑自然而不拘謹的人。所以下句說"兒戲"。儕：們。天放：一任自然。《莊子·馬蹄》："一而不黨，命曰天放。"成玄英疏："命：名。天：自然也。" 〔乞巧〕 民間風俗，婦女於陰曆七月七日夜間向織女乞求智巧，謂之乞巧。《荊楚歲時記》："七月七日為牽牛織女聚會之夜。是夕，人家婦女結彩樓，穿七孔針，或以金銀鍮石為針，陳瓜果於庭中以乞巧。" 〔朱樓彩舫〕 有人在朱樓上乞巧，也有人在彩船上乞巧。

【校】

《全宋詞》及毛本題末多"韻"字。

205. 點 絳 唇

庚午重九

不用悲秋，今年身健還高宴。江村海甸。總作空花觀。 尚想橫汾，蘭菊紛相半。樓船遠。白雲飛亂。空有年年雁。

【編年】

寫於元祐五年庚午（公元1090年）。傅藻《東坡紀年錄》：元祐五年庚午，"重九日再和蘇堅前年《點絳唇》韻。"王文誥《蘇文忠公詩編注集成總案》卷三十二載：元祐五年庚午九月"九日和去歲重九《點絳唇》詞。第199首已載蘇軾《點絳唇·重九》和蘇堅的韻，這首和下面一首，仍用前韻，即用蘇堅那首詞的韻腳"宴""甸""觀""半""遠""雁"。

【箋注】

〔悲秋〕 悲嘆秋天的到來。《宋玉·九辯》："悲哉！秋之為氣也。"杜甫《藍田九日崔氏莊》詩："老去悲秋強自寬"，又《登高》詩："萬里悲秋常作客"。　〔今年身健〕　針對杜甫《藍田九日崔氏莊》："明年此會知誰健"作答話。　〔江村海甸〕　無論在村外的江邊或者在遼闊的郊外。甸：古時郭外稱郊，郊外稱甸。《周禮·天官·大宰》："三曰邦甸之賦。"賈公彥疏："郊外曰甸；百里之外，二百里之內。"　〔空花觀(guàn)〕　把世界作爲空花的看法。空花：即空華；一切皆空之意。《圓覺經》："用此思維，辨於佛鏡，猶如空華，復結空果。"　〔橫汾〕　漢武帝《秋風辭》："秋風起兮白雲飛，草木黃落兮雁南歸。蘭有秀兮菊有芳，懷佳人兮不能忘。泛樓船兮濟汾河，橫中流兮揚素波。簫鼓鳴兮發棹歌，歡樂極兮哀情多，少壯幾時兮奈老何。"這首詞的後半闋的"橫汾"、"蘭菊"、"樓船"、"白雲飛"、"雁"，都是漢武帝《秋風辭》所有。"橫汾"取"濟汾河，橫中流。"汾河在今山西中部，漢武帝祭后土時經過的地方。

【校】
《全宋詞》及毛本題目後均有"再用前韻"四字。

【附錄】
①清·張宗橚《詞林紀事》：樓敬思云："蘇公《點絳唇·重九》詞，'不用悲秋'二句，翻老杜詩：'老去悲秋強自寬，明年此會知誰健'句也。換頭使漢武帝'橫汾'事，兼用李嶠詩，亦能變化。其妙在'尚想'二字，'空有'二字，便是化實爲虛。"橚按：《詞譜》此詞前段第二句，本七字句。但於第四字藏一韻，可作兩句。宋吳琚詞：'憔悴天涯，故人相遇情如故'。舒亶詞：'紫霧香濃，翠華風轉花隨輦'，'遇'字'轉'字用韻，正與此同。元詞如應次蓬蕭允之諸作，皆然，實本蘇詞也。

206.　又

再和，送錢公永
莫唱陽關，風流公子方終宴。秦山禹甸。縹緲眞奇觀。　　北望平原，落日山銜半。孤帆遠。我歌君亂。一送西飛雁。

【編年】

此首不知作於何年，用韻同前首，故編於此。

【箋注】

〔錢公永〕　不詳。　　〔陽關〕　即《陽關曲》。王維《送元二使安西》：「渭城朝雨浥輕塵，客舍青青柳色新。勸君更盡一杯酒，西出陽關無故人。」後人因謂之《陽關曲》，或《渭城曲》用爲送別樂曲。　　〔風流公子〕　指錢公永風流倜儻，才氣盎然。　　〔秦山禹甸〕　指古代會（guài）稽，杭州爲古代會稽地。相傳夏禹死處。《史記》卷二《夏本紀》：「十年，帝禹東巡狩，至於會稽而崩」。卷六《秦始皇帝本紀》：「三十七年（公元前210年）……上會稽，祭大禹」。會稽山（在今浙江省紹興境內）是秦始皇所登，故稱「秦山」。《詩·小雅·信南山》「維禹甸之」，鄭玄《箋》「禹治而丘甸之」（夏禹治理而區畫它）；會稽是禹所到之處，當然經過禹所規畫治理，故說會稽是「禹甸」。秦漢時杭州在會稽郡內，因此說杭州是「秦山禹甸」。　　〔縹緲眞奇觀〕　贊嘆秦山禹甸一帶山色在虛無縹緲間，蔚爲奇觀。　　〔落日山銜半〕　夕陽已被山銜了一半。　　〔亂〕　樂曲的最後一章或辭賦篇末總括全篇要旨的一段。《離騷》末有「亂曰」，王逸注：「亂，理也，所以發理辭旨，總撮其要也。」

【校】

《全宋詞》及毛本與此全同。

207. 好　事　近

西湖夜歸

湖上雨晴時，秋水半篙初没。朱檻俯窺寒鑑，照衰顏華髮。　　醉中吹墮白綸巾，溪風漾流月。獨棹小舟歸去，任煙波搖兀。

寫於元祐五年庚午（公元1090年）。王文誥《蘇文忠公詩編注集成總案》卷三十二載：元祐五年庚午九月泛湖作《好事近》。

〔半篙初没〕 剛淹到半竹竿深淺。篙：撐船用的竹竿或木杆。没：淹没。
〔檻〕 船上的欄杆。 〔寒鑑〕 有寒氣的平靜如鏡的湖面。鑑：鏡。這裡形容西湖平靜澄清。 〔華髮〕 花白的頭髮。 〔白綸(guān)巾〕 用絲帶做的白色的頭巾。《晉書·謝萬傳》：“（謝）萬著白綸巾，鶴氅裘，履版面前。” 〔漾〕 蕩漾。 〔棹(zhào)〕 搖船的用具。這裡用作動詞。“棹小舟”，即蕩著小船。 〔煙波搖兀(wù)〕 湖上的煙霧波濤在搖晃。搖兀：不穩定。“兀”同“阢”。

《全宋詞》及毛本均題作“湖上”。

208. 點 絳 唇

杭 州

閒倚胡牀，庾公樓外峰千朵。與誰同坐。明月清風我。 別乘一來，有唱應須和。還知麼。自從添箇。風月平分破。

此首朱本、龍本均未編年。毛本題為“杭州”，據詞中景物情懷，當是蘇軾在杭州作通判時作。蘇軾曾二次赴杭，那麼，這首詞從詞意看來，應是元祐五年第二次赴杭州任寫的。又據樓鑰《攻媿集》卷七十七《跋袁光祿（轂）與東坡同官事跡》條云：“慶曆詔郡國立學而置教官者，纔數處，多延致鄉里之有文學行誼者為之師，我高祖正議先生教授四明，前後三十餘年，一時名公皆在席下，是時赴鄉舉者才百餘人，解額六人，試於譙樓秋賦之年，先生謂舒公亶、袁公轂、羅公適曰：‘二三子學業既成，不應有妨里人薦

333

名。'於是舒試於鄉，袁試於開封，羅試於丹丘，三人皆在魁選，實爲一時之盛。舒以《舜琴歌南風》、袁以《〈易〉更三聖賦》名於時，而袁之著述傳於世者，有《韻類題選》百卷，後學賴之。元祐五年倅杭州，東坡爲郡守，相得甚歡，有迓新啓事，坡書龍泉何氏留槎閣記介亭唱和詩，坡次韻二詩，一謝芎椒，一爲除夜，如'別乘一來，風月平分破'之詞，最爲膾炙，正爲公而作，則其賓主之間風流，可想而知也。"查《蘇軾詩集》卷三十二《次韻袁公濟謝芎椒》、《九日袁公濟有詩，次韻》、《和公濟飲湖上》、《袁公濟和劉景文〈登介亭〉詩，復次韻答之》等詩，皆記兩人湖山遊樂。集中有施注："袁公濟名轂，四明人。時倅杭，後知處州。"又錄袁文《甕牖閒評》，記東坡與袁轂唱和情誼，其內容是："東坡昔守臨安，予曾祖作倅。一日，同往一山寺祈雨。東坡云：'吾二人賦詩，以雨速來者爲勝，不然，罰一飯會。'於是東坡云：'一爐香對紫宮起，萬點雨隨青蓋歸。'余曾祖則曰：'白日青天沛然下，皂蓋青旂猶未歸。'東坡視之云：'我不如爾速。'於是罰飲一會。"據此，《點絳唇》這首詞中有"別乘一來，有唱應須和。還知麼，自從添箇、風月平分破"句，與詩意及記載完全吻合，可證這首詞作於元祐五年庚午（公元1090年）秋天。（因詩意多記重陽遊樂）

【箋注】

〔閒倚胡牀〕　閒著無事坐於胡牀。閒：指辦公之餘。倚：坐靠。　　〔庾公樓〕　杜甫《秋日寄題鄭盟湖上亭》："池要山簡馬，月靜庾公樓。"用東晉庾亮（公元289－340年）在武昌乘月登南樓典故。《世說新語·容止》："庾太尉在武昌，秋夜氣佳景清"，就叫僚屬登南樓習吟詠。不久，庾亮至，諸人將起而避之，亮徐曰："諸君且住，老子於此，復興不淺。"蘇軾《和公濟飲湖上》詩有"昨夜醉歸還獨寢，曉來宿雨鳴孤枕。扁舟小棹截湖來，正見青山駁雲錦。須知老人興不淺，莫學公榮不共飲。與君歌鼓樂豐年，喚取千夫食陳廩。"由此，又可證此詞是爲袁公濟而作。　　〔別乘〕漢朝稱郡守的副手爲別駕，別：另外。郡守乘車出行。副手乘另外的車跟隨，所以叫別駕。"乘"也是駕車之意，宋代通判（知州事的副手）相當漢代別駕。這裡"別乘"當指袁轂。　　〔風月平分破〕　享受美景，你和我各一半。

334

209. 蝶　戀　花

同安君生日放魚，取《金光明經》救魚事

泛泛東風初破五。江柳微黃，萬萬千千縷。佳氣鬱蔥
來繡戶。當年江上生奇女。　　一盞壽觴誰與舉。三箇明
珠，膝上王文度。放盡窮鱗看圉圉。天公爲下曼陀雨。

【編年】

　　這首詞朱本、龍本均未編年。當寫於元祐五年庚午（公元1090年）或元
祐六年辛未（公元1091年）正月，蘇軾知杭州事時，在杭州。自宋眞宗天禧
三年己未（公元1019年）知杭州府事王欽若（公元？－1025年）應著名僧人
慈雲法師之請，以西湖爲放生池（放生池内的水生動物，不許捕殺），杭州
人紛紛到此放魚，以爲功德，成了風俗；到蘇軾時，這種風俗一直未衰。蘇
軾和妻王閏之在王閏之生日也將活魚投到西湖放生，作了這首詞。蘇軾於公
元1089年七月到杭州作知州事，公元1091年三月離杭回京；公元1090和1091
兩年的正月是在杭州過的，正月初五放魚當是在這兩年。今編於公元1090年
正月。以前，蘇軾於公元1071年至1074年蘇軾也曾在杭州作通判。但蘇軾的
次子蘇迨出生於公元1070年；幼子蘇過出生於公元1072年，蘇迨還是幼嬰，
不會"舉壽觴"，這首詞說三個兒子（"三個明珠"）能"舉壽觴"，不會
是在公元1074年以前。在公元1090年，大兒子蘇邁三十二歲、二兒子蘇迨二
十一歲，小兒子蘇過十九歲，都已成長了。因此，可斷這首詞是蘇軾知杭州
事時作而不是通判杭州時作。

【箋注】

〔同安君生日放魚〕　　這首詞詠的事：妻同安君王閏之生日那天將活魚放入
放生池去。　　同安君：蘇軾的妻王閏之（公元1048年正月初五日－1093年八
月初一日），封爲同安縣君，是蘇軾前妻王弗（公元1039年－1065年五月廿
八日）的堂妹，公元1068年嫁給蘇軾。　　生日：據"東風初破五"，知王閏
之生日是陰曆正月初五日。　　放魚：佛教教義戒殺生，把將要被宰殺的動物
送回大自然"放生"爲功德；認爲積了功德，可得佛的福祐。買活魚送回水
中叫"放魚"。蘇軾信佛教，也放魚求福。《蘇軾文集》卷五十四《與程正
輔》（二十三）的書信爲惠州的佛寺募捐修放生池，可見蘇軾晚年還熱心放

生的事。　　〔取《金光明經》救魚事〕　說明放魚的事，是根據佛教《金光明經》所敘救魚的事。這首詞上闋追記王閏之在一個上中階層的人家出生，下闋詠全家舉酒祝壽和放魚。　　《金光明經》：佛教經典之一，現存最早的漢文譯本是晉代僧曇無讖（chèn）譯的四卷本，下面引文就出自這個本子。蘇軾夫妻都篤信《金光明經》。如《蘇軾文集》卷六十六《書〈金光明經〉後》，說王閏之死後，蘇過爲報答其母，親寫《金光明經》四卷。　救魚事：《金光明經》卷四《流水長者子品第十六》：“時，長者子遂隨逐，見有一池，其水枯渴。於其池中多有諸魚。時長者子見魚已，生大悲心。時有樹神示現半身，作如是言：‘善哉善哉，大善男子！此魚可愍，汝可與水！’……爾時流水長者子至大王所，作如是言：‘我爲大王國土人民治種種病。漸漸遊行至彼空澤，見有一池，其水枯涸；有十千魚爲日所曝，今日困厄，將死不久。唯願大王借二十大象，令得負水濟彼魚命，如我與諸人壽命。’爾時大王即敕大臣速即供給。……水遂彌滿，還如本時。長者子於池四邊彷徉而行。是魚爾時亦復隨流巡（同“循”）岸而行。時長者子復得是念：‘是魚何緣隨我而行？是魚必爲飢火所惱，復欲從我求索飲食。我今當與！’……取飲食之物散著池中與魚食已，即自思維……‘我今當入池水之中，爲是諸魚深說妙法！……’”　　〔初破五〕　陰曆正月初五日。　　〔佳氣鬱蔥來繡戶〕　祥瑞之氣旺盛地來自一個富麗之家。指王閏之的出生是祥瑞之氣的發洩。　佳氣鬱蔥：用漢光武皇帝出生於舂（chōng）陵比喻王閏之的出生。《後漢書》卷一《光武帝紀》末的《論》：王莽時代，一個名叫蘇伯阿的望氣者（看人頭上，或城郭屋宇頂上的“氣”，可知吉凶），遙見舂陵城郭，驚嘆說：“氣佳哉，鬱鬱蔥蔥！”當時劉秀只是舂陵城中一個普通人民。以後，劉秀果然作了皇帝，舂陵城佳氣鬱鬱蔥蔥是劉秀作皇帝的朕兆。佳氣：祥瑞之氣。　鬱蔥：即“鬱鬱蔥蔥”，佳氣旺盛的樣子。繡：指王閏之娘家富麗的居室。　　〔當年〕　指王閏之出生之年，即宋仁宗慶曆八年戊子（公元1048年）。　　〔奇女〕　指王閏之，字季章。　　〔一盞壽觴誰與舉〕　一杯壽酒和誰共舉呢。　壽觴：賀生日的酒。觴本是飲酒器，這裡指酒。　舉：舉杯。　　〔三箇明珠〕　（共同舉杯的是）三個如明珠一樣可愛的兒子，蘇邁（蘇軾前妻王弗所生）、蘇迨和蘇過（迨和過是王閏之所生）。　明珠：出色的兒子；《北齊書》卷三十五《陸卬（áng）傳》：陸卬善爲文，其父陸子彰是北魏著名文學家邢劭的朋友。邢劭對陸子彰說：“吾以卿老蚌，遂出明珠。”這裡蘇軾以陸子彰自比，生出三個“明珠”的

336

兒子。　　〔膝上王文度〕　被父親寵愛的兒子。東晉王述（公元303－368年）的兒子王坦之，字文度（公元330－375年）。《世說新語·方正》記王述"愛念文度，雖長大，猶抱置膝上。"這裡蘇軾以王述自比，以兒子比王文度。　　〔放盡窮鱗看圉圉(yǔyǔ)〕　放完了失水的魚，看它們重新回到水中（開始時）精力未恢復的樣子。　窮鱗：遭困的魚，失去了水的魚。指蘇軾和王閏之準備用來放生的魚。　鱗：魚。　圉圉：已離水的魚剛被放回水中，精力一時還未恢復的樣子；《孟子·萬章〔下〕》記子產叫校人（管池沼的吏）把一頭未死的魚養在池裡，校人烹食了魚，謊報說："始舍之，圉圉焉"，趙岐注："圉圉，魚在水羸劣之貌。"　　〔天公爲下曼陀雨〕《金光明經》記流水長者的兒子用水救魚，用食物餵魚和到水中爲魚說佛法之後，"時，長者子在樓屋上露臥眠睡。是大千天子以十千眞珠天妙瓔珞置其頭邊，復以十千置其足邊，復以十千置其右脇邊，復以十千置其左脇邊，雨(yù)曼陀羅華、摩訶曼陀羅華，積至于膝。"最尊貴的天神大千天子獎勵流水長者子救魚，爲他像降雨一樣降下曼陀羅華；這裡蘇軾用《金光明經》的故事，說王閏之放魚也和流水長者子救魚一樣有功德，該像流水長者子一樣受到曼陀羅花雨。唐詩人盧仝《觀放魚歌》說放魚的功德："天雨曼陀羅華深沒膝，四千珍珠瓔珞積高樓"（見《玉川子集》卷一）也用《金光明經》這一故事。　曼陀：即曼陀羅，爲了音節的規律，省去一個"羅"字。一種草本植物，開白色的花，佛家視爲吉祥如意的象徵。《翻譯名義集》卷三《百華篇第三十三》："曼陀羅，此云適意，又名白花。"《阿彌陀經》"彼佛國土常作天樂，黃金爲地，晝夜六時天雨曼陀羅花。"

【校】

元本無。《全宋詞》題目無"君"字。

210. 漁家傲

送吉守江郎中

送客歸來鐙火盡。西樓淡月涼生暈。明日潮來無定準
。潮來穩。舟橫渡口重城近。　　江水似知孤客恨。南風
爲解佳人慍。莫學時流輕久困。頻寄問。錢塘江上須忠信
。

【編年】

　　此詞應作於元祐六年辛未（公元1091年）。王文誥《蘇文忠公詩編注集
成總案》卷三十二載："元祐五年庚午（公元1090年）五月，送江公著赴台
州作《漁家傲》詞"。並有案語曰："江公著字晦叔，明年正月夏至杭州，
公有《送江公著知吉州詩》，考此詞作於五月，是晦叔由台徙吉也。又《次
韻江晦叔》詩，公自注云：'往在錢塘，嘗語晦叔：陸羽茶顛君亦然。'可
爲'江郎中'即晦叔之證。"

　　詩集卷三十三《送江公著知吉州》中，施注："江公注字晦叔，桐廬人
，舉進士，爲洛陽尉，遇久旱微雨，作詩云：'雲葉紛紛雨腳勻，亂花柔草
長精神，雷車卻碾前山過，不灑原頭陌上塵。'司馬溫公於土人家見之，爲
稱薦，由是知名。元祐初，以近臣薦，通判陳州，入爲太學太常博士，出守
廬陵。故詩云：'晚入奉常陪劍履。'元符間知泉州，提舉福建常平事。建
中靖國初，知虔州。東坡北歸，至虔，晦叔適至，有唱酬二詩。未幾，除廣
東轉運判官，提點湖南刑獄，京西轉運副使。"

　　《全宋詞》標題作"送台守江郎中"。朱祖謀《東坡樂府》注曰："據
此（據施注），公著未爲台守；'台'當作'吉'，形近而誤。今從朱注改

，編辛未。"今依朱說；定此詞爲元祐六年辛未（公元1091年）作。

【箋注】

〔吉守江郎中〕　吉州知州事江公著。　吉：宋代州名，轄廬陵（今江西省吉安縣）吉水……等八縣。　守：秦漢時稱郡的最高長官；宋代知州相當秦漢的守。　郎中：江公著當時帶的銜；宋代地方官都帶中央官的銜。　〔鐙(dēng)〕　同"燈"　〔暈(yùn)〕　月亮周圍的白色光帶。　〔潮〕指錢塘江潮水。　〔南風爲(wè)解佳人慍(yùn)〕　南風爲解除您的煩惱而來。《史記・樂書》："舜作五弦之琴，以歌《南風》"。裴駰《集解》："其辭曰'南風之薰兮，可以解吾民之慍兮。'"慍：怨恨。　佳人：這裡指江公著。古代也稱男人爲佳人，如漢武帝《秋風辭》"懷佳人兮不能忘。"　〔時流輕久困〕　當今流行的勢利眼光輕視那些多年遭受挫折的人。《史記・蘇張列傳》："蘇秦出遊，大困而歸。兄弟嫂妹妻妾竊皆笑之。曰：'周人之俗；治產業，力工商，逐十一以爲務。今子釋本而事口舌，困，不亦宜乎！'"時：當今的。　時流：當今流行的風氣、人情、思潮。輕：輕視（動詞）。　〔忠信〕　忠誠老實。《論語・衞靈公》："言忠信，行篤敬。"

【校】

《全宋詞》和毛本題"吉守"作"台守"，誤。"鐙"作"燈"。

211. 浣 溪 沙

雪頷霜髯不自驚。更將翦綵發春榮。羞顏未醉已先䞓。　　莫唱黃雞并白髮，且呼張丈喚殷兄。有人歸去欲卿卿。

【編年】

寫於元祐六年辛未（公元1091年）。王文誥《蘇文忠公詩編注集成總案》卷三十三載：辛未正月十五日，"遊伽藍院，寄袁轂《浣溪沙》詞。袁公濟，即袁轂，字容直，一字公濟。嘉祐進士，少博貫群書，以詞賦得名。知邵武軍，條鹽法利害，奏減其課。歷通判杭州，移知處州。終朝奉大夫。有《韻類》百卷。這首詞並不涉及袁轂，是在人日（正月初七日）之後八日給袁轂看的近作。

【箋注】

〔雪頷(hàn)霜髯(rǎn)〕 下頦都是雪白的鬍鬚。 頷：下巴。白居易《東南行》："相逢應不識，滿頷白髭鬚。" 髯：兩頰旁的長鬚。 〔翦綵〕 古代有正月七日翦綵爲人的風俗。宗懍《荊楚歲時記》："正月七日爲人日。以七種菜爲羹；翦綵爲人，或鏤金箔爲人，帖屏風上，亦戴之頭髮，像人入新年，形容改新。"唐詩人李遠"翦綵贈相親。……願君千萬歲，無歲不逢春。" 〔頳(chēng)〕 指臉色發赤，還没有醉就先赤，因爲老年人也要學少年人一樣翦綵佩戴，有些羞愧而紅臉。 〔莫唱黃雞并白髮〕 不要悲唱歲月流逝，自傷衰老。白居易《醉歌示妓人商玲瓏》："誰道使君不解歌，聽唱黃雞與白日。黃雞催曉丑時鳴，白日催年酉前没。"

〔張丈殷兄〕 白居易《歲日家宴，戲示弟姪等，兼呈張侍御二十八丈、殷判官二十三兄》："弟妹妻孥小姪甥，嬌痴弄我助歡情。歲盞後推藍尾酒，春盤先勸膠牙餳。形骸老倒雖堪嘆，骨肉團圓亦可榮。猶有誇張少年處，笑呼張丈喚殷兄"這裡"且呼張丈喚殷兄"是引此來說明自己雖已衰老，但對老友仍然呼丈喚兄，保存舊時的友誼與豪情。 〔卿卿〕 夫妻親昵。《世說新語·惑溺》："王安豐婦常卿安豐。安豐曰：'婦人卿婿，於禮爲不敬，後勿復爾。'婦曰：'親卿愛卿，是以卿卿'。""卿卿"前"卿"字是呼……爲"卿"（動詞）。 下"卿"字指安豐，後將兩"卿"字連用，爲夫妻間的愛稱。 韓偓《偶見》詩："小迭紅箋書恨字，與奴方便寄卿卿。"這句是嘲笑有人不肯留下喝酒，而要回去和妻親熱。

【校】

《全宋詞》及毛本題有"公守湖。辛未上元日，作會於伽藍中。時長老法惠在坐。時有獻翦伽花綵甚奇，謂有初春之興。因作二首，寄袁公濟。"

212. 又

料峭東風翠幕驚。云何不飲對公榮。水晶盤瑩玉鱗頳。　　　　花影莫孤三夜月，朱顏未稱五年兄。翰林子墨主人卿。

【編年】
寫作時間及背景與前首詞同，而且用前首的韻。

【箋注】
〔料峭東風〕　形容春天風寒　　〔公榮〕　晉朝善於豪飲的劉昶。《晉書王戎傳》：“戎嘗與阮籍飲。時，兗州刺史劉昶字公榮在坐。籍以酒少，酌不及昶，昶無恨色。戎異之。他日，問籍曰‘彼何如人也？’答曰：‘勝公榮，不可與飲。若減公榮，則不敢不共飲。惟公榮可不與飲。’”　　〔水晶盤瑩(yìng)玉鱗赬〕　指席上肴饌的豐盛，用水晶做的光亮的盤盛著白色紅尾的魚羹。杜甫《麗人行》：“水精之盤行素鱗。”　水精，即水晶。
瑩：爲了詞的規律，這裡讀去聲。　赬：指赤色的魚尾；《詩·周南·汝墳》“魴魚赬尾”。　　〔莫孤三夜月〕　不要辜負三個夜之明月。　孤：辜負。指元宵及元宵前後共三天的月夜。　　〔朱顏未稱(chèng)五年兄〕你的容貌和你的年齡不相稱，從你年輕的外貌看，眞不和你大我五歲的年齡相稱。　　〔翰林子墨主人卿〕　揚雄《長楊賦》序：“雄從至射熊館，還，上《長楊賦》，聊因筆墨成文章，故藉‘翰林’以爲主人，‘子墨’爲客卿以風”。這裡是用來指自己和袁公濟。　翰林：猶翰墨，筆墨，指文辭。曹丕《典論·論文》：“古文作者，寄身於翰墨，見意於篇籍”。

【校】
《全宋詞》題作“前韻”。毛本作“和前韻”。

213. 又

送葉淳老
陽羨姑蘇已買田。相逢誰信是前緣。莫教便唱水如天。　　我作洞霄君作守，白頭相對故依然。西湖知有幾同年。

【編年】

寫於元祐六年辛未（公元1091年）。王文誥《蘇文忠公詩編注集成總案》卷三十三："元祐六年辛未二月，與葉溫叟、侯臨、張弼赴石門相視新河。"詩集卷三十三有《與葉淳老、侯敦夫、張秉道同相視新河。秉道有詩，次韻二首》。這首詞也作於此時。

【箋注】

〔葉淳老〕 葉溫叟，字淳老；生平不詳。《續通鑑長編》：元祐六年（公元1091年）正月，"兩浙路轉運副使葉溫叟爲主客郎中。"　　〔陽羨姑蘇已買田〕 陽羨，今江蘇宜興縣。 姑蘇：今江蘇蘇州。見本書第120首《浣溪沙》（·萬頃風濤不記蘇）和本書第183首《菩薩蠻》（買田陽羨吾將老）二注。　〔前緣〕 前生注定了的緣分。　　〔莫教(jiāo)便唱"水如天"〕 不用唱"水如天"。唐詩人趙嘏(jiǎ)《紅樓感舊》詩感嘆故人分離，有"月光如水水如天"之句。蘇軾反趙嘏之意，說故人相聚，不用唱悲哀的"水如天"了。　　〔我作洞霄君作守〕 我願作杭州洞霄宮提舉而退閒，你來作知杭州事。意思是我請求退休，掛一個提舉洞霄宮的虛銜，讓你擔任知杭州事。蘇軾《與葉淳老、侯敦夫、張秉道同相視新河；秉道有詩，次韻二首》有"一菴閑臥洞霄宮"句；查慎行注："宋朝大臣提舉宮觀，自李若谷始。熙寧初增杭州洞霄宮及五岳廟等，並依崇福宮置提舉官，以知州資序人充，不復限數。人皆得以自便。先生‘一菴閒臥’云云，謂將乞宮觀而去也。"　　洞霄宮：清《嘉慶重修一統志》卷一百八十四："在餘杭縣西南大滌洞。漢元封三年（公元前683年），於大滌洞投龍簡爲祈福所。唐弘道初（公元683年）建無柱觀。乾寧二年（公元895年），錢鏐重建。"　　〔幾同年〕 有幾位像我與你一樣同年齡的舊友呢。葉夢得《避暑錄話》，說葉溫叟與蘇軾同年。

【校】

《全宋詞》本同。

214. 西　江　月

寶雲眞覺院賞瑞香

公子眼花亂發，老夫鼻觀先通。領巾飄下瑞香風。驚
起謫仙春夢。　　后土祠中玉蕊，蓬萊殿後輕紅。此花清絕
更纖穠。把酒何人心動。

【編年】

寫於元祐六年辛未（公元1091年）。王文誥《蘇文忠公詩編注集成總案
》卷三十三載：元祐六年辛未三月"和曹輔龍山眞覺院瑞香花詩，再作《西
江月》詞。"

【箋注】

〔寶雲眞覺院〕　《咸淳臨安志》卷七十九："寶雲寺，乾德二年（公元96
4年）錢氏建，舊名千光王寺。雍熙二年（公元985年）改今額。寶慶（公元
1225－1227年）間爲皇弟邠王檋有。舊寺有寶雲菴、軒月窟、澄心閣、南隱
堂、妙思堂、雲巢，皆不存。古刻有《寺記》、《妙思堂詩》、《游寶雲寺
詩》。古跡有靈泉井、寶雲茶錦塢，初陽台。"　　〔瑞香〕　《群芳譜》
："一名露申，樹高三四尺許，枝幹婆娑，柔條厚葉者，四時長青。葉深綠
色，有楊梅葉、有枇杷葉、有荷葉者；有球子者，有攀枝者。冬春之交，開
花成簇，長三四分，如丁香狀。"陶穀《清異錄》卷下《花·瑞香》引《廬
山記》："一比丘晝寢石上，夢聞花香酷烈；及覺，求得之，因名睡香。四
方奇之，謂爲花中祥瑞，亦名瑞香。"　　〔公子〕　指曹子方。詩集施注
："曹輔，字子方，海陵人。元祐三年（公元1088年）九月，自太僕丞爲福
建轉運判官。東坡繼出守錢塘，同出吳興，作《後六客詞》，子方其一也。
子方自閩歸，道錢塘，有《眞覺院瑞香花》、《雪中同遊西湖》二詩。後提
點廣西刑獄。先生在惠，數有往來書帖，元祐黨禍，諸賢皆在逃內。子方不
阿時好，周恤備至，士論與之。紹聖二年（公元1095年），移至衢州。"
〔眼花亂發〕　這句說曹子方特地去看瑞香花，而眼花繚亂，（最初沒有看
見）。　　〔鼻觀（guàn）先通〕　這句說，我先嗅到瑞香花的香氣而尋著了
它。　鼻觀：嗅覺，即佛經"六識"之一的"鼻識"。蘇軾《和黃魯直燒香
》二首："不得聞思所及，且令鼻觀先參"，王注："次公曰：'佛有觀想
法，觀鼻瑞白謂之鼻觀。'"　　〔領巾飄下瑞香風〕　《楊太眞外傳》：
"乾元元年，賀懷智又上言曰：'昔上夏日與親王棋，令臣獨彈琵琶，貴妃

立於局前觀之。……時，風吹貴妃領巾於臣巾上。良久，迴身，方落。及後歸，覺滿身香氣。及卸頭幘貯於錦囊中。今輒進所貯幘頭。'上皇發囊，且曰：'此瑞龍腦香，吾曾施於暖池玉蓮朶；再幸，有香氣宛然。況乎絲縷潤膩之物哉！'遂悽愴不已。"　　〔謫仙〕　李白。見122首《滿江紅》〔謫仙詩〕注。以李白喻曹子方。　　　〔后土祠中玉蕊〕　用當時中國僅有的一棵玉蕊花相比。　后土祠：古揚州城外一座祠廟。《揚州府志》卷二十八《寺觀志(一)》："蕃釐觀（fánxǐguàn）在大東門外，即古后土祠。……觀後有井，道家者流謂下有玉鈎洞天，因名玉鈎井。舊有瓊花一株，名瓊觀。"

玉蕊：花名；王禹偁（公元 954－1001年）改稱瓊花。周密《齊東野語》卷十七《瓊花》："揚州后土祠瓊花，天下無二本。絕類聚八仙，色微黃而有香。仁宗慶曆（公元1041－1048年）中，嘗植禁苑，明年輒枯；遂復載還，敷榮如故。"又《揚州府志》卷三十一《古跡志（二）》："瓊花台在小東門外蕃釐觀內，唐所植，天下獨此一株。"　　　〔蓬萊殿後鞓(tīng)紅〕用洛陽名貴的牡丹花和瑞香相比。蓬萊殿：唐初在洛陽營建的河南宮中的一個殿。　鞓紅：一種牡丹。歐陽修《洛陽牡丹譜》："鞓紅者，單葉，深紅花。出青州，一曰青州紅。故張僕射齊賢有第西京賢相坊，自青州以駝駝馱其種，遂傳洛中。其色類腰帶鞓（鞓，深紅色。　宋制：貴官腰帶爲鞓色），故謂之鞓紅。"　　　〔纖穠〕纖柔穠艷。

【校】

《全宋詞》題爲"眞覺院瑞香二首"。毛本題爲"眞覺賞瑞香"。

【附錄】

①宋·胡仔《苕溪漁隱叢話後集》卷第三十：苕溪漁隱曰："唐昌觀玉蘂，鶴林寺杜鵑，二花在唐時爲盛，名聞天下；玉蘂花尤有詞人賦詠，《唐百家詩選》載王建詩云：'一樹籠松玉刻成，飄廊點地色輕輕，女冠夜覓香來處，惟見階前碎月明。'康駢《劇談錄》云；'上都安樂坊唐昌觀，舊有玉蘂花，甚繁，每發，若瑤林琼樹。'"

②嚴有翼《藝苑雌黃》云："維揚后土祠有瓊花，潔白而香，天下惟此一株，故好事者創亭於其側，曰無雙。韓魏公詩：'維揚一株花，四海無同類。'蓋謂是也。比觀《晏元獻集》，有從翰林盛諫議借示《揚州后土祠玉蘂花詩序》云：'此花因王禹偁更名瓊花。'案李善《文選》注：'瓊，赤玉也，'……案許慎《說文》亦以瓊爲赤玉。然瓊花之名，至今不改，豈其

相承之久歟？"

③《復齋漫錄》云："廬山瑞香花，古所未有，亦不產他處，張祠部圖之，強名佳客，以'瑞'爲'睡'焉。其詩曰：'曾向廬山睡裏聞，香風佔斷世間春，窺花莫撲枝頭蝶，驚覺南柯半夢人。'余觀東坡《西江月》詞，其一云：'領巾飄下瑞香風，驚起謫仙春夢。'其一云：'（更看微月轉光風，歸去香雲入夢'，東坡詞意；亦與張祠部相類，但能蘊藉耳。"

215. 又

坐客見和，復次韻。

小院朱闌幾曲，重城畫鼓三通。更看明月轉光風。歸去香雲入夢。　　翠袖爭浮大白，皁羅半插斜紅。鐙花零落酒花穠。妙語一時飛動。

【編年】

寫作時間與前首同。詞牌和韻腳也相同。

【箋注】

〔坐客見和，復次韻〕　參加宴會的人已作過和詞了，（我）再用前首的韻作詞。　次韻：指次"公子眼花亂發"一首的韻，與那一首同以"通"、"風"、"夢"、"紅"、"穠"、"動"爲韻腳。　〔朱闌幾曲〕　紅色的欄杆，幾處迂迴曲折。　〔畫鼓三通〕　城樓上報更的已打了三疊鼓，即言已三更，夜深了。　〔明月轉光風〕　風向已轉，天上雲翳散去，月色光明。　光風：《楚辭·招魂》"光風轉蕙"，王逸注："光風，謂雨已日出而風，草木有光也。"　〔香雲〕　指瑞香的香味繚繞。　〔翠袖爭浮大白〕　勸酒的群妓搶著用大杯勸我們飲酒。　翠袖：婦女的衣；杜甫《佳人》"天寒翠袖薄"；這裡指勸酒的群妓（穿翠袖的人）。浮大白：《說苑·善談》："魏文侯與大夫飲酒，使公乘不仁爲觴政，曰：'飲（而）不釂者，浮以大白'。"本謂罰酒，後世稱滿飲大杯酒爲浮大白。

〔皁羅半插斜紅〕　她們髮髻上一半斜插著紅花。　皁羅：當時婦女的一種

髻，蘇軾《李鈐轄座上分題戴花》詩：“綠珠吹笛何時見？欲把斜紅插皁羅
。” 斜紅：斜戴著的花。 〔鐙花零落酒花穠〕 夜已深了，燈油殘燼
零落，而宴會還在熱烈地進行。 鐙花：燃後的燈燭心結的花；被剪下的燈
心或燭心的殘燼。 酒花：斟酒急時杯中浮起的泡沫。 〔妙語〕 巧妙
的言語。指參加宴會的人作的詩詞。

【校】
《全宋詞》和毛本全同。

216. 又

再用前韻戲曹子方。坐客云瑞香爲紫丁香，
遂以此曲辨證之。

怪此花枝怨泣，託君詩句名通。憑將草木記吳風。繼
取相如雲夢。 點筆袖沾醉墨，謗花面有慚紅，知君卻
是爲情穠。怕見此花撩動。

【編年】
寫作時間與前首同。
【箋注】
〔再用前韻〕 指本首《西江月》韻腳“通”“風”“夢”“紅”“穠”“
動”。用前首的韻。 〔曹子方〕見第214首《西江月·寶雲眞覺院賞瑞
香》〔公子〕注。 〔紫丁香〕 一名丁子香，常綠喬木。葉對生，草質
，卵狀，是橢圓形，原產印度尼西亞馬魯古群島，我國廣東廣西也有栽培。
《本草綱目》：“丁香一名丁子香，生東海及崑崙國。二月三月，花開紫白
色，至七月方始成實。小者如丁香；大者如巴豆，爲丁香母。” 〔怪此
花枝怨泣，託君詩句名通〕 怪不得這棵花枝怨恨流淚，因爲憑你的詩句而
把“瑞香”作爲“紫丁”的名聲揚出去了。這是題中的“戲”（嘲謔）。
〔憑將草木記吳風，繼取相如雲夢〕 吳風：指吳地土產風物。這兩句意思
是說：你的詩句記吳國的風物土產，繼承著司馬相如《上林賦》記雲夢風物

346

土產的錯誤。漢文學家司馬相如《上林賦》記今陝西的物產，有“盧橘夏熟”，是錯誤的，陝西不出產盧橘；晉人左思《三都賦序》（見《文選》卷四）已指出其謬。曹公子說吳地出紫丁香，和司馬相如說陝西出盧橘一樣是笑話。但這裡蘇軾也記錯了，司馬相如說長安出盧橘，沒有說“雲夢”出盧橘。　〔醉墨〕　酒醉時所寫下的詩句。　〔謗花〕　指誤將高貴的瑞香呼爲平常的丁香。是對名花的“謗”。　〔情穠〕　對花的深厚感情。　〔怕見此花撩動〕　你慚而面紅是因爲怕花受謗而惱了。　撩動：被惹惱。

【校】

《全宋詞》本題作“再用前韻，戲曹子方，”無“坐客云”以後字樣。毛本則用全題。

217. 木 蘭 花 令

次馬中玉韻

知君仙骨無寒暑。千載相逢猶旦暮。故將別語惱佳人，欲看梨花枝上雨。　落花已逐迴風去。花本無心鶯自訴。明朝歸路下塘西，不見鶯啼花落處。

【編年】

寫於元祐六年辛未（公元1091年）暮春。王文誥《蘇文忠公詩編注集成總案》卷三十三載：辛未三月，和劉季孫西湖席上并答馬瑊詩。瑊賦《木蘭花令》送別，再和瑊詞。王文誥注云：《玉照新志》云：東坡先生知杭州，馬中玉瑊爲浙漕，東坡被召赴闕，中玉席間作詞曰：“來時吳會猶殘暑，去日武林春已暮。欲知遺愛感人深，灑淚多於江上雨。　歡情未舉眉先聚，別酒多斟君莫訴。從今寧（nìng；豈，有“不”的意思）忍看西湖，抬眼盡成腸斷處。”

【箋注】

〔馬中玉〕　名瑊（jiān）：詩集查注：《咸淳臨安志》：元祐五年八月，宣德郎馬瑊自提點淮南西路刑獄改兩浙路提刑。《黃山谷年譜》：馬瑊，荏平人。合注云：《吳興備志》：紹聖三年知湖州，累知荊州，坐與黃庭堅善，置海州。“忠”，一作“中”。 〔仙骨無寒暑〕 寒暑：指年歲，每年有一度寒暑。無寒暑是說不計其數的寒暑。下文“千載相逢猶旦暮”承此句。 仙骨：葛洪《神仙傳‧墨子》：“子有仙骨”，指天生有可以成仙的資質，這裡指馬中玉。 〔千載相逢猶旦暮〕 相逢的機會難得；即使遠隔千年相逢還好像只是相距一旦一夕。《莊子‧齊物論》長梧子回答瞿鵲子：“萬世之後而一遇大聖知其解者，是旦暮遇之也。” 〔故將別語惱佳人〕 故意說出離別的話使美人煩惱。 〔欲看梨花枝上雨〕 要看她哭時的姿態。這句是戲謔馬瑊，說他故意挑逗勸酒女子哭。白居易《長恨歌》：“玉容寂寞淚闌干，梨花一枝春帶雨。” 〔落花已逐迴風去〕 落花已追隨迴風而去。 逐：隨。 迴風：大風。 〔塘西〕 錢塘西。

【校】
《全宋詞》、毛本“欲”作“要”。

218. 虞 美 人

送馬中玉

　　歸心正似三春草。試著萊衣小。橘懷幾日向翁開。懷祖已瞋文度、不歸來。　　禪心已斷人間愛。只有平交在。笑論瓜葛一杯同。看取《靈光》新賦、有家風。

【編年】
　　寫於元祐六年辛未（公元1091年）。朱祖謀注： 案：中玉，元祐五年改兩浙路提刑，是時或去官寧親，故詞有“橘懷”、“懷祖”等語。公答中玉詩云：“靈運子孫俱得鳳”，亦謂其父也。
【箋注】
〔送馬中玉〕 時馬中玉去官看望父母親，故送之。 〔三春草〕 有兩層意思。一是說滋長得快。二是喻遊子報父母之心；孟郊《遊子吟》：“誰

348

言寸草心，報得三春暉。"　　〔萊衣小〕　言像老萊子著小兒衣以取悅父母一樣孝敬父親。《藝文類聚》卷二十引《列女傳》："老萊子孝養二親，行年七十，嬰兒自娛，著五色彩衣。嘗取漿上堂。跌仆，因臥地爲小兒啼。"後用"老萊衣"表示孝養父母。孟浩然《蔡陽館》詩"明朝拜嘉慶，須著老萊衣。"　　〔橘懷〕　《三國志》卷五十七《吳志·陸績傳》："陸績字公紀，吳郡吳人也。父康，漢末爲盧江太守。績年六歲，於九江見袁術。術出橘。績懷三枚；去，拜辭；墮地，術謂曰：'陸郎作賓客而懷橘乎？'績跪答曰：'欲歸遺母'。術大奇之。"這裡是以橘懷的故事比喻馬中玉有父母，受到中玉孝敬。　　〔懷祖已瞋文度不歸來〕　懷祖，即王述；子坦之，字文度。坦之性至孝，《晉書》卷七十五《王湛傳》載："坦之還家省父，而述愛坦之，雖長大，猶抱置膝上。"　　〔禪心已斷人間愛〕　禪心：佛家謂清靜寂寞的心境。李頎《題璿公山地》詩："清池皓月照禪心。"皎然《答李季蘭》："天女來相試，將花欲染衣。禪心意不起，還捧舊花歸。"　已斷人間愛：已割斷人間的恩愛。即斷絕人間的七情六慾。　　〔平交〕　平昔之交。杜荀鶴《訪蔡融因題》詩："每見苦心修好事，未嘗開口怨平交。"　　〔瓜葛〕　瓜和葛是兩種蔓生的植物。比喻輾轉牽連的親戚關係。蔡邕《獨斷》卷上："四姓小侯，諸侯家婦，凡與帝先先后有瓜葛者……皆會。"　　〔《靈光》新賦〕　范曄《後漢書》卷一百十《文苑傳〔上〕·王逸傳》："王逸……子延壽，字文考，有雋才，遊魯，作《靈光殿賦》（《文選》卷十一）。後蔡邕亦造此賦，未成。及見延壽所爲，甚奇之，遂輟翰而已。"這裡是以王逸有兒子王延壽，喻馬中玉家傳文風。

【校】
《全宋詞》題爲"述懷"，毛本題"送馬中玉"，元刻"述懷"。

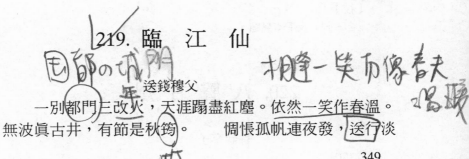

219. 臨 江 仙

送錢穆父

一別都門三改火，天涯踏盡紅塵。依然一笑作春溫。無波眞古井，有節是秋筠。　　惆悵孤帆連夜發，送行淡

自勉 自解
21心 相通　　　張台

月微雲。尊前不用翠眉顰。人生如逆旅，我亦是行人。

【編年】

寫於元祐六年辛未（公元1091年）

【箋注】

〔錢穆父〕　元祐三年五月，蘇軾曾作《西江月・送錢待制穆父》，送他作越州知州。經過三年，穆父已罷越守北歸，經過杭州，辛未春，蘇軾又寫這首詞送給他。　　〔三改火〕　即已經歷了三年。古代鑽木取火，四季所用樹木種類不同，故用“改火”說明時節改易。《論語・陽貨》：“鑽燧改火”，何晏《集解》引馬融曰：“《周書・月令》有‘更火’之文，春取榆柳之火，夏取棗杏之火，季夏取桑柘之火，秋取柞楢之火，冬取槐檀之火。一年之中，鑽火各異木，故曰‘改火’也。”　　〔紅塵〕　指人世間。紅塵原指鬧市的飛塵。班固《西都賦》：“闐城溢郭，旁流百廛，紅塵四合，煙雲相連。”這句指錢穆父走盡天涯的道路。　　〔春溫〕　心境像春天一樣溫暖。　　〔古井〕　年代古老的水井，平靜無波，不受外界的干擾。形容人恬靜，不爲外物動心。孟郊《烈女操》：“波瀾誓不起，妾心井中水。”

〔秋筠〕　秋天的竹子，這裡是比喻錢穆父像秋天的綠竹一樣節操高潔。筠：竹子的青皮。《禮記・禮器》：“其在人也，如竹箭之有筠也。”這裡解爲竹。　　〔送行淡月微雲〕　在薄雲和朦朧的月色下送行。　　〔翠眉顰〕　緊皺著雙眉。即不愉快的樣子。　翠：黑色；指婦女用青黛畫過的眉。　顰：皺眉。　　〔逆旅〕　客舍；旅館。　逆：迎。　旅：不在家鄉的人。李白《春夜宴桃李園詩序》：“夫天地者，萬物之逆旅。”　　〔行人〕　（人生）征途中的旅客。說自己在這個世界上只是暫時的停留，也要離開的。

【校】

《全宋詞》及毛本無題。

220. 八 聲 甘 州

寄參寥子

350

有情風．萬里卷潮來，無情送潮歸。問錢塘江上，西興浦口，幾度斜暉。不用思量今古，俯仰昔人非。誰似東坡老，白首忘機。記取西湖西畔，正春山好處，空翠煙霏。算詩人相得，如我與君稀。約他年，東還海道，願謝公、雅志莫相違。西州路，不應回首，爲我沾衣。

【編年】

寫於元祐六年辛未（公元1091年）。《茗溪漁隱叢話》後集卷三十九："東坡別參寥長短句……其詞刻石後，東坡自題云：'元祐六年三月六日'。"

【箋注】

〔參寥子〕 蘇軾在杭州時的一位摯友，佛教僧。 《蘇軾詩集》卷十七集施注："僧道潛，字參寥，於潛人，能文章；尤喜爲詩，嘗有句云：'風蒲獵獵弄輕柔，欲立蜻蜓不自由。五月臨平山下路，藕花無數滿汀洲。'過東坡於彭城。甚愛之，以書告文與可，謂'其詩句清絕，與林逋上下；而通了道義，見之令人蕭然。'坡守吳興，會於松江，坡既謫居，不遠二千里，相從於齊安，留期年，遇移汝海，同遊廬山，有《次韻留別》詩。坡守錢塘，卜智果精舍居之，入院分韻賦詩，又作《參寥泉銘》。坡南遷，遂欲轉海訪之。以書力戒勿萌此意，自揣餘生必須相見。當路亦捃其詩語，謂有刺譏，得罪，反初服。建中靖國（公元1101年）初，曾子開在翰苑。言其非罪，詔復剃髮。蘇黃門每稱'其體製絕類儲光羲，非近時詩僧所能比也。'"蘇軾《參寥泉銘幷敘》云："余謫居黃州，參寥子不遠數千里，從余於東城。留期年。嘗與同游武昌之西山，夢相與賦詩，有'寒食清明'，'石泉槐火'之句，語甚美，而不知其所謂。其後七年，……卜智果精舍居之。又明年，新居成，而余以寒食去郡，實來告行。舍下舊有泉，出石間，是月，又鑿石得泉，加冽。參寥子擷新茶，鑽火煮泉而瀹之，笑曰：'是見於夢九年。衛公之爲靈也久矣。'坐人皆悵然太息。有知命無求之意，乃名之參寥泉，爲之銘。" 〔錢塘江〕 浙江省最大河流。上游常山港，源出浙、皖、贛邊境的蓮花尖，匯江山港後，東北流到杭州市閘口以下注入杭州灣。江口呈喇叭狀，海潮倒落，成著名的"錢塘潮"。 〔西興〕見第7首《瑞鷓鴣》（碧山影裏小紅旗）〔西興〕注。蘇軾《望海樓晚景》："江上秋風吹來急，

351

為傳鐘鼓到西興。" 〔幾度斜暉〕 言與參寥子在錢塘和西興一同度過多少黃昏。 斜暉：夕陽。 〔俯仰〕 一低頭抬頭間；表示時間短促。王羲之《蘭亭集序》："俯仰之間，已為陳迹。" 〔忘機〕 泯除機心。消極無為、淡泊寧靜的心境。李白《下終南山，過斛斯山人宿，置酒》詩："我醉君復樂，陶然共忘機。" 〔煙霏〕 一派煙霧迷茫的景象。

〔算詩人相得，如我與君稀〕 計算起來，詩人之中，像我和你一樣友誼深厚的，很少有。 相得：相互友好。 稀：少見；難得。 〔約他年東還海道，願謝公雅志莫相違〕 《晉書》卷七十九《謝安傳》："安雖受朝寄，然東山之志始末不渝，每形於色。及鎮新城，盡室而行，造汎海之裝，欲須經略粗定，自江道還東。雅志未就，遂遇疾篤。上疏請量宜旋旆。……詔遣侍中慰勞，遂還都。" 雅志：很早就立下的志願。 〔西州路，不應回首，為我沾衣〕西州：見202首《南歌子》（扶病入西州）注。不應回首，為我沾衣：不因為我死去而哭泣。用羊曇哭謝安的故事。《晉書》卷二十九《謝安傳》：謝安重視羊曇，安死後，羊曇醉中到西門，觸景生情，誦曹植"生存華屋處，零落歸山丘"詩句而慟哭。

【校】

毛本及《全宋詞》"春"作"暮"。

【附錄】

①宋‧胡仔《苕溪漁隱叢話》後集卷三十九：苕溪漁隱曰：東坡別參寥長短句云：（與上同略）。《晉書》謝安雖受朝寄，然東山之志，始末不渝，每形於顏色。及鎮新城，盡室而行，造汎海之裝，欲須經略粗定，自海道還東，雅志未就，遂遇疾篤，還都尋薨。羊曇為安所愛重，安薨後。輟樂彌年，行不由西州路。嘗因大醉，不覺至州門，左右白曰：'此西州門'。曇悲感，以馬策扣扉，誦曹子建詩曰：'生存華屋處，零落歸山丘。' 因慟哭而去。東坡用此故事，若世俗之論，必以為讖矣。然其詞石刻後，東坡自題云："元祐六年三月六日"。余以《東坡先生年譜》考之：元祐四年知杭，六年召為翰林學士。承旨，則長短句蓋此時作也。自後復守潁，徙揚，入長禮曹，出帥定武，至紹聖元年，方南遷嶺表，建中靖國元年北歸至常，乃薨。凡十一載。則世俗成讖之論，安可信邪！

②清‧陳廷焯《白雨齋詞話》卷八（五六）："東坡《八聲甘州》結數語云：'算詩人相得，如我與君稀。約他年東還海道，願謝公雅志莫相違。

352

西州路，不應回首，爲我沾衣。'寄伊鬱於豪宕，坡老所以爲高。"

③鄭文焯《手批東坡樂府》："突兀雪山，卷地而來，眞似錢塘江上看潮時，添得此老胸中數萬甲兵，是何氣象雄且桀。妙在無一字豪宕，無一語險怪，又出以閒逸感喟之情。所謂'骨重神寒，不食人間煙火氣'者。詞境至此觀止矣！"。

又曰："雲錦成章，天衣無縫。是作從至情流出，不假熨貼之工。"

221. 西 江 月

蘇州交代林子中席上作

昨夜扁舟京口，今朝馬首長安。舊官何物對新官，只有湖山公案。　　此景百年幾變，箇中下語千難。使君才氣捲波瀾，與把新詩判斷。

【編年】

寫於元祐六年辛未（公元1091年）。朱祖謀注："《咸淳臨安志》：元祐六年二月，召軾爲翰林承旨。是月癸巳初四日，天章閣待制林希自潤州移知杭州。案：題云：'交代'，當作於是時；'蘇州'疑'杭州'之誤。《東都事略》：林希字子中，元祐初爲秘書少監，改集賢修撰，知蘇州。久之，以天章閣待制知杭州。"《蘇軾詩集》卷三十五：《次韻林子中春日新堤書事見寄》中施注："東坡以元祐六年三月，從杭州召還，凡七上章丐去。"

【箋注】

〔昨夜〕　指自京口到任好像就是昨夜的事一樣；說時間過得快，一晃就是幾年。　　〔京口〕　故址在今江蘇鎭江市。東漢末，三國吳時稱爲京城。東晉南朝時，因此城憑山臨江，通稱京口城。　　〔馬首長安〕　朝國都進發。這裡"長安"代指京都汴京（今河南開封市）。　　〔舊官何物對新官〕　孟棨《本事詩·情感第一》陳氏詩："今日何遷次？新官對舊官。"這裡舊官是指離任的蘇軾自己，新官是指接替的林子中。　　〔湖山公案〕

蘇軾言自己沒有給接任的人留下什麼舊政，只有湖山公案一樁。因當年蘇軾在杭州所寫的詩；均作爲"烏臺詩案"的罪證，以詩治罪，因此說"湖山公案"。或言這裡可交代的唯有湖山而已。　〔箇中〕　這裡面。　〔下語〕　評說。　〔使君〕　古代稱刺史、郡守。宋代知府、知州相當古代郡守，詩文中往往稱知府、知州爲使君。這裡指新任知杭州事的林希。〔才氣捲波瀾〕　形容林子中才氣橫溢。　捲波瀾：指氣魄豪放，如能捲起大海波瀾。　〔判斷〕　鑒賞山之"景"對子中說來，下語不難，請林希用"新詩"作"判斷"。就是說，請林希多多作詩。

【校】

《全宋詞》題爲"送別"。毛本："夜"作"日"。

222. 臨 江 仙

辛未離杭至潤，別張弼秉道

　　我勸髯張歸去好，從來自己忘情。塵心消盡道心平。江南與塞北，何處不堪行。　　俎豆庚桑眞過矣，憑君說與南榮。願聞吳越報豐登。君王如有問，結襪賴王生。

【編年】

　　寫於元祐六年辛未（公元1091年）。王文誥《蘇文忠公詩編注集成總案》卷三十三：元祐六年辛未四月抵潤州，別張弼，作《臨江仙》詞。

【箋注】

〔離杭至潤〕　離開杭州，來到潤州。蘇軾被調到國都，在離杭赴京途中到潤州。　潤：潤州；州城在今江蘇鎮江市。　〔髯(rǎn)張〕　張弼鬍鬚多，所以蘇軾戲呼爲"髯張"。王文誥曰："張秉道，名弼，杭人。公屢稱'髯張'者也。"據此詞，張弼當時在潤州，稱讚蘇軾在杭州的政績，得到杭州人民好評；蘇軾謙說自己無功。　〔塵心消盡道心平〕　世俗的念慮消除乾淨了，則合於道的心也平靜了。　塵心：世俗之心；指對是非利害的爭，對家庭、名利的留戀；王維《桃源行》"塵心未盡思鄉縣"。道心：合乎

354

道的心，修養得道的心，和“塵心”相反；傷《尚書·大禹謨》“道心惟微”。　平：平靜；不爲外物所擾亂。　〔江南與塞(sài)北，何處不堪行〕任何地方都可以去。指“塵心消盡”，無所嫌惡，無所留戀。　〔俎豆庚桑眞過矣〕　若把庚桑楚當作神人而敬拜，這眞是錯誤的了。用畏壘山的居民把庚桑楚當作神去祭拜的事，比喻杭州人民要爲蘇軾立祠廟，蘇軾認爲“過”。　俎(zǔ)豆庚桑：祭祀庚桑楚。《莊子·庚桑楚》記老聃的徒役庚桑楚隱居畏壘山，三年，畏壘地方年成好，人民生活得到改善。人民認爲這是庚桑楚的功，稱庚桑楚“賢人”，要把庚桑楚作爲神來祭奉；庚桑楚爲“今以畏壘之細民而竊竊欲俎豆予於賢人之間”而苦惱。　俎豆：切肉的俎(有矮腳的砧)和盛肉的豆，是祭祀享神之具；這裡解爲祭祀(動詞)。　庚桑：庚桑楚，一個道家學者的姓名。　過：錯誤；不應該。　〔憑君說與南榮〕　請你把“俎豆庚桑眞過矣”的話告訴南榮。意思是請你告訴杭州人，立祠宇紀念我是作不得的。　憑：委託。　南榮：庚桑楚的弟子南榮趎(chū)。見《莊子·庚桑楚》；這裡指杭州要爲我留紀念的人。　〔吳越報豐登〕　吳越之地今年要向皇帝奏報，獲得糧食豐收。吳越：今江蘇省南部、浙江省北部；古代吳越兩國之地，五代時吳越王錢氏的領地；杭州和潤州都在吳越。　報：奏報給皇帝。　〔君王如有問，結襪賴王生〕　皇帝如果召見吳越地區長官，問吳越爲什麼會富庶的，就用王生教的話謙敬地回答皇帝。《史記》卷一百二褚少孫補《滑稽列傳》，記漢武帝召見北海太守，北海太守用北海郡文學卒史王先生事先教會的話“非臣之力，盡陛下神靈威武之所變化也”回答，漢武帝認爲“長者之語”而很滿意（《漢書》卷八十九《循吏傳·龔遂》論渤海太守用渤海郡議曹王生的話回答漢武帝，情節相同）。這裡蘇軾把教北海太守講話的王先生和張釋之爲結襪的王生合爲一人了。《史記》卷一百二《張釋之列傳》：“王生者，……嘗召居廷中。三公九卿盡會立。王生老人，曰：‘吾襪解，’顧謂‘張廷尉爲我結襪！’釋之跪而結之。”王生叫張釋之替他結襪帶，並沒有叫張釋之如何回答皇帝的話。由於他姓王，教北海太守回答皇帝的人也姓王，蘇軾誤記爲一人了。

【校】

《全宋詞》及毛本與此全同。

懷念歐公之作

秋

223. 木蘭花令

淮河　　　　　河

次歐公西湖韻

　　霜餘已失長淮闊。空聽潺潺清潁咽。佳人猶唱醉翁詞，
四十三年如電抹 中間　草頭秋露流珠滑。三五盈盈還二八。
與余同是識翁人，惟有西湖波底月。　　　　　15　　　16

【編年】

　　寫於元祐六年辛未（公元1091年）八月。王文誥《蘇文忠公詩編注集成
總案》卷三十四：元祐六年辛未八月，遊西湖，聞歌者唱《木蘭花令》詞，
則歐陽修所遺也，和韻。

【箋注】

〔次歐公西湖韻〕　　和(hè)歐陽修詠潁州西湖的《木蘭花令》詞，用歐陽修
那首詞的韻腳。次韻：是和(hè)別人詩歌的一種方式，不但與那首原作的題
材相同，形式相同（同一體裁，或同一詞牌），而且韻腳也相同。這首詞的
題材是潁州西湖與歐陽修原作相同；詞牌是《木蘭花令》，也與歐陽修原作
相同，而且第一、二、四、五、六、八句的末字（這首詞的韻腳）"闊"、
"咽"、"抹"、"滑"、"八"、"月"也相同。　　歐公：指北宋文學家
、政治家、史學家歐陽修（公元1007-1072年）。　　西湖：潁(yǐng)州州治
汝陰（今安徽省阜陽）城郊的一處名勝。皇祐元年正月至五年冬（公元1049
-1053年）歐陽修知潁州時常遊之處，作了一些詩歌詠它，其中《題上林後
亭》二十九首之第十首《木蘭花令》："西湖南北煙波闊。風裏絲篁聲韻咽
。舞餘裙帶綠雙垂、酒入香腮紅一抹。　　杯深不覺玻璃滑。貪看《六么》
《花十八》。明朝車馬各東西，惆悵畫橋風與月。"（見《歐陽文忠集》卷
二），就是蘇軾此詞所和。　　〔霜餘已失長淮闊〕　　降了霜之後淮河已變
窄了。指秋冬水枯季節，淮水減退，露出的陸地多了，河身顯得窄狹了。霜
餘：降霜之後，指秋末冬初。　　長淮：淮河。杜甫《同谷七歌》之四"長淮
浪高蛟龍怒"。水盛時淮河水面很闊，波浪滔滔，水枯就失其闊了。　　〔
空聽潺潺(chán chán)清潁咽(yè)〕　　不見長淮滾滾，只聽到清潁潺潺鳴咽。
潺潺：水流的樣子；或溪澗流水的聲音。　　潁：河名，淮河的支流，自河
南省西部大體向東南流，在安徽省北部流入淮河。潁州州城（今阜陽）在它

356

的下游。　咽（yè）：嗚咽，幽咽，流水發出使人悲愁的聲音。北朝民歌《隴頭歌詞》：“隴頭流水，鳴聲幽咽；遙望秦川，心肝斷絕”（見《樂府詩集》卷二十五《梁鼓角橫吹曲》）　〔醉翁詞〕　指上面所引歐陽修詠西湖的《木蘭花令》。　醉翁：歐陽修知滁州時的自號。　〔四十三年如電抹〕　四十三年像閃電一樣，一抹而過。　四十三年：指歐陽修於公元1049年作《木蘭花令》詠西湖，到蘇軾作這首詞相和，經歷了四十三個年頭。

如電抹：像電光一抹而過，形容迅速。　〔三五盈盈還二八〕　陰曆每個月的第十五日和第十六日，月亮盈滿之夜。　三五：指十五日。　盈盈：豐滿。　二八：指十六日。三五、二八是賞月的良夜。　〔與余同是識翁人，惟有西湖波底月〕　和我一樣認得歐陽修的人，只有潁州西湖水底的月了。說四十三年過去，潁州已沒有認識歐陽修的人了。如果說有，那就是西湖水底的月亮，四十三年前被歐陽修賞玩過，歐陽修的詞還提到它。　翁：指醉翁。

【校】

《全宋詞》本無題。

元祐七年壬申　公元一〇九二年　東坡五十七歲

224. 減字木蘭花

二月十五日夜，與趙德麟小酌聚星堂

春庭月午，搖蕩香醪光欲舞。步轉迴廊。半落梅花婉娩香。　輕煙薄霧。總是少年行樂處。不是秋光。只與離人照斷腸。

【編年】

寫於元祐七年壬申（公元1092年）。傅藻《東坡紀年錄》：元祐七年壬申二月二十五日夜與趙德麟小酌聚星堂作《減字木蘭花》。又王文誥《蘇文忠公詩編注集成總案》卷三十四：元祐七年壬申正月二十五日聚星堂前梅花大開，月色鮮霽，招趙令時飲花下，作《減字木蘭花》詞。又《蘇軾詩集》卷三十四有《次韻趙德麟雪中惜梅且餉柑酒三首》，詩意與詞意相同。案：二十五日半夜以前無月，而詞有"春庭月午"句，應以"二月十五日"爲宜。

【箋注】

〔與趙德麟小酌聚星堂〕　與趙德麟在聚星堂小規模地飲酒。　趙德麟：本名景貺，字德麟，以後改字令時（zhǐ），宋太祖趙匡胤的第六代孫。蘇軾知潁州時，德麟是潁州官署的僚屬，當時年輕，以辦事才能、文筆、志節、言論被蘇軾器重。蘇軾被新黨迫害時，德麟也受到罰金的處分。南宋初年被封爲王。所著《侯鯖（zhēng）錄》品評詩文、記軼聞舊事，是一部名著。聚星堂：歐陽修知潁州時，由於以前歷任知潁州事晏殊、蔡齊、曾肇和判官呂公著都是前輩有名賢人，就在公署內建堂，取名聚星，以資紀念。又以堂爲與友人聚會之處，成了潁州的名勝。　〔月午〕　月亮升到天頂。陰曆十五日半夜。　〔搖蕩香醪（láo）光欲舞〕　酒在搖蕩，映在酒中的月光也

358

晃動，像要起舞一樣。 醪：帶糟的烈酒。 〔迴廊〕 曲折的走廊。
〔婉娩(wǎn)香〕 柔和地散發香氣。婉娩：柔和，不強烈。 〔不是秋
光，只與離人照斷腸〕 不是那種只勾引人們離情別緒的秋月。據趙德麟《
侯鯖錄》卷四（見本篇《附錄》），‘不是秋光，只與離人照斷腸’是用蘇
軾之妻王閏之（字季章。蘇軾前妻王弗的堂妹）“春月色勝於秋月色。秋月
色令人淒慘，春月色令人和悅”語。“秋光，只與離人照斷腸”就是王夫人
說的“秋月色令人淒慘”。

【校】

《全宋詞》題為“春月”、“煙”作“雲”。毛本也題為“春月”。“
煙”作“風”。趙德麟《侯鯖錄》卷四記此詞，“搖蕩”作“影落”，“與
”作“共”。

【附錄】

①宋趙德麟《侯鯖錄》卷四：“元祐七年正月，東坡先生在汝陰州。堂
前梅花大開，月色鮮霽。先生王夫人曰：‘春月色勝於秋月色。秋月色令人
淒慘，春月色令人和悅。何不召趙德麟輩飲此花下？’先生大喜曰：‘吾不
知子亦能詩耶？此真詩家語耳！’遂召德麟飲。先生用是語作《減字木蘭花
》詞（下略）。”

②《詞苑叢談》引此條，云“東坡既召還，復除翰林承旨。 數月，以
弟嫌，請郡，復以舊職知潁州。正月，堂前梅花盛開，月色鮮霽。……”詞
說“二月”，《侯鯖錄》和《詞苑叢談》作“正月”；詞說“半落梅花”，
《侯鯖錄》和《詞苑叢談》作“梅花大開”（“二月”是梅花“半落”時。
“正月”是“梅花大開”時），有些不同。

③清·沈雄《古今詞話》中《詞評》上卷：“《樂府紀聞》曰：東坡知
潁州時，月下梅花盛開。王夫人曰：‘春月色勝如秋月色，何如召德麟輩，
飲於花下。’東坡喜曰：‘誰謂夫人不能詩，此真詩家語也。’作《減字木
蘭花》以紀之。”

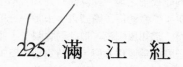

225. 滿 江 紅

清潁東流，愁來送，征鴻去翮。情亂處、青山白浪，
萬重千疊。孤負當年林下語，對牀夜雨聽蕭瑟。恨此生，
長向別離中，彫華髮。　　　　一尊酒，黃河側。無限事，從
頭說。相看悵如昨，許多年月。衣上舊痕餘苦淚，眉間喜
氣占黃色。便與君，池上覓殘春，花如雪。

【編年】

寫於元祐七年壬申（公元1092年）。王文誥《蘇文忠公詩編注集成總案
》：壬申二月，有懷子由，作《滿江紅詞》。據《蘇潁濱年表》，當時蘇轍
（子由）在京都。年表載："七年壬申二月癸酉有《生日謝表》二首，四月
，以轍攝太尉充冊皇后告期使。"可見這首詞是因蘇轍生日時為懷憶而作，
蘇轍是於仁宗寶元二年己卯（公元1039年）四月丁亥（二十七日）出生的。

【箋注】

〔懷子由作〕　懷念弟弟蘇轍而作。　　　〔清潁〕　淮河的支流潁水。當時
蘇軾知潁州，州城（今安徽阜陽）濱臨潁水。　　　〔愁來送征鴻去翮〕　旅
愁湧上心來，眼送長途征行的大雁飛去。潁水東流不回，長空雁過不留痕跡
，以喻心頭寂寞空虛。再，古人以雁成隊飛行喻兄弟相追隨；這裡以目送雁
飛起興、聯想到兄弟各在一方互相思念。　　送：用眼送；指一直望到雁在天
際消失：《文選》卷二十四嵇康《贈秀才入軍》詩五首之四："目送飛鴻。
"翮(né)：鳥翅端的長羽。這裡指翼。　　〔青山白浪，萬重千疊〕　重重
疊疊的青山，重重疊疊的白浪。比喻愁情之多，思緒之亂。　　　〔孤負當年
林下語〕　不能實現從前相約一同退隱的話。　孤負：同"辜負"。沒有實
現（諾言、志願）；違背。　林下：山林，園林；指隱居之處。　　林下語：
指兄弟相約退出官場、在一起過隱者生活的話。即下句"風雨對牀"的內容
。　　〔對牀夜雨聽蕭瑟〕　兄弟倆牀對牀而臥，同聽夜間風雨蕭瑟之聲。
指兄弟生活在一起，享受同聽夜雨之趣。據蘇轍公元1077年作《逍遙堂會宿
二首并引》的《引》（序）："轍幼從子瞻讀書，未嘗一日相捨。既壯，將
遊宦四方，讀韋蘇州詩，至'那知風雨夜，復此對牀眠'，惻然感之；乃相
約早退，為閒居之樂。故子瞻始為鳳翔幕府，留詩為別，曰：'夜雨何時聽
蕭瑟。'。……"以後，蘇轍《舟次磁湖》詩，懷念蘇軾，也有"夜深魂夢

360

先飛去，風雨對牀聞晚鐘"之句。蘇軾初到鳳翔在公元1071年，到作此詞已二十一個年頭，還想到兄弟對牀聽雨的話，為沒有作到對牀聽雨而惆悵。在作此詞之第二年，公元1092年，蘇軾進京，與蘇轍在東府同住了些時候，離京作《東府雨中別子由》詩，有"對牀定悠悠，夜雨空蕭瑟"之句（"對牀"成了空話，徒然聽到夜雨的蕭瑟，而不是兄弟一同聽），又一次提到對牀聽夜雨蕭瑟。　〔彫華髮〕　花白的頭髮脫落。　彫：同"凋"，凋零脫落。　華髮：花白頭髮。　〔相看怳如昨（zuò）許多年月〕（上次）會面仿佛就是昨天的事，但已隔了許多年月。怳（huǎng）：同"恍"；依稀，恍忽。　〔衣上舊痕餘苦淚〕　這句說許多年月的辛酸經歷。衣上殘留著苦淚的痕跡。　〔眉間喜氣占黃色〕　這句說有歸去的喜信了。古代迷信：眉間有黃色，是喜慶的徵兆，這裡說，預示歸去的喜事。韓愈《鄆城晚飲，贈馬侍郎及馮·李二員外》詩；"眉間黃色見歸期。"　〔便與君池上覓殘春〕　不久可以回家，兄弟同到池上賞殘春的風光。　〔花如雪〕落花似雪。承上"殘春"。

【校】

《全宋詞》"來送"作"目斷"，"征鴻去翅"作"孤帆明滅"，"情亂"作"宦遊"，"語"作"意"，"彫"作"添"，"占黃"作"添黃"。毛本："來送"作"目斷"，"征鴻去翅"作"孤帆明滅"，"情亂"作"宦遊"，"孤"作"辜"，"語"作"意"，"彫"作"添"，"占"作"添"。

226. 木 蘭 花 令

　　高平四面開雄壘。三月風光初覺媚。園中桃李使君家，城上亭臺遊客醉。　　歌翻楊柳金尊沸。飲散憑闌無限意。雲深不見玉關遙，草細山重殘照裏。

【編年】

這首詞朱祖謀《東坡樂府》和龍榆生《東坡樂府箋》均未編年。應寫於

361

元祐七年壬申（公元1092年）三月。據《蘇軾詩集》卷三十五，元祐七年有《上巳日與二子迨、過遊塗山（荆山）記所見》說明是時蘇軾已自潁下淮，《蘇軾文集》卷五十《與范純夫書》云：「某移廣陵甚幸，舍弟欲某一到都下乞見而行。路既稍迂而老病務省事，且自潁入淮矣。」可知蘇軾是年三月入淮，並寫了《淮上早發》一詩，詩云：「澹月傾雲曉角哀，小風吹水碧鱗開。此生定向江湖老，默數淮中十往來。」王文誥案：第十次入淮是由潁移揚的時候。途中三月十二日抵泗州，在泗州禱雨，作《祈雨僧加塔祝文》。詞中「高平四面開雄壘」句，據《漢書·地理志》：高平即泗州臨淮郡高平縣。而「四面開雄壘」是指臨淮關是交通要道的險要形勢。詞中「三月風光初覺媚」，是說明時間，在泗州高平正是三月春光明媚的時候。

【箋注】

〔高平〕 即泗州臨淮郡高平縣。　　〔使君〕 指宋朝知府（府的最高長官）或知州（州的最高長官）。縣之上一級的行政區，漢魏時叫郡，郡的最高長官叫守或太守，又稱使君。宋的州府相當漢的郡，知府、知州相當郡守，這裡用漢的舊稱。　　〔歌翻《楊柳》金尊沸〕 記宴會上的音樂和飲酒《楊柳》：即《折楊柳》；漢到南北朝樂府和唐代教坊，都有《折楊柳》曲，而樂曲和歌詞互相不同。　尊：酒杯。　沸：指斟酒急湧起泡沫。　　〔飲散憑闌無限意〕 記宴會散後的冷清。　飲散：宴會完畢，飲宴的人散去。　憑：倚靠。　闌：闌干。　無限意：有說不盡的情意，據下文是思念遠道人的離情別意。　　〔雲深不見玉關遙〕 雲擋住了遙望玉關的視線；望到盡頭還不見玉門關。玉關：玉門關，在今甘肅省敦煌之西，距新疆不遠。承上「歌翻《楊柳》」，用唐詩人王之渙《涼州詞》「羌笛何須怨楊柳，春風不度玉門關」句，把「楊柳」和「玉關」連起來。這裡用「玉關」之遠，比喻思懷念的人之遠。

【校】

《全宋詞》同，傳注本、元本俱無。

227. 浣 溪 沙

芍藥櫻桃兩鬭新。名園高會送芳辰。洛陽初夏廣陵春。　　紅玉半開菩薩面，丹砂穠點柳枝脣。尊前還有箇中人。

【編年】

寫於元祐七年壬申（公元1092年）。王文誥《蘇文忠公詩編注集成總案》：元祐七年壬申四月，潁州西湖成，和趙令畤賞芍藥、櫻桃作《浣溪沙》詞。

【箋注】

〔芍藥〕　多年生草本。初夏開花，與牡丹相似，大型，美麗，有紅白等色，爲著名觀賞植物。《詩·鄭風·溱洧》：“惟士與女，伊其相謔，贈之以芍藥。”　　〔櫻桃〕　又名鶯桃或含桃，落葉灌木或小喬木。花蕾紅色，稍甜而帶酸，初夏成熟，果柄藍。花供觀賞，果可生食。　　〔名園高會送芳辰〕　在有名的花園裡，飲酒的盛會中送走芳菲的時節。指初夏送走春天。　　〔洛陽初夏廣陵春〕　言洛陽初夏的牡丹盛景及揚州春天的美麗繁華似錦的景象，這裡都佔有了。　廣陵：揚州的舊名。兩漢元狩三年（公元前120年）改江都國爲廣陵國，治所在廣陵（今江蘇省揚州市）。　　〔紅玉半開菩薩面〕　這句指芍藥花。用唐人王璠“芍藥花開菩薩面”（見《全唐詩》卷七百九十五。無全詩，只有兩個殘句）語，以“菩薩面”作“芍藥”的代詞。紅玉：美女的膚色；《西京雜記》卷一末：“趙飛燕與女弟昭儀，皆色如紅玉”。　菩薩：梵語“菩提薩埵”的簡省；求得佛果的高士。這裡指觀世音菩薩，據說是最美麗的女菩薩。　　〔丹砂穠(nóng)點柳枝脣〕這句指櫻桃，用白居易詩“櫻桃樊素口”語，以“柳枝脣”（即“樊素口”）作“櫻桃”的代詞。　穠：鮮艷。　點：塗一小處（動詞）。　柳枝：白居易的妾樊素的另一名稱，白居易賣掉多年乘騎的駱馬，嫁掉相隨多年的歌妓柳枝，作《鬻駱馬，放楊柳枝》詩，第一句是：“櫻桃樊素（即楊柳枝）口”。　　〔尊前還有箇中人〕　指“名園高會”的酒筵上的妓女，與芍藥櫻桃相配。　尊：酒杯。　箇中：在其間的。

【校】

《全宋詞》本題下有“同上”字樣。“穠”作“濃”。《全宋詞》本此首前爲同調的“慚愧今年二麥豐”。毛本題爲“揚州賞芍藥櫻桃”。

228. 減字木蘭花

　　　　　五月二十四日，會於无咎之隨齋。主人汲泉
　　　　　置大盆中，漬白芙蓉，坐客翛然，無復有病暑意
　　　　　。

　　回風落景。散亂東牆疏竹影。滿座清微。入袖寒泉不
濕衣。　　　夢回酒醒。百尺飛瀾鳴碧井。雪灑冰麾。散落
佳人白玉肌。

【編年】
　　寫於元祐七年壬申（公元1092年）。傅藻《東坡紀年錄》：元祐七年壬
申五月二十四日，會无咎隨齋，汲泉漬白芙蓉，不復有病暑意，作《減字木
蘭花》。

【箋注】
〔无咎〕　即晁補之，字无咎，濟州鉅野人。聰敏強記，才解事即善屬文。
十七歲從父宦杭州，睟錢塘山川風物之麗，著《七述》以謁州通判蘇軾。軾
先欲有所賦，讀之嘆曰：“吾可以擱筆矣！”又稱其文博辯雋偉，絕人遠甚
，必顯於世，由是知名。他與秦觀、張耒，黃庭堅共稱“蘇門四學士”，著
有《雞肋集》。當時晁補之任揚州通判，是蘇軾屬吏。事見《宋史》卷四四
四《晁補之傳》。　　　〔隨齋〕　晁无咎在揚州的讀書待客之室。　　　〔芙
蓉〕　荷花。　　　〔翛(xiāo)然〕　無拘無束，自由自在之貌。《莊子·大
宗師》：“翛然而往，翛然而來。”成玄英注：“翛然，無繫貌也。”
〔病暑〕　怕熱。　　　〔落景〕　夕陽。　景：日光。　　　〔散亂東牆疏竹
影〕　即東牆有疏竹散亂的影子。　　　〔百尺飛瀾鳴碧井〕　從碧綠的深井
中汲水。這裡以百尺飛瀾形容汲上來的井水清涼。　　　〔雪灑冰麾(huī同“
揮”)〕　形容汲上來的井水揮灑在荷花上清涼如冰雪。　　　〔佳人白玉肌
〕　喻白荷花。

【校】
《全宋詞》本“座”作“坐”。毛本無此詞

229. 生 查 子

送蘇伯固

三度別君來，此別眞遲暮。白盡老髭鬚，明日淮南去
。　　　酒罷月隨人，淚濕花如霧。後夜逐君還，夢繞湖邊
路。

【編年】

寫於元祐七年壬申（公元1092年）。王文誥《蘇文忠公詩編注集成總案》
卷三十五又把此詞收入詩集中，題目爲《古別離送蘇伯固》，時間編在壬申
。

【箋注】

〔蘇伯固〕　蘇堅，字伯固，見第 198首《定風波》（月滿苕溪照夜堂）〔
蘇伯固〕注。　　〔三度別君來〕　王文誥《蘇詩編注集成》卷三十五：誥
案：謂別於泗上及杭州也。其一不詳。　　〔遲暮〕　言年歲已老，你我已
進入晚年。屈原《離騷》：「恐美人之遲暮。」杜甫《寄劉峽州伯華使君四
十韻》：「遲暮嗟爲客。」蘇軾《宿餘杭法喜寺，來後綠野堂，望吳興諸山
，懷孫莘老學士》：「追遊慰遲暮。」　　〔淮南〕　道名。開元時治所在
揚州（今屬江蘇）。轄境在今淮河以南，長江以北。　　〔淚濕花如霧〕
淚眼模糊，看花如在霧中看。杜甫《小寒食舟中作》：「春水船如天上坐，
老年花似霧中看。」

【校】

《全宋詞》題作"訴別"。詞末注曰：又案：此首別作"古詩"，見《
東坡續集》卷一，題作"《古別離送蘇伯固》。"毛本題作"訴別"，"遲
暮"作"遲莫"。"後月"作"後夜"。詩集："後月"也作"後夜"。

【附錄】

①清·吳衡照《蓮子居士詞話》："東坡送蘇伯固詩云：'三度別君來
，此別眞遲暮。白盡老髭鬚，明日淮南去。酒罷月隨人，淚濕花如霧。後夜

逐君還，夢還江南路。」自注、效韋蘇州。今見《東坡續集》又是東坡詞中調寄《生查子》。但據自注，是詩不是詞也。"

230. 青 玉 案

和賀方回韻，送伯固還吳中

三年枕上吳中路。遣黃犬、隨君去。若到松江呼小渡。莫驚鴛鷺，四橋盡是、老子經行處。　　輞川圖上看春暮。常記高人右丞句。作箇歸期天已許。春衫猶是，小蠻針線，曾濕西湖雨。

【編年】

寫於元祐七年壬申（公元1092年）。朱祖謀注：案伯固於己巳年（公元1089年）從公杭州，至壬申三年未歸，故首句云然。王文誥案：壬申八月，詔以兵部尚書召還。

【箋注】

〔賀方回〕　賀鑄，字方回，衞州人。孝惠皇后之族孫。長七尺，面鐵色。眉目聳拔。喜談當世事，可否不少假借；雖貴要權傾一時，小不中意，極口詆之無遺辭。人以爲近俠。博學強記，工語言，深婉麗密，如次組繡。尤長於度曲，掇拾人所棄遺，少加隱括，皆爲新奇。嘗言："吾筆端驅使李商隱、溫庭筠，常奔命不暇。"諸公貴人多客致之，鑄或從或不從。其所不欲見，終不貶也。初監太原工作。後通判泗州。建中靖國（公元1101年）時，黃庭堅自黔中還，得其"江南梅子"句，以爲"似謝玄暉"。有《慶湖遺老集》二十卷。事見《宋史》卷四百四十三《賀鑄傳》。　　賀方回《青玉案》詞："凌波不過橫塘路。但目送，芳塵去。錦瑟華年誰與度。月橋花院，瑣窗朱戶。惟有春知處。　　飛雲冉冉蘅皋暮，彩筆新題斷腸句。若問閒情都幾許。一川煙草，滿城風絮。梅子黃時雨。"　　〔伯固〕　即蘇堅。曾任杭州監稅官，是蘇軾在杭州時得力的助手。　　〔三年枕上吳中路〕　指蘇伯固於己巳年從蘇軾在杭州，至今三年未歸。枕上：猶言"夢中"；所願不

366

能實現，夢中也不忘記。　　〔遣黃犬〕　即派遣黃犬出去。《晉書》卷五十四《陸機傳》"初機有駿犬，名曰黃耳，甚愛之。既而羈寓京師，久無家問，笑語犬曰：'我家絕無書信，汝能齎書取消息不？' 犬搖尾作聲。機乃爲書，以竹筒盛書而繫其頸，犬尋路南走，遂至其家，得報還洛，其後因以爲常。"　　〔松江〕　吳松江。一稱蘇州河。黃浦江支流。在上海市西部，源出太湖瓜涇口，東流到上海市區外白渡橋入黃埔江。　　〔四橋〕

傅注："姑蘇有四橋，長爲絕景。"　　〔老子〕　年老的人的自稱，宋人口語。　　〔輞(wǎng)川圖〕　唐代詩人王維，官任尚書右丞，有別墅在輞川（今陝西西安市東南藍田縣內）。王維又是畫家，曾於藍田清涼寺繪有"輞川圖"壁畫，是著名的藝術作品。　　〔高人〕　意興不同流俗的人。杜甫《解悶十二首》之八："不見高人王右丞，藍田邱壑蔓寒藤。"　　〔小蠻〕　歌妓名。孟棨《本事詩·事感第二》："白尚書姬人樊素，善歌；妓人小蠻，善舞。嘗爲詩曰：'櫻桃樊素口，楊柳小蠻腰。'"（按：香山詩集中並無這二句詩）。這裡是以小蠻來喻伯固在杭州爲他縫衣的妾。　　〔曾濕西湖雨〕　曾在西湖被雨淋濕過。指那件衣是從前在杭州穿過。

【校】

《全宋詞》題目下多"故居"二字。詞後有注云："以上東坡詞卷下一百五十六首（原一百五十七首，一首未錄）。"又"案此首別作蔣璨詞，見《樂府雅詞拾遺》卷上。"《苕溪漁隱叢話》前集下五十九引《洞江詩話》謂姚進道作，《陽春白雪》卷五作姚志道詞。《宋六十名家詞》題末有"故居"二字。

案：《樂府雅詞·拾遺（上）》此詞標"蔣宣卿（璨）"作，但詞末有"見東坡詞"四字。又《陽春白雪》卷五此詞標"姚志道"作，但詞末也注："見東坡詞，云'和賀方回韻送伯固歸吳中'"；可見當時已定爲東坡之詞。

【附錄】

①清·況周頤《蕙風詞話》卷二："東坡詞《青玉案》用賀方回韻送伯固歸吳中歇拍云：'作箇歸期天已許。春衫猶是，小蠻鍼線，曾濕西湖雨。'上三句未甚艷。'曾濕西湖語'是清語，非艷語。與上三句相連屬，遂成奇艷，絕艷，令人愛不忍釋。坡公天仙化人，此等詞猶爲非其至者，後學已未易模仿其萬一。

元祐八年癸酉　公元一○九三年　東坡五十八歲。

　是年所作詞無考。

元祐九年甲戌　紹聖元年公元一○九四年　東坡

五十九歲

231. 戚　氏

　玉龜山。東皇靈姥統羣仙。絳闕岧嶢，翠房深迥，倚
霏煙。幽閒。志蕭然。金城千里鎖嬋娟。當時穆滿巡狩，
翠華曾到海西邊。風露明霽，鯨波極目，勢浮輿蓋方圓。
正迢迢麗日，玄圃清寂，瓊草芊緜。　　爭解繡勒香韉。
鸞輅駐蹕，八馬戲芝田。瑤池近、畫樓隱隱，翠鳥翩翩。
肆華筵。間作脆管鳴絃。宛若帝所鈞天。稚顏皓齒，綠髮
方瞳，圓極恬淡高妍。盡倒瓊壺酒，獻金鼎藥，固大椿年
。　　縹緲飛瓊妙舞，命雙成、奏曲醉留連。雲璈韻響瀉
寒泉。浩歌暢飲，斜月低河漢。漸綺霞、天際紅深淺。動
歸思、迴首塵寰。爛漫遊、玉輦東還。杏花風，數里響鳴
鞭。望長安路，依稀柳色，翠點春妍。

　　【編年】

寫於元祐九年甲戌（公元1094年）。王文誥《蘇文忠公詩編注集成總案》卷三十七載：元祐九年甲戌正月戲李之儀詩，聞歌者歌《戚氏》，公方論穆天子事，因依其聲成《戚氏》詞。李之儀跋《戚氏》云：“中山控北虜，爲天下重鎮；選寄皆一時人物，輕裘緩帶，折衝尊組。元祐末，東坡老人自禮部尚書爲定州安撫使。之儀以門生從辟。每辨色，會於公廳領所事，窮日力而罷。或夜，則以曉角動爲期。方從容醉笑間，多令幕官妓隨意歌於坐側，各因其譜，即席賦詠。一日，歌者輒於老人之側作《戚氏》，意將索老人之才於倉猝，以驗天下之所向慕者。老人笑而頷之，方論穆天子事，遂資以應之，隨聲隨寫，歌竟篇就，纔點定五六字爾。坐中隨聲擊節，終席不見他辭。是爲中山一時盛事，前固莫與比，後來者未能繼也。致和壬辰八月二十日，葛大川出此詞於寧國莊。李之儀書。”陸游《老學庵筆記》卷八：“東坡先生在中山，作《戚氏》樂府詞，最得意。幕客李端叔跋三百四十餘字，敘述甚備，願刻石傳後，爲定武盛事。會謫去，不果。今乃不載集中，至有立論排抵，以爲非公作者。識眞之難如此哉！”

案：李端叔跋說蘇軾這首詞，“方觀《山海經》即敘其事爲題。”《山海經》說到西王母，但沒有周穆王見西王母的事，這首詞說周穆王見西王母的事，見於《穆天子傳》。除《穆天子傳》外，詞中鋪敘的還有《海外十州記》、《神異經》、《漢武故事》、《漢武內傳》……等。李端叔所說如果是眞，應是東坡作這首詞時，正看到西王母故事，由此起興而歌詠周穆王見西王母，而不是以《山海經》爲題材。西王母宴請穆王，情節很簡單，古書沒有涉及王母宮闕的壯麗，仙人的容姿衣飾和宴會的盛況。東坡把簡單的情節，加上各種鋪排誇張，這有些像後世演義、小說。

【箋注】

〔戚氏〕　《欽定詞譜》：“《戚氏》，柳永《樂章集》注中呂調，丘處機詞，名《夢遊仙》。”又見萬樹《詞律》卷二十。恩錫杜文瀾校注云：“又《詞律拾遺》云：諸體雙曳頭者，前兩段往往相對，獨此調不然。且第二段字數，亦與第一段懸殊。若以第三段‘盡倒瓊壺酒、獻金鼎藥，固大椿年’，三句，屬第二段，則與第一段字數略稱。結尾句法亦略同。即以文義論之：第一段，敘巡行；第二段，敘宴飲；第三段敘歌舞；層次亦復井然也。”

〔玉龜山〕　神仙所住之處。《樂府詩集》卷五十一記梁武帝《清商曲辭·上雲樂》七首之五《玉龜山》：“玉龜山，眞仙長，九光耀，五雲生……”　〔東皇靈姥（mǔ）〕　西王母。東皇：這裡指東王公，相傳東王公是西王母的丈夫。《神異經‧東荒經》：“昆侖之山有銅柱焉。……上有大鳥，名曰希有，南向，張左翼覆東王公，右翼覆西王母，……西王母登翼上之東王公也。”《楚辭‧九歌‧東皇太乙》祭尊神東皇太乙。這裡蘇軾比附東王公為東皇。西王母是東王公的妻子，所以說“東皇靈姥。”　　〔統羣仙〕　統率西方的神仙。　　〔絳闕〕　指西王母的宮闕。　　〔岧嶢(tiáo yáo)〕　高峻的樣子。　　〔翠房〕　用翡翠做裝飾的內室。《十洲記》：“又有墉城，金臺玉樓相映，如流精之闕，光碧之堂，瓊華之室，紫翠丹房。錦雲燭日，朱霞九光。西王母之所治也。”李白《留劉曹南群官之江南》：“閉劍琉璃匣，煉丹紫翠房。”　　〔迥(jiǒng)〕　遠。　　〔倚霏(fēi)煙〕　上依靠微的煙霧。　霏：煙雲繚繞的樣子。　　〔蕭然〕　超出塵世的樣子。不關心世事。　　〔金城千里鎮嬋娟〕　金作的千里大城保衛美女們。古代用“金城千里”作為譬喻，說銅鑄鐵澆的（“金”）城十分堅固，無法攻破（如賈誼《過秦論》：“金城千里，子孫帝王禹世之業也。”）。這裡說，傳說中神仙所住之處的天墉城是用金作成。《十洲記》說：昆侖有三角，“其一角積金為天墉城，面方千里，上安金臺五所，玉樓十二所……王母之所治也。”嬋娟：美女，這裡指住在金城中的仙女。　　〔穆滿巡狩(shòu)〕　周穆王姓姬名滿，“穆”是謚號。但《穆天子傳》卷一：河伯（黃河神）呼周穆王為“穆滿”，則活著時已稱“穆”，不待死後有謚號。　巡狩：古帝王到諸侯處。《書‧舜典》說舜帝“二月，東狩巡。”“五月，南巡狩。”“八月，西巡狩。”“十有一月，朔（北）巡狩。”孟子解釋說：“巡狩者，巡所守也。”（《孟子‧梁惠王〔下〕》）這裡穆王巡狩是指穆王出巡四方，《左傳‧昭公十二年》記楚子革的話：“昔穆王欲肆其心，周行天下，將皆必有車轍馬迹焉。”　　〔翠華〕　天子之旗。《漢書》卷五十七（上）《司馬相如傳（上）》載司馬相如《上林賦》：“建翠華之旗。”顏師古注：“以翠羽為旗上葆也。”　　〔海西邊〕　《山海經》卷十六《大荒西經》：“西海之南，流沙之濱，赤水之後，黑水之前，有大山，名曰昆侖之丘。……有人戴勝、虎齒、有豹尾，穴處，名曰西王母。”

〔鯨波極目〕　望到盡頭都是海。　鯨波：鯨揚起的波。駱賓王《和孫長史秋日臥病》：“決勝鯨波靜，騰謀鳥谷開。”　　〔勢浮輿蓋方圓〕　大海的形勢（要把）天和地都浮起來。　輿蓋：天地；用車為比喻。《周禮‧冬官考工記》：“輪人為蓋，以象天地，崇十尺。”輿是車箱，蓋是車頂的傘蓋；大地承載萬物，所以說“輿”；天在上，所以說“蓋”。圓：天。方

：地。《古文苑》宋玉《大言賦》：“方地爲輿，圓天爲蓋。” 〔玄圃〕 仙境名。《穆天子傳》卷二：“春山之澤，清水出泉，溫和無風，飛鳥百獸之所飲食，先王所謂圃。”“玄”同“懸”。《離騷》：“夕余至乎懸圃。”《淮南子·地形訓》：“昆侖之丘，或上倍之，是爲閬風之山，登之而不死。或上倍之，是謂懸圃，登之乃靈。” 〔瓊草芊(qiān)縣〕 瓊草即神草。 芊縣：草木叢生蔓衍的樣子。 〔勒〕 馬籠頭和嚼鐵。

〔韉(jiān)〕 馬鞍下的墊子。 〔鑾輅(lù)駐蹕(bì)〕 周穆王的車駕儀仗停留下來。鑾輅：帝王的有鈴的車。鑾：鈴。輅：同“路”，天子的車。 駐蹕：天子停留下來。天子所在處要禁止人通過，這種戒嚴叫“蹕”，所以在途中停留叫駐蹕。 〔八馬戲芝田〕 周穆王的八匹駿馬在芝田遊戲。 八馬：指爲周穆王駕車的八馬，叫“八駿”，《穆天子傳》卷一記“八駿”之名：赤驥、盜驪、句義、踰輪、山子、渠黃、華騮、綠耳（《列子·周穆王》寫成古文，筆畫稍異，王子年《拾遺記》大不相同。）芝田：仙人種芝之田。《十洲記》：“方丈洲在東海中心，……仙家數十萬，耕田種芝草，課計頃畝，如種稻狀。”又“祖洲有不死之草，生瓊田中，或名爲養神芝。其葉似菰苗叢生，一株可活一人。” 〔瑤池〕 傳說中西方池名。《列子·周穆王》說周穆王“賓於西王母，觴於瑤池之上。” 〔翠鳥〕 爲王母的報信和侍衛的青鳥。《漢武故事》說：七月七日，“忽有青鳥飛集殿前。”東方朔對漢武帝說：“西王母欲來”不久，西王母到。“三青鳥夾侍王母旁。” 〔肆〕 陳設。 〔間(jiàn)作脆管鳴絃〕 交替演奏管樂，和弦樂。 〔帝所鈞天〕《列子·周穆王》說周穆王和化人（神人）遊，“化人之宮，絡以珠玉，出雲雨之上，而不知下之據。……王實以爲清都紫微鈞天廣樂，帝之所居。”《史記·趙世家》“趙簡子疾，五日不知人。……居二日半，簡子寤，語大夫曰：‘我之帝所，甚樂，與百神遊於鈞天。廣樂九奏，萬舞，不類三代之樂，其聲動人心。’” 帝所：天帝所在。 鈞天：《淮南子·天文》：“天有九野……中央曰鈞天。”

〔綠髮〕 黑而光亮的頭髮。李白《遊太山詩》：“偶然值青童，綠髮雙方鬟。” 〔方瞳〕 指神仙，眼睛瞳孔成方形。《抱朴子·內篇》卷六《微旨》：“若令吾眼有方瞳，耳長出頂，亦將控飛龍而駕慶雲，凌流電而造倒影”。 〔金鼎藥〕 古代方士煉長生不老藥白金丹，又稱仙丹。 金鼎：煉仙丹的爐。江淹《別賦》：“守丹竈而不顧，煉金鼎而方堅。”陳子昂《感遇》第三十三首：“金鼎合神丹，世人將見欺。” 〔大椿年〕

指長壽。《莊子‧逍遙遊》：“上古有大椿者，以八千歲爲春，八千歲爲秋。”　〔飛瓊〕　王母的侍者許飛瓊。《漢武內傳》：“命侍女許飛瓊鼓震靈之簧。”　〔雙成〕　王母的侍者董雙成。《漢武內傳》：“命董雙成吹雲和之笙。”　〔雲璈(áo)〕　樂器名。《漢武內傳》：傳說中的古代絃樂器。“王母乃命侍女王子登彈八琅之璈。”和後世小雲鑼叫“雲璈”不同。　〔瀉寒泉〕　如寒泉直流而下的聲響。這裡形容樂聲。　瀉：傾瀉；直流而下。　〔斜月低河漢〕　月亮西斜，比銀河低。　河漢：天上的銀河。《古詩十九首》“河漢清且淺。”　〔綺(qǐ)霞天際紅深淺〕彩色的雲霞深紅、淺紅出現於天際。　綺：有文彩的綢；這裡形容霞之色。

　　〔動歸思〕　回家的心動了。　思：作名詞讀sì。　〔塵寰〕　人間的世界。　〔輦(niǎn)〕　天子的車。　〔東還〕回到東邊（西王母在中國之西）。　〔長安〕　指國都。西周以鎬爲國都。漢才以長安爲國都，但古詩文中往往稱國都爲長安。　〔依稀柳色〕　看不十分明白的柳色。

【校】

　　《全宋詞》調子注云：“此詞始終指意，言周穆王賓於西王母事。”“姹”作“媲”，“漸綺霞”作“漸漸綺霞”。《宋六十名家詞》（即毛本）調子云：“此詞詳敘穆天子西王母事；世不知所謂，遂謂非東坡作。李端叔跋云：東坡在中山，宴席間有歌《戚氏》調者。坐客言調美而詞不典，以請於公。公方觀《山海經》，即敘其事爲題，使妓再歌之。隨其聲填寫，歌竟篇就，纔點定五六字而已。”又“姹”作“媲”，“脆”字脫。“顏”作“頭”，“綺”作“倚”。吳曾《能改齋漫錄》中：“姹”作“媲”，“蕭”作“悄”，“鷲”作“鑾”，“脆”作“翠”，“春妍”作“秦川”。

【附錄】

　　①宋‧吳曾《能改齋漫錄》卷十七《樂府》：“東坡元祐末，自禮部尚書帥定州日。官妓因宴，索公爲《戚氏》詞。公方坐，與客論穆天子事，頗訝其虛誕，遂資以應之。隨聲隨寫，歌竟篇就，纔點定五六字。坐中隨聲擊節，終席不問它詞，亦未容別進一語，且曰‘足爲中山一時盛事。’”

　　②宋費袞《梁谿漫志》卷九：程子山敦厚舍人《跋東坡〈滿庭芳〉詞》云：“予聞之蘇仲虎云：一日傳此詞，以爲先生作。東坡笑曰：‘吾文章肯以藻繪一香篆槃乎？’然觀其間，如‘畫堂別是風光’及‘十指露’之語，

誠非先生肯云。"子山之說，固人所共曉。予嘗怪李端叔謂東坡在山中，歌者欲試東坡倉卒之才，於其側歌《戚氏》，坡笑而頷之。邂逅方論穆天子事，頗摘其虛誕，遂資以應之，隨聲隨寫，歌竟篇，纔點定五六字。坐中隨聲擊節，終席不間他辭，亦不容別進一語。臨分，曰'足以爲中山一時盛事。'然予觀其詞，有曰'玉龜山，東皇靈媲統羣仙'，又云'爭解繡勒香轤'，又云'鸞輅駐蹕'，又云'肆華筵，間作脆管鳴絃。宛若帝聽鈞天'，又云'盡倒瓊壺酒，獻金鼎藥，固大椿年'。又云'浩歌暢飲，回首塵寰。爛漫遊，玉輦東還'。東坡御風騎氣，下筆眞神仙語。此等鄙俚猥俗之詞，殆是教坊倡優所爲，雖東坡竈下老婢，亦不作此語。而顧稱譽若此。豈果端叔之言耶？恐貽誤後人，不可以不辯。

232. 歸 朝 歡

和蘇伯固

我夢扁舟浮震澤。雪浪搖空千頃白。覺來滿眼是廬山，倚天無數開青壁。此生長接淅。與君同是江南客。夢中遊，覺來清賞，同作飛梭擲。　　明日西風還挂席。唱我新詞淚沾臆。靈均去後楚山空，灃陽蘭芷無顏色。君才如夢得。武陵更在西南極。竹枝詞，莫傜新唱，誰謂古今隔。

【編年】

寫於紹聖元年甲戌（公元1094年）。王文誥《蘇文忠公詩編注集成總案》卷三十八載：紹聖元年甲戌七月，至湖口，觀李正臣所蓄異石九峰，名曰壺中九華，作詩。達九江，與蘇堅泣別，作《歸朝歡》詞。朱祖謀注：王案：甲戌閏四月，告下，落端明殿學士，兼翰林侍讀學士，依前左朝奉郎，知英州軍州事。又告下，降充左承議郎，仍知英州。又告下合敍，復不得與敍，仍知英州。六月告下，落左承議郎，責授建昌軍司馬，惠州安置。七月，達九江。與蘇堅別作。《全宋詞》及《宋六十名家詞》題注云：“公嘗有詩與蘇伯固唱和，其略曰：‘我夢扁舟浮震澤，雪浪橫江千頃白。覺來滿眼是廬山，倚天無數開青壁。’蓋實夢也。然公詩復云：‘扁舟震澤定何時，滿眼廬山覺又非。’”

【箋注】

〔震澤〕 太湖古稱震澤、具區、笠澤。在江蘇省南部。為長江和錢塘江下遊泥沙堰塞古海灣而成。 〔廬山〕 在江西省北部，分屬九江、星子二縣。聳立鄱陽湖、長江之濱。 〔倚天無數開青壁〕 形容廬山峭岩絕壁，青翠挺拔而起，似有倚天之勢。 〔接淅(xī)〕 匆匆忙忙地到別處去。指蘇軾還沒有住穩，又得遷另一處貶所。《孟子·萬章〔下〕》：“孔子之去齊，接淅而行。”趙岐注：“淅，漬米也。”意謂孔子固急於離開齊國，不及煮飯，帶了剛淘過的米就走。這裡蘇軾是言自己。被貶逐奔波，到處匆忙。 淅：淘了的米。 〔江南客〕 江南一帶的客人。言自己在杭州、江蘇這一帶任職，成了江南遊子。 〔飛梭擲〕 形容時光過得非常迅速，如飛梭擲過一樣，一瞬即逝。 〔挂席〕 言揚帆而去。古代船帆用席作。 挂席：即坐船上路之意。《文選》卷二十二謝靈運《游赤石進帆海》：“挂席拾海月。” 〔淚沾臆〕 淚流滿胸。杜甫《哀江頭》：“人生有情淚沾臆，江草江花豈終極。” 臆：胸骨。這裡指胸前衣襟。 〔靈均〕 即屈原。《離騷》：“名余曰正則兮，字余曰靈均。” 〔楚山〕 楚地一帶。 〔澧陽蘭芷〕 澧陽：今湖南澧縣。古代為澧州。 蘭芷：蘭，香草；楚辭《離騷》中的芳草的蘭，都是蘭草、澤蘭和山蘭。而不是指蘭花。 芷：即白芷，也是香草。《楚辭·九歌·湘夫人》：“沅有芷兮澧有蘭。” 〔夢得〕 唐代詩人劉禹錫，字夢得，因參與政治改革失敗被貶到朗州（今湖南常德）。在朗州十年，學習當地民歌，創作大量作品。 〔武陵〕 今湖南常德一帶，古武陵地。唐代朗州。 〔竹枝詞〕 樂府《近代曲》名。本巴渝（四川東部）一帶民歌。唐詩人劉禹錫根據民歌作新詞，歌詠三峽風光和男女戀情，但也曲折地流露出他遭受貶謫後的心情，盛行於世。《樂府詩集》卷八十一：“竹枝本出巴渝。”唐貞元中，劉禹錫在沅湘，以俚歌鄙陋，乃依騷人《九歌》，作《竹枝辭》九章，教里中兒歌之，由是盛於貞元、元和之間。禹錫曰：“竹枝，巴歈也。巴兒聯歌，吹短笛，擊鼓以赴節，歌者揚袂睢舞，其音協黃鐘羽。末如吳聲，含思宛轉，有淇濮之艷焉。" 〔莫傜〕 一種少數民族名稱；即部分瑤族古稱。
《隋書·地理志》："長沙郡有夷蜑(dàn)，名莫傜，自言其先祖有功，常
免征役。"隋時分布在長沙、武陵、巴陵、零陵、桂陽、澧陽、衡山、臨平
等郡。 〔誰謂古今隔〕 誰說古今不相同呢？就是說古今相同。屈原學
習楚民歌作《九歌》，劉夢得學習巴渝民歌和莫傜而作竹枝，你蘇堅也可學
澧陽民歌而作新的詩歌，和古人一樣。

【校】
《全宋詞》題下注"和蘇伯固"，曾季貍《艇齋詩話》引此，作"和蘇
伯固，伯固往澧南"。曾說是。全詞上闋記夢，下闋記在九江送蘇堅西行往
澧陽。又"傜"作"搖"。毛本與《全宋詞》本同。

【附錄】
①宋·曾季貍《艇齋詩話》：東坡詞中《歸朝歡·和蘇伯固》者，爲送
伯固往澧陽，故用靈均、夢得等事。今詞中但云："和伯固"，而不言"往
澧陽"也。

233. 木 蘭 花 令

宿造口聞夜雨寄子由、才叔。

梧桐葉上三更雨。驚破夢魂無覓處。夜涼枕簟已知秋
，更聽寒蛩促機杼。 夢中歷歷來時路。猶在江亭醉歌
舞。尊前必有問君人，爲道別來心與緒。

【編年】
寫於紹聖元年甲戌（公元1094年）。王文誥《蘇文忠公詩編注集成總案
》卷三十八：紹聖元年甲戌八月七日，上惶恐灘，作《地名惶恐泣孤臣》詩
。抵虔州，登鬱孤臺，有作《過和》詩。朱祖謀注：案辛棄疾《書江西造壁
》詞，有"鬱孤臺下清江水"語，地當在贛州，詞爲南遷時作。

【箋注】

〔造口〕　又叫皁口鎮，江西省萬安縣西南六十里，濱贛江。　　〔梧桐葉上三更雨〕　指夜半的雨點滴在梧桐葉上。溫庭筠《更漏子》詞：〝梧桐樹，三更雨，不道離情正苦〞。　　〔簟(diàn)〕　供坐臥用的竹席。《詩·小雅·斯干》：〝下莞上簟，乃安斯寢。〞　　〔寒蛩(qióng)促機杼(zhù)〕　秋天的蟋蟀發聲，催人織布。　蛩：蟋蟀，又叫促織。　機杼：織布機和梭子（都是名詞）；這裡解爲織布（動詞）。　　〔歷歷〕　清楚；明白。　　〔江亭醉歌舞〕　在江邊的亭子裡設宴歡舞。

【校】

《全宋詞》本與此相同。

234. 浣　溪　沙

紹聖元年十月二十三日，與程鄉令侯晉叔、歸善簿譚汲同遊大雲寺，野飲松下，仍設松黃湯。作此闋。余近釀酒，名之曰萬家春，蓋嶺南萬戶酒也。

羅襪空飛洛浦塵。錦袍不見謫仙人。攜壺藉草亦天眞。　　玉粉輕黃千歲藥，雪花浮動萬家春。醉歸江路野梅新。

【編年】

序已說寫於紹聖元年甲戌（公元1094年）十月二十三日。傅藻《東坡紀年錄》：紹聖元年甲戌遊大雲寺作。王文誥《蘇文忠公詩編注集成總案》卷三十八：紹聖元年甲戌十月二十三日與侯晉叔、譚汲遊大雲寺，野飲松下，設黃松湯，作《浣溪沙詞》。王文誥案：公後與程正輔書：'侯晉叔實佳士，頗有文采氣節；恐兄歸闕，此人不當遺也。'其晉叔之可表見者如此。譚汲不再見。然如龍川、興寧、程鄉、博羅、河源各令，並皆依托末光。而獨遺歸善令，則斯歸善簿者亦旣幸矣。又據《歸善縣志》：大雲寺在邑治西八

376

十里。

〔程鄉令侯晉叔〕 知程鄉縣事侯晉叔。 程鄉：宋代縣名；今廣東梅縣。
令：縣的最高長官。古稱令，宋代稱知縣事。 侯晉叔：待考。 〔歸
善簿譚汲〕 歸善縣主簿譚汲。 歸善：宋代縣名；今廣東省惠陽縣。 簿
：主簿；管官府文件檔案的官。 譚汲：待考。 〔大雲寺〕 據《歸善
縣志》（本篇〔編年〕引）：舊址在廣東惠州市西。 〔松黃湯〕 用松花
煮的水；舊說飲之可以身輕、延年。 松黃：松花。 〔萬家春〕 蘇軾所
釀酒名。古代酒名多帶“春”字。 〔羅襪空飛洛浦塵〕 沒有洛水女神
行走揚起塵土；即飲酒處沒有仙人。 羅襪：曹植《洛神賦》“凌波微步，
羅襪生塵”。空：沒有。空飛洛浦塵：洛神沒有揚起灰塵；即未見洛神。

〔錦袍不見謫仙人〕 即“未見錦袍謫仙人”；沒有看見李白。《新唐書
·李白傳》說賀知章贊嘆李白是謫仙人。李白被皇帝放出長安後，漫遊四方
，穿著錦袍，旁若無人。 〔攜壺藉草亦天真〕 （雖見不到洛神，也見
不到李白，但）席地而坐的飲宴是富有真趣的。 攜壺藉草：即題中的“野
飲”。 壺：酒壺。當是盛著蘇軾的萬家春酒。 藉草：把草地當坐席。《
文選》卷十一孫綽《遊天台山賦》：“藉萋萋之纖草。” 〔千歲藥〕 即
松黃湯。喝了可以延年益壽，所以說千歲藥。 〔雪花浮動〕 ·指斟酒很
急，杯中泡沫如雪花浮動。

《全宋詞本》題目有“公自序云”四字。

235. 臨　江　仙

惠州改前韻

　　九十日春都過了，貪忙何處追遊。三分春色一分愁。
雨翻榆莢陣，風轉柳花毬。　　我與使君皆白首，休誇年
少風流。佳人斜倚合江樓。水光都眼淨，山色總眉愁。

【編年】

　　寫於紹聖二年乙亥（公元1095年）。朱祖謀《東坡樂府》注：“案公以
紹聖元年十月至惠州，此詞當是次年乙亥春作。”朱說是。詞有“榆莢”、
“柳花”，當是作於春末。

【箋注】

〔惠州〕　宋代一個州，州治在今廣東省惠州市。蘇軾於公元1094年十月至
1097年五月被貶逐居住惠州。　　〔改前韻〕　更改了前面的一首詞的韻。
未更改前的這首《臨江仙》的下半是“閬苑先生須自責，蟠桃動是千秋。不
知人世苦厭求。東皇不拘束，肯爲使君留。”　　〔三分春色〕　龍注：楊
元素《本事曲集》：葉道卿《賀聖朝》詞：“三分春色，二分愁悶，一分風
雨。”　　〔雨翻榆莢陣〕　《太平御覽》卷九百五十六引《氾勝之書》：
“三月，榆莢雨時，高地強土可種禾”。　　〔柳花毬〕　成團的柳絮。
〔使君〕　指惠州知州事詹範。蘇軾《答徐得之書》：“詹使君，仁厚君子
也。極蒙照管，仍不輟攜具來相就。”《惠州府志》卷十一：“詹範，字器
之，崇安人，紹聖間，知惠州。蘇軾謫居，範載酒從遊，相與倡和。時兵荒
之後，野多暴骨，範取而掩之，爲叢冢焉。故軾詩曰：‘江干白骨已銜恩。
’又嘗稱其‘治行類龔渤海’云。”蘇軾《惠守詹君見和，復次韻》：“已
破誰能惜甑盆，頹然醉裏得全渾。欲求公瑾一困米，試滿莊生五石樽。三杯

378

卯困忘家事，萬戶春濃感國恩。刺史不須要半道，籃輿未暇走山村。” 〔皆白首〕 都老了。《蘇軾詩集》卷三十八：《花落復次前韻》詩中有：“先生來年六十化，道眼已入不二門。”則詹範當時五十九歲，比蘇軾小一歲。

〔合江樓〕 《蘇軾詩集》卷四十：《遷居并引》：“吾紹聖元年十月二日至惠州，寓居合江樓，是月十八日遷於嘉祐寺。二年三月十九日復遷於合江樓。”王文誥案：“合江樓在惠州府東江口，今則建於城上，闌入提軍廨中，疑即當日三司行衙故址也。”《惠州府志》卷五：“合江在府城外東江西江合流之所”。蘇軾《與南華重辯書》：“程憲近過此，往來皆款。又遷居行衙，極安穩，有樓臨大江，極軒豁也。”蘇軾《寓居合江樓》詩：“海山蔥曨氣佳哉，三江合處朱樓開。蓬萊方丈應不遠；肯爲夫子浮江來。江風初涼睡正美，樓上啼鴉呼我起。我今身世兩相違，西流白日東流水。樓中老人目清新，天上豈有癖仙人？三山咫尺不歸去，玉杯付與羅浮春”。

【校】

毛本及《全宋詞》均無題，後半闋爲：“閬苑先生須自責，蟠桃動是千秋。不知人世苦厭求。東皇不拘束，肯爲使君留。”傅榦注本言“公在惠州，改前詞”，說明是蘇軾在惠州改的。

236. 殢 人 嬌

贈朝雲

白髮蒼顏，正是維摩境界。空方丈、散花何礙。朱唇筯點，更髻鬟生彩。這些箇，千生萬生只在。 好事心腸，著人情態。閒窗下、斂雲凝黛。明朝端午，待學紉蘭爲佩。尋一首好詩，要書裙帶。

【編年】

寫於紹聖二年乙亥（公元1095年）五月四日。王文誥《蘇文忠公詩編注集成總案》卷三十九；“紹聖二年乙亥五月四日贈朝雲《殢人嬌》詞。”誥案：“公與張耒書云：‘某清淨獨居一年有半爾。已驗之方，思以奉傳。’

讀此詞，知其無誑語也。"

【箋注】

〔朝雲〕 《蘇軾詩集》卷三十八《朝雲詩·并引》曰："世謂樂天有《鷺駱馬、放楊柳枝》詞，嘉其主老病不忍去也。然夢得有詩云：'春盡絮飛留不得，隨風好去落誰家'。樂天亦云：'病與樂天相伴住，春隨樊子一時歸'。則是樊素竟去也。予家有數妾，四五年相繼辭去。獨朝雲者，隨予南遷。因讀《樂天集》，戲作此詩。朝雲，姓王氏，錢唐人，嘗有子，曰幹兒，未期而夭云。"詩曰："不似楊枝別樂天，恰如通住伴伶元。阿奴絡秀不同老，天女維摩總解禪。經卷藥爐新活計，舞衫歌扇舊因緣。丹成逐我三山去，不作巫陽雲雨仙。"《藝苑雌黃》云："東坡嘗令朝雲乞詞於少游，少游作《南歌子》贈雲云：'靄靄迷春態，溶溶媚曉光。不應容易下巫陽。'"《苕溪漁隱叢話》云："東坡朝雲詩略去洞房之氣味，翻爲道人之家風，非若樂天所云'櫻桃樊素口，楊柳小蠻腰'，但自詫其佳麗也。" 〔維摩境界〕 言其進入佛家的清淨無欲的境界。維摩：維摩羅詰，毗摩羅詰、略稱維摩或維摩詰。《翻譯名義》卷一《菩薩別名篇第六》"維摩羅詰：什曰：'秦言淨名'。《垂裕記》云：'淨即眞身，名即應身。……'生曰：'此云無垢稱，其晦迹五欲，超然無染，清名遐布，故致斯號'。"《大唐西域記》卷七《吠舍離國》"伽藍東北三四里有窣堵波，是毗摩羅詰，唐言無垢稱，舊曰淨名。然淨則無垢，名則是稱，義雖取同，名乃有異。舊曰'維摩詰'，訛略也。" 〔方丈散花〕 天女在維摩詰方丈大小的室中散花；這句說朝雲在蘇軾身旁服侍，不妨礙蘇軾心地清淨。《維摩詰經·問疾品》說"維摩詰以一丈之室，能容三萬二千師子座，無所妨礙。室中有一天女，每聞說法，天女以天花散諸菩薩，即皆墮落，至大弟子，便著不墮。天女曰：'結習未盡，故花著身。結習盡者，花不著身。'" 〔筯（zhù即"箸"）點〕 用筷子尖點上一個小小的圓點。 筯：筷子。 〔鬢鬟生彩〕 形容頭髮式樣美麗。 〔千生萬生〕 千輩子、萬輩子；永遠。 〔斂雲凝黛〕 收攏雲鬢，凝聚眉端；形容嚴肅端莊之貌。 雲：指女子鬢髮。 黛：指女子眉。 〔端午〕 陰曆五月初五日，民間節日。本名"端五"。《太平御覽》卷三十一引《風土記》："仲夏端五，'端'初也。"亦名"端陽"、"重五"、"重午"。 〔紉（rén）蘭爲佩〕 編結蘭草來佩帶。屈原《離騷》："紉秋蘭以爲佩"。 〔尋一首好詩，要書裙帶〕 李頎《古今詩話》云："韓（《湘山野錄》作"嚴"）續僕射請韓熙載

380

爲父撰神道碑，珍貨外仍輒一姬爲潤筆。韓受姬，及文成，但敘譜糸品秩，及薨葬哀贈之典而已。續嫌之，乃封還，意其改竄。熙載丞以歌姬并珍贈還之。姬登車，書一絕於泥金雙帶云：'風柳搖擺無定枝，陽臺雲雨夢中歸。他年蓬島音塵斷，留取尊前舊舞衣。'"

【校】

《全宋詞》本題開頭有"或云"二字。毛本全同。

237. 浣 溪 沙

端 午

輕汗微微透碧紈。明朝端午浴芳蘭。流香漲膩滿晴川。　　彩線輕纏紅玉臂，小符斜挂綠雲鬟。佳人相見一千年。

【編年】

龍本此首未編年。這裡編於紹聖二年乙亥（公元1095年）端午前一日。按：上首《殢人嬌》篇末云："明朝端午。"這首詞也言"明朝端午"事，並有"佳人相見一千年"句，當是爲朝雲而作。前首《殢人嬌》說"尋一首好詩，要書裙帶"，此詞或是應朝雲之請而作。

【箋注】

〔碧紈(wán)〕　碧色的薄綢。　紈：細絹，細緻潔白的薄綢；這裡指用紈作的衣裳。　　〔浴芳蘭〕　《大戴禮記·夏小正》：五月"蓄蘭，爲沐浴也。"《楚辭·九歌·雲中君》曰："浴蘭湯兮沐芳。"　　〔流香漲膩〕指浴過以後蘭水香膩，倒在川中，使水位增高。言這一天以蘭湯沐浴的人之多。杜牧《阿房宮賦》："渭流漲膩，棄脂水也。"　　〔彩線輕纏紅玉臂〕　少女（或少婦）用五色絲線纏在手臂上。端午日用彩線纏臂，是古代的風俗。《藝文類聚》卷五："五月五日，以五彩絲繫臂，名長命縷，一名續命縷，一名避兵繒，一名五色縷，一名朱索。辟兵及鬼，令人不病瘟。又曰亦因屈原。"　　紅玉：喻少女（婦）膚色之類。《西京雜記》卷一之末，記漢成帝皇后趙飛燕及其妹昭儀膚色“並如紅玉”。　　〔小符〕　《抱朴子·內篇》卷十五《雜應》：“或問辟五兵之道，答曰：‘以五月五日作赤負符於心前’。”這裡言把小符掛在鬟上。　鬟：古代婦女環形的髮髻。

【校】
《全宋詞》及毛本全同。

咏梅、悼亡

朝云美丽の姿勢和文活の偏

紹聖三年丙子　公元一〇九六年　東坡六十一歲

238. 西　江　月

梅花瘴氣　*白梅*　*野生の花叢*

梅

　　玉骨那愁瘴霧，冰姿自有仙風。海仙時遣探芳叢，倒
掛綠毛幺鳳。　　　素面常嫌粉涴，洗妝不褪唇紅。高情已
逐曉雲空，不與梨花同夢。

【編年】
　　寫於紹聖三年丙子（公元1096年）。王文誥《蘇文忠公詩編注集成總案
》卷四十：紹聖三年丙子十月，梅開，作《西江月》詞。

【箋注】
〔瘴霧〕　瘴氣。舊指南方山林間濕熱鬱蒸、致人疾病的氣。　　　〔冰姿〕
形容姿態之美。莊子《逍遙遊》：“藐姑射之山，有神人居焉。肌膚若冰雪
。”　　　〔綠毛幺鳳〕　莊季裕《雞肋篇》卷下：“東坡在惠州，作《梅》
詞（略）。廣南有綠羽丹嘴禽，其大如雀，狀類鸚鵡，棲集皆倒懸於枝上，
土人呼爲倒挂子。而梅花葉四周皆紅，故有‘洗妝’之句，二事皆北人所未
知者。”《古今詞話》：“幺鳳，惠州梅花上珍禽，名倒挂子，似綠毛鳳而
小，其矢亦香。俗人蓄之帳中。東坡《西江月》云‘倒挂綠毛幺鳳’是也。
”　　　〔素面常嫌粉涴(wò)〕　潔白的臉嫌搽粉損害了她天然的潔白。這裡
是說白梅，言白梅好比美人的臉頰，不待搽粉而自然白。　涴：塗汙；弄髒
。　　　〔洗妝不褪唇紅〕　洗了妝而唇上的紅不脫落。這句是說嶺南的梅瓣
四周是紅的。　褪：脫落。《冷齋夜話》卷十《嶺外梅花》：“嶺外梅花，
與中國異，其花幾類桃花之色，而唇紅香著。”　　　〔梨花同夢〕　王昌齡
《梅》詩：“落落寞寞路不分，夢中喚作梨花雲。”

【校】

詞是詠梅→實有寄

383.

《全宋詞》及毛本題目爲"梅花"，"常"作"翻"，莊季裕《雞肋篇》引作"嘗"。"浣"莊季裕引作"之於"、"已"，莊季裕引作"易"。毛本後還有注："惠州梅花上珍禽曰倒掛子，似綠毛鳳而小。"

【附錄】

①宋·《蘇軾詩集》卷四十《悼朝雲》並引"紹聖元年十一月，戲作《朝雲詩》，三年七月五日，朝雲病歿於惠州，葬之棲禪寺松林中，東南直大聖塔。予既銘其墓，且和前詩以自解。朝雲始不識字，晚忽學書，粗有楷法。蓋嘗從泗上比邱尼義沖學佛，亦略聞大義。且死，誦金剛經四句偈而絕。詩云：'苗而不秀豈其天，不使童烏與我元。駐景恨無千歲藥，贈行惟有小乘禪。傷心一念償前債，彈指三生斷後緣。歸臥行根無遠近，夜燈勤禮塔中仙。'"蘇軾誌朝雲墓云："朝雲，字子霞，姓王氏，錢塘人，事先生二十有三年，紹聖三年七月壬辰卒於惠州，葬於西湖之上棲禪寺之東南。"

②宋胡仔《苕溪漁隱叢話》前集卷四十一引《冷齋夜話》云："東坡在惠州作《梅》詞，……時侍兒朝雲新亡，其寓意爲朝雲作也。"苕溪漁隱曰："王直方《詩話》載晁以道云：'說之初見東坡《梅》詞，便知道此老須過海，只爲古今人之不曾道到此，須罰教去。'此言鄙俚，近於忌人之長，幸人之禍。直方無識，載之《詩話》，寧不畏人之譏誚乎？"《高齋詩話》云："'高情已逐曉雲空，不與梨花同夢。'後見王昌齡《梅》詩云：'落落寞寞路不分，夢中喚作梨花雲。'方知東坡引用此詩也。"

③郭紹虞《宋詩話輯佚》中《王直方詩話》214條《東坡詞古今人不曾道到》："以道云：初見東坡詞云：'素面常嫌粉涴，洗妝不退唇紅'。便知此老須過海。余問何邪？以道曰：'只爲古今人之不曾道到此，須罰教遠去'。"

384

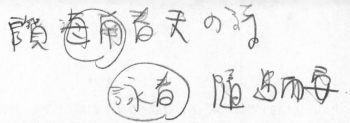

元符二年己卯　公元一〇九九年　東坡六十四歲

239. 減字木蘭花

己卯儋耳春詞

春牛春杖。無限春風來海上。便丐春工。染得桃紅似肉紅。　春幡春勝。一陣春風吹酒醒。不似天涯。捲起楊花似雪花。

【編年】

寫於元符二年己卯（公元1099年）。傅藻《東坡紀年錄》二元符二年己卯，公在儋州，立春日作《減字木蘭花》。王文誥《蘇文忠公詩編注集成總案》卷四十二：紹聖五年戊寅，正月立春，作《減字木蘭花》。朱祖謀案：王說即謂此詞，云"戊寅"者誤也。

【箋注】

〔儋（dān）耳〕　漢代郡名。漢元封元年（公元前110年）置。治所在今海南儋縣西北。轄境相當今海南的西部。　始元五年（公元前82年）並入珠崖郡。隋大業六年（公元610年）復置，唐武德五年（公元622年）改爲儋州。宋代爲儋州。　〔春牛春杖〕　〔春幡春勝〕《後漢書》卷十四《禮儀志（上）》："立春之日，夜漏未盡五刻，京都百官皆衣青衣，郡國縣道官下至令史。皆服青幘，立青幡，施土牛耕人於門外，以示兆民。"又卷十九《祭祀志（下）》："立春之日，皆青幡幘，迎春於東郭外，令一童男帽青巾衣、青衣，先在東郭外野中；迎春至者自野中出，則迎者拜之而還。"《隋書·禮儀志》："立春前五日，於州大門外之東，造青土牛兩頭，耕夫犁具。立春。有司迎春於東郊，登青幡於青牛之傍焉。"孟元老《東京夢華錄》："立春之前一日，開封府進春牛入禁中鞭春。開封、祥符兩縣，置春牛於府前。至日絕早，府僚打春，如方州儀。府前左右，百姓賣小春牛，往往花裝

385

欄坐，上列百戲人物，春幡雪柳，各相獻遺。春日，宰執親王百官，皆錫金銀幡勝，入賀訖，戴歸私第。"《廣東通志》卷九十二："立春日，有司逆勾芒土牛，勾芒名拗。春童著帽，則春暖；否則春寒。土牛色紅則旱，黑則水。競以紅豆五色米灑之，以消一歲之疾疹，以土牛泥泥灶，以肥六畜。"以上是皇都和地方立春的儀物；都有春牛幡杖。　〔丐春工〕　請求春神。　丐：乞求。　春工：司春之神；爲大地裝點春色的天工。　〔捲起楊花似雪花〕　白居易《隋堤柳》"柳色如煙絮如雪"。這句說明地處海南島的儋州和黃河、長江流域不同，立春就飛楊花。

【校】

《全宋詞》及毛本題目是"立春"、"丐"作"與"、"旛"作"幡"。

386

元符三年庚辰　公元一一○○年　東坡六十五歲

240. 鷓　鴣　天

　　　　陳公密出侍兒素娘，歌《紫玉簫》曲，勸老
　　人酒。老人飲盡，為賦此詞

　　笑撚紅梅亸翠翹。揚州十里最妖嬈。夜來綺席親曾見
，撮得精神滴滴嬌。　　　　嬌後眼，舞時腰。劉郎幾度欲魂
消。明朝酒醒知何處，腸斷雲間《紫玉簫》。

【編年】

　　寫於元符三年庚辰（公元1100年）。王文誥《蘇文忠公詩編注集成總案
》卷四十四：元符二年庚辰十二月抵韶州，陳公密出素娘佐酒，為賦《鷓鴣
天》詞。

【箋注】

〔陳公密〕　未詳。　　　〔紫玉簫〕　詞牌名。　　　〔撚（niǎn）〕
"捻"的異體字。用手指搓捋。　　　〔亸（tuǒ）〕同"嚲"　，下垂。
杜甫《醉為馬所墜諸公攜酒相看》詩："江村野堂爭入眼，垂鞭亸鞚陵紫陌
。"　　　〔翠翹〕　翠鳥尾上的長毛叫"翹"，這裡指形似"翠翹"的首飾
。白居易《長恨歌》"翠翹金雀玉搔頭。"　　　〔揚州十里最妖嬈（ráo）〕
　　整個繁華都市中最美的人。杜牧《贈別二首》："春風十里揚州路，捲上
珠簾總不如。"妖嬈：嬌媚迷人。　　　〔劉郎〕　　見第193 首《滿庭芳》
（香靉雕盤）〔司空見慣，應謂尋常）注。這裡以陳公密比杜鴻漸，以劉禹
錫自比，以素娘比杜司空的歌妓。　　　〔明朝酒醒知何處〕　　（用柳永《
雨淋鈴》（"寒蟬凄切"）"今宵酒醒何處？楊柳岸曉風殘月"句。

【校】

《全宋詞》題目有"公自序云"四字。"爲賦此詞"句前有"因"字，"嬈"作"饒"，末注云："案此下原有《鷓鴣天》'西塞山前白鷺飛'一首，亦見山谷《琴趣外篇》卷三。據《樂府雅詞》卷中徐俯詞跋，此首實黃庭堅作，今不錄。"毛本"爲賦此詞"句前有"因"字，"梅"作"牙"。

【附錄】

王若虛《滹南詩話〔上〕》：東坡………《陳公密侍兒》曰："夜來綺席曾見"，此即席所賦，而下"夜來"字，卻隔一日。

241. 江 城 子

銀濤無際捲蓬瀛。落霞明。暮雲平。曾見青鸞，紫鳳下層城。二十五弦彈不盡，空感慨，惜離情。　　蒼梧煙水斷歸程。捲霓旌。爲誰迎。空有千行，流淚寄幽貞。舞罷魚龍雲海晚，千古恨，入江聲。

【編年】

這首詞朱本及龍本均未編年。龍榆生校中案語云："是闋又見《石林詞》，題作《湘靈鼓瑟》。《西清詩話》謂《江城子》'銀濤'云云，乃葉少蘊所作，見《苕溪漁隱叢話》。"查宋胡仔《苕溪漁隱叢話》前集卷五十九《長短句》中，有"《西清詩話》謂《江城子》（銀濤無際）乃葉少蘊作"一語。又宋•魏慶之《詩人玉屑》卷之二十一《中興詞話》"葉石林"條也指出："石林葉少蘊………有'湘靈鼓瑟'一曲，尤高妙，而曾端伯所選《雅詞》不載。今錄於此：'銀濤無際捲蓬瀛，（下略）'蓋奇作也，世必有識之者。"也說這首詞是葉少蘊所作，所以作者何屬尚有爭論。

我們暫依龍本列爲東坡詞，根據詞意，這首詞應寫於元符三年庚辰（公元1100年），蘇軾渡海北回，曾寫下《六月二十日夜渡海》詩："參橫斗轉欲三更，苦雨終風也解晴。雲散月明誰點綴，天容海色本澄清。空餘魯叟乘桴意，粗識軒轅奏樂聲。九死南荒吾不恨，茲遊奇絕冠平生。"這首詞詞意與詩寫景相似，不過詩顯示絕處逢生的喜悅，詞所抒寫的是對愛妾朝雲的追念，當年與朝雲"青鸞紫鳳下層城"，而現在朝雲已經長逝，永遠留在惠州，不能跟隨他一起北歸，因此他"空有千行流淚寄幽貞。"人世間一切事情的變幻，如同魚龍曼衍；熱鬧之後，只剩"千古恨，入江聲"。所以編為元符三年北歸時所作。

【箋注】

〔銀濤無際捲蓬瀛〕　廣闊無邊的銀白色海濤翻捲於海外的蓬萊，瀛州仙島。蓬瀛：蓬萊和瀛州。傳說中的海外五神山的兩座；《列子·湯問》"渤海之東不知幾億萬里，有大壑焉：⋯⋯其中有五山焉；一曰岱輿，二曰員嶠，三曰方壺，四曰瀛洲，五曰蓬萊"。　〔曾（céng）見青鸞紫鳳下層城〕　幾時看見什麼青鸞紫鳳之類神鳥從層城降下來呢。　曾：何曾；何嘗；即從來不。　青鸞紫鳳：兩種神鳥，紫色的叫鳳，青色的叫鸞；鸞會歌，鳳會舞，《山海經》多次說"鸞鳥自歌，鳳鳥自舞"（如《海外西經》的軒轅之丘，《大荒西經》西王母之山，《海內經》西南黑水之間的廣都之野）。下：降下；這裡指從⋯⋯降。層城：相傳是昆侖神山最高的一層；《淮南子·墜（dì，同"地"）形訓》："禹乃⋯⋯掘昆侖虛以下地，中有增（céng，同"層"）城九重，其高萬一千里百一十四步二尺六寸"；又《文選》卷十五張衡《思玄賦》："登閬風之層城兮。"　〔二十五弦〕　瑟，一種二十五弦的樂器。司馬貞《補史記三皇本紀》"太皞庖犧氏⋯⋯作二十五弦之瑟"。　〔蒼梧煙水斷歸程〕　蒼梧山（和這裡）被煙和水隔絕，斷了歸路。　蒼梧：是九疑山的別名，在今湖南省南部寧遠等縣境內，相傳帝舜死於此山；是楚國傳說中眾神所居的神山。　〔捲霓（ní）旌，為（wèi）誰迎〕　收捲起霓旌吧，為了迎接誰而用得著霓旌呢。　捲：和"揚"相對。揚旗是為了迎接人，既沒有人來（"為誰迎"），就把旌旗捲起。霓：同"蜺"，副虹。　旌：杆端插羽的旗。　霓旌：用虹霓作的彩色絢爛的旗。　〔幽貞〕　幽居貞靜的人；指迎而不來的人。《易·履》九二"幽人貞吉"，孔穎達《疏》："在幽隱之人，守正得吉。"這裡指朝雲。

〔魚龍〕　一種戲法和舞蹈。《漢書》卷九十六〔下〕《西域傳》末的《贊》："漫衍魚龍角抵之戲"，注"魚龍者，為舍利之獸，先戲於庭極；畢，乃入殿前激水，化成比目魚，跳躍漱水，作霧障目；畢，化成黃龍八丈，出水敖戲于庭，炫耀日光。《西京賦》云：'海鱗變而成龍'，即為此色也。"

巻三　未編年

242. 水　龍　吟

詠　雁

　　露寒煙冷蒹葭老，天外征鴻寥唳。銀河秋晚，長門鐙悄，一聲初至。應念瀟湘，岸遙人靜，水多菰米。□望極平田，徘徊欲下，依前被、風驚起。　　　須信衡陽萬里。有誰家錦書遙寄。萬重雲外，斜行橫陣，纔疏又綴。仙掌月明，石頭城下，影搖寒水。念征衣未擣，佳人拂杵，有盈盈淚。

【箋注】

〔詠雁〕　上闋詠寒夜歸雁，下闋由雁足傳書，轉到婦人思念征人。晚唐詩人杜牧有《早雁》詩："金河秋半虜弦開，雲外驚飛四散哀。仙掌月明孤影過，長門鐙暗數聲來。須知胡騎紛紛在，豈逐春風一一迴。莫厭瀟湘人家少，水多菰米岸莓苔"。此詞和杜牧《早雁》詩同是詠雁：杜牧詠雁以殺氣騰騰的北方邊境以外南翔，詩末叮囑雁到瀟湘平安之處，不要厭憎那裡寂寞；蘇軾則著重說閨愁。但蘇軾此詞用了杜牧《早雁》詩中一些詞語。　　〔蒹葭（jiān jiā）〕　蘆葦。已吐花的叫蒹，未吐花的叫葭。《詩·秦風·蒹葭》"蒹葭蒼蒼，白露爲霜"，人們往往以露寒蒹葭寫深秋景物。　　〔征鴻寥唳（liáo lì）〕　飛雁鳴叫。　征鴻：長途飛行的雁。　征：遠行。鴻：大雁。　寥唳：同"寥戾"；雁鶴等鳥發出高亢而能傳到遠處的鳴聲。《文選》卷二十三謝惠連《秋懷》詩"寥戾度雲雁。"　　〔長門鐙悄〕　長門宮的燈光寂寞；皇宮中被冷落的婦女對燈光愁思。杜牧詩"長門鐙暗數聲來"。　　長門：西漢皇帝的一個離宮，在當時國都長安城之南；漢武帝元光五年（公元前130年）廢黜陳皇后，貶陳皇后居長門宮；見《史記·外戚世家》、《漢書·外戚傳（上）》。歷代詩詞常以長門宮爲被冷落的后妃宮女所居處。　　鐙：同"燈"。　　〔應念瀟湘，岸遙人靜，水多菰米〕　囑雁飛向南方的樂土瀟湘，那裡地方僻靜（"岸遙"），無人驚擾（"人靜"），食物充足（"水多菰米"）。杜牧詩："莫念瀟湘人家少，水多菰米岸葑苔”。　瀟湘：瀟水流入湘水之處；今湖南省零陵一帶。指雁向南飛所止之地。菰米多則魚蝦也蕃殖，雁不愁乏食。菰（gū）：一種水生的植物，其莖可食（叫茭白），所結果實叫菰米。　〔□望極平田〕　望到盡頭都是平田。　□：大約是“彌”字之缺。　“彌望”：滿目。　〔徘徊欲下，依前被風驚起〕　遲疑不定地想要降落，但仍然因風吹草木搖動，受驚而又飛起了。　徘徊：遲疑；說雁在降落前謹慎小心，不冒昧地飛下。　下：降落。　依前：仍然，仍舊。　起：高飛，不降落。　〔衡陽〕　今湖南衡陽市。衡陽市南郊有回雁峰，是南嶽衡山七十二峰最南的峰，相傳雁從北方來，到回雁峰為止，不再往南飛了。　〔誰家錦書遙寄〕　哪家妻子給遠方的丈夫有信要寄呢。　錦書：織錦成為文字的書信；《晉書·列女傳》記竇滔的妻蘇蕙，字若蘭；竇滔被貶到流沙，蘇蕙織錦成《回文璇璣圖詩》給滔，詞意悲凄。此詞用“錦書”指妻子給丈夫，表示思念的書信。　寄：被委託給人帶書信。西漢時匈奴把漢中郎將蘇武拘留在北海上荒僻處，向漢使詐稱蘇武已死。和蘇武同時被扣留的常惠告訴漢使，說蘇武活著，在某處澤中。漢使向匈奴詐說，漢皇帝射到雁，雁足繫有帛書，說蘇武還在（見《漢書》卷五十四《蘇建傳》後的《蘇武傳》）。後世據此說雁寄書。　〔斜行（háng）橫陣，纔疏又綴（zhuì）〕　說雁群飛行，或成斜行為“人”字形，或成橫行成“一”字形；一時相隔開，一時又緊緊相連。　疏：隔開。綴：連接。　〔仙掌〕　漢武帝為了長生不死，取露水和玉屑為藥，在建章宮豎起用銅鑄造的柱，柱上鑄銅仙人以手掌捧著大銅盤，承接露水。《漢書》卷二十五《郊祀志〔上〕》說漢武帝信方士之說，“作柏梁（臺）、銅柱承露仙人掌之屬”、蘇林注：“仙人以手掌擎盤，承甘露”，顏師古注引《三輔故事》：“建章宮承露盤，高二十七丈，大七圍，以銅為之；上有仙人掌承露”。據《三國志·魏志·明帝》注引《魏略》和《漢晉春秋》：魏明帝於景初元年（公元237年）要移承露盤到洛陽，盤在移動時毀折了。蘇軾作此詞前八百多年，承露仙人掌早就沒有了。杜牧詩：“仙掌月明孤影過。”　〔石頭城〕　三國時期吳帝孫權所建的城，故址在今江蘇南京市西石頭山下。唐初已廢。　〔征衣未擣〕　為遠行在外的人作寒衣的衣料還沒有擣。　征衣：遠行在外的人（是下文“佳人”的丈夫）的衣。擣（dǎo）：同“搗”，指搗衣。古代在裁剪衣服之前，先把衣料漫泡水中，再放在砧上槌打。　〔杵〕　搗衣的木棒。　〔有盈盈淚〕　指搗衣的婦人思念遠行在外的丈夫而悲泣。

394

《全宋詞》毛本無題，本題作"詠雁"，"重"作"里"。又徐本立《
詞律拾遺》卷四："寥唳"作"嘹唳"，"望極"前無空格。下片起句"里
"字叶，而《全宋詞》不叶。

243. 永　遇　樂

天末山橫，半空簫鼓，樓觀高起。指點裁成，東風滿
院，總是新桃李。綸巾羽扇，一尊飲罷，目送斷鴻千里。
攬清歌、餘音不斷，縹緲尚縈流水。　　年來自笑無情，
何事猶有，多情遺思。綠鬢朱顏，忽忽拚了，卻記花前醉
。明年春到，重尋幽夢，應在亂鶯聲裏。拍闌干、斜陽轉
處，有誰共倚。

【箋注】

〔天末山橫，半空簫鼓，樓觀高起〕　樓台高聳，如山橫亙於天盡頭，樓觀中
有人演奏音樂，高處響著簫鼓。這是詞人遠處見聞。天末：天盡頭。　橫：
綿亙。　觀（guàn）：臺榭；用土堆積成的高臺，臺上沒有屋的叫臺，臺
上有屋的叫榭。　〔指點裁成，東風滿院，總是新桃李〕　東風滿院，有
意剪裁成新花朵。這是詞人近處所見。　指點：作出主張；有意。　裁成：
剪裁而成；說桃花李花是東風有意剪出來的。　　〔綸（guān）巾羽扇〕
古代士大夫穿便裝時所戴和所持，這裡詞人表示在悠閑無事的日常生活中。
見第135首《念奴嬌·赤壁懷古》〔羽扇綸巾〕注。　　〔一尊〕　指一樽
酒。　〔目送斷鴻千里〕　注視著孤飛的雁消逝於千里之外。《文選》卷二
十四嵇康《送秀才入軍》五首之四"目送歸鴻"。這裡說明詞人閑空無聊，
凝望天空。斷鴻：離群的孤雁。　　〔餘音不斷，縹緲（piǎo miǎo）尚縈
（yíng）流水〕　（奏樂停止以後，）樂音還留在人耳中不消失，若有若
無地縈回著流水。形容歌樂感人。　餘音：唱奏完畢之後，仍激蕩著人耳的

音樂聲。《列子・湯問》記秦青的話："昔韓娥⋯⋯鬻歌假食，既去，而餘音繞梁欐，三日不絕"。 縹緲：隱約；不分明；似乎有，又似沒有。指"餘音"似乎還在，但諦聽又聽不著。 縈：纏繞。 〔無情〕 對一切冷漠；淡忘了人世。 〔何事猶有多情遺思（sì）〕 爲什麼還有這麼多情感和對往事的回味呢。何事：爲什麼。 遺思：事後遺留下來的感念。

〔綠鬢朱顏，忽忽拚（pàn）了〕 把青春匆匆地拋擲了。 綠鬢：黑色的鬢髮；和"白髮"相對，指少年時期。 綠：黑而光澤。 鬢：面頰和耳之間的髮。拚：捨棄；如現代某些地區方言"豁出去"。 〔記〕 忘不了。 〔重（chóng）〕 再。 〔尋〕 溫（動詞）。 〔拍〕 用掌拍打；指歌唱或聽音樂時按節奏拍擊。 〔闌干〕 同"欄杆"。〔倚〕 憑靠。

【校】

傅注本、元本俱無。毛本題作《眺望》。

鄭文焯曰：案此詞又見《石林詞》。元刻既無之，毛本又以意題作《眺望》，當據元刻及葉夢得詞，刪去此闋。《全宋詞》列入存目詞中。

龍楡生案：《石林詞》題作《蔡州守移守穎昌，與客會別臨芳觀席上》。聞之彊邨先生云："東坡詞境超絕。千年來惟一葉夢得差能仿佛一二。"然則此詞果爲誰作，終成懸案矣。唐圭璋《宋詞互見考》列舉《虞美人》（落花已作風前舞），《江城子》（銀濤無際捲蓬瀛）及這首詞，加案語云：案以上三首葉夢得詞。見《石林詞》，惟毛本東坡詞并收之，《彊村叢書》從之，殆不可信。我們收這一首以存疑。

244. 雨中花慢

邃院重簾何處，惹得多情，愁對風光。睡起酒闌花謝，蝶亂蜂忙。今夜何人，吹笙北嶺，待月西廂。空悵望處，一株紅杏，斜倚低牆。 羞顏易變，傍人先覺，到處被著猜防。誰信道，些兒恩愛，無限淒涼。好事若無間阻，幽歡卻是尋常。一般滋味，就中香美，除是偷嘗。

【箋注】

〔邃（suì）〕　深。　　　〔惹得多情，愁對風光〕使得多情的人對春光而愁。　多情：多情的人；滿懷愁緒的人；指本詞主人。　　　〔酒闌花謝，蝶亂蜂忙〕　宴會散了，花凋謝了，蜂蝶因無花可採而忙亂。寫令人敗興的景物，說明"多情"人的"愁對春光"。　酒闌：本是說參與飲宴的人散去一半，這裡當是說宴會完畢了。　　　〔吹笙北嶺〕　這句用王子晉和家人約會見面的故事，喻和情人約期見面。《列仙傳》："王子喬，周靈王太子晉也，好吹笙作鳳鳴。游伊洛間。浮邱公接以上嵩山。二十餘年後，於山中謂桓良曰：'告我家：七月七日待我緱（gōu）氏山頭。'是日，果乘白鶴，駐山嶺。望之不得到。舉手謝時人。數日而去。"　　　〔待月西廂〕　唐人元稹《鶯鶯傳》敘少女崔鶯鶯爲了爭取婚姻自由，爲了追求幸福，勇敢地背叛封建禮教，主動地私約情人張生前來相會。她命丫環紅娘送去《明月三五夜》詩一首，全詩是"待月西廂下，迎風戶半開。拂牆花影動，疑是玉人來。"　　　〔一株紅杏，斜倚低牆〕　指往日約會相見之處，有紅杏低牆。《鶯鶯傳》中的張生就是借助一株杏花樹而到西廂與崔鶯鶯幽會，暗中結爲夫妻的。這裡說往日約會之地，景物如舊，但約會的人已不見了，所以令人"悵望"。　　　〔羞顏易變，傍人先覺，到處被著猜防〕　意思是這種秘密的約會不敢使旁人知道，但由於心虛膽怯，容易臉紅，往往旁人發覺，到處被人猜疑防範。　被：遭受。　　　〔些兒恩愛，無限淒涼〕　得到是一點戀愛的喜悅，付出的代價是無限淒涼。　些兒：不多。　　　〔好事若無間阻，幽歡卻是尋常〕　好事若是順利如意，不逢到阻礙，那麼，約會相見的喜悅也就平淡無奇了；這是說，正因爲戀愛受到各種阻礙，所以幽期密約相會的喜悅就特別值得珍惜了。　好事：美好的事；指戀愛。間（jiàn）阻；阻礙；指"到處被著猜防"，不能自由如意。　　　〔一般滋味，就中香美，除是偷嘗〕　同是愛情中的滋味，其中特別香美的（在順利的情況下嘗不到的），除非是偷著嘗。　偷：偷偷地作；不能讓人發覺。這種行爲在封建社會裡有一定的背叛封建禮教的意義。

【校】

傅注本，元本俱無。《全宋詞》與《宋六十名家詞》本同。朱祖謀《彊村叢書》中凡例云；"元刻有五首即爲毛氏所已刪，顧尚疑其未盡。如《雨中花慢》之'邃院重簾'，'嫩臉羞蛾'二首，不類坡詞，苦無顯證。"從這首詞的文字及意境看，與東坡詞內容及風格不合。但因"苦無顯證"，暫存此。

245. 又

　　嫩臉羞蛾，因甚化作行雲，卻返巫陽。但有寒鐙孤枕，皓月空牀，長記當初，乍諧雲雨，便學鸞凰。又豈料正好三春桃李，一夜風霜。　　　丹青□畫，無言無笑，看了漫結愁腸。襟袖上，猶存殘黛，漸減餘香。一自醉中忘了，奈何酒後思量。算應負你，枕前珠淚，萬點千行。

【箋注】

〔蛾〕　指婦女的眉，像蠶蛾的觸鬚；《詩‧衞風‧碩人》"螓首蛾眉"，《離騷》"衆女嫉余之蛾眉兮"。　　〔化作行雲，卻返巫陽〕　（像巫山的神女一樣）變成流動的雲彩（到我這裡，又離開我而）回到巫山之陽，（再不出現了）。　巫陽：巫山之陽。《文選》卷十九宋玉《高唐賦》：神女自述："妾在巫山之陽，高丘之阻。旦爲朝雲，暮爲行雨。"巫山在今四川省內，長江三峽之旁。　陽：山之南，《穀梁傳‧僖公二十八年》"山南爲陽。"　〔寒鐙孤枕，皓月空牀〕　寒燈皓月照著孤枕空牀；寫孤寂之夜的淒涼。寒鐙：光和熱都微弱的燈。　鐙：同"燈"。　　〔鸞凰〕　鳳凰，雄鳳和雌鳳，喻夫妻。鸞是鳳的一類，只羽色不同；崔豹《古今注》引後漢太史令蔡衡之說："多赤色者鳳，多青色者鸞。"《離騷》，"鸞皇爲余先戒兮"，王逸注："鸞，俊鳥也。皇，雌鳳也。"　　〔三春桃李，一夜風霜〕　春天桃李花開正盛，忽然一夜風霜，群花凋零。比喻在熱戀中被拆散。三春：春天的三個月孟春，仲春，季春。　　〔丹青〕　繪畫的顏料。顏料不止丹砂和石青，舉兩者以包括其餘。圖畫也叫丹青。這裡指所戀女子的畫像（據下句"無言無笑"）。　　〔結愁腸〕　愁腸被結而解不開。愁苦無法開釋。　　〔襟袖猶存殘黛，漸減餘香〕　（我的）衣襟衣袖上還

398

留下（你）眉黛的殘痕，和（日子久了而）漸淡的（脂粉）香氣。 黛：黛石：古代女子用黛石畫眉；這裡指眉上的黛。 〔負你枕前珠淚〕 可解作辜負了你爲我流的淚（"負"爲辜負，"你"爲你的），也可解作我欠了你的淚債，今後要用淚償還（解"負"爲欠債）。

【校】

傅注本、元本俱無。《全宋詞》本與毛本略同，"鐙"作"燈"。依前首校注，也暫存於此。

246. 三　部　樂

　　美人如月。乍見掩暮雲，更增妍絕。算應無恨，安用陰晴圓缺。嬌甚空只成愁，待下牀又嬾，未語先咽。數日不來，落盡一庭紅葉。　　今朝置酒強起，問爲誰減動，一分香雪。何事散花卻病，維摩無疾。卻低眉、慘然不答。唱《金縷》、一聲怨切。堪折便折。且惜取、年少花發。

【箋注】

〔乍見掩暮雲，更增妍絕〕 剛一出現就被暮雲遮住，（比不被雲遮）更加妍麗。用月亮被雲遮比在晴空更美；喻美人的愁顏比歡顏更美。見（xiàn）：出現。 妍（yán）：美麗。 絕：勝過一切，無可比擬。 〔算應無恨，安用陰晴圓缺〕 算來月亮應該沒有恨事，怎可得著有陰有晴，有圓有缺呢。用石曼卿（公元994—1041年）"月如無恨月常圓"句意。意思是月應該常現、常圓，不應該有陰晴圓缺的交替；以喻美女應該經常歡樂言笑，不應該有悲歡的變化。案：本書第68首《水調歌頭》（丙辰中秋作。）"人有悲歡離合，月有陰晴圓缺"是無可奈何的；此詞說月"安用陰晴圓缺"不應有陰晴圓缺，意思不同。 〔落盡一庭紅葉〕 沒有人掃除庭院。一則說明美人病了幾日，二則說明幾日無人來。 〔咽（yè）〕 嗚咽，悲哀得說不出話。　〔置酒強（qiǎng）起〕　設酒宴而勉強起床。　〔減動，一分香雪〕　美人瘦了一分。　香雪：指皮肉（"雪"喻其白）。　〔何事散花卻病，維摩無疾〕　爲什麼你這個散花的天女反而病了，我這個維摩詰居士卻没有疾病呢。　何事：爲什麼。　散花：佛經中的散花天女。《維摩詰經・問疾品》："維摩室有一天女，見諸天人聞所說法，便現其身，即以天花散諸菩薩大弟子上。"　維摩：梵語"維摩詰"的省文。維摩詰是同佛教創始人釋加车尼同時的人，居士（信佛教，但不作僧侶的人）；《維摩詰經》說維摩詰病了，"無數千人皆往問疾。"這裡以散花天女指美女，以維摩詰居士指作者自己。《維摩詰經》說維摩詰生病，天女健康地散花；此詞問爲什麼天女病了而維摩詰反而健康。　〔《金縷》〕　即《金縷衣》，樂曲名。歌詞見下。　〔堪折便折，且惜取年少花發〕　花枝有能折的你就折吧，要珍惜你的青春、萬花盛開的春天。用唐代李錡的妾杜秋娘唱的《金縷曲》"勸君莫惜金縷衣，勸君須惜少年時。花開堪折直須折，莫待無花空折枝"語，見杜牧《杜秋娘詩》"與唱《金縷衣》"下杜牧自注。

【校】

各本"落成"作"落盡"。此據傳注本。毛本題作"清景"，"年少"作"少年"。

247. 無愁可解

國工花日新作《越調・解愁》。洛陽劉几伯壽聞而悅之，戲作俚語之詞。天下傳詠，以爲幾於達者。龍丘子猶笑之："此雖免乎愁，猶有所解也。若夫遊於自然而託於不得已，人樂亦樂，人愁亦愁，彼且惡乎解哉！"乃反其詞，作《無愁可解》云。

光景百年，看便一世。生來不識愁味。問愁何處來，更開解箇甚底。萬事從來風過耳。何用"不著心裏"。你喚做"展卻眉頭，便是達者"。也則恐未。　　此理。本不通言，何曾道歡遊，勝如名利。道即渾是錯，不道如何即是。這裏元無我與你。甚喚做、物情之外。若須待醉了，方開解時，問無酒、怎生醉。

【箋注】

〔無愁可解〕　蘇軾自創的曲名（見《詞式》卷九）。　　　〔國工花日新〕有個全國出色的音樂家名花日新的。　國：在全國中傑出的。　工：指音樂家；演奏（或演唱）者和作曲者；《左傳·襄公四年》魯大夫穆叔（叔孫豹）到晉，"工歌《文王》之三"，杜預注："工，樂人也。"　花日新：宋神宗時一個在國都開封的著名音樂家。據一些記載：花日新這個社會地位低下的"樂工"很受出身華貴的劉几的賞識，來往很密。　〔《越調·解愁》〕　用《越調》作的樂曲，曲名《解愁》。　越調：燕樂（古代的俗樂）樂調之一。據《新唐書》卷二十二《禮樂志〔十二〕》："凡所謂俗樂者二十有八調"，二十八調中有"越調"，是七商之一；《宋史》卷一百四十二《樂志〔七〕　燕樂》"商聲七調"和《新唐書》"七商"相同（僅次序先後異），其中也有"越調"。　　〔洛陽劉几伯壽〕　洛陽人劉几，字伯壽。祖劉溫叟（公元？—971年），父劉燁（yè，公元968—1029年）都是官。几"生而豪俊，長折節讀書"，作過外交部門的官和地方官。公元1073年退職。公元1080年皇帝舉行於明堂祭祖先之大禮，而明堂雅樂已失傳。几被稱爲"通曉音樂"，奉詔到京定雅樂。但劉几論雅樂不拘限於古樂，頗夾雜世俗之樂。大約比蘇軾早出生四十年，壽至八十一歲。見《宋史》二百六十二附《劉溫叟傳》。一些筆記小說記他縱情音樂游獵的事。　　〔戲作俚語之詞〕　出於遊戲地作俚俗的詞；指劉几爲花日新的《解愁》樂曲配的歌辭。　戲：戲謔地，不嚴肅地。　俚（lǐ）語：不文雅的話；用世俗口語寫的文辭。這首詞已佚亡。據蘇軾此序和詞，劉几原詞是擺脫一切的愁，把愁不放在心上，沒有愁容的人就是通達的人，人們要用歡遊和醉酒去消愁。〔以爲幾於達者〕　認爲劉几差不多成了通達者了。幾（jī）於：接近於；幾乎可以算得上。　達者：通達的人；看透世間事理的人。　　〔龍丘子猶笑之〕　龍丘子陳慥嘲笑他。　龍丘子：蘇軾的朋友陳慥（cào），見第102首《臨江仙》（細馬遠馱雙侍女）〔龍丘子〕注。　猶：當作"猶然"，脫漏"然"字；《莊子・齊物論》有"宋榮子猶然笑之，……此雖免乎行，猶有所待也"；蘇軾這幾句有意模倣《莊子》，應作"猶然笑之"。　猶（同"逌"）然：笑的樣子，班固《答賓戲》"主人逌爾而笑"（見《漢書・敘傳〔上〕》、《文選》卷四十五）。　〔此雖免乎愁，猶有所解也〕劉几《解愁》的內容，雖說可以免除愁，但還是要把人從愁中解脫出來。意思是說"解"，一定是已受到愁，然後從愁中求解脫。　〔若夫遊於自然而託於不得已，人樂亦樂，人愁亦愁，彼且惡乎解哉〕至於放浪於自然而託付於不得不如此，人樂我也樂，人愁我也愁，那還要解什麼呢。　若夫（fú）：至于，如果。　遊：無所用心地生活；放浪，到哪裡就算哪裡。託：付託，把自己交給，隨……安排。　不得已：不得不如此；自己不作主張。惡（wū），如何。意思是有了愁，才求解；若是根本不犯愁，哪裡還用得著解呢。這幾句模仿《莊子・逍遙遊》"若夫乘天地之正而御六氣之辯，以遊無窮者，彼且惡乎待哉。"天下以爲劉几作《解愁》，"幾於達者"，但龍丘子認爲劉几不夠"達"，所以"猶然笑之"。　〔光景百年，看便一世〕大約百年，看看就是一生一世。意思是生命短促，百年一轉眼就過去。　一世：一生；整個生命的經歷。　〔開解箇甚底〕還解個甚麼。沒有什麼開解的。　甚底：甚麼。　〔風過耳〕風從耳旁過，一過就去了，不留下任何痕跡。　〔何用"不著心裏"〕怎麼用得著"不放在心裏"。意思是世間萬事一過去就過去了，根本沒有遺留，那就不用"不著心裏"。　不著心裏：不放在心裏；是劉几《解愁》中的話。　著：放置在，擺在。　〔你喚做"展卻眉頭，便是達者"，也則恐未〕你把人說成不皺眉頭就稱爲"達者"，也似乎未必。達者，即序中說的劉几作《解愁》詞，被人傳詠而"幾於達者"。　未：還沒有到工；指還夠不上"達者"的稱號。　〔言何曾道："歡遊勝如名利"〕那裡有這樣的話："歡遊勝如名利"呢。言：言常；古今的名言。　何曾（cēng）：幾時；即從來沒有過。　道：說。歡遊甚如名利：歡遊比得名得利更可貴。這是劉几《解愁》中的話。　〔道即渾是錯，不道如何即是〕說（"歡遊勝如名利"這句話），就全是錯，不說（這句話）怎麼會正確呢？意思是：這句話說不說都是錯誤的。說這句話，是肯定求名求利還有某些可樂，只是不如歡遊；既然肯定名利，怎麼說萬事"不著心裏"呢？所以"是錯"。即使不說這句話，《解愁》下面還有幾句，也"是錯"的。　渾：全。　即是：就對，就正確。
　〔元無我與你，甚喚做"物情之外"〕本來沒有我也沒有你，有什麼超出"物情之外"的呢？"我"和"你"相對。有我和你，就有我和你的不同的立場，不同的得失之感（物情）。劉几《解愁》要求人跳出"物情"。蘇軾說，真正的達者連我和你的界限都泯滅了，還有什麼要超出我和你之情的。　元：本來。　　物：一切事物（包括人，包括我與你）。　　〔須待醉了方開解時，問無酒怎生醉〕　必須等喝醉了才能解除愁，如果沒有酒又怎麼醉呢？劉几《解愁》說，必須沉醉才能從愁中解脫；那麼酒這一外在條件於解愁是必要的，如果沒有這一條件，人就不能醉，也就無法解愁了。照這樣說，解愁不解愁由外物決定，這就不能算"達"了。

【校】

傅注本在卷六，有題目而沒有詞。毛本序稍有譌異。　　"此理本不通言何曾道"，各本讀作"此理本不通言，何曾道"，今改從"言"屬下句。

248. 賀 新 郎

乳燕飛華屋。悄無人、桐陰轉午，晚涼新浴。手弄生絹白團扇，扇手一時似玉。漸困倚、孤眠清熟。簾外誰來推繡戶，枉教人、夢斷瑤臺曲，又卻是，風敲竹。　石榴半吐紅巾蹙。待浮花、浪蕊都盡，伴君幽獨。穠豔一枝細看取，芳心千重似束。又恐被、秋風驚綠。若待得君來，向此花前，對酒不忍觸。共粉淚，兩簌簌。

【箋注】

〔乳燕飛華屋〕　哺雛的燕子飛進高屋。　乳燕：哺餵新雛的燕。　華屋：高屋頂的屋。《戰國策·秦〔一〕》蘇秦"見說趙王於華屋之下"，注："華屋、夏屋，山名也。言趙王屋清高似山也。"　　〔新浴〕　剛浴過。〔生絹白團扇〕　生帛作的白色圓扇。生絹（xiāo）：生絲織物；織成後未經煮搗的帛。　　〔扇手一時似玉〕　白淨的手和白色的團扇，都像玉一樣白，沒有分別，形容美人的手白淨。《世說新語·容止》說王衍皮膚白，"手捉白玉柄麈（zhǔ）尾，與手都無分別。" 一時：同時；一併。 〔清熟〕 （睡得）恬靜酣熟。 〔枉教人夢斷瑤臺曲〕 憑空地教我從美好的夢境中驚醒。 枉：冤屈地；這裡說橫受不幸，恁白地、徒然地。 人：指詞中的女主人。 夢斷：夢中被驚醒。 瑤臺：相傳女仙的首領王母所在之處。《離騷》："望瑤臺之偃蹇兮，見有娀之佚女。" 曲：深處。

〔風敲竹〕 李益《竹窗聞風寄苗發司空曙》："開門復動竹，疑是故人來。" 〔石榴半吐紅巾蹙〕 石榴花開了一半，像紅巾皺縮沒有全展一樣。紅巾：此詞以紅巾比石榴，用白居易詩句。白居易《題孤山寺山石榴花，示諸僧眾》首句"山榴花似結紅巾"，又《山石榴·寄元九》"山石榴，一名山躑躅，一名杜鵑花；杜鵑啼時花撲撲。……淚痕莫損胭脂臉，剪刀裁破紅綃巾"。但白居易以紅巾寫山石榴花，山石榴不是石榴而是杜鵑；石榴在夏中開花，山石榴在春末開花。蘇軾此詞和第 294首《南歌子》"留取紅巾千點照池臺"都沿用白居易詩句的"紅巾"，誤以石榴花爲山石榴花了。蹙（cù）：皺；沒有全展，形容花"半吐"。 〔待浮花浪蕊都盡，伴君幽獨〕 等到庸俗浮浪的花朵謝盡了，（讓石榴花）陪伴你幽棲孤獨吧。解釋石榴花不肯早開的原因，說現在是"浮花浪蕊"爭妍盛開的時候，它們很會趁熱鬧；但熱鬧時期一過去，它們都離開你。石榴花現在不和"浮花浪蕊"爭芳鬥艷，它只"半吐"，到你孤凄的時候，"浮花浪蕊"不理你了，石榴再盛開以伴你幽獨。這裡寫石榴的品德、風格、給予高度的評價。 浮花浪蕊：浮浪庸俗的花花朵朵；韓愈《杏花》詩（在荊州作）記嶺南風光："浮花浪蕊鎮長有"。 〔穠艷一枝〕 李白《清平樂》詩三首之二："一枝穠艷露凝香"，用"一枝穠艷"寫牡丹，蘇軾借用來寫石榴花。 穠（nóng）：花發滿枝的樣子。 〔芳心千重似束〕 雙關語；既說石榴花蕊一層層被掩蓋得很緊，又說少女心事重重，不能吐露。 〔秋風驚綠〕 秋風驚退了植物的綠色。草木黃落，喻年華消逝，人變衰老。 〔不忍觸〕 承上"芳心千重似束"，也是雙關語。一是不忍觸碰花，使得花落；一是不忍觸動人的心情，免得人淚落。 〔共粉淚，兩簌簌〕 （花）和少女的眼淚兩者都簌簌落下。 粉淚：指少女施過脂粉的臉上流的淚。 簌簌（sù sù）：形容花落和淚落的樣子。形容花落，如本書第84首《浣溪沙》"簌簌衣巾落棗花"；形容水流（淚落），如蘇軾《食柑》詩"清泉簌簌先流齒"。

404

毛本題引《古今詞話》語。（見附錄）《全宋詞》本題作“夏景”。朱祖謀本凡例云：“毛本標題，⋯⋯闌入他人語意，多出宋人雜說。至《賀新郎》之營妓秀蘭，依託謬妄，并違詞中本旨。”

【附錄】

①宋·胡仔《苕溪漁隱叢話》後集卷三十九引《古今詞話》的“蘇子瞻守錢塘，有官妓秀蘭，天性點慧，善於應對。湖中有宴會，群妓畢至，惟秀蘭不來。遣人督之，須臾方至。子瞻問其故，具以‘髮結沐浴，不覺困睡。忽有人叩門聲，急起而問之，乃樂營將催督之。非敢怠忽，謹以實告。’子瞻亦怒之。坐中倅車，屬意於蘭，見其晚來，恚恨未已，責之曰：‘必有他事，以此晚至。’秀蘭力辯，不能止倅之怒。是時，榴花盛開，秀蘭以一枝藉手告倅，其怒愈甚。秀蘭收淚無言。子瞻作《賀新涼》以解之，其怒始息。其詞曰：（略）子瞻之作，皆紀目前事，蓋取其沐浴新涼，曲名《賀新涼》也。後人不知之，誤爲《賀新郎》，蓋不得子瞻之意也。子瞻真所謂風流太守也，豈可與俗吏同日語哉！苕溪漁隱曰：野哉，楊湜之言，真可入《笑林》。東坡此詞，冠絕古今，託意高遠，寧爲一娼而發耶？‘簾外誰來推繡戶，枉教人夢斷瑤臺曲。又卻是，風敲竹’，用古詩‘捲簾風動竹，疑是故人來’之意；今乃云‘忽有人叩門聲，急起而問之，乃樂營將催督’，此可笑者一也。‘石榴半吐紅巾蹙，待浮花浪蕊都盡，伴君幽獨。穠艷一枝細看取，芳心千重似束’，蓋初夏之時，千花事退，榴花獨芳，因以申寫幽閨之情，今乃云：‘是時榴花盛開，秀蘭以一枝藉手告倅，其怒愈甚’，此可笑者二也。此詞腔調寄《賀新郎》，乃古曲名也，今乃云：‘取其沐浴新涼，曲名《賀新涼》，後人不知之，誤爲《賀新郎》’，此可笑者三也。《詞話》中可笑者甚衆，姑舉其尤者。第東坡此詞，深爲不幸，橫遭點汙，吾不可無一言雪其恥。”

②宋·陳鵠《耆舊續聞》：記陸辰州子逸“曾于晁以道家見東坡真跡。晁氏云：‘東坡有妾名朝雲、榴花。朝雲死於嶺外，⋯⋯惟榴花獨存，故其詞多及之。’歡‘浮花浪蕊都盡，伴君幽獨！’可見其意矣。”又云：“曩見陸辰州，語余以《賀新郎》詞用榴花事，乃妾名也。退而書其語，今十年矣，亦未嘗深考。近觀顧景藩續注，因悟東坡詞中用‘白團扇’‘瑤臺曲’，皆侍妾故事。按晉中書令王珉好執白團扇，婢作《白團扇》歌以贈珉。又

《唐逸史》許澶暴卒復寤，作詩云：'曉入瑤臺露氣清，坐中惟見許飛瓊。塵心未盡俗緣重，千里下山空月明'復寢，驚起，改第二句，云：'昨日夢到瑤池，飛瓊令改之，云：不欲世間知我也'。按《漢武帝內傳》所載董雙成、許飛瓊，皆西王母侍兒。東坡用此事，乃知陸辰州得榴花之事于晁氏爲不妄也。《本事詞》載榴花事極鄙俚，誠爲妄誕。"

③宋·曾季貍《艇齋詩話》："東坡《賀新郎》在杭州萬頃寺作。寺有榴花樹，故詞中云石榴。又是日有歌者晝寢，故詞中云：'漸困倚孤眠清熟'。其眞本云'乳燕棲華屋，'今本作'飛'，非是。"

④元·吳師道《吳禮部詩話》："東坡《賀新郎》詞，'乳燕飛華屋'云云，後段'石榴半吐紅巾蹙'以下，皆詠榴。《卜算子》'缺月挂疏桐'云云，'飄渺孤鴻影'以下，皆說鴻，別一格也。"（明·楊慎《詞品》記載與此條同）

⑤清·沈際飛《草堂詩餘正集》云："換頭單說榴花。高手作文，語意到處即爲之，不當限以繩墨"。又云："榴花開、榴花謝，以芳心共粉淚想像，詠物妙境"。又云："凡作事或具深衷，或即時事，工與不工，則作手之本色，自莫可掩。《賀新郎》一辭，若溪正之誠然，而爲秀蘭非爲秀蘭，不必論也。兩家紛然，子瞻在泉，不笑其多事耶？"

⑥清·黃蓼園《蓼園詞選》："前闋，是寫所居之幽僻，次闋，又借榴花以比此心蘊結，未獲達於朝庭，又恐其年已老也。末四句，是花是人，婉曲纏綿，耐人尋味不盡。"

⑦清·王又華《古今詞論》引毛稚黃語："前半泛寫，後半專敘，蓋宋詞人多此法。如子瞻《賀新涼》後段只說石榴花，《卜算子》後段只說鴻雁，周清眞《寒食詞》後段只說邂逅，乃更覺意長。"

⑧清·丁紹儀《聽秋聲館詞話》："《賀新郎》調一百十六字，或名《賀新涼》，或名《乳燕飛》，均因東坡詞而起。其詞寄託深遠，與詠雁《卜算子》同比興。乃楊湜謂爲酒間召妓鋪敘實事之作，謬妄殊甚。詞計百十五字，竊意'若待得君來向此'下直接'花前對酒不忍觸'，語氣未洽，必係'花前'脫一字，雖韓淲詞此句亦僅七字，恐同一殘缺，非全本也。其'蕊'字乃以上作平，與'兩簌簌'句中'簌'字以入作平同。"

406

249. 哨　遍

　　睡起畫堂，銀蒜押簾，珠幕雲垂地。初雨歇，洗出碧
羅天，正溶溶、養花天氣。一霎暖風迴芳草，榮光浮動，
捲皺銀塘水。方杏靨勻酥，花鬚吐繡，園林排比紅翠。見
乳燕、捎蝶過繁枝。忽一線、鑪香逐遊絲。晝永人閒，獨
立斜陽，晚來情味。　　　便乘興、攜將佳麗。深入芳菲裏
。撥胡琴語，輕攏慢撚總伶俐。看緊約羅裙，急趣檀板，
《霓裳》入破驚鴻起。顰月臨眉，醉霞橫臉，歌聲悠揚雲
際。　　　任滿頭、紅雨落花飛。漸鵁鶄、樓西玉蟾低。尚
徘徊、未盡歡意。君看今古悠悠，浮幻人間世。這些百歲
，光陰幾日，三萬六千而已。醉鄉路穩不妨行，但人生、
要適情耳。

【箋注】

〔睡起畫堂〕　一覺醒起，在畫堂中。畫堂：有壁畫的華麗的堂；下句"銀
蒜"、"珠簾"都是和"畫堂"相應的排場。　　〔銀蒜〕　壓簾的重物，
使簾子不被風飄移。庾信《夢入堂內》詩："簾鉤銀蒜條"，倪璠注："象
其形也。"　　〔珠幕〕　用珠裝飾的屏幕。　　〔洗出碧羅天〕　雨止後
，沒有氛埃，天色明淨如洗。　碧羅：碧色的絲羅，喻天色。　　〔溶溶養
花天氣〕　暖洋洋的正是花生長的好天氣。　　〔一霎暖風迴芳草〕　一下
子春天來到，芳草再生。　一霎（shà）：很短的時間；一下子。　迴芳草
：使芳草轉回，使已枯的草再芳。　　〔榮光〕　祥瑞的光；《太平御覽》
卷八十引《尚書中候》"榮光起河"。這裡指春天祥和的氣流。　　〔捲皺
銀塘水〕　用五代時詞人馮延巳《謁金門》詞"風乍起，吹皺一池春水"意
。銀塘：水潔白閃光如銀的池塘。　　〔杏靨勻酥〕　杏花的笑臉上勻勻地
搽上酥；形容杏花之美。靨（yè）:酒渦；有些人笑時臉頰上的小渦。　酥
：乳酪作成的食品，細膩潤澤；詩詞中常用以比喻光潔細嫩之物。　　〔花

蕊〕 花蕊。 〔排比紅翠〕 紅紅綠綠緊相挨擠。 排比（bì）：相靠
攏得緊，擠。 〔乳燕捎蝶〕哺鶵的燕子捉蝶。 乳燕：哺育幼燕的燕；
雛燕的父母。捎（shāo）：捕。 捎蝶：（鳥）捕食蝶；杜甫《重過何氏》
五首之一"花妥鶯捎蝶"。 〔鑪香〕 指香爐中散出的煙。 〔遊絲
〕蜘蛛絲或其它蟲吐的絲，飛揚空際的。庾信《春賦》："數尺遊絲即橫路
。" 〔晝永人閑（xián）〕 白晝長了，人閑著無事作。 〔攜將佳
麗〕 帶領美女們。 佳麗：指下"撥胡琴"奏樂、"急趨檀板"舞蹈和"
歌聲悠揚"唱歌的妓妾們。 〔撥胡琴語〕 彈撥琵琶，使發聲。 胡琴
：琵琶：一種彈撥的弦樂器，不是現在用弓擦弦出聲的胡琴。 語：發聲。
　〔輕攏慢撚〕 用白居易《琵琶行》"輕攏慢撚撥復挑"語。"攏"和
"撚"（niǎn）是彈奏的兩種指法。 〔伶俐〕 指演奏的技藝高妙。
　〔緊約羅裙，急趨檀板，《霓裳》入破驚鴻起〕 敘舞女起舞。 緊約羅
裙：把羅裙結得緊緊的；束緊裙子，使腰細而舞姿美。 約：束，繫。 急
趨檀板：急速地按照檀板的節奏而舞。 趨（qū同"趨"）：應（樂器的）
節奏。檀板：樂器中的拍板（不一定用檀木作），用以擊節。《霓裳》入破
：當《霓裳羽衣舞》曲進入音響急促的樂章時。 《霓裳》：《霓裳羽衣
舞》曲的簡稱。相傳是唐玄宗皇帝在月宮聽到而記下來的，見柳宗元《龍城
錄》上卷。 入破：一種節奏急促、聲音繁密的樂曲，《新唐書》卷三十五
《五行志〔二〕》："唐天寶以後，⋯⋯樂曲多以邊地為名，有《伊州》
、《甘州》、《涼州》等。至於曲遍繁聲、皆謂之'入破'。"這裡指《霓
裳羽衣舞》曲中急促的樂章。 驚鴻：翩翩如受驚的鴻雁急速地飛起；見《
文選》卷二十八陸機《樂府》十七首之《日出東南隅行》"赴曲迅驚鴻"，
形容舞女在舞蹈中的快動作。 〔鞏月臨眉，醉霞橫臉〕 形容歌女容貌
之美。鞏月：陰曆月初三、四日的月牙；比喻美女的眉。 臨：臨摹、仿照
。"鞏月臨眉"是"眉臨鞏月"之倒，說婦女臨摹新月而畫眉。 醉霞：紅
霞；用人醉酒的顏色喻霞的紅。 〔紅雨〕 喻落花成陣。 〔漸鳱鵲
樓西玉蟾低〕 不知不覺地高樓西邊天空的月亮已向下落去。 漸：不被人
察覺地。鳱（zhī）鵲樓：即鳱鵲觀（guàn），西漢時皇帝離宮甘泉宮的一
座樓台。《漢書》卷五十七《司馬相如傳》載司馬相如《上林賦》"過鳱鵲
"，張揖注："武帝建元（公元前140—前135）年中作，在雲陽甘泉宮外。
"這裡指富貴人家的高樓。 玉蟾：月亮。《淮南子·人間訓》："月中有
蟾蜍（chán chú）"因此古代詩歌中有時以"蟾"為月的代稱。月色白，又

408

稱爲銀蟾成玉蟾。　　低：向下墜。由上闋"斜陽"，到此"玉蟾低"，說在歌舞中時間過得快。　　〔未盡歡意〕　歡樂的意興還沒有完。還要歡樂下去。　　〔浮幻人間世〕　（人們）虛幻地活動在人世裡。指人生短暫，寄託在人世間，只是飄浮虛幻。　　〔三萬六千〕　一百年的日數（照一年三百六十日計算）。李白《古風》五十九首之第二十三："三萬六千日，夜夜當秉燭。"　　〔醉鄉路穩〕　到醉鄉的路是平穩的。　醉鄉：隋唐之間文人王績《醉鄉記》中一個"去中國不知其幾千里也"的樂土，古代飲酒放縱的阮嗣宗、陶淵明等數十人并游於醉鄉。　　〔適情〕　暢快。

【校】

傅注本收在卷八："總伶俐"作"總利"，"悠揚"作"悠颺"，"浮幻"作"浮宦"。元本"總伶俐"作"總利"，"浮幻"作"浮宦"，毛本題作"春詞"；"排比紅翠"作"翠紅排比"；"落花飛"下衍"墜"字。彊村老人曰：醉翁《琴趣外篇·減字木蘭花》有云"撥頭總利，怨日愁花無限意。"此詞元本"總利"二字似不誤。但上句按譜當五字耳。

250. 木 蘭 花 令

　　元宵似是歡遊好。何況公庭民訟少。萬家遊賞上春臺，十里神仙迷海島。　　平原不似高陽傲。促席雍容陪語笑。坐中有客最多情，不惜玉山拚醉倒。

【箋注】

〔元宵似是歡遊好〕　元宵看來還是尋歡遊樂好。　元宵：陰曆正月十五日爲上元，此夜爲元宵或元夜，唐以來元宵有觀燈的風俗，街市燈燭通明，人家張燈結彩，飲宴奏樂。蘇味道《正月十五夜》（或《上元》）詩："火樹銀花合，星橋鐵鎖開。"　　〔何況公庭民訟少〕　（元宵本是佳節），何況訴訟少，公事清閑，（更該開懷作樂呢）。這句稱讚地方主管長官施行的政治和教化好，使人民風俗淳厚，所以訴訟少。《韓詩外傳》卷六：子路治蒲三年，孔子過之，……曰："……入其庭，甚閑，此明察以斷，故民不擾也。”“公庭民訟少”就是“庭甚閑”。　〔上春臺〕　登上春日觀賞景物之臺。《老子》王弼本第二十章：“衆人熙熙，如享太牢，如春登臺”。　〔十里神仙迷海島〕　城市十里之內成了繁華美麗的海上仙島，使神仙也爲之迷惑。形容城內燈火輝煌，裝飾華麗，到處音樂酒宴，車馬往來。海島：指傳說中的三神山；《史記》卷六《秦始皇帝本紀》，方士們“言海中有三神山，名曰蓬萊，方丈，瀛州，仙人居之”，又卷二十八《封禪（shàn）書》說三神山“黃金，銀爲宮闕。”　〔平原不似高陽傲〕　平原君敬待賓客，不像高陽酒徒無禮傲慢。　平原：戰國後期趙國貴公子趙勝（公元前？—前251年），封平原君；《史記》卷七十六《平原君列傳》說趙勝“喜賓客。賓客蓋至者數千人。”這裡用平原君敬禮賓客比元宵設宴的首長。　高陽：指秦末說客酈食其（lì yì jī。公元前？—前204年）；食其是高陽（古國名，遺址在河南省杞縣之西，舊陳留縣城之東）人。劉邦起兵經過陳留時，酈食其要謁見劉邦，“瞋（chēn）目按劍叱使者，曰：‘……吾，高陽酒徒也！’”見《史記》卷九十七《朱建列傳》。　〔促席雍容陪語笑〕　坐在客人一起，寬和從容地陪伴客人談笑。　促席：坐席相近；指主人坐位靠近客人。　雍容：溫和從容；不擺架子；使人感到無拘束。　〔有客最多情〕　有個客人最富於感情；作者稱自己。　〔不惜玉山拚（pān）醉倒〕　（爲了珍惜主人待客的殷勤）拚著醉倒在地而盡興喝酒。　玉山：形容人醉倒；《世說新語·容止》記山濤說嵇康“其醉也，傀（guī）俄若玉山之將崩。”拚：不顧；拋開；即使……也要幹。

【校】

傳注本，元本俱無。

251. 又

　　經旬未識東君信。一夕薰風來解慍。紅綃衣薄麥秋寒，綠綺韻低梅雨潤。　　瓜頭綠染山光嫩。弄色金桃新傅粉。日高慵捲水晶簾，猶帶春醪紅玉困。

410

【箋注】

〔經旬未識東君信〕　接連十天陰雨，沒有見到太陽了。　　經旬：經歷了
十天。東君：太陽神，《楚辭‧九歌》的《東君》是祀日神的祭歌；這裡指
太陽。　　〔一夕薰風來解慍〕　一夜起了南風，解除了人們的煩惱。薰（
xūn）風：和暖的風；南風，《史記》卷二十四《樂書》裴駰《集解》引《尚
書‧大傳》，記帝舜的《南風》歌：“南風之薰兮，可以解吾民之慍兮”，
因此南風又被稱爲“薰風”。　　解慍（yùn）：解除人的煩惱。　　〔紅綃
衣薄麥秋寒〕　穿紅綃的衣薄了，敵不住收夏麥時的寒氣。　綃（xiāo）：
帛，絲綢。　麥秋：收割麥子的時節。　秋：穀物成熟收割的時節（不一定
指現在的秋季。如周代的秋，相當大約現在農曆的五、六、七月）。　　〔
綠綺韻低梅雨潤〕　琴的音響變低澀了，因爲梅雨天的空氣潮濕，弦受濕而
變音。　綠綺（qǐ）：原是西漢時司馬相如的琴名，《文選》卷三十四張載
（孟陽）《擬四愁詩》李善注：“漢中世司馬相如有綠綺、蔡邕有焦尾，皆
名琴也。”這裡泛指七弦琴。　韻低：彈奏出的琴音低沉不揚。　梅雨：
江南地帶夏初往往連日下雨薄寒，正值梅子黃時，所以叫黃梅雨或梅雨。

〔瓜頭綠〕　淺綠色，色如瓜的頭。　　〔弄色金桃新傅粉〕　翻弄新顏
色的金桃剛搽上粉。　弄色：翻出新顏色的。　金桃：《青瑣高議‧後集》
卷五載《煬帝海山記（下卷）》：“陳留進十色桃”，第一爲“金色桃”。
新：剛才。　傅：搽。　　〔日高慵捲水晶簾〕　太陽升得很高了，還懶得
捲上簾子。　慵：懶。　水晶簾：富貴人家的簾子：宋之問《明河篇》：“
水晶簾外轉逶迤”，元稹《離思》“水晶簾下看梳頭”。　　〔猶帶春醪紅
玉困〕　（雖然已經日高），還帶著醉意困倦。　醪（láo）：帶糟的酒，
甜的叫醴，烈性的叫醪。冬天釀，春天才成熟的醪叫春醪。　紅玉：美女的
膚色。《西京雜記》卷一之末，說漢成帝皇后趙飛燕和她的妹妹昭儀“并色
如紅玉，爲當時第一。”

【校】

傅注本，元本俱無。

252. 西 江 月

聞道雙銜鳳帶，不妨單著鮫綃。夜香知與阿誰燒。悵望沉香煙裊。　　　　雲鬟風前綠捲，玉顏醉裏紅潮。莫教空度可憐宵，月與佳人共僚。

【箋注】

〔聞道雙銜鳳帶〕　聽說（這個少女）曾艷妝過。　　聞道：聽說；但未親眼見到；和下文眼見的事相對。　　雙銜鳳帶：織成（或繡成）雙鳳共銜的綬帶。李商隱《代離筵妓作》詩：“願得化爲紅綬帶，許教雙鳳一時銜。”
〔不妨單著鮫綃〕　不因（改變艷妝而）淡妝損害（其美）。　　不妨：不因……而有所損害；也可以。　　單：僅。　　著：穿。　　鮫綃（jiāo qiāo）：鮫人織的薄綃。《文選》卷五左思《吳都賦》：“……極沈（chén）水居。泉室潛織而卷綃”，劉逵注：“水居，鮫人水底居也。俗傳鮫人從水中出，曾寄寓人家，積日賣綃。”任昉《述異記》卷上：“南海出鮫綃紗，泉室潛織，一名龍紗，其價百餘金。”據劉逵注：“綃者，竹孚俞也”，竹孚俞是竹的青皮（孚俞，同“孚尹yún”；（禮記·聘義）“孚尹旁達”，鄭玄注：“孚讀爲浮。尹讀爲竹筠之筠”，竹筠是竹的青皮），很薄，用以說明鮫綃之薄。這裏指少女的衣，紗質薄而價貴（任昉說“百餘金”）。　　〔夜香知與阿誰燒〕　夜暮的香不知爲誰燒的。　　夜香：夜暮燒的香；古代婦女暮時焚香禱神，祈求神佛的福佑。　　知：不知。　　與：給；爲了。　　阿誰：誰。　　〔沉香煙裊〕　一種珍貴的香木燒出的煙裊裊上升。　　沉香：又叫水沈（chén，同“沉”），　或叫奇南香；木質比重較大，放在水中能沉，所以叫水沈或沉香；古代燒它，取其煙氣之香，以示向神致敬。　　裊（niǎo）：煙上升的樣子。　　〔雲鬟風前綠捲〕　濃密的鬟髮在風前成爲黑色的圈圈。　　雲鬟：像雲一樣濃密的鬟髮。　　綠：這裏指有光澤的深黑色。捲：指被風捲成圈子。　　〔紅潮〕　面頰上因羞怯、惱怒、醉酒而發紅。
〔可憐〕　可愛的。　　〔月與佳人共僚〕　月和美人一樣美麗。　《詩·陳風·月出》：“月出皎兮，佼人僚兮”，鄭玄《箋》：“喻婦人有美色之白皙。”　　僚（liǎo）：美好。

【校】

　　傳本“僚”誤作“撩”；從毛本。《全宋詞》“沉香”作“水沈”。“撩”作“僚”。

412

253. 蘇　幕　遮

詠選仙圖

　　暑籠晴，風解慍。雨後餘清，暗襲衣裾潤。一局選仙
逃暑困。笑指尊前，誰向青霄近。　整金盆，輪玉筍。鳳
駕鸞車，誰敢爭先進。重五休言升最緊。縱有碧油，到了
輸堂印。

【箋注】

〔選仙圖〕　古代一種擲骰子的遊戲，賭賽氣運，看誰擲出的點數適合升進
，先升到最高的格子。鳳駕、鸞車、碧油、堂印當是選仙圖一些格子和骰子
花色的名稱。王珪《宮詞》“盡日窓閒賭選仙”，可知它是當時婦女們消閒
之戲。　　〔風解慍〕　見本書第251首《木蘭花令》〔一夕薰風來解慍〕
注。　〔雨後餘清〕　下雨後餘留的清涼。　　〔裾（ jū）〕　衣的前襟。
　　〔一局選仙逃暑困〕　玩一盤選仙圖以躲脫夏晝的睡意。　困：倦而思
睡之感。　〔尊〕酒杯；這裡指杯中的酒。　　〔誰向青霄近〕　誰先成
仙而登天。青霄：天；指作選仙圖遊戲取得登天的勝利。　　　〔金盆〕　指
擲骰用的盆。　　〔輪玉筍〕　婦女們輪流用纖手擲骰。玉筍：指婦女們白
而纖長的手。韓偓《詠手詩》：“腕白膚紅玉筍牙。”　　〔鳳駕鸞車，誰
敢爭先進〕　如果進了鳳駕鸞車的格子，就沒有人敢和他搶先了。　鳳駕鸞
車：選仙圖中的格子；大約進了這一格，已近於得勝。　　〔重五休言升最
緊。縱有碧油，到了輸堂印〕　　不要說擲成重五的人就前進得最快；即使
得到碧油，最後輸給擲成兩個四點得堂印的人。重（ chóng）五，擲骰子得
兩個五點。　　升：上進；向青霄進。　最緊：最接近目標；最靠近勝利的
格子。　到了：最後；到末尾。　了：終、結局。　碧油：本是貴婦人所
乘車的帷幔，也是貴婦人的車；這裡指選仙圖中的一個格子，或是擲骰所成
的一種花色。　堂印：是骰子的一個花色。擲出兩個四點。玩選仙圖，以得

紅色爲貴；得兩個四點（骰子的一點和四點爲紅色）爲最貴。韋絢《劉賓客嘉話錄》"李二十六丈丞相善謔……因堂第居守誤收骰子，收者罰之。丞相曰：'何罰之有？'司徒曰：'汝向聞時把他堂印將去，又何辭焉。'飲酒家謂重四爲'堂印'。蓋譏居守。"

【校】

傅注本"暗"作"闇"、"筍"作"笋"。《全宋詞》本全同。

254. 烏 夜 啼

寄 遠

莫怪歸心甚速，西湖自有蛾眉。若見故人須細說，白髮倍當時。　　小鄭非常強記，二南依舊能詩。更有鱸魚堪切膾，兒輩莫教知。

【箋注】

〔寄遠〕 毛本題爲"寄遠"。不知這位在遠道人是誰。據詞的內容，當是一位在"鱸魚堪切膾"的秋天趕回杭州的人。作者托他帶信給"故人"、自陳"白髮倍當時"，應是蘇軾老年之作。　　〔莫怪歸心甚速，西湖自有蛾眉〕 怪不得你歸家的心情很迫切，原來西湖之美使你思戀。這是打趣的話；許多人急於回家，因爲思念家中的妻；這裡用"蛾眉"比西湖之美，西湖吸引在外的杭州人回去，如他們美麗的妻。　　蛾眉：原是美女的眉，畫成蠶蛾觸鬚形，《詩·衛風·碩人》"螓首蛾眉"；這裡指美女。　　〔小鄭非常強記〕 小鄭仍有非常好的記憶力嗎？　小鄭：當是蘇軾在杭州認識的人，不知其名；據下句，可能是個妓女。　強記：記憶力強。　　〔二南依舊能詩〕 二南仍會吟詩嗎？　二南：姓周和姓邵的兩個妓女。吳聿《觀林詩話》："東坡在湖州。甲寅（公元1074年），與楊元素、張子野、陳令舉由苕霅泛舟至吳興。……州妓一姓周，一姓邵，呼爲'二南'。……後元素因作詩寄坡云：'……二南籍裏知誰在？六客堂中已半空。……'"《詩·國

414

風》有《周南》和《召（shào）南》，所以人諧戲地稱周、邵二妓爲“二南”。 詩：吟詩，作詩（動詞）。 〔鱸（lú）魚堪切膾（guài）〕鱸魚能剁碎作肴。這句說：想辭官退隱。《世說新語·識鑒篇》記西晉時吳（今江蘇蘇州）人張翰（字季鷹）作齊王司馬冏的屬官，“在洛，見秋風起，因思吳中菰菜、蓴羹、鱸魚膾，………遂命駕便歸。”後世詩文常用這個故事說思慕故鄉而辭職回去。 鱸魚：一種大口細鱗味美的魚。 堪：能。 膾：細切的肉。細切的魚叫“鱠”，也可作“膾”。 〔莫教（jiāo）知〕不要讓他們知道。指蘇軾懷念杭州，想退隱的事，要人暫時保密。 教：使；讓。

【校】

傅注本“膾”作“鱠”。毛本題作“寄遠”，“速”作“甚速”。

255. 臨　江　仙

送王緘

忘卻成都來十載，因君未免思量。憑將清淚灑江陽。故山知好在，孤客自悲涼。　　坐上別愁君未見，歸來欲斷無腸。殷勤且更盡離觴。此身如傳舍，何處是吾鄉。

【箋注】

〔送王緘〕 爲王緘送行。 王緘：朱祖謀注：“按本集《仲天貺·王元直自蛾眉山來，見余錢唐。既行，送之詩》。施注：‘王箴，字元直，東坡夫人同安君之弟也。’王緘未知即箴否。”朱祖謀疑王緘是施注中的王箴（蘇軾的妻弟）。此詩應作於蘇軾在杭州的任上。詞中說王緘是從蘇軾故鄉來的，和王箴的事相合；“箴”、“緘”兩字形相似，易致誤；朱所疑有理。
〔忘卻成都來十載〕 自淡忘西川以來已有十年。 成都：今四川成都市，是宋朝西川路的首府，這裡以成都爲西川路的代稱。蘇軾是眉州人，眉州是西川路所屬的一個州。 〔因君未免思量〕 因爲見到你，不免又思量西川了。思量：想念，和上"忘卻"相對。　　　〔江陽〕　傅榦注："江陽，江北也。水北爲陽"。《穀梁傳·僖公二十八年》"水北爲陽"，杭州在錢塘江北岸，可以說"陽"。但杭州爲"江陽"，不見於他書；蘇軾詩詞中稱杭州爲"錢塘"，這裡不說"錢塘"，不知爲何。　　〔故山知好在〕　知道故鄉無恙。　故山：故鄉。　好在：平安無恙。　　〔坐〕　即"座"。〔欲斷無腸〕　極悲痛。古人用"斷腸"形容悲痛，這裡說無腸可斷。比"斷腸"更甚。見本書第269首《菩薩蠻》（繡簾高捲傾城出）中〔我已無腸斷〕注。　　　〔殷勤且更盡離觴〕　我殷勤地勸酒，你且再爲即將離別乾一杯吧。　殷勤：情意深厚。　更：再。　盡：喝乾；乾杯。　離觴：送行的酒。　觴（shāng）：本是飲酒器，這裡指酒。　　　〔此身如傳舍〕　我這個身軀如一個暫住的舍宇，說我的軀殼只是"我"暫時所寄託。　傳（zhuàn）舍：官吏旅途中食宿之處；不是長久安居之所。　　〔吾鄉〕　我所從來和將要永遠住之處。意思是：西川是我的"身"的故鄉，但我的"身"只是我的"傳舍"，眞正的"我"並不能永久寄託在我的"身"中（因爲"身"總有一天要毀滅，我眞正的"鄉"該在何處）。

【校】

各本相同。

【附錄】

①王若虛《滹南遺老集》卷三十九《詩話〔上〕》：東坡《送王緘》詞："坐上別愁君未見，歸來欲斷無腸"；此未別時語也，而言"歸來"，則不順矣。"欲斷無腸"亦恐難道。《陳公密侍兒》（本書第240首）曰："夜來綺席親曾見"；此即席所賦，而下"夜來"字，卻隔一日。

256. 又

　　冬夜夜寒冰合井，畫堂明月侵幃。青釭明滅照悲啼。青釭挑欲盡，粉淚裛還垂。　　　未盡一尊先掩淚，歌聲半帶清悲。情聲兩盡莫相違。欲知腸斷處，梁上暗塵飛。

【箋注】
〔冰合井〕　冰把井都凍住了。形容"夜寒"之冽。　合：凍住；凝合。全詞寫寒夜飲酒聽一個歌女流淚悲歌，首句力寫夜寒，渲染淒悲的氣氛。　〔幃（wéi）〕　帳子。　〔青釭明滅照悲啼〕　青色的燈焰暗淡，照著一個悲啼的少女。　青釭：青色的燈焰。　釭（gāng）：燈台。　明滅：說明不明，說滅又不滅，形容燈油凍住，光焰微弱。　悲啼：指有人悲哀啼哭。據"粉淚"、"歌聲"，悲啼者是個被逼迫爲人取樂而唱歌的少女。　〔青釭挑欲盡〕　燈心快燒完了。　釭：這裡指油燈中的燈心。　挑：把燈心撥出一些。　〔粉淚裛還垂〕　（少女的）帶著脂粉的舊淚還沒有乾，新淚又落下；即淚流不止。　裛（yì）：濕潤。　〔未盡一尊先掩淚〕　一杯酒還沒有飲完，她就捂著臉流淚。　掩淚：用手帕或衣袖掩著臉而哭泣。

〔情聲兩盡莫相違〕　照我說的，盡量發泄悲哀，盡量唱吧。這是作者叮囑歌女的話。　情：承上文"悲啼"、"粉淚""掩淚"，指悲哀。　聲：承上"歌聲"。兩：指"歌聲"（聲）和"清悲"（情）。　盡：盡量傾吐。　〔腸斷處，梁上暗塵飛〕　唱到你情感最悲痛之處，屋樑上的積塵會飛動的。　梁上塵飛：歌聲好，使得樑上的灰塵飛動；《文選》卷三十四曹植《七啓》"飛聲激塵"，注引劉向《別錄》："漢興，善歌者魯人虞公發聲動梁塵。"

【校】
《全宋詞》本"釭"作"缸"。

257. 又

贈王友道

　　誰道東陽都瘦損，凝然點漆精神。瑤林終自隔風塵。試看披鶴氅，仍是謫仙人。　　省可清言揮玉麈，直須保器全真。風流何似道家純。不應同蜀客，惟愛卓文君。

【箋注】

〔王友道〕 不詳。由於王友道姓王，此詞用了王彪之、王羲之、王恭、王衍等一串姓王的人喻王友道。上闋稱讚王友道的姿貌風度，下闋勉王友道"保器全眞"。　　〔誰道東陽都瘦損〕　誰說叫"東陽"的人都是瘦的呢。意思是叫沈東陽的人瘦，但叫王東陽的人並不瘦。沈東陽是沈約（公元441—513），字休文，仕於南齊和梁兩朝。南齊隆昌元年（公元494年）作東陽太守。到梁朝，想作貴官，梁武帝不給。沈約請友人徐勉推薦他，告訴徐勉，自陳老病，"百日數旬，革帶常應移孔"（每隔一百或幾十天，束腰的皮帶就要移一個孔），就是說，每隔幾個月，腰圍就要減少一寸左右。見《南史》卷五十七《沈約傳》。唐詩人李商隱《韓冬郎即席爲詩相送，一席盡驚。他日余方追吟，連夕侍坐，裴回久之。句有老成之風，因成二絕寄酬》二首之二，末句"瘦盡東陽姓沈人"，自注："沈東陽約嘗謂何遜曰：'吾每讀卿詩，一日三復，終未能到。'余雖無東陽之才，有東陽之瘦矣。"這是說沈東陽瘦。又晉朝王臨之，字仲產，是王彪之（公元305—377）的兒子，作東陽太守，被稱爲王東陽；書傳沒有王臨之"瘦"的記載。　　〔凝然點漆精神〕　眼睛如點漆，表現出精神凝聚。　點漆：如用漆點的眼睛；形容眼珠黑而炯炯有光。《世說新語·容止》："王右軍見杜弘治，嘆曰：'面如凝脂，眼如點漆此神仙中人！'"說的是王羲之（右軍，公元321—379）稱讚杜弘治"眼如點漆"，而不是王羲之自己眼如點漆。此詞前後文都用王家的人形容王友道之貌，大約蘇軾誤記"眼如點漆"的人是王羲之了。

〔瑤林終自隔風塵〕　瑤林瓊樹畢竟遠離風塵。《世說新語·賞譽》記王戎（公元234—305）說，"太尉神姿高徹，如瑤林瓊樹，自然是風塵外物。"太尉：指西晉晚年太尉王衍（公元255—311年）。瑤、瓊都是玉。瑤林瓊樹非人世所生，所以說"風塵外"、"隔風塵"。　　〔鶴氅（chǎng）〕用鳥羽作的斗篷。羽毛潔白、穿它的人望之像鶴。《世說新語·企羨》："王恭（公元？—398年）乘高輿、披鶴氅裘。（孟）昶於籬間見之，嘆曰：'此神仙中人！'"　　〔謫仙人〕　被罰從仙境天宮貶到人間的仙人。這是對人的稱譽；說他的姿質，塵世的人不可企及，只能是神仙被貶謫才墮到人世。如李白被老詩人賀知章（公元659—744年，字季眞，號四明狂客）稱爲謫仙人，李白《對酒憶賀監二首》之序："太子賓客賀公子長安一見余，呼余爲謫仙人"，第一首："四明有狂客，風流賀季眞。長安一相見，呼

418

我謫仙人"；杜甫《寄李十二白》："昔年有狂客，號爾謫仙人"；孟棨《本事詩・高逸》、《舊唐書》卷一百零九〔下〕、《新唐書》卷二百零二都記了賀知章稱李白爲"謫仙人"的事。李白以此自豪，在自己的《答湖州迦葉司馬問白是何人》詩中自我介紹："青蓮居士謫仙人"。　　〔省可清言揮玉麈〕　　（旣然）知道和人清談，揮動裝有白玉柄的麈尾。清言，清談；魏晉時士大夫盛行的談老、莊玄言。　玉：指白玉作的柄。　麈（zhǔ）：駝鹿，又叫四不像。這裡指麈尾，晉代士大夫用麈的尾作拂子，執在手中。《世說新語・容止》記王衍清談時，"每捉白玉麈尾，與手同色"（手白得像麈尾的白玉柄）。　　〔保器全眞〕　保重身體，蓄養元氣。　保：保重。　器：容器，指身體。人的精神藏在身體內，正如物藏在器內，所以稱身體爲器。　全：保全，不使虧缺損耗。　眞：指人的本眞，人從天承受的元氣。這句戒王友道不要因好色而損傷身體。　　〔風流何似道家純〕值得傳爲美談的事哪裡有比得上道家的保持純眞呢。這句勉勵王友道守純眞的道。　風流：傳爲美談的，可歌詠贊揚的。　　〔不應同蜀客，惟愛卓文君〕　不該像司馬相如一樣好色，由於過分貪他的妻卓文君之色而死。　蜀客：指西漢文學家司馬相如，字長卿（公元前179—前117）；成都（今四川省成都市）人，所以稱"蜀客"。　卓文君：西漢時臨邛（qióng，今成都市西的邛崍縣）人，富人卓王孫的女，自行作主嫁給司馬相如。《西京雜記》卷二，說卓文君容色美麗。司馬相如結婚後，"悅文君之色，遂以發痼疾；以作《美人賦》，欲以自刺，而終不能改，卒以此疾致死焉。"杜甫《琴臺》詩也說："茂陵多病後，尚愛卓文君。"蘇軾用司馬相如的事，規戒王友道不要貪戀女色以至損害健康。

【校】

元本無，《全宋詞》本同毛本。

258. 又

　　昨夜渡江何處宿，望中疑是秦淮。月明誰起笛中哀。多情王謝女，相逐過江來。　　雲雨未成還又散，思量好事難諧。憑陵急槳兩相催。想伊歸去後，應似我情懷。

【箋注】

〔望中疑是秦淮〕　遠望所見，令人懷疑是秦淮河。　望中：遙望所見之處。　秦淮：今江蘇省南京市的秦淮河；據賀鑄（和蘇軾同時的詩人）《秦淮夜泊》詩；當時秦淮的夜景："樓台見新月，燈火上雙橋。隔岸開珠箔，臨風弄紫簫"，很爲繁華富麗；蘇軾所見，不是秦淮，但一定也繁華富麗，燈火交映。　〔誰起笛中哀〕　誰在吹笛，笛中興起悲哀之情。《文選》卷十六向秀《思舊賦》，序中說，經亡友嵇康的舊宅，"鄰人有吹笛者，發聲寥亮"，賦有"聽笛聲之慷慨兮"，後人詩文常用向秀聞笛聲而悲哀的事。〔王謝女〕　一個出身高門第的少女。　王謝：兩個大家族；東晉時，從黃河流域渡江南來的人，以瑯邪（今山東省臨沂一帶）王氏和陽夏（jiǎ，今河南省太康）謝氏爲最顯赫的家族。這裡用"王謝"借指當時貴盛的人家，不一定姓王、姓謝；而且只是一個人，不是王家一個加上謝家一個。〔逐〕跟隨。　〔雲雨未成還又散〕　（巫山神女）沒有凝成雲雨就被風吹散。雲雨：《文選》卷十九宋玉《高唐賦》記巫山神女自敘："旦爲朝雲，暮爲行雨"。這裡用巫山神女比喻"相逐過江來"的少女。散：用雨收雲，散喻拆散。　〔好事難諧〕　令人愉快的事難得如願。　諧：如意；圓滿成功。　〔憑陵急槳兩相催〕　形勢不容許，和駕船的人，兩者催促少女們渡江去。　憑陵：本是欺壓逼迫；這裡指使人不得不屈服的形勢，無形的壓力。　急槳：快船；這裡指駕船人馬上要開船的信號。　〔想伊歸去後，應似我情懷〕　估計她回去以後的情懷，也當和我的情懷一樣（難過）。

【校】

毛本無。

259. 漁　家　傲

送張元康省親秦州

一曲《陽關》情幾許。知君欲向秦川去。白馬皁貂留不住。回首處，孤城不見天霏霧。　　　到日長安花似雨，故關楊柳初飛絮。漸見韀刀迎夾路。誰得似，風流膝上王文度。

【箋注】

〔送張元康省親秦州〕　送張元康到秦州去看父親。　張元康（毛晉本作“張元唐”）：未詳。　省親：探望父母親。據本詞末句，知張元康當時父親健在。　秦州：北宋時秦鳳路的一個州，州城在今甘肅天水縣。　〔陽關〕　唐詩人王維《送元二使安西》詩，被配上樂曲，廣泛流傳，以餞行送別。因末句“西出陽關無故人”，所以被稱爲《陽關曲》（白居易《對酒詩》“聽唱《陽關》第四聲”），又叫《陽關三疊》（末句反覆重疊）　〔情幾許〕　情感多麼（深厚）。　〔秦川〕　今陝西關中之地；《三國志·蜀志》卷五《諸葛亮》記諸葛亮在隆中對劉備說：“將軍身率益州之衆以出秦川”（從四川出陝西）。秦川不是“秦州”，當是說張元康要到秦州，須經過秦川。　〔白馬皁貂留不住〕　唐詩人高適《送孫訢（xīn）》詩首兩句“離人去復留，白馬黑貂裘”，這裡用高適句；但高詩“去復留”，和此詞“留不住”，意思相反。　白馬皁貂：本是離人的衣馬，這裡指離去的人。　皁（zào）：黑。貂（diāo）：一種獸，其皮是貴重的裘料；這裡指貂皮作的裘。　〔回首〕　我送行回來，回頭看分手之處。　〔孤城不見天霏霧〕　因爲天飄降霏霏的霧，看不見孤城。　霏：濃密。　〔到日長安花似雨〕　估計到達目的地時，正是暮春時節，長安花落如雨。　長安：可作兩種解釋：一是漢、唐的故都長安（北宋陝西路的京北府；府城長安，今陝西西安市）；承上“秦川”。二是當時國都開封，因爲西漢建都長安，後世詩歌把“長安”作爲國都的代稱而不是一個地理專用名詞（把開封的落花似雨和故關的柳絮初飛對舉）。　〔故關〕　古老的關隘。當是今甘肅清水縣（天水市東北）之東的大震關，又叫隴關。　〔韀刀迎夾路〕　下屬官員左手握刀，袴腳塞在靴筒裡到郊外夾道歡迎你。韓愈《送鄭尚書序》說，嶺南節度使（“大府帥”）到所屬四個府去，受到四個府府帥的敬禮：“府帥必戎服、左握刀，右屬（zhǔ）弓矢、帕首、袴韀，迎于郊。”韀刀：就是“袴韀”、“左執刀”，和其它執弓矢、帕首等全套武裝的隆重歡迎儀式。　韀（xuē）：同“靴”。　〔誰得似，風流膝上王文度〕　誰

421

能趕上這樣的美事呢，王文度被父親摟抱著坐在膝上。　誰得似：　誰能比得上。李白《清平調》三首之二"借問漢宮誰得似"。　風流：傳爲美談的事；韻事。　膝上王文度：《世說新語·方正》說王文度（名坦之，公元330—375）的父親王藍田（名述，公元303—368）。"愛念文度，雖長大，猶抱置膝上"當時王坦之自己已有兒女了）。以比喻張元康的父親健在，張元康像王文度一樣被父親疼愛。

【校】

　　元本題末有"或作秦亭"四字，毛本題"康"作"唐"，"霏"作"霖"。《全宋詞》本全同毛本，"鞲"作"靴"。元本、毛本、朱本、龍本題末二字俱作"秦州"。

260. 又

　　臨水縱橫回晚鞚。歸來轉覺情懷動。梅笛煙中聞幾弄。秋陰重。西山雪淡雲凝凍。　　美酒一杯誰與共。尊前舞雪狂歌送。腰跨金魚旌旆擁。將何用，只堪裝點浮生夢。

【箋注】

　　〔縱橫回晚鞚〕　隨意地騎馬遲暮歸家。　縱橫：指馳馬任意東西南北，不選擇路。　鞚（kòng）：馬的勒口。　〔歸來轉覺情懷動〕　到家反而心情不平靜。　轉：反而；回家後應該心情平靜，而"情懷動"，所以說"轉"。　〔梅笛煙中聞幾弄〕　在暮靄中聽到笛奏的幾支樂曲。　梅笛：正在吹奏《梅花落》曲的笛。　梅：指笛曲《落梅花》。　煙：暮靄；日暮時的薄霧。　弄：樂曲（名詞）。　〔誰與共〕　誰與我共（飲）呢。指獨飲。　〔舞雪狂歌送〕　用妓妾的歌舞下酒。　舞雪：動作迅疾的舞蹈；舞女衣袖如雪片回旋。《藝文類聚》卷四十三《樂部〔三〕舞》、《初學記》卷十五《舞〔第五〕》、《太平御覽》卷三百八十一《人事部〔二十

422

二〕美婦人〔下〕》都引漢代張衡《觀舞賦》：“袖如回雪”。 送：下酒；這裡說不用肴饌下酒，而用聽歌觀舞下酒。 〔腰跨金魚旌旆擁〕 腰帶佩繫著金魚袋，外出時被儀仗旗幟簇擁；指仕宦得意，取到高官厚祿，可向人誇耀。 跨(kuà)：這裡同“掛”，佩帶。 金魚：金魚袋。古代給貴官以虎符作爲憑證。唐代改虎符爲魚符。武則天于公元690年改用龜符。公元700年又規定盛龜符的袋，三品以上的官員用金飾，四品官用銀飾，五品官用銅飾。公元705年唐中宗恢復命高級官員佩魚符，而魚袋按官員的級別用金、銀、銅爲飾。跨金魚袋的是一、二、三品的貴官。見《舊唐書》卷四十五《輿服志》。旌旆：儀仗中的旗幟。旗竿尖端飾有羽的叫旌。旗的鑲邊叫旆。《新唐書》卷三十九〔下〕《百官志》〔四下〕：“節度使辭日，賜雙旌雙節。行則建節，豎六纛(dào)。入境，州縣築節樓，迎以鼓角。”
〔將何用，只堪裝點浮生夢〕 魚袋旌旆的榮華富貴又有甚麼用呢？只能作爲如夢的人生中一個裝飾而已。 何用：作什麼用；算得了什麼。表示鄙棄。 堪： 能；夠得上。 裝點：點綴；裝飾。 浮生夢：短暫的人生之夢。李白《春夜宴從弟桃李園序》：“浮生若夢”。 浮生：漂浮不定的人生；空虛的人生。

【校】

傅注本、元本俱無。此詞不似東坡作。閒得無聊，騎馬散心，用“舞雪狂歌”下酒，東坡没有這種富貴悠閒的生活。詞末蔑視富貴而不說明理由，只是歌頌醉生夢死的享樂，看不出有蘇軾的胸襟。“雪淡雲凝凍”，與“秋陰重”相抵牾，蘇軾不會出這種錯誤。姑因毛晉本收了它，留以存疑。

261. 定風波

重陽，括杜牧之詩

　　與客攜壺上翠微，江涵秋影雁初飛。塵世難逢開口笑。年少。菊花須插滿頭歸。 酩酊但酬佳節了。雲嶠。登臨不用怨落暉。古往今來誰不老。多少。牛山何必更沾衣。

【箋注】

〔重陽，括杜牧之詩〕　此詞詠的是重陽日，就杜牧之的詩加以改造。　杜牧之：名杜牧（公元803—852〔？〕），晚唐文學家。在黃州（州城在今湖北省黃州）作刺史時，作《九日齊安登高》詩：「江涵秋影雁初飛，與客攜壺上翠微。塵世難逢開口笑，菊花須插滿頭歸。但將酩酊酬佳節，不用登臨怨落暉。古往今來只如此，牛山何必泣沾衣！」蘇軾此詞全用杜牧詩的意思和詩句；為了湊合詞的音節，把詩句的次序作了些變動，少數字句作了改易和增加。　〔與客攜壺上翠微〕　和客人一同帶酒登山。　壺：指酒壺。上翠微：登高。　上：登上。　翠微：接近山頂的坡陀。《爾雅・釋山》「未及上，翠微」，邢昺《疏》：「謂未及頂上，在旁陂（同「坡」）陀之處，名翠微。　一說：山氣青縹色，故曰翠微也。」　〔江涵秋影〕　江水容納著秋天景物的倒影。形容秋高氣爽，天和水明淨，景物的倒影在江中清晰可見。　〔塵世難逢開口笑〕　人活一輩子難得有心情喜悅而笑的時候。《莊子・盜跖》：「人上壽百歲，中壽八十，下壽六十。……其中開口而笑者，一月之中不過四五日而已。」　塵世：人間。對仙境而言，人世汙濁，所以說：「塵世」。　〔年少。菊花須插滿頭歸〕　趁青年時盡興歡樂。　「少」和上句「笑」同韻；杜牧詩無「年少」二字，蘇軾據詞的格律加上的。　菊花：重陽是陰曆九月的節日，菊在陰曆九月開花，古人往往把菊花和重陽日聯起來；男子頭上戴花，也是當時習俗。　〔酩酊但酬佳節了〕　只須沈醉以應佳節之景就夠了。　酩酊（mǐng dǐng）：沈醉；醉得神志不清。　但：只是；僅。　酬：應付；應景。　佳節：指重陽。了（liǎo）：完畢；足夠。　〔雲嶠（jiáo）〕　高入雲霄的陡山。　雲：形容其高入雲。　嶠：尖而高的山；《爾雅・釋山》：「銳而高，嶠」；有qiáo和jiào兩音，這裡讀jiào音。「雲嶠」二字是杜牧詩所無，蘇軾據詞的格律加上去，與上句「了」叶韻，但意思與「酬佳節了」不相連，而連下句「登臨」。　〔登臨不用怨落暉〕　登山臨水眺望吧，不用因太陽下山太早而怨恨了。　登臨：登山臨水；《楚辭・九辯》'登山臨水兮送將歸」。　落暉：夕陽；以興人的衰老死亡。　〔古往今來誰不老。多少〕　杜牧詩「古往今來只如此」，說老死是人生不可避免的，取晏嬰回答齊景公的話的意思（見下注）。杜牧說「如此」，比較含蓄；蘇軾說「老」，比較明顯。　多少：二字也是杜牧詩所無。意思是不知有多少；數不清。　〔牛山何必更沾

424

衣〕 齊國君臣何必在牛山上相對哭泣呢。 牛山：山名，在春秋戰國時齊國國都臨淄（今山東省淄博市的臨淄鎮。淄音 zī）。《晏子春秋》卷一《景公登牛山，悲去國而死，晏子諫》第十七："景公游於牛山，北臨其國城而流涕曰：'若何滂滂去此而死乎？'艾張、梁丘據皆從而泣。"是說，齊景公對生命留戀執著，所以登牛山哭泣。這裡杜牧和蘇軾表示達觀，說"何必"泣。 更：杜牧原詩作"泣"。 沾衣：淚沾濕衣。

【校】

元本題作"重陽"，毛本題"重陽括杜牧之詩"。《全宋詞》同元本。

262. 又

感　舊

莫怪鴛鴦繡帶長。腰輕不勝舞衣裳。薄倖只貪遊冶去。何處。垂楊繫馬恣輕狂。　　花謝絮飛春又盡。堪恨。斷弦塵管伴啼妝。不信歸來但自看。怕見。爲郎憔悴卻羞郎。

【箋注】

〔感舊〕 從字面看，此詞寫閨怨：寡情的男子在外縱情取樂，拋下的妻室在家愁怨。全詞以女子的口氣抒情。題爲"感舊"，以喻作者對舊日交遊者拋棄過去的友誼而慍怒。下面只就字面注釋。 〔莫怪鴛鴦繡帶長〕 怪不得我的衣帶太長。意思是我瘦了，腰細了，所以帶子顯得長了。即《古詩十九首》"衣帶日以緩"之意。 鴛鴦繡帶：初唐徐彥伯《擬古三首》之三："贈君鴛鴦帶。" 〔腰輕不勝舞衣裳〕 我腰肢軟弱無力，支持不了舞衣和裙的重量。用唐朝宰相元載（公元？—777 年）寵姬薛瑤英的故事；蘇鶚《杜陽雜編》卷上："（元）載寵姬薛瑤英……衣龍綃之衣，一襲無一二兩，搏之不盈一握。載以瑤英不勝重衣，故於異國以求是服也。……（賈）至贈詩曰：'舞怯銖衣重，笑疑桃臉開。'" 不勝（shēng）：承擔不起；不能承受。　　〔薄倖只貪遊冶去〕　厭舊喜新的負心男人貪圖不正當的尋歡作樂而外出了。　薄倖：負心；這裡指薄倖的男人，即末句的"郎"。　遊冶：作不正當的尋歡作樂；縱情於酒色；歐陽修《蝶戀花》"玉勒雕鞍遊冶處，樓高不見章臺路。"　　〔何處〕　不知何處。　　〔垂楊繫馬恣輕狂〕　到一處人家，把馬拴在屋外的樹上，就放縱他輕狂的本性了。李白《採蓮曲》："岸上誰家遊冶郎，三三五五映垂楊。"　　〔絮〕　柳絮。　　〔斷弦塵管伴啼妝〕　許久不用的樂器陪伴著我的淚痕。形容生活孤寂淒涼。　斷弦塵管：斷了弦的弦樂器和積了塵的管樂器。表示女主人心緒煩亂，長久不接觸樂器。　啼妝：本是一種故作妖態的化妝，《後漢書》卷六十四《梁冀傳》，說梁冀的妻孫壽"善爲妖態，作愁眉，啼妝"，注引《風俗通》："啼妝者，薄拭目下若啼處"（劉昭補《後漢書·五行志〔二〕》解"啼妝"與此同）。但這裡不是妖態的啼妝，而是出於自然的淚痕。〔不信歸來但自看〕　如果你不信，你就回來親自看吧。　但：只管；儘管。

　　〔爲郎憔悴卻羞郎〕　既爲了思念郎而憔悴了，又爲了容顏憔悴了而羞見郎。寫女子心情的矛盾。沿用崔鶯鶯抒情的名句；元稹《鶯鶯傳》記少女崔鶯鶯給張生的詩："自從消瘦減容光，萬轉千迴懶下牀。不爲旁人羞不起，爲郎憔悴卻羞郎。"　憔悴：指因心情痛苦而消瘦。　羞：就是"怕見"的意思。

263. 又

詠紅梅

　　好睡慵開莫厭遲。自憐冰臉不時宜。偶作小紅桃杏色，閒雅。尚餘孤瘦雪霜姿。　　　休把閒心隨物態，何事，酒生微暈沁瑤肌。詩老不知梅格在。吟詠，更看綠葉與青枝。

【箋注】

〔詠紅梅〕　蘇軾有《紅梅》詩："怕愁貪睡獨開遲，自恐冰雪不入時；故作小紅桃杏色，尚餘孤瘦雪霜姿。寒心未肯隨春態，酒暈無端上玉肌。詩老不知梅格在，更看綠葉與青枝。"和此詞命意相同，字句相似。一詩一詞都用擬人的方法詠紅梅。梅多半是白的，為了嫌"不時宜"而作"桃杏色"，雖保持了"閒雅"的"雪霜姿"，但仍免不了世俗詩人用桃杏和它相比。是詠物之作，而寓諷喻之意。《蘇軾詩集》中《紅梅》詩是列於元豐五年（公元1082年）春作。　〔好睡慵開莫厭遲〕　貪睡而懶得開花，不要嫌它開遲了。好（hào）：喜愛。睡：這裡把不開花比為沒有醒。慵：懶。遲：指梅在一年中開花最遲，到寒冬年盡才開。　〔冰臉不時宜〕　此句雙關：一是說梅樹開白花，色如冰霜，不受世俗歡迎；二是說人們嚴冷的臉色不為人所喜。不時宜：不時髦；不受世俗歡迎。　〔閒雅，尚餘孤瘦雪霜姿〕

　（雖作桃杏色，但仍然）閒雅，保留了孤高瘦硬，傲霜衝雪的姿態。　說紅梅和桃杏有著本質的不同，桃杏妖艷，而紅梅有"孤瘦雪霜姿"。　閒雅：恬靜高雅、不庸俗。　〔休把閒心隨物態〕　不要把你悠閒的心思用於追隨世俗的情態吧。　隨物態：隨世俗轉移。　隨：追隨。　物態：世俗的情態；一時的社會風尚。　〔酒生微暈沁瑤肌〕　酒力產生的紅潤顏色透過白玉樣的皮肉。用薄醉的美人臉色比梅的紅色。蘇軾設想：紅梅是白梅的變色。　暈（yùn）：頰上的紅潮。　沁（qìn）：滲入；透過。　瑤：白玉。　〔詩老不知梅格在，吟詠，更看綠葉與青枝〕　作詩的老人不知道紅梅的孤高風格，在作詩詠紅梅時還從它的"綠葉""青枝"去著想。就是說，詩人只看到紅梅色如桃杏，就把它列於桃杏一類，去詠它的綠葉青枝，而不計它的風格。　詩老：指石延年，字曼卿（公元994—1041年），是蘇軾前輩的詩人。石曼卿作紅梅詩，就以桃杏和紅梅相比較，說"認桃無綠葉，辨杏有青枝"（見蘇軾在《詠紅梅》詩自注所引。意思是：認紅梅是桃花吧，它有綠葉，而桃樹開花是不同時生葉的；辨別它和杏花，在於它有青枝）。所以蘇軾說石延年"不知梅格在"。　格：指梅孤高的風格。　綠葉與青枝：指石延年那首詩中有"綠葉"、"青枝"。

【校】

《全宋詞》本全同。

427

264. 南 鄉 子

　　冰雪透香肌。姑射仙人不似伊。濯錦江頭新樣錦，非宜。故著尋常淡薄衣。　　暖日下重幃。春睡香凝索起遲。曼倩風流緣底事，當時。愛被西眞喚作兒。

【箋注】

〔冰雪透香肌，姑射仙人不似伊〕　香的皮肉透出冰雪晶瑩之色，就是藐姑射山的仙人也不如她美麗。　　姑射（yè或shè）仙人：神話傳說中的神人。《莊子・逍遙遊》：“藐姑射之山有神人居焉：肌膚若冰雪，淖（同“綽”）約若處子。”　　〔濯錦江頭新樣錦，非宜〕　成都出的新花樣的蜀錦，不適合她。　　濯（zhuó）錦江：在今四川省成都市郊，又叫浣花溪或百花潭，是蜀錦的著名產地。錦是華麗的衣料；新樣錦是最華麗的。張文成《游仙窟》：“下官辭謝訖，因遣左右取益州新樣錦一匹，直奉五嫂”王建《宮詞》第三十首：“遙索劍南新樣錦”。　　非宜：不適合；不相稱。意思是華麗的服飾於她反而不稱，不如穿戴得樸素。　　〔故著尋常淡薄衣〕　特地穿上平日家常樸素衣服。用張籍《倡女詞》“畫羅金縷難相見，故著尋常淡薄衣。”　　故：有意，特地。　　著（zhuó）：穿戴。　　淡薄：樸素；不華麗穠艷。　　〔下重（chóng）幃〕　放下層層帳幕。人睡時放下幃帳以防寒氣。李商隱《無題》：“重幃深下莫愁堂，臥後清宵細細長。”　　〔春睡香凝索起遲〕　她睡著了，室內焚的香，煙氣不散，叫她起來，她很遲才起來。　　〔曼倩風流緣底事，當時。愛被西眞喚作兒〕　照詞的格律，讀法如此。但照詞的意義，應讀成“曼倩風流，緣底事當時愛被西眞喚作兒？”東方朔風格不同凡俗，爲什麼當時常被西眞喚作“兒”呢？曼倩（qiàn）：漢武帝時的文人東方朔，字曼倩，滑稽多智：《漢書》卷六十五《東方朔傳》載了他生平事跡。但在傳說中，東方朔是個仙人。　　風流：指風格清高不同平常。　　愛：多次；常。　　西眞：傅榦注：“西眞，西王母也。”不知傅氏此語來歷。但據《太平御覽》一百八十八。《白孔六帖》十、《紺珠集》卷九引《漢武故事》，記西王母向漢武帝說東方朔：“此兒好作罪過，……不得還天。然原心無惡，尋當得還”，西王母稱東方朔爲“此兒”；說“西眞”是西王母也許可通。西王母：見第231首《戚氏》（玉龜山）〔東皇靈姥〕注。除西王母外，《紺珠集》卷九引《漢武故事》：“有老母采桑，自言（東方）朔母。一黃眉翁主，指朔曰：‘此吾兒。’”還有《齊民要術》卷十、《藝文類聚》卷八十六、《初學記》卷十八、《白孔六帖》卷九十九、《太平御覽》卷九十六等書引《漢武故事》記一個七寸長的短人指著東方朔向漢武帝說：“王母種桃，三千年一作子。此兒不良，已三過偷之矣。”則采桑老婦、黃眉翁和短人也稱東方朔為“兒”。可能“西眞”不僅指西王母。

【校】

毛本題作“有感”、《全宋詞》本同毛本。

265. 又

雙荔支

天與化工知。賜得衣裳總是緋。每向華堂深處見，憐伊。兩箇心腸一片兒。　　自小便相隨。綺席歌筵不暫離。苦恨人人分拆破，東西。怎得成雙似舊時。

【箋注】

〔雙荔支〕　雙荔支是兩個荔枝殼相連、肉相連，長成一顆，正如有的蛋中有兩個黃、有的孿生人部分皮肉相連，比較罕見。由於難得，這顆雙荔枝很久被置在“華堂深處”、作為“綺席歌筵”上陳列的珍品。後來被掰為兩半，各自東西。此詞把它擬人化，說它被賜緋，說它“兩箇心腸一片兒”的人；說它能“恨”，恨把它“分拆破，東西”的人；說它能愛，留戀過去，“成雙似舊時”。　　〔天與化工知〕　天告訴造化。　與：使，讓。　化工：製造一切生物的天工；造化；賈誼《鵬鳥賦》：“天地為爐，造化為工。”　〔賜得衣裳總是緋〕　賜予荔枝穿的衣裳都是深紅的；指荔枝大紅色的外殼是天特別賜予的。　緋（fēi）：大紅色的帛。唐代五品官的袍是緋的。低於五品的官，受到皇帝的賞賜，特許穿緋，叫"賜緋"。　　〔憐〕珍惜、愛。　　〔兩箇心腸一片兒〕　指兩個荔枝的肉相連。　　〔綺席歌筵不暫離〕　在富貴人家的宴會上也沒有一轉眼的分離。　綺（qǐ）：有花紋的綢。　綺席：指富貴人家的排場。　歌筵：有音樂的宴會。　　〔人人〕　人；一個人。　　〔東西〕　分開；一個在這邊，另一個在那邊。

【校】

《全宋詞》本全同，毛本"拆"作"析"。

266. 又

集　句

寒玉細凝膚（吳融）。清歌一曲倒金壺（鄭谷）。冶葉倡條遍相識（李商隱）。爭如。豆蔻花梢二月初（杜牧）。　　年少即須臾（白居易）。芳時偷得醉工夫（白居易）。羅帳細垂銀燭背（韓偓），歡娛。豁得平生俊氣無（杜牧）。

【箋注】

〔集句〕　全用別人作品中的語句（整句搬用，不加增損改易）組成詩、詞或對聯、叫集句。集句雖用現成的句子，但要作好，很不容易。作者必須博覽強記，巧於運用，組織得自然渾成。這首和下面一共三首《南鄉子》集句，表現了蘇軾精湛的技巧。這三首《南鄉子》，中的五字句和七字句，都是唐人的五言、七言詩句；二字句（此首的"爭如"、"歡娛"，下二首的"傷懷"、"徘徊"、"依然"、"更闌"共六處）則是唐詩原文所沒有，而是蘇軾按《南鄉子》格律加的。這一首上闋寫一個妓女的美色，比之為二月初的豆蔻花，為其他妓（"冶葉倡條"）所不能比擬；下闋寫尋歡作樂。

〔寒玉細凝膚〕　寫歌妓的美色。用吳融《即席十韻》句。　　〔清歌一曲倒金壺〕　用鄭谷《席上貽歌者》句。　　〔冶葉倡條遍相識〕　（我對這

430

裡的）妓女全都認得。用李商隱《燕臺四首》之《春》句。　冶：妖冶；挑逗勾引男子的。　倡（chāng）：原“娼”字（“娼妓”本作“倡伎”）。

條：枝條。這句用植物爲喻，葉和枝（條）不是美好的部分，比作一般的倡妓；和下句“花”相對，“花”才眞正美。　〔爭如，豆蔻花梢二月初〕　怎麼比得上二月初豆蔻梢頭的花呢。《南鄉子》詞這裡應有兩個字音節，而這兩個字應自成一句。此詞蘇軾照《南鄉子》音節加“爭如”二字；而且從意義說，把“爭如”和下面七字相連成一句。　爭如：怎麼比得上。豆蔻花梢二月初：用杜牧《贈別》七絕二首之一的第二句。豆蔻（kòu）：草豆蔻；一種果實可供藥用的植物。　二月初：豆蔻開花在夏天；“二月初”指豆蔻新生的嫩芽。　〔年少即須臾〕　青春容易消逝。用白居易《東南行一百韻。寄通州元九侍御、澧州李十一舍人、果州崔二十二使君，開州韋大員外，庾三十三補闕遺、李二十助教、竇七校書》句。　〔芳時偷得醉工夫〕缺　〔羅帳細垂銀燭背〕　羅帳在明亮的燭光背後放下來。就是說：人就寢。用韓偓（wò）《香奩（lián）集》中《聞雨》句；但“細垂”，《香奩集》作“四垂”。銀燭：光明的燭光；焰白如銀的燭。　〔豁得平生俊氣無〕　（到這個時候）能去掉平生豪俊之氣嗎。用杜牧《寄杜子》二首之一句。杜牧原詩和男女之情無關。　豁（huō）：捨棄；免除。　俊氣：豪健之氣（和溫存，纏綿相反）。

【校】

《全宋詞》本及毛本均同。

267.　又

　　悵望送春杯（杜牧）。漸老逢春能幾回（杜甫）。花滿楚城愁遠別（許渾）。傷懷。何況清絲急管催（劉禹錫）。　　吟斷望鄉臺（李商隱）。萬里歸心獨上來（許渾）。　　景物登臨閒始見（杜牧），徘徊。一寸相思一寸灰（李商隱）。

【箋注】
〔悵望送春杯〕 用杜牧《惜春》句。 送春杯：指為春天過去惜別而飲的酒。 〔漸老逢春能幾回〕 人已漸老，（這輩子）還能逢幾次春天呢。用杜甫《漫興九首》之四（首句“二月已破三月來”）。 〔花滿楚城愁遠別〕 用許渾《竹林寺別友人》（一作《與德玄別》、又作《與子玄別》）句。 〔何況清絲急管催〕 用劉禹錫《洛中送韓七中丞之吳興口號》五首之三（首句為“今朝無意訴離杯”）之句。 清絲（一本作“清弦”）急管：指送行酒宴上的音樂。“清”和“急”形容樂器的音色和樂曲的速度。 絲：弦樂器。 〔吟斷望鄉臺〕 用李商隱《晉昌晚歸馬上贈》句。吟唱到望鄉臺而止；十分思念故鄉。 望鄉臺：為遙望看不見的故鄉而築的高臺；杜甫《雲山》詩：“力盡望鄉臺”，蔡夢弼注：“《成都記》有望鄉臺，隋蜀王秀所築。《益州記》：升仙亭夾路有二臺。一曰望鄉臺。”〔萬里歸心獨上來〕 在萬里之外，思鄉的愁緒偏偏湧上心來。用許渾《冬日登越王臺杯歸》。 獨：偏偏；獨獨。 〔景物登臨閒始見〕 登山臨水觀看景物，必須悠閒才能有所見。用杜牧《八月十二日得替後移居霅（zhà）溪，因題長句四韻》中句。閒（xián）：閒暇；指沒有官職在身。〔一寸相思一寸灰〕 用李商隱《無題》（首句“颯颯東風細雨來”）句。

【校】
《全宋詞》本題作“集句”。

268. 又

何處倚闌干（杜牧）。 弦管高樓月正圓（杜牧）。蝴蝶夢中家萬里（崔塗），依然。老去愁來強自寬（杜甫）。 明鏡借紅顏（李商隱）。須著人間比夢間（韓愈）。蠟燭半籠金翡翠（李商隱），更闌，繡被焚香獨自眠（李商隱）。

【箋注】
〔何處倚闌干〕 用杜牧《初春有感，寄歙（shè）州邢員外》末句。 闌干：同"欄杆"。 〔弦管高樓月正圓〕 用杜牧《懷鍾陵舊游》四首之一。 弦管高樓：高樓上傳出音樂聲。 弦：一本作"絲"。 月正圓：陰曆每個月十五日之夜。 〔蝴蝶夢中家萬里〕 逼真地夢見萬里之外的家。蝴蝶夢：夢境清楚，醒後也記得分明的夢；《莊子·齊物論》"昔者莊周夢為胡蝶，栩栩（xǔ xǔ）然胡蝶也；自喻適志與，不知周也。" 〔依然〕 仍舊。既指上句夢境中的家園是老樣子未變，也指下句近來仍是"愁來強自寬"。 〔老去愁來強自寬〕 用杜甫《九日藍田崔氏莊》首句。老去：到了老年。 愁來：愁到心上來；一本作"悲秋"。 強（qiǎng）自寬：勉強自行寬解心中的悲愁。 〔明鏡借紅顏〕 用李商隱《戲贈張書記》句。 借：一本作"惜"。 〔須著人間比夢間〕 要把人間（真境）比作夢間（虛境）；不要認真地看待人世。用韓愈《遣興》（七絕，首句"斷送一生唯有酒"）末句。 〔蠟燭半籠金翡翠〕 蠟燭的光罩住了半床被子。用李商隱《無題》（首句"來是空言去絕蹤"）句。 燭：李詩作"照"。 籠：罩住，指燭光照射所得。 翡翠：用翠羽飾的被子；《左傳·昭公十二年》記楚靈王在乾谿的服飾，有"翠被"，杜預注："以翠羽飾被"，《楚辭·招魂》"翡翠珠被"，王逸注："被，衾也"，洪興祖補注："翡，赤羽雀。翠，青羽雀。……其羽可以飾幃帳"；白居易《長恨歌》也有"翡翠衾寒誰與共"句。 〔更（gēng）闌〕 夜快完了；距天明不久了。古代譙樓一夜五次敲鐘鼓報時，從初更到五更。 闌：殘餘。 〔繡被焚香獨自眠〕 用李商隱《碧城》三首之二的末句。

【校】
《全宋詞》本同。傅本"愁來"作"悲秋"。

269. 菩 薩 蠻

繡簾高捲傾城出。鏡前瀲灩橫波溢。皓齒發清歌。春愁入翠蛾。　　悽音休怨亂，我已無腸斷。遺響下清虛。纍纍一串珠。

【箋注】

〔繡簾高捲傾城出〕　簾子捲起，美女出來了。　傾城：便全城傾倒的美人。《漢書》卷九十七〔上〕《外戚傳·孝武李夫人》記李夫人之兄李延年侍漢武帝時起舞而歌：“北方有佳人，絕世而獨立：一顧傾人城，再顧傾人國”。　　〔鐙前瀲灩橫波溢〕　燈前看到水在漫溢，原來是美人眼波橫流。鐙：同“燈”。　瀲灩（liàn yàn）：水波漫溢。　橫波：形容美人的眼光如水橫流；《文選》卷十七傅毅《舞賦》：“目流睇（dì）而橫波”，李善注：“橫波，言目邪視如水之橫流也。”　　〔皓齒〕　潔白發光的牙齒。《楚辭·大招》“朱唇皓齒”。　　〔春愁入翠蛾〕　春愁的情緒由心裡上升到她的眉頭。指歌女微皺著眉。　入：走上；湧上。　翠蛾：少女的眉。《詩·衞風·碩人》形容美女“螓首蛾眉”，古代詩歌往往以“蛾”代指少女的眉。　翠：綠；古代詩歌常以“綠”“翠”形容少女眉髮的黑色而有光。　　〔怨亂〕　哀怨；悲切。《禮記·樂記》“亂世之音怨以怒。”〔我已無腸斷〕　別人痛苦用“斷腸”形容，我則連腸都沒有了。比“斷腸”更痛苦。《太平廣記》卷三百四十四《祖價》（出《會昌解頤錄》）：說唐代一個考落第的士人，名叫祖價，投宿一個空佛寺裡。有個鬼和祖價共坐談話，向祖價吟一些詩，其中一首：“南園夜蕭蕭，青松與白楊。家人應有夢，遠客已無腸。”　　〔遺響下清虛〕　歌的餘音自天而降。　遺響：餘音。　清虛：天；唐人譚用之《江邊秋夕》詩：“七色花虯一聲鶴，幾時乘興上清虛”。　　〔纍（léi）纍一串珠〕　相聯成為一串珠。形容歌聲圓轉，相聯不斷。《禮記·樂記》近末：“纍纍乎端如貫珠”；這裡不取古代儒生對《禮記》的注解。　纍纍：相聯成串之狀。　串：貫。

【校】

毛本題作“歌妓”，“愁”作“山”，“我已”二句作“我已先偷玩，梅萼月窗虛”。《全宋詞》本題同毛本。“無”作“先”。

434

270. 又

回　文

　　落花閒院春衫薄。薄衫春院閒花落。遲日恨依依。依
依恨日遲。　　　夢回鶯舌弄。弄舌鶯回夢。郵便問人羞。
羞人問便郵。

【箋注】
〔回文〕　由此以下共三首《菩薩蠻》都是"回文"。回文詩是一種高難度
的文字組合詩。有的回文詩，是全首詩順著從第一個字讀到末，也可以從末
字逆著讀到第一個字。有的回文詩是相連的兩句，前句從第一字讀到句末，
後句是前句的末字逆著讀到第一字；即前句的第七六五四三二一字，是後句
的第一二三四五六七字。如此詞第一句"落花閒院春衫薄"，從末字逆讀到
首字成"薄衫春院閒花落"，成爲第二句。第三、四句，第五、六句、第七
、八句都是每兩句互相把字序顛倒。此首詠暮春的閨情。　　〔閒院春衫〕
空寂的院宇和春裝。　　〔春院閒花〕　　春天的院宇和無人觀賞的花。
〔遲日恨依依〕　在長的白晝裡，少女的幽怨綿綿不斷。　遲日；長的白晝；
和冬天相比，暮春的白晝長了；《詩·邠風·七月》"春日遲遲"。　依依
：綿綿不斷的樣子。　　〔日遲〕　白晝長；太陽走得慢。　　〔夢回鶯舌
弄〕　夢中醒來（聽到）黃鶯的舌在演唱。　夢回：從夢中醒轉。　弄：演
唱，演奏。　　〔弄舌鶯回夢〕　唱歌的黃鶯把作夢的少女驚醒了。　弄舌
：掉弄舌頭；說話或歌唱；這裡指鳴叫。　回夢：把人從夢中喚醒。　〔郵
便問人〕　（看見）帶信來的便人，詢問（關於所思念的）人的近況。　郵
：指帶書信或帶口信來的人。便：便人；可以托帶信的人。　　〔羞人〕
使人感到羞覷。
【校】
　《全宋詞》本全同。

271. 又

回文夏景

火雲凝汗揮珠顆。顆珠揮汗凝雲火。瓊暖碧紗輕。輕紗碧暖瓊。　暈腮嫌枕印。印枕嫌腮暈。閒照晚妝殘。殘妝晚照閒。

【箋注】

〔回文夏景〕　此標題元本無，據毛本加。詞中"火雲"、"揮汗"、"碧紗"說的是夏。前一首"落花閒院春衫薄"寫暮春而不標"春景"，後一首"嶠南江淺紅梅小"寫冬景而不標"冬景"，這一首標題可以不要。　〔火雲凝〕　炎熱的氣不散。杜甫《送梓州李使君之任》："火雲揮汗日"。凝：不散。　〔汗揮珠顆〕　指人揮汗。　〔雲火〕　預示天旱的、呈煙火狀的雲。《淮南子・覽冥》："旱雲，煙火。"　〔瓊暖碧紗輕〕肌體熱的婦女穿的碧色紗衣是輕的。　瓊：紅色的玉；這裡喻婦女的肌體。

蘇軾詞中多次以"紅玉"指美女的肌膚；用《西京雜記》卷一末說漢成帝的趙皇后和趙昭儀"色如紅玉"。　〔暖瓊〕　暖玉。傳說中的使人感到熱的玉。這裡不說"暖玉"而改說"暖瓊"，因為據詞的規律，這裡當用和"輕"同韻的平聲字。　〔暈腮嫌枕印〕　臉頰上泛出紅暈，（少女）怪（這紅暈）是枕上印出來的。少女（本句的主語）午睡久了，臉在枕上印起了紅暈。暈（yùn）：臉上的紅潮（因羞、怒、睡得過久而生的）。　嫌：怪；歸咎於。　〔印枕嫌腮暈〕　（臉頰）壓著枕久了，腮上泛起紅潮而生氣。　嫌：厭；少女不願臉上有紅暈。　〔閒照晚妝殘〕　閒時向鏡子照將卸除的晚妝。　照：對鏡。　殘：即將卸去。　〔殘妝晚照閒〕　已卸了妝，對著夕陽，閒暇無事。　晚照：夕陽。

【校】

《全宋詞》本同毛本。

436

272. 又

　　嶠南江淺紅梅小。小梅紅淺江南嶠。窺我向疏籬。籬
疏向我窺。　　老人行即到。到即行人老。離別惜殘枝。
枝殘惜別離。

　　【箋注】
〔嶠南江淺紅梅小〕　山南江水淺處紅的梅花剛開，花朵很小。　　嶠（
jiào）：尖而高的山；《爾雅・釋山》"銳而高、嶠"；有qiáo和jiào兩音
，這裡讀jiào，首二句"小"、"嶠"爲韻。　　江淺：指冬末江水枯竭時（
"淺"形容江）。　　〔小梅紅淺江南嶠〕　初開的梅花淺紅色，開放在江
南之嶠。淺：形容梅花顏色淺淡。　　〔窺我向疏籬〕　從稀疏的籬笆窺看
我。這句和下句"窺"的主語都是紅梅。　　〔老人行即到〕　南極老人星
不久將會到來。　　老人：天上的南極老人星，又叫壽星，每年二月從地平線
出現。　　行即：不久之後，即將。　　〔到即行人老〕　南極老人星到，（
則又是新的一年，）旅居在外的人也就跟著老了。梅花凋謝之後不久，進入
第二年的初春，人又添了一歲，所以說"老"。行人：離家在外的人。
〔殘枝〕　指梅樹的枝；春天花謝，枝上無花。
　　【校】
　　毛本題作"回文"。《全宋詞》本同毛本。

273. 又

　　娟娟侵鬢妝痕淺。雙鬟相媚彎如翦。一瞬百般宜。無
論笑與啼。　　酒闌思翠被。特故騰騰地。生怕促歸輪。
微波先泥人。

【箋注】

〔娟娟侵鬢妝痕淺〕 美好的眼角觸入鬢邊。此詞詠一個妓女的眼睛，此句指他化妝時淺淺地塗抹眼角，使眼角細長。 娟娟：美好的樣子。 侵：觸及；進入。 〔雙鬟相媚彎如翦〕 這句形容她的眉。 鬟：眉。 彎如翦：好像剪成的（弧形）。 〔一瞬百般宜，無論笑與啼〕 眼珠一轉動，各種姿態都美；笑也美，哭也美。 瞬（shùn）：眼珠轉動。 百般宜：一切的樣子都合適。 〔思翠被〕 渴睡；想蓋被睡覺。 翠被：被窩；《左傳・昭公十二年》記楚靈王在雪天“翠被”，杜預注：“以翠羽飾被”。 〔特故騰騰地〕 特意用眼色誘惑人。 騰騰：眼光騰馳；《楚辭・招魂》說美女“目騰光些（suò）”王逸注：“ 騰、馳也；言美女⋯⋯睞睞然視，精光騰馳，驚惑人心也。”王逸解“騰”為動詞、這裡解為形容詞。 〔生怕促歸輪〕 生怕（客人離開而）回去。 促歸輪：命令駕車的人趕車回家。 促：催著叫。 歸輪：回家的車。 〔微波先泥人〕先用眼光把人留住。 微波：眼波；水汪汪的樣子，所以稱“波”。 泥（nì）：纏住；用軟的方法留住，不放。

【校】

元本無，《全宋詞》本詞下有“四首”二字，“泥”作“注”。末注：案此首別又作謝絳詞，見《唐宋諸賢絕妙詞選》卷二，同出謝絳詞，題作“詠目”、“鬟”作“眸”，“騰騰”作“薈薈”，“泥”作“注”。疑此詞應是謝絳詞，非東坡詞。

274. 又

詠　足

塗香莫惜蓮承步。長愁羅襪凌波去。只見舞迴風。都無行處蹤。　偷穿宮樣穩，並立雙趺困。纖妙說應難。須從掌上看。

438

【箋注】

〔詠足〕 詠婦女的小腳。據下片，當時流行婦女纏足以至骨折而穿弓鞋，始於南唐；至宋而大行，自皇宮開始。 〔塗香莫惜蓮承步〕 路途芳香，不要吝惜在金蓮上行走吧。塗：同"途"。 蓮承步：金蓮承受（婦女的）腳步；即（婦女）步行於金蓮之上。《南史》卷五《帝東昏侯紀》說齊廢帝東昏侯蕭寶卷"鑿金蓮花以帖地，令潘淑妃行其上，曰：'此步步蓮華（"花"）也。'"後世稱婦女的小腳為"金蓮"。但南齊時没有女子纏小足的風俗。 〔羅襪凌波去〕 用曹植《洛神賦》"凌波微步，羅襪生塵"（見《文選》卷二十九）句。 凌：借作"陵"；陵波，在波上行走，形容洛水女神步履輕飄，如浮水面。 〔迴風〕 旋風；《爾雅·釋天》"迴風為飄"（飄，旋風）。這裡形容迅疾的舞姿。 〔都無行處蹤〕 總不留下足印。形容腳步輕細。 〔偷穿宮樣穩〕 試著穿宮廷款式的鞋，很合腳。偷：暫時；這是說試試。 宮樣：宮廷款式的衣服；這裡指宮廷纏足婦女的小鞋。 穩：指鞋合腳，行和立都穩。 〔並立雙趺困〕 兩隻腳並立則困難。婦人纏足，骨被摧殘，不易站立起來。 趺（fū）：同"跗"，腳背。 〔纖妙說應難〕 纖細美好到什麼程度，要說出來該是很難。自宋代起，流行一種殘忍的審美觀：婦女的足越小就越美。 說應難：難以用言語形容。 〔須從掌上看〕 要把婦女托在手掌上看她的腳，才能看出其纖妙。就是說：婦女的足被纏束得比手掌還小。

【校】

元本無。《全宋詞》本全同毛本。格調低下，和蘇軾不相稱，可能非蘇軾作。

275. 又

玉鐶墜耳黃金飾。輕衫罩體香羅碧。緩步困春醪。春融臉上桃。　　花鈿從委地。誰與郎為意。長愛月華清。此時憎月明。

【箋注】

〔玉鐶墜耳〕 耳環。宋代婦女已用耳環爲飾（古代婦女在耳垂上嵌珠，叫璫）。 鐶（huán）：同"環"。 〔輕衫罩體香羅碧〕 用碧色香羅作的輕衫穿在身上。 〔困春醪〕 喝醉了；爲酒所困。 春醪（láo）：冬日釀，春日熟的帶糟的酒。帶糟的酒：烈性的叫醪，甜的叫醴。 〔臉上桃〕 開在臉上的桃花。指薄醉後臉上泛起紅潮。 〔花鈿從委地〕花鈿掉在地上，任它掉吧（不用拾起了）。 鈿（diàn，又音tián。這裡爲了合詞的音節規律，讀tián）：用爲裝飾的金作的花。 花鈿：婦女貼在額上的裝飾。 從：任意。 委：拋棄，遺落。白居易《長恨歌》"花鈿委地無人收。" 〔爲意〕 介意，放在心上。指計較花鈿委地之事。 〔長愛月華清，此時憎月明〕 平時喜愛月光，但現在厭惡月光的明皎。這裡說要尋一個陰暗之處。 月華：月的光輝。 清：潔淨；這裡說不被雲霧遮隔。

【校】

元本無，《全宋詞》本全同毛本。

276. 浣溪沙

傅粉郎君又粉奴。莫教施粉與施朱。自然冰玉照香酥。 有客能爲《神女賦》，憑君送與雪兒書。夢魂東去覓桑榆。

【箋注】

〔傅粉郎君又粉奴〕 塗脂抹粉的男子又給我也搽粉。意思是：自吹自擂的人也吹捧我了。 傅（fū）粉郎君：塗脂抹粉的男子：如三國末年魏國的何晏（公元？——249年），《三國志》卷九《曹爽》裴松之注引《魏略》說何晏"動靜粉白不去手"，因此被稱爲"傅粉何郎"。傅：同"敷"，塗，搽。又粉奴：又給我搽粉；用粉妝飾我。粉：給……塗粉（動詞）。奴：古代婦女自稱的謙詞。 〔莫教施粉與施朱，自然冰玉照香酥〕 你不要給

440

我塗朱抹粉，我天生的皮膚是瑩潔柔嫩的。意思是：我有我的本來面目，不要你按你的意思為我妝扮。比喻你們不要吹噓我，我自有評價，不願被你們說走了樣。　教（jiāo）：讓；使。　施：施加；這裡說塗搽上。　朱：紅色的化妝品。《文選》卷十九宋玉《登徒子好色賦》："　著（同"着"）粉則太白，施朱則太赤"。　冰玉：指瑩潔如冰玉的皮膚。　酥：乳酪；這裡指光潤柔嫩如酥的皮肉。　〔有客能為《神女賦》〕　這句是主人自作介紹，說有宋玉之才。　客：主人自稱。《神女賦》：相傳是戰國時楚國辭賦家宋玉作的；見《文選》卷十九。　〔憑君送與雪兒書〕　請你把我的作品給雪兒鑑定吧。　雪兒：隋末年李密（一支反隋武裝力量的首領）的妾。孫光憲《北夢瑣言》卷二《韓定辭詩中僻典》；唐末軍閥割據，相互鬥爭，又相互勾結利用。軍閥之一成德節度使王鎔派遣書記韓定辭作為友好使者訪問另一個軍閥幽州節度使劉仁恭。劉仁恭叫幕客馬彧（yù）。（《太平廣記》卷二百引作"彧"）接待。馬彧和韓定辭交互作詩相贈，而在詩中賣弄才學。馬彧的詩中有"巏嵍（huán wù）山"，韓定辭的詩："崇霞臺上神仙客，學辨癡龍藝最多，盛德好將銀筆述，麗詞堪與雪兒歌"，稱讚馬彧的學問，德行和詩才。韓定辭不懂馬彧詩的"巏嵍山"，馬彧也不懂韓定辭詩的"癡龍"、"銀筆"和"雪兒"。後來劉仁恭派馬彧回訪王鎔，王鎔派韓定辭接待。韓馬兩人相互問對方詩中的難懂之處。韓定辭解釋了"癡龍"、"銀筆"和"雪兒"，說"雪兒者，李密之愛姬，能歌舞。每見賓僚有奇麗入意者，即付雪兒協音律以歌之。"馬彧也解釋了"巏嵍山"。　〔夢魂東去覓桑榆〕　我的夢魂向東方馳去，要尋覓我安心留下之處。　大約是托人介紹到東方一個合意的地方供職，人未去，心已嚮往了。桑榆：這裡說溫暖之處，鳥可以搭窠的樹。王定保《唐摭言》卷十五《閩中進士》，說閩中長溪（唐代江南道福州的一個縣）人薛令之作左庶子（太子宮一個屬官）。當唐玄宗開元（公元713—741年）年，太子宮中官員清苦；薛令之為此不滿，作詩發牢騷，寫在公署中。唐玄宗到太子宮，見了，也寫詩："啄木嘴距長，鳳凰毛羽短。若嫌松桂寒，任逐桑榆暖"以"松桂"喻清高而寒苦的職位；"桑榆"是迎著夕陽的暖樹，喻雖平常而可以飽暖的職位。

【校】

毛本題作"有感"，《全宋詞》本同毛本。

441

277. 又

詠　橘

菊暗荷枯一夜霜。新苞綠葉照林光。竹籬茅舍出青黃
。　　香霧噀人驚半破，清泉流齒怯初嘗。吳姬三日手猶
香。

【箋注】

〔詠橘〕　　上闋詠橘林之景。下闋詠橘的香和味。　　〔菊暗〕　菊花凋
謝了。花開時耀人眼目，是"明"；花萎謝則失去光彩，是"暗"。　　〔
苞〕　叢生的植物；《爾雅·釋言》："苞，稹（zhēn或zhěn）也，"邢昺
《疏》引孫炎注："物叢生曰苞。"這裡指橘叢。　　〔青黃〕　指未熟和
已熟的橘子。《楚辭·橘頌》"青黃雜糅"，洪興祖注："橘實初青，既熟
則黃。"　　〔香霧噀人驚半破〕　才剝破一半，它的香氣就噴人，使人驚
嘆。霧：喻氣味。噀（xùn）：噴。　　〔清泉〕　指橘的汁液。　　〔吳
姬三日手猶香〕　少女（剝過橘子之後）手三天還香。　吳姬：吳地的少女
；唐代詩人多用以稱美麗的少女。

【校】

《全宋詞》本全同。

278. 又

道字嬌訛語未成。未應春閣夢多情。朝來何事綠鬟傾
。　　彩索身輕趁長燕，紅窗睡重不聞鶯。困人天氣近清
明。

〔道字嬌訛語未成〕 發出音字不準確，話還沒有說好。說一個女孩年紀小，連字音都說不準確。即李白《對酒》"道字不正嬌唱歌"的"道字不正"。 道：說；這裡指發音。 嬌：帶孩子氣。 訛（é）：錯誤。 〔未應春閣夢多情〕 不可能在春日閨閣睡夢中夢多情的事。說女孩的年齡還不到，不應該夢見只有已成長的人才懂的事。 閣：指詞中女孩的臥室。
〔朝來何事綠鬟傾〕 （既然不會"夢多情"） 早晨爲什麼頭髮會蓬亂的呢。 這是一句下流的戲謔；作者以爲夜"夢多情"才是頭髮散亂的原因。綠：黑（指婦女鬢髮和眉的黑）。 鬟（huán）傾：頭髮散亂，髻形毀壞。鬟：古代婦女圓形的髮髻。 〔彩索身輕趁長燕〕 鞦韆盪得很高，身材輕健，趕得上燕子。這句說她遊戲時活潑靈巧。 彩索：鞦韆架上的繩。趁：追隨，趕上。 〔睡重不聞鶯〕 睡熟了，不聽得鶯聲。這句說她睡得沉酣。唐詩人金昌緒《春怨》（一作《伊州曲》）詩："打起黃鶯兒，莫教枝上啼；啼時驚妾夢，不得到遼西。"是說少婦睡夢中被黃鶯喚醒；這裡反其意，說連黃鶯也不能把她喚醒。 〔困人〕 使人困倦。

【校】
毛本題作"春情"，"語"作"苦"。《全宋詞》本同毛本。

【附錄】
①清·賀裳《皺水軒詞筌》："蘇子瞻有銅琶鐵板之譏，然其浣溪紗春閨曰：'彩索身輕常趁燕，紅窗睡重不聞鶯。'如此風調，令十七八女郎歌之，豈在'曉風殘月'之下。"

279. 又

桃李溪邊駐畫輪。鸕鴣聲裏倒清尊。夕陽雖好近黃昏。 香在衣裳妝在臂，水連芳草月連雲。幾時歸去不銷魂。

〔駐畫輪〕 停車，（人下車）。　〔鷓鴣（zhè gū）〕　一種鳥。俗說它的鳴聲是"行不得也哥哥"。我國古代詩歌中以它的鳴表示挽留行人。〔倒清尊〕 倒酒於杯中。這裡指在郊外（桃李溪邊）約會時飲酒。　〔夕陽雖好近黃昏〕 用李商隱《樂游原》詩"夕陽無限好，只是近黃昏"句。這裡說明約會在"夕陽好"的時刻，在下片"歸去"時"月連雲"之前。〔香在衣裳妝在臂〕 （說方才的約會是作夢吧）她的香澤還留在我衣裳上，她的飾物還套在我臂上（不會是作夢）。這是分手以後，爲方才的約會感到迷惘。元稹《鶯鶯傳》記張生和少女崔鶯鶯約會，鶯鶯走了以後，張生"自疑於心，曰'豈其夢耶？所可明者，妝在臂，香在衣。'"　香：指少女塗在膚髮上的香澤。　妝：這裡指婦女套在臂上的妝飾品手鐲（或叫釧，條脫）。　〔幾時歸去不銷魂〕 歸去必然銷魂。　幾時：從來不；決不會。　銷魂：痛苦得要死。《文選》卷十六江淹《別賦》"黯然銷魂"，李善注："夫（fū）人：魂以守形，魂散則形斃；……明恨深也。"

【校】

毛本題作"春情"，"時"作"人"。《全宋詞》本題同毛本。

280. 又

四面垂楊十里荷。問云何處最花多。畫樓南畔夕陽過。　天氣乍涼人寂寞，光陰須得酒消磨。且來花裏聽笙歌。

【箋注】

〔問云何處最花多〕 襲用韓愈《奉酬盧給事雲夫四兄〈曲江荷花行〉》詩"問言何處芙蓉多"句。下句"畫樓南畔"是"何處"的回答。　〔光陰須得酒消磨〕 承上句"人寂寞"，因寂寞無聊，所以要用酒消遣日子。唐人鄭谷《梓潼歲暮》詩："美酒消磨日"、歐陽修《退居述懷寄北京韓侍中》詩"萬事消磨酒百分"。

毛本有標題"荷花""過"作"和"。但詞不詠荷花,而詠有閒人用酒和賞花聽樂消磨日子的生活。

281. 又

送梅庭老赴上黨學官

門外東風雪灑裾。山頭回首望三吳。不應彈鋏爲無魚。　　上黨從來天下脊,先生元是古之儒。時平不用魯連書。

【箋注】

〔送梅庭老赴上黨學官〕　爲梅庭老到潞州作學官而送行。　梅庭老:一個人的名字,他被任命爲潞州學官。生平待考。　上黨:北宋的潞州,今山西省長治等縣之地,州城在今山西省長治市。當漢代上黨郡。這裡用古代地名。　學官:這裡指州學(州立學校)的主管長官。《宋史》卷一百五十七《選舉志〔三〕》:宋仁宗慶曆四年(公元1044年)"始命諸州置學官",又卷一百六十七《職官志〔七〕》"慶曆四年,詔路、州、軍、監各令立學。……自是州郡無不有學。始置教授,以經術行義訓導諸生,掌其課試之事,而糾正不如規者。……熙寧六年(公元1073年),詔諸路學官委中書門下選差;至是,始命於朝廷。"　〔裾(jù)〕　衣的前襟。　〔回首望三吳〕　梅庭老從江南來,回首望江南。　三吳:《水經注》卷四十《漸江水》注,以吳興(今浙江北部)、吳郡(今江蘇蘇州)、會(kuài)稽(今浙江紹興)爲三吳。　〔不應彈鋏(jiá)爲(wèi)無魚〕　不應該爲生活條件不好而抱怨,像戰國時馮諼(xuān)一樣擊著劍而唱"食無魚"的歌。《戰國策·齊〔四〕》:"齊人有馮諼者,貧乏不能自存,使人屬孟嘗君:'願寄食門下'。……左右以君賤之也,食(sì)以草具。居有頃,倚柱彈其劍,歌曰:'長鋏歸來乎,食無魚!'左右以告。孟嘗君曰:'食(sì

）之比門下客。'"馮諼因受到薄待而嘆著要"歸來";但梅庭老受到人尊重,不應該因受到薄禮而離開三吳的。彈:擊。　鋏:劍或劍柄。　〔上黨從來天下脊〕　上黨地方自古以來就是險要之處。杜牧《賀中書門下平澤潞啓》:"伏以上黨之地,肘京洛而履蒲津,倚太原而跨河朔,戰國時,張儀以爲天下之脊。"　〔先生元是古之儒〕　您梅庭老先生本來是古之儒者。指梅庭老的才德是合乎古代標準的儒家。聯繫下句看:似乎梅庭老不安於作學官,而想論兵論政,但蘇軾認爲梅庭老不是論兵論政的人材,勸他保持儒生的本來面目。　〔時平不用魯連書〕　現在時代太平,用不著像戰國時的魯仲連去寫信干預戰事一樣。《戰國策·齊〔六〕》和《史記》卷八十三《魯仲連列傳》都記:燕國一個將軍,攻下齊國聊城。有人向燕王進讒言,使燕王疑忌這個將軍。將軍怕燕王殺他而不敢回燕,又不願投降齊國,據守聊城不走。齊國大將田單圍攻聊城,攻一年多不克。魯仲連寫信繫在箭上,射入城中,向守聊城的燕將軍分析形勢,指出要嘛回燕國去,要嘛在齊國隱居,選擇二者之一。這封信很著名。結果,《戰國策》說燕將軍"罷兵去",《史記》說燕將軍"自殺"。蘇軾這裡說:有戰爭,就需要魯仲連寫信:"時平"就不用魯仲連的書信了。現在"時平",您梅庭老先生還是作你的教官吧。

【校】

毛本題作"赴潞州學官"。《全宋詞》本同毛本。

282. 又

徐邈能中酒聖賢。劉伶席地幕青天。潘郎白璧爲誰連。　　無可奈何新白髮,不如歸去舊青山。恨無人借買山錢。

【箋注】

〔徐邈能中酒聖賢〕　漢末年的徐邈能喝醉而不問公事。《三國志·魏志》卷二十七《徐邈(miǎo,舊讀如莫)》,曹操爲魏公(自公元213年至 216

年時），召徐邈（公元172—249）爲尚書郎，“時科酒禁，而邈私飲至於沉醉。校事趙達問以曹事。邈曰：‘中聖人。’達白太祖（曹操）。太祖甚怒。渡遼將軍鮮于輔進曰：‘平日醉客謂酒清者爲聖人，濁者爲賢人。邈性修慎，偶醉言耳。’”　　中（zhòng）酒：喝醉而神智昏沉或如得病一樣難受。聖賢：指清酒和濁酒。　　〔劉伶席地幕青天〕　劉伶以地作席，以天作帳幕。劉伶，魏末晉初的放達文人，“竹林七賢”之一。所作《酒德頌》，有“屋無室廬，幕天席地”之語。　　〔潘郎白璧爲誰連〕　（夏侯湛死後，）潘岳和誰合稱“連璧”呢。潘郎：西晉早期著名文學家，字安仁（公元247—300），也以美貌見稱。白璧：用白玉作的璧（中有圓孔的圓餅形玉器）；形容人之美貌。《晉書·夏侯湛傳》，說夏侯湛“美容觀。與潘岳友善，每行止，同輿接茵，京都謂之‘連璧’。”夏侯湛死，無人與潘岳爲“連璧”了。說相友善的人死後，自己孤獨了。　　〔恨無人借買山錢〕　令我抱恨的是沒有人貸給我以購置歸隱處所需要的錢。這句說想歸隱而作不到。買山：指購置田戶房屋以供隱居的生活。《世說新語·排調》記晉代一個佛教僧支道林向另一個佛教僧深公借錢買山；深公說：“未聞巢、由買山而隱。”

【校】

毛本題作“感舊”，《全宋詞》同毛本。

283. 又

　　傾蓋相逢勝白頭。故山空復夢松楸。此心安處是菟裘。　　賣劍買牛吾欲老，乞漿得酒更何求。願爲同社宴春秋。

【箋注】

〔傾蓋相逢勝白頭〕　新結識的朋友的情誼勝過（從少年到）白頭的老朋友的舊交情。傾蓋相逢：偶然相逢。兩人各乘一車，在路上相逢，都不下車，在車上對話，爲了相互靠近一些，把車蓋傾斜。《說苑·尊賢》：“孔子之

447

郯（tán），遭程子於途，傾蓋而語，終日。有間，顧子路曰：'取束帛一以贈先生。……程子，天下之賢人也；於是不贈，終身不見。'" 傾蓋：把車蓋側斜（蓋，車上傘形的頂，用以遮烈日和雨。面積比車箱大。兩車的蓋張起，則兩車箱不能靠近。爲了要使車箱互相接近，車上的人好談話，就要傾蓋）。勝：超過；這裡指情誼深厚的程度。 白頭：指從少年到老一直共交遊的人。蘇軾結束了流放的生活，從海南島北歸。想到被放逐時，平日朋友不敢（或不願）再接觸，對他冷淡。也有人雖和蘇軾結交不久，卻不顧當權派的猜忌，同情蘇軾，保持和蘇軾友好。這使得蘇軾感慨"傾蓋相逢勝白頭"。蘇軾珍惜這種友誼，不想回"故山"，而要在"此心安處"、摯友住處附近安排田宅，安居養老。這個"此心安處"當在常州宜興。 〔故山空復夢松楸〕 徒然夢見故鄉的祖先塋墓。 故山：故鄉。 松楸：墓地的樹，因而謂墳墓，唐人李遠《過舊遊，見雙鶴，愴然有懷》詩："謝公何歲掩松楸？雙鶴依然傍玉樓"。這裡指在故鄉的祖先墳墓。 〔此心安處是菟（tú）裘〕 我心裡認爲安安的地方就是我準備安家養老的地方。"此心安處"，參見本書第191首《定風波》〔附錄〕之②引《能改齋漫錄》。菟裘：本是春秋早期魯國一處地名；《左傳·隱公十一年》魯隱公說："使營菟裘，吾將老焉"（叫他在菟裘營建住處吧，我將在那裡度過晚年）；後世稱晚年休養隱居之處爲菟裘。 〔賣劍買牛〕 用《漢書》卷八十九《循吏傳·龔遂》語。渤海太守龔遂"勸民務農桑。……民有帶持刀劍者，使賣劍買牛、賣刀買犢"。這裡用其語，意思微異，說賣掉非必需品，安居務農。 〔吾欲老〕 用《左傳》魯隱公語（見上）"吾將老焉"。老：養老；度過晚年（動詞）。 〔乞漿得酒〕 我本來求漿的，而得的是酒；即所得的超過了我所想望的，有喜出望外的意思。傅榦注引《陰陽書》："太歲在酉，乞漿得酒"。酒比漿水貴重，如《詩·小雅·大東》"或以其酒，不以其漿"（有的人有酒喝，有的人連漿水都沒有喝的）。這裡說：我活著從海南回來，有一個棲身之所就夠了；誰知竟會在親切友好的環境中居住下來呢？真是"乞漿得酒"，所以下面說"更何求"，表示心滿意足。 〔願爲同社宴春秋〕 願意和你同住一個村社，在春秋祭神之日共同宴聚。用韓愈《南溪始泛》詩三首之二，"願爲同社人，雞豚燕春秋。"（用雞和小豬祭神之後，共同宴會，吃祭神用過的雞豚。春秋：指春天、秋天祭神的日子）。社：古代各個狹小地區祭祀的土地神。共同祭一個社神（"同社"），指居處鄰近。

【校】

毛本題作"自適"，"吾"作"眞"，"同"作"辭"，"社"作"舍
"。

【附錄】

①《蘇軾詩集》卷二十二《次韻曹九章見贈》詩云："蓬瑗知非我所師
，流年已似手中蓍。正平獨肯從文舉，中散何曾斬孝尼。賣劍買牛眞欲老，
得錢沽酒更無疑。雞豚異日爲同社，應有千篇唱和詩。"這是元豐甲子七年
（1084）寫的詩，詞意與詩意同，但有"傾蓋相逢勝白頭"一語，可能是後
來回憶所寫。

284. 又

寓意。和前韻

炙手無人傍屋頭。蕭蕭晚雨脫梧楸。誰憐季子敝貂裘
。　　顧我已無當世望，似君須向古人求。歲寒松柏肯驚
秋。

【箋注】

〔寓意。和（hè）前韻〕　這首表示對一位經得起"歲寒"考驗的友人感謝
。前首說結交了"傾蓋相逢勝白頭"的朋友。這首說"似君須向古人求"，
當是稱頌那位傾蓋之交的。蘇軾從海南島北歸，生活貧困，自比蘇秦"貂裘
敝"。而這位像"古人"的朋友，則同情蘇軾。和前首一樣讚揚這一難得的
友誼。而且用的韻腳：頭、楸、裘、求、秋也和前首一樣（"和前韻"）。
兩首作於同時。當作於元符三年庚辰（公元1100年）自海南北歸。　　〔炙
手無人傍屋頭〕　没有人向我的屋上烘手。就是說：我失意了，受到人們的
冷落。　　炙手：畏寒時伸手向火取暖；烘手。杜甫《麗人行》形容楊貴妃一
家威權赫赫，氣焰很盛，"炙手可熱勢絕倫"；熱氣可以把手烘暖。人們用

"炙手可熱"形容當權貴人的氣焰。白居易《放言》五首之四："昨日屋頭堪炙手"，則以"炙手"求暖比喻依附權貴的人。蘇軾用白居易的詩句，說我窮困了，沒有人依附、親近我。　〔蕭蕭晚雨脫梧楸〕　淒冷的夜雨使梧楸落葉。說我這裡沒有人上門，寒寂如秋雨梧桐落葉時。　脫：使樹葉脫落。　〔誰憐季子敝貂裘〕　誰同情這個穿著破裘的窮蘇秦呢。季子：戰國時著名的說客蘇秦；蘇秦的嫂稱蘇秦爲季子。　敝貂（diāo）裘：破了的貂裘；指落魄者的寒酸狀態。《戰國策·趙〔一〕》記蘇秦從趙到秦時，趙國當權貴人李兌送蘇秦"黑貂之裘，黃金百鎰"。《戰國策·秦〔一〕》說蘇秦不被秦王理睬，久住在外，"黑貂之裘敝，黃金百斤盡"；後世以"金盡裘敝"形容人窮途落魄。蘇秦困窘地回家，"妻不下紝，嫂不爲炊，父母不與言。蘇秦嘆曰：'妻不以我爲夫，嫂不以我爲叔，父母不以我爲子。'"是"誰憐季子"。蘇秦用此慨嘆於困窮中受到冷落。　〔顧我已無當世望〕　轉頭看自己，已沒有對當今的指望了。就是說自己心灰意冷了，不求進取了。　〔似君須向古人求〕　像你這樣（心存醇厚）的人只能在古人中求得；慨嘆於當時人刻薄寡情。用杜甫《相從行，贈嚴二別駕。時於崔旰之亂》末"垂老遇君未恨晚，似君須向古人求"句；出於《晉書》卷四十三《王戎傳·附從弟衍》：王衍，字夷甫，晉武帝聽到王衍的名聲，"問戎曰：'夷甫當世誰比？'戎曰：'未見其比。當從古人中求之耳'。"　〔歲寒松柏肯驚秋〕　時令嚴寒，（經得起嚴寒考驗的）松柏難道會爲涼秋而驚惶嗎。《論語·子罕》記孔子的話："歲寒，然後知松柏之後凋也。"比喻堅貞的人經受得起嚴峻的考驗，從嚴峻的考驗可以看出人的品格來。　肯：難道會（用反問語氣）。　驚秋：指一般的草木和松柏不同，不到歲寒，才到涼秋就驚了。　這一句既讚美那位"須向古人求"的友人，在蘇軾潦倒時不拋棄蘇軾；又表示自己不會因挫折而頹廢。

285. 又

即　事

畫隼橫江喜再遊。老魚跳檻識清謳。流年未肯付東流

450

。　　　黃菊籬邊無悵望，白雲鄉裏有溫柔。挽回霜鬢莫教
休。

【箋注】

〔即事〕　古人常把就當前事物而興起的感懷詩標爲"即事"。此詞所"即
"的"事"是秋日在舟上奏樂賞心，抒發行樂的興致。　　〔畫隼橫江喜再
遊〕　豎著（或懸著）畫有隼鳥的旗幟（以表示作官身份）的船橫江而行，
爲重遊而喜悅。　畫隼（sǔn）：旗幟上畫有隼（一種猛禽）；《周禮·春
官·司常》說，旗上畫有鳥隼的叫旟（yú）。又說："州里建旟"，畫隼的
旗是州里長官的標幟。據《周禮·地官·大司徒》：二千五百家爲州；《遂
人》：二十五家爲里；但這裡"畫隼"只是說地方長官的旗幟，和古代"州
里"無關。　再：表示多次。　　〔老魚跳檻識清謳〕　老魚跳躍於船檻邊
來聽它喜愛的音樂。因爲官員乘船遊行不止一次了，老魚聽熟了船上歌謳的
聲音，喜歡它，躍出水面諦聽。　老魚跳檻：老魚跳到船舷的欄干。李賀《
李憑箜篌引》說李憑演奏箜篌，感動水族："老魚跳波瘦蛟泣。"　謳（ōu
）：清唱。　　〔流年未肯付東流〕　我的年華是不肯交付給流水的；光陰
不能空度。這裡說：日子要在歡樂中度過。　光陰一逝不會再回，正如水向
東流不復返一樣，所以稱"流年"。　流年而不許"付東流"，是不放時間
白過的意思。　　〔黃菊籬邊無悵望〕　坐在籬邊賞玩菊花而（有酒可飲，
）心中没有不滿。　黃菊：古代菊花只有黃色的。黃菊籬邊：用陶淵明《飲
酒》詩二十首之五："采菊東籬下"，和《太平御覽》卷之十三引《續晉陽
秋》："陶潛嘗九月九日無酒。出宅邊東籬下菊叢中摘菊盈把，坐其側。未
幾，望見白衣人至，乃（刺史）王弘送酒也。"　　　〔白雲鄉裏有溫柔〕
仙鄉裡有人間的溫柔鄉。白雲鄉：仙境；《莊子·天地》記華（huà）封人
向帝堯說："夫聖人……千歲厭世，去而上仙；乘彼白雲，至於帝鄉。"
溫柔：溫柔鄉；伶玄《趙飛燕外傳》：漢成帝稱趙飛燕的妹妹合德爲"溫柔
鄉"，對樊嬺說："吾老是鄉矣；不能效武皇帝，求白雲鄉也。"漢成帝把
白雲鄉（"帝鄉"）說得不如人間的溫柔鄉，此詞則說白雲鄉裡面有溫柔鄉
，人能兼有神仙和凡人之樂。　　　〔挽回霜鬢莫教（jiāo）休〕　挽回已白
了的鬢髮使再變黑，這件（轉白髮爲黑髮的）事不要讓它終止。　霜鬢：變
白了的鬢髮；杜甫《九日》五首之五："艱難苦恨繁霜鬢"。

286. 又

入袂輕風不破塵。玉簪犀璧醉佳辰。一番紅粉爲誰新
。　　團扇不堪題往事，柳絲那解繫行人。酒闌滋味似殘
春。

【箋注】

〔袂（mèi）〕 衣袖。　　〔不破塵〕 吹不散灰塵。形容風輕微。　〔玉
簪犀璧〕 和下句“紅粉”（婦女盛妝）相對，當是指男子佩戴之物。簪（
zān）：插在頭髮中的；古代不但婦女戴簪，男子也戴簪。　犀璧：用犀牛
角作成的璧形物。犀：指用犀牛角作的器物；但爲了字面美麗，非犀牛角作
的東西也可以稱犀（如“金”、“玉”不一定都是黃金白玉）。璧：圓餅形
、中有圓孔的玉。蘇詩《得辯才歇硯歌》“半丸犀璧浦雲泓”的“犀璧”指
圓餅形的墨，而不是犀牛角作的璧；本詞“犀璧”應是色如犀角的圓餅形的
佩飾。　　〔團扇不堪題往事〕 像扇子一樣往事不堪回首。　團扇：圓形
的扇子；這裡用古《怨歌行》的詞意；《文選》卷二十七班倢伃（？）《怨
歌行》：“新裂齊紈素，皎潔如霜雪。裁爲合歡扇，團團似明月。出入君懷
袖，動搖隨風發。常恐秋節至，涼風奪炎熱。弃捐篋笥中，恩情中道絕。”
說團扇本來“出入懷袖”，但一到秋天，就被“弃捐篋笥”；以比喻負心的
男子遺棄他原來愛過的婦女。這首詞則用團扇夏天受人歡迎、秋天被人冷落
，抒發作者自己失戀後的苦悶，不堪再題詠往事。　　〔柳絲那解繫行人〕
柳枝怎麼能夠繫得住要離別的人啊。　柳絲：柳樹柔軟的枝條；唐、宋人
贈別，往往折柳枝以示留戀，如唐詩人羅隱《柳》詩“自家飛絮猶無定，爭
（怎麼）把長條繫得人”。那（nǒ）：如何；怎麼。解：能夠，知道。行人
：即將遠去的人。　　〔酒闌滋味似殘春〕 宴會散了以後，心情像惋惜春

452

天過去一樣。　酒闌：聚會喝酒的人紛紛離席散去。　滋味：心情。　殘春
：春天過去，盛景凋零。

【校】

　　毛本題作"端午"。元本無題。詞意感慨今昔和思念離別的人，而不詠
端午這一節日。詞中"輕風"、"佳辰"、"一番紅粉"可能是端午光景，
但也不一定是端午。

287.　又

　　風捲珠簾自上鉤。蕭蕭亂葉報新秋。獨攜纖手上高樓
。　　缺月向人舒窈窕，三星當戶笑綢繆。香生霧縠見纖
柔。

【箋注】

〔自上鉤〕　（簾子不須要掛它上鉤，它被風捲得）自行掛住了鉤子。用杜
甫在夔州的《月》詩（首句"四更山吐月"）"風簾自上鉤"語。　　〔報
新秋〕　告訴人們，新秋到了。　　〔纖手〕　少女美好的手；《詩‧魏風
‧葛屨（jù）》"摻摻（sān，或xiān）女手"，毛公《傳》："摻摻，猶
纖纖也"，又《古詩十九首》也有說少婦"纖纖擢素手"句。　　〔缺月〕

　　還沒有圓的月亮，陰曆十五日以前的月亮。據上"新秋"，當是說七夕或
七夕前後的上弦月。　　〔舒窈窕（yǎo tiǎo）〕　"窕"應是"糾（jiǎo
）"之誤，蘇軾誤記了（蘇軾《赤壁賦》"誦明月之詩，歌'窈窕'之章"
，也應作"窈糾"）。《詩‧陳風‧月出》"月出皎兮，佼（jiǎo）人僚（
liǎo）兮，舒窈糾兮"；毛《傳》："僚，好貌。舒，遲也。窈糾，舒之姿
也。"舒，緩慢，說美人安靜，動作遲緩。窈糾：形容動作遲緩的樣子。

〔三星當戶笑綢繆（móu）〕　是參（shēn）星（或是心星）正照著戶的
時候，人們新婚時，在纏綿的愛情中感到喜悅。　　三星：天上二十八宿之一
，《詩‧唐風‧綢繆》："綢繆束楚，三星在戶"，毛《傳》說"三星"是
二十八宿的參星（西方白虎七宿之一），鄭玄《箋》說"三星"是二十八宿的

心星（東方青龍七宿之一）。但參星正月在戶，心星五月末、六月中在戶；據毛《傳》、鄭《箋》都和此詞的"新秋"不符。蘇軾借用《詩》句說新婚夫婦的愛情，不取它所說的時節。　綢繆(mióu)：纏綿；不能分割的愛情。

〔香生霧縠見纖柔〕　香氣自少婦的衣中飄出；由於衣料細薄，顯出少婦體態的苗條柔軟。　縠(hú)：一種單薄的絲織衣料，縐紗之類。霧縠：薄細如雲霧的縠；《漢書》卷二十二《禮樂志》載《郊祀歌》十九首，第一章《練時日》"廁(sì)霧縠"，顏師古注："廁，雜也。言其輕細若雲霧也。"

【校】

毛本題作"新秋"，《全宋詞》本與毛本同。

288. 又

方　響

花滿銀塘水漫流。犀槌玉版按《涼州》。順風環佩過秦樓。　　遠漢碧雲輕漠漠，今朝人在鵲橋頭。一聲敲徹絳河秋。

【箋注】

〔方響〕　此詞詠一個少女在秋夜演奏方響。方響是一種樂器，用十六個長方形銅片，排成兩行，斜倚在架上，用槌敲擊出聲。由於銅片厚薄不同，音調高低各異，能奏出旋律。　　〔花滿銀塘水漫流〕　這句用繁密的花，澄清而漫流的水喻演奏方響時綿麗、輕柔的樂聲。就是說，人聽了演奏，如看見清池上花朵盛開、溪泉漫流一樣。銀塘：水清的池塘。銀：形容水色白光耀目。　　〔犀槌玉版〕　犀牛角作的敲擊方響的槌，和玉作的方響片。蘇鶚《杜陽雜編》卷中："時有宮人沈阿翹爲上（唐文宗皇帝）舞《河滿子》。……阿翹曰：'妾本吳元濟之妓女。濟敗（指公元817年吳元濟造反失敗被俘），因以聲律得爲宮人。'　俄遂進白玉方響'云'本吳元濟所與也。

'光明皎潔，可照十數步。言其'犀槌，即響犀也。凡物有聲，乃響應其中焉。'" 〔按《涼州》〕 緩慢地演奏《涼州》樂曲。 按：徐緩地演奏；《楚辭·招魂》"陳鐘按鼓"，王逸注"按，徐"。 《涼州》：樂曲名；中唐以後，樂曲盛行以邊遠州名為樂曲名，如《伊州》、《甘州》、《涼州》。 〔順風環佩過秦樓〕 奏出的樂聲如玉器叮咚瑲琅一樣順著風飄過少年婦女住的樓。 環佩：古人身上佩帶的玉製的飾物；後世專指婦女佩帶的玉器，如杜甫《詠懷古跡》五首之三（首句"群山萬壑赴荊門"）詠王昭君"環佩空歸月夜魂"。 秦樓：原是秦穆公為女兒弄玉所建住處，《水經注》卷十八《渭水》："秦穆公時，有簫史者善吹簫，能致白鵠、孔雀。穆公女弄玉好之。穆公為作鳳臺以居之"；李白《憶秦娥》詞："秦娥夢斷秦樓月"。這裡指少女或少婦所居之樓。 〔漢〕 銀河。《詩·小雅·大東》"維天有漢"，毛《傳》： "漢，天河也"。 〔人在鵲橋頭〕 用牽牛、織女七夕鵲橋相會，喻戀人相會。 人：本指牛郎、織女，這裡指相約會見的戀人。 鵲橋：韓鄂《歲華紀麗》卷三引《風俗記》："織女七夕當渡河，使鵲為橋"；溫庭筠《更漏子》詞"宮樹暗，鵲橋橫，玉箋初報明"。這裡指戀人約會之處。 〔一聲敲徹絳河秋〕一聲聲敲擊，樂音穿透了秋夜的絳河。 徹；透過；穿過。 絳河：據北極星很遠的天上的河，天河；《漢武帝內傳》，說上元夫人見西王母："遣侍女答問，云阿環再拜，上問起居。遠隔絳河，擾以宮事，遂替顏色近五千年"。初唐詩人杜審言《七夕》詩："白露含明月，青霞斷絳河"。

【校】

《全宋詞》本全同毛本。

289. 又

次前韻

幾共查梨到雪霜。一經題品便生光。木奴何處避雌黃。 北客有來初未識，南金無價喜新嘗。含滋嚼句齒牙香。

〔（次前韻）〕　　此三字是注者所加。這首與本書第277首（"菊暗荷枯一夜霜"）同是詠橘，同是用《浣溪沙》曲調、而且同一韻腳（第一、二、三、五、六句的末字都是霜、光、黃、嘗、香），故應題爲"次前韻"。

〔幾共查梨到雪霜〕　幾時和查子梨子一同經歷過雪和霜呢。查子和梨子都是夏秋時的水果，不經歷寒冬；而橘是冬日的水果，從不和查梨同時。　幾：幾時；從來不。　共：一同；同時。　查（zhā）同"楂"或"柤"，一種味酸的水果。查和梨是同時結的兩種水果，古代常把"查梨"聯起來，如《莊子·人間世》"夫柤梨橘柚果蓏之屬"，又《天運》"其猶柤梨橘柚邪？其味相反，而皆可於口"。《爾雅·釋木》"楂梨曰鑽之"。　　〔一經題品便生光〕　自從經過評價，就生添光榮了。李白《上韓荊州（朝宗）書》："一經品題，便作佳士"。　題品：品題，（對人物）作出評價。當是指屈原作《橘頌》（《楚辭·九章》），讚揚橘"受命不遷"，"深固難徙"；外有"文章"，而"精色內白，類可任"，是人的榜樣。　　〔木奴何處避雌黃〕　柑橘，你逃不脫人們對你的褒貶。　木奴：柑橘樹，這裡指柑橘。木：樹；奴：爲奴隸主生產財富的人；柑橘爲它的主人生產財富，所以三國時李衡稱它爲"木奴"。《水經注》卷三十七《沅水》"又東北過臨陽縣。……沅水又東，歷龍陽縣之氾州，州長二十里。吳丹陽太守李衡植柑於其上。臨死，敕其子曰：'吾州里有木奴千頭，不責衣食，歲絹千匹。太史公曰：江陵千樹橘，可當封君。此之謂矣。'吳末，衡柑成，歲絹千匹。"賈思勰《齊民要術》序有同一的記載。　何處：無處；指沒有辦法。　雌黃：本是一種礦物性顏料，和古代的紙同色。古人用紙寫字，有誤字，用雌黃調水塗在誤處，等它乾後，就在塗雌黃之處重寫。因此稱修改文字爲雌黃（動詞）；如《晉書》卷三十四《王衍傳》，說王衍發議論，"義理有所不安，隨即更改，世號'口中雌黃'。"柑橘既受人重視，"一經題品便生光"；又受人輕視，被比爲"奴"；隨人們任意褒貶，無法逃避。　　〔北客〕　北方來的人。　　〔南金無價〕　非常珍貴。　南金：南方產的金；《詩·魯頌·閟（bì）宮》說淮夷向魯君貢獻珍物；"大賂南金"。　無價：無法估價；很可貴。　　〔齒牙香〕　既指品嘗柑橘（"含滋"），又指吟詠讚美柑橘的詩歌（"嚼句"），使口舌芳香。

元本無。

290. 又

　　山色橫侵蘸暈霞。湘川風靜吐寒花。遠林屋散尚啼鴉。　　夢到故園多少路？酒醒南望隔天涯。月明千里照平沙。

【箋注】

〔山色橫侵蘸（zhàn）暈（yùn）霞〕　山色在暮時浮動擴大，沾到了紅暈的晚霞中。　　蘸：浸濕；沾上水；這裡說沾上，觸及。　　暈：人因羞慚、恚怒或醉酒，臉上泛起的紅潮。這裡指霞色。　　〔吐寒花〕　開放著寒天的花。　　吐：（花）開。　　寒花：秋冬時節開的花。　　〔遠林屋散尚啼鴉〕　鴉本是棲於林或飛近人屋頂的；這裡離林遠，離屋也遠，鴉卻還在啼叫。　　〔平沙〕　廣闊的平沙地。李華《弔古戰場文》："浩浩乎平沙無垠"。由見到"山色"、"寒花"、"啼鴉"之地到"千里平沙"，由"暈霞"到"月明"（由暮到夜），寫旅途越來越荒寂。

291. 又

　　晚菊花前斂翠蛾。按花傳酒緩聲歌。《柳枝》《團扇》別離多。　　擁髻淒涼論舊事，曾隨織女度銀梭。當年今夕奈愁何。

【箋注】

〔斂翠蛾〕 （少女）皺著眉。 斂：收縮；這裡指皺。 翠蛾：女子的眉。翠：女子眉的顏色；黑色而說"翠"，正如說女子美的鬢髮爲"綠"。蛾：《詩·衞風·碩人》 "螓首蛾眉"，蛾的觸鬚成美麗的弧形，喻少女的眉。 〔挼（nuó）〕 兩手搓。 〔緩聲歌〕 雙關語。既是說緩聲地唱，又是古樂府曲詞的前、後《緩聲歌》。郭茂倩《樂府詩集》卷六十五《雜曲歌辭〔五〕》："陸機《前緩聲歌》曰：'游仙聚靈族，高會曾城阿'，言將前慕仙游，冀命長緩，故流聲於歌曲也。宋謝惠連又有《後緩聲歌》，大略戒居高位而爲讒諂所蔽，與前歌之意異矣。按《緩聲歌》本謂歌聲之緩，非命意也。又有《緩歌聲》，亦出於此。" 〔《柳枝》〕 《樂府詩集》卷八十一《近代曲辭〔三〕》有《楊柳枝》七十九首："《楊柳枝》，白居易洛中所製也。《本事詩》曰：白尚書有妓樊素善歌，小蠻善舞，嘗爲詩曰：'櫻桃樊素口，楊柳小蠻腰。'年既高邁，而小蠻方豐艷，乃作《楊柳枝》辭以托意。……薛能曰：《楊柳枝》者，古題所謂《折楊柳》也。乾符五年（公元878年），能爲許州刺史，飲酣，令部妓少女作《楊柳枝》健舞，復賦其辭爲《楊柳枝》新聲云。" 〔《團扇》〕 《樂府詩集》卷四十五《清商曲辭〔二〕》有《團扇郎》十首，引《古今樂錄》："《團扇郎》歌者，晉中書令王珉捉白團扇，與嫂婢謝芳姿有愛，情好甚篤。嫂捶撻婢過苦。王樂亭聞而止之。芳姿素善歌，嫂令歌一曲，當赦之。應聲歌曰：'白團扇，辛苦五流連，是郎眼所見'。珉聞，更問之，'汝歌何意？'芳姿即改云。'白團扇，顦顇非昔容，羞與郎相見。'後人因而歌之。"

〔別離〕 雙關語。一是如上《柳枝》、《團扇》，爲樂曲名，樂府歌有《古別離》、《生別離》、《長別離》、《遠別離》等（見《樂府詩集》卷七十一）。一是說詞中的女主人有別離後相思念的痛苦。 〔擁髻凄涼論舊事〕 抱著髻談不堪回首的往事。王嘉《拾遺記》："伶玄買妾樊通德，談趙飛燕姊妹事，以手擁髻，凄然泣下。" 〔織女度銀梭〕 曹唐《織女懷牽牛》詩有"抛擲金梭織舊愁"句。

【校】

毛本題作"重陽"。此詞只是說一個婦女悲歌，思念往事，不勝今昔之感。沒有"重陽"的內容，句首"晚菊"也不指重陽。毛本題的"重陽"爲多餘，故刪。《全宋詞》無此詞，錄入存目詞中。

292. 又

風壓輕雲貼水飛。乍晴池館燕爭泥。沈郎多病不勝衣
。　　　沙上不聞鴻雁信。竹間時有鷓鴣啼。此情惟有落花
知。

【箋注】

〔貼水〕　貼在水面上；形容其低。　　〔燕爭泥〕　指暮春時燕銜泥築巢
。　〔沈郎多病不勝衣〕　沈約因多病而體弱，嫌身上的太重，承受不起
。此詞作者以沈約消瘦憔悴自比。　沈郎：南朝的沈約；《南史》卷五十七
《沈約傳》：沈約曾寫信給徐勉，自訴老病，"百日數旬，革帶常應移孔。
以手握臂，率計月小半分"。　不勝（shēng）：受不住。　　〔沙上不聞
鴻雁信〕　岸灘上得不著雁帶來的信息。　鴻：大雁。　信：託人傳送的口
信。《漢書》卷五十四《蘇武傳》記漢使者對匈奴的單于（chán yú）說，
漢皇帝在上林苑射獵，"得雁，足有繫帛書，言'武等在某澤中'。"後世
因此說雁傳書信。這裡改書信為口信。

【校】

龍楡生校：毛本元本但無此闋，世共傳為南唐中主詞，或為傅氏誤收，
錄以備考。

【附錄】

①清·黃蓼園《蓼園詞評》："按此作其在被謫之時乎。首尾自喻。'
燕爭呢'，喻別人得意，'沈郎'，自比。'未聞鴻雁'；無佳信息也。'
鷓鴣啼'聲淒切也。通首婉惻"。

293. 南 歌 子

　　日薄花房綻，風和麥浪輕。夜來微雨洗郊坰。正是一年春好、近清明。　　已改煎茶火，猶調入粥餳。使君高會有餘清。此樂無聲無味、最難名。

【箋注】

〔日薄花房綻〕　陽光不強烈時花朵開放。　日薄：日色淡薄；多雲的天氣。花房：花朵的頂端；花冠（全部花瓣）。韓愈《感春》五首之五"辛夷花房忽全開"。　綻（zhàn）：裂開；這裡指花朵開放。　〔麥浪〕　田裡麥苗在風下起伏如波，叫麥浪。　〔郊坰（jiōng）〕　城市的近郊和遠郊。《爾雅・釋地》："邑外謂之郊。郊外謂之牧。牧外謂之野。野外謂之林。林外謂之坰。"　〔已改煎茶火〕　就是"煎茶已改火"。　改火：古代各個季節取不同的木爲柴。《周禮・夏官・司爟（guàn）》"四時變國火"，鄭衆注引《鄹（zōu）子》："春取榆柳之火，夏取棗杏之火，季夏取桑柘（zhè）之火，秋取柞（zhà）楢（yǒu或yóu）之火，冬取檀槐之火。"《論語・陽貨》"鑽燧改火"，馬融注引《周書》同。　〔猶調入粥餳（xíng）〕　仍是把餳調進粥中。　餳：用糧食熬成的糖。古人認爲它能滋補身體，煮粥時和於粥內。唐人杜臺卿《玉燭寶典》卷二《仲春》，說寒食（冬至後一百零五日），要接連三日吃冷食物，預先"作醴酪。醴酪者，以粳米或大麥作之酪，擣杏子仁煮作粥"，注："今世悉作大麥粥，研杏仁爲酪，別煮（"煮"，《古逸叢書》本作"者一"二字，據《太平御覽》卷三十《時序部・寒食》改）餳沃之也。"　〔使君高會有餘清〕　知州（或知府）舉辦的這次盛會有不盡的清情雅興。　使君：漢代對郡守的敬稱；北宋的知州或知府相當漢代的郡守，所以這裡稱知州，知府爲使君。　高會：有較高身份的人參加的盛會。　有餘清：有遺留不盡的清興。　〔此樂無聲無味最難名〕　這種樂趣，不是有聲可聽，也不是有味可品嘗的，最爲無法形容。看來這句是對"使君高會"的諷刺。州府長官"高會"，應該有歌唱奏樂，應該酒肴豐盛；然而這次高會，沒有妓女歌舞，也沒有酒肴，只是清茶餳粥，所以蘇軾說"無聲無味"。《禮記・樂記》說："樂之隆非極音也。食饗之禮非致味也。清廟之瑟朱弦而疏越、一倡（同"唱"）而三嘆，有遺音者矣。食饗之禮非致味也。大饗之禮：尚玄酒而俎腥魚，太羹不和，有遺味者矣"（音樂最隆盛的不是盡聲音之極。祭饗之禮不是盡滋味之美。所以清廟祭神的唱奏十分簡單，瑟用發聲沉濁的練朱弦，瑟底有孔使聲音疏緩；一個人領唱而三個人和著，這就有遺留不盡的音樂了。大祭禮以白水爲最尊，俎上列著生魚，肉湯不加鹽，這就有遺留不盡的滋味了）。蘇軾把這次"高會"說成"有餘清"（如《樂記》"有遺音"、"有遺味"，鄭玄注："遺，猶餘也"），當是嘲笑使君待客既無音樂、又無酒肴（"無聲無味"），只有清茶餳粥，是"最難名"。 名：稱呼；形容；說明。

【校】

毛本標題"晚春"。詞中有"麥浪"、"近清明"，當然是晚春，沒有必要標"晚春"。詞並不寫景抒情，而是爲"使君高會"而作，"晚春"不能包含這一內容，所以不用毛本標題。《全宋詞》同毛本。

294. 又

紫陌尋春去，紅塵拂面來。無人不道看花回。惟見石榴新蕊一枝開。　　冰簟堆雲髻，金尊灩玉醅。綠陰青子莫相催。留取紅巾千點照池臺。

【箋注】

〔紫陌（mò）尋春去，紅塵拂面來；無人不道看花回〕　這十七個字：十四個字用唐詩人劉禹錫《元和十一年自朗州召至京，戲贈看花諸君子》"紫陌紅塵撲面來，無人不道看花回"二句；"尋春去"三個字用唐詩人杜牧"自是尋春去較遲"句中語。劉禹錫"看花"，看的是桃花；此詞則說春已過去，春花凋謝，看的是新開的石榴花。　紫陌：古人稱皇都的道路；賈至《早朝大明宮，呈兩省寮友》詩："銀燭朝天紫陌長"，和"阡陌"（田間小路）不同。　紅塵：灰塵；孟浩然《洛陽》詩："走馬入紅塵。"　無人不道：個個都說。　〔新蕊〕　剛開的花。　〔冰簟（diàn）堆雲髻（jì）

461

〕 涼的簟席堆積美女的髮髻。形容花朵繁密。 冰：形容席的涼。 簟：
竹編的臥席。 雲髻：濃密如雲的髮髻。 〔金尊灩（yàn） 玉醅（péi
）〕 金杯滿溢著如玉的美酒。形容花色之艷。 灩：瀲灩；溢出。 玉：
形容價錢之貴。醅：未濾過的酒。 〔綠陰青子莫相催〕 綠葉從緩長成
陰吧，青色果子從緩結吧，不要催促（花朵）。《唐詩紀事》卷五十六記杜
牧一首七言絕句（此詩杜牧《樊川集》中未收），末二句"狂風落盡深紅色
，綠葉成陰子滿枝"；從字面說（不是從杜牧的寓意說），是惋惜春天消逝
；風刮去了花朵，綠葉密茂成陰，子（果實）在枝頭結滿了。這裡"綠陰青
子"用杜牧詩的末句，意思不同：說由於"綠陰青子"急不可耐地催促，使
花朵凋謝，因而要求"綠陰青子莫相催"，讓花朵留下，久開些時候。
〔紅巾〕 指石榴花。白居易《題孤山寺山石榴花，示諸僧衆》"山榴花似
結紅巾"，又《山石榴。寄元九》："山石榴，一名山躑躅，一名杜鵑花；
……剪刀裁破紅綃巾"，以"紅巾"喻山石榴花。但山石榴不是石榴。蘇軾
誤合爲一，以"紅巾"喻石榴花。

【校】

毛本題作"暮春"，《全宋詞》本同毛本。按：此詞詠石榴花，和暮春
無關，不當標"暮春"。

295. 又

笑怕薔薇罥，行憂寶瑟僵。美人依約在西廂。衹恐暗
中迷路、認餘香。 午夜風翻幔，三更月到牀。簟紋如
水玉肌涼。何物與儂歸去、有殘妝。

【箋注】

〔笑怕薔薇罥（juàn），行憂寶瑟僵〕 怕由於被薔薇的刺掛住而發笑，又
擔心行走時觸著寶瑟而跌倒。兩句說夜裡赴幽期密約，提心吊膽，不敢出聲
，怕被人發覺。 笑怕薔薇罥：唐人顏師古（？）《大業拾遺記》（又名《
南部煙花錄》或《隋遺錄》）："有小黃門（宦者）映薔薇叢調宮婢，衣帶

爲薔薇冑結，笑聲吃吃不止。"冑：掛住；扯住。　〔行憂寶瑟僵〕：　《漢書》卷六十八《金日磾（dī）傳》記公元前88年，莽（姓莽，mǎ）何羅袖藏兵器，要到漢武帝臥室裡刺殺武帝，"行觸寶瑟僵"，這裡用莽何羅圖謀行刺而心慌跌倒，比喻赴幽期密約時心情緊張。寶瑟：飾有珍物的瑟（瑟：一種二十五弦的樂器）。　　〔美人依約在西廂〕　美人依照約會的時間在西廂等候。　西廂：指幽會的地方；元稹《鶯鶯傳》記少女崔鶯鶯作詩給情人張生，相約幽會，詩的首句"待月西廂下"。　　〔祇恐暗中迷路認餘香〕只怕在黑暗中摸索而迷路，就照她留下的脂粉餘香去辨認她的所在吧。〔午夜風翻幔〕　半夜時風吹得帳幔翻動。　午夜：半夜。　幔：帳幔。〔簟（diàn）紋如水〕　竹篾席細緻平滑如水。　簟：竹席。　如水：形容簟織得細緻平滑。　〔何物與儂歸去？有殘妝〕　（幽會後我帶著）什麼和我一同歸去呢？有她留下的脂粉殘香。《鶯鶯傳》記鶯鶯幽會後離開張生，張生"自疑於心曰：'豈其夢耶？'所可明者，妝在臂，香在衣。"　殘妝：指衣上留下的她的脂粉香味。

【校】

毛本題作"有感"。《全宋詞》本同。

296. 又

寸恨誰云短，綿綿豈易裁。半年眉綠未曾開。明月好風閒處、是人猜。　春雨消殘凍，溫風到冷灰。尊前一曲爲誰回。留取曲終一拍、待君來。

【箋注】

〔寸恨誰云短，綿綿豈易裁〕　一寸的恨恨雖說短，但它綿綿不斷地滋生，是無法割斷的。用李白《北風行》"北風雨雪恨難裁"和韓愈《感春》五首之二的末句"寸恨至短誰能裁"，而加"綿綿"說明不能裁的原因。　寸恨：淺的恨情，不是令人痛心腸斷的悲哀。這裡指離別後相思的恨恨。　綿綿：不斷滋生之貌。《詩·大雅·緜》毛傳："綿綿，不絕貌。"　豈易：

豈容易；不可能。　裁：剪斷；割掉。　〔眉綠未曾開〕　眉（常皺著）不開展。指心情不愉快。　綠：黑色；一般形容婦女的鬢髮和眉。　〔明月好風閒處是人猜〕　在良辰美景中（也皺眉不樂）惹得人懷疑。　是人：人人。　〔春雨消殘凍，溫風到冷灰〕　比喻心中有了希望而生出暖意；心裡的冰融了，死灰有暖氣了。指久別的人將會面而感到愉快。　〔尊前〕　對著酒。　〔留取曲終一拍待君來〕　留下樂曲最後一拍等待你來聽；就是說，不等歌曲唱完你就會回。

【校】

毛本題作"感舊"，"回"作"哉"。

297. 又

　　見說東園好，能消北客愁。雖非吾土且登樓。行盡江南南岸、此淹留。　短日明楓纈，清霜暗菊球。流年回首付東流。憑仗挽回潘鬢、莫教秋。

【箋注】

〔見說東園好〕　聽說東園好。　見說：聽說；有人告知我。　東園：不知其處；當是在"江南南岸"（楓葉青紅，是江南秋色）。　〔能消北客愁〕　（登臨東園）能消除北方遠客的鄉愁。　〔雖非吾土且登樓〕　雖不是我的故鄉，我還是暫且登樓臨眺吧。《文選》卷十一王粲《登樓賦》"雖信美而非吾土兮"，此詞用王粲語而意思不同：王粲在登樓以後感到"非吾土"而傷感，此詞則登樓之前已知道"非吾土"而要登。　土：故鄉。〔行盡江南南岸此淹留〕　走遍了江南的南岸（我都沒有停駐，只在）這裡我才久留。　淹：久。　〔短日〕　短的白晝；指秋末的白晝。　〔明楓纈（xié）〕　青紅交雜的楓葉明麗照眼；是"楓纈明"的倒植。　纈：有花紋的厚絲織物；這裡說秋日楓葉半紅半青，如有文彩的繒。　明：照眼；奪目。　〔暗菊球〕　成團的菊凋謝了，暗然無色。是"菊球暗"的倒植。　〔流年回首付東流〕　回顧我的年華已交付給東流之水（，一去不再

464

返了）。　流年：年華，光陰；像水一樣逝去，所以說"流"。　東流：江河；流水；我國水系絕大部分都是自西向東而入海，所以說"東流"。

〔憑仗挽回潘鬢莫教（jiāo）秋〕　借重你（東園景物之美，使我心神愉快）留住我的鬢髮，莫使它再（白下去，）像秋草一樣枯萎。　憑仗：倚賴；借助。　潘鬢：西晉潘岳的鬢髮；《文選》卷十三潘岳《秋興賦》："余春秋三十有二，始見二毛"（我三十二歲，開始出現花白頭髮。二毛：白黑二色的頭髮），"斑鬢髟（biāo）以承弁兮，素髮颯（sà）以垂領"（斑白的長髮上頂著帽子，白髮下端觸及衣領。髟：長髮。弁：冠弁。颯：衰落的樣子）。　莫教秋：不要讓它到衰境；草木到秋枯死衰落，所以稱衰落為"秋"。

298. 江　城　子

　　墨雲拖雨過西樓。水東流。晚煙收。柳外殘陽，回照動簾鉤。今夜巫山眞箇好，花未落，酒新篘。　　美人微笑轉星眸。月華羞。捧金甌。歌扇縈風，吹散一春愁。試問江南諸伴侶，誰似我，醉揚州。

【箋注】

〔墨雲拖雨〕　烏雲帶著雨。　　〔回照〕　反照。　　〔巫山〕　指娼妓家。《文選》卷十九宋玉《高唐賦》和《神女賦》記巫山的神女自薦其身，後世以"神女"為妓女的代稱，巫山為神女所居之地。　　〔酒新篘（chōu）〕酒剛剛濾出來。　篘：篾編的濾酒器（名詞）；用篘濾酒（動詞）。這裡用為動詞。　　〔轉星眸（móu）〕　轉動像星星一樣閃光的眼珠。　眸：眼珠內的瞳子。　　〔月華羞〕　使得月華羞愧。月華自愧不如美人星眸明亮。月華：月有暈時，圓圈周圍裡的彩色雲氣。　　〔甌（ōu）〕　小盆。這裡指盛著新篘的酒的盆。　　〔歌扇〕　歌妓持的圓扇。　　〔江南諸伴侶〕指和作者同時被分派到江南的士大夫們。

元本無，毛本"篸"作"翁"。《全宋詞》本略同毛本，僅"篸"不改作。

299. 又

膩紅勻臉襯檀唇。晚妝新。暗傷春。手撚花枝，誰會兩眉顰。連理帶頭雙□□，留待與、箇中人。　　淡煙籠月繡簾陰。畫堂深。夜沉沉。誰道□□，□繫得人心。一自綠窗偷見後，便憔悴、到如今。

【箋注】

〔膩紅勻臉襯檀唇〕　油脂紅粉勻稱地塗在臉上，襯托著香唇。　勻：均勻適合地分佈；這裡說勻稱地塗抹。檀：香氣如檀。這句說脂粉的香味襯托唇的香味，也說紅粉的色襯托唇上的深朱色。　　〔撚（niǎn）〕　用手指搓；摸弄。　　〔誰會兩眉顰〕　誰理解她爲什麼皺著兩眉呢。　會：理解。顰：皺眉。　　〔連理帶頭雙□□〕　繪繡有連理植物的衣帶頭綴著一雙□□。連理：兩株植物生長出一個共同的枝子，使兩株植物成爲一體而分不開；用以比喻相戀的人分不開；如白居易《長恨歌》記唐玄宗和楊貴妃相誓："在天願作比翼鳥，在地願爲連理枝。"　連理帶：繡（或繪）有連理植物的衣帶。　　□□：缺的兩個字當是一件贈給戀人的紀念物；和下闋□□□三個缺字的前兩個□相同。　　〔箇中人〕　親身參與或經歷某一事的人。即"此中人"，和"外人"相反。這裡指相愛戀的人。　　〔淡煙籠月〕輕淡的煙雲遮住月亮。　　〔誰道□□□繫得人心〕　誰說贈他的紀念物眞的縛得住他的心呢。　誰道：誰說；有懷疑，無法保證的意思。　前兩個"□"，當和上闋的□□相同。後一個"□"，大約是"能"、"解"字。繫：拴住；縛住。　　〔便憔悴，到如今〕　一直爲怕他變心而憔悴。這句承上：贈給他以紀念物，誰能保證紀念物能拴住他的心呢；因此擔憂害怕而

466

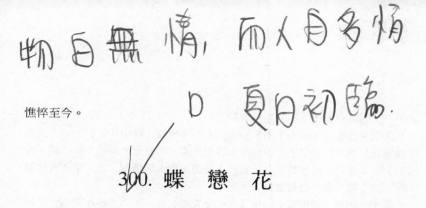

物自無情，而人自多情

夏日初臨．

憔悴至今。

300. 蝶　戀　花

　　花褪殘紅青杏小。燕子飛時，綠水人家繞。枝上柳綿
吹又少。天涯何處無芳草。　　　　牆裏鞦韆牆外道。牆外行
人，牆裏佳人笑。笑漸不聞聲漸悄。多情卻被無情惱。

　　【箋注】

〔褪（tùn）〕掉色；顏色變淺或消失。　　〔青杏〕沒有成熟的杏實。
〔柳綿〕柳絮。　　〔天涯何處無芳草〕《離騷》有"何所獨無芳草兮
，爾何懷乎故宅"；這裡不知蘇軾僅用《離騷》的句子，還是並用《離騷》
的句意。　　〔牆裏鞦韆牆外道〕在墻以內的是鞦韆，在墻以外的是道路
。鞦韆：同"秋千"；盪鞦韆是我國古代婦女的一種遊戲。　道：路。
〔笑漸不聞聲漸悄〕指盪鞦韆的婦女們散去了，她們的笑語聲聽不見了
。這句說墻外行人駐足諦聽墻內婦女們的笑語。　　〔多情卻被無情惱〕
多情易感的人卻被無心的人惹得苦惱了。　多情：指墻外行人。　無情：指
墻內歡樂地盪鞦韆的婦女們；她們對墻外行人無動於衷，因爲她們根本不知
道墻外有人注意她們。

　　【校】

　　元本"繞"一作"曉"。毛本題作"春景"，"子"作"小"。《全宋
詞》本同毛本。

　　【附錄】

　　①宋・僧惠洪《冷齋夜話》："東坡《蝶戀花》詞云：'花褪殘紅青杏
小（下從略）。'東坡渡海，惟朝雲王氏隨行，日誦'枝上柳綿'二句，爲
之流淚。病極猶不釋口。東坡作《西江月》悼之。"今本《冷齋夜話》無此
條，見清人王奕清《歷代詩餘》卷一一五引。此條當與下《草堂詩餘》、張
岱《瑯嬛記》合觀。東坡悼朝雲的《西江月》，見本書第238 首。

　　②宋人《草堂詩餘正集》卷二："'枝上'二句，斷送朝雲；'一聲河

467

滿子'，腸斷李延年；正若是目。"

③宋・魏慶之《詩人玉屑》卷之二十一《東坡〈蝶戀花〉》云："東坡《蝶戀花》詞（詞從略）。予得眞本於友人處，'綠水人家繞'作'綠水人家曉'。'多情卻被無情惱'，蓋行人多情，佳人無情爾，此二字極有理趣。而'繞'與'曉'自霄壤也。"

④明・張岱《瑯嬛記》卷中《青泥蓮花記》卷十："子瞻在惠州，與朝雲閒坐。時青女初至，落木蕭蕭，淒然有悲秋之意。命朝雲把大白，唱'花褪殘紅'。朝雲歌喉將囀，淚滿衣襟。子瞻詰其故。答曰：'奴所不能歌，是 "枝上柳綿吹又少，天涯何處無芳草" 也。'子瞻翻然大笑曰：'是吾政悲秋，而汝又傷春矣。'遂罷。朝雲不久抱疾而亡，子瞻終身不復聽此詞。"

⑤清・王士禎《花草蒙拾》："'枝上柳綿'恐屯田緣情綺靡，未必能過。孰謂坡但解作'大江東去'耶？髯直是軼倫絕群。"

⑥清・先著《詞潔》卷一："坡公於有韻之言，多筆走不守之憾。後半手滑，遂不能自由。少一停思，必無此失。"

⑦清・黃蓼園《蓼園詞選》："'柳綿'自是佳句。而次闋尤爲寄情四溢也。"

301. 又

代人贈別

一顆櫻桃樊素口。不要黃金，祇要人長久。學畫鴉兒猶未就。眉間已作傷春皺。　　撲蝶西園隨伴走。花落花開，漸解相思瘦。破鏡重來人在否。章臺折盡青青柳。

【箋注】

〔代人贈別〕　此詞寫一個男子對一個別離後的少女的懷念，末兩句表示擔心她會不會和他團聚。所謂"代人"，是詠別人的事，而所代的人在作品中以第一人稱（“我”）的身份出現。“代人”的作品有兩種：一是應別人的請託或命令，以自己的寫作用別人的名義發表，如秘書代主管長官草擬的文件。一是雖以別人的經歷和事件爲題材，以“我”指別人，但出於作者自己的主動。這首詞屬於後一類。當然，詞中對少女的描繪和對前途的擔憂，是所代的人提供的。詞沒有明說所代的那個男子如何苦苦思慕，但對那個少女作如此生動的細節描寫，可以說明那個男子對她念念不忘。　〔一顆櫻桃樊素口〕　如一粒櫻桃一樣又小又紅豔的是和樊素的嘴一樣的嘴。用白居易一首詩“櫻桃樊素口”（見孟棨《本事詩·事感》第二，白居易詩集中未收）句。　櫻桃：這裡用以比喻少女嘴唇的小和紅豔。　樊素：白居易的一個會歌唱的妾的名字。　〔不要黃金，祇要人長久〕　是少女用她的“櫻桃樊素口”說的話。　人：所戀的人。　長久：有長壽和經久不變心兩個意思。〔學畫鴉兒猶未就，眉間已作傷春皺〕　年紀還小，但已有成年人的心思了。畫鴉兒：指少女初學畫；顏師古（？）《隋遺錄》（又名《大業拾遺記》或《南部煙花錄》）卷上，記虞世南詠宮女袁寶兒詩：“學畫鴉黃半未成。”就：成功；作到。　眉間已作傷春皺：額上已出現中年婦女在春日感傷的皺紋了。“已”承上句“猶未”，說明她年齡還小卻會傷春了。傷春：年青婦女在春日對景思人而生悲。　〔隨伴走〕　跟著同伴跑來跑去。　伴：指遊戲時的女伴。　走：跑。　〔花落花開，漸解相思瘦〕　花開和暮春花落的時節，已漸漸能夠爲思念戀人而消瘦了。即“眉間已作傷春皺”的意思。　解：能夠，知道。　相思：指思念意中人。　〔破鏡重來人在否〕　如果我有能恢復和她相聚的機會，不知道她還在不在。這句是問：如果我再來舊地，是否能會著她。　破境重來：用南朝陳朝滅亡之後，陳朝徐德言重新和妻子樂昌公主團聚的故事。見本書第19首《訴衷情》〔問新官向舊官啼〕注。　人在否：她還在不在。　在：指情況不變。　〔章臺折盡青青柳〕　章臺青青的柳枝已被人折盡了。喻她已歸別人所有了；這裡“我”預感到的可怕的事實。據唐人許堯佐《章臺柳傳》：唐玄宗時，一個豪俠的富人李生供養一個旅居首都長安的貧窮詩人韓翃（yì），而且把妾柳氏贈給韓翃。韓翃考上進士後，作淄青節度使侯希逸的屬官，留柳氏於長安，自己到任供職（在今山東省中部）。公元756 年，安史之亂發生，柳氏避匿在長安佛寺裡。公元757 年，唐肅宗收復長安。韓翃遣人到長安探問柳氏，送柳氏一首詩：“章臺柳，章臺柳，昔日青青今在否？縱使長條似舊垂，也應攀折他人手。”意思是長安章華臺的柳樹還是和從前一樣青翠嗎？即使和從前

469

一樣，恐怕也被別人折去了；既是慰問柳氏，也表明擔心柳氏是否還屬自己。孟棨《本事詩・情感第一》也記了這件事（情節稍有異）。　章臺：戰國時秦王的章華臺，在西漢國都長安的章臺街。故地在唐國都長安（今陝西省西安市）。韓翃用章華臺的柳樹喻在長安的柳氏其人。

【校】

毛本題作"佳人"。二"要"字俱作"愛"，"間"作"尖"，"來"作"圓"。《全宋詞》本全同毛本。

302. 又

　　春事闌姍芳草歇。客裏風光，又過清明節。小院黃昏人憶別。落紅處處聞啼鴂。　　咫尺江山分楚越。目斷魂銷，應是音塵絕。夢破五更心欲折。角聲吹落梅花月。

【箋注】

〔春事闌姍〕　春殘了；李煜《浪淘沙令》"春意闌姍"。闌姍：衰竭。
〔芳草歇〕　芳草已盡。《文選》卷二十二謝靈運《遊赤石進帆海》詩："首夏猶清和，芳草亦未歇"。說初夏芳草未歇；此詞說春末芳草歇。這是由於謝靈運泛海心情愉快，蘇軾傷別而心情低沉。　〔清明〕　我國春天六個節氣的第五個，在立夏（夏季第一天）之前一個月。　〔落紅〕　落花。　〔啼鴂（jué）〕　子規，杜鵑；一種暮春時鳴叫的鳥。《離騷》"恐鵜鴂之先鳴兮，使夫百草爲之不芳。"　〔咫（zhǐ）尺江山分楚越〕　我們相距很近，但像被隔離得如楚越一樣遠。這句話說：和所思念的人難於見面，並不由於相去路程遙遠。　咫尺：很近。咫：八寸。　楚越：周朝時兩個在南方的諸侯國；楚在長江中游，越在今浙江福建。古人以"楚越"喻遙遠。　〔目斷魂銷應是音塵絕〕　使目爲之斷、魂爲之消的，就是由於互不通消息。　目斷：望到極遠處；如口語"望穿了眼"。　魂銷：（因悲哀而）神魂爲之消散。《文選》卷十六江淹《別賦》"黯然銷魂者，唯別而已矣"，注："夫（fú）人：魂以守形，魂散則形斃。今別而散，明恨深也。

470

”音塵：（離別者的）聲音和灰塵（塵，指人行動時揚起的塵）。《文選》卷十三謝莊《月賦》"美人邁兮音塵闕"，這裡指消息，互相通報的情況。

〔折〕　摧裂。　　〔角聲吹落梅花月〕　這句巧妙地雙關。本是吹奏角，把梅花上的月吹落了（把"吹落"連讀）。而《梅花落》是樂曲名（把"落梅花"連讀）。把五更的月說成角吹落的。當然，時間"過清明節"是不會有梅花的。　角：一種樂器。

【校】

《全宋詞》本同，毛本題作"離別"。

303. 又

記得畫屏初會遇。好夢驚回，望斷高唐路。燕子雙飛來又去。紗窗幾度春光暮。　　　那日繡簾相見處。低眼佯行，笑整香雲縷。斂盡春山羞不語。人前深意難輕訴。

【箋注】

〔記得〕　回憶起來。此詞上、下闋都從回憶初次相見寫起。上闋寫相見之後又離別多年，雖沒有用"惆悵"的字，但惋惘之情可以相見。下闋追憶那次相見的羞怯，這是相愛戀的人最難忘卻的情景。　　　〔好夢驚回，望斷高唐路〕　這兩句用"好夢"比喻初相見，用夢"驚回"而不能再夢下去比喻初相見之後不能再相見。　驚回：從夢中驚醒過來。　望斷高唐路：極目遠望，看不見從夢境回來的路。《文選》卷十九宋玉《高唐賦》說楚王在高唐夢見巫山神女。　高唐：戰國時楚國一處地名。　　〔燕子雙飛來又去〕這句有兩層意思：一是燕子成配偶"雙飛"，反襯自己孤寂；二是燕子秋去春來，換了"幾度春光"，有年華消逝之感。　　　〔那日繡簾相見處〕　和本詞首句意思相同。"記得"和"那日"都是回憶。"繡簾"和"畫屏"雖為物不同，但同在一個地方；"相見"就是"相會遇"。不過首句引起上闋的事隔多年，這句引起下闋的記憶猶新。　　　〔低眼佯（yáng）行，笑整香雲縷〕　低頭眼望地面，假裝走路（而不正面望他），一面笑著整理香頭髮

471

。佯：假裝。　雲縷：指少女濃密如雲的一縷縷的頭髮。　〔斂盡春山〕
皺緊眉頭。　斂：收斂；這裡說緊鎖。　春山：指少女的眉。

【校】

《全宋詞》本同，毛本也同。

304. 又

　　昨夜秋風來萬里。月上屏幃，冷透人衣袂。有客抱衾
愁不寐。那堪玉漏長如歲。　　羈舍留連歸計未。夢斷魂
消，一枕相思淚。衣帶漸寬無別意。新書報我添憔悴。

【箋注】

〔月上屏幃〕　月光照上屏風、幃帳。　〔袂（mèi）〕　衣袖。　〔玉漏
長如歲〕　一夜長如一年。形容失眠者盼不到天明的心情。　玉漏：古代用
壺滴水以計算時間的長短；因此夜間滴漏的時間也叫漏。滴漏的壺一般用銅
製作，但文學作品中往往稱玉漏，如蘇味道《元夜觀燈》詩：“玉漏莫相催
。”　〔羈（jī）舍留連歸計未〕　作旅客在外留連還沒有歸去的打算。
　羈舍：在外寄居之處。　羈：寄居外面。　留連：本是在外遊樂，不想回
家，如梁元帝《長歌行》：“人生行樂爾，何處不留連。”這裡說在外無法
回家。　〔夢斷魂消〕　夢完了而醒來，痛苦得神魂消散。魂消：《文選
》卷十六江淹《別賦》李善注：“夫（fú）人，魂以守形，魂散則形斃。今
別而散，明恨深也。”　〔衣帶漸寬無別意〕　我之所以瘦了，並沒有什
麼原因。　衣帶漸寬：衣帶漸變得寬鬆了；當然不是衣帶變長了，而是人瘦
了，腰圍小了。《古詩十九首》“相去日以遠，衣帶日以緩”（“緩”就是
寬）。　〔新書報我添憔悴〕　新得到的書信，告訴我：（她）更加憔悴
了。這句說明上句“衣帶漸寬”的原因；原因是得到家信而更加不愉快。
新書：新得到的（家）信。　報：告訴。

【校】

《全宋詞》本同，毛本也同。

472

305. 又

　　玉枕冰寒消暑氣。碧簟紗廚，向午朦朧睡。鶯舌惺忪如會意。無端畫扇驚飛起。　　雨後初涼生水際。人面桃花，的的遙相似。眼看紅芳猶抱蕊。叢中已結新蓮子。

【箋注】

〔冰寒〕　夏日用天然冰取涼。　　〔碧簟紗廚〕　和上句"玉枕"，"冰"都是富貴人家度夏睡眠的設備。　碧簟：碧作的席子。碧：碧玉，玉的一種，有血紅、深綠和白三種色。簟：（diàn）：篾席。碧不能用來織簟，說"碧簟"，正如說"玉簟"，言其珍貴。　紗廚：大的紗柜，供人夏日寢臥的；人在其中，既可受到風吹，又不受蚊蠅嚙擾。廚：同"櫥"，柜。

〔惺忪（xīngzhōng）〕　不停地動。這裡說不停地鳴。　　〔會意〕　領會（午睡的）人的意思。　　〔無端畫扇驚飛起〕　無緣無故從畫屏上吃驚似地陡然飛起。說鶯如理解人的意思，怕鳴叫會使午睡者醒來，所以飛開。無端：無緣無故地，陡然。　扇：屏風。　　〔初涼生水際〕　水邊生出新涼。　　〔人面桃花的的（dídí）遙相似〕　少婦的臉色和桃花在很大程度上相似。　人面：少女紅潤的臉色。　桃花：新結蓮子的盛夏當然沒有桃花；這裡用唐代崔護的詩，以桃花和少女的臉色相映；孟棨《本事詩·情感》第一記崔護題他遇的少女之家的詩："去年今日此門中，人面桃花相映紅。"　的的：很是；在很大程度上。　　〔眼看紅芳猶抱蕊，叢中已結新蓮子〕　紅色的（荷）花還帶蕊開著，但荷花深處已結了新蓮子。當是暗喻少婦紅艷如前，但已有孕了。　紅芳：紅花；指紅荷花。　抱蕊：花瓣環繞著花蕊。　叢中：指花密集之處。

【校】

　　《全宋詞》本未收此詞，僅見東坡存目詞。末注：晏殊作，見《珠玉詞》。

306. 又

雨霰疏疏經潑火。巷陌鞦韆，猶未清明過。杏子梢頭
香蕾破。淡紅褪白胭脂涴。　　苦被多情相折挫。病緒厭
厭，渾似年時箇。繞遍迴廊還獨坐。月籠雲暗重門鎖。

【箋注】

〔雨霰（xiàn）疏疏經潑火〕　雨雪已經稀疏，經歷寒食節了。天氣轉暖了
。　霰：雪滓，雪珠。　潑火：古代每年寒食節（清明節前一日）吃冷食物
，不舉火；稱寒食節爲潑火節，取澆滅火的意思。白居易《洛橋寒食作十韻
》詩"潑火雨新晴"，又《殘酌晚餐》"魚香肥潑火"。　　〔巷陌鞦韆，
猶未清明過〕　還沒有過清明，但居民家中已有人盪鞦韆了。　〔巷陌（
mò）鞦韆（qīuqiān）〕：居民家中的鞦韆。"巷陌"原是市鎮或城市的街
巷，這裡指市中的居民點、街坊（鞦韆當然設在人家庭園中，不會架在街道
上）。　鞦韆：古代婦女遊戲。　猶未清明過：即"猶未過清明"。古代盪
鞦韆是有季節性的遊戲，在清明節之後。這裡說清明未過，人們就盪鞦韆，
大約那年春暖較早。　〔杏子〕　指杏樹。　〔香蕾破〕　剛開花。
破：綻裂；開放。　〔淡紅褪白胭脂涴（wò）〕　（好像）被胭脂染汙後
褪成淡紅，最後褪成白色。杏花的蕾色深紅如胭脂，開放後顏色漸淡。　褪
（tùn）：顏色變淡；掉色。　涴：染；塗。　〔苦被多情相折挫〕　苦
於被多情所折磨。可能是被自己的多愁善感（指自己"多情"）所苦，也可
能是被別人的愛情（指對方"多情"）所苦。　〔病緒厭厭（yān yān）
渾似年時箇〕　像病纏綿不斷，困倦煩悶，（一日）簡直有一年那樣長久。
　病緒：病纏綿不斷。病：指心情惡劣如病。緒：牽連不斷，像抽絲一樣的
事物（如"思緒"，"愁緒"）。　厭厭：困倦，打不起精神；如"奄奄"
。　渾：全，很。　似年時：像一年那樣長久。上闋說白晝景物，下闋說"
月籠雲暗"，到了夜間；對情懷煩悶的人，熬一個白晝，竟如一年。　箇：
如口語"的"；似年時箇：年時似的。　〔迴廊〕　曲折環繞的廊。圍著
屋子、轉彎抹角而沒有被隔斷的廊。

【校】

474

307. 又

　　蝶懶鶯慵春過半。花落狂風，小院殘紅滿。午醉未醒紅日晚。黃昏簾幕無人捲。　　雲鬟鬅鬆眉黛淺。總是愁媒，欲訴誰消遣。未信此情難繫絆。楊花猶有東風管。

【箋注】

〔蝶懶鶯慵〕　深春不但殢人，連鶯蝶都慵惰了。　慵（yōng）：懶。　〔花落狂風〕　花在狂風中被吹落。　〔殘紅〕　落下的花瓣。　〔雲鬟鬅（péng）鬆眉黛淺〕　頭髮散亂，眉黛褪了色。說少婦（或是少女）因為苦悶而沒有梳妝。　鬅鬆：同"蓬鬆"；髮散亂的樣子。　眉黛淺：古代女子剃去眉，用黛畫上假眉，每次梳妝都要畫眉。這個少婦懶於梳妝，久不畫眉，原來畫的眉，黛已褪了一些，所以說"淺"。黛：一種青黑色的顏料，古代婦女用以畫眉。　〔總是愁媒，欲訴誰消遣〕　一切都是能使人不愉快的事物，想向人訴說吧，但（即使訴說了，）誰能替我排除它們呢。　愁媒：導致人愁的事物。因為導致愁，所以是愁的"媒"。　消遣：排除；消釋；遣除。　〔未信此情難繫絆，楊花猶有東風管〕　我就不信這種愁情無法繫住，哪怕最無法繫住的柳絮都還有東風管得住呢。　繫絆：捆縛；引申為制伏。　楊花：柳絮。

【校】

308. 減字木蘭花

雲鬟傾倒。醉倚闌干風月好。憑仗相扶。誤入仙家碧
玉壺。　　　連天衰草。下走湖南西去道。一舸姑蘇。便逐
鴟夷去得無。

【箋注】

〔雲鬟傾倒〕　說美人已醉，髮髻不整。　雲鬟：婦女的髮髻。杜甫《月夜》
詩：「香霧雲鬟濕。」雲：喻頭髮柔密。鬟：婦女環形的髮髻。　　〔闌干
〕　同「欄干」。　　〔仙家碧玉壺〕　神仙所住之處。《後漢書》卷一百
十二下《方術傳〔下〕費長房傳》說：費長房見「市中有老翁賣藥，懸一壺
於肆頭。及市罷，輒跳入壺中。市人莫之見，唯長房於樓上睹之，異焉」。
後來老翁帶費長房「俱入壺中，唯見玉堂嚴麗，旨酒甘肴盈衍其中。」　〔
連天衰草〕　滿目荒涼。　　〔下走（舊讀zòu）湖南西去道〕　向下往西
到湖南去的道路。　走：走向；趨向。　湖南：宋代湖南路（路：宋代行政
區畫，相當現在的省），轄現在湘水，資水地區。　　〔一舸（gě）姑蘇，
便逐鴟（chī）夷去得無〕　能夠一船到蘇州，跟隨范蠡（lǐ）嗎。　舸：
小船，扁舟。　姑蘇：古代吳國國都，舊址在今江蘇省蘇州市。　逐鴟夷去
：這裡用范蠡取西施的故事，見本書第20首《菩薩蠻》（「玉童西迓浮丘伯
」）〔莫便向姑蘇；扁舟下五湖〕注。

【校】

毛本題作「寓意」，《全宋詞》本題同毛本。

【附錄】

①姚寬《西溪叢語》卷上：「《吳越春秋》云：『吳國西子被殺』。杜
牧之詩云：『西子下姑蘇，一軻逐鴟夷』。東坡詞云：『五湖同道，扁舟歸
去，仍攜西子』。予問王性之。性之云：『西子自下姑蘇，一舸自逐范蠡，
遂為兩義，不可云范蠡將西子去也。』嘗疑之，別無所據。」

309. 又

西湖食荔支

閩溪珍獻。過海雲帆來似箭。玉座金盤。不貢奇葩四百年。　　輕紅釀白。雅稱佳人纖手擘。骨細肌香。恰是當年十八娘。

【箋注】

〔閩溪〕　今福建省。　　〔過海雲帆來似箭〕　這句說明荔枝是經海道由船舶迅速運到杭州的。　雲帆：高聳入雲的船帆，李白《行路難》詩三首之一"直挂雲帆濟滄海"。又《上皇西巡南京歌》十首之六："雲帆錦舸下揚州"。　似箭：形容船行之快；說明荔枝保持得新鮮。　　〔玉座金盤〕指皇帝賜食物。"座"應作"筯（zhù，同"箸"，筷子）"，杜甫《野人送朱櫻》詩，回憶以往得皇帝賜食物："金盤玉筯無消息。"　　〔不貢奇葩（pā）四百年〕　據錢易《南部新書》丙卷："舊制：東川每歲進浸荔枝，……今吳越間謂之'鄞（yín）荔枝'是也。此乃閩福間道者，自明之鄞縣（明州的鄞縣，即今浙江寧波）來，今謂'銀'，非也。咸通七年，以道路遙遠，停進。"唐咸通七年（公元866年）距蘇軾在杭州只二百餘年，說"四百年"，誤。　葩：花；在這裡指果。　　〔輕紅釀（yàn）白〕　荔枝殼是淺紅的，肉是白的。　釀：濃；和"輕"相對。　　〔雅稱（chèng）佳人纖手擘（bài）〕　很適合美人纖美的手（把荔枝）裂開。承上說荔枝"輕紅釀白"之色，和美人的手相配合。　雅：十分，很。　稱：配得上；適合。　纖手：少婦細長的手。《古詩十九首》："盈盈樓上女，……纖纖出素手"，又說織女"纖纖擢素手。"　擘：撕裂；剝開。　　〔骨細肌香〕　雙關語。一是說荔枝的骨（指核）和果肉。一是說少女的骨和肉。

〔恰是當年十八娘〕　雙關語。既是說一種名叫"十八娘"的好荔枝，又是說一個十八歲的少女或少婦。　十八娘：有兩解。一解是宋代一種皮殼深紅而果肉細長的荔枝，當時人以十八歲女郎爲比；也有相傳是五代時閩王王審知的女兒，排行第十八，愛吃這種荔枝，因而命名的；蔡襄（公元1012－1067年）《荔枝譜》第七篇："十八娘荔枝色深紅而細長，時人以少女比之。俚傳閩王王氏有女，第十八，好噉此品，因而得名。其塚今在城東報國院，塚旁猶有此樹云"；蘇軾《次韻曾仲錫承議食蜜漬生荔枝》詩："攀條與立新名字，兒女稱呼恐不經"，蘇軾自注："俗有'十八娘'荔支"。另一解是十八歲的少女（古代女孩乳名往往帶“娘”字，相當現代某些地區叫女孩“妹”或“囡”）。蘇軾此詞兼有兩解。

【校】

毛本“釅”作“釀”，《全宋詞》本題荔支，餘同毛本。其他各本題俱作“西湖食荔支”。

310. 又

得　書

曉來風細。不會鵲聲來報喜。卻羨寒梅。先覺春風一夜來。　　香牋一紙。寫盡回文機上意。欲捲重開。讀遍千回與萬回。

【箋注】

〔得書〕　得到信。詠的是得到妻子的信。當時沒有現代的郵遞，書信要託便人攜帶，而託人帶信的機會難得，而且不能預測；因此收到家信往往是喜出望外。此詞寫得家信之前，先有各種喜的預兆。得信之後，反覆捲了又攤開讀，攤開又捲起，讀上“千回與萬回”。信的內容，只用“回文機上意”一句概括。　　〔不會鵲聲來報喜〕　沒有領會到鵲聲是來報喜的。就是說，一早聽到鵲聲，沒有想到它來報喜。　會：領會，理解。　鵲聲：古代以爲喜鵲向人叫，預告人以喜信。　〔寒梅，先覺春風一夜來〕　寒梅對春的信息很敏感，在東風到來的前一夜就開了。　先覺：預先感到。　春風：雙關語，既是東風；又指家書帶來的喜悅。這句說：昨夜梅花開放，也是得家書的預兆。　　〔牋〕　同“箋”，指信箋。　　〔回文機上意〕　晉朝蘇蕙在織錦的織機中織出回文詩，向丈夫訴說自己忠實於愛情之意。蘇蕙是東晉時前秦（一個氏族統治者建立的政權）皇帝苻堅（在位時爲公元357—385年。苻音pú）手下秦州刺史竇滔的妻。他用織錦機織出八百四十個字的回文詩，豎讀，橫讀，倒讀，斜讀，讀成三言、四言、五言、六言，七言都可

478

以成詩，明代人康萬民《璇璣圖讀讀法》把它讀成四千二百零六首。關於蘇蕙織回文詩的事，有不同的說法：《晉書》卷九十六《列女傳》竇滔妻蘇氏說竇滔被貶到流沙，蘇蕙思念竇滔而作。《文選》卷十六末篇江淹《別賦》"織錦曲兮泣已盡，迴文詩兮影獨傷"，李善注引《織錦迴文詩序》："竇滔秦州，被徙沙漠。其妻蘇氏。秦州臨去別蘇、誓不更娶。至沙漠便娶婦。蘇氏織錦端中，作此迴文詩以贈之。"而假托武則天之名的《璇璣圖序》則說竇滔鎮襄陽，不帶蘇蕙到任，寵愛其妾趙陽台，趙陽台用讒言蠱惑竇滔，使滔和蘇蕙斷絕通信，蘇蕙爲此織回文詩（這一說不合史實）。現在此詩尚存（清代李汝珍《鏡花緣》全文引它）。　回文：顛倒也可以讀的詩叫回文詩。　機：指織錦的機；蘇蕙的這一個作品每個字都是織成的。

　　【校】

　　毛本題作"得書"，《全宋詞》本題同毛本，"回紋"作"回文"。

311. 又

　　天台舊路。應恨劉郎來又去。別酒頻傾。忍聽《陽關》第四聲。　　劉郎未老。懷戀仙鄉重得到。只恐因循。不見而今勸酒人。

　　【箋注】

〔天台舊路〕　劉晨、阮肇兩個凡人到天台仙境去時經歷過的那條老路。此詞是爲一個人送行的宴會而作。那個人退出官場後，不甘心淡泊，再度走舊門路去謀求官祿；好友們爲他送行而舉行這次酒宴。詞中用劉晨、阮肇離開仙境回到人間後想再入仙境，比喻那個人退出官場後想再入仕途。劉、阮入天台的故事：下面錄《法苑珠林》卷三十二、《太平御覽》卷四十一和卷九百六十七所引《幽明錄》："漢永平五年（壬戌，公元62年），剡（shàn）縣劉晨、阮肇共入天台，迷不得返。經十三日，糧食乏盡，飢餒殆死。遙望山上有一桃樹，大有子實。絕岩邃洞，永無登路。攀援藤葛乃得至上。各噉數枚，而飢止體充。復下山，持杯取水，欲盥漱，見蕪菁葉從山腹流出，甚

479

鮮新；復一杯流出，有胡麻飯糝。相謂曰：'此知去人境不遠。'便共沒水逆流二三里，得度山，出一大溪。溪邊有二女，資質絕妙。見二人持杯出，便笑曰：'劉、阮二郎捉向所失流杯來。'晨、肇既不識之，緣二女便呼其姓，如似有舊；乃相見忻喜。問'來何晚邪？'因邀還家。其家銅瓦屋。南壁及東壁下各有一床，皆施絳羅帳，帳角懸鈴；金銀交錯。床頭各有十侍婢，敕云'劉、阮二郎經涉山岨。向雖得瓊實，猶尚虛弊。可速作食！'食胡麻飯、山羊脯、牛肉，甚甘美。食畢行酒。有一群女來，各持五三桃子，笑而言：'賀汝婿來。'酒酣作樂。劉、阮欣怖交并。至暮，令各就一帳宿；音聲清婉，令人忘憂。十日後欲求還去。女云：'君已來，是宿福所牽，何復欲還邪？'遂停半年，氣候草木是春時，百鳥啼鳴，更懷悲思，求歸甚苦。女曰：'罪牽君，當可如何！'遂呼前女子三四十人，集會奏樂，共送劉、阮，指示還路。既出，親舊零落，邑屋改易，無復相識。問訊得七世孫，傳聞上世入山迷不得歸。至晉太康八年（癸未。公元287年），忽復去，不知何所。" 　〔劉郎〕 據上引《幽明錄》，劉郎是入天台的二人之一劉晨。但也可能雙關，那個再度求仕的也許姓劉。 　〔別酒〕 送行的酒。

　〔忍聽《陽關》第四聲〕 不忍聽《陽關曲》的第四聲。用白居易《對酒》詩"聽唱《陽關》第四聲"語。 忍：難道忍（反問語句），不忍。《陽關》：王維《送元二使安西》詩："渭城朝雨浥輕塵，客舍青青柳色新。勸君更進一杯酒，西出陽關無故人。"被廣泛地傳唱用送行餞別的場合。首句有"渭城"，末句有"陽關"，因此被稱為《渭城曲》或《陽關曲》；演唱時末句要反覆三遍，又稱《陽關三疊》。 　〔仙鄉〕 從《幽明錄》所記劉、阮的故事說，指劉、阮在天台所得的仙鄉。這裡比喻官場。〔只恐因循，不見而今勸酒人〕 只怕你在仙鄉因循不離開，再也不能見到這次宴會上向你敬酒的人。《幽明錄》說，劉、阮在天台仙境半年，而人世已經過了二百多年；劉、阮回來後已見不到他入山之前所認識的人了。用以比喻宴會上被送的行人留戀官場不肯退休，會從此和親友隔絕。 因循：本是照舊、無所創新；這裡指拖延時間。

【校】

毛本題作"送別"，"而"作"如"。《全宋詞》本全同毛本。

312. 又

琵琶絕藝。年紀都來十一二。撥弄幺弦。未解將心指
下傳。　　主人嗔小。欲向春風先醉倒。已屬君家。且共
從容等待他。

【箋注】
〔絕藝〕　最難的技藝。這裡說琵琶是最難演奏的樂器，不是十一二歲的女
孩所容易彈奏得好的。此詞詠一個剛學彈琵琶的樂妓，全詞詠她"小"。上
闋指出"年紀都來十一二"，技藝沒有馴熟；下闋說她的主人已迫不及待地
要摧殘她，蘇軾勸說那個主人"等待"。　絕：無以復加的；這裡指難度最
大的。　　〔都來〕　大約；估測之詞。　　〔撥弄幺弦〕　一根弦、一根
弦地彈撥。說初學的人試著撥弄琵琶弦。幺：孤單的。　　〔未解將心指下
傳〕　還不能將內心的情感從手指下表達出來。有兩個意義：一是說技術不
到家，二是說年紀小，很單純，心裡沒有事。　心：情感。　指：手指。傳
：表達。　　〔主人嗔（chēn）小〕　宴會的主人嫌這個彈琵琶的女孩太小
。　主人：請客的人；指邀蘇軾聽琵琶的人；他就是占有這個女孩的人。嗔
：責怪；嫌；恨。　小：指年紀"十一二"。　　〔欲向春風先醉倒〕想要
迎向濃厚的春意而沉醉。從字面說，可解主人為要趁良辰飲酒，在飲酒時聽
音樂，而女孩太小，技藝不佳。從下文勸主人"從容等待"說，應解為主人
要在女孩成年之前就摧殘她。這句說明"主人嗔小"的原因。　向：迎著；
趁，乘。　　〔已屬君家，且共從（cōng）容等待他〕　她已經屬於你的家
了，你且不要性急，等待她長大吧。這是蘇軾勸主人的話。　已屬君家：已
歸你家所有了。即女孩已被你買下來了，照當時法律，她可以由你擺佈了。
當時妓妾是可以買賣的，誰買了女孩，女孩就成了誰的私有財產，聽憑買主
的處置。蘇軾也認為這是合理的，只是說女孩小了些，待她成長後再說。
從容：不急迫。　他：她；指那個十一二歲的彈琵琶的女孩。
【校】
毛本題作"贈小鬟琵琶"。詞只詠那個小鬟，不是"贈"她；如果說"
贈"，也是贈她的主人，不贈給小鬟本人。這一題不合理，應芟。

313. 又

雪

雲容皓白。破曉玉英渾似織。風力無端。欲學楊花更
耐寒。　　相如未老。梁苑猶能陪俊少。莫惹閒愁。且折
紅梅上小樓

【箋注】

〔雪〕　上闋描繪雪。下闋寫自己對雪。下闋有兩層意思：一層是才力還健
，可以和別人競爭詠雪；另一層是"莫惹閒愁"，安靜為妙（莫作詩詞，作
詩詞會惹煩惱）。　　〔雲容皓白〕　雪天的雲是濃的，是"烏雲"，這裡
說"皓白"，當是以白雲之白形容白雪之白，或者破曉時天色初雪返照而皓
白。　　〔玉英〕　玉的精華。《楚辭・九章・涉江》"登崑崙兮食玉英"
；《山海經・西山經》郭璞注："玉榮，謂玉華也"，引《楚辭》此句；又
《穆天子傳》卷二"天子於是得玉策（"策"應是"榮"之誤）枝斯（石名
。見同書卷四）之英"，郭璞注："英、玉之精華也。《尸子》曰：'龍泉
有玉英'。"這裡指雪。　玉：形容雪之白。　英：花；指精華。　　〔似
織〕　形容雪不停地落，像織布的緯紗不容中斷。　　〔欲學楊花更耐寒〕
雪花要學楊花（被風捲得到處飛颺）而比楊花更耐寒。　　楊花：柳絮。晉朝
謝安在下雪時問侄兒女，雪像什麼；侄兒謝朗說："撒鹽空中差可擬"，侄
女謝道韞說："未若柳絮因風起"（見《世說新語、言語》），是以柳絮比
雪的著名故事。也可以用下雪比楊花，如杜甫《麗人行》有"楊花雪落"。
　　〔相如未老，梁苑猶能陪俊少（shào）〕　司馬相如沒有衰老，還能在
梁孝王的苑裡奉陪在座的英俊少年。《文選》卷十三謝惠連《雪賦》："歲
將暮，時既昏；寒風積，愁雲繁。梁王不悅，游於兔園。乃置旨酒，命賓友
：召鄒生，延枚叟。相如未至，居客之右。俄而微霰零，密雪下，……（下
文是枚乘，鄒陽等人賦雪）"。　　相如：西漢詞賦作家司馬相如。　　梁苑：

482

西漢皇室貴族梁王劉武的園囿。　俊少：和司馬相如同在梁王處作客的文學家枚乘、鄒陽等人。這裡，蘇軾以司馬相如自比，說自己能和同時的文學之士較量詠雪的創作。　〔莫惹閑（xián）愁，且折紅梅上小樓〕　不要（和別人較量而）惹起是非吧，且折紅梅登上小樓（一個人自賞自吟）。　閑愁：不必要的是非之爭；指和人競賽而引起的不愉快。

【校】

毛本題作"雪詞"，"雲"作"雪"，"渾"作"紛"。《全宋詞》本同毛本。

314.　又

玉房金蕊。宜在玉人纖手裏。淡月朦朧。更有微微弄袖風。　溫香熟美。醉慢雲鬟垂兩耳。多謝春工。不是花紅是玉紅。

【箋注】

〔玉房金蕊〕　玉色花冠，金色花蕊的花朵。白居易《新樂府·牡丹芳》詩："黃金蕊綻紅玉房"。此詞詠一個美人拈花而睡，或是為一幅《美人春睡圖》之類的圖畫而題的詞。此句詠睡美人所拈的花。　〔玉人〕　美麗的少女或少婦。《詩·召南·野有死麕》"有女如玉"。　〔纖手〕　手指細長的手。《古詩十九首》"纖纖擢素手"。　〔微微弄袖風〕　柔和的、能吹動衣袖的風。杜牧《長安雜題長句》六首之二"紫陌微微弄袖風"。弄：吹動；使搖動。　〔溫香熟美〕　形容醉後睡得沉酣。　〔慢〕鬆緩。　〔雲鬟〕　柔密的髮髻。雲：形容婦女頭髮的柔密；《詩·鄘風·君子偕老》"鬒髮如雲"。鬟：婦女環形的髮髻。　〔多謝春工，不是花紅是玉紅〕　多多向春之神力致意，這裡紅艷的不是花朵之色而是美人的膚色。　多謝：致意，問候。　春工：使得百花紅艷的神力。　玉紅：指美女的膚色。《西京雜記》卷一之末，說漢成帝皇后趙飛燕及其妹"并色如紅玉"。

315. 又

以大琉璃杯勸王仲翁

海南奇寶。鑄出團團如栲栳。曾到崑崙。乞得山頭玉女盆。　　絳州王老。百歲癡頑推不倒。海口如門。一派黃流已電奔。

【箋注】

〔以大琉璃杯勸王仲翁〕　用大玻璃杯盛酒請王仲翁喝。上闋描繪玻璃杯，用"栲栳"和"玉女盆"誇張地寫它的"大"。下闋寫王仲翁的健康和飲酒的豪量。　琉璃：這裡說的是玻璃。西漢時，西域出產一種有光多色的礦石，叫琉璃。以後，西域商人傳來玻璃器，並在中國製造玻璃，也喚作琉璃。《漢書》卷九十六《西域傳〔上〕》，記罽賓國（大約今喀什米爾一帶。罽音ㄐㄧˋ）出產琉璃；孟康注："流離，青色，如玉。"顏師古注："《魏略》云：'大秦（羅馬帝國）出赤白黑黃青綠縹紺紅紫十種流離。'孟言'青色'，不博通也。此蓋自然之物，采色光潤，踰於眾玉。其色不恒"，說的是天生的琉璃（"流離"）。顏師古的注接著說："今俗所用，皆消冶石汁，加以眾藥，灌而爲之，尤虛脆不貞，實非珍物"，說的是玻璃，但也叫琉璃。顏師古說"今俗所用"，"非珍物"，是在顏師古的時代（隋末唐初）；玻璃已比較普遍；但玻璃在我國曾經是"珍物"，不是"俗"所能用。據《世說新語·言語》："滿奮畏風。在晉武帝坐。北窗作琉璃扇屏風，實密似疏。奮有難色。"《世說新語·汰侈》記晉武帝到女婿王武子家，"武子供饌並用瑠璃器"；《世說新語·紕漏》記晉武帝的另一個女婿不認得皇宮廁所用瑠璃碗盛澡豆。"瑠璃"（同"琉璃"）就是玻璃；那時中國還不會製造玻璃，玻璃從西方國家運來，是難得之物，只有皇宮中用；貴臣滿奮不認得，以為窗子透明是沒有用東西隔攔。用玻璃碗裝看饌是豪侈。用玻璃碗裝的東西一定十分昂貴，不會是普通的澡豆。到北魏太武帝統治的時期（公元424－452年），西域大月氏（zhī）國的人開始在中國製造玻璃，玻璃才有較多的人使用。《北史》卷九十七《大月氏傳》：“太武時，其國人商販京師，自云能鑄石爲五色瑠璃，於是採礦山中，於京師鑄之。既成，其光澤乃美於西方來者。……自此中國瑠璃遂賤。”玻璃（人工的瑠璃）“遂賤”、不再成爲“珍物”，但購置得起的人並不很多，在唐宋仍是比較講究的器物。但有了頗（pō）黎之名。李浚《撫異記》說唐玄宗時楊貴妃“持頗梨七寶杯”；或作“頗黎”，韓愈《遊青龍寺贈崔大補闕》詩：“靈液屢進頗黎碗”，《陸渾山火和皇甫湜》詩：“谽呀距巏頗黎盆”。或仍稱爲琉璃、瑠璃。　勸：勸人喝酒。　王仲翁：不詳。據“絳州王老”，知他是絳州人。當時年紀已老，但康健，豪飲。和蘇軾很親熱，蘇軾和他諧謔。　〔海南奇寶〕　指玻璃（琉璃）。最初它從西域經海道來到中國，所以說：“海南”。西晉時玻璃還是珍物，人們稱玻璃碗爲寶器。《世說新語·排調》記“王公（丞相王導）與朝士共飲酒，舉琉璃碗謂伯仁（周顗）曰：‘此碗腹殊空。謂之寶器，何耶？’”也許王仲翁不認識玻璃，蘇軾騙他說是“海南奇寶”，故意勸他多喝些。　〔栲栳（kǎo lǎo）〕　柳條編織的圓形器物，大約可容十五公斤的米。這裡誇張地說琉璃杯的大。　〔玉女盆〕　神女洗髮的盆。這裡用以比喻琉璃杯的珍異和誇張地說明它的大。《杜工部草堂詩箋》卷十三《望岳》“拄到玉女洗頭盆”，蔡夢弼注引《詩·含神霧》：“明皇玉女者，居華山，服玉漿，白日上升。中頂石龜，其廣數畝，其高三仞；其側有梯磴達龜背。背有玉女祠。祠前有五石，號曰玉女洗頭盆。……”又引《三峰記》：“華山雲台上有石盆，可容水數斛，明瑩如玉；上有古篆，人莫識；俗呼爲玉女洗頭盆。”玉女洗頭盆當在華山，蘇軾誤記爲崑崙。　〔絳州〕　王仲翁的故鄉。今山西省侯馬市東的絳縣。　〔百歲癡頑推不倒〕　可以活到一百歲，硬是要活下去，推也推不倒。這是一句善意的嘲謔。　癡頑：什麼都不知道的；《新五代史》卷五十四《雜傳·馮道傳》：“契丹滅晉。道（馮道。公元883－955年）又事契丹，朝耶律德光（契丹皇帝）於京師。……德光誚之曰：‘爾是何等老子？’對曰：‘無才無德，癡頑老子。’”這裡解爲什麼都不管，就是活下去；詼諧地祝頌王仲翁健康長壽，沒有貶意。　推不倒：“倒”是顛仆，也是死亡；這裡說“推不倒”，是詼諧地說“死不了”。　〔海口如門〕　描繪王仲翁張開大口喝酒

485

的樣子。　〔一派黃流已電奔〕　誇張地形容王仲翁酒量之豪和喝酒之快
。派：江河的支流。　黃流：指所喝的酒。黃：言酒的色，流：言酒的多。
電奔：快得很；這裡指乾杯喝得快。

【校】

毛本無，《全宋詞》本同元本。

316. 又

琴

神閒意定。萬籟收聲天地靜。玉指冰弦。未動宮商意
已傳。　　悲風流水。寫出寥寥千古意。歸去無眠。一夜
餘音在耳邊。

【箋注】

〔琴〕　我國一種古老的彈撥弦樂器。此詞寫夜間聽人彈琴。上闋寫彈奏之
前，著重寫人的精神狀態。下闋寫彈奏和聽琴之後的回味。　　〔神閒（xi
án）意定〕　精神意致悠閒安靜。指彈奏者和聽者兩人的精神專注。　　〔
萬籟（lài）收聲〕　一切能發聲的事物都停止了發聲。指夜間寂靜。　籟：
本是一種竹管樂器；這裡指發聲的事物。　萬籟：一切能發聲的事物（包括
自然界和人）。　收聲：和“發聲”相反，停止發聲；《禮記·月令》仲秋
之月“雷始收聲”（和仲春之月“雷乃發聲”相對）。　　〔玉指冰弦〕
彈琴的手指和琴弦。“冰”、“玉”形容其潔淨無塵。　　〔未動宮商意已
傳〕　還沒有演奏成曲，而演奏者的情感已表現出來了。　宮商：指宮商角
徵（zhǐ）羽五聲（相當do、re、mi、sol、la階名）。　意：指彈琴者的感
情意志。　傳：表達，表現。　彈者和聽者都“神閒意定”，未演奏出樂曲
，大家都已心情一致了。　　〔悲風流水〕　琴的聲音，表達出人的意在泠
泠悲風，或濺濺流水。《列子·湯問》：“伯牙善鼓琴，鍾子期善聽。伯牙
鼓琴志在登高山；鍾子期曰：‘善哉，峨峨兮若泰山！’志在流水；鍾子期

曰：‘善哉，洋洋兮若江河！’伯牙所念，鍾子期必得之。伯牙游於泰山之陰，卒（同“猝”）逢暴雨，止於巖下，心悲，乃援琴而鼓之；初爲霖雨之操，更造崩山之音，曲每奏，鍾子期輒窮其趣。”　　〔寫〕　指用樂曲描寫。　　〔寥寥（liáo liáo）〕　寂寞空虛的樣子。

317. 又

　　銀箏旋品。不用纏頭千尺錦。妙思如泉。一洗閒愁十五年。　　　爲公少止。起舞屬公公莫起。風裏銀山。擺撼魚龍我自閒。

【箋注】

〔銀箏〕　用銀裝飾的箏。《南史》卷三十三《何承天傳》，記何承天喜歡下棋和彈箏，宋文帝“賜以局、子及銀裝箏（局，棋盤。子，棋子）。”箏：一種古老的弦樂器。　　〔旋品〕　隨即欣賞彈箏。據此，此詞當是另一首詞的繼續。也許是前一首《減字木蘭花·琴》的繼作，在聽琴之後又品箏和觀舞；前首詠聽琴。此首上闋詠聽箏、下闋詠觀舞。　旋：隨即。　品：評定優劣；這裡說欣賞，玩味。　　〔不用纏頭千尺錦〕　不用大量的財物賞賜演奏者；不用花費而欣賞美好的演奏。　纏頭：賞賜給演唱者或舞女的財物。古代歌舞之妓，將得到賞賜的錦或綾羅，纏在頭上；所以宴會時賓主賞給樂舞妓以錦或綾羅，叫“纏頭”；以後賞賜給樂舞妓的財物，即使不是綢錦，也叫纏頭。白居易《琵琶行》詠一個彈琵琶的婦女少年時：“五陵年少爭纏頭，一曲紅綃不知數。”　　〔妙思（sì）如泉〕　美妙的才思像泉水湧出，滔滔不絕。可作兩種解釋：一是指用箏彈出的樂曲變化無窮。一是指主人善於談話。　思（sì）：思想（名詞）。　　〔一洗閒愁十五年〕　洗掉了我十五年的閒愁。　洗：沖刷掉；清除。　　〔爲公少止〕　爲了讓您稍作停留。　公：您；第二人的敬稱（用於男性）。這裡指宴會主人的一位賓客（也許是蘇軾）。這句和下句是主人說的話。　　〔起舞屬（zhǔ）公公莫起〕　可作兩種解釋：一是您不要起身走了（句末“起”爲起身離開這裡）。另一解是請您起舞，從《公莫》舞開始（句末“起”爲開始）；《公莫》：古代一種舞蹈，《宋書》卷十九《樂志（一）》、《晉書》卷二十三《樂志（下）》和《隋書》卷十五《音樂志〔下〕》都有《公莫舞》，《舊唐書》卷二十九《音樂志（二）》：“《公莫舞》，晉宋謂之《巾舞》。”

起舞屬公：就是“屬公起舞”，囑請您起舞。這句也是主人的話。按：《史記》卷一百零七《魏其武安侯列傳》記魏其侯竇嬰款待丞相武安侯田蚡（fén）的宴會上，有個坐客是退職的軍官，名叫灌夫，“飲酒酣，（灌）夫起舞屬丞相，丞相不起”；這裡用《史記》的話，但和《史記》的意思完全不同。〔風裏銀山，擺撼（hàn）魚龍我自閒〕　我是會舞蹈的。這是客人在被邀請舞蹈時的回答。舞蹈的内容，是魚龍在風裏銀山擺撼。　風裏銀山：指傳說中的蓬萊、方丈、瀛州三神山。《史記》卷二十八《封禪書》：“此三神山者，其傳在渤海中，去人不遠。患且至則船風引而去。蓋嘗有至者，諸僊人及不死之藥皆在焉。其物禽獸盡白，而黃金銀爲宮闕。未至，望之如雲。及到，三神山反居水下。臨之，風輒引去。”因那裡風使船不能泊岸，又山上“其物禽獸盡白”，所以說“風裏銀山”。　擺撼魚龍：魚龍搖擺，指舞蹈的動作。《漢書》卷九十六〔下〕《西域傳贊》說漢皇帝觀“海中碭極漫衍魚龍”，顏師古注：“魚龍者，爲舍利之獸，先戲於庭極；畢，乃入殿前激水化成比目魚，跳躍漱水，作霧障日；畢，化成黃龍八丈，出水敖戲於庭。”這裡指舞蹈中有模仿海中動物的動作。　閒：同“嫺”；熟練。

【校】
《全宋詞》本全同毛本。

318. 又

鶯初解語。最是一年春好處。微雨如酥。草色遙看近卻無。　　休辭醉倒。花不看開人易老。莫待春回。顛倒紅英間綠苔。

【箋注】
488

〔鶯初解語〕　黃鶯剛剛會說話的時候。　解：能；知道。　語：這裡指鶯鳴，嬌啼宛轉，有如說話。　〔最是一年春好處〕用韓愈詩句（見下）。　〔微雨如酥，草色遙看近卻無〕　微雨如酥酪一揮浸潤草木，遠望草色深綠，近觀反而草色淡薄了。韓愈《早春呈張十八水部》詩二首之一“天街小雨潤如酥，草色遙看近卻無。最是一年春好處，絕勝花柳滿皇都。”酥：酥酪，用牛羊乳製作的食品，富有營養；這裡比喻春雨膏潤植物，使草木滋長。　看：這裡必須讀平聲，音kān。　〔辭〕　拒絕；推脫；避開。

〔花不看開人易老〕　有花而不去看它的盛開，人的年華逝去（，將會後悔沒有及時看花開的）。如杜甫《漫興九絕》之四“漸老逢春能幾回。”

〔春回〕　春天回去；就是說春離開人間。　〔顛倒紅英間（jiàn）綠苔〕　零亂的落花夾在青苔裡。　顛倒：亂紛紛的。　英：花朵；這裡指落花。　間：夾雜。

【校】

《全宋詞》本同毛本。

319. 又

　　江南遊女。問我何年歸得去。雨細風微。兩足如霜挽紵衣。　　江亭夜語。幸見京華新樣舞。蓮步輕飛。遷客今朝始是歸。

【箋注】

〔江南遊女〕　江南流落到此的少女。　遊女：《樂府詩集》卷五十《清商曲辭〔七〕·遊女曲》引《古今樂錄》“《遊女曲》和云：‘當年少，歌舞承酒笑’”，則是用歌舞侍奉人飲宴的少女。這首詠的是一個流落異地、以歌舞娛人為生的少女；據第四句，她很貧窮。第三句少女問“何年歸得去”，末句自稱“遷客”，大約是蘇軾被放逐到惠州時（公元1074年九月至1077年四月）作。　〔兩足如霜挽紵（zhù）衣〕　赤腳，把麻作的衣向上挽。當時“雨細風微”，那個“遊女”為了不被雨水沾濕衣裳鞋襪，就赤著腳，把衣挽得高高的；可見她的貧困。　兩足如霜：露出霜一樣白的腳；李白《浣紗石上女》詩"兩足白如霜"，又《越女詞》五首之一"屐上足如霜，不着鴉頭襪"。　挽：往上提；往上捲起；杜甫《同谷七歌》之二"短衣數挽不掩脛"。　紵衣：苧麻布作的衣；當時貧苦人所穿。　〔京華新樣舞〕當時國都新近流行款式的舞蹈。　京華：首都，指當時首都開封。國都爲四方人物集中，華美匯萃之地，因此稱"華"；杜甫《夢李白》二首之二"冠蓋滿京華"。　新樣：新流行的式樣，時髦的式樣。這說明那位"遊女"剛從汴京來，或是勤於學新的舞姿。　〔蓮步〕指舞女的腳。《南史·齊·東昏侯記》記南齊廢帝蕭寶卷"鑿金爲蓮花以帖地，令潘妃行其上，曰：此步步生蓮華也。'"　〔遷客今朝始是歸〕（我這個）被放逐於外的人今天才算是回了首都。就是說：被放逐以後，周圍一切都和國都不同，感到遠離國都的痛苦；今天看到只有在國都才見得著的新樣舞蹈，才如同眞正歸去了一樣。　遷客：被放逐於外的人；《文選》卷十六江淹《恨賦》"遷客海上"。"今朝始是歸"：回答上闋那位遊女問的"何年歸得去"。

320. 行　香　子

　　三入承明。四至九卿。問儒生、何辱何榮。金張七葉，紈綺貂纓。無汗馬事，不獻賦，不明經。　　成都卜肆，寂寞君平。鄭子眞、巖谷躬耕。寒灰炙手，人重人輕。除竺乾學，得無念，得無名。

【箋注】

〔三入承明〕三次作出入皇宮的官。《文選》卷二十一應璩《百一詩》："問我何功德，三入承明廬"。　承明：承明廬；兩漢時在皇宮工作的官員（如侍郎、常侍、侍中；都在皇帝身旁侍奉皇帝）值班時歇宿之處；《漢書》卷六十四〔上〕《嚴助傳》，漢武帝賜嚴助的信"君厭承明之廬"，張晏注："承明廬在石渠閣外。直（同"值"）宿所止曰廬。"三國時魏的承明廬在皇宮承明門外（見《文選》卷二十一應璩《百一詩》注引陸機《洛陽記》）。三次作到親近皇帝的官，出入皇宮，所以"三入承明"。　〔四至九卿〕　四次做到九卿。用西漢司馬安、許商的事：《史記》卷一百二十《汲黯列傳》說汲黯姑姊子司馬安"巧，善宦，官四至九卿"，《漢書》卷八十八《儒林傳》，傳《尚書》的周堪傳授許商，許商"著《五行論曆》，四至九卿"。　九卿，漢代僅次於三公的高級官員：太常、光祿勳、衛尉、太僕、廷尉、鴻臚、宗正、大司農、少府，見《漢書》卷十九《百官公卿表》。　〔問儒生何辱何榮〕　問問儒生們，你們是讀書明理的，你們說什麼是辱，什麼是榮。這句反問的話貫串全首詞。上闋說：有些沒有武功（"無汗馬事"）、沒有文才（"不獻賦"）、沒有學力（"不明經"）的人，憑仗是皇帝近臣而討得皇帝歡心，世世代代（"金張七葉"）享受富貴（"紈綺貂纓"），能"三入承明，四至九卿"。下闋說：另外德才兼備如嚴君平、鄭子眞，卻"寂寞"、隱居、（"成都卜肆"、"躬耕谷口"）。因而慨嘆：那些富貴人，因爲大權在手（"炙手"），即使功德才學一點都談不上，也爲"人重"；反之，那些眞正有德有才的人，由於無門路（是"寒灰"），就爲"人輕"。因此作者問"何辱何榮"。是無功無德無才無學而入承明、至九卿、紈綺貂纓爲"榮"呢，還是有才德而寂寞貧困爲"榮"呢？"炙手"而爲"人重"是不是"榮"？"寒灰"而爲"人輕"是不是"辱"？這些"何辱何榮"的問題，人可以作出不同的答案。而蘇軾提出來"問儒生"，蘇軾自己也是儒生，實在是自問。這和《楚辭·卜居》假托屈原自問一樣，是不須作答的。此詞人名、事蹟都是西漢的，蘇軾托古諷今，如古代某些《詠史》之作。下闋之末用佛家語以不了了之。　〔金張七葉〕　西漢金日磾（mìdī）和張安世的子孫，都是祖孫七代大富大貴。《文選》卷二十一左思《詠史》八首之二："金張藉舊業，七葉珥漢貂"。　金：漢武帝親信貴臣金日磾(mìdī)及其孫。事見《漢書》卷六十八《金日磾傳》。那篇傳《贊》說金日磾"傳國後嗣，世名忠孝。七世內侍（"內侍"，在皇帝宮庭內作皇帝親近的侍從官），何其盛也。"　張：張安世及其子孫。《漢書》卷五十九《張湯傳》說："安世子孫相繼，自宣、元（宣、元，漢宣帝和漢元帝，兩代皇帝統治時期是公元前73－前33年）以來，爲侍中、中常侍、諸曹散騎、列校尉者凡十餘人。功臣之世，唯有金氏、張氏親近寵貴，比於外戚（"外戚"，皇后娘家的人）"。　葉：世，代。　七葉：子孫相傳七代。張安世世代富貴可考的有六代，這裡說"七葉"，當是由金氏說及。〔紈

（wán）綺（qǐ）貂（diāo）纓〕　貴官的穿戴；這裡說明他們顯貴。紈綺：華貴的衣料。紈，細絹；綺：有花紋的綢；用衣料說其豪富。　貂：一種產於北方的肉食獸，其皮是貴重的裘料。這裡指飾在冠上的貂尾。漢代侍中、中常侍冠上以貂尾爲飾。《後漢書》劉昭《輿服志〔下〕》：“武冠，一曰武弁（biàn）大冠，諸武官冠之。侍中、中常侍加黃金璫（dàng，一種冠飾），附蟬爲文，貂尾爲飾”，注引胡廣說：“意謂北方寒涼，本以貂皮暖額，附施於冠，因遂變爲首飾。”　纓：冠兩旁垂下的帶子；人戴冠之後，把纓結在下頦之下。貂纓是貴人冠上的東西，舉“貂纓”說明其貴顯。

〔無汗馬事〕　沒有立戰功。　汗馬：使馬奔走而流汗；指戰爭的勞苦；《韓非子·五蠹》說戰士“有汗馬之勞”。　〔不獻賦〕　不向皇帝獻自己的文學作品。就是說：沒有文學才能。漢代辭賦作家常把所作的賦頌獻給皇帝，以求賞識。　〔不明經〕　不明曉儒家經書。就是說：沒有下過工夫讀書。兩漢已以經書試士人而授官。　〔成都卜肆，寂寞君平〕　在成都城一個爲人卜卦的小肆裏，（有個）默默無聞的嚴君平。　《漢書》卷七十二《王貢兩龔鮑傳》：“（嚴）君平卜筮於成都市。以爲‘卜筮（shì）者，賤業，而可以惠衆人。有邪惡非正之問，則依蓍（shī）龜爲言利害。……各因勢導之以善。從吾言者已過半矣。裁日閱數人，得百錢足自養，則閉肆下簾而授《老子》。博覽無不通。”　成都：今四川成都市。　卜肆：卜筮者開的店。古人以爲鬼神能預知吉凶禍福，有人利用這種迷信，擺攤設館，代替鬼神示人以吉凶；其法：或灼鑽龜殼而觀裂紋（這種裂文叫“兆”），或計算蓍（shī）草莖而畫卦；灼龜觀兆爲“卜”，數蓍畫卦爲“筮（shì）”。　肆：市上擺的攤或開的店。　寂寞：不著名；甘心貧賤以清靜自守。　君平：嚴尊（或作嚴遵）的字。西漢末年蜀人。　〔鄭子眞巖谷躬耕〕　鄭子眞隱居於谷口，親自從事農業生產。　鄭子眞：鄭樸，字子眞，西漢晚年人。　巖谷：岩洞或山溝。　揚雄《法言·問神》說鄭子眞“耕於巖石之下”。《漢書》卷七十二《王貢兩龔鮑傳》“谷口有鄭子眞”，按，谷口是地名，《漢書》卷二十八《地理志》左馮翊有谷口縣，故址在今陝西省涇陽、醴泉一帶。鄭子眞當是隱於此處。　躬：親身，本人。《漢書》記鄭子眞：“成帝時，元舅（皇后的兄弟）大將軍王鳳以禮聘子眞。子眞遂不詘而終。”不詘（同“屈”）就是堅持其志，保持清白的節操。　〔寒灰炙（zhì）手〕　有的人冷如死灰，有的人氣焰熾盛。　寒灰：沒有一點火星的灰；再也不能燃的死灰；比喻無法富貴的人；《史記》卷一百零八《韓安

492

國列傳》，記丞相韓安國下獄，"獄吏田甲辱安國。安國曰：'死灰獨不復然（同"燃"）乎？'"這裡用"寒灰"比不出仕的嚴君平（《漢書》記李雄作蜀郡太守，想招嚴君平出仕而無從開口）和鄭子眞（《漢書》記大將軍王鳳無法改變鄭子眞的志向）。　炙手：烘手，杜甫《麗人行》形容楊貴妃和宰相楊國忠相互勾結，富貴至極，氣焰熏天，"炙手可熱勢絕倫"（氣焰使人能把手烘熱）。這裡用"炙手可熱"指富貴絕倫的人，如上闋"入承明"、"至九卿"、"紈綺貂纓"之輩。　〔人重人輕〕　有的被人尊敬，有的被人輕視。這句話可解爲：無功德才學的"炙手"爲世俗人所重，有德有才的"寒灰"爲世俗人所輕。也可以解爲：有德有才的"寒士"爲正直的人所重，而"炙手可熱勢絕倫"的人被正直的人所輕。如揚雄《法言·問神》："谷口鄭子眞不詘其志，耕於巖石之下，名震於京師。……蜀嚴（君平）湛冥（湛：深沉。冥：不顯名），不作茍見，不治茍得；久幽而不改其操。雖隨和（隨：隋侯珠。和：和氏璧。都是稀世的寶物）何以加諸！"《漢書·王貢兩龔鮑傳》："谷口有鄭子眞，蜀有嚴君平，皆修身自保，非其服弗服，非其食弗食。"從《法言》和《漢書》看，嚴君平、鄭子眞是眞正"人重"的"寒灰"，是眞正的"榮"。　〔除竺（zhú）乾學得無念，得無名〕　說從佛教教義中學得看破世俗，而心中空寂無塵。　竺乾：佛。白居易《新昌新居事四十韻。因寄元郎中、張博士》詩："大底宗莊叟，私心事竺乾。"　無念：佛教術語，修養到的境界，作到不起一點意願思慮。《三慧經》："問曰：何等爲'能知一，萬事畢'？"報曰："'一'者，謂無意無念，萬事自畢。意有百念，萬事皆失"，《傳心法要》："一念不起，即十八界皆空；即身便是菩提華果，即身便是靈智，亦云靈台"，"且如瞥起一念便是境。若無一念，便是境忘心自滅，無復可追尋"又叫"正念"，《宗鏡錄》八："正念者，無念而知。若總無知，何成正念"。　無名：無法形容的空寂清靜；菩提。《翻譯名義集》卷五《法寶眾名篇第五》："菩提：……吾教以心爲道。心乃自情清靜淨心也，其體湛寂，其性靈照，無名無相，絕有絕無，心不能思，口不能言。……"

【校】

毛本題作"寓意"；"儒"作"書"。《全宋詞》本全同毛本。

321. 又

　　清夜無塵。月色如銀。酒斟時、須滿十分。浮名浮利，虛苦勞神。嘆隙中駒、石中火、夢中身。　　　雖抱文章，開口誰親。且陶陶、樂盡天眞。幾時歸去，作箇閒人。對一張琴、一壺酒、一溪雲。

【箋注】

〔十分〕　酒船（一種飲器，作成船形）中都盛滿酒。《閒情小品・酒考》："酒船，古以金銀爲之，內藏風帆十幅。酒滿一分，則一帆舉；酒乾一分，則一帆落。"白居易《雪夜喜李郎中見訪，兼酬所贈》詩："十分滿盞黃金液"；又王明清《玉照新志》卷四引"白樂天手書詩一紙"第二句是"荷葉杯中酒十分"　　〔浮名浮利〕　空的，漂動而不固定的名利。　　〔虛苦〕　無代價的勞苦；徒勞。　　〔隙中駒、石中火、夢中身〕　像快馬馳過縫隙，像敲擊石塊迸出一閃就熄滅的火花，像在夢境中暫時經歷就醒轉來。這三個詞都比喻生命的短促。　隙中駒：《莊子・知（zhì）北遊》："人生天地之間，若白駒之過郤（xì同"隙"），忽然而已"。隙：縫隙，小孔。駒：馬。　石中火：北齊劉畫《新論》（一名《劉子新論》）第五十三篇《惜時》："人之短生，猶如石火，炯然已過"；李白《擬古》十二首之三："石火無煙光，還如世中人"。　夢中身：《關尹子・四符》："知夫此身如夢中身"。身：我。此詞表示要求從苦悶中解脫。上闋由月夜飲酒，想到生命短促，而爲名利所苦，苦是徒然的。下闋要逃脫名利，用琴趣、酒味和自然風景消磨閑適的歲月。和李白《春夜宴從弟桃李園序》"浮生若夢、爲歡幾何"同樣意趣頹廢。　　〔開口誰親〕　要說話，有誰是知心呢。言知心難得。　開口：說話。　親：信任；親切。　　〔陶陶（舊讀yáoyáo）〕　《詩・王風・君子陽陽》首章"君子陽陽"，毛《傳》："陽陽，無所用其心也"；次章"君子陶陶"，毛《傳》："陶陶，和樂貌"，鄭《箋》："陶陶，猶'陽陽'也"。毛傳解"陶陶"爲"和樂"，鄭《箋》解爲"無所用其心"（和"陽陽"同），都是說愉快，無憂無慮。

【校】

毛本題為"述懷"。這一標題是不必要的，述懷的意思很明顯。"虛"毛本作"休"。"間"，黃岡東坡赤壁坡仙亭蘇軾墨跡石刻（刻於清同治戊辰年，即公元1868年。劉維楨重刊）作"閒"。"對"上述石刻作"背"。按："背"不如"對"，"對"這一動詞可以冠"一張琴、一壺酒、一溪雲"三個賓語，而"背"字不是"酒"和"雲"所能承的。

　　《全宋詞》本同毛本。

322. 又

病起小集

　　昨夜霜風。先入梧桐。渾無處、回避衰容。問公何事，不語書空。但一回醉，一回病，一回慵。　　朝來庭下，飛英如霰，似無言、有意催儂。都將萬事，付與千鍾。任酒花白，眼花亂，燭花紅。

【箋注】

　〔病起小集〕　臥病之後起床舉行小規模聚會飲宴。病後容顏衰老了，精神不振了（"慵"）；面對淒涼的秋景，只好燭下飲酒。情感頹喪。"小集"是小型的（人數少，肴饌不豐盛，沒有妓樂歌舞或是很少樂舞）宴會，但詞中沒有聚會的內容；沒有勸客飲酒的話，只是抒寫個人悲淒之感。毛本題作"秋興"，取《文選》卷十三潘岳《秋興賦》的舊題，潘賦的感情也是頹廢的。　〔昨夜霜風，先入梧桐〕　韓愈《秋懷》詩十一首之九"霜風侵梧桐"。　〔渾無處回避衰容〕　無地可以不現出秋容。　渾：全。回避：避開，不見面。　衰容：是指滿目蕭瑟的秋景，也指作者病後憔悴的容貌。

　〔問公"何事不語書空"〕　請問您為什麼不說話，只是手指在空中寫字。這是假設的一個人詢問作者的話。　何事：為什麼。　不語書空：不用紙筆寫字，而用手指在空中書寫。《世說新語‧黜免》："殷中軍（浩）被廢，在信安終日恆書空作字。揚州吏民尋義逐之，竊視，唯見'咄咄怪事'而

495

已。" 〔但一回醉，一回病，一回慵〕 只有醉一次就病一次，病一次就懶一些。這是作者解釋爲什麼"不語書空"。 但：只不過；僅。 慵（yōng）：懶。 〔朝來庭下飛英如霰〕 （經過"昨夜霜風"）今晨庭下花像雪珠一樣降落。 朝來：今晨。據詞末"燭花紅"，詠夜間之飲，則不但上闋"昨夜"是追述，而且這裡的"朝來"也是追述。 飛英如霰（xiàn）：落花如雪滓一樣（密）。飛英：飛舞的花。霰：雪珠。按：此字平仄不合，而且"霰"字與桐、容、空、慵、儂、鍾、紅不韻。毛本作"光陰似箭"也不合平仄，不叶韻。似誤。 〔無言有意催儂〕 不用言語而是故意地催督我。秋風和落花雖不說話，但用它們的景色提醒我。 催：逼，督促。 儂：我。 〔付與千鍾〕 付託給酒；付之於醉。 鍾：酒盞。千鍾：大量飲酒；《論衡·語增》："傳語曰：文王飲酒千鍾，孔子百觚。"〔酒花〕 斟酒急時，杯上湧的酒的泡沫。

【校】

毛本題作"秋興"、"昨"作"涼"、"朝"作"秋"，"飛英如霰"作"光陰似箭"，"催"作"傷"。《全宋詞》本全同毛本。

323. 點 絳 唇

紅杏飄香，柳含煙翠拖金縷。水邊朱戶。門掩黃昏雨。 燭影搖風，一枕傷春緒。歸不去。鳳樓何處。芳草迷歸路。

【箋注】

〔拖金縷〕 垂下金色的縷。指帶嫩黃色新葉的柳枝。 〔朱戶〕 富有的人家，門塗成朱色。 〔掩〕 關閉著。 〔緒〕 情懷。 〔鳳樓〕 古代貴婦人居住的樓；這裡是離家在外的人指他妻子所在。《水經注》卷十八《渭水》："秦穆公時，有簫史者，善吹簫，能致白鶴孔雀。穆公女弄玉好之。公爲作鳳臺以居之。積數十年，一旦隨鳳去云。" 〔芳草迷歸路〕 滿眼都是芳草，迷失了歸途。《楚辭》淮南小山《招隱士》："王孫遊兮不歸，春草生兮萋萋"。

元本無。毛本注云：或刻賀方回。《全宋詞》本"金"作"輕"，"門掩"作"盡捲"。末注：案此首《類編草堂詩餘》卷一作賀鑄詞。

324. 又

醉漾輕舟，信流引到花深處。塵緣相誤。無計花間住。　　煙水茫茫，千里斜陽暮。山無數。亂紅如雨，不記來時路。

【箋注】

〔醉漾（yàng）輕舟〕　帶醉蕩著小船。傅榦注："此詞全用劉晨事"。見311首《減字木蘭花》〔天台舊路〕注。這首詞詠一個人行船到陌生的花深處，不肯留下，而回來卻迷失了路；有些像劉晨、阮肇入天台的故事。但只能說"部分地用劉晨事"，不宜說"全用劉晨事"。如劉晨、阮肇是入山採藥迷路，而此詞說漾舟（當然不是入山）。又如劉晨、阮肇再度入天台而不再回到人間，似乎不是沒有划到舊路，而是再次進入仙境了；而此詞說第二次再尋沒有找到"來時路"；事的情節與陶淵明《桃花源詩并記》比與劉晨的故事更近似。當然此詞也不是詠桃花源的事，而是詠一個蕩舟的人來到一個花木幽深之處，回來以後再去，忘了路，尋不著了；沒有說到發現一個人世以外的世界。　漾：蕩。　輕舟：沒有運載重物的船。　〔信流引到花深處〕　任憑流手把船引到花木幽深之處。說漾舟的人沒有目的地，聽憑水把船送到哪裏都行，偶然來到一處幽靜優美之處。　信：任憑；不作有意安排。　流：溪澗之類（名詞）。　〔塵緣相誤，無計花間住〕　被人們的情分所誤，沒有作住在花間的打算。就是說，留戀人間，不留在花深處生活下來，而返回人間。　塵緣：人世的緣分；指對人間的留戀。　相誤：這裡指耽誤了那個漾舟的人，使他悔恨。　無計：不作……的打算；不下決心。

〔煙水茫茫〕　看不見邊際的煙水。下闋詠那個漾輕舟的人再次搜索他偶然到過的花深處，不見其處，只見茫茫煙水。　〔亂紅如雨〕　落英繽紛。上闋"花深處"是花木茂盛，春所在之處；而現在看到的是花零落的景象。　亂紅：落花。李賀《將進酒》："況是青春日將暮，桃花亂落紅如雨。"　〔不記來時路〕　忘了前次來的路。　不記：不記得。　來時路：指前次到花處的路。

【校】

毛本注爲秦淮海作。

325. 又

月轉烏啼，畫堂宮徵生離恨。美人愁悶。不管羅衣褪。　清淚斑斑，揮斷柔腸寸。瞋人問。背鐙偷搵。拭盡殘妝粉。

【箋注】

〔月轉烏啼〕　月亮轉換了位置，烏鴉叫了。指夜深。　〔畫堂宮徵（zhǐ）生離恨〕　廳堂裡音樂奏出了離情別恨。　宮徵：指古代樂曲的宮、商、角、徵、羽五個階名。　〔褪（tùn）〕　解除，脫落。　〔揮斷柔腸寸〕揮淚而柔腸寸斷。因平仄和用韻，把字顛亂。　〔瞋（chèn）人問〕　不願意別人問。就是不願被人看出流淚而問。　瞋：同"嗔"怒；這裡解爲憎惡，不願。　〔背鐙偷搵（wèn）〕　背著燈光而偷偷地揩掉。　背鐙：背著燈光，不使人看見。鐙：同"燈"。　偷：暗地裡，不使人發覺。　搵：揩拭。承上文，拭的是"清淚"。　〔拭盡殘妝粉〕　把臉上搽的粉都揩乾淨了。指拭淚連臉上化妝品一起拭光。

【校】

毛本注云秦淮海作。《全宋詞》題作"離恨"。

326. 阜羅特髻

采菱拾翠，算似此佳名，阿誰消得。采菱拾翠，稱使
君知客，千金買，采菱拾翠，更羅裙、滿把珍珠結。采菱
拾翠，正髻鬟初合。　　眞箇、采菱拾翠，但深憐輕拍。
一雙子、采菱拾翠，繡衾下、抱著俱香滑。采菱拾翠，待
到京尋覓。

【箋注】

〔阜（zào）羅特髻〕　清康熙皇帝訂的《詞譜》卷十九：“《阜羅特髻》
調見蘇軾詞。詞中有‘髻鬟初合’句，亦賦題也”，“此詞無別詞可校。按
詞中凡七用‘采菱拾翠’句，想具體例應然”。這段話有這些內容：第一是
這個詞牌僅見於蘇軾的詞，除此之外再沒有另外的《阜羅特髻》；這是對的
。第二說“詞中有‘髻鬟初合’句，亦賦題也”，認爲全詞詠的是題目（即
詠詞牌“阜羅特髻”）；這是錯的。詞中除“髻鬟”外，還詠了詞中少女的
服飾和肌膚，“髻鬟”並不是此詞的主題，不應說“賦題”。第三是全詞七
個“采菱拾翠”，是本詞“體例”；這是無法證實的。因爲沒有另外的《阜
羅特髻》相比較。詞牌爲什麼叫“阜羅特髻”，龍榆生注：“易大厂（hàn）
云：‘阜羅特髻爲宋代村姑髻名’。錄以待考。”易說不知所據。但詞中的
少女穿著如此富麗華貴，梳的髮式不會是“村姑髻”，而是大都市流行的髮
形。蘇軾作品中多次說到“阜羅”髮髻，除此詞外，還有本書第215首《西
江月》有“阜羅半插斜紅”，又《李鈐轄坐上分題戴花》詩有“綠珠吹笛何
時見？欲把斜紅插阜羅”，所詠“阜羅”髮髻的少女，都不會是“村姑”。
　　此詞應是詠兩個（“一雙子”）被知府或知州（“使君”）買來的妓妾
，一個取名采菱，一個取名拾翠。她們服飾華麗，皮膚香滑；除京城外，別
處無從覓得。蘇軾受她們的主人請托，作這首詞。詞中七次提到她們的“佳
名”：采菱和拾翠。《蘇軾文集》卷五十九《與朱康叔》書第十五中載：“
所問菱、翠，至今虛住，云乃權發遣耳，何足掛齒牙。”可作“菱”、“翠
”爲妓妾名的佐證。　　〔采菱、拾翠、算似此佳名，阿誰消得〕　“采菱
”和“拾翠”這麼美好的名字，（除了這兩個人以外），還有誰消受得起。

采菱、拾翠兩個名字很美，只有這兩個人才配叫這樣的名字。"采菱"和"拾翠"在古人詩歌中總是和美女相連的，所以是"佳名"。　采菱：如梁武帝《江南弄》七曲之五《采菱曲》："江南稚女珠腕繩，金翠搖著紅顏興，桂櫂容與歌《采菱》。歌《采菱》，心未怡；翳羅袖，望所思"。梁簡文帝《采菱曲》："菱花落復合，桑女罷新蠶。桂棹浮新艇，徘徊蓮葉南"，費昶《采菱曲》："妾家五湖口，采菱五湖側。玉面不關妝，雙眉本翠色"……。　拾翠：如曹植《洛神賦》"或采明珠，或拾翠羽"，費昶《春郊望美人》："芳郊拾翠人，回袖探新春。金輝起步搖，紅彩髮吹綸。……薄暮高樓下，當知妾姓秦"，杜甫《秋興八首》之八："佳人拾翠春相問"，……。算，數起來；算來算去。　阿誰：誰；這裡說：沒有人。　消得：消受得起；有"當之無愧"，"配得上"的意思。　〔稱（chèng）使君知客千金買〕　真夠得上使君的知客以千金（把這兩個少女買來）。用唐人羅虬《比紅兒詩》之五"若是五陵公子看，買時應不惜千金"意。　使君知客：府君的知交賓客。稱郡守為"使君"，宋代知府或知州相當漢的郡守，這裡指知府或知州；其人是誰，無考。龍榆生本讀為"稱使君知客。千金買采菱拾翠"，誤。從音節說"稱使君知客千金買"和"更羅裙滿把珍珠結"兩句相對，都應以八個字作一句讀；和下闋"但深憐輕拍一雙子"和"繡衾下抱著俱香滑"以八字句成對相同。因此不從龍本斷句。　〔更羅裙滿把珍珠結〕　（人美好，）再加上衣飾華貴，羅裙上結上滿把的珍珠。　〔正髻鬟初合〕　正是剛梳成髻鬟的年齡。髻鬟是年齡較大的少女才能梳，幼小的女孩不能梳髻鬟。　初：開始；第一次。　合：攏，指梳攏，梳妝成。　〔衾（qīn）〕　被窩。　〔待到京尋覓〕　在別的州縣找不著這樣的美人，要挑這樣的美人，只有到京城才見得著。

【校】

　元本"子"作"手"。毛本題作"采菱拾翠"，"子"作"手"。《全宋詞》本全同毛本。

327. 虞　美　人

琵　琶

定場賀老今何在。幾度新聲改。新聲坐使舊聲闌。俗耳只知繁手、不須彈。　斷弦試問誰能曉。七歲文姬小。試教彈作輥雷聲。應有開元遺老、淚縱橫。

【箋注】

〔琵琶〕這首詞詠彈奏琵琶和聽琵琶。當時許多彈奏者爲了迎合“俗耳”而多次翻出“新聲”，使得“舊聲闌”了。如果有人能作“舊聲”，只有知音的人能賞識。用“俗耳”和“文姬”、“開元遺老”不同的聽者，用“彈作輥雷聲”和“繁手”不同的演奏者相對比，寄寓感慨。　〔定場賀老〕使聽眾能安靜下來的琵琶演奏高手賀懷智。元稹《連昌宮詞》第十五句“賀老琵琶定場屋。”　定場：使場屋內有秩序，無喧嘩；《南部新書·甲》：“開元中，花萼樓大酺人眾莫遏。遂命嚴安之定場：以笏畫地，無一人敢犯。”賀老：唐玄宗時彈琵琶的國手賀懷智。段安節《樂府雜錄·琵琶》：“開元中有賀懷智，其樂器以石爲槽，鵾雞筋作弦，鐵撥彈之。”　〔幾度新聲改〕　不止一次地新聲改了又改。新聲：指下文“俗耳”所喜愛的“繁手淫耳”的音樂，而不是“新聲妙入神”（《古詩十九首》）的“新聲”。

〔新聲坐使舊聲闌〕　不知不覺地新聲使得舊聲失傳殘缺。孟郊《薄命妾》詩：“不惜十指弦，爲君千萬彈。常恐新聲至，坐使舊聲殘。”　坐：平白地；無緣無故而自然地。闌：將要消失。因爲盛行新聲，使得舊聲失傳。　〔俗耳只知繁手不須彈〕　世俗的聽眾只知道庸俗“繁手淫耳”的音樂，不值得彈。　俗耳：庸俗的聽眾。繁（同“煩”）手：演奏的指法繁促，雜亂細碎。《左傳·昭公元年》記秦國醫師在晉，說壞音樂“煩手淫耳”，“煩手”也作“繁手”，如《文選》卷十八馬融《長笛賦》“繁手累發”，《後漢書·文苑列傳〔下〕·邊讓》載邊讓《章華賦》“繁手超於北里”。李賢注《後漢書》引《左傳》的“煩手”爲解，李善注《文選》也以《左傳》“煩手”解“繁手”，說“手煩不已，則雜聲並奏。”　不須彈：用不著彈奏；不值得爲之演奏。　〔斷弦試問誰能曉？七歲文姬小〕　斷了第幾根弦，七歲的蔡文姬能辨別。　文姬：漢末著名文學家、藝術家蔡邕的女兒蔡琰（yǎn），字文姬。《後漢書·列女傳·董祀妻》記蔡琰“妙於音律”，李賢注引劉昭《幼童傳》：“邕夜鼓琴，弦絕。琰曰：‘第二弦。’邕曰：‘偶得之耳。’故斷一弦，問之。琰曰：‘第四弦。’並不差謬。”蔡

琰辨別的斷弦是琴弦，不是琵琶弦，這裡取精於音樂者能辨音。　此詞上闋
譏嘲"俗耳"；下闋說眞正知音的人還是有的，幼如文姬，老如"開元遺老
"就是。　　〔試教（jiāo）彈作輥（gǔn）雷聲，應有開元遺老淚縱橫〕
　如果使（高明的音樂家）彈出輥雷之聲，該會引起老輩知音者激動流淚。
　教：使；讓；叫。　輥雷：大聲的雷。《樂府雜錄・琵琶》說唐德宗貞元
（公元785－805年）年間，長安西市女子彈琵琶，"聲如雷，其妙入神。"
"輥"同"滾滾"，水流盛大的樣子，杜甫《登高》"不盡長江滾滾來"；
蘇軾詞中用以形容雷聲的盛大，（如本書第3首《南歌子》（雷輥夫差國）
）。開元遺老：經歷過過去時代而留戀往昔的人。開元：唐玄宗的年號，公
元713至741年，是唐王朝極繁榮的時期；喻過去的太平盛世；這裡指盛行"
舊聲"的時代。這句說欣賞"舊聲"的老一輩人，聽了"輥雷"的琵琶聲（
是"新聲"所無的），會激動流淚。如白居易《江南遇天寶樂叟》詩："白
頭病叟泣且言：'祿山未亂入梨園。能彈琵琶和《法曲》，多在華清隨至尊
。'"上闋"定場賀老"，善彈琵琶的賀懷智也是天寶年代的人。天寶也是
唐玄宗的年號（公元742至756年）；不說"天寶"而說開元，一則天寶末年
爆發了安祿山的叛亂，不如開元時世太平，二則這裡照規律要用平聲字，"
元"字平聲"寶"字不是平聲。作者以"定場賀老"自比呢，還是以"開元
遺老"自比呢，不清楚。但一定是有所寄託。　淚縱橫：滿臉都是淚。

328. 又

　　落花已作風前舞。又送黃昏雨。曉來庭院半殘紅。惟
有遊絲千丈、裊晴空。　　殷勤花下重攜手。更盡杯中酒
。美人不用斂歌眉。我亦多情無奈、酒闌時。

　　【箋注】
〔落花已作風前舞〕　花本來就被風吹得零落了。宋祁《落花詩》："將飛
更作回風舞。"　　〔又〕　更加上；承上句"已"（本來）而言；花本來
經了風，又加上經黃昏的雨，這就凋落得很多，所以下句說"殘紅"。
　502

〔庭院半殘紅〕 庭院裡一半是落花。 殘紅：落花。 〔裊（niǎo，同
"嫋"）〕 搖曳；輕柔地擺動。 〔不用斂歌眉〕 不要皺起眉頭。當
時歌女不願意在宴會後再陪酒，所以"花下攜手"時表示懊惱而皺眉。 斂
：聚攏，縮在一起。 歌眉：指開展的眉；歌唱時應當展眉歡笑。 〔我
亦多情，無奈酒闌時〕 我也是酒闌時出於不得已（而叫你陪酒的）。 亦
：也是；說歌女陪酒是不得已，我叫歌女陪也是出於不得已；因為我多情易
感，酒闌人散，心裡難過（"無奈"），只好叫人陪酒。 酒闌：宴會已完
（或將完）時；宴會飲酒的人散去一半的時候。

【校】

《全宋詞》本無，列入存目詞。

329. 又

　　冰肌自是生來瘦。那更分飛後。日長簾幕望黃昏。及
至黃昏時候、轉消魂。　　君還知道相思苦。怎忍拋奴去
。不辭迢遞過關山。只恐別郎容易、見郎難。

【箋注】

〔冰肌自是生來瘦，那（nó）更分飛後〕 （我）肌膚本來就瘦，何況是別
離之後呢？就是說：別離之後，因為思念你而更瘦了。此詞以第一人稱（我
；下闋的"奴"）詠婦女思念遠行在外的丈夫。上闋寫孤寂的痛苦，嫌時間
過得慢，希望白晝快些消逝，黃昏早些到來，然而"及至黃昏時候轉消魂"
，心理描寫很細緻。下闋怨丈夫忍心離開，而擔心以後不能相聚。 冰肌：
婦女瑩潔如冰的肌膚，《莊子・逍遙遊》形容仙人"肌膚若冰雪"。 那更
：何況。 分飛：鳥各飛各的；用鳥的拆散喻夫婦的離別。古樂府《東飛伯
勞》"東飛伯勞西飛燕"，後人用"勞（伯勞，鵙）燕分飛"喻人各到一方
。 〔消魂〕 神魂消逝，喻心情痛苦。見第279首《浣溪沙》〔銷魂〕
注。 〔還〕 也；並不是不。 〔拋奴去〕 丟開我而走了。奴：古
代婦女自稱的謙詞。 〔迢（tiáo）遞〕 （路途）遙遠。 〔別郎容易

503

見郎難〕　仿李煜《浪淘沙令》“別時容易見時難”語。　郎：婦女稱丈夫
或情人的昵詞。　難：有“不可能”的意思。
　　【校】
元本無。《全宋詞》同毛本。

330. 又

　　深深庭院清明過。桃李初紅破。柳絲搭在玉闌干。簾
外瀟瀟微雨、做輕寒。　　晚晴臺榭增明媚。已拚花前醉。
更闌人靜月侵廊。孤自行來行去好思量。

　　【箋注】
〔深深庭院清明過〕　地點是深深庭院，季節是清明後的晚春。下文“玉闌
干”、“簾”、“臺榭”、“廊”都和這個“深深庭院”的人家相稱，“桃
李紅破”、“柳絲拂欄”都和“清明過”的季節相合。詞從“微雨輕寒”的
白晝到“晚晴”，到“更闌人靜月侵廊”的深夜，寫人“花前醉”到深夜徘
徊不寐。　深深庭院：富貴人家的庭院；歐陽修《蝶戀花》詞“庭院深深深
幾許”。　〔桃李初紅破〕　花剛開殘。　紅：花；這裏兼指白的李花。
破：殘，零落。　〔做〕　造成；釀出。　〔臺榭〕　高的建築物。
臺：壘土而成。榭（xiè）：有屋頂的高台。　〔拚（pàn）〕　不顧惜；
下決心。　〔更（gēng）闌〕　更快要完了。一夜有五更。　闌：殘。
　　【校】
元本無。《全宋詞》本同毛本。

331. 又

504

持杯遙勸天邊月。願月圓無缺。持杯更復勸花枝。且
願花枝長在、莫披離。　　　持杯月下花前醉。休問榮枯事
。此歡能有幾人知。對酒逢花不飲、待何時。

【箋注】
〔披離〕　分散；枝脫葉落。　　〔榮枯〕　得意和失意；用植物的枯槁和
茂盛喻人事。榮：茂盛和開花；喻富貴、逸樂。枯：枯萎；喻貧賤、困苦。
【校】
元本無。《全宋詞》本“更復”作“復更”。
【附錄】
①清‧沈雄《古今詞話》中《詞話》上卷：“《柳塘詞話》曰：歐陽公
云：‘把酒祝東風，且共從容。’與東坡《虞美人》云：‘持杯邀勸天邊月，
願月圓無缺。’同一意致。”

332. 阮　郎　歸

綠槐高柳咽新蟬。薰風初入弦。碧紗窗下水沈煙。棋
聲驚晝眠。　　　微雨過，小荷翻。榴花開欲然。玉盆纖手
弄清泉。瓊珠碎卻圓。

【箋注】
〔咽（yè）新蟬〕　就是“新蟬咽”。新蟬哽咽斷續地鳴。　　新蟬：一年初
聽到的蟬。秋末蟬不鳴了，到初夏新聽到的蟬聲。　　〔薰風初入弦〕　《
南風》之歌開始可以用琴演奏。就是說：開始起南風了。　　薰風：南風。
見本書第251首《木蘭花令》〔一夕薰風來解慍〕注。　　入弦：用琴演奏。
此詞綠槐高柳、新蟬薰風、小荷榴花，都是初夏的景物；紗窗沈香、玉盆泉
水，都是富人的排場；閒著無事玩弄水盆裏的泡沫，是富人悠閑的生活。詞
的內容就是這些。　　〔水沉（chén）煙〕　水沉木的香煙。　　水沉：一種
名貴的木質香料，又叫沉香，質重，入水即沉。　　煙：香料點燃後散發有香

505

氣的煙。　〔然（同"燃"）〕　形容花開得茂盛燦爛。　〔纖手〕
少女纖細柔嫩的手。　〔瓊珠〕　指水中的泡沫。　〔碎卻圓〕　一個
泡沫破碎之後又起來一個。

【校】

毛本題作"初夏"，"卻"作"又"。《全宋詞》本同。

【附錄】

①清·黃蓼園《蓼園詞評》："按此詞清和婉麗中而風格自佳。"

333. 又

梅　花

　　暗香浮動月黃昏。堂前一樹春。東風何事入西鄰。兒
家常閉門。　　雪肌冷，玉容眞。香腮粉未勻。折花欲寄
隴頭人。江南日暮雲。

【箋注】

〔梅花〕　上闋詠梅花開放。下闋上半描繪白梅花，下半說要寄贈遠人。
〔暗香浮動月黃昏〕　在月色黃昏時有不知從何來的香氣味浮盪。北宋詩人
林逋（bū）"疏影橫塘水清淺，暗香浮動月黃昏"是歷代傳頌爲詠梅的名句
。　〔春〕　指花開放帶來的融和的春意。　〔東風何事入西鄰，兒家
常閉門〕　東風怎麼會到我家來的，我家不是常閉著門嗎？就是說：我家的
門常是閉著的，東風怎麼能進來把梅花吹開呢？唐人薛維翰詩："白玉堂前
一樹梅，今朝忽見數枝開。兒家門戶重重閉，春色因何入得來"（此詩見《
國秀集》卷下和《唐詩紀事》卷二十，"薛"一作"薄"）是"兒家常閉門"
句的來歷。　何事：怎麼，爲什麼。　西鄰：指"兒"自己的家，"我"的
家。對"東風"而言，"我"在西，所以自稱"西鄰"。　兒：古代婦女（
包括老年婦女）自稱。　〔雪肌〕　言梅花之白。《莊子·逍遙遊》說藐

506

姑射之山的神人"肌膚若冰雪"。　〔眞〕　自然。　　〔香腮粉未勻〕
說梅花花瓣邊緣白，而近花心處淡紅色，如同婦女腮上擦粉不勻。　　〔折
花欲寄隴頭人〕　用南朝陸凱的詩。陸凱自嶺南託驛使帶一枝梅花給范曄（
yè），附一首詩："折花逢驛使，寄與隴頭人。江南無所有，聊寄一枝春。
"（見《太平御覽》卷九引《荊州記》。）　　〔江南日暮雲〕　用杜甫《
春日憶李白》詩"江東日暮雲"句，改"東"爲"南"。表示思念遠人如杜
甫思念李白。

【校】

毛本題作"集句梅花"。《全宋詞》本題作"梅詞"，"隴"作"嶺"
。

334. 訴　衷　情

　　海棠珠綴一重重。清曉近簾櫳。胭脂誰與勻淡，偏向
臉邊濃。　　看葉嫩，惜花紅，意無窮。如花似葉，歲歲
年年，共佔春風。

【箋注】

〔海棠珠綴（zhuì）〕　海棠花像珍珠一樣連結成串。　海棠：指海棠花。
詞上闋說海棠的美，下闋因花之美而祝願人長壽。　綴：連結。　〔櫳（
lóng）〕　窗。　〔胭脂誰與勻淡，偏向臉邊濃〕　誰把胭脂調淡呢？不
，偏偏要在臉邊抹得濃濃的；這句說海棠花色濃艷。　胭脂：一種紅色的搽
臉化妝品。　勻淡：調和得顏色輕淡。勻：調色。　〔惜〕　愛。　〔
意無窮〕　指愛花的情意，也指下句祝願之意。　〔如花似葉，歲歲年年
，共佔春風〕　祝願看花的人歲歲年年都像花之紅、像葉之嫩，共同佔有春
風，永不衰老。　如花似葉：承上"葉嫩"、"花紅"；祝人永久健康。
歲歲年年：用初唐詩人劉希夷"年年歲歲花相似，歲歲年年人不同"句，但
不是如劉希夷所說"人不同"，而是祝願人永遠保持青春不改變。劉肅《大
唐新語》卷八《文章》："劉希夷……嘗爲《白頭翁》詠，云'今年花落顏

507

色改，明年花開復誰在。'旣而自悔，……乃更作一聯云：'年年歲歲花相似，歲歲年年人不同。'"

【校】

毛本題作"海棠"，注云："或刻晏同叔。"《全宋詞》本題"海棠"，詞末有；案此首別，又見晏殊珠玉詞。

335. 又

　　小蓮初上琵琶弦。彈破碧雲天。分明繡閣幽恨，都向曲中傳。　　膚瑩玉，鬢梳蟬。綺窗前。素娥今夜，故故隨人，似鬭嬋娟。

【箋注】

〔小蓮〕　一個彈琵琶的少女，用北齊的馮淑妃爲比。據《北史‧后妃傳》：馮淑妃名小憐，原是穆后的婢，"能彈琵琶，工歌舞"。"小蓮"，即"小憐"，《太平御覽》九七五《果部‧蓮》引《三國典略》"馮淑妃，名小蓮也"。　　〔碧雲天〕　范仲淹《蘇幕遮‧懷舊》："碧雲天，黃葉地。秋色連波，波上寒煙翠。"　　〔分明繡閣幽恨，都向曲中傳〕　少女內心隱藏的情感，都在琵琶聲中分明地傳出。　分明：清楚地；形容"傳"字。繡閣：少女居住之處；這裡指少女。　幽恨：不被別人知道的幽怨。　曲：指她演奏的樂聲。　〔膚瑩玉〕　皮膚是經琢磨的玉；形容膚色白而光潔。　瑩（yíng）：磨治玉，使之光潔。　　〔鬢梳蟬〕　鬢梳成蟬翼樣。鬢：頰旁近耳處的髮。　蟬：指蟬的翼。崔豹《古今注》："魏文帝宮人慕瓊樹始製爲蟬鬢。望之，縹緲如蟬翼然。"古代詩文常以"蟬鬢"稱婦女的美麗鬢髮。　　〔綺窗前〕　指月光所照處。　綺（qǐ）窗：雕刻了花紋的窗；《古詩十九首》"交疏結綺窗"。　　〔素娥今夜故故隨人，似鬭嬋娟（chánjuān）〕　月亮今夜故意緊緊地跟著小蓮，好像要和小蓮比賽誰美。　素娥：月中的女神嫦娥。《文選》卷十三謝莊《月賦》"集素娥於后庭"，李周翰注："常（同"嫦"）娥竊藥奔月，月色白，故云素娥。"這裡指

508

月亮。　故故：故意。　人：指彈琵琶的少女。　**鬭**：比賽。　嬋娟：美麗；指少女之美和月色之美。
【校】
《全宋詞》本及。毛本題作"琵琶女"。

336. 謁　金　門

秋帷裏。長漏伴人無寐。低玉枕涼輕繡被。一番秋氣味。　　曉色又侵窗紙。窗外雞聲初起。聲斷幾聲還到耳。已明聲未已。

【箋注】
〔秋帷裏〕　在秋夜的帳子裡。此詞詠秋夜的人"不寐"。下闋四句，有三句寫雞鳴，用四個"聲"字，從曉色侵窗到天明，聽得很真切。這種客觀描寫，實在表現了無寐的人一腔心事，對雞鳴有特殊的感受。　帷：指床上的帳子。　〔長漏〕　長夜。秋夜比夏夜長，所以說"長"。　漏：古代用滴水的方法計算時間的長短。"漏"既是滴漏之具（壺和標誌時間的箭），也指時間。　〔低玉枕涼輕繡被〕　低的枕已令人感到涼了，用得上薄被窩了。說床上感到的秋。　玉枕：古代用陶枕或瓷枕。玉枕很珍貴，富貴人家也罕有，如《世說新語·方正》"明帝在西堂會諸公"一事下，注引《裴子》："平子（王澄字平子）恒持玉枕"，大將軍王敦"乃借平子玉枕"。詩詞中"玉枕"，一般指陶瓷枕（用金玉錦繡的字以示華美，如此句"玉枕"和"繡被"）。　〔聲斷幾聲還到耳〕　雞聲斷了，但又有幾聲傳來。雞聲斷斷續續。　〔已明聲未已〕　天已明了，但雞聲還未停。　前"已"：已經。　末"已"：停止。
【校】
毛本題作"秋夜"。《全宋詞》本同毛本。

509

337. 又

秋池閣。風傍曉庭簾幕。霜葉未衰吹未落。半驚鴉喜鵲。　　自笑浮名情薄。似與世人疏略。一片懶心雙懶腳。好教閒處著。

【箋注】

〔霜葉未衰吹未落，半驚鴉喜鵲〕　承上"風"字。經霜的樹葉沒有枯，風沒有吹落它們，（而風吹葉聲）卻驚動了已棲的鳥，使它們半睡半醒。　霜葉：經過霜的樹葉；如杜牧《山行》"霜葉紅於二月花"。　霜葉未衰吹未落：時已暮秋，雖降過霜，但樹葉還沒有隨風脫落；李白《江上寄元六林宗》詩首二句："霜落江始寒，楓葉綠未脫。"　〔自笑浮名情薄〕　我笑我自己追逐榮名的興趣淡薄。　浮名：虛名。這裡說人的榮名過眼就消失，是虛浮的，所以稱"浮名"。　情薄：情意淡薄；沒有興趣；不追求。
〔疏略〕　隔離；不通往來。　　〔一片懶心雙懶腳，好教（jiāo）閒處著〕　我的一片懶心和一雙懶腳，正好讓它們放在空閒之處。就是說，讓我的心和腳閒置不用，不思想也不奔波。　懶心：懶得思慮的心。　懶腳：不願奔走的腳。教：使（它們）；這裡讀平聲（jiāo）。　閒處：閒空的地方。　著：置放。　唐末詩人司空圖《耐辱山人歌》有"懶足常教閒處著"，蘇軾除"懶足"外加上"懶心"。

【校】

毛本題作"秋興"，《全宋詞》本同毛本。

338. 又

今夜雨。斷送一年殘暑。坐聽潮聲來別浦。月明何處去。　　孤負金尊綠醑。來歲今宵圓否。酒醒夢回愁幾許。夜闌還獨語。

【箋注】

〔斷送一年殘暑〕　結束了今年的秋燥。　殘暑：夏天的節氣已過，立秋以後的餘熱天。　〔別浦〕　岸邊話別之處。《楚辭‧九歌‧河伯》"送美人兮南浦"，後世因此稱話別之處爲"南浦"，如《文選》卷十六江淹《別賦》"送君南浦"。這裡改爲"別浦"。浦：岸邊。　〔月明〕　指"今夜雨"後的天晴月出。據下闋"來歲今宵圓"，作此詞當是"殘暑"過後的陰曆七月十五夜。　〔金尊綠醅（xú）〕　金杯盛美酒。醅：美酒。〔來歲〕　明年。　〔回〕　醒來。

【校】

毛本題作"秋感"，"月明"作"明朝"。《全宋詞》本同毛本。

339. 好　事　近

　　煙外倚危樓，初見遠鐙明滅。卻跨玉虹歸去、看洞天星月。　　當時張范風流在，況一尊浮雪。莫問世間何事、與劍頭微映。

【箋注】

〔煙外倚危樓〕　我在雲煙之外倚傍高樓（而望）。　煙外：雲煙之外；言其高。　危：高。　〔遠鐙（dēng）明滅〕　遠處的燈光一亮一黑地閃。鐙：同"燈"。　滅：熄滅；不發光。　〔跨玉虹歸去〕　騎玉虹回到仙境去。這句和下句指登高遠眺的幻想。　跨：騎。　歸去：回到仙境去。蘇軾把自己比作降到人間的仙人，稱到仙境去爲"歸去"，如著名的《水調歌頭》（"明月幾時有"）以升天看瓊樓玉宇爲"乘風歸去"。　〔洞天〕道教徒以爲天分派神仙分居人間的十大名山爲十大洞天。見唐代杜光庭《洞天福地記》，這裡，想要"跨玉虹歸去"的"洞天"似是汴京，舊遊之地，老友很多；蘇軾在外地懷念汴京。　　〔張范風流〕　張劭（shào）、范式（那種篤於友誼）的流風餘韻。　張范：張劭和范式二人。《後漢書》卷一百十一《獨行列傳・范式傳》說山陽郡金鄉縣（今山東省金鄉縣）人范式、汝南郡（郡治在今河南省平輿縣）人張劭兩人在太學同學友好。他們堅守約言，分別之後兩年，范式在約定的日子如期到張劭家中探望，張劭也如期作好接待的準備。不但互爲“生友”（活著相友好），而且爲“死友”（友誼保持到死後）：范式夢見張劭來告訴“吾次某日死”，趕去送喪；果然張劭已死，死後棺柩不肯動，等到范式來才下葬。後人以“范張”喻生死交情不渝。　風流：值得歌詠的過去的美事。這裡蘇軾說和舊友們保持的深厚友誼。　〔一尊浮雪〕　舉大杯飲酒。　尊：同“樽”，酒杯。　浮雪：應作“浮白”，爲了和上闋的“滅”、“月”和末句的“映”叶韻，改“白”爲“雪”。　　〔莫問世間何事，與劍頭微映（xǔe）〕　不要過問人世的事和不值一聽的話。　劍頭微映：在劍頭上呵一小口氣（，簡直沒有聲音）。《莊子・則陽》：“夫吹管也，猶有嗃（xiāo）也；吹劍首者，映而已矣”（吹竹管還有竹管的聲音；吹劍環的，只一口風吹去，什麼也沒有）。　劍頭：劍柄上的環。　映：一口風；比喻聽不清、也不值得聽的聲音。

【校】

《全宋詞》本“鐙”作“燈”。

340. 天　仙　子

　　走馬探花花發未。人與化工俱不易。千回來繞百回看，蜂作婢。鶯爲使。穀雨清明空屈指。　　白髮盧郎情未已。一夜剪刀收玉蕊。尊前還對斷腸紅，人有淚。花無意。明日酒醒應滿地。

【箋注】

〔走馬探花花發未〕　乘著奔跑的馬來探看花，看花開了沒有。此詞詠的是

512

好容易盼到花開，開的花卻被一個老翁剪去，糟蹋了花。上闋寫人們盼花開的心切，下闋寫被糟蹋以後人們的難過。實在當是惋惜一個少女被一個全不相稱的人霸占。 走馬：（騎馬者）趕著馬快跑；使馬跑。說人心情急切。走：跑。 〔人與化工俱不易〕 人和天都不容易。 人：指關心花的人。化工：天地；創造萬物的神。 俱不易：人不容易，化工也不容易。指人和化工迫切地指望花開，等待不容易。人的"不易"，表現於"走馬"來探，在"屈指"計算哪天是清明和穀雨；化工的"不易"，表現於打發蜂婢鶯使千繞百看。 〔使〕 奉命致問候的人。 〔穀雨、清明空屈指〕哪天是清明，哪天是穀雨，徒勞地屈指計算。 穀雨、清明：暮春的兩個節氣。穀雨（每年陽曆四月二十日或二十一日）在清明（每年陽曆四月五日或六日）之後半個月。這裡置"穀雨"於"清明"之前，是為了適應詞的平仄規律，《天仙子》第六句的前四字必須是先兩個仄聲、後兩個平聲；"穀雨"是仄聲，"清明"是平聲，所以說"穀雨清明"而不說"清明穀雨"。空屈指：徒然地彎手指計算。空：徒然；無用地；這裡說人們扳手指計算，幾天到清明該看見花了，幾天到穀雨該看見花了，但到了那個節氣仍看不到花。寫人們心情的急迫。 〔白髮盧郎〕 一個凡庸的老頭子。《南部新書》丁卷："盧家有子弟，年已暮而猶為校書郎（唐代校書郎是從九品的文職官，即最低級的文官），晚娶崔氏子。崔有詞翰。結褵之後，微有慊色。盧因請詩述懷以為戲。崔立成詩：'不怨盧郎年紀大，不怨盧郎官職卑。自恨妾身生較晚，不及盧郎年少時。'"這裡指一個無足取的老頭子。 情未已：愛花的心情沒有休止；實在是他年老而淫心不死。這裡以他糟蹋花朵說他玷污少女。 〔收〕 割（剪）下。 〔玉蕊〕 美麗的花；見第214首《西江月》〔后土祠中玉蕊〕注，上闋人們渴望的花。這裡說被霸占的少女。 〔尊前〕 對著酒。 尊：酒杯。 〔斷腸紅〕 憔悴枯萎的花。被剪離本枝的花雖紅而不經久。喻不幸的少女臉色愁慘。 〔酒醒應滿地〕 （剪花的人）酒醒了，興致消失了，花被拋擲滿地。指老淫棍滿足一時獸慾後，不再憐惜被他蹂躪過的少女了。

【校】

毛本無。《全宋詞》本同，詞末注："傅幹注坡詞卷十二。"

341. 翻 香 令

金爐猶暖麝煤殘。惜香更把寶釵翻。重聞處，餘熏在
，這一番，氣味勝從前。　　背人偷蓋小蓬山。更將沈水
暗同然。且圖得，氳氳久，爲情深、嫌怕斷頭煙。

【箋注】

〔翻香令〕　據元本標題下注，這個詞創於蘇軾。《詞式》卷二說：“全調
只有此一詞，無別詞可校”。第二句“惜香更把寶釵翻”，因此取名“翻香
”。“令”是詞牌。　　這首詞詠一個婦女焚香，羞怯地希望香氣留得長久，
以象徵她的幸福綿綿。　　〔金爐猶暖麝煤殘〕　香爐還是暖的，爐中的香
燒得所剩不多了。　　麝煤：指燒燃的香。因爲氣味濃烈，所以稱“麝”，並
不是焚麝（麝香不是用來燒的）。　　〔惜香更把寶釵翻〕　愛惜香，哪怕
剩得不多了，也用釵把那點殘餘未盡的香翻動，使它全部燃燒完畢。　　釵：
婦女簪髮的首飾。　　翻：這裡說撥動爐中的香料。　　〔重聞處，餘熏在〕
再嗅那裡，餘留的香還存在（沒有消失）。　　熏：指燒香的氣味。　　在：存
留；未消失。　　〔背人偷蓋小蓬山〕　背著人暗地裡蓋上香爐的蓋子。
背人：乘人不知道；不讓人發覺。　　小蓬山：焚香的爐。《北堂書鈔》卷一
百三十五引李尤《熏爐銘》：“上似蓬山，吐氣委蛇（wēi yí）”　　〔更
將沈水暗同然〕　再把沈香暗地裡加進去（和燃著的香料）一同燃燒。　　沈
水：沈香，一種珍貴的香料。　　然：同“燃”。　　〔且圖得氳氳（yín yūn
）久〕　且求得個煙氣長久不散。這句說明加上香爐蓋和添加沈水香的理由
，是爲了使香延燒得久些。　　圖：謀求。　　氳氳：煙氣瀰漫不散。　　〔嫌
怕斷頭煙〕　不願意燒成斷頭香。　　斷頭煙：就是斷頭香；香沒有燒完就熄
滅了。從前人迷信，燒斷頭香是不吉之兆。詞中的婦女怕燒斷頭香而招致不
幸。

【校】

《全宋詞》本同，末注“案《塡詞圖譜續集》，此首誤作蔣捷詞。”

342. 桃源憶故人

華胥夢斷人何處。聽得鶯啼紅樹。幾點薔薇香雨。寂寞閒庭戶。　　暖風不解留花住。片片著人無數。樓上望春歸去。芳草迷歸路。

【箋注】

〔桃源憶故人〕　這一詞牌又名《虞美人影》或《胡搗練》。毛本題爲《虞美人影》。　　〔華胥夢斷〕　夢作完了醒來。　華胥：夢中的國度。《列子·黃帝》記黃帝夢中到了華胥氏之國，後世以"華胥"爲夢境。　　〔紅樹〕　開了紅花的樹。　　〔暖風不解留花住，片片著人無數〕　暖風不知道留住花（使花開放，卻把花吹落），一瓣一瓣地落在人身上，不計其數。暖風：使人不感寒冷的風。　解：知道；能。　片片：一瓣瓣。　著：安置（或擊中）。　著人：安放在人身上（或打中了人），就是落在人身上。　〔春歸去〕　春的季節過去。春離開人間回到它原來的地方去。　　〔芳草迷歸路〕　滿目芳草，不見歸途。

【校】

毛本調名作"虞美人影"，題作"暮春"。《全宋詞》本題同毛本。

343. 荷花媚

霞苞霓荷碧。天然地、別是風流標格。重重青蓋下，千嬌照水，好紅紅白白。　　每悵望、明月清風夜，甚低迷不語，夭邪無力。終須放、船兒去，清香深處，住看伊顏色。

〔荷花媚〕 《詞式》卷四，說此曲"或是蘇軾所創造。" 〔霞苞霓荷碧〕 絢麗多彩的荷苞與荷花有如碧玉。 "霞"和"霓"指其色彩多而耀眼。 霓（ní）：副虹；雨後虹下一道七色圓弧，但顏色較虹淡而模糊。碧：玉名，有白、赤、綠三種不同的色。 〔風流標格〕 不同平常的風度。風流：不同庸俗的。 標格：風度、神采。唐人李綽《尚書故實》記楊敬之贈項斯的詩："處處見詩詩總好，及觀標格過于詩。" 〔蓋〕 傘蓋。指荷葉。 〔好紅紅白白〕 多麼紅紅白白。一般五言詩歌句，讀法是："二三"（前兩字一節，後三字一節）。但這個五言句要讀作"一四"（《詞式》卷四說"作上一、下四句法"）。 〔低迷〕 疲倦。《文選》卷五十三嵇康《養生論》："夜分而坐，則低迷思寢。" 〔夭（yē）邪（xié）〕 不正。白居易《和春深三十首》之末首："揚州蘇小小，人道最夭邪。""夭"：白居易自注讀音"伊耶切（yē）"，後人讀作（wāi），寫成"歪"。 邪：同斜。 〔住看伊顏色〕 停留下來，看它的美色。這句也讀"一四"。龍榆生本把"住"字屬上句，讀作"清香深處住，看伊顏色"，就和上闋"千嬌照水，好紅紅白白"不相稱了。當如《詞式》"住看伊顏色"讀爲"上一下四"。

【校】

元本題作"湖州賈耘老小妓號雙荷葉"。朱祖謀《彊村叢書》："案元本題作'湖州賈耘老小妓號雙荷葉'，蓋涉《雙荷葉》詞誤衍。" 毛本題作"荷花"，"電"作"霓"，"悵"作"恨"。《全宋詞》本題"荷花"。

344. 占　春　芳

　　紅杏了，夭桃盡，獨自占春芳。不比人間蘭麝，自然透骨生香。　　對酒莫相忘。似佳人、兼合明光。只憂長笛吹花落，除是寧王。

〔占春芳〕 《詞式》卷二：“蘇軾詠梨花，製此調”，又說“此調只有此詞，無別首可校”。即除了此首再沒有別的《占春芳》了。上闋有“獨自占春芳”，就以“占春芳”爲詞牌。萬樹《詞律》卷四：“此體他無作者，想因第三句爲題名。” 〔紅杏了〕 杏花凋謝了。 了：終；指開花時節完畢。 〔夭（yāo）桃盡〕 桃花凋謝。 夭桃：盛開的桃花；《詩·周南·桃夭》“桃之夭夭，灼灼其華（同“花“）”。夭夭：旺盛。 盡：也指開花時節過去，沒有花了。 〔獨自占春芳〕 一花獨占春芳。因爲杏已“了”，桃已“盡”，除了此花再無它花，所以春芳獨爲它佔。下闋“長笛吹花落”。此花當是梅花，但梅花不開於暮春。《詞式》說是梨花，又與“長笛吹落”不合。看來是以花喻人。 〔不比人間蘭麝，自然透骨生香〕 從身體內部自然地生出香氣，不像人間（婦女佩帶的）蘭麝那樣人爲地香。 蘭麝：婦女佩帶的或用來熏衣的香料。《晉書》卷三十三《石苞傳》下附《石崇傳》，說當權派孫秀打發使者到石崇家索取美女，石崇“出婢妾數十人以示之，皆蘊蘭麝，被羅縠”。又白居易《和春深二十首》之末首“蘭麝熏行被”。 透骨：從皮肉到骨；從骨裡散發或沁入骨內。 〔似佳人兼合明光〕 這一獨占春芳的花，像美女一樣，該安置在皇帝的明光宮裡。 明光：西漢皇宮之一；《三輔黃圖》：“武帝求仙，起明光宮，發燕趙美女二千人充之”（“二千人”，《雍錄》卷二作“三千人”）。 〔只憂長笛吹花落，除是寧王〕 別的都不憂，只憂善吹笛的人吹笛把花吹落；（其它人都無法把花吹落，）除非是寧王。 長笛吹花落：笛曲有《梅花落》；據此，則“獨占春芳”、“透骨生香”的是梅花。段安節《樂府雜錄》“笛，羌樂也；古有《落梅花》曲”李白《與史郎中欽聽黃鶴樓中吹笛》詩：“黃鶴樓中吹玉笛，江城五月落梅花。” 寧王：李憲（公元679—741年，）唐睿宗的兒子，唐玄宗的哥哥；公元713年被封爲寧王；死後諡爲讓皇帝。事跡見《舊唐書》卷九十五（《睿宗諸子傳》）和《新唐書》卷八十一《三宗諸子》）《讓皇帝傳》。樂史《太眞外傳〔上〕》說寧王善於吹奏玉笛；唐玄宗作《紫雲迴》和《凌波》二曲，在小殿演奏，“寧王吹玉笛，上羯鼓，（楊貴）妃琵琶，馬仙期方響，李龜年觱篥，張野狐箜篌，賀懷智拍”；又貴妃“竊寧王紫玉笛吹，故詩人張祜詩曰：‘梨花深院無人見，閒把寧王玉笛吹。’”又《新唐書》卷二十二《禮樂志〔十二〕》也說“寧王善吹橫笛。”

元本無。《全宋詞》本同毛本。

【附錄】

①宋・何薳《春渚紀聞》卷六《東坡事實》中"書明光詞"條云："蔣子家藏先生於吳陵上手書一詞，是爲餘杭通守時字、云：'紅杏了，夭桃盡，獨自占春芳。不比人間蘭麝，自然透骨生香。對酒莫相忘，似佳人兼合明光。只憂長笛吹花落，除是寧王。'既不知曲名，常以問先生門下士，及伯達與仲虎、叔平諸孫，皆云'未見之也'。又不知'兼合明光'是何等事，或云餘醾也。"

345. 一 斛 珠

　　洛城春晚。垂楊亂掩紅樓半。小池輕浪紋如篆。燭下花前，曾醉離歌宴。　　自惜風流雲雨散。關山有限情無限。待君重見尋芳伴。爲說相思，目斷西樓燕。

【箋注】

〔一斛珠〕　《一斛珠》就是《醉落魄》；同用一個曲調唱，詞的句數、字數和平仄的規律相同，而有兩個名稱；正如《如夢令》也叫《憶仙姿》、《賀新郎》，也叫《金縷曲》……一樣。蘇軾有《醉落魄・離京口作》（本書第12首）、《醉落魄・蘇州閶門留別》（本書第39首）和《醉落魄・席上呈楊元素》（本書第45首），毛晉《東坡樂府》本都題爲《醉落魄》，而這一首和上面三首《醉落魄》分開，題爲《一斛珠》。現在仍照毛本。　　〔洛城〕　當是洛陽城。蘇軾少年曾出仕鳳翔，自開封出發，經過洛陽。這首詞是以後追憶在洛城聚會過的舊友。　　〔亂掩紅樓半〕　不整齊地遮蔽紅樓的一半。　亂：不規則地，不整齊地。　掩：遮。　〔篆（zhuàn）〕古代字體之一，筆畫屈曲。　　〔離歌宴〕　送行的酒宴；爲話別而舉行的宴會。　離歌：離別時唱奏的樂歌。　　〔風流雲雨散〕　像風流轉，把雲吹散。比喻人們分散到各處。王粲《與蔡子督書》：風流雲散，"一別如雨。" 〔關山有限情無限〕 關隘山河畢竟是有盡的，而情誼是無盡的。或解爲關隘山河能限隔使人不相見，而情誼不是關山所能限隔的。 情：指友誼。 〔重見尋芳伴〕 再次見到曾一同遊覽的人們。 尋芳伴：遊覽取樂的同行者。 〔爲（wèi）說相思，目斷西樓燕〕 請你爲我告訴（"尋芳伴"們，我）思念他們，舉眼遠望，一直望到西樓飛燕的盡頭。 目斷：極目遠望。 西樓燕：喻在西方的舊友；古樂府有《東飛伯勞西飛燕》，後世以"勞燕分飛"喻親知的人各往一方。

【校】

龍本校：傅注本元本俱無。案《一斛珠》，即《醉落魄》，毛本分列，仍之。

《全宋詞》本同毛本。

346. 意 難 忘

妓館

花擁鴛房。記馳肩髻小，約鬢眉長。輕身翻燕舞，低語囀鶯簧。相見處，便難忘。肯親度瑤觴。向夜闌，歌翻郢曲，帶換韓香。 別來音信難將。似雲收楚峽，雨散巫陽。相逢情有在，不語意難量。些簡事，斷人腸。怎禁得恓惶。待與伊、移根換葉，試又何妨。

【箋注】

〔妓館〕 此標題據毛本加，它有助讀者理解詞的內容。詞上闋是詠妓館，寫冶遊放蕩縱情歌舞女色的生活。下闋則是別後對妓女思念，而想爲她"移根換葉"，和"妓館"沒有關係。 〔花擁鴛房〕 妓館中的妓多。花：喻妓女。擁：擠，塞；說人多。 鴛房：妓館的房舍。 〔馳肩髻小，約鬢眉長〕 詠妓梳的髻和畫的眉。 馳（tuó）肩：垂到肩上。 馳：垂。約鬢：伸到鬢旁。 約：限；以……爲界。 〔翻燕舞〕 喻舞姿的巧捷靈活。 〔囀鶯簧〕 喻聲音的悅耳。 簧：有簧的吹奏樂器，笙。這裡指鶯的歌喉。 〔相見處〕 相見時。 處：指時刻（不指空間）。 〔親度瑤觴〕 親自傳遞酒。 度：授，給予。 瑤觴：酒杯。說“瑤”，指其珍貴，晚唐詩人曹唐《游仙詩·玉女杜蘭香下嫁於張碩》：“酒傾玄露醉瑤觴。” 〔歌翻郢曲〕 唱出難度極高的歌曲。 翻：變換出；翻新。

郢（yǐng）曲：客人在楚國國都郢城唱的歌曲。《文選》卷四十五宋玉《對楚王問》：“客有歌於郢中者。其始曰《下里巴人》，國中屬（zhǔ）而和（hè）者數千人。其爲《陽阿薤（xiè）露》，國中屬而和者數百人。其爲《陽春白雪》，國中屬而和者不過數十人。引商刻羽，雜以流徵（zhǐ），國中屬而和者不過數人而已。”這裡指《陽春白雪》、“引商刻羽、雜以流徵”的高難歌曲，以喻妓唱歌技藝之精。 〔帶換韓香〕 互相交換衣帶，把用異香熏過的衣帶換給我。 韓香：西晉時韓壽特有的海外奇香。《世說新語·惑溺》記晉武帝時宰相賈充的僚屬韓壽姿容美，出進賈充之家，被賈充的女愛上。賈充有一種奇異的香料，來自外國，衣被熏之後，香氣經月不消失。賈充的女把這一香料贈給韓壽，韓壽用來熏衣，身上帶有異香。 〔音信難將〕 無法通信。因此下文“雲收”“雨散”。 將：攜帶，捎。 〔雲收楚峽，雨散巫陽〕 楚峽的雲收斂了，巫山的雨散開了（；神女蹤跡不見了）。《文選》卷十九宋玉《高唐賦》記神女說：“妾在巫山之陽，高丘之阻。旦爲朝雲，暮爲行雨。”朝雲行雨爲神女的行蹤；“雲收”“雨散”是不見神女的行蹤，用以喻得不到那個相結識的妓女的消息。

楚峽：指巫峽，巫山在巫峽。 巫陽：即“巫山之陽”（山南爲陽）。

〔相逢情有在，不語意難量〕 如果能再次相逢，（我就知道）她對我的情誼還在；但是長久不能對話，（她的）意思我就難於估計了。 〔些箇事〕 一些這樣的事。 〔恓（xī）惶〕 焦急不安。 《論語·憲問》“微生畝謂孔子曰：‘丘何爲是栖栖者與’”，邢昺《疏》：“栖栖，猶皇皇也。”《孟子·滕文公〔下〕》：“孟子曰：傳曰：‘孔子三月無君則皇皇如也’”，趙岐注：“皇皇如有所求而不得。”後人把《論語》的“栖栖”和《孟子》的“皇皇”相連爲“栖栖皇皇”或“栖皇”一詞。或作“恓惶”，張籍《送韋評事歸華陰》詩：“老大誰相識？恓惶又獨歸。” 〔移根換葉〕 用移栽植物喻把那個女子從妓籍中解脫出來。妓女社會地位低賤；“移根”是把她從卑下的地位拔出來。“換葉”當是改變她的生活，使她改觀。唐代范攄《雲溪友議》卷下，記咸陽郭氏家蒼頭《題後堂白牡丹》詩“

520

誰能爲向天人說，從此移根向太清。"

347. 沁 園 春

　　情若連環，恨如流水，甚時是休。也不須驚怪，沈郎
易瘦；也不須驚怪，潘鬢先秋。總是難禁，許多魔難，奈
好事教人不自由。空追想，念前歡杳杳，後會悠悠。
　　凝眸。悔上層樓。謾惹起新愁壓舊愁。向彩箋寫遍，相思
字了，重重封捲，密寄書郵。料到伊行，時時開看，一看
一回和淚收。須知道，囗這般病染，兩處心頭。

【箋注】

〔若連環〕　好像一圈套一圈的環，解不開。　　〔如流水〕　好像長流不
息的水。　　〔甚時是休〕　甚麼時候才停止。就是說，如連環的情和如流
水的恨永無止息。　休，停止，休歇。　　〔沈郎易瘦〕　沈約變瘦了。古
代許多詩詞以閨愁閨怨爲題材，寫少女或少婦思念情人時的苦悶。這首詞也
寫愁怨，但愁怨的不是少女少婦，而是男子思念他的情人。詞中"沈"和"
潘"都是"我"（詞的男主人）的自比。　　沈郎：沈約；見第200首《臨
江仙》首句〔多病休文都瘦損〕注。　　〔潘鬢先秋〕　潘岳的髮白得早。
潘：潘岳；見第282首《浣溪沙》（"徐邈能中酒聖賢"）〔潘郎白璧爲誰
連〕注。　　鬢先秋：頭髮提前白了；沒有到白頭的年紀就生了白髮。　鬢
：耳邊頰旁的髮；這裡指髮。　先：提前；搶先。　秋：變衰老。秋天植
物枝葉枯萎；詩文以"秋"喻人的衰老；這裡用作動詞。晉朝潘岳三十二歲
頭髮就開始發白；《文選》卷十三潘岳《秋興賦》序："余春秋三十有二，
始見二毛"（二毛：頭髮黑白相雜），賦"素髮颯以垂領"。　　〔難禁（
līn）〕　承受不起。　　〔魔難（nàn）〕　挫折；不如意的事。　　〔奈好

事教（jiāo）人不自由〕　只得讓好事不由我作主。　　奈：無奈；對……無
能爲力。　好事：指男女相愛戀。　教：使；讓。　　〔杳杳（yǎo yǎo）〕
空寂；無聲無響，無影無蹤；消失而無從尋覓。　　〔悠悠〕　落空。
〔凝眸（móu）〕　注視；目不轉睛地望。　凝：固定不動。　眸：瞳孔。
　　〔謾〕　借作“漫”。徒然。　　〔新愁壓舊愁〕　新的愁加在原有的愁
之上；愁上加愁。　　〔寫遍相思字了〕　寫滿相思念的話之後。　相思字
：指寫在彩箋上的情書。　了：完畢。　　〔重重（chóng chóng）封捲〕
　封了又封，捲了又捲。　　〔郵〕　帶信的人。這裡指書信。　　〔料到
伊行〕　估計信到她處。　料：預計。　　〔時時開看，一看一回和淚收〕
　多次拆開信看，看一回就流著淚收檢一回。　和：伴隨。　收：收藏好；
指保留著以後再看。　　〔這般病染，兩處心頭〕　這樣痛苦，在兩個心上
是一樣。　病染：像疾病一樣的痛苦。　兩處心頭：指我的心上和她的心上
。

【校】
　　此詞各本都不收。孔凡禮《全宋詞補輯》錄自明萬曆（公元1573—1620
年）刊本《重編東坡先生外集》卷八十三。

348. 千 秋 歲

次韻少游

　　島邊天外。未老身先退。珠淚濺，丹衷碎。聲搖蒼玉
佩。色重黃金帶。一萬里。斜陽正與長安對。　　道遠誰
云會。罪大天能蓋。君命重，臣節在。新恩猶可覬。舊學
終難改。吾已矣。乘桴且恁浮於海。

　　這首詞僅見於《全宋詞》。據《全宋詞》注：“《能改齋漫錄》卷十七
。查吳曾《能改齋漫錄》卷十七《秦少游唱和千秋歲詞》條云：‘秦少游唱
和千秋歲詞。予嘗見諸公唱和親筆，乃知在衡陽時作也。’少游云：‘至衡

陽，呈孔毅甫使君。'其詞云云，今更不載。"

附　錄

附錄一

各本題跋

①毛晉《宋六十名家詞‧東坡詞》跋：

東坡詩文，不啻千億刻，獨長短句罕見。近有金陵本子，人爭喜其詳備，多混入歐、黃、秦、柳作，今悉刪去。至其詞品之工拙，則魯直、文潛、端叔輩自有定評。　古虞毛晉記。

②《四庫全書總目》卷一九八《集部‧詞曲（一）》《東坡詞》一卷。

宋蘇軾撰。軾有《易傳》，已著錄。《宋史‧藝文志》載：軾詞一卷。《書錄解題》則稱《東坡詞》二卷。此本乃毛晉所刻，後有晉跋云："得金陵刊本，凡混入黃、晁、秦柳之作俱經芟去。"然刊削尚有未盡者，如開卷《陽關曲》三首，已載入《詩集》之中，乃餞李公擇絕句。其曰："以《小秦王》歌之"者，乃唐人歌詩之法。宋代失傳，惟《小秦王》調近絕句，故借其聲律以歌之，非別有詞調謂之《陽關曲》也。使當時有《陽關曲》一調，則必自有本調之宮律，何必更借《小秦王》乎？以是收之詞集，未免泛濫。至集中《念奴嬌》一首，朱彝尊《詞綜》據《容齋隨筆》所載黃庭堅手書本，改"浪淘盡"爲"浪聲沈"，"多情應笑我早生華髮"爲"多情應是笑我生華髮"。因謂"浪淘盡"三字於調不協，多情句應上四下五。然考毛幵此調，如"算無地闚風項"，皆作仄平仄。豈可俱謂之未協？石孝友此調云："九重頻念此，袞衣華髮"。周紫芝此調云："白頭應記得，尊前傾蓋"

524

。亦何嘗不作上五下四句乎？又趙彥衛《雲麓漫鈔》辨《賀新涼》詞版本“乳燕飛華屋”句，眞跡“飛”作“棲”。《水調歌》詞版本“但願人長久”句，眞跡“願”作“得”。指爲“妄改古書”之失。然二字之工拙，皆相去不遠；前人著作，時有改定，何以定以眞跡爲斷乎？晉此刻不取洪、趙之說，則深爲有見矣。詞自晚唐五代以來，以清切婉麗爲宗，至柳永而一變，如詩家之有白居易。至蘇軾而又一變，如詩家之有韓愈。遂開南宋辛棄疾等一派。尋源溯流，不能不謂之別格。然謂之不工則不可。故至今日，尚與《花間》一派并行而不能偏廢。曾敏行《獨醒雜志》載軾守徐日，作《燕子樓》樂章，其稿初具，邏卒已聞張建封廟中有鬼歌之。其事荒誕不足信；然足見軾之詞曲，輿隸亦相傳誦，故造作是說也。

③宋・傅共《傅榦注東坡詞序》

東坡□□天下。其爲長短句數百章，世以其名尚□□，閨窗孺弱，亦知愛玩。然其寄意幽渺，指事深遠，片詞隻字皆有根柢，是以世之玩者未易識其佳處。譬猶瓊奇珍怪之寶，來於異域，光彩眩耀，人人駭矚，而辨質其名物者蓋寡矣。展玩雖茲可慨焉。余族子榦嘗以□□□舊□□用事彰而解之，削其附會者數十（傳張芸叟所作私期數章，舊于《文忠公集》見之，以至《更漏子》有“柳絲長，春夜闌”之類，則見於《花間集》，乃溫庭筠、牛嶠之詞《鵲踏□》有“靄秋風紫菊初生”之類，則見□□《本事集》，乃晏元獻公之詞，凡是皆削而不取）益之以遺軼者百餘，□十有二卷，敷陳演析，指摘源流，開卷爛然，衆美在目。予曰：“茲一奇也，不可不傳之好事者。使其當瑣窗虛明、棐几淨滑，據胡牀而支頤，鉤繡幌而曲肱；咀□名之味於口吻之間，軒眉而頷首□□破顏；悠然而思，躍然而躍者，皆自子發之也。自茲以往，列屋閒居，交口教授，吾知秦、柳、晁、賀之倫束於高閣矣。”榦，字子立，博覽強記，有前輩風流。視其所作，可以知其人

525

焉。竹溪散人傅共洪甫序。

　　書後注：從南陵徐氏藏沈德壽家抄本傳錄。

　　（根據北京圖書館藏本抄錄，脫字也按原狀）

　　④元祐七年刊本《東坡樂府》　黃丕烈跋

　　余所藏宋元人詞極富，皆精抄或舊抄；而名人校藏者，若宋元刻本向未有焉。既從骨董鋪中獲一元刻《稼軒長短句》，可稱絕無僅有之物。其時余友顧千里館余家，共相欣賞，以爲此種寶物，竟以賤直得之；何世之不知寶，而子幸遇之乎？蓋辛詞直不過白鏹七金也。近年無力購書，遇宋元刻又不忍釋手，必典質借貸而購之，未免室人交遍讁我矣。故以賣書爲買書，取其可割愛者去之。如抄本詞屢欲去，而爲買宋刻《太平御覽》計是已。今秋顧千里自黎川歸。余訪之城南思適齋。千里曰：“聞子欲賣詞。余反有一詞欲子買之。”余曰：“此必宋刻矣。”千里曰：“非宋刻，卻勝宋刻。昔錢遵王已云宋本殊不足觀，則元本信亦可寶，請觀之！”則延祐庚申刻《東坡樂府》也。其時需直卅金。余以囊澀未及購取。後思余欲去詞，辛詞本欲留存；且“蘇辛”本爲並稱，合之實爲雙璧。因檢書一二種售諸友人，得銀廿四兩。千里意猶不足。余力實無餘，復益以日本刻《簡齋集》，如前需數，而交易始成。余遂得以書歸。取毛鈔《東坡詞》勘之，非一本二卷；雖同其次序，前後字句歧異，當兩存之。抄本附《東坡詞拾遺》一卷，有紹興辛未孟冬、至游居士曾惜跋，謂“東坡先生長短句既鏤板，復得張賓老所編，并載於蜀本者，悉收之。”似前二卷亦係曾刊，而《直齋解題》但云《東坡詞》二卷，不云有《拾遺》，似非此本。然直齋云“集中《戚氏》敘穆天子、西王母事”。今毛抄本亦有此語。似宋刻即毛抄所自出。而此刻《戚氏》下無此注釋，大概錢所云“穿鑿附會”者也。且毛抄遇注釋處，往往云“公舊注云”，俱與此刻合；而其餘多不同，或彼有此無，或彼無此有。余以毛鈔注釋多標明公舊注，則此刻之注釋

526

乃其舊文。邊王欲棄宋留元，未始無意。此書未必述古舊藏，前明迭經文、王兩家收藏，本朝又爲健菴、滄葦鑒賞，宜此書之益增聲價矣。癸亥季冬六日蕘翁黃丕烈識。

⑤元祐刊本葉曾原序

公之長短句，古三百篇之遺旨也。自風雅隳散，流爲鄭樂侈靡之音，不能復古之淳厚久矣。東坡先生以文名於世，唱詠之餘，樂章數百篇，樂而不淫，哀而不傷，眞得六義之體。觀其命意吐詞，非淺學窺測。好事者或爲之注釋，中間穿鑿甚多，爲識者所誚。舊板湮没已久，深有家藏善本，再三校正，一利刻梓，以永布史。先生文章之光焰復盛於明時，不亦幸乎！元祐庚申正月望日，括蒼雲深葉曾刻於雲間南皐書堂。

⑥元祐刊本趙萬里跋　　右元延祐七年葉曾雲間南皐草堂刻本《東坡樂府》，爲今日所見坡詞最古刻本，迭經黃丕烈士禮居、汪士鍾藝芸精舍、楊紹和海源閣收藏。海源閣書散歸天津周叔弢先生。一九五二年叔弢先生藏書捐獻政府；此書與元大德三年廣信書院刻本《稼軒長短句》同歸北京圖書館。清光緒間臨桂王鵬運曾從楊氏借來刻入《四印齋刻詞》；雖行款未易，而原書面貌不可復見。今據原本影印，使世人得見元本眞象，當亦爲治古典文學者所樂聞也。

案東坡詞，宋、明刻《東坡七集》均未收。陳振孫《直齋書錄解題》有二卷本。其本疑即明人吳訥《四朝名賢詞》本，今在天津圖書館。又有黃氏士禮居舊藏毛氏汲古閣影宋抄本，編次與吳訥本同。二卷本卷末附《拾遺》詞目，後有曾慥跋文：

> 《東坡先生長短句》旣鏤板，復得張賓老所編并載於蜀本
> 者悉收之。江山麗秀之句，樽俎戲劇之詞，搜羅幾盡矣。
> 傳之無窮，想像豪放風流之不可及也。紹興辛未孟冬，至
> 游居士曾慥題。

可知東坡詞南宋初有曾慥刻本。慥又輯《樂府雅詞》、錄北宋與

527

南宋初年名家詞殆遍；但未及東坡詞。當因東坡詞曾氏別有專刊，故《雅詞》中未收。曾氏又據張賓老所編幷見於蜀本者補詞四十一首，爲《拾遺詞》，殿於卷末。此本分上下卷，但後無《拾遺詞》，凡毛氏注"元刻逸"或"元刻不載"諸作，如《好事近》"煙外倚危樓"一闋，《玉樓春》"元宵似是歡遊好"等三闋，《臨江仙》"昨夜渡江何處宿"一闋，《蝶戀花》"記得畫屏初會處"等五闋，《漁家傲》"臨水縱橫回晚鞚"一闋，《江城子》"膩紅勻臉襯檀唇"一闋，《意難忘》"花擁鴛房"一闋（案：此是程垓《書舟詞》），《雨中花慢》"邃院重簾"等二闋，《水龍吟》"小溝東接長江"等二闋，此本均未收。知毛氏所謂"元本"，當即此本。曾編《拾遺詞》四十一首，毛本除《江城子》"南來飛燕歸鴻"一闋，係秦淮海作，不復出外，其餘四十首，毛氏散編各調下，均未注明"元本逸"或"元本不載"。可見毛氏所見之本，當有此《拾遺》四十一首，而此册則因年久失去，固非不可能也。細檢毛氏所據元本，間有與此本不符處：如《虞美人》"歸心正似三春草"一闋，毛氏本注云"元刻'述懷'"，宋此本無"述懷"二字，與毛氏舉元刻不同。又《江城子》"鳳凰山下雨初晴"一闋，毛本題云"元刻'江景'"；案此本題下作"湖上與張先同賦"，曾慥本則作"江景"。凡此疑皆毛氏刊出時校訂疏漏，未據元本覆勘之緣故，似非毛氏所據元本如此。

吾人據此本以校毛本，據朱孝臧先生統計，除去《浣溪沙》"風壓輕雲貼水飛"一闋係李後主詞不重出外，此本有而毛本無者，得《減字木蘭花》等八闋；此本無而毛本有者，得《浪淘沙》等五十五闋。如此參差不齊，蓋亦有因：毛本所據之底本，據毛晉自跋，原出金陵本子。按此金陵本子，疑即焦竑所編《東坡二妙集》本，焦本《東坡先生詩解》原出曾慥本，更益以某本（此本現已失傳，疑是宋、元時坊本），按調名類次混合編成。凡毛

528

本有、此本無者五十九闋，除《浣溪沙》"晚菊花前斂翠娥"一闋，《永遇樂》"天末山橫"一闋外，皆備於焦本；文字亦幾全同。此本有毛氏本無者八闋，則不見於焦本，可見焦氏實未見此本。毛氏編刊時，未將此本細細對看，僅於少數詞調下，記明"元本逸"或"元本不載"字樣，以自詡其本之善；其他異同，未遑比勘，疏誤百出，與毛刻他書情況正同。由此觀之，此本與曾慥本實爲傳世東坡二個最重要的本子。《東坡二妙集》本，也有參考價值，其中有些作品，可能是後人贋作。至於毛本，則自鄶以下，不足道矣。　　　此本開卷有黃丕烈跋尾。跋云："錢遵王已云宋本殊不足觀。……然直齋云，集中《戚氏》敍穆天子西王母事。今毛抄本亦有此語，似宋刻即毛抄所自出。而此刻《戚氏》下，無此注釋，大概錢所云'穿鑿附會'者也。"案此說實誤。錢遵王《讀書敏求記》云："東坡樂府刻於延祐庚申。舊藏注釋宋本，穿鑿蕪陋，殊不足觀。"所謂注釋宋本，實指宋人傅榦注坡詞，其書十二卷，《直齋書錄解題》誤作二卷。二十年前，余於上海徐積餘先生處，得見新抄本，從范氏天一閣藏明抄本傳錄，注釋蕪陋，誠有如遵王所譏者。黃氏以毛氏影宋抄本當之，可謂失之眉睫矣。

　　錢遵王所藏延祐庚申刻本，與毛晉據校之元本，余疑皆即此本。此本前有"季振宜藏書"一印，知曾入延令書目。遵王晚年斥所藏宋、元本及抄本書，歸諸季氏，此書疑亦隨同出售。又遵王與隱湖毛氏往還甚密，毛晉父子嘗從遵王假讀，亦因其所。或疑此本前後無遵王印記，謂非遵王藏本。案遵王藏書未鈐印記即斥售者，數在不少，如脈望館抄本《古今雜劇》亦無遵王印記。由此可知，明末迄今，年逾三紀，一脈相承，僅見此本﹒治坡詞者，自當以球璧視之矣。

　　東坡天才橫溢，熱情奔放。其詞於抒情寫景外，有時發點議論，以散文句法入詞，別開生面。宋人謂坡詞乃"曲子內縛不住"

者，又謂"坡詞絕去筆墨畦徑，直造古今不到處"；即指此等處。此本詞最清俊隱秀、自然典雅，較曾本有很大不同。并世不乏知音，當能鑒我言也。

趙萬里　一九五七年五月十四日

⑦馮煦《東坡樂府序》

　　詞之有南北宋，以世言也；曰秦柳，曰姜張，以人言也。若東坡之於北宋，稼軒之於南宋，並獨樹一幟，不域於世，亦與他家絕殊。世第以"豪放"目之，非知蘇辛者也。顧二家專刻，世不恒有，坡詞尤鮮善本。古微前輩，詞家之南董也，酷嗜坡詞，迺取世所傳毛王二刻，訂訛為補闕，以年為經，為緯以詞。既定本，屬煦一言簡端。煦嗜坡詞，與前輩同。綜其旨要，厥有四難：詞尚要眇，不貴質實。顯者約之使隱，直者揉之使曲；一或不善，鉤輈格磔，比于禽言，蹼朔迷離，或儕兔迹。而東坡獨往獨來，一空羈勒，如列子御風以游無窮，如藐姑射神人吸風飲露，而超乎六合之表，其難一也。詞有二派，曰剛與柔，毗剛者斥溫厚為妖冶，毗柔者目縱軼為粗獷，而東坡剛亦不吐，柔亦不茹；纏綿芳悱，樹秦柳之前旃；空靈動蕩，導姜張之大輅。唯其所之，皆為絕詣，其難二也。文不苟作，寄託寓焉，所謂文外有事在也。於詞亦然。然世非懷襄而效靈均《九歌》之奏，時非天寶而擬杜陵《八哀》之篇，無病而呻，識者恫之。而東坡夙負時望，橫遭讒口，連蹇廿年，飄蕭萬里。酒邊花下，其忠愛之誠，出憂之隱，磅礡鬱積於方寸。間者時一流露，若有意，若無意，若可知，若不可知。後之讀者，莫不繹然思，逌然會，而得其不得已之故，非無病而呻者比，其難三也。夫側豔之作，止以導淫；悠謬之辭，或將損性。拘墟小儒，懸為徽纆。而東坡涉樂必笑，言哀已嘆。暗香水殿，時軫舊國之思；缺月疏桐，空弔幽人之影。皆屬寓言；無慙大雅，其難四也。噫！東坡往矣。前輩早登鶴禁，晚棲虎阜；沈冥自放，聊乞玉局之祠；峭直不阿，幾蹈烏臺之案，其於東坡若合符契。今《樂府》一刻，殆亦有曠百世而相感者乎？若夫校訂之審，箋注之精，則前輩發其凡矣，此不具書。時宣統二年庚戌夏五月金壇馮煦。

⑧朱祖謀《彊村叢書》本《東坡樂府》凡例：

一、東坡詞今行世者只毛氏汲古閣、王氏四印齋二本，毛跋謂得金陵刊本，未詳所自。王刻從元延祐雲間本出，較為近古；中有十首，為汲古所未載，而汲古多於元刻者六十一首。今以元刻為主，毛本異文著於詞後，元刻之確為譌闕者，則依毛本正之。

一、舊本分調篇次，今依編年，體例以傅藻（錢塘丁氏《藏書志》作傅藻）《紀年錄》、王宗稷《年譜》皆出南宋人手，自足徵信，近則王文誥《蘇詩總案》，搜輯最詳，合此三家，證以題注，參酌審定。大凡可考者十之六七，因仿馮孟亭注《玉溪生詩》例，以無從編年者別為一卷，仍依元刻以調類列其間，元刻與毛本互有出入，悉為標注。

一、詩集互見如《瑞鷓鴣》、《陽關曲》、據《苕溪漁隱叢話》謂唐初歌詞所存止此二調，則歸諸詞集為允。琴曲《醉翁操》，元本、毛本所無，竹垞《詞綜》始錄之。案：稼軒擬《醉翁操》編入詞集，《白石歌曲》亦有《琴曲古怨》，坡詞自可據補。又詩集中《漁父》四首，譜律諸書俱未收錄，然音拍則確為長短句也，今亦編入。至其單調斷句，如"誰教幽夢插他花"見諸詩集施注；"喜鵲橋成催鳳駕。天為歡遲，乞與新涼夜"見諸《歲時廣記》之類，未遑搜輯也。

一、集中有誤入他人之作，金絳人孫安國注蘇詞，刪去《無愁可解》之類五十六首，元遺山稱為完本。今孫本已佚，不知何者為其所刪。茲據毛本刪去者附注調下。元刻中有五首，即為毛氏所已刪，顧尚疑其未盡。如《意難忘》之"花擁駕房"，《雨中花慢》之"邃院重簾"、"嫩臉羞蛾"二首不類蘇詞，惜無顯證。若《瑤池宴》一首，《樂府雅詞拾遺》作廖明略詞，本集

《雜書琴曲贈季常》則稱"或作'閨怨'"，"飛花成陣"云云，其非公詞無疑。又《全芳備祖》之《菩薩蠻》（賦梅花）、《踏青游》（賦草詞），《踏青游·贈妓崔念四》三詞，皆託名公作，并可削而不論矣。

一、毛本標題如《減字木蘭花》"鄭莊好客"一首云"東坡分牒"、"雙龍對起"一首云"子瞻爲郡"，闌入他人語意，多出宋人雜說，至《賀新郎》之營妓秀蘭，《卜算子》之溫都監女，依托謬妄，並違詞中本旨。又如《滿庭芳》之警語，《三部樂》之情景及即事寓意，送別感舊之類，皆沿選家陋習，今一依元刻正之。元刻亦間有非公原本者，如《浣溪沙》"雪頷霜髯"一首云"公守湖"，《南歌子》"師唱誰家"一首云"冷齋夜話"，《虞美人》"湖山信是"一首云"子瞻即席"，"翻香令"云"此老自制腔"等題，并爲移注詞後。

一、傅、王諸家譜錄，考核雖詳，漏誤間亦未免。如《定風波·後六客詞》敘云："凡十五年再過吳興"，乃己巳年所作；而《紀年錄》誤爲甲寅。《漁家傲·送客》一首，王文誥云送江公著赴台州，而公著實未爲台守。斯類并爲更訂。

一、元本、毛本已有舛異，坡詞爲世傳誦，宋人詩話、說部徵引既繁；復有墨蹟石刻，字句懸區，殆不校。略采要實，特著於篇。至其同時交遊事跡，亦錄存以資參證。

⑨鄭文焯《東坡詞跋》：

東坡樂府汲古本多踳駁，王半塘老人據元延祐舊本，重刊行世，最爲近古。近朱漚尹侍郎復爲審定，以編年體，釐爲三卷。多依據傅藻紀年錄、王緝年譜，精嚴詳慎，去取不苟。它日墨版流傳，足當善本，視此有淄澠之別矣。

⑩龍楡生《東坡樂府箋》序論

我們祖國的詩歌，自《詩經》以來，綿歷二千數百年之久，不斷產生著豐富多彩的新形式。這些新形式的產生，最初都是經過勞動人民的辛勤創作，和音樂有著不可分割的關係。但是發展到了相當時期，它就會脫離母體而獨立生存，開拓它的廣大園地，在詩歌史上特放異彩。蘇軾在長短句歌詞上的偉大貢獻，就是一個最好的例證。

一般所說的詞，宋人也把它叫做樂府。它是依附唐、宋以來新興曲調從而創作的新體詩，是音樂語言和文學語言緊密結合的特種藝術形式。這種"倚聲填詞"的新形式，從唐、五代以迄北宋仁宗朝的作家柳永，積累了許多的經驗，把長短句的新體詩完全音樂化了。五、七言近體詩進一步發展以後，由於不斷的音樂陶冶，不期然而然的會有"句讀不葺"（李清照說）的長短句的新體格律詩的出現。蘇軾看準了這個發展規律，也就不妨"一洗綺羅香澤之態，擺脫綢繆宛轉之度"（胡寅《酒邊詞序》，從"曲子"中解放出來，在詞壇獨樹一幟，打開"以詩為詞"（陳師道說）的新局面。這正好表示他的積極性和創造性，確是能夠"指出向上一路，新天下耳目"（王灼《碧雞漫志》卷二）的。

在"橫放傑出"的東坡詞派尚未崛興之前，對長短句歌詞形式的建立，有很大功績的，在晚唐則有溫庭筠，"能逐弦吹之音，為側豔之詞"（《舊唐書》列傳卷一百四十下）在北宋則有柳永，為教坊樂工所得新腔創作歌曲（《避暑錄話》卷三）。這樣把唐、宋以來新興歌曲的音樂語言和文學語言緊密結合起來了。一般不懂音律的詩人，有了這個定型的新形式，如令、引、近、慢等，就可以照著它們的固定形式，體會每一詞牌的不同情調，"從心所欲"的來說作者自己所要說的話。溫、柳二家的開創之功，是不容抹煞的。南宋愛國詩人陸游也曾說過："飛卿《南鄉子》八閩，語意工妙，殆可追配劉夢得《竹枝》"（《渭南文集》卷二十七《跋金奩集》）。蘇軾雖與柳永立於敵對地位，但讀到他的《八聲甘州》："霜風凄緊，關河冷落，殘照當樓。"還不免要讚美一聲："此語於詩句不減唐人高處"（《侯鯖錄》卷七）。

蘇詞的作風，固然脫盡了溫、柳二家的羈絆；但對創調方面，如果沒有溫、柳在前，為詞壇廣闢園地，那他也很難寫出這許多"無意不可入，無事不可言"（《藝概》卷四）的好詞來。飲水思源，不能不在這裡特提一下。

　　從九六〇年至一一二六年，就是所謂北宋時代。五代以來長期割據的分裂局面，到了宋太祖趙匡胤定都汴京（開封）以後，中國復歸於統一。人民經過長期的休養生息，社會經濟也漸漸繁榮了起來。孟元老《東京夢華錄序》談到當時汴京的繁盛情形是"新聲巧笑於柳陌花衢，按管調弦於茶坊酒肆"。都市繁華達到這樣的程度，就為新聲歌曲創造了發榮滋長的必要條件。柳詞所以為當時廣大人民所喜愛，是有它的社會基礎的。可是統治階級的粉飾太平，掩蓋不了當時的階級矛盾。宰相呂蒙正就曾說起："都城，天子所在，士庶走集，故繁盛至此。臣嘗見都城外不數里，饑寒而死者甚眾。"（《宋史》卷二百六十五）人民遭受到這樣淒慘的境遇，有良心的詩人，是不能熟視無睹的。加上仁宗朝（一〇三四一一〇四四）對西夏用兵的累遭慘敗，民族矛盾因之日益加深。富有愛國主義思想的詩人如蘇軾、黃庭堅等，就把西夏這個敵國刻刻放在心上，而有"甘心赴國憂"的雄圖。不但蘇詞有"會挽雕弓如滿月，西北望，射天狼"（《江城子·獵》詞）的豪語，連黃庭堅謫貶黔中時，還把"靜掃河西"（《山谷詞·瀘守王補之生日洞仙歌》）寄希望於他的朋友。這些情況，反映到詩人們的思想感情上，是不容許再像柳永那樣，把生活圈子局限在"淺斟低唱"的"偎紅倚翠"中了。"關西大漢，鐵綽板，銅琵琶，唱大江東去"（《吹劍錄》），恰好是適應時代要求，發揮了蘇軾的創造性，用來打開南渡諸愛國詞人的新局面，這不是什麼偶然的。

　　蘇軾是一個"奮厲有當世志"（《墓誌銘》）的文人。雖然他的政治見解偏向保守，和王安石立於反對地位，但他畢竟具有愛國思想，而且是站在人民一邊的。他到處興修水利，抑制豪強，連在謫貶黃州和惠州、瓊州時，都和農民相處得很好，並不把個人遭遇戚戚於懷。這是何等坦蕩的胸襟，何等壯闊的抱負！他自己說"作文如行雲流水，初無定質，但當行於所當行，於所不可不止。雖嬉笑怒罵之詞，皆可書而誦之。"（《宋史》卷三百三十八本傳）他的散文和詩、詞風格都是一貫這樣的。蘇轍替他作的《墓誌銘》，提到他的思想發展，最初是留意於賈誼、陸贄的政論，後來又愛好《莊子》，說是："吾昔有見於中，口未能言，今見《莊子》，得吾心矣！"終乃深契於佛教的禪宗，"參之孔、老，博辯無礙。"他的思想無疑還有消極的一面。但他在實際行動中，關心人民的痛苦，所以能夠在顛連困苦的謫貶生活中，得到廣大群眾的同情和敬愛。同時他的胸襟開闊，不介懷於個人的得失，不以一時挫抑，動搖他的心志，一直抱著積極精神來追求現實和真理。像那最為廣大讀者所傳誦不衰的作品，如《赤壁賦》及《水調歌頭·中秋》詞，都是這種思想感情的表現。他的創作方法是"隨物賦形"，做到"非有意於文字之為工，不得不然之為工"（《遺山文集》卷三十六《新軒樂府引》）。所謂"滿心而發，肆口而成"。所謂"不自緣飾，因病成妍"（同上）。就是說他不過分注意文字的雕琢，而作品中貫串著真實的思想感情。這是從多方面的學養和實際生活的體驗中得來的。

所謂"橫放傑出"，自是曲中"縛不住"的東坡詞，不等於說他全不講究音律。王灼說："東坡先生非心醉於音律者"（《碧雞漫志》卷二），陸游說："先生非不能歌，但豪放，不喜剪裁以就聲律耳"（《歷代詩餘》卷一百十五）。這都只是說明蘇詞不肯犧牲內容來遷就形式，千萬不可誤解，認為學習蘇詞可以破壞格律。破壞格律，就不能夠算作長短句歌詞；死守格律而不能夠充實內容，那也就會失卻它的文學價值。陸游曾聽到晁以道說起："紹聖初，與東坡別於汴上。東坡酒酣，自歌《古陽關》"

（同上）。我們再看他自己寫的《陽關曲》：「暮雲收盡溢清寒，銀漢無聲轉玉盤。此生此夜不長好，明月明年何處看？」把來和王維的《渭城曲》：「渭城朝雨浥輕塵，客舍青青柳色新。勸君更盡一杯酒，西出陽關無故人。」逐字對勘，連四聲都不肯輕易出入。他在黃州，櫽括陶淵明《歸去來辭》作《哨遍》明明說到：「使就聲律，以遺（董）毅夫，使家僮歌之；時相從於東坡，釋耒而和之，扣牛角而爲之節」（《東坡樂府》卷二），這難道不是作者重視詞的音律的最好證明嗎？南宋以後所謂「豪傑之詞」，自儕於蘇、辛一派，如陳亮、劉過、劉克莊等，雖然集子中也有些「壯顏毅色」、「可以立懦」的佳作，但是充滿了生硬字面，讀來格格不易上口，失掉了詞的音樂性；這是不能藉口學蘇而自護其短的。

當柳七樂章風靡一世的時候，蘇軾挺身而出，指出向上一路，和他對抗。雖然他的朋友和學生如陳師道、張耒、晁補之等，都不但不敢明目張膽地起來擁護他的主張，而且還是抱著懷疑態度，但他自己卻憑著滿腔的「逸懷浩氣」，只管「我自用我法」地不斷寫作。這也證明他是確有遠見卓識，看準了長短句歌詞的發展道路，才有勇氣，這樣堅持到底的。風氣一開，於是他的學生黃庭堅、晁補之跟著他走了，他的後起政敵葉夢得也仿效起他的作風來了。北宋末、南宋初期，所有詩人志士，於喪亂流離中，往往藉這個長短句歌詞來抒發愛國思想，以及種種悲憤激越的壯烈懷抱；有如岳飛的《滿江紅》，張孝祥的《六州歌頭》，張元幹的《賀新郎》、《石州慢》等，以至陳與義、朱敦儒、韓元吉、向子諲、楊萬里、范成大、陸游、陳亮、劉過等的某些作品，幾乎沒有一個不受東坡影響的。這個「橫放傑出」的詞風，一方面也推向北方發展，有如金代作家的吳激、蔡松年等，以及元好問《中州集》中所錄諸作家，也很少不是蘇詞的流派。辛棄疾懷抱「喑嗚鷙悍」（劉辰翁：《辛稼軒詞序》）的雄才，突騎渡江，以恢復中原自任；同時把移植金國的蘇詞種子，挾以俱南，於原有基礎上作進一步的發展。所謂"稼軒斂雄心，抗高調；變溫婉，成悲涼。"（周濟：《宋四家詞選序論》）蘇詞發展到了稼軒，於是文學史上所大書特書的"蘇辛詞派"才得正式建立；從而使這個特種藝術形式充實了它的內容，不妨脫離音樂而獨立生存，為長短句歌詞延長了七八百年的生命，宋末作家如劉克莊、文天祥、劉辰翁等，金末作家如元好問，以迄清代作家如陳維崧、吳偉業、曹貞吉、顧貞觀、蔣士銓、王鵬運、文廷式、朱祖謀等，雖然因了作者的身世不同而異其造詣，都或多或少地受到東坡詞格的薰陶，在一些代表作品中，還凜然有它的生氣。窮源竟委，蘇軾在詞學上的地位，是不可動搖的。

　　二十二年前，我曾從南陵徐積餘先生借得舊抄傅榦注坡詞殘本；並依朱彊村先生編年本《東坡樂府》，重加排比箋釋，寫定為《東坡樂府箋》三卷。初版剛出。遇到日本侵略者來犯，傳本遂稀。茲因各方要求，略為訂補，並增蘇轍所撰墓誌銘及各家對蘇詞的評語，仍託商務印書館重印。試論蘇詞的特點和它的影響所及，以供參考。不當的地方，希望讀者隨時指正。

　　　　　　　　一九五七年九月十四日，龍榆生寫於上海。

⑪夏敬觀《＜東坡樂府＞序》

　　詩文集非出手定，為後人所輯錄者，往往次序凌躐，讀者不得尋迹相證，以窺其旨，於是乎有編年。摛藻遣詞，字有來歷，校正譌舛，必詳其源，於是乎有箋注。東坡詩前有百家王注，毗陵邵長蘅、海寧查慎行、桐鄉馮應榴、仁和王文誥，踵起編年校補，可謂備矣。獨其詞別本單行，未有從事編注者。歸安朱漚尹侍郎，始為之校訂編年，刊之《彊村叢書》中；吾友萬載龍君榆生，好學深思，以能詩詞，先後教授於廈門、上海諸大學，暇日復取漚尹所編本，考證箋注，精覈詳博，靡溢靡遺。夫詞於文章，先輩所視為小道也，然以古例今，街巷謳謠，輶軒所采，士夫潤色，升歌廟堂，三百篇亦周代之詞耳。古今文字嬗降，詩變為五

537

七言，又變而爲詞，爲南北曲，愈近則愈切於民俗國故。詞莫盛
於趙宋，《樂章》、《片玉》，幾乎家弦戶誦。東坡在當時，異
軍特起，孤抱幽憂，託於風人微旨；宜楡生好之篤而考訂之勤也。
比集朋輩爲漚社，月課一詞，座中楡生年最少，著述最矜慎。箋
方畢，齎稿就予殷殷求益。予不能有助於楡生也。因爲序言以歸
之。新建夏敬觀。

⑫夏承燾《東坡樂府箋》序

昔李東陽論坡詞，謂漢魏以前，詩格簡古，不得著細事長語。
杜詩稍爲開闢，韓一衍之，蘇再衍之，於是情與事無不可盡。此
說也，予以爲尤合於論坡詞。蓋詩至玉川、迺翁，縱橫奇詭，已
非杜韓所能牢籠，雖坡無以遠過。若其詞橫放傑出，盡覆《花間》
舊軌，以極情文之變，則洵前人所未有。擷其粗迹，凡有數創焉：
杜、韓以議論爲詩，宋人推波以及詞，若山谷、聖求、坦菴、竹
齋諸家之論禪，重陽、丹陽、磻溪、清庵諸羽流之論道，以及稼
軒、中菴、方壺、西崖之論文，徐鹿卿、陸牆東之論政，枝歧蛻
嬗，溯其源實出坡之《如夢令》、《無愁可解》。仲淹、半山，
未足比數，此其一也。曹公謝客，好擷經子入詩，在詞則坡之
《醉翁操》、《西江月》、《浣溪沙》爲其權輿，後來龍洲、竹
齋之用《語》、《孟》，稼軒方壺之用《詩》、《騷》，清庵、
虛靖之用《易》、《老》，以及方壺、衣絮之取義《淮南》，蘆
川稷雪之數典詩疏，雖落言筌，無嫌質實。《樂府指迷》以不用
經典爲《清眞》冠絕者，非可持繩諸賢不羈之駕，此其二也。湯
衡序《于湖詞》，謂元祐諸公，嬉弄樂府，寓以詩人句法，發自
坡公；此殆指《水調歌頭》之檃括韓詩，《定風波》之裁成杜句，
他如以《歸去來辭》諧《哨遍》，以《山海經》協《戚氏》，合
文入樂，尤坡之創製。繼起如石林、陽春、遯庵、道園、後村、
竹山，皆有括淵明、李、杜之詩，馬遷、蘇、歐之文，吾鄉林正
大《風雅遺音》，且裒爲專集；固近緒餘，亦見創格，此其三也。

538

荊公、子野，始稍稍具詞題，然寂寥短語，引意而止。坡之《西江月》、《滿江紅》、《定風波》，皆係詳序，《水龍吟》一章，尤斐然長言，自成體制，效之者稼軒、明秀、遺山、秋澗、蘋洲，皆二百餘字，方是間之《哨遍》，明秀之《雨中花》，皆逾三百字，白石且以四百數十字序《徵招》，詩人製題之風，浸淫及詞，撢其朔亦必及坡，此其四也。要之令詞自晏歐以降，其勢漸窮；耆卿闢其變於聲情，東坡肆其奇於文字。昔之以瑩冰暉露，不著迹象爲尚者，至是泮爲江河，而沛然莫禦。蓋自凝而散，合其道於詩文矣。四端旨要，無以逾此。雖云禁圉既開，橫流亦濫，其功罪未可遽論，然此豈曖姝拘墟之徒所當容議哉。榆生此箋，繁徵博稽，十倍舊編，東坡功臣，無俟乎揚贊。委爲弁言，聊舉碎義，祈爲讀坡詞者之一助。若云管窺筐舉，未覽其全，則詹詹固無所逃難也。

一九三四年十月，永嘉夏承燾序。

⑬龍榆生《〈東坡樂府箋〉後記》

曩從上虞羅子經先生假得南陵徐氏藏舊抄傅榦《注坡詞》殘本，取校毛氏汲古閣本，王氏四印齋影元延祐本，朱氏《彊村叢書》編年本，時有勝義，而所注典實，多不標出原書，因爲博稽群籍，更依朱本編年，作爲此箋，以便讀者。其原注可用者仍之，并於每闋之下，別標傅本卷目，以存其舊。案《直齋書錄解題》，注坡詞二卷，僊谿傅榦撰，今所見抄本則爲十二卷，卷首有竹溪散人傅共序，稱榦字子立，爲其族子。考元人黃眞仲重訂《僊谿志》：共，傅權子，紹興二年張九成榜特奏名；洪邁《容齋隨筆》，則言紹興中，有傅洪秀才，注蘇詞版行，頗譏其紕謬，疑其書即此本。殆以卷首有共序，共字洪甫，牽涉而率詆之歟。蘇學大盛於金源，據《元遺山文集》，知當世選注蘇詞者，不止一家，而代遠年湮，遺編莫覯，僅此傅氏殘本，猶得流傳於天壤間，亦一大幸事。予既加以採錄，又從徐積餘先生假得鄭叔問手評《東

539

坡樂府》，於本箋不少補助，特并附著於此。至於校訂之役，則得力於揚州丁寧女士爲多云。

一九三五年七月，龍榆生附記。

⑭唐圭璋《東坡樂府箋》補

榆生曩箋《東坡樂府》，創獲頗多，有功詞苑不淺。偶閱宋胡仔《苕溪漁隱叢話》，見其中所紀坡詞，猶有可補者，因志於下：前集卷三云："東坡云，余舊好誦陶潛《歸去來》，嘗患其不入音律，近輒微加增損，作《般涉調·哨遍》。雖微改其詞，而不改其意。請以《文選》及《本傳》考之，方知字字皆非創入也。"前集卷三十九云："'揀盡寒枝不肯栖'之句，或云：'鴻雁未嘗栖宿樹枝，惟在田野葦叢間，此亦語病也。'此詞本詠夜景，至換頭但只說鴻，正如《賀新郎》詞'乳燕飛華屋'，本詠夏景，至換頭但只說榴花，蓋其文章之妙，語意到處即爲之，不可限以繩墨也。"前集卷四十一云："王直方《詩話》載晁以道云：'說之初見東坡梅詞，便知道此老須過海。只爲古今人不曾道到此，須罰教去。'此言鄙俚，近於忌人之長，幸人之禍。直方無識，載之《詩話》，寧不畏人之譏誚乎。"後集卷二十三云："《藝苑雌黃》云，《送劉貢父守維揚作長短句》云：'平山闌檻倚晴空。山色有無中。'平山堂座江左諸山甚近，或以爲永叔短視，故云'山色有無中'。東坡笑之，因賦快哉亭道其事云：'長記平山堂上，欹枕江南煙雨，杳杳沒孤鴻。認取醉翁語，山色有無中。'蓋'山色有無中'，非煙雨不能然也。"度他書所載，正復不少也。

（原載《中央日報》一九四八年一月）

附錄二

東坡詞評論

①宋·俞文豹《吹劍續錄》

東坡在玉堂日，有幕士善謳，因問："我詞比柳詞何如？"對曰："柳郎中詞，只好十七八女孩兒，執紅牙拍板，唱'楊柳岸、曉風殘月。'學士詞，須關西大漢，執鐵板唱'大江東去。'公爲之絕倒。"

②宋·晁補之評本朝樂章

居士詞人謂多不諧音律，然橫放傑出，自是曲子縛不住者。（《苕溪漁隱叢話》後集卷三十三轉引《復齋漫錄》）

③宋·陳師道《後山詩話》：

退之以文爲詩，子瞻以詩爲詞，如教坊雷大使之舞，雖極天下之工，要非本色。今代詞手，惟秦七、黃九爾。唐諸人不迨也。

④宋·胡仔《苕溪漁隱叢話》前集卷四十二引王直方《王直方詩話》

東坡嘗以所作小詞示无咎文潛，曰："何如少游？"二人皆對云："少游詩似小詞，先生小詞似詩。"

⑤宋·胡仔《苕溪漁隱叢話》後集卷二十六。

後山謂："退之以文爲詩，子瞻以詩爲詞，如教坊雷大使之舞，雖極天下之工，要非本色。"余謂後山之言過矣，子瞻佳詞最多，其間傑出者，如"大江東去，浪淘盡千古風流人物"（赤壁詞），"明月幾時有，把酒問青天"（中秋詞），"落日繡簾捲，庭下水連空"（快哉亭詞），"乳燕飛華屋，悄無人，桐陰轉午"（初夏詞），"明月如霜，好風如水，清景無限"（夜登燕子樓詞），"楚山修竹如雲，異材秀出千林表"（詠笛詞），"玉骨那愁瘴霧，冰肌自有仙風"（詠梅詞），"東武南城，新堤固，漣漪初溢"（宴流杯亭詞），"冰肌玉骨，自清涼無汗"（夏夜詞），"有情風萬里捲潮來，無情送潮歸"（別參寥詞），"缺月挂疏桐，漏斷人初靜"（秋夜詞），"霜降水痕收，淺碧鱗鱗露遠洲"（重九詞）。凡此十餘詞，皆絕去筆墨畦徑間，直

541

造古人不到處，眞可使人一唱而三嘆。若謂"以詩爲詞"，是大不然。子瞻自言"平生不善唱曲"，故閒有不入腔處，非盡如此。後山乃比之教坊司雷大使舞，是何每況愈下，蓋其謬耳。

⑥李清照《詞論》

晏元獻、歐陽永叔、蘇子瞻，學際天人，作小歌詞，直如酌蠡水於大海，然皆句讀不葺之詩耳。　　　（胡仔《苕溪漁隱叢話》後集卷三十三）

⑦宋・王灼《碧雞漫志》卷二

東坡先生以文章餘事作詩，溢而作詞曲，高處出神入天，平處尚臨鏡笑春，不顧儕輩。或曰，長短句中詩也。爲此論者，乃是遭柳永野狐涎之毒。詩與樂府同出，豈當分異。若從柳氏家法，正自不分異耳。晁無咎、黃魯直皆學東坡，韻製得七八。黃晚年間放於狹邪，故有少疏蕩處。後來學東坡者，葉少蘊、蒲大受亦得六七，其才力比晁、黃差劣。蘇在庭、石耆翁，入東坡之門矣，短氣蹢步，不能進也。

長短句雖至本朝盛，而前人自立，與眞情衰矣。東坡先生非心醉於音律者，偶爾作歌，指出向上一路，新天下耳目，弄筆者始知自振。今少年妄謂東坡移詩律作長短句，十有八九，不學柳耆卿，則學曹元寵。雖可笑，亦毋用笑也。

⑧宋・胡寅《題酒邊詞》

詞曲者，古樂府之末造也。古樂府者，詩之傍行也。詩出於《離騷》、《楚詞》。而《離騷》者，變風變雅之怨而迫，哀而傷者也。其發乎情則同，而止乎禮義則異。名之曰"曲"，以其曲盡人情耳。方之曲藝，猶不逮焉；其去《曲禮》則益遠矣。然文章豪放之士，鮮不寄意於此者，隨亦自掃其跡，曰諧浪遊戲而已也。唐人爲之最工者。柳耆卿後出，掩衆製而盡其妙，好之者以爲不可復加。及眉山蘇氏，一洗綺羅香澤之態，擺脫綢繆宛轉之度，使人登高望遠，舉首高歌，而逸懷浩氣，超然乎塵垢之外，於是《花間》爲皁隷，而柳氏爲輿臺矣。

⑨宋・陸游《老學庵筆記》卷五

世言東坡不能歌，故所作樂府多不協律。晁以道謂，紹聖初與東坡別於汴上。東坡酒酣自歌《陽關曲》。則公非不能歌，但豪放不善剪裁以就聲律耳。試取東坡諸詞歌之，曲終，覺天風海雨逼人。

⑩宋・劉辰翁《須溪集》卷上《辛稼軒詞序》

詞至東坡，傾蕩磊落，如詩如文，如天地奇觀。豈與群兒雌聲學語較工拙？然猶未至用經、用史，牽雅頌入鄭衛也。

⑪宋・張炎《詞源》卷下《雜論》

東坡詞，如《水龍吟》詠楊花，詠聞笛，又如《過秦樓》、《洞仙歌》、《卜算子》等作，皆清麗舒徐，高出人表。《哨遍》一曲櫽括《歸去來辭》，更是精妙。

⑫宋・趙師峕（ huì ）　《呂濱老《聖求詞》序》

世謂少游詩似曲，子瞻曲似詩。

⑬宋・費袞《梁谿漫志》卷四

東坡詞源如長江大河，洶湧奔放，瞬息千里，可駭可愕。而于用事對偶精妙切當，人不可及。

⑭宋・周輝《清波雜志》

居士詞豈無去國懷鄉之感，殊覺哀而不傷。

⑮宋・彭乘《墨客揮犀》卷十六

子瞻自言平生有三不如人，謂著棋、吃酒、唱曲也。然三者亦何用如人。子瞻詞雖工而不入腔，正以不能唱曲耳。

⑯金・王若虛《滹南詩話》中《東坡事類》卷二十。

晁無咎云：“眉山公之詞短於情，蓋不更此境耳。”陳後山曰：“宋玉不識巫山神女，而能賦之，豈待更而後知？”是直以公爲不及於情也。嗚呼，風韻如東坡，而謂不及於情，可乎！彼高人逸士，正當如是。其溢爲小詞，而間及於脂粉之間，所謂“

滑稽玩戲，聊復爾爾”者也。若乃纖艷淫媟，入人骨髓，如田中行、柳耆卿輩，豈公之雅趣也哉！公雄文大手，樂府乃其游戲。顧豈與流俗爭勝哉！蓋其天資不凡，辭氣邁往，故落筆皆絕塵耳。

又云：東坡，文中之龍也：理妙萬物，氣吞九州，縱橫奔放若遊戲然；莫可測其端倪。

⑰金・元好問《遺山文集》卷三十六《新軒樂府引》

唐歌詞多宮體，又皆極力為之。自東坡一出，情性之外，不知有文字。真有“一洗萬古凡馬空”氣象。雖時作宮體，亦豈可以宮體概之？人有言：“樂府本不難作。從東坡放筆後便難作。”此殆以工拙論，非知坡者。所以然者：《詩三百》所載小夫賤婦幽憂無聊賴之語；時猝為外物感觸，滿心而發，肆口而成者爾。其初果欲被管弦、諧金石、經聖人手以與六經並傳乎？小夫賤婦且然，而謂東坡翰墨游戲，乃求與前人角勝負，誤矣！自今觀之，東坡聖處非有意於文字之為工，不得不然之為工也。坡以來，山谷、晁無咎、陳去非、辛幼安諸公俱以歌詞取稱，吟詠情性，留連光景，清壯頓挫，能起人妙思。亦有語意拙直，不自緣飾，因病成妍者，皆自坡發之。

⑱明・王世貞《藝苑巵言》

子瞻“與誰同坐，明月清風我”，“明月幾時有，把酒問青天”，快語也。“大江東去，浪淘盡，千古風流人物”，壯語也。“杏花疏影裏，吹笛到天明”（此句誤），又“高情已逐曉雲空，不與梨花同夢”，爽語也。其詞濃與淡之間也。

⑲清・許昂霄《詞綜偶評》

子瞻自評其文如萬斛泉源，不擇地皆可出。唯詞亦然。

⑳清・王士禎《花草蒙拾》

名家當行，固有二派。蘇公自云：“吾醉後作草書，覺酒氣拂拂，從十指間出。”黃魯直亦云：“東坡書挾海上風濤之氣。”讀東坡詞當作如是觀。瑣瑣與柳七較錙銖，無乃為髯公所笑。

544

㉑清·周濟《宋四家詞選序論》

蘇辛並稱，東坡天趣獨到處，殆成絕詣；而苦不經意，完璧甚少。稼軒則沉著痛快，有轍可循。南宋諸公無不傳其衣缽，固未可同年而語也。

㉒清·周濟《介存齋論詞雜著》

人賞東坡粗豪，吾賞東坡韶秀，韶秀是東坡佳處，粗豪則病也。

東坡每事俱不十分用力，古文、書、畫皆爾，詞亦爾。

稼軒不平之鳴，隨處輒發，有英雄語，無學問語，故往往鋒穎太露。然其才情富豔，思力果銳，南北兩朝，實無其匹，無怪流傳之廣且久也。世以蘇、辛並稱，蘇之自在處，辛偶能到；辛之當行處，蘇必不能到。二公之詞，不可同日語也。後人以粗豪學稼軒，非徒無其才，並無其情。稼軒固是才大，然情至處，後人萬不能及。

㉓清·吳衡照《蓮子居詞話》卷四

蘇辛並稱，辛之於蘇，亦猶詩中山谷之視東坡也。東坡之大，與白石之高，殆不可以學而至。

王從之著有《滹南詩話》，間及詩餘，亦往往中肯。云："陳後山謂坡公以詩為詞，大是妄論。蓋詞與詩只一理，自世之末作，習為纖豔柔脆，以投流俗之好。高人勝士，或亦以是相矜，日趨於萎靡，遂謂其體當然，而不知其弊至於此也。顧或謂先生慮其不幸而溺焉，故援而止之，特寓以詩之法。斯又不然。公以文章餘事作詩，又溢而作詞，其揮霍遊戲所及，何矜心作意於其間哉！要其天資高，落筆自超凡耳。"此條論坡公詞極透徹，髯翁樂府之妙，得滹南而論定也。

㉔清·沈雄《古今詞話》中《詞話》卷上

陳子宏曰：近日詞，惟周美成、姜堯章，而以東坡為詩詞，稼軒為詞論，此說固當。然詞曲以委曲為體，徒狃於風情婉變，則亦易厭。回視蘇、辛所作，豈非萬古一清風哉。

㉕清‧胡薇元《歲寒居詞話》：

東坡詞一卷。東坡詞本二卷，毛晉得金陵刊本，凡混黃、晁、秦、柳之作，悉芟之，故只一卷。如《陽關曲》三首，已入詩集，乃錢塘李公擇絕句。其以小秦王歌者，乃詩人歌詩之法也。《念奴嬌》原作，"多應笑我早生華髮"，今誤改"多情應笑我生華髮"，見朱竹垞《詞綜》。《賀新涼》"乳燕飛華屋"，"飛"改"棲"。《水調歌頭》"但願人長久"，"願"改"得"。皆不如不改之妙。　見《雲麓漫抄》。

㉖清‧張德瀛《詞徵》

蘇、辛二家，昔人名之曰詞詩詞話。愚以古詞衡之曰，不用之時全體在，用即拈來，萬象周沙界。

宋牧仲謂宋詩多沈僿，近少陵，元詩多輕揚，近太白。然詞之沈僿，無過子瞻。長樂陳翼論其詞云："歌赤壁之詞，使人抵掌激昂，而有擊楫中流之心；歌《哨遍》之詞，使人甘心澹泊，而有種菊東籬之興。"可謂知言。

㉗清‧俞彥《爰園詩話》

子瞻詞無一語著人間煙火，自比大羅天上一種，不必與少游、易安輩較體裁耳。

㉘清‧李佳《左庵詞話》卷上

東坡詞如《水龍吟‧詠楊花》、《水調歌頭‧丙辰中秋作》，皆極清新。最愛其《念奴嬌‧赤壁懷古》（略），淋漓悲壯，擊碎唾壺，洵爲千古絕唱。

㉙清‧郭麐《靈芬館詞話》

東坡以橫絕一代之才，凌厲一世之氣，間亦倚聲，竟若不屑，雄詞高唱，別爲一宗。辛、劉則粗豪太甚矣。

㉚清‧沈祥龍《論詞隨筆》

唐人詞，風氣初開已分兩派：太白一派，傳爲東坡，諸家以

546

氣格勝，於詩近西江。飛卿一派傳爲屯田諸家，以才華勝，於詩近西崑。後雖迭變，總不越此二者。

㉛清・劉熙載《藝概》卷四

東坡詞頗似老杜詩，以其無意不可入，無事不可言也。若其豪放之致，則時與太白爲近。

東坡詞在當時鮮與同調，不獨秦七、黃九判成兩派也。晁無咎坦易之懷，磊落之氣，差堪驂靳。然懸崖撒手處，無咎莫能追躡矣。

蘇辛皆至情至性人，故其詞瀟灑卓犖，悉出於溫柔敦厚。世或以粗獷託蘇辛，固宜視蘇辛爲別調者哉！

東坡詞具有神仙出世之姿，方外白玉蟾諸家，惜未詣此。

太白《憶秦娥》聲情悲壯。晚唐、五代惟趨婉麗，至東坡始能復古。後世論詞者，或轉以東坡爲變調。不知晚唐、五代乃變調也。

㉜清・陳廷焯《白雨齋詞話》

蘇辛並稱，然兩人絕不相似。魄力之大，蘇不如辛；氣體之高，辛不逮蘇遠矣。東坡詞寓意高遠，運筆空靈，措語忠厚；其獨至處，美成、白石亦不能到。昔人謂東坡詞非正聲，此特拘於音調言之，而不究本原之所在。眼光如豆，不足與之辯也。

和婉中見忠厚易，超曠中見忠厚難，此坡仙所以獨絕千古也。

詞至東坡，一洗綺羅香澤之態，寄慨無端，別有天地。《水調歌頭》、《卜算子・雁》、《賀新涼》、《水龍吟》諸篇，尤爲絕構。

太白之詩，東坡之詞，皆是異樣出色。只是人不能學，烏得議其非正聲。

㉝清・王鵬運《半塘手稿》

北宋人詞，如潘逍遙之超逸，宋子京之華貴，歐陽文忠之騷雅，柳屯田之廣博，晏小山之疏俊，秦太虛之婉約，張子野之流麗，黃文節之儁上，賀方回之醇肆，皆可模擬得其仿佛。唯蘇文忠公之清雄夐乎軼塵絕跡，令人無從步趨。蓋霄壤相懸，寧止才華而已？其性情、其學問、其襟抱，舉非恒流所能夢見。詞家"蘇辛"並稱，其實辛猶人境也，蘇其殆仙乎！

㉞樓敬思《詞林紀事》

東坡老人，故自靈氣仙才，所作小詞，衝口而出，無窮清新，不獨寓以詩人句法，能一洗綺羅香澤之態也。

㉟況周頤《蕙風詞話》：

東坡、稼軒，其秀在骨，其厚在神。

㊱馮煦《宋六十一家詞選例言》

興化劉氏熙載所著《藝概》於詞多洞微之言，而論東坡尤為深至。如云"東坡詞頗似老杜詩，以其無意不可入，無事不可言也。若其豪放之致，則時與太白為近。"又云"東坡《定風波》云：'尚餘孤瘦雪霜姿'。《荷華媚》云：'天然地別是風流標格'，'雪霜姿'，'風流標格'，學東坡詞者，便可從此領取。"又云："詞以不犯本位為高，東坡《滿庭芳》'老去君恩未報，空回首，彈鋏悲歌。'語誠慷慨，然不若《水調歌頭》'我欲乘風歸去，又恐瓊樓玉宇，高處不勝寒'。尤覺空靈蘊藉，觀此，可以得東坡矣。"

㊲沈曾植《菌閣瑣談》

"東坡以詩為詞，如雷大使之舞，雖極天下之工，要非本色"，此《後山談叢》語也。然考蔡絛《鐵圍山叢談》稱"上皇在位，時屬昇平。手藝之人有稱者：棋則有劉仲甫、晉士朋；琴則有僧梵如、僧全雅；教坊琵琶則有劉繼安；舞有雷中慶，世皆呼之為雷大使；笛則孟水清。此數人者，視前代之技皆過之"。然則雷大使乃教坊絕技。謂"非本色"，將外方樂乃為本色乎？

㊳王國維《人間詞話》

東坡之詞曠，稼軒之詞豪。無二人之胸襟而學其詞，猶東施之效捧心也。

又云：讀東坡、稼軒詞，須觀其雅量高致，有伯夷、柳下惠之風。白石雖似蟬蛻塵埃，然不免局促轅下。

又云：蘇辛，詞中之狂。白石猶不失為狷。

㊴夏敬觀手批蘇詞：

東坡詞如春花散空，不著跡象；使柳枝歌之，正如天風海濤之曲，中多幽咽怨斷之音；此其上乘也。若夫激昂排宕不可一世之概，陳無已所謂"如教坊雷大使之舞，雖極天下之工，要非本色"，乃其第二乘也。後之學蘇者惟能知第二乘，未有能達上乘者；即稼軒亦然。

㊵胡徵元《天雲樓詞序》

詩餘者，古詩曲裔也。語其正，則南唐二主為之祖；語其變，則眉山導其源。

張祥麟《半篋秋詞敘錄》

㊶葉恭綽《東坡樂府箋序》（《詞學季刊》第二卷第三號）

宋代詞家多矣，卓然名世者，無慮數十，撐捂規模，籠罩至今。自元訖今，仿晏、張、秦、柳、周、賀、姜、辛、吳、王，以至《花間》、《陽春》、南唐二主者，蓋靡所不有。獨未聞有真能學蘇者。豈超絕古今，直不容人學步歟？蓋東坡之詞，純表其胸襟見識，情感興趣者也。規矩準繩，乃其餘事。故論者至以為非本色而不能以學。所謂天仙化人，殆亦此意。為詞者不究其胸襟見識，情感興趣，而徒規矩準繩是務，宜其於蘇門無從問津也。張皋聞、周保緒頗知此意，故所作間涉藩籬。近日王幼遐，文道希益暢其說，緣是詞之體益尊而境益廣，斯實詞學興衰一大關鍵。論學者不可不察也……故論詞而尊蘇，實為正法眼藏，而非旁門左道。

㊷張祥麟《半篋秋詞敘錄》

辛劉之雄放，意在變風氣，亦其才只如此。東坡不耐此苦，隨意爲之，其所自立者多，故不拘拘於詞中求生活。若夢窗，舍詞外，莫可豎立，故殫心而爲之；是丹非朱，眼光未大。

㊸劉鑒泉《論詞絕句》

"高、平、婉、澀本殊科，鐵板紅牙一樣和。《絕妙好詞》稱正統，如何覆置《六州歌》。"箋云：介存分高、平、婉、澀爲四調，然則'大江東去'與'曉風殘月'，固不容軒輊也。

㊹王易《詞曲史》

坡詞高亮處，得詩中淵明之清，太白之逸，老杜之渾，其《念奴嬌》之赤壁懷古，《水調歌頭》之中秋，固已膾炙人口矣；至其平生襟懷之淡宕，實與淵明默契。

㊺胡適《詞選序》

"十一世紀晚年，蘇東坡等以絕頂之天才，將用新起詞體作新詩，從此而詞大變矣。東坡作詞，非必欲十五六女郎，裊裊婷婷，歌唱於紅氍毹上。但用一種新詩體，以作其新體詩。詞體至此，可以詠古，可以悼亡，可以談禪，可以言理，可以發議論。

附錄三

蘇轍《東坡先生墓誌銘》

予兄子瞻，謫居海南。四年春正月，今天子即位，推恩海內，澤及鳥獸。夏六月，公被命渡海北歸。明年，舟至淮浙；秋七月，被病，卒於毗陵。吳越之民相與哭於市，其君子相與弔於家；訃聞四方，無賢愚皆咨嗟出涕。太學之士數百人；相繼飯僧惠林佛舍。嗚呼，斯文墜矣，後生安所復仰！公始病，以書屬轍曰："即死，葬我嵩山下，子爲我銘！"轍執書哭曰："小子忍銘吾兄！"公諱軾，姓蘇氏，字子瞻，一字和仲，世家眉山。曾大父諱杲，贈太子太保；妣宋氏，追封昌國太夫人。大父諱序，贈太子太傅；妣史氏，追封嘉國太夫人。考諱洵，贈太子太師；妣程氏，追封成國太夫人。公生十年，而先君宦學四方；太夫人親授以書，聞古今成敗，輒能語其要。太夫人嘗讀《東漢史》，至《范滂傳》，慨然太息。公侍側，曰：「軾若爲滂，夫人亦許之否乎？」太夫人曰：「汝能爲滂，吾顧不能爲滂母耶！」公亦奮厲有當世志。太夫人喜曰：「吾有子矣！」比冠，學通經史，屬文日數千言。嘉祐二年，歐陽文忠公考試禮部進士，疾時文之詭異，思有以救之。梅聖俞時與其事，得公論刑賞，以示文忠。文忠驚喜，以爲異人，欲以冠多士。疑曾子固所爲（子固，文忠門下士也），乃寘公第二。復以《春秋》對義，居第一。殿試中乙科，以書謝諸公。文忠見之，以書語聖俞曰：「老夫當避此人，放出一頭地。」士聞者始譁不厭，久乃信服。丁太夫人憂。終喪，五年，授河南福昌主簿。文忠以直言薦之祕閣，試六論。舊不起草，以故文多不工。公始具草，文義粲然，人以爲難。比答制策，復入三等。除大理評事，簽書鳳翔判官。長吏意公文人，不以吏事責之；公盡心其職，老吏畏服。關中自元昊叛命，人貧役重。岐下歲以南山木栰自渭入河，經砥柱之險，衙前以破產者相繼也。公遍問老校，曰：「木栰之害，本不至此。若河渭未漲，操栰者以時進止，可無重費也。患其乘河渭之暴，多方害之耳。」公即修衙規，使衙前得自擇水工，栰行無虞。乃言於府，使得係籍。自是衙前之害減半。治平二年，罷還，判登聞鼓院。英宗在藩，聞公名，欲以唐故事，召入翰林。宰相限以近例，欲召試祕閣。上曰：「未知其能否，故試。如蘇軾有不能耶！」宰相猶不可。及試二論，皆入第三等，得直史館。丁先君憂。服除，時熙寧二年也，王介甫用事，多所建立。公與介甫議論素異。既還朝，寘之官告院。四年，介甫欲變更科舉；上疑焉，使兩制三館議之。公議上，上悟曰：「吾固疑此。得蘇軾議，意釋然矣！」即日召見，問「何以助朕？」公辭避，久之乃曰：「臣竊意陛下求治太急，聽言太廣，進人太銳。願陛下安靜以待物之來，然後應之。」上竦然聽受，曰：“卿三言，朕當詳思之。”介甫之黨皆不悅。命攝開封推官，意以多事困之。公決斷精敏，聲聞益遠。會上元，有旨市浙燈。公密疏“舊例無有，不宜以玩好示人。”即有旨罷。殿前初策進士。舉子希合，爭言祖宗法制非是。公爲考官，退擬答以進，深中其病。自是論事愈力。介甫愈恨，御史知雜事者乃誣奏公過失，窮治無所得。公未嘗以一言自辯，乞外任避之，通判杭州。是時四方行青苗、免役、市易、浙西兼行水利、鹽法。公於其間，常因法以便民，民賴以少安。高麗入貢，使者凌蔑州郡，押判使臣皆本路笓庫，乘勢驕橫，至與鈐轄亢禮。公使人謂之曰：“遠夷慕化而來，理必恭順。今乃爾暴恣，非汝導之，不至是也。不悛，當奏之。”押伴者懼，爲之小戢。使者發幣於官吏，書稱甲子。公卻之，曰：“高麗於本朝稱臣，而不稟正朔，吾安敢受！”使者亟易書稱“熙寧”，然後受之。時以爲得體。吏民畏愛；及罷去，猶謂之“學士”，而不言姓。自杭徙知密州。時方行手實法，使民自疏財產，以定戶等，又使人得告其不實；司農寺又下諸路，不時施行者，以違制論。公謂提舉常平官曰：“違制之坐，若自朝廷，誰敢不從。今出於司農，是擅造律也，若何？”使者驚曰：“公姑徐之！”未幾，朝廷亦知手實之害，罷之。密人私以爲幸。郡嘗有盜竊，發而未獲。安撫轉運司憂之，遣一三班使臣，領悍卒數十人入境捕之。卒凶暴恣行，以禁物誣民；入其家爭鬥，至殺人，畏罪驚散，欲爲亂。民訴之。公投其書不視，曰：“必不至此。”潰卒聞之，少安。徐使人招出，戮之。自密徙徐。是歲河決曹村，泛於梁山泊，溢於南清河。城南兩山環繞，呂梁百步扼之，匯於城下。漲不時洩，城將敗。富民爭出避水。公曰：“富民若出，民心搖動，吾誰與守？吾在，是水決不能敗城！”驅使復入。公履屨杖策，親入武衛營，呼其卒長，謂之曰：“河將害城。事急矣，雖禁軍，宜爲我盡力！”卒長呼曰：“太守猶不避塗潦，吾儕小人效命之秋也！”執梃入火伍中，率其徒短衣徒跣，持畚鍤以出，築東南長堤，首起戲馬臺，尾屬於城。堤成，水至堤下，害不及城，民心乃安。然雨日夜不止，河勢益暴，城不沉者三板。公廬於城上，過家不入；使官吏分堵而守，卒完城以聞。復請調來歲夫，增築故城，爲木岸，以虞水之再至。朝廷從之。訖事，詔褒之。徐人至今思焉。徙知湖州，以表謝上。言事者摘其語，以爲謗。遣官逮赴御史獄。初，公既補外，見事有不便於民者，不敢言，亦不敢默視也；緣詩人之義，託事以諷，庶幾有補於國。言者從而媒蘗之。上初薄其過，而浸潤不止；是以不得已從其請。既付獄，吏必欲寘之死，鍛鍊久之，不決。上終憐之，促具獄，以黃州團練副使安置。公幅巾芒屩，與田父野老相從溪谷之間；築室於東坡，自號東坡居士。五年，上有意復用，而言者沮之。上手札徙汝州，略曰：「蘇軾黜居思咎，閱歲滋深。人材實難，不忍終棄。」未至，上書自言「有飢寒之憂。有田在常，願得居之。」書朝入，夕報可。士大夫知上之卒喜公也。會晏駕，不果復用。至常，以哲宗即位，復朝奉郎，知登州。至登，召爲禮部郎中。公舊善門下侍郎司馬君實，及知樞密院章子厚，二人冰炭不相入。子厚每以詭侮困君實。君實苦之，求助於公。公見子厚曰：「司馬君實時望甚重。昔許靖以虛名無實見鄙於蜀先主。法正曰：『靖之浮譽，播流四海。若不加禮，必以賤賢爲累。』先主納之，乃以靖爲司徒。許靖且不可慢，況君實乎？」子厚以爲然，君實賴以少安。既而朝廷緣先帝意，欲用公，除起居舍人。公起於憂患，不欲驟履要地，力辭之。見宰相蔡持正自言。持正曰：「公徊翔久矣。朝中無出公右者。」公固辭。持正曰：「今日誰當在公前者？」公曰：「昔林希同在館中，年且長。」持正曰：「希固當先公耶？」卒不許。然希亦由此繼補記注。元祐元年，公以七品服入侍延和，即改賜銀緋。二年，遷中書舍人。時君實方議改免役爲差役——差役行於祖宗之世，法久多弊；編戶充役，不習官府，吏虐使之，多以破產；而狹鄉之民，或有不得休息者。先帝知其然，故爲免役，使民以戶高下出錢，而無執役之苦。行法者不循上意，於雇役實費之外，取錢過多，民遂以病。若量出爲入，毋多取於民，則足矣。君實爲人，忠信有餘，而才智不足，知免役之害，而不知其利，欲一切以差役代之，方差官置局。公亦與其選，獨以實告，而君實始不悅矣。嘗見之政事堂，條陳不可。君實忿然。公曰：“昔韓魏公刺陝西義勇；公爲諫官，爭之甚力；魏公不樂，公亦不顧。軾昔聞公道其詳。豈今日作相，不許軾盡言耶？”君實笑而止。公知言不用，乞補外，不許。君實始怒，有逐公意矣。會其病卒，乃已。時臺諫官多君實之人，皆希合以求進，惡公以直形己，爭求公瑕疵。旣不可得，則因緣熙寧謗訕之說以病公，公自是不安於朝矣。尋除翰林學士。二年，復除侍讀，每進讀至治亂盛衰、邪正得失之際，未嘗不反覆開導，覬上有所覺悟。上雖恭默不言，聞公所論說，輒首肯喜之。三年，權知禮部貢舉。會大雪苦寒，士坐庭中，噤不能言。公寬其禁約，使得盡其技。而巡鋪內臣，伺其坐起，過爲凌辱。公以其傷動士心，虧損國體，奏之。有旨送內侍省撻而逐之。士皆悅服。嘗侍上讀祖宗寶訓，因及時事，公歷言：“今賞罰不明，善惡無所勸沮”。又“黃河勢方西流，而強之使東”，“夏人寇鎮戎，殺掠幾萬人；帥臣撝蔽，不以聞，朝廷亦不問”，“事每如此，恐浸成衰亂之漸”。當軸者恨之。公知不見容，乞外任。四年，以龍圖閣學士知杭州。時諫官言前宰相蔡持正知安州作詩，借郝處俊事，以譏刺時事。大臣議逐之嶺南。公密疏，言“朝廷若薄確之罪，則於皇帝孝治爲不足，若深罪確，則於太皇太后仁政爲小累。謂宜皇帝降敕置獄逮治，而太皇太后內出手詔赦之，則仁孝兩得矣。”宣仁后心善公言，而不能用。公出郊，未發，遣內侍賜龍茶、銀合，用前執政恩例，所以慰勞甚厚。及至杭，吏民習公舊政，不勞而治。歲適大旱、飢疫並作；公請於朝，免本路上供米三之一，故米不翔貴。復得賜度僧牒百，易米

554

以救飢者。明年方春，即減價糶常平米，民遂免大旱之苦。公又多作饘粥、藥劑，遣吏挾醫分坊治病，活者甚衆。公曰：“杭，水陸之會，因疫病死，比他處常多。”乃裒羨緡，得二千；復發私橐，得黃金五十兩，以作病坊，稍畜錢糧以待之，至於今不廢。是秋，復大雨，太湖汎溢害稼。公度來歲必飢，復請於朝，乞免上供米半；又多乞度牒，以糶常平米，並義倉所有，皆以備來歲出糶。朝廷多從之。由是吳越之民復免流散。杭本江海之地，水泉鹹苦，居民稀少。唐刺史李泌，始引西湖水作六井，民足於水，故井邑日富。及白居易復浚西湖，放水入運河，自河入田，所漑至千頃。然湖水多葑。自唐及錢氏，歲輒開治；故湖水足用。近歲廢而不理，至是湖中葑田積二十五萬餘丈，而水無幾矣。運河失湖水之利，則取給於江潮，潮渾濁多淤。河行閭閻中，三年一淘，爲市井大患。而六井亦幾廢。公始至，浚茅山、鹽橋二河，以茅山一河專受江潮，以鹽橋一河專受湖水；復造堰閘，以爲湖水畜洩之限，然後潮不入市。且以餘力復完六井。民稍獲其利矣。公間至湖上，周視良久，曰：“今欲去葑田。葑田如雲，將安所寘之？湖南北三十里，環河往來，終日不達。若取葑田積之湖中，爲長堤，以通南北，規葑田去而行者便矣。吳人種菱，春輒芟除，不遺寸草。葑田若去，募人種菱，收其利以備修湖，則湖當不復湮塞。”乃取救荒之餘，得錢糧以貫石數者萬；復請於朝，得百僧度牒以募役者。堤成，植芙蓉楊柳其上，望之如圖畫。杭人名之蘇公堤。杭僧有淨源者，舊居海濱，與舶客交通牟利。舶至高麗，交譽之。元豐末，其王子義天來朝，因往拜焉。至是，源死，其徒竊持其畫像附舶往告。義天亦使其徒附舶來祭。祭訖，乃言“國母使以金塔二，祝皇帝太皇太后壽。”公不納，而奏之曰：“高麗久不入貢，失賜予厚利，意欲來朝，以未測朝廷所以待之厚薄，故因祭亡僧而行祝壽之禮。禮意鮮薄，蓋可見矣。若受而不答，則遠夷或以怨怒；因而厚賜之，正墮其計。臣謂朝廷宜勿

555

與知，而使州郡以理卻之。然庸僧猾商，敢擅招誘外夷，邀求厚利，爲國生事，其漸不可長。宜痛加懲創。」朝廷皆從之。未幾，高麗貢使果至。公按舊例，使之所至，吳越七州實費二萬四千餘緡，而民間之費不在。乃令諸郡量事裁損。比至，民獲交易之利，而無侵擾之害。浙江潮自海門東來，勢如雷霆，而浮山峙於江中，與漁浦諸山犬牙相錯，迴洑激射，歲敗公私船不可勝計。公議自浙江上流，地名石門，並山而東，鑿爲運河，引浙江及谿谷諸水二十餘里，以達於江。又並山爲岸，不能十里，以達於龍山之大慈浦；自浦北折，抵小嶺，鑿嶺六十五丈，以達於嶺東古河；浚古河數里，以達於龍山運河，以避浮山之險，人皆以爲便。奏聞。有惡公成功者，會公罷歸，使代者盡力排之，功以不成。公復言「三吳之水瀦爲太湖，太湖之水，溢爲松江，以入海，海日兩潮，潮濁而江清。潮水嘗欲淤塞江路，而江水清駛，隨輒滌去。海口常通，則吳中少水患。昔蘇州以東，公私船皆以篙行，無陸挽者。自慶曆以來，松江大築挽路，建長橋以扼塞江路，故今三吳多水。欲鑿挽路爲千橋，以迅江勢。」亦不果用。人皆恨之。公二十年間，再涖此州，有德於其人，家有畫像，飲食必祝，又作生祠以報。六年，召入爲翰林承旨，復侍邇英。當軸者不樂，風御史攻公。公之自汝移常也，受命於宋。會神考晏駕，哭於宋。而南至揚州，常人爲公買田書至，公喜，作詩，有「聞好語」之句。言者妄謂公聞諱而喜，乞加深譴。然詩刻石有時日，朝廷知言者之妄，皆逐之。公懼，請外補，乃以龍圖閣學士守潁。先是，開封諸縣多水患；吏不究本末，決其陂澤，注之惠民河；河不能勝，則陳亦多水。至是又將鑿鄧艾溝與潁河並；且鑿黃堆，注之於淮。議者多欲從之。公適至，遣吏以水平準之。淮之漲水高於新溝幾一丈。若鑿黃堆，淮水順流浸州境，決不可爲。朝廷從之。郡有宿賊尹遇等數人。群黨驚劫殺變主及捕盜吏兵者非一。朝廷以名捕不獲，被殺者噤不敢言。公召汝陰尉李直方，謂之曰：「君能擒此，當力言於朝，乞行優賞。不獲，亦以不職奏免君矣。"直方退，緝知群盜所在，分命弓手往捕其黨，而躬往捕遇。直方有母，年九十，母子泣別而行；手戟刺而獲之。然小不應格，推賞不及。公爲言於朝，請以年勞改朝散郎階爲直方賞；朝廷不從。其後吏部以公當遷，以符會公考；公自謂已許直方，卒不報。七年，徙揚州，發運司舊主東南漕法，聽操舟者私載物貨，征商不得留難；故操舟者富厚，以官舟爲家，補其弊漏，而周船夫之乏困；故其所載，率無虞而速達。近歲不忍征商之小失，一切不許；故舟弊、人困、多盜所載，以濟飢寒；公私皆病。公奏乞復故。朝廷從之。未閱歲，以兵部尚書召還，并侍讀。是歲，親祀南郊，爲鹵簿使，導駕入太廟。有貴戚以其車從爭道，不避仗衞，公於車中劾奏之。明日，中使傳命，申敕有司，嚴整仗衞。尋遷禮部，復兼端明殿翰林、侍讀二學士。高麗屢遣使請書於朝，朝廷以故事盡許之。公曰："漢東平王請諸子及《太史公書》，猶不肯與。今高麗所請，有甚於此，其可予之乎？"不聽。公臨事必以正，不能俯仰隨俗。乞郡自效。八年，以二學士知定州。定久不治，軍政尤弛，武衞卒驕惰不教，軍校蠶食其廩賜，故不敢訶問。公取其貪污甚者，配隸遠惡，然後繕修營房，禁止飲博，軍中衣食稍足；乃部勒以戰法，衆皆畏服。然軍校多不自安者。有卒史復以贓訴其長。公曰："此事吾自治則可。汝若得告，軍中亂矣。"亦決配之。衆乃定。會春大閱，軍禮久廢，將吏不識上下之分。公命舉舊典，元帥常服坐帳中，將吏戎服奔走職事。副總管王光祖自謂老將，恥之，稱疾不出。公召書吏作奏，將上；光祖震恐而出。訖事，無敢慢者。定人言："自韓魏公去，不見此禮至今矣！"北戎久和，邊兵不試，臨事有不可用之憂。惟沿邊弓箭社兵，與寇爲鄰，以戰射自衞，猶號精銳。故相龐公守邊，因其故俗，立隊伍將校，出入賞罰，緩急可使。歲久法弛，復爲保甲所撓，漸不爲用。公奏爲免保甲及兩稅，折變科配；長吏以時訓勞，不報，議者惜之，時方例廢舊人。公坐爲中書舍人日，草責降官制，直書其罪，誣以謗訕。紹聖元年，遂以本官知英州。尋復降一官。未至，復以寧遠軍節度副使，安置惠州。公以侍從齒嶺南編戶，獨以少子過自隨。瘴癘所侵，蠻蜑所侮，胸中泊然，無所蒂芥。人無賢愚，皆得其歡心；疾苦者畀之藥，殞斃者納之竁，又率衆爲二橋以濟病涉者；惠人愛敬之。居三年，大臣以流竄者爲未足也。四年，復以瓊州別駕安置昌化。昌化，非人所居，飲食不具，藥石無有。初僦官屋以庇風雨。有司猶謂不可，則買地築室。昌化士人畚土運甓以助之，爲屋三間。人不堪其憂，公食芋飲水，著書以爲樂，時從其父老遊，亦無間也。元符三年，大赦北還。初徙廉，再徙永，已乃復朝奉郎，提舉成都玉局觀，居從其便。公自元祐以來，未嘗以歲課乞遷，故官止於此，勳上輕車都尉，封武功縣開國伯，食邑九百戶。將居許，病暑暴下，終止於常。建中靖國元年六月，請老，以本官致仕，遂以不起。未終旬日，獨以諸子侍側，曰：「吾生無惡，死必不墜，慎無哭泣以怛化！」問以後事，不答，湛然而逝，實七月丁亥也。公娶王氏，追封通義郡君；繼室以其女弟，封同安郡君，亦先公而卒。子三人，長曰邁，雄州防禦推官，知河間縣事。次曰迨，次曰過，皆承務郎。孫男六人：簞、符、箕、籥、筌、籌。明年閏六月癸酉，葬於汝州郟城縣鈞臺鄉上瑞里。公之於文，得之於天。少與轍皆師先君，初好賈誼、陸贄書，論古今治亂，不爲空言。既而讀《莊子》，喟然嘆息曰：「吾昔有見於中，口未能言。今見《莊子》，得吾心矣。」乃出《中庸論》，其言微妙，皆古人所未喻。嘗謂轍曰：「吾視今世學者，獨子可與我上下耳。」既而謫居於黃，杜門深居，馳騁翰墨；其文一變，如川之方至，而轍瞠然不能及矣。後讀釋氏書，深悟實相，參之孔老，博辯無礙，浩然不見其涯也。先君晚歲讀《易》，玩其爻象，得其剛柔遠近、喜怒逆順之情；以觀其詞，皆迎刃而解，作《易傳》，未完，疾革，

558

命公述其志。公泣受命，卒以成書；然後千載之微言，煥然可知也。復作《論語說》，時發孔氏之祕。最後居海南，作《書傳》，推明上古之絕學，多先儒所未達。既成三書，撫之嘆曰：“今世要未能信。後有君子，當知我矣！”至其遇事所爲詩、騷、銘、記、書、檄、論譔，率皆過人。有《東坡集》四十卷，《後集》二十卷、《奏議》十五卷、《内制》十卷、《外制》三卷。公詩本似李、杜，晚喜陶淵明，追和之者幾遍，凡四卷。幼而好書，老而不倦，自言“不及晉人，至唐褚、薛、顏、柳仿佛近之。”平生篤於孝友，輕財好施。伯父太白早亡，子孫未立，杜氏姑卒未葬。先君没，有遺言，公既除喪，即以禮葬姑。及當可蔭補，復以奏伯父之曾孫彭。其於人，見善，稱之如恐不及；見不善，斥之如恐不盡。見義，勇於敢爲而不顧其害；用此數困於世，然終不以爲恨。孔子謂伯夷、叔齊，“古之賢人”，曰“求仁而得仁，又何怨！”公實有焉。銘曰：蘇自欒城，西宅於眉；世有潛德，而人莫知。猗歟先君，名施四方。公幼師焉，其學以光。出而從君，道直言忠；行險如夷，不謀其躬。英祖擢之，神考試之，亦既知矣，而未克施。晚侍哲皇，進以詩書。誰實間之，一斥而疏。公心如玉，焚而不灰；不變生死，孰爲去來。古有微言，眾說所蒙；手發其樞，恃此以終。心之所涵，遇物則見，聲融金石，光溢雲漢。耳目同是，舉世畢知；欲造其淵，或眩以疑。絕學不繼，如已斷弦，百世之後，豈無其賢？我初從公，賴以有知；撫我則兄，誨我則師。皆遷於南，而不同歸。天實爲之，莫知我哀！

　　附錄四

　　東坡詞版本簡介　　美蘭整理　　（錄自《東坡詞論叢》）
　　在中國文學史上，蘇軾是一位傑出的文學家。他的著作，刻本頗多。雖遭元祐黨禁，蘇軾詩文仍有宋刻傳世。唯詞集流傳甚少，現將東坡詞集刊本簡介如下：

《蘇軾詞》一卷：見《宋史‧藝文志》。刻本早已失傳。

《東坡詞》二卷：見陳振孫《直齋書錄解題》卷二十一《歌詞類》。無傳本。

《東坡長短句》二卷，《拾遺》一卷；宋曾慥輯，宋紹興二十一年（1151）刻本，無傳。

《東坡詞》二卷：宋刻本，傳世樓藏本，見《增訂四庫簡明目錄》所錄，未見傳世。

《東坡樂府》上下二卷：宋刊本，據《士禮居黃氏叢書》第二十二冊《延今宋版書目》，季振宜舊藏有目無書。

《東坡樂府》二卷：影宋抄本，據《增訂四庫簡明目錄標注》記載。何人抄本，現存何處，待查。

《東坡長短句》十二卷：宋刊本，見《增訂四庫簡明目錄標注》及季振宜舊藏本《延今宋版書目》，有目無書。

《注東坡詞》十二卷：宋傅榦注，《增訂四庫簡明目錄標注》記載：《傅榦東坡詞十二卷本》。有抄本流傳。

《補注東坡長短句》：顧景繁補注，見陳鵠《耆舊續聞》。早佚。

《東坡樂府》宋孫慎注，見黃虞《千頃堂書目》卷三十二，早佚。

《東坡詞集》宋刊本，均早佚，有目無書，只能據史籍記載略知概況。

《東坡樂府》二卷：元延祐七年（1320）葉曾雲間（今松江）南阜草堂刻本。前有葉曾序并黃丕烈跋語。全書分上、下二卷，卷上收坡詞一百十五首，卷下一百六十六首，共二百八十一首，同調匯刻。此元本係東坡詞今日傳世最早之本，雖收坡詞爲各刊本最少者，然能存眞，錯字少，混亂之情形也少。此本爲黃丕烈士禮居舊藏，今存北京圖書館。又：清光緒

560

十四年（1888）王氏四印齋刻本。又：1957年北京文學古籍刊行社影印元延祐本。1959年中華書局影印傳世。世界書局復據此本影印入《中國詞學叢刊》。

1979年上海古籍出版社重印。

《東坡詞》二卷，《拾遺》一卷：明吳訥《唐宋名賢百家詞》本。是本係據曾慥輯本而刻。未見藏書家記錄，僅見《中國版刻圖錄》所引述。

《東坡全集》七十五卷：明萬曆三十四年（1606）吳興茅維刻本，有萬曆三十四年焦竑、茅維序。卷七十四、七十五兩卷錄軾詞，卷七十四收錄一百十八首，七十五收二百零一首，共三百十九首。分調編次，竄亂者甚多。上海圖書館，四川圖書館等數館均藏。又：明陳仁錫閱，明末文盛堂刻本。前有項煜序，封面鐫"蘇文忠公全集""文盛堂藏版"。

《東坡先生詩餘》二卷：明焦竑輯，明萬曆四十六年（1618）焦竑編《蘇長公二妙集》本。明天啓元年（1621）徐氏漫雲山館刻本，是本卷二十一，二十二收錄軾詞。係從茅維本輯出，刻入《蘇長公二妙集》中。內容與茅本相同。今北京圖書館，四川三蘇祠等數館均藏。

《東坡詞》一卷：明毛晉編，毛扆等校。明末毛晉汲古閣刻《宋六十名家詞》本。藏北京圖書館。全書收軾詞三百二十八首，係依其字數之多寡，分調編次。較元延祐刊本少收十四首；而另增六十一首，不可信者甚多。卷末有毛晉《跋語》云："東坡詩文不啻千億刻，獨長短句罕見。近有金陵本子，人爭喜其詳備，多渾入歐黃秦柳作"。

又：清光緒十四年（1888）錢唐汪氏據此刻本重刊行世。

又：施蟄存校點，民國二十五年（1936）上海雜誌公司印《中國文學珍本叢書》，第一輯《宋六十名家詞本》。

又：《四庫備要·宋六十名家詞》本。

又：民國上海博古齋印本。

又：薛恨生校，民國二十五年（1936）上海國學研究社，再版《宋六十名家詞》本。

《東坡小詞》二卷：明黃嘉惠刻《蘇黃小品》本，有陳繼儒序（無年月），行間有圈點。今存清華大學圖書館，出自茅氏《東坡全集》本，分調編次。

《蘇文忠公樂府》二卷：江寧端木采子疇覆校，清臨桂王鵬運光緒十四年（1888）四印齋印本。據元延祐七年葉曾本復刊問世。前有光緒戊子吳縣許玉琢序，王鵬運識語，并附錄黃丕烈識語。

《東坡樂府》二卷，《補遺》一卷：民國朱祖謀編校，清宣統三年（1911）浙江朱氏刻本。是本係四印齋復刻元延祐本重編，將毛氏汲古閣本異文著錄於詞後。舊本《東坡詞》均分調編次，編年從此本始，為朱氏一大貢獻。可編年者輯為二卷；無從編年者，別為一卷，仍依元本分調編排。卷一收編年詞一百零六首，卷二收編年詞九十八首，無從編年者為一百三十六首，共三百四十四首。民國十一年（1922）編入《朱氏彊村叢書》。民國十七年（1928）上海商務館排印。附《墓志》、《校記》一卷。

《東坡樂府》上、下二卷，《補遺》一卷：民國林大春校輯，民國十五年（1926）中華書局排印本。其上、下二卷依元延祐葉曾本編次。《補遺》一卷，則依毛氏汲古閣本補五十九首，從《東坡詩集》，《東坡後集》等補六首，共三百三十七首，卷末附《校記》及《跋》。

《東坡樂府》三卷：民國吳虞輯《蜀十五家詞》本。見《中國叢書綜錄》。

《東坡樂府箋》三卷：民國朱祖謀編年圈點，龍榆生校箋，民國二十五年（1936）上海商務排印本。卷一收錄軾詞編年一百零六首，卷二編年一百首，卷三不編年一百三十八首，計三百四十四首。龍本特色是一面以朱本編年爲主，一面增加箋注。吸收傅榦注，爲坡詞編年箋注合一之創首。

《東坡詞》不分卷，《山谷詞》不分卷：清宣統元年（1909）二友堂石印本。據清丁兩《善本書室藏書志》記載。

《蘇軾詞》三卷：民國唐圭璋編，有民國二十六年（1937）上海商務印書館排印唐圭璋《全宋詞》本，1940年長沙商務印本，1965年中華書局出版重編《全宋詞》本，1980年中華書局重印本，共收蘇詞三百五十首。

《東坡詞》：民國巴龍編，1937年印本，見抗戰時期出版《聯合目錄》初稿。

《蘇軾東坡詞》三卷：曹樹銘編。1976年香港印本。卷一編年一百十一首，卷二編年一百十二首，卷三不編年八十八首，計三百十一首；《附錄》：互見詞四首；《附錄》二：誤入詞二十八首；《附錄》三：可疑詞七首，計三十九首。是本以龍本及重編《全宋詞》本爲依據。

後　　記

　　《東坡樂府編年箋注》，從 1981 年開始編寫，前後歷八年，反覆修改了幾次，尤其是編年工作，陸續從學界成果中得到啓發，不斷有所改進。但至目前爲止，還是有許多不盡如意和存疑的地方；眼下手邊有許多事在做，只好把這一工作暫告一個段落，將來再作補訂了！

　　對東坡詞進行編年和箋注自朱祖謀始，1936 年龍榆生《東坡樂府箋》問世之後，半個多世紀以來，學術界一直極爲關注；在日本，也有一些學者作了許多極有價值的貢獻。對這些成果，屬稿過程中盡量加以吸取。此書卷三所錄蘇詞，由於資料不足，難以準確編年，只好以俟他日補編。

　　這部稿子，是多年來授課之餘，在我的老師石聲淮教授的指導和合作下完成的，這也是我們合作《蘇軾文選》的繼續。在此，期待著蘇學愛好者、研究者及廣大讀者的意見和批評，俾使今後作進一步的補充和修正。

　　在對黃州時期的詞作注中得到黃岡地委宣傳部丁永淮、黃岡師範專科學校中文科饒學剛兩位先生的熱情幫助，在此向他們致謝。

　　我衷心地感謝錢鍾書先生爲這部書題簽！

唐　玲　玲

1988 年 3 月 1 日

於桂子山下龍家灣村舍

564

國家圖書館出版品預行編目資料

東坡樂府編年箋注 / 〔宋〕蘇軾著 石聲淮・唐玲玲箋注
　　--初版. -- 臺北市：華正，民82
　　　　面；　公分

ISBN 957-580-066-4（平裝）

852.4516　　　　　　　　　　　　82006803

東坡樂府編年箋注

箋注者：石聲淮・唐玲玲

發行人：郭昌偉

發行處：華正書局有限公司

公　司：台北市羅斯福路三段八十一號二樓

門　市：台北市羅斯福路二段七十五號一樓

電　話：（02）23636972・23660853

傳　真：（02）23914733

郵政劃撥帳號：13990471

局版臺業第三九二〇號

中華民國九十七年七月三版2刷

定　價：新台幣450元整